讀史方輿紀要

（八）

〔清〕顧祖禹　撰

團結出版社

目　录

读史方舆纪要卷九十八

福建四 汀州府 邵武府

〇汀州府,东至延平府五百二十里,东北至建宁府七百三十里,东南至漳州府六百三十里,南至广东潮州府六百六十里,西至江西赣州府四百十里,西北至江西石城县百九十里,北至邵武府五百五十里。自府治至布政司九百七十五里,至京师五千二百二十六里。

《禹贡》扬州地,周闽越地。秦属闽中郡,汉属会稽郡,三国吴属建安郡。晋属晋安郡,宋、齐、梁因之。陈属闽州,隋属泉州。大业初,属建安郡。唐为福州地。开元二十四年,置汀州,《唐书》:是年开福、抚二州三峒置州,以长汀溪为名,治新罗。大历四年,徙治白石。天宝初,曰临汀郡。乾元初,复曰汀州。五代时,王闽仍曰汀州,南唐因之。宋亦曰汀州,元为汀州路,明曰汀州府。领县八。

府南通潮、广,北达江右,山谷斗绝,称为奥壤。自唐始置郡,而扰驯未至。王潮入闽,则有事于汀州。宋室南迁,而汀州亦多叛乱。明朝正德中,尤溪贼为乱,南、赣抚臣王守仁讨平之。岂非以崇山复岭,旁达诸境,不逞之徒,易为渊薮,童牛之牿,不可已耶?

○**长汀县**，附郭。晋新罗县地，属晋安郡。唐开元中，于新罗故城东，置长汀县为州治。大历中，迁白石乡。宋治平中，迁衣锦乡，即今治也。编户五十一里。

新罗城，在府东南。晋置新罗县，宋废。《志》云：在今漳州府龙岩县界。一云在上杭东北五十里，误。唐开元后，徙县治长汀村，在上杭北十五里。一云去今府城二百二十里，亦误。既又迁县治东坊口，在今府东北五里，今名旧州城。大历中，迁白石村。《郡志》谓：大历四年，徙东坊口，后十年，徙白石乡，宋迁今治，即唐百石乡矣。去旧治一二里，地势平夷，方数十里，而卧龙山突起平地中。府城半壁，高挂其巅，鄞江绕于左，西溪抱于右二水合流，绕出丁位，南走潮海，西下豫章，为形胜之地。郡城，相传唐大历中筑。宋治平五年增拓，周五里有奇，环城为濠。绍兴中及隆兴初，皆尝修筑。绍熙间，议易土城，甃以砖石，讫于嘉熙，功未及就。元时城益颓废。明朝洪武四年，复因旧址修筑。嘉靖五年，增修，北据卧龙山，南临南溪。旧有门六，今五。城周六里有奇。

卧龙山，郡治后。府主山也，偃卧如龙。《志》云：府城四面皆平田，就中特起一山，高数十丈，广五六里，北面峭壁矗起，其南派为九支，形如九龙，蜿蜒蟠曲，一名九龙山，又名无境山。山之左支为横冈岭，右支为西峰，俯临津门。又东山，在郡治东，卧龙山首起于此。○南山，在府南三里。屹然如屏。巅为朝斗岩，缘石扪萝而上，俯视城市，尽归目睫。山之东接拜相山，俯揖卧龙，如人相拜。山隈有霹雳岩，宋元祐间，迅雷震开，遂成岩洞。府南四里有圆珠山，当鄞江、西溪二水合流之口，形如珠圆，一名龙珠山，俗呼宝珠峰。

鸡笼山，府北五十里。高十五里，山形圆耸，上凌霄汉。又翠峰山，在府东北六十里。壁立千仞，烟云出没，惟天色晴霁，亭午方见其顶。

○七宝山，在府西。山下旧有上宝场，宋置，采银、锡于此，后废。《通志》：场在县治西。又佛祖峰，在县西三十里，俗名九磜。转北二里许，树木阴翳，石磴崎岖，为绝胜处。

双峰，府东南二百里。峰峦双耸，插入云霄。○新路岭，在府西六十里。一作新乐岭，接江西瑞金县界，贡水出焉。《志》云：岭峭险壁立，砂砾崎岖，行者病焉。岭背即隶江西，此天所以限闽中也。又牛岭，在县西二十里，道出瑞金县。其相接者曰白头岭，以常冒白云名。

鄞江，在府城东。亦曰正溪，又名大溪，或谓之左溪。源出宁化县界，流经府东北湘洪峡。又南至府东东庄岭，汇为潭，分流为二。又南至高滩角，复合为一，南流经上杭县，达潮州府大埔县，会三河水入海，亦谓之汀水。《志》云：天下之水皆东，惟汀水独南，南丁位也，以水合丁为文。又有东溪，出翠峰山下，有鄞坑水流合焉。至张家陂与正溪合，并为鄞江之上流。《高忠宪日记》云：汀水之源在北，水俱南流，势如壁立，过大姑绝险处，舟下一滩，则入白浪中，裹而复出，直至峰头趋陆，即抵潮州矣。

西溪，府城西。源出府西北，地名大原，流经杉岭，亦曰南拔溪。宋治平中，筑城堑濠，砌石陂引水入焉。下流分二派，皆入于正溪。又南溪在府城南，溪源不一，引流而东，至南口，亦会于正溪。又北溪在府城北，源出西北之横坑，亦谓之横溪，东流合正溪。《寰宇记》临汀大溪有四，曰东溪，曰西溪，曰南拔溪，曰横溪。至府南高滩角，合流为一。盖以南溪为南拔溪也。府东又有梓步、小湘等溪，亦流入正溪。

寅湖，府东二里。以方位名，周百步，中有小山，水溢不没。又辛湖，在府西一里，周七十步，亦以方位名也。○麻潭，在府东南。众流皆会于此。山势盘亘，过此折为九曲。又磜角，在府东，高岩湍怒，溉田甚广。又东有磜头，峭壁数十仞，瀑声如雷，亦有灌溉之利。《志》云：府南有五百滩，自汀抵潮，滩险有五百之数。今渔梁、鸬鹚、蛇王、九曲、王屋、纱帽诸滩是也。

古城寨，府西四十里。五代时，王延政筑此城以备江南兵，宋因置寨为戍守处，亦曰古城里。《志》云：旧城在府西南何田市，宋绍兴中，迁今所，明初置古城砦巡司。又西至江西瑞金县五十里。○屯驻军砦，在府南三里。宋建炎中，群寇扰乱，遣军讨捕，尝驻于此。绍兴十四年始创筑，元废。又何田市砦，在府西南五十里。宋时为商旅辏集处。嘉定间，创寨以弹压之，今废。《志》云：府北有汀关，宋置。景炎二年，元兵破汀关，文天祥欲据城拒敌。汀守黄去疾有异志，天祥乃移军漳州。是也。今湮。

临汀驿，在府治东。宋淳熙中建，至今因之。府东七十里有馆前驿，元为馆前站，明初改驿。又三洲驿，在府西九十里。本三洲铺，成化十八年建三洲公馆，后改为驿。○拔口场，在府西南八十里，宋置税务于此；又合同场，在府治东，宋置寻榷盐税于此；后皆废。

九礤隘。府西北三十里。《志》云：府东五十余里有大息、镇明二隘，东南八十余里有桃阳隘，府南百余里有黄峰隘，西南九十里有长桥隘，五十余里有分水、龟龙二隘，与古城、九礤为九隘，皆为戍守要地，而黄峰与古城尤为险峻云。

○**宁化县**，府东北百八十里。西至江西石城县九十里，西北至江西广昌县百九十里，北至邵武府建宁县二百里。本建州沙县地，唐开元二十四年，开山峒置黄连县，属汀州。天宝元年，改今名。今编户五十一里。

黄连城，县东五里。本黄连镇，唐置黄连县于此，以地产黄连而名，寻曰宁化。后唐同光元年，王闽迁县治于镇西竹筱窝，北负翠华，南临大溪，即今治也。县境山峻水急，峰峦万叠，至县治则四围平坦，形如大釜，旁挹嶂岫，下瞰溪湖，称为形胜。县城，相传始迁时筑，亦曰宁阳城，周不及一里。宋端平间，展拓，周二里有奇。宝祐二年，圮于水。开庆初，尝议修筑，不果。明正统中，屡被寇患。正德中始筑土城，复甃以砖石云。

翠华山，县北二里。其山四时苍翠，县主山也。又凤凰山，在县北三十里。崇冈峻垅，蜿蜒不绝，形如凤翅。其地有灵隐洞，亦名洞源岩。又北曰陶峰山，峰峦峻耸，四面壁立。县北六十里又有牙梳山，以形似名。险峻扼塞，啸聚所凭。○南山，在县西南十里。三峰相连，其中一峰特起，为邑之望，流水环绕其下。

苦竹岭，县北九十里。岭甚高，多产苦竹，常有云气蒙其上。又北有南桥岭，以高拱如桥而名。《志》云：县东北百里有城门嶂，山势卓立如屏。元季寇乱，邑民多避兵于此。○西岩，在县东北五十里，登石梯而上，石笋屹立如门，中可坐千人，泉石殊胜。有石室数处，皆幽异不一。其傍为东岩，亦有数石室，争奇竞秀。《志》云：县南六十里有乌路峡，两岸壁立，水势潆洄，深不可测。又危石，在县北六十里，突然一峰，四壁陡绝。

黄连洞，在县东。亦曰黄连镇，本名连城洞，唐置治处。乾宁元年，王潮据闽，黄连洞蛮围汀州，潮遣将李承勋击之，追破之于浆水口，闽地略定。浆水，见延平府将乐县。胡氏曰：黄连峒即潭飞漈。似误。又灵隐洞，在县北百里，一名洞源岩。洞前重冈叠嶂，小洞横截，岩石奇胜。

大溪，在县城南。源分六派，其正西自赣之石城县堑岭来会，西南自长汀县界狐栖岭来会，西北自石城县界长放坑来会，此大溪之上流也；其东北自建宁县界台田岭来会，正北自苦竹岭至县北三十里之马家渡来会，正东自热水窑头至县东四十里剑潭来会，至县东之东渡与上流三派合为一溪，复折而东，至清流县，又东会剑江水抵福州入海。《志》云：大溪支流西南入长汀县而为正溪。一云溪源出县北五十里石洞中，潰涌而出，名万玉泉，流为小涧，溉田数千亩，又引而南，为正溪之上源。

蛟湖，县北六十里，深不可测。又有柘湖，在县东北，其水四时不涸，溉田甚溥，西去蛟湖密迩。又有羊鸦湖，在柘湖侧，亦有灌溉之利。〇龙门潭，在县南。水深莫测，引流而东，亦曰龙津，有龙门桥跨其上，流会于大溪。又神头潭，在县西南数里神头岭下，渊深清澈；县东又有赤冈潭；皆引流入大溪。

潭飞漈，在县南乡。重冈复岭，环布森列，登陟极难。漈居其中，坦然宽平，山环水合，有田有池，草茂林深，易于藏聚。宋绍定间汀、邵贼晏头陀作乱，攻陷城邑，北犯建宁，监军刘纯等击破其潭飞漈，又谕降连城七十二寨，贼遂平。《一统志》：宋平贼后，置南平寨于此，为戍守要地。又龙潭漈，在县北三十里。相传有龙潜焉，时至涨溢。县西十余里又有雷鸣漈，以声如雷轰而名。〇七孤龙，在县南，北去乌路峡十五里。石峻路险，怒涛奔湍，逶迤七曲，舟行甚艰，盖即正溪所经矣。

安远砦，县北百里，北至邵武府建宁县八十里，旧名下土寨，宋庆元中置，元因之，有巡司戍守，明朝洪武初，改今名。又南平砦，在县南，近潭飞漈。宋绍定六年，移黄土寨于此。又北安砦，在县东北七十里，宋绍定六年，移苦竹砦置于此。今皆废。〇金钱隘，在县东，入清流县界。又石溪隘，在县北，路出建宁、广昌二县。其相近者为紫云、岩塘、草桥等隘。又留西隘，在县西，通石城县；县南又有木马、竹篙二隘，通长汀及连城县界；皆为戍守要地。

石牛驿。县南七十里，以傍有石牛而名。宋置，至今因之。《舆程记》：由清流县九龙驿舟行，至驿九十里，又西南六十里而达长汀县界之馆前驿，往来必经之道也。

○**上杭县**，府南百九十里。东南至漳州府龙岩县百五十里，南至永定县百十五里，西南至广东程乡县三百八十里，西至武平县百里。本龙岩县地，唐大历四年，置上杭场。宋淳化五年，升为上杭县，割长汀县南境隶焉，属汀州。今编户四十五里。

上杭旧城，《志》云：唐析龙岩县胡雷下保置上杭场，其地在今永定县东四十余里。南唐保大十三年，徙场于艺梓保，在今永定县东北六十里，宋升为县。至道二年，徙治鳖沙，在今县东北三十里，地名白沙里，旧曰鳖沙里。咸平二年，又徙县于语口市，东去鳖沙不及一里。天圣五年，复徙钟寮场，在今县西北二十里，其地坑冶大兴，商旅辐辏。乾道三年，又徙郭坊，即今县治。有城，相传宋端平中创筑，周不及一里，寻毁。淳祐中，更筑，复圮于水。宝祐间，始营以砖石，元季复废。至正中，拓旧址筑之，周不及三里。明初复圮，洪武十八年，邑人钟子仁作乱，县令邓致中筑城御贼，民赖以全。寻复废。屡被寇掠，成化中，复筑城。《志》云：县北十五里有旧州城，即汀州故城。详见前。

金山，县西北十里，邑主山也。峦嶂巉屼，苍翠如画，一名紫金山。宋康定间，尝采金，因名。上有三池，名曰胆水，上下二池有泉涌出，中一池则蓄上池之流。相传宋时县治密迩其地，水赤味苦，饮则伤人，惟浸生铁，可炼成钢。后县治既迁，其水遂变，不异常水。山侧有百丈漈，高可百丈，悬流如线，自石罅出，旧名黄金坑。水阳有南宝山，望之如笔。又有岩，曰宝兴岩。山南五里即旧县治之钟寮场云。又灵蛇山，在金山西北，峭拔凌空。○七峰山，在县城北三里。七峰岌嶪，翠丽可爱，一名七星山，为邑后镇。

冷洋山，县东十五里，高出诸山，俯见县治。下有水逆石而出，暑月尤冷。又乱石隔山，在县东四十余里，乱石巉岩，路出龙岩县。《志》云：县前溪南有横琴山，平广延袤，状若横琴，一名横琴冈。又袍山，在县南五里，县之前案也。亦曰挂袍山。又南曰美女峰，其峰有四，葱菁秀丽。又南为三层岭，岭三级始至其脊，道出永定县。○铁嶂山，在县西。石壁峭拔，势若屏嶂，山之西产铁矿。《志》云：县西有展旗山，数峰连属，迤逦若展旗然，县之右镇也。县西北又有覆罗山，高耸突立，山顶端圆，若覆罗然。

范荡洋山，县南百里，磅礴数百里，当上杭、永定两县之界。峰峦崭绝，人迹罕至。西南通程乡，东通漳州，奸民常据为窟穴，急则逃入于广。又羊厨山，在县西南百余里，盘亘百里。高岩怪石，千态万状，据汀、潮二州之界。○双溪岭，在县北四十里。有二小溪环绕其下，与长汀县分界。《志》云：县西有大磜岭，路通武平。又西有蜈蚣岭，高耸，萦回五里许。岭路蜿蜒，若蜈蚣然。

大溪，县城南，即鄞江下流也。自长汀县汇众溪流，经县北，与语口诸水会，至县治南山下，过美女峰，萦回三摺，环抱而出。又西折而南，经潭口直抵广潮入海。《志》云：大溪中有莲花石，波涛汹涌，行舟釐厘失措，即至覆没。其上群石耸翠如莲花，在县南六十余里。又县西北三十余里有观音石，县南又有鸟虎石，皆在大溪中。○九曲溪，在县东北三十里，萦回九折，流合大溪。又黄潭溪，源出县东龙岩县界，安乡溪，出县东东安岩。南宝溪，出南宝山下。又有樊溪，出钟寮场东，与南宝溪合。场西又有新田溪，亦流入南宝溪。县北又有金山下溪，县西又有水埔溪，出武平县界。《志》云：县境凡十余溪，俱流入于大溪。

咸水湖，在县南三层岭之北，有水一泓，味咸不涸。县东三十里大陂旁亦有此湖。又天井湖，在县东南二十里，阔五十余丈。《志》云：旧在县东，后忽移而南，相去十五里。又县城西北亦有二湖，名天井。○草鞋潭，在县北二里，延袤数里，大溪所经。舟人云，行竟此潭，可成草鞋一双，盖状其长也。又黄土潭，在县北四十余里，以潭旁土色皆黄而名。

大孤滩，县南四十里。立石槎牙，舟难上下，行者必易载而渡。《志》云：县境群滩凡数十处：其近城者有马尾滩，以滩水散流，若马尾然也；又有逃船滩，在县西，滩势甚险，舟行至此，必避溪旁，多为之备，然后敢过；又有大笼钩滩，屈曲若笼钩然；县北四十余里有目忌滩，水极湍急，舟人见之辄增畏忌；又北有镬风滩，滩有二水，一直一横，浪滚如镬。此数滩于群滩中为尤险。

梅溪寨，在县东梅溪口。宋置，今废。《志》云：寨西水口有狮子石，高数十丈。又石壁砦，在县西，旁有石壁潭。元置寨，今废。○九十九段隘，在县西南六十里；其西有郭公栋隘，东南有寒陂隘；皆山间小径，至为险僻。寒陂之西，曰银子凹隘，又北曰鲜水溪隘，与河头隘并称险要。《志》云：河头隘在县南五十里，县之险隘也。今有官兵戍守。又濑溪隘，在县西四十里。《防险说》：县南来苏里之王寿山，县东胜永里之狗困岭，与濑溪隘之龙障山，俱为险峻。

小溪隘，在县西南百里。《志》云：县西南百二十里曰溪南三图，与潮之大埔接壤，有上下二水，为盗贼巢穴，荡平后，立抚民馆于小溪隘之西坪。诸巢可虑者，惟此为最。今有小城，设兵置守。《图经》：县东北有羊蹄、桃排、采眉等隘，东有当风、芦丰、板寮、大王、坝上、南坪等隘，南又有新长岭、军营、荷树岗等隘，县西有葫芦、通桥等隘，西北有河溪、檀岭等隘，皆控扼处也。

平西驿。县东三十余里。成化六年置。又蓝屋驿，在县北七十里。成化十年，徙清流县玉华驿于此，改今名。《舆程记》：自汀州府三洲驿水行九十里，至蓝屋驿。又南至县，自县南四十里至大孤市，又七十里过峰头，又二十里为石上镇，属广东潮州府界，自石上又六十里即大埔县。○永兴场，在县东五十里；又县南六十里有通利场；县境又有金山、利济、龙山、石门、语口等场；皆宋时采金及铜铁处。

○**武平县**，府西南二百十里。西至江西安远县百四十五里，南至广东程乡县二百十里，西北至江西会昌县二百十里。亦龙岩县地唐开元二十四年，置南安、武平二镇，隶长汀县。五代时，王闽并南安为武平场南唐属剑州之沙县。宋淳化五年，升为武平县，析长汀县西南境隶焉，属汀州。绍兴间，筑城周二里有奇。端平间增修元时城圮。明成化中，复筑土城。弘治中，十四年甃以砖石，周三里。编户十九里。

灵洞山，县西十里。山有大洞三十六，小洞二十八，泉石皆奇胜。又西有双鹰山，双峰高插云汉。○梁野山，在县东三十五里，一名梁山，高五十余仞，分十二面，险峻叠出，绝顶有白莲池。

黄公岭，县北百五十里。接长汀县界，修阻二十余里。上有泉，自石中进出，仅杯勺许，而群饮不竭，俗呼圣公泉。又当峰岭，在县北七十里，凿石为路，长五里，接永平寨，上有泉。又石径岭，在县西北，高峻多石，路通羊角水，接江西会昌县界。又白鹤岭，在县西十里，江、广往来要路也。○南安岩，在县南八十里，形如狮子，中有二岩：南岩窈窕虚明，石室天成；东岩差隘，而石龛尤缜密，其中泉石种种奇胜，俗呼龙穿洞。又有十二峰，森立岩前，如拱如揖。又有绿水湖，亦在岩前。又南二十里有象洞，接潮州界，环抱纡回，号九十九洞，宋时尝于此置寨。

化龙溪，在县治南。一名南安溪，源出县东，流经此，又南合群溪水，入广东程乡县界。又聚灵溪，在城东，源出灵洞山，由西门流入，绕城东出，合化龙溪。又鱼溪，在县北，源出当峰岭，南会禾丰溪，合径口小溪，又南入化龙溪，禾丰溪在县东北，源亦出当峰岭。又有千秋溪，源出梁野山，西流入化龙溪。《志》云：县西北有濠坑溪，出江西安远县，下流亦入化龙溪。○露溪，在县东北一里。一溪七湾，俗呼露溪七渡。引流而东，又北入长汀县界，曰大顺岭小溪，接七里河，入于鄞江。又顺明溪，出县西大岭下，西流至江西会昌县入大溪，大溪即贡水上源也。县境诸溪皆有滩石之险。

象洞寨，县东南百里。其地与潮、惠接界，相传尝产象于此。宋政和中置寨，嘉熙中改为南尉司，元废。明初复置，改为巡司。又永平砦，在县北六十余里，地名帽磜，宋淳祐中置寨，明初改巡司。《图经》云：县西南又有悬绳巡司，以悬绳峰而名。正德间，群盗刘廷选啸聚于此，事平，因置巡司，设兵戍守。又三摺溪寨，在县东五里，宋置。《志》云：寨旧在溪西，为汀、赣、梅三州界首，后梅州废，止隶汀、赣二州。绍兴初寇毁，因移寨于此。又有屯营庵，在县东何屯冈下，旧传五代时统军使何姓者尝屯驻于此，筑小城，周围二里许，故址犹存。

南安镇。在县南。唐置镇，与武平俱属长汀县。五代时·王闽改置武平场，南安遂废。《志》云：南安、武平二镇相距盖二百二十里。○蟠龙冈隘，在县西南三十里，昔时群贼啸聚处也。其北有郑家坪隘，蹊径错杂，与广东大帽山接近，有挂坑嶂诸巢，窥伺为害，设军驻守。又水口隘，在县东南，又东即象洞砦也；县南曰钵盂隘；皆南近大帽山，为控御要地。《志》云：县东南又有处明隘，南近水口隘；县东有金鸡隘、大岭隘；东北为檀岭隘；北曰湖界隘，西曰碰头隘，皆设险处，有民兵戍守。

○清流县，府东北二百十里。东北至归化县九十里，东南至连城县百三十五里，西至宁化县六十里。本长汀、宁化二县地，宋元祐初，析置今县，以宁化之清流驿为县治，属汀州。绍定中废，元复置。旧有子城，相传宋绍兴间因寇乱筑，周一里有奇。后废。元末，邑人陈友定起义兵，破群贼，因山南之险，垒石为城。明初复废，惟南门城址犹存。今编户五十六里。

龙山，在县治南。山脉自西蜿蜒而东，至此群峰高耸，起伏如龙。元季陈友定于此垒城屯兵，名南砦山。其最高一峰，谓之南极，巉岏拔出，顶上时有白云，遥望如匹练。旁有铜锣山、塔山，皆山之支峰矣。又屏山在县治北，屹然突立，苍翠如屏，一名纱帽山。陈友定垒石屯兵，亦名南寨山。《志》云：县东三里有东华山，悬崖峭壁，前有斗台，高耸入云，登台则景物皆在目中。又笔山亦在县东，层峦叠嶂，回环二十里，中耸三峰，一峰尤高。县西又有西灵山，为县之右镇。

丰山，县南百二十里。其顶如磨，常有云气覆之。宋淳熙间，有穷其巅者，积六日乃得至。其巅平坦如砥，可坐数千人，而四围峭绝，人迹难逮。○渔沧隔山，在县西南，峰峦峭绝。其南又有枫隔山，以山多枫木而名。

铁石山，县东南九十里。山高多石，坚黑如铁。有矶曰铁石矶，洞曰铁石洞，洞口有九龙庙，庙前有九大滩，大滩之内，又有小滩，共十有八，凡舟行者，必祈祐于庙。又东南十里，即九龙滩矣。○玉华岭，在县东北六十里。上有玉华西洞，石峰拔地，苍翠横空，玲珑穿透，可容百余人。玉华洞之西曰石燕洞，东曰灵龟洞，皆有三穴，最深幽。又东临岭，在县南一里，接横口村，悬崖绝壁，有一夫当关之险。正德中，县令林浞因武平寇乱，守此以扼其险。又崆峡岭，在县东。山势临水，中通一道，至岭绝高，陈友定为关于此。

向阳岭，在县东。一名击阳岭，峻险壁立，直插霄汉。曰击阳，状其高也。又分水岭，在县东北四十里，相传陈友定尝屯兵于此。又县南十里有横溪岭，高五百丈，路通宁化县。《方域志》：县西至碗头岭二十五里，南至百步岭十五里，北至草鞋岭六十五里，皆与宁化县接界。○灏涌岩，在县东北七里，飞泉怪石，茂林修竹，为一方之胜。又灵峰岩，在县南二十五里，中有洞穴。又七峰岩，在县南六十里，有七峰突峙，因名。

清溪，在县城北。其上源即宁化县之大溪也。流经县西北高地岭，萦回五十里，澄清如练，南至县治西南，绕城环抱三折，经渔沧潭，下九龙滩入延平府永安县界。○半溪，在县北。源出高地岭，经县东北五里，西南流，合于清溪。又嵩溪，在县北五十余里，自宁化县界流入，过玉华岭南合清溪，谓之嵩口。又有青溪，亦出宁化县界，流经高地岭，合于嵩溪，谓之青口。《志》云：县东又有芹溪，源出归化县。东南有罗口溪，出连城县，亦谓之连城溪。经县东六十里，今有芹口、罗口，即二水入清溪处也。又梦溪，在县东南九十里，合山涧诸水流入九龙滩口，溪中有潭，曰秋口潭，相传溪上林木翁蔚，行者如在梦中，因名。又三港溪，在县西南五里。相连有三小港，源皆出宁化县，会流入于清溪。

九龙滩，县东南百里。上六龙属本县，下三龙属永安县。九龙上下二十余里，每龙两崖石峡逼窄如关隘，仅可丈余，而石龙横截水中，高可数丈，乘舟下龙，如在高山坠于平地，舟子欲下，必倚铁石矶，人尽遵陆，空舟而行，雇土著篙师栏头，庶可无恙。以县境止有六龙，亦曰六龙滩。元季陈友定尝开凿之，以通汀州粮运。明成化十八年，县令张寀募工凿去恶石，滩势稍杀，然险峻犹为七闽最。详见前永安县。○长空滩，在县东，怪石纵横，中有大黄石，尖耸险峭。谚云：黄石蒙头，十舵九愁。下有长空潭，水色澄澈。又渔沧潭，在县城东龙津桥南，三潭相属如贯珠，清绝明莹，深不可测。又黄柏洋，在县东五十里，宋文天祥尝引兵驻此。

铁石镇，县东南九十里。正统六年，议者以梦溪里山势险阻，草寇不时出没，奏置巡司于铁石山下，以为警备。○金钱隘，在县西北，路通宁化。又牙虎隘，在县东，路通永安。其北曰炭山隘，路通永安县安砂镇。

九龙驿。在县治南。元县尉厅故址，明朝洪武十一年，改为布政分司署，而置驿于县治东。成化十年，移分司于九龙驿，改置驿于此。又税课局，在龙津桥西北。明初置，正统初革。

○**连城县**，府东南百七十里。东北至延平府永安县二百五十里。本长汀县地，唐置莲城堡于此。宋绍兴三年，析置莲城县，属汀州。元至正六年，以讨平草贼罗天麟于此，因改莲为连，取去草之义云。有城，宋绍兴中筑城，后圮。端平中寇乱复修筑，淳祐中增葺元末复毁。明朝正德中，复筑城，甃以砖石。周二里有奇。编户三十三里。

莲峰山，县东七里。峭壁巑峰，盘礴数十里，绝顶平广，可容万人。宋皇祐中，邑人彭孙保聚于此，有城塞池堑，又有云楼、宣武、西、南四门，外有石梯、石巷，仅容一人。绍定间，寇乱，邑人丘麟率民保此山，设寨固守，全活甚众。《志》云：山一名东田石，顶有石泉。宋时官置三寨于其上。○蟠龙山，在县北。脉自清流县蜿蜒而来，入县境，群峰连接，历数十里，至县后，屹然拔起，高耸磅礴，为县主山。一名后龙山，旁有龙子冈。

白云山，县东南百里。峻嶒叠秀，高插霄汉，时有白云覆顶，因名。又县南八十里有云山，峰峦峭耸，势逼青苍，时有云出其上。又南有高贵人山，挺拔端重，秀出群山之表。○大岭山，在县西南五十里，高峻层叠，有路西北入长汀县界。又县东北有上峡山，两山夹立，路出其中。《图经》：县东有冠豸山，四壁悬崖，惟一路可入。成化中，邓茂七之乱，邑人多避难于此，贼攻月余不能陷。

虎忙岭，县西百里，接长汀县界。山岭高峻，登陟甚难，言虎过此亦仓忙也。相接者曰野狐岭，岭多狐。又分水岭，在县西北九十里。岭之水西入长汀，东入连城，因名。相近者曰彭地岭，宋彭孙尝屯兵于此。又陡岭，在县西南，有小大二路，沿山绝顶，绵亘六七里，以险阻陡峻而名。又垂珠岭，在县南百里，接上杭县界。宋景炎二年，元兵破汀关，丞相文天祥移兵屯漳州，过此岭，回顾垂涕，居民哀之，表以此名。相近有远水岭，亦接上杭县界。行人以重滩患陟，避水而登是岭。《志》云：县南有赤竹岭，岭多赤竹，亦接上杭。又有牛路岭，盘旋十余里，耕民贩牛广东，取路于此。县东南曰横山岭，盘回十余里，接龙岩县界。又县东曰猫儿岭，接永安县界，两峰对立，状若猫儿相顾。〇石门岩，在县东七里，两石相峙，壁立万仞。县南又有七星冈，环列凡七，如星之布。

文溪，在县治南。亦名清溪。源出县南百里金鸡山，与长汀潩合流，至县凡九折，而东达于清流县界。亦谓之罗口溪，皆以萦回曲折而名也。又莒溪，在县南百余里。源出龙岩县界山中，流入长汀县界，入于鄞江。又有萧坊、新泉诸溪，皆在县南，流入上杭县界，合于大溪。〇杨梅滩，在县西北六十里，其水出长汀县，合虎忙岭诸水，滩流险扼，上多杨梅，因名。下流入于文溪。县西南又有长滩，曲折多险，下流入上杭县之大溪。《志》云：县西一里有莲塘，泉水所潴。县东北又有莲花潭，文溪下流也，旧以此名县。

北团砦，县西南六十里。宋置寨于县北五十里，有巡司。后毁于兵，寄于县市西，元末废。明朝洪武十四年，改置于县东，十八年，迁于县南百里。隆庆四年，群贼啸聚于县南碧莒洲，寻讨破之。因迁司于新泉隘，筑城戍守。〇秋家岚隘，在县东，道出永安县。峰峦层叠，为盗贼薮。自县南而西，有朗村、丰头、新泉三隘，南接上杭，旧为襟要。又廖天山隘，在县东南，松杉参天，昔为啸聚处，因设隘防守。隘东数里又有横山隘，西数里有白岭隘，又县北有乌石隘，又西曰石固隘，皆为戍守处。

金鸡场。在县南金鸡山下。相近又有吕溪场。又郭家山场，在县南三十里。又南有宝成场，宋置，以开采铜铁之利，寻废。

〇归化县，府东北三百里。东北至延平府将乐县百七十里，南至延平府永安县百五十里，西南至清流县九十里，本清流县之明溪镇巡司，当将乐、沙县、宁化三县之交。成化六年，以其地旷远，民梗难治，乃析四县地置今县，即明溪巡司为县治。正德九年始筑城，嘉靖三十九年以寇乱增修，今城周三里有奇。编户四十五里。

楼台鼓角山，在县治后。数峰连属，中一峰高耸如楼台，其余峰圆者如鼓，长者如角，因名。县之主山也。又南曰印诰山，山形高而平正。又娥眉山，在县治前，群峰连络，中一峰正对县门，若娥眉然，县治盖北向云。○五马山，在县西三十里。五峰周遭连属，其中土地蕃衍，居民殷实，溪水绕流其下。又西北十余里曰龙西山，奇峭壁立，约千余丈，中有圣水岩。

紫云台山，县东南八十里。周围二十里，高十里。其顶上平，有田塘水碓，居民四五百余户，腴田数千亩。气候多寒，夏月无暑，每日色岚光互相掩映，则紫气氤氲，亦谓之均山，以三峰连络也。《闻见录》：紫云台山路巉岩，有险足恃，奸人易以窃据，戍守最切。○银瓶浪盏山，在县西南三十里。四峰连属，中一峰圆尖如瓶，余三峰圆小如盏，故名。又黄牛山，在县西四十余里，山顶高峻而宽平，宋绍定间，有曾寡妇晏氏者，倚山为寨以拒贼，贼来攻，不能陷，乡人多挈家相依。于是析寨为五，选少壮为义丁，互相犄角，贼屡来攻，皆败去。

腾云嶂，县东南九十里。高约五百丈，周百里，其形如盖。《志》云：县西十里有五顶嶂，亦高耸。又西有仁寿峰，特起数百丈，云兴则雨至。○铁岭，在县东三十里，置隘于此，道通将乐，为县襟要。亦曰铁场岭。又滴水岩，在县北五里。其上有泉，水下滴，亢旱不竭。西有洞，阔约数十丈，洞内孔窍相通，凡数十里。下有流泉，出为滚溪诸水，泉石奇胜，甲于一邑。又圣隐岩，在县东八十里。悬崖峭壁，樛木连阴。又东南为黄杨岩，与永安县接界。今详见永安县。

明溪，在县东，亦曰明江。其上源出县西二十五里伍通凹，流至城西南黄溪头而始大，环抱治南，绕如腰带，曰腰带水，一名黄溪水；又东北流崖侧，有大小二阜，相对如明字，因曰明溪；经铁岭，入将乐县界，曰湖地溪。○珩溪，在县东南，上源接明溪，中有石，沿渚夹峙里许，水从中出,谓之门槛石。又有翰溪,出县东北龙湖涧,引而南,与明溪并流入沙溪,东合众流入沙县界,亦谓之黄沙溪。县东三十里曰雷霆溪,自翰溪分流,沿渚十里,乱石巉岏,吼激如雷霆,亦流合于黄沙溪。又有布溪,亦在县东南。《志》云:布溪接吉溪、沙溪之水,自县东七十里岩前渡汇流而东,入沙县界。吉溪,即永安之龙溪也。

滚水,县东十里。出滴水岩,分流并注入于明溪。《志》云:县东十里有黄窠水,出将乐县界,下流与珩溪水会。○石硖涧,在县西南二里,流出山下,合于腰带水。

夏阳镇,县东八十里。亦曰夏阳墟。宋绍兴间,置明溪寨巡司,属清流县,在今县治西。元末陈友定筑城以障乡里,周围里许,谓之子城。明朝成化六年,改置县,遂迁巡司于此,易今名。又有黄杨巡司,在县东七十里,宋绍兴中置,寻废。《志》云:县后市空芜山巅有平章寨,陈友定立栅屯兵于此,因名。故址尚存。○明溪驿,在县西门外。宋元符中置驿,属清流县。明初因之,成化中属今县。《舆程记》:自驿西南六十里至清流县之玉华驿,又四十里即九龙驿矣。一云明溪驿在县西南十五里。

伍通隘。县西二十五里,路出清流县。县西南五十里曰半隔隘,路达宁化。又有水口隘,在县西北八十里,路通将乐县。北百四十里曰下坊隘,路出邵武府建宁县。○长平墟隘,在县东北四十里,路出邵武府之泰宁县及将乐县。又大岭头隘,在县南二十里,路出永安县,与县东之铁岭隘,东南之紫云台隘,并为戍守要地。《志》云:县环境皆山,东铁岭,西伍通,南大岭,北下坊,关隘之襟要也。而东南之紫云台隘,东北之长平隘,西南之半隔隘,西北之水口隘,并为扃钥之险。而紫云台一隘,关系尤切,路通永安、沙县及将乐、顺昌诸处。《闻见录》云:由紫云台而东北,其所出之道,曰夏阳,曰鹅公,曰廖源山。自廖源至将乐不过八十里。

又由鹅公山间道五十里，至招杉隘。又三十里，即顺昌之源坑矣。

〇**永定县**，府东南三百里。北至上杭县百十五里，西南至广东大埔县二百二十里。本永安县地，僻居万山中，往往恃险乐祸，正统、天顺以来，草寇时发。成化十四年，渠魁钟三啸聚劫掠，事平，抚臣高明奏请立县，治于溪南田心，名曰永定。编户十九里。

卧龙山，县治西北，蜿蜒如龙，县之主山也。又龙门山，在县东，峰峦连属。山之西麓，为贵人峰。峭峻端重，为邑之左镇。又印匣山，在县西，顶平坦若印匣然，乡民尝避兵于此。《志》以为县之右镇也。又挂榜山，在县南，横列如屏。〇铜鼓山，在县东北六十里，接上杭县界，拔地突起，高百仞，广数里。民居其下，左右有二湖，皆广袤数丈。其一虽旱不涸，名铜鼓湖。《名胜志》山在县西南四里，似误。

虎冈山，县北五十余里。两山相合，林木阴翳，亦曰斧山，萦回数里。县北八十里又有黎袍山，翁郁苍翠，远望如画。又县东北七十里有莲花山，峰峦耸峙，上有莲花。〇满山红山，在县西南五十里，森耸雄丽，半入潮州府界。

稌山嶂，县北八十余里。山势峻突，绵亘百里。林木龙葱，四时不改。上有石如马，民谣云石马鸣则有兵。成化十四年，草寇窃发，太监卢胜令军士击而碎之。嶂下有新村岭，延袤十余里，又有三峰，萦纡起伏，南接卧龙山。〇松柏嶂，在县南，《志》云：与广东饶平县接界。叠巘巍峨，林木蓊蔚，昔人多避寇于此。又桃坑嶂，亦在县南，山高林茂，产铁。乡民常垆冶于其下。

分水岭，县西北六十里。山势崇峻，石径险隘，水流南北两分。一名猪槽凹，路出上杭县。又缘岭，在县东百里。岭脊有圆墩，亦曰圆岭，接漳州府南靖县界。又三层岭，在县东南五十里，岑冈三折，最为险要。今有巡司。〇雪竹峰，在县南。陡岭插天，为邑之胜。相近为水珠峰，两山相向，奇秀特出，瀑布悬流，俗谓之双飞蝴蝶。又县北有双髻峰，两峰并耸如双髻。县北八十里有凉繖峰，冈峦崒嵂，亭亭若盖。

杨梅崠，县南四十余里。高峻磅礴，盘亘数十里，多产杨梅。又牙梳崠，在县西南七十里，水分南北，亦接上杭县界。〇伯公坳，在县西南，径路窄狭，道出潮州。又寒水凹，在县西北，路出上杭，石径岩险，行者病之。成化十七年，县令王环凿石开道，行旅称便。

大洲溪，在县南。源出龙岩县界之大池，西南流入境，过县治西，折而南，入广东大埔县界，为小靖溪。又有文溪，在县东北六十里。县东百余里又有武溪，流合文溪而入大洲溪。县北又有金沙溪，出分水岭，亦南合大洲溪。《志》云：县北有磨石滩，滩石错立，水势澎湃。县南有箭滩，以水势如箭也。又有罗滩，以湍流回绕而名。县西又有憔滩，惊湍沸浪，言舟师至此颜色为憔也。

丰稔溪，县北九十里。源出龙岩县界，流入境，与上杭县黄潭溪合，又西南会跳鱼溪。《志》云：跳鱼溪出稌山嶂，合丰稔溪，经县西境，合永安之大溪。又有汤湖溪，出黎袍山，流合跳鱼溪。〇涵水湖，在县西，今名龙安寨。湖水澄澈，萦回环绕，中有土阜。又县治西南有晏湖，周围百余丈，山溪之水潴而为湖，有灌溉之利。

兴化镇，县西六十里，亦曰兴化乡，有巡司。洪武五年，置司于县南之古镇，寻徙虎岗山下，改为太平巡司。天顺六年，以寇盗窃发，移置今所。又太平巡司，在县东六十里，地名高坡。正统中，以山寇扰乱，徙兴化司为太平司，后为寇毁。景泰末，徙置于此。又三层岭巡司，在县南三层岭下，成化十四年置司。其地当闽、广之交，盗贼出没，防御最切。

博皮岭隘，在县东北。路通漳州龙岩县，为戍守要地。《志》云：县北有斧冈、青坑、溪口等隘。自是而东，为布坑、长流、湖雷、上寨等隘。又县东有铁坑、望天丘、南溪、抚溪、洋竹、粤杳等隘。又岐岭隘，在县东南。又东南为下洋、大溪、月流等隘，路出漳州平和县。○竹箭隘，在县南，路出广东大埔县。又东为杨梅、新村、翁坑等隘，与三层岭巡司相接，县南境之要防也。又伯公凹隘，在县西南，其东曰锦丰渡，为南出之津要。县西又有斗古岗隘，西北为古楼岗、黄凿头等隘。《志》云：县境之隘，凡二十有六，而岐岭、博皮、竹箭尤为险要。

艺梓堡。在县东北。《志》云：唐置上杭场于县东丰田里，南唐移于艺梓堡。是也。今详见上杭县。又县有兴济、端利、嘉兴、浮流、锦丰五场，俱宋置，为采铁之所。

附见：

汀州卫。在府治东，洪武四年建。○武平守御千户所，在县西南二十五里。洪武二十四年建，筑城浚濠，周二里有奇，置兵屯守。又上杭守御千户所，在县治北。天顺六年，以溪南寇作乱，始调汀州卫后千户所守御。成化二年，遂置所于此。俱属汀州卫。

○邵武府，东南至延平府二百五十里，南至汀州府五百五十里，西至江西建昌府三百六十里，北至江西广信府四百十里，东北至建宁府二百八十里。自府治至布政司六百七十里，至江南江宁府二千四百五十里，至京师四千八百三十里。

《禹贡》扬州地，周闽越地。秦属闽中郡，汉属会稽郡。三国吴属建安郡，晋以后因之。隋属抚州。大业初，属临川郡。唐属建州。五代时，王闽因之。宋太平兴国四年，置邵武军。元曰邵武路。明为邵武府，领县四。

府山川蜿蜒，土田夷旷，居列郡之上游，作全闽之西户。自江右而入闽中者，下三关，出樵川，势如建瓴矣。明初取闽中，亦道出于此，岂非攻守要地欤？

〇**邵武县**，附郭。汉冶县地。后汉末，为建安县地。三国吴始于此置昭武镇。永安三年，升昭武县，属建安郡。晋太康初，改曰邵武，避司马昭讳也。宋、齐、梁因之。隋平陈，郡县俱废。开皇十二年，复置邵武县，属抚州。唐武德七年，改属建州。五代晋天福初，王闽又改为昭武。开运二年，属于南唐，寻复曰邵武。宋为邵武军治。今编户百七十一里。

乌坂城，府治东三里。萧子开《建安记》：越王筑六城以拒汉，乌坂其一也。亦曰故县城。北倚山麓，南滨大溪。《志》云：今府城宋置军时所筑，本土城，周十里有奇，后废。元大德二年，因故址垒以陶甓，惟西南隅缩旧城一里。至正二十四年，复修筑，甃以砖石。明朝洪武初，修城浚濠。五年以后，相继营葺。永乐十四年大水，圮城之半，寻复修筑。今城周七里有奇。

登高山，在城西。一名熙春山。有三峰，旧谓之灵泉三峰。嵯峨耸峙，下瞰城闉。成化十二年，郡守冯孜上言：府城东北临大溪，西南穿小溪，东则三水合流而去，惟西南密迩熙春小山。宋时城郭东南北三面俱临溪，西则跨熙春，遇水泛涨，人得趋避。元人建城，不跨熙春，城濠南北与大溪接，遇水泛涨，溪入于濠，濠灌于城。永乐中，尝被其害。况熙春去城密迩，脱有贼寇凭据之，则城内虚实皆见，宜因宋城旧址为便，不果。山南有西塔山，一名金鳌峰，即三峰之一也。〇樵岚山，在城西北十里，一名金莲峰，樵溪之水出焉。宋石正言、孙谔居此，亦名三谏山，俗谓之钟家岐。《名胜志》：城北有万峰山，以山据诸峰之会而名。其相属者曰苍山，旧名米仓山，一曰石鼓山。相接者为莲花峰。又县东北有泉山，山麓谷口仅容单骑，循洞而入，深邃夷旷，有田数顷，洞水曲折，山势环抱，谓之蒙谷，为近郊之胜。

鸡鸣山，府东二十里。宋开宝初，卢绛叛入闽，人不知避。夜半，忽山顶鸡鸣，人皆起，而贼适至，遂得免害，因以名山。又三台山，在府东六十里，当邵武、建阳二县界，自武夷盘礴而来，上有三级如台，因名，亦名杨源山。府东百里又有龙山，山大而高，抵建阳书坊界。其东十里又有龙须山，山周三十里，接建阳、顺昌二县界。〇白水山，在府东百二十里。山势高耸，上有瀑布悬流，凡数十丈，状如匹练。相对者曰九台山，亦有瀑布泉。

七台山，府东南百五十里，跨汀、延、邵三郡界。高二十余里，上有七台。又有洞，曰百花洞，泉石皆奇胜。又宝山，在府东百六十里，旧产铁矿。相接者曰东山，高亦百余丈。〇纱笼山，在城东数里，群峰攒抱，中一峰独高而直。又云岩山，在府东四十里，高出群岫，俯瞰长川，上有岩，吞吐云气。又东四十里曰天池山，山高大而顶宽平，有池方广数亩，冬夏不涸。

道峰山，府东南八十五里。亦曰道人峰，当邵武、将乐、泰宁三县界，危峰峭拔，矗入霄汉。《寰宇记》：道人峰负长溪，面樵水，秀峙数十里外。其险处名罗汉岩，下临绝壑，山周围盖八十余里，幽泉怪石，不可胜纪。〇南午山，在府南三十里。山有三峰，俱当午位，与郡治相对。一名叶寮山。相近为高幡山，上有风洞，深不可测，时有风出其中。旁有岭，路通泰宁县。又殊山，在府南百十里，双峰耸立，直插霄汉，亦名文笔山。其东为小殊山，视殊山虽小，而奇峻更胜。《志》云：府东南二十余里有浮潭山，三峰秀峙。东南八十里曰凌云山，高千三百余丈，仰逼霄汉。又府南九十里曰潮鱼山，亦有三峰鼎立。

天马山，府西北七十里。山势如马，从空而下，一起一伏，周十五里。又龙湖山，在府西北百里。山势峻拔，深谷盘回。绝顶有湖，溉田三万余顷。一云山在府西五十里。又有象牙山，亦在府西北，接光泽县界。〇云锦山，在府西南八十里。高峰环合，凡三十有六。又府东南四十余里有白鹤山，高峻如孤鹤冲天，一名天帝峰。

刘师岭，府南百二十里。路出建昌府，鸟道嵚崎，绵亘六七里，人以为病，戏名愁思。宋上官端义募众甃路，行者便焉。又望州岭，在府西北七十里，高耸望见府城。又府西百余里有飞猿岭，以高险得名。○金岭，在府东四十里，旧时夹道多松，亦名千松岭。又天湖岭，在府东南四十里，俱路出顺昌。又府东五十里有分水岭，岭水分流，东达建阳，西入邵武，相近有洪家岭。府东百余里又有吴师岭，皆路出建阳县，府东百六十里又有三望坳，路通将乐县。

紫云溪，在府城北。源出光泽县之西、北二溪，合流入境，会诸溪水东下经城北，其流益大，又东南至顺昌县之富屯，下流入顺阳溪，俗名大溪。樵水入焉，亦名樵川。《志》云：大溪会众水，东下一百二十里至富屯，其中有滩五百余。谚云：一滩高一丈，邵武在天上。又樵溪，在府治北，发源樵岚山，经城西而入城中，逶迤九曲，因名九曲溪，亦曰秀水，出城北，东流入紫云溪。○将溪，在县东。自建阳县流入境，合诸溪涧水入紫云溪。又洒溪，在县东二十五里，其上源曰青云溪，以相近有青云山，溪经其下也。又有壶山溪，一名九里溪，源出分水岭，亦曰分水溪。西流会洒溪而入紫云溪，曰洒口。府东四十五里又有平洒溪，诸山涧水汇为大湖，自高临下，溉田数万亩，东南流入紫云溪。

大拿溪，府东八十里。源出建阳县界，东北流，至拿口，亦曰拿口水，诸溪涧水皆流合焉。《志》云：府东百二十里有下黄溪，出建阳县界。东南百五十里有桃溪，出将乐县界。又有大竹溪，在府东南五十里。皆会诸溪涧水流入紫云溪。○西峡溪，在府西七十里，自光泽县界流入。又有三涧溪，在府西三十五里。石鼓溪，在府北二里，源出崇安县桐木关，皆会诸溪涧水共入紫云溪。《志》云：府城上下流会大溪者，凡三十有二溪，溪皆有滩石，而大拿溪中有小湖操、大湖操、编孔滩，水石冲激，舟人病焉。

三溪，府南六十里。出将乐县境，西北流三十里，又转西南流，入泰宁县之大溪。又府西南百二十里有太和溪，源出殊山，流合三溪。西南百余里又有将石溪，源出江西新城县界，流至此，亦西南流入于三溪。又有官坊溪，在府南百里，其地有官尖峰，溪源出焉，流合诸溪涧同入三溪。

水口镇，府东百六十里。有水口巡司，宋为水口寨，元因之。明朝洪武二年，改巡司。〇杨坊寨，在府东北五十里。宋绍兴二年置，元改巡司，明朝洪武十一年省。有税课局，元所置税课务也，明朝初改名税课局。又拿口寨，在府东八十里，亦宋置寨，元改巡司，明初废。其地与顺昌县接界，元时亦设税课务，今为税课局。又同巡寨，在府南五十五里，亦宋置寨，元改巡司，明朝洪武十一年省。

黄土寨，府西南四十里，亦曰黄土关。有黄土岭，路通江西广昌、南丰二县，亦戍守处。元置黄土寨巡司于此。至正十九年，陈友谅遣其将邓克明侵邵武，陈友定大破之于黄土，即此。《宋志》：邵武县有黄土等三盐场、龙须铜场、宝积等三铁场。

樵川驿。在府城东。宋置于城内，元徙于城外紫云溪北，明初移于此。又林墩马驿，在府东五十里，宋置，元、明皆因之。又拿口驿，在府东八十里，接顺昌县界。《志》云：府东三十五里有乐野宫。《建安记》：越王无诸畋猎纵乐处也。又泰宁县西隅亦有此宫，县南为高平苑，今皆为民居。详见将乐县。〇济川桥，在府城西。俗名水北桥。宋嘉泰二年创建，嘉定初落成，因名嘉定桥。绍定三年毁，端平初重建，改名端平桥。淳祐十二年圮，咸淳中建，改名环碧。元至元末毁，大德六年重建，因亦名大德。元统二年毁，至正三年垒石为址，凡十有三，架梁构亭其上，亦曰至正桥。二十一年复毁，明洪武八年重建，改名樵溪桥。永乐四年毁，正统十年复议修建，成化四年桥成，名济川桥。自是以时修治，长六十三丈有奇。又新屯桥，在府东四十五里。元至正中，尝建桥于此，垒石为址而梁之，长六十余丈，寻废。

〇光泽县，府西北七十五里。西南至泰宁县百六十里，西北至江西铅山县百八十里，西至江西新城县百四十里。本邵武县地。唐武德七年，以县北乡地置阳宁镇。五代周广顺初，南唐改为财演镇，并属建州。宋太平兴国六年，升为光泽县，属邵武军。元因之。县无城，今编户五十五里。

云岩山，县南一里。苍翠秀拔，高入云表。上有湖，天欲雨则涌沸如雷。〇乌君山，在县东北五里。山高二千余丈。其相接者曰乌石岭。《括地志》：邵武有庸岭，一名乌头岭。是也。《寰宇记》云：乌石岭路峻极，不通牛马。一名乌珮山，上有双石，皆高二十余丈，屹然相向，名双石笋。山跨邵武、建阳、铅山三县界，或以为紫云溪出此。又珠寮山，在乌君山南，同源异峰，是为诸山之母，一名诸母冈。又县东南有笔架山，三峰耸峙，中峰尤高，南望大溪，近不过十里。又北为旗山，叠嶂飞扬若旗，北连珠寮山。

太和山，县西北百二十里，与江西南城县接界。山有铁牛岭，旧置关于此。相接者曰小和山，旧置大寺寨巡司于山上。又石螺山，在县西八十里。两山相合，大石崎角对峙于溪上，曰石门，仅通单骑。有石如狮子，昂踞溪中，旁有石如螺，其水奔激，至水口入西溪。《志》云：县北有交椅山，山形九巘，为县治斧宸。县治西北七里曰青山，西连三千巘，邑之宾山也。

杉岭，县西北九十里，为福建、江西分界处。石山雄绝，蹊径仅容单车，置关其上，曰杉关。洪武三年，移大寺寨巡司于此，以扼关险。循岭而南十里，为豪居峰，高耸插云，为关藩障。详见前重险杉关。〇盘肩岭，在县东北百里，东抵江西弋阳县，西抵贵溪县。山高径险，盘曲而登。又云际岭，在县东北百四十里，接江西弋阳、铅山二县界，又有径路，通浙江江山县，北溪出其下。

象牙峰，在县西南，接邵武县界。一峰屹立，旁有二十四峰，森秀如象牙，邑之来山也。《邑志》云：离象牙而东四十里至三千崚，飞泉怪石，人不可登。又白云峰，在县西南二十五里，奇峰特峙，高入霄汉，晨昏有云气蒙其上，因名。○会仙岩，在县北三十余里，高二千余丈。岩口有石穴，中深而方，清泉常满，俗名石斗，岩后洞泉出自穴中，高数丈，名曰水漈。

杭川，在县北。俗名大溪。源出县西七十里极高岭，东流合杉关、止马诸水，曰西溪。经雷公滩，以水石相激，滩声若雷也。又经县西八里之搪石滩，怪石攒矗，飞流迅激，每遇水涸，则舟不能进。至县西北，杭溪、徐源诸水流合焉，曰杭川。经城西北一里之黄龙滩，东流南折，有晏公滩，至县东二里，北溪水流汇焉，是为交溪。溪中有洲，曰乌洲，一名月洲，浮交溪中。又东南流，逾龙孔滩，复南流三十里，入邵武县界，为紫云溪之上游。一云西溪水出县西五十余里管蜜山之洞光岩，逾雷公滩五十里至水口，石螺山水来会焉，合流为大溪。

北溪，县东北三里。源出云际岭，至县北百里，有昂山水合焉。南流四十里，合沂洲水。又南三十里逾茶富渡，出大里峰，有漠溪流合焉。又南二十里，流会西溪，所谓交溪也。

杉关，在杉岭上。有杉关驿，元元统初建，明因之。《志》云：关之东有大寺寨巡司，宋置寨于县北三十里，元至元二十五年，迁于县北六十里止马市，明初迁于此，以备戍守。又尝置杉岭驿于关下，寻废。余见前。○铁牛关，在县北五十里，相传唐广明中置。《闻见录》：光泽有铁牛、火烧、云际三关。云际关通湖坊，系江西铅山县界，去崇安桐木关一百八十里。又风扫隘，在县西五十里顿笔山上。又《宋志》县有太平银场、新安铁场。

杭川驿。县治西,宋置。熙宁中,迁县治南,明洪武六年,迁今所。又税课局,在县西止马市。宋初置税课务于县治东,明初改为税课局。宣德九年,以县官兼领。正统十一年,改建于今所。

○泰宁县,府西南百四十里。西至建宁县七十五里,东南至延平府将乐县百二十里,晋绥成县地,属建安郡。唐初亦为绥城县地,后为将乐县地。乾符二年,析置归化镇。南唐保大元年,废镇为场。中兴元年,升为归化县,俱属建州。宋太平兴国五年,改属邵武军。元祐初,改今名。县无城,今编户五十一里。

炉峰山,在县治西北,圆峤如炉,邑之主山也。《志》云:县南五里为南谷,有曲涧层崖之胜。又十里为齐云岩,俯瞰大溪。右为狮子岩,其高处为百丈岩,岩趾峭削,鸟道萦纡,人迹罕到。其相近者又有甘露岩,石门天成,一径如线,飞瀑千尺,垂岩而下,称绝胜云。○钟石山,在县北十五里。形如覆钟,周围壁立。其上坦平,下临清溪,高可百尺,缘崖为径。《志》云:县东北数里有旗山,势如展旗,延袤五里余,与炉峰山对峙。西麓有栖真岩,盖县之来山也。相近又有古灵山,圆下锐上,高百余丈。其东北一里有风石寨,北有神仙岩。

凤栖山,县西四十里。一名黄西山,峭石壁立,鸟道羊肠,萦纡以登。南麓有池,广数顷,甚深。两旁崖石峭立,筏乃可渡,至则旷然平野,可居数百家。昔人尝避地于此,今涸为田。又有南会岩,三石鼎立,旁有数岩,俱有小径可登。上有流泉、竹木之胜,一名南会山。又有帘山,在县西二十里,高广十余里,石崖壁立,林木苍翠,宛如帘幕。县西四十余里又有蓬源山,高六七里,延袤十余里。○薯山,在县北三十里,其南有鸡笼障,西曰龙门寨。又南石山,在县东北三十里,石皆南向,上有寨,下有龙井,周围峭壁,山南有石穴,人不可到。《志》云:县西南三十里有兰台山，其北为挽舟岭，嵯峨千丈，延袤十有三里，必牵挽而后可登，如挽舟上滩然。南有二石对峙，曰三门岭，亦曰三门寨。寨北有西岩，一名宝云岩，亦曰彩云岩。山盖与建宁县接界。

金铙山，县西七十里。亦名大历山，一名大戈山，跨建宁、宁化、泰宁三县界，有八十四面，周四百余里。《九域志》：越王无诸游猎，遗金铙于此，因名。有石燕岩，深广多泉石之胜。又有华盖岩，石磴萦回而上，上有池，谓之仙塘。旁有黄杨坪，龙潭在焉，溉田可千亩，亦曰龙平潭。又有王仙峰及玉龙峰。《志》云：山以名胜称者，凡十有八处。又大坳山，在县西六十里，延袤十里，峭石壁立，岩洞幽深，人迹罕到，可以避难。中有葛家崆岩、圣公岩、际陇岩，险僻可置寨。正统间，沙寇作乱，居民多避于此。○天台山，在县西六十五里，四峰并耸，状如宝盖，高千余丈，盘结三十余里。上有池，池北有双人石，以形似名也。又石仙山，在县西南六十余里。其南为金鸡嶂，一名鸡笼山，以山大而圆也。西曰罗洋嶂，一名阎王嶂，山高林深，人迹罕至。《志》云：县北十余里有大洋嶂，特立高耸，上有池，前有三峰。其东又有小坑嶂，即县治后山也。

阴山，县东二十里。一名应山，盘礴十余里，有鸡笼寨。《志》云：县南数里有鼓楼山，跨将乐县界。山形方峻，若楼阁然。又有印山，在县西南八十里。山北为藤岭，产藤，道出宁化县。相近为云盖山，山势峭拔，云气常蒙其顶，上有龙泉瀑布。○五龙山，在县北十五里，连邵武县之道峰山。

大杉岭，县西北二十里。路通江西建昌府，多产杉木。吴越时，遣兵屯戍于此。又九盘岭，在县西五十里，纡回九曲。《志》云：县西北六十里有茶花岭，广二十里。○峨眉峰，在县北五十里，周围数十里，高数千丈，类蜀之峨嵋。峰之左有三仙岩，泉石幽胜。岩前有三峰，状如笔架，峰之西即建宁县界。又七宝峰，在县西六十余里，高千丈，产金、银、铜、锡、朱石、黄连、甘草之属。世传越王游猎时憩此，宋为银场，后废。奸民多盗凿之，山遂崩陀。

大溪，在县治南。其上源出宁化县境，流经建宁县，曰濉江。东流入县境，至县西南三十里之梅口，邵武县之三溪水合众溪来会焉，为双溪渡。又东过县治，迤逦而南，至县南五十里青洲渡。又东南合将乐县界竹洲溪，而为延平西溪之上源。《志》云：县境远近诸溪凡二十有八，皆流合于大溪。

二十四溪，县西四十里。汇山溪之水东出，有石山夹岸错立，崒嵂周密，凡二十四曲，西南至梅口入大溪。又铺溪，在县南五十里，源出宁化县境。为柳洋水，北流二十里至合口滩入大溪。又瑞溪，在县西二十里，出峨嵋峰，流四十里入大溪。旁有瑞峰岩，因名。《志》云：县有龙安溪，源出县西南八十余里君子峰，流二十里，有善溪流合焉。又北会铺溪入于大溪。其善溪在县西南六十里，导建宁县境内之水，回环流合龙安溪。中有鳑潭，一名池潭，其深莫测，有旋涡，舟人病焉。〇龙门溪，在县北四十里，出大杉岭，有钴鉧潭流合焉。经县东二十里，下流亦入大溪。

杉溪，县北五十里。出茶花岭，经大杉岭下至县治北。又黄溪，在县东南五里，出将乐县界宝台山，西北流，经县东一里，与杉溪合，而汇为何潭，亦名龙潭。潭之下有滩，状如斗角，溪流至此，西山环拱，乃折而西流，三十余里达梅口，会于濉江，而邑之众水亦皆归焉。梅口有滩，曰火夹滩。乱石巉岩，两旁石崖壁立，奔湍激浪，其声若雷，舟楫至此，最为险阻，下流五里而为双溪渡。黄元实云：诸溪之水皆从石山中流出，至此，两岸开豁，桑麻沃衍，梅川市在焉。溪东接道人峰水，西与濉阳水合，复折而东，趋于剑津、平沙旷堤，雨涨则弥，霜涸则夷，可舟航而不可舆梁，实汀、邵往来之冲。

梅口寨。在县西梅口保。宋绍定五年，统领刘纯分忠武军于此，以镇罗源箬竹之寇，后废。又朱口寨，在县东三十里。宋绍定中设，元改为巡司，寻废。又石门隘，在县西五十里。又县北四十里，有澹子隘。五十里有茶花隘，以茶花岭名。旧俱为戍守处。《宋志》：县有螺潈金场、江源银场。○利沙桥，在县治南，跨大溪上，石址木梁，酾水为五道，宋、元以来，历代修建。又安泰桥，在县东南五里，跨黄溪上，一名延福桥。洪武三十一年重建，后圮。万历初复建，改名迎恩桥，长四丈有奇。《志》云：桥东通邵武，南接建宁，往来孔道也。相近者又有隆兴桥，长二十余丈。

○建宁县，府西南二百四十五里。南至汀州府宁化县百八十里，西至江西广昌县二百里，北至江西南丰县百五十里。晋绥成县地。唐垂拱中，为将乐县及抚州临川县地。乾符二年，置黄连镇于此。五年，镇人陈岩以镇兵御黄巢，因表为义宁军。五代时，南唐罢为永安镇，又改为永安场。宋建隆元年，南唐升为建宁县，属建州。太平兴国五年，改属邵武军。咸淳二年始城之。明弘治四年，因旧址改拓。正德十二年，复营缮。今城周四里有奇，编户五十二里。

绥城废县，县治西南三里。晋义熙中，析邵武县地置绥成县。刘宋因之，属建安郡。或云吴永安三年置绥安县，义熙初改曰绥成。误。《晋志》无绥安县也。齐、梁仍为绥成县。隋废。唐武德四年，复置绥城县，隶建州。贞观三年，省入邵武县。垂拱四年，以绥城故地属将乐县及江西临川县。乾符二年，分故绥城地为归化、黄连二镇，而以旧治为黄连镇，南唐曰永安镇。宋建隆初，升镇为建宁县，移县治于今所云。

凤山，县治西。山分三支，状若翔凤。又西有西山，形势耸拔，上有战坪。相传南唐取建州，宋齐丘督战其上。北连平山，山顶平坦，容百余人。又县治东有东山，一名何山。下有何潭，环绕县治。○金铙山，在县南二十里，接泰宁、宁化二县界。其在县境者有东、西岩，屹然并峙。相传旧有巨藤，交亘成桥，可通往来。寇乱，邑人多避兵于此。后藤绝而路隔。其跨县南数里者，曰长岭山。曲折起伏，横亘数里。余详见泰宁县。

望君楼山，县西四十里。峰峦秀丽，层叠如楼阁，若人凝立而谕望，一名圣峰山。又严峰山，在县西六十里，脉接江西广昌县，两峰双立，南北对峙。相近者曰云盖山，山势高耸，时有云气覆之，石岩悬绝，泻瀑如练，亦接广昌县。○宝山，在县东二十五里。厥土白壤，宜陶。蓝溪经其下。有坪曰桐树坪，地势平夷，上多桐树。又龙归山，在县东北四十里。山势蜿蜒若龙，其木多漆。

百丈岭，县北三十里。岭极高峻，乃江、闽分界处。鸟道悬绝，旧传越王无诸常筑台于此。蓝溪出焉，南流入濉江。又蟠湖岭，在县西北七十里，接江西南丰县界。上有湖，潴水不涸。东有大峰，高五百丈。又有小峰，高二百丈。

濉江，在县治南。本名绥江，以绥城县名，后讹绥为濉也。俗名大溪，出宁化县界中顺山。经县南五十里，亦曰宁溪。又东北流至此，曰濉江。又东流七十里，有金鼎滩，乱石险阻，湍水冲激，中有一石如鼎。又东北入泰宁县界。《志》云，县东南二里有洛阳溪，源出金铙山，北流入大溪，中有滩，曰金滩。又有都溪，出云盖山，东南流入濉江。县境诸溪凡十有七，俱汇入濉江。○桃源溪，在县西南二十里金铙山下，亦曰西源。众山环秀，溪潴其中，绕流三级，谓之陈家潦，亦曰三层潦。居民百余家，拟于桃源，导流北入濉江。又九流潦，在县东北七十里，流为楚溪，中有黄澜滩，东入泰宁县界，会于大溪。

西安镇，县西四十里。宋置西安寨，在县西六十里。元改为巡司。明洪武三年，迁于今所。○罗汉寨，在县城北。宋乾道四年，群寇何白旗作乱，张浚请设兵置寨于此。又永平寨，在县西六十余里，旧名罗源箐竹，寇区也。宋绍定五年置寨。又军口寨，在县东南四十里，亦宋绍定五年置。元改巡司。县东南五里又有将屯寨，亦宋置。为屯戍处。相近有地名巢隔，相传唐陈岩率民兵御黄巢，使隔绝不能进，因名。后皆废。

洛阳驿。县东南二十五里。又有都溪驿，在县西三十里。今俱废。《旧志》：县西熊家岭有绥城驿，县东有凤山驿，县治北有滩江驿，皆宋、元时置，明初废。《宋志》：县有龙门等三银场。○镇安桥，在城东，宋绍定初建，叠石为址者凡七，自元以后，屡经修建，长二十余丈。

附见：

邵武卫。府治东南。洪武初，改元邵汀万户府置。

读史方舆纪要卷九十九

福建五 泉州府 漳州府

○泉州府，东至海百二十里，南至海百有三里，西南至漳州府二百七十里，西至汀州府五百五十里，西北至延平府五百五十里，东北至兴化府百六十里。自府治至布政司四百十里，至江南江宁府三千二百五十五里，至京师七千五百五十五里。

《禹贡》扬州地。周闽越地。秦属闽中郡。汉属会稽郡。三国吴属建安郡。晋属晋安郡。宋、齐因之。梁天监中，析置南安郡。治晋安县。隋平陈，郡废属泉州。时泉州治闽县。大业初，属建安郡。唐武德五年，置丰州。治南安县。贞观初，并入泉州。圣历二年，置武荣州。初治南安。三年，州废，还属泉州。久视元年，复置。景云二年，改为泉州。改故泉州为闽州，而以武荣州为泉州。开元中，始治晋江。天宝初，曰清源郡。乾元初，复曰泉州。五代时，属于王闽，后属于南唐。石晋开运二年，南唐得泉州地。三年，南唐置清源节度使，以授留从效。宋仍曰泉州。亦曰清源郡。宋纪：乾德初，改清源军曰平海军。元曰泉州路。福建行省尝置于此。今详见前福州府。明初，曰泉州府，领县七。今因之。

府倚山为险，滨海称雄，北奠吴会之藩篱，西连岭粤之唇齿。一有不虞，不惟八闽数州同忧共患而已。盖水陆异用，战守殊趣，一隅之地，而千里之形在焉。论泉南者，第谓其土膏民沃，华实所资，抑末矣。

○晋江县，附郭。晋为晋安县地。隋为南安县地。唐开元八年，始析置晋江县，为泉州治。今编户百二十九里。

刺桐城，即府城。以昔时城下多植刺桐树而名。《志》云：郡旧有衙城、子城、罗城、翼城。内外有濠，舟楫可通。城市岁久，类多堙废。衙城在子城内，相传留从效所筑。子城则唐天祐中王审知所筑也。罗城亦留从效所筑。子城周三里有奇，罗城周二十三里有奇。宋太平兴国二年，陈洪进挈地归朝，诏三城皆隳坏。宣和以后，复葺旧址。嘉定四年，始大加修治。绍定三年，郡守游九功于罗城之南筑翼城，甃石二里有奇。元至正十二年，以四方盗起，监郡偰玉立议寻故址增筑，乃拓罗城、翼城而一之，周三十里有奇。城在五代时名葫芦城，以城不正方也，改筑，后象其形曰鲤鱼城。明洪武初增修，累朝复相继修葺。至万历中，地震，城圮，益加营缮。城内有濠，颇深广，潆洄三面，独东北阻山麓无濠。濠本在城外，元末拓城，城南濠因入城中。城有陆门六，水门一，隆庆二年，增为三。周广皆因元旧。

泉山，府城东北八里。一名清源山，一名北山，一名齐云山。周围四十里，横跨十余里，高数千仞，郡之主山也。《寰宇记》：泉山以山有孔泉而名。朱买臣谓东越王居保泉山，即此。山多石，泉出石窍中，故曰孔泉。上多岩洞诸胜，其得名者凡三十六处，而尤著者曰清源洞。《郡志》：泉山上起三峰，俗名三台。中峰有清源洞，一名纯阳洞，登其巅，可尽一郡之胜。俗谓东瓯王避汉兵处，误也。其左右二峰俱高秀，层岩稠叠，达于郡治。有事时，清源为攻守要地矣。又凰山在泉山南，山回拱如飞舞,一名皇绩山。嘉靖三十七年,倭贼掠凤山、清源山,犯南安。明年,复由此入犯。○双阳山,在府北四十里,泉山来脉也。两峰并峙,曰大阳、小阳,在南安县则谓之朋山,在永春县则谓之双髻山。盖山接三县界,各以形似名。又五洋山,在府北五十里,高顶中有田千亩。宋时有五姓居此,今讹五为吴。有小髻洞,可以避兵。山麓又有清水岩。

紫帽山,府西南五里。山高峻,常有紫云覆其顶,因名。中有甘泉,味最胜。《志》云:环山凡十二峰,而二峰尤高。左峰之阴有金粟洞,右峰之顶有凌霄塔,与泉山南北对峙,为郡之案山。又狮山,在府南十里,一名峰山。相传昔人置峰寨处。又南为行辇山,俗曰下辇。○罗裳山,在府南三十里,其东有玉髻峰。又南十里曰灵源山,蜿蜒数十里,高出东南诸峰。上有灵泉,大旱不竭,一名太平山,以山顶平正也。亦曰吴山。《志》云:山西北麓有吴明宫,亦曰吴明山,昔有吴氏隐于此,后人为宫以祀之。又有石曰望江石,南瞰大海外,如在眉睫,绝顶又有紫霞峰。

宝盖山,府东南四十五里。一名大孤山。绝顶有石塔,宏壮突兀,出于云表,商舶以为抵岸之标。半山有虎岫岩,东南跨海。又有玉泉井,在石塔下,随海潮汐以为盈缩。相近者曰金鞍山,亦名小孤山。○金钗山,在府南三十里。两峰延袤数百丈,如钗股然。今浯屿水寨移置于此。有六胜塔,颇壮丽。相接者曰石湖山。

洋屿,府西南十里。四围田畴数百顷,屿突起其中。又岱屿,在府东南六十里,突起海中,介于石湖、北镇两山之间。《志》云:岱屿相连者为白屿,耸出江中,为洛阳、圣姑、北镇、石湖诸港湍流分汇之处。而左右多沉沙,迁徙不常,屡为商舶患。又乌屿,在府东北二十里,四面潮水环绕。民居辐辏,旧有石路,潮至则没,行者病之。宋宝祐中,始作桥以通往来,人以为便。

彭湖屿,在府东南海中。山形平衍,东西约十五里,南北约二十里，周围小屿颇多。自府城东出海，舟行三日可至。又有东、西二碇山，亦在海中。自东碇开洋，一日夜可至。其海水号彭湖沟水，分东西流。西达漳、泉，东达吕宋。《海防考》：隋开皇中，尝遣虎贲陈棱略彭湖地。其屿屹立巨浸中，环岛三十有六，如排衙。居民以苫茅为庐舍，推年大者为长，以畋渔为业。地宜牧，牛羊散食山谷间，各黥耳为记。《元志》云：三十六岛，巨细相间，坡陇相望，有七澳居其间，大约有土无木，土瘠不宜禾稼。产胡麻、菜豆，山羊尤多。居人煮海为盐，酿秫为酒，采鱼虾螺蛤以佐食。土商兴贩，以广其利，贸易至者岁常数十艘，为泉外府。至元末，置巡司于此。明初洪武五年，汤信国经略海上，以岛民叛服难信，议徙之于近郭。二十年，尽徙屿民，废巡司而墟其地。继而不逞者潜聚其中，倭奴往来停舶取水，亦必经此。嘉、隆以后，海寇曾壹本等屡啸聚为寇，官兵大举，始讨平之。万历二十年，倭犯朝鲜，哨者云将侵鸡笼、淡水。鸡笼密迩彭湖，于是议设兵戍险。二十五年，增设游兵，春冬汛守。四十五年，倭入犯龙门港，遂有长戍之令，兼增冲锋游兵，以厚其势。其地环衍可二百余里，三十六屿之胜，盖清漳、温陵二郡之门户。但地斥卤，水咸涩，常燠多风，稼穑差艰耳。屿之正中曰娘宫屿。从西屿入，二十里为茶盘，又十里为进屿，即娘宫屿矣。波平浪息，无溯奔激射之势，其状如湖，因曰彭湖。湖面宽转可里许，深稳可泊，遇南北风，我舟汛守皆顿其中。夷人往往窥伺，以为窟穴。面为案山，右为西安，各置小城，列铳其中，以为戍守，名曰铳城。又左为风柜，夷人尝筑铳城于此。山略高至七八尺，夷拗其中，上垒土，若雉堞。日后毁其城，仍分军戍守，与案山、西安相犄角。东为莳上澳、猪母、落水，最当东南之冲。夷寇从东南来者，遇风辄寄泊焉。由陆趋娘宫三十余里，旧有舟师戍守，今更筑铳城以防横突。又东向为钻管港、林投仔、龙门、青螺诸澳。龙门有原泉，旧为居民聚落。万历三十五年，倭流劫大金所，余船突犯泊此屿。西为西屿头，正夷寇出入之道。有果叶澳，泉甚冽可饮。稍北为竹篙湾。又西为蜅仔员。又西北为丁字门、水吼门，非乘潮舟，不得出入。皆设水陆兵戍守。屿北为北山墩，有北太武，稍卑为赤嵌。循港而进，越一澳区，为镇海港，累城于此。又西北为吉贝屿，沿海诸山，乱石森列，港道迂曲，非练熟舵梢，不能驾舟也。又北太武与中墩，称两太武，俱湖中最高处，便于瞭望。娘宫稍后二里有稳澳山，颇纤坦。自万历三十七年，红夷一舟阑入彭湖，久之乃去。天启二年六月，有高文律者，乘戍兵单弱，以十余船突据彭岛，遂因山为城，环海为池，破浪长驱，肆毒于漳、泉沿海一带，要求互市，欲如粤东香山澳夷例。总兵俞咨皋者，用间移红夷于北港，乃得复彭湖。议于稳澳山开筑城基，通用大石垒砌，高丈有七，厚丈有八。东西南共留三门，直北设铳台一座，内盖衙宇营房，凿井一口，戍守于此，以控制娘宫。然议者谓彭湖为漳、泉之门户，而北港即彭湖之唇齿，失北港则唇亡而齿寒，不特彭湖可虑，漳泉亦可忧也。北港盖在彭湖之东南，亦谓之台湾。天启以后，皆为红夷所据。

海，府东南八十三里。府境群川毕达于此。旧《志》：自城东海道正东行，二日至高华屿。又二日至龟鼊屿。又二日即琉球国也。《海防考》：郡境滨海之地，东则惠安，与兴郡莆田接界。西则同安，与漳郡海澄接界。延袤三百余里。今分设卫所，以防门户，而边海之佛堂、蚶江两澳，亦肘腋之虞也。又有沙塘湾，在永宁卫城南，或谓之沙头峦。

晋江，府城南德济门外。其上源承永春、安溪、南安诸水，汇为黄龙江。东流至城西临漳门外，曰笋江。江岸有石，高二丈许，卓立如笋，因名。岸傍一山，俯瞰江流，有大盘石，从山腰至麓，与江相接。长百二十余丈，其穿伏于水底者，尤不可测。宋初邑僧定诸建塔于盘石之上，因名山曰石塔山。笋江而下，则为浯江。流经德济门外，复东流而北折，环城东南，曰溜石江。又东行至法石、石头、圣姑，达于岱屿，入于海，亦谓之蚶江。盖皆晋江之异名矣。旧《志》：晋江之名，以晋南渡时，衣冠避地者多沿江而居，故名。《新唐书》：晋江县北一里有晋江。开元二十八年，别驾赵颐贞凿沟通舟楫至城下。盖引江为别渠,非即晋江正流也。

洛阳江,府东北二十里。纳境内诸山溪之水及惠安县西北之水,流经府东,入于海。群山逶迤数百里,至江而尽。唐宣宗微时游此,谓山川胜概,有类洛阳,江因以名。《志》云:县境东北诸水注于康溪,达于濠市溪,至于留公陂斗门。其别流为长溪,受大帽等山十余水。又别流为惠安沙溪,受覆船等山八水,俱至留公陂斗门,汇为洛阳江而东入海。留公陂旧名丰谷陂,宋右史留元刚筑以灌田,今俗呼陈三坝。洛,沈括曰:义同落。《九域志》作乐洋。然洛阳之称,其来久矣。

天水淮,府城东南。其地曰南洋,田滨海,苦咸卤。唐大和三年,刺史赵棨凿清渠,作三十六涵,纳笋、浯二水以灌田,凡百八十顷。取赵姓望名曰天水,方言谓淮为围,俗谓之下围,后陈洪进改曰节度淮。宋守曹修睦亦尝浚治,别营三涵,以便启闭。《志》云:郡东南水门旧曰通淮,以泄城中潴水。先是城内废河与外濠绝,距淮远。宋治平三年,夏潦水溢,屋庐崩坏。越二年,守丁玮穴城为门以通淮,疏潢污纳之外河,自河注之江,江潮通河,便于舟楫。百货贸迁,皆至于市,因名门曰通淮。元季拓城,通淮门之地在城内,改建门曰南薰。嘉靖中,改门名曰迎春。隆庆二年,守万庆重浚城内外沟河,立临漳、南薰、通淮三水门,城中诸水皆引流入淮,合附近群川达东山渡,入于晋江。

东湖,城东一里。郡境诸湖,此为最大。唐时周四十顷,后渐壅塞。宋庆元六年,郡守刘颖浚之,积土湖中为四山,置斗门四。于西南隅,引为放生池,岁久侵废。淳祐三年,守颜颐仲复浚,又积土湖中为三山,郡人因名湖曰七星湖。后复废。明天启五年重浚。一名万婆湖。有万婆祠。〇龙湖,在府南百里。相接者曰觖湖,周可二十里。《志》云:府南七十里有横山,其溪涧之水汇流为二湖。龙湖大而水绿,觖湖小而水赤。相传旧与海通,涌沙介其间,遂别为湖。又有龟湖,亦在府东南三十里,宝盖山东北诸溪涧水所汇也。嘉靖三十七年,倭寇由龟湖突犯安平,燔掠而去,即此。

烟浦埭,府东南二十里。《志》云:堰水曰埭,埭九十有四。烟浦最大,上承九十九溪之水,广袤五六里,襟带南乡之境,出溜石六斗门入于晋江。宋时筑捍三万丈,斗门四,与陈埭斗门共为尾闾泄水。治平二年以后,屡坏屡修。绍兴六年,大加修治。今犹仍故址。又西南为陈埭。本陈洪进所筑,受西北吟啸浦之水及罗裳山诸涧西南出,分为众港,从二斗门以入海。○七首塘,在府南二十里,境内之塘四十有一,七首为最大。七首之中,盈塘、砂塘最大。塘中有屿,群峰皆奇耸。《唐志》:晋江县东一里有尚书塘,溉田三百余顷,本名常稔塘。贞元五年,刺史赵昌置。昌后为尚书,民思之,因以名塘。其塘上接清源山诸坑及东湖之水,下流达于晋江。府北一里又有仆射塘。唐元和二年,刺史马总开浚,灌田数百顷,总后赠仆射也。俗号白土塘,今皆废为田。

清洋陂,在府南。陂八十有二,洋陂最大,邑南诸洋俱受溉焉。自烟浦而西,水之小者为溪,大者为浦。溪浦分流之际,则筑土为陂,以溉溪旁之田。自南安县之九溪,至府西南之高溪,凡三十六水,合流数百里而为陂。自陂而下,为拱塘、苏塘,萦回复十余里,所溉田千有八百顷。宋熙宁初筑。淳熙七年,累石为埠,以防霖溢。且为三垛以泄水,长一百八十丈,广二丈有咫。修小陂于支流者五,为斗门于下流者七,陂之南北,增筑长埠各三,倍其长之数焉。凡诸港、浦、埭、塘,皆古人填海而成之,所谓闽在岐海中也。

玉澜浦,府南四十里。汇灵源山东南诸涧之水趋于海。又南四十里有植壁港,汇横山以南诸溪涧水而入海。沿植壁而南,有陈坑港,汇井尾埭、烽火埭、西湖诸水趋于海。《志》云:滨海之港以十余计。西南隅又有安海港,南安县境诸溪亦由此入于海。

围头镇，府南八十里。宋置宝盖寨。《志》云：宋淳熙十三年，于泉州城南十里置宝杯寨，城东十五里置法石寨。嘉定十一年，以海寇冲突，围头守臣真德秀移宝林兵戍围头，立寨曰宝盖，而以法石为重地是也。元寨废。明初徙永春县，陈岩巡司置于此，改今名。有城，周不及一里。洪武二十年筑。又乌浔巡司，在府东南九十里。旧置于安溪县大西坑，寻徙置此。有小城，亦洪武二十年筑。相近又有深沪巡司，元置于府南二十五里，曰港边巡司。洪武二十年，徙置于此，改今名，并筑城戍守。又祥芝巡司，在府东五十里，旧置于东南五十里之石湖镇。洪武二十年，改徙今处，并筑小城。

安海镇，府南二十里。古名弯海，宋初始改弯为安，曰安海市。西曰新市，东曰旧市。海舶至州，遣吏榷税于此，号石井津。建炎四年，置石井镇。绍兴二十六年，海寇奄至，镇官自镇西偏循东北筑土城，叠石为门备之。后圮。元置石井镇巡司于此。明初洪武二十年，徙巡司于同安县之东坑镇，仍为商民辏集处。嘉靖三十七年，以倭乱甃石拓城，周五里有奇，为门四，水关大小凡八，设官军戍守。亦曰安平镇。三十八年，倭寇两攻安平。四十三年，复自仙游来攻，皆不能陷。万历三十四年，移府通判驻此，为滨海要地。又府东南有石湖镇，亦曰石湖澳，滨海扼要处也。宋熙宁初，以石湖村为晋江、南安、同安、惠安四县陆路总要地，置寨戍守。后废。万历中，增筑石城，并设戍兵。〇万安寨，在府东北洛阳桥傍，与惠安县分界处，嘉靖中置。府南六十里有潘径寨，洪武二十一年所置也。府东南又有吴山等十五寨，俱洪武中置。隶永宁卫。

晋安驿，府治西肃清门内。元曰清源站。明洪武九年改置驿，并设递运所于其东，以驿兼领。《志》云：府治西南有清源驿，元置，寻废。又府南二十里塘市有元置晋江税务，明洪武六年，徙于城西南，更为税课局。正统初省。十二年，复置。嘉靖十六年废。又有河泊所，洪武十四年，置于城南门外。嘉靖间，移置城内。〇浔渼场，在县东南六十里。产盐。元置管勾司，后改司令司。洪武初，改为场。二十五年，又改设盐课司。相近又有㳉洲场，亦元置，明改。

洛阳桥，府东北二十里，跨洛阳江上。一名万安桥，旧为万安渡，颇为险。宋庆历初，郡人陈宠始甃石作沉桥。皇祐五年，郡人王实等又倡为石桥，未就。会蔡襄守郡，慨然成之。累址于渊，立石为梁，酾水为四十七道，长三百六十丈，广丈有五尺。其后相继修葺，为往来通道。嘉靖三十七年，官军败倭于此。〇石笋桥，在府西临漳门外，跨笋江上。宋皇祐初，创浮桥，名履坦。嘉祐间重修，改曰济民。元丰初修饰，曰通济。绍兴间，改作石桥。庆元中，又造二小石桥相续，以达临漳门。明宣德、成化以后，屡经修治。嘉靖三十七八年，倭贼犯郡，往往啸聚于此。四十年，官兵断桥拒倭，久之复修筑。又顺济桥，在德济门外，宋嘉定四年建。一名新桥，元至元中及明成化七年以后，相继修筑，长百五十一丈，嘉靖三十八年，官兵御倭于此。又北为车桥，亦是时屡被焚劫处。

安平桥，在府西南石井镇。宋绍兴中建，酾水为三百六十二道，长八百余丈。相近又有东洋桥，亦绍兴中建，酾水二百四十二道，长四百三十二丈。又苏埭桥，在府东南十里。宋绍兴二十四年，创建大桥四，计二十三间。又于田塍径道造小桥百十四间，以通泥淖难行处，长二千三百余丈。〇凤屿盘光桥，在府东北二十里。旧为石路，潮至不可行。宋宝祐中，建桥百六十间，长四百余丈。又府东南七十里有陈坑桥，宋淳熙初建，酾水百四十道，甃路八千余丈。又普利大通桥，在府南三十余里，宋绍兴十二年建，凡百十间，长三百丈。又有玉澜桥，在府东南四十里，跨海港千余丈。已上诸桥，自宋以来，历代修筑。

法石寺。府东五里。宋末，蒲寿康谋据郡降蒙古，少主至泉城北，不敢入城，驻跸于法石寺，即此。

○**南安县**，府西十五里。北至至永春县百里，西北兴化府仙游县二百十里。汉冶县地。三国吴置东安县，属建安郡。晋改曰晋安，属晋安郡。宋、齐因之。梁置南安郡为治。隋废郡，改县曰南安，初属泉州，后属建安郡。唐初置丰州于此。贞观初州废。圣历二年，为武荣州治，州寻徙治晋江，县属焉。景云二年属泉州，后因之。县无城，嘉靖三十七年备倭患因甃石为城，四十三年复修城浚濠。今城周四里有奇，编户四十八里。

九日山，县西南二里。奥衍明秀，溪流演漾，峰峦映发，称为名胜。邑人九日登高于此，因名。山之冈脉，接晋江县界，峰岩泉石，其得名者以数十计。又莲花山，在县西北三里。耸峙平原中，岭开八石，如莲花然。登其巅，可尽一邑溪山之胜。县东北又有九峰山，九峰突起，上有西华岩。○雄山，在县南。山势高大，诸峰皆出其下，故名。县西南又有乌石山，与晋江紫帽山对峙，岩石奇胜，俗亦谓之乌山。《志》云：县西南二十里有谷口山，峭拔森列，其中盘邃如谷。又南为五峰山，有石室灵泉之胜。

大安山，县西北十七里。地势幽阻，上有栖真岩，岩穴中容数百人。下有泉，岁旱不竭。又大宇山，在县西北二十三里。一名鸡笄山，土肥泉甘，多产枣栗。下有翠屏峰、詹道岩诸胜。《志》云：县西北数里有高田岩，山最高，上有田数十亩。○英发山，在县西五十里。山势盘踞数十里，中峰尖而势差伏，旁二峰两翼簸张，如鹰振翮。一名鹰山。下有英洋溪，俗曰英溪，与安溪县接界。相近者为九仰山，众山九面环仰此山，因名。又困山，在县西六十里。秀锐峭拔，其形如困，航海者常望此山为标准。又西二十里曰大帽山，广袤十余里，顶有巨石九层如帽，与同安县接界。

海，在县东南。《志》云：县三面距山，惟东南一隅切附海口。有石井巡司及澜浔、运河二澳头，为守御之处。

黄龙江，在城南。亦曰黄龙溪。源自永春、安溪二县，汇诸溪之水，一东南流，一东流，同达于县西双溪口。并流而东，至九日山下为金溪。又东绕县治南，为黄龙江。远近诸水皆流合焉，折而南，汇为笋江，即晋江上源也。〇九溪，在县西南二十五里。有柏峰山，溪流出焉。逶迤而东，分为九派，汇为龙潭。下流至晋江县之安海镇，过安平桥入海。《志》云：县境诸水俱汇流入晋江县界，为磁灶溪、葛洲溪，俱南注清洋陂，至烟浦埭入海。

寿溪，县南三十里。有覆鼎山，溪源出焉。萦纡二十余里，溉田三千余亩。又桃林溪，在县西二十里，自安溪县流入界。留从效微时居此。下流俱入晋江县界。又洪濑溪，在县北，路出永春、德化二县，下流入于双溪。

澳头镇，在县西。有巡司，正统间置。又石井废巡司，在县西南下坊村，宋绍兴十四年置。北距州城六十里，南去石井镇十五里。元移置于晋江安海市。《会典》：石井巡司，旧系澳头，万历六年改。又连河巡司，在县南，洪武初置。二十年，徙同安之峰上，故址犹存。〇都巡寨，在县城东潘山下，宋绍兴中置。东距郡城十里。元至顺间，徙于县西北卢溪桥，改卢溪巡司。明洪武二十年，徙于惠安县之獭窟屿。又塔口隘，在县西北，接永春县界。

康店驿。县西南六十里。又汰口驿，在县北，有汰口山。两山并峙，溪流其间。宋时有僧建桥于此，曰汰口桥。以近卧龙山，亦名卧龙桥。寻置驿。《志》云：驿在刘店、郑山之间，盖道出尤溪，以避义江之险也，后废。

〇同安县，府西南百三十里。西至漳州府百五十里，西北至漳州府长泰县八十里。汉冶县地。晋析置同安县，属晋安郡。后废。唐为南安县地。贞观十九年，置大同场。五代唐天成四年，王闽置同安县，属泉州。

今城周四里有奇,编户四十八里。

银城,即今县。宋绍兴十五年创筑。外环以濠,十八年,城始就。二十五年,朱子为邑主簿,与监税曹沅备城西北,寇不能陷。其制东西广而南北隘,如银锭然,故曰银城。又城南溪有二石,状如鱼,色若铜鼓,亦名铜鱼城。庆元、绍定间,相继修浚。元至正十四年,安溪山贼陷城。明年复修治、寻圮。明正统十四年,沙、尤贼复陷城。景泰初,因旧址增修。嘉靖三十七年,因倭寇增筑。明年,积雨城坏,贼大至,官兵用木栅捍蔽御却之。后复屡经修葺。周四里有奇。

大轮山,县城东一里。群峰自西北环列而来,如乘车张盖、跃马奔轮之状。西南一峰,屹然倚空,名罗汉峰。外又有尊者岩、苍翠岑诸胜。又东一里为九跃山,山形蜿蜒,如龙之跃者凡九,因名。又葫芦山,在城西北,平地特起,形若葫芦。旁又有四小山,俗呼五芦山。○三秀山,在县北十里。三峰秀出,一名仙人掌,为邑之北镇。又县北三十里有斗拱山,相近者曰吴淮山,皆高耸云汉。又大尖山,在县西北四十里,高数百丈,与安溪县接界。

北辰山,县东二十五里。高耸若拱北辰,上有岩,岩侧有十二龙潭。又福船山,在县东四十里,高秀甲于群山,一名福泉,接南安县界。又大罗山,在县东北五十里,亦曰螺山。岩峦绵亘,亦与南安县接界。○莲花山,在县西三十里。峰峦耸拔,状若莲花,一名金冠山,亦名夫人山。又西三十里有三重山,复岭重冈,高耸千仞。其相接者曰文圃山,南滨大海,下多文士,因名。其山层峦叠嶂,深洞长谷,有龙池岩及云岳、云峰诸胜,与漳州府海澄县接界。又西里许曰夕阳山,以在西方最高,遥接落日而名。《志》云:县西五里有西山,形如五虎,俗亦名五虎山。

五通岭,县东七十里。《志》云:宋幼主避蒙古兵至泉,闻蒲寿庚之乱,止郡城北法石寺,越城南下辇,今为下辇铺。自下辇过县东五都龙窟村，有三巨石连接水中，由此登舟。谓之御踏石。又至庄坂尾，是为五通岭，路旁二巨石夹峙，高四五丈，文信国题曰龙门。○沔洲屿，在县南四十里海中，以在丙方而名，周围二里余。稍东有白屿，周围四里许。县东、西二溪之水合流经此两屿，又南经处屿入于海。又嘉禾屿，在县西南七十里海中。旧尝产嘉禾，因名。一名鹭屿，一名厦门，广袤五十余里。五峰并立，而无尽岩居其中，最高者曰洪济山。有岩岭洞石之胜，其最著者有云顶岩，亦曰留云洞。又有岭曰薛岭，前后居民旧凡千余家。

浯州屿，县东南大海中。抵岸陆行至县九十里，水行五十里。屿广袤五十余里，有山十数。最高者曰太武，状若兜鍪，隔海望之，若仙人倒地。又有海印岩、石门关诸胜，其地亦名五澳，实番人巢窟也。明初设浯澳水寨于此。嘉靖中，倭自浙江舟山南行，泊浯屿，福建大震。旁又有大担屿、小担屿，周围皆数里。嘉靖二十七年，贼攻沙头砦，冲大担外屿，官军击却之。贼因流劫北茭、罗浮诸处。又有列屿，广二十里，上有大小山数十。其高者曰吴山、牧山、楼山、湖山，而吴山为最。牧山前有军营山，后有马寨，有草湖，昔尝置场牧马于此。○大登屿，在县东南海中。又南有小登屿，皆广六七里。其西有鼓浪屿及夹屿，旧皆有民居。洪武二十年，悉迁入内地。成化以后，渐复旧土。

海，县南八十里，与海澄县接界。旧《志》云：县三面距海，而金门、厦门尤为险要。今既设兵戍守，又于围头诸处分布营哨，相为应援，所以严门户之防也。其澳头若列屿、五通、刘五店、神泉诸处，亦为防御之要，而厦门港、塔头澳其最著者。

东溪，县城东。源出大罗山，东南流，有曾溪，出县东北三十里曾岭下流合焉。绕流至县城南，与西溪会。其西溪自安溪县流入县西北界，与竹山坑等水合，西折而南，经城西，又绕流至县南，与东溪合。东流五十里入于海。○苎溪，在县西三十里，出莲花峰，东南流。县南有小同溪，出南安县南界洪岩山流合焉，又南入海。又沙溪在县西北五十里，源出长泰县，流入境，有三重山水流合焉，下流入海。县东四十里又有莲溪，其地有鸿渐山，颇高秀，亦接南安县界，溪源出焉，合县境诸溪，南折而东流入海。

洪前盐泉，在县东东山浮洋中。海潮所不到，每风日晴明，辄有小泉自沙土中出，乡人取而淋之，可煎成盐。

高浦镇，在县南高浦村。有巡司。《志》云：本置于县西积仓坂尾，后移此。万历九年改为白礁巡司，相近为塔头巡司，旧置于晋江县之石湖镇，后移此。又田浦巡司，在县东南浯洲屿，旧置于安溪县源口渡，后移此。又有官澳巡司，旧置于德化县东北之东西团，后徙于浯洲屿，改今名。又有峰上巡司，本置于南安县界之莲河，后亦移于浯洲屿。相近者为陈坑巡司，亦自晋江县石井镇移于浯洲屿。又南为列屿巡司，旧置于澳头，后亦移此。以上七巡司，《郡志》云：俱洪武二十年改徙，各筑城为守御。又有苎溪巡司，在县西四十里，正统元年置。○石鼓寨，在县西南。《志》云：宋靖康间筑，以御山寇，故址尚存。又有煖汤、东山、后溪、大尾洲等寨，俱宋靖康、绍兴中置，后皆废。

浯屿寨，在县东南。水寨也。《志》云：洪武初，江夏侯周德兴置寨，与福州之烽火，兴化之南日为三寨。景泰间，复增漳州之铜山，福州之小埕，共为五寨。寨置于浯洲屿太武山下，实控泉州南境，外扼大、小担二屿之险，内绝海门、月港与贼接济之奸。成化中，或倡孤岛无援之说，移入厦门内港，仍曰浯屿寨。山岙崎岖，贼轻舟入浅，我大舟难以转舒，每失事机。旧浯屿弃而不守，番舶得据为窟穴。嘉靖四十二年，议复置于浯屿，增兵戍守。近《志》云：浯屿寨今移于晋江县之金钗山。○刘五店澳头寨，在县东。又东有牛岭等寨。《志》云：县西又有青崎山等寨，西南有下崎等寨。其属于官者十四，而民间自为戍守者不可胜计，皆倭患时置。又镇南关,在县南。旧为鸿店亭,后置关于此,为海滨扼要之地。

大轮驿。在县治西。宋时为大同驿,在城东朝天门外,元移今所,更名同安。明洪武九年改今名。又深青驿,在县西五十里。宋名鱼孚驿,在安民铺侧,元移今所,更今名,明因之。又浯洲场,在县东南。洪武二十五年,设盐课司。又河泊所,在县西南,亦洪武初置。〇石菌铺,在县南海滨,为烽堠之所。嘉靖四十年,倭贼自漳州府长泰县突犯同安,乡兵袭击之,贼窜石菌海滨是也。其地与潘径、陈坑皆相近,有戍兵哨守。又王仓坪,在县东南。嘉靖中,倭贼自兴化府仙游县突趋同安,参将戚继光追至王仓坪,倭奔漳州,即此。

〇**惠安县**,府东北五十里。西北至兴化府仙游县百余里。唐晋江县地。宋太平兴国六年,析置惠安县,属泉州。元因之。明嘉靖三十一年始议筑城御倭,三十三年城成。三十七年倭寇攻城不能陷,明年复修筑,未几又增城浚濠,四十一年及隆庆元年以后屡经葺治。今城周五里有奇,编户三十五里。

螺山,在县治北。形如螺髻。旧名罗峰,云罗隐尝寓此。县城南又有楼山,回拱县治,一名留山,亦曰城楼山。〇大帽山,在县西北四十里,屹立千仞,雄峭盘郁,绝顶广百余丈,有泉泓然。其西南曰三髻山,绝顶拔起三峰如髻。有仙人桥,横跨两崖,崖甚深杳。又有灵湫,亦深广。《志》云:县北二十里有东平山,一名北山,群山连属,东有平原三四里,复起一峰,因名。又东南数里曰卧龙山,盘曲回复,中起一峰,如龙首之昂耸。又南曰龙盘山,山势蟠绕如龙,与螺山相峙。

九峰山,县南二十五里。群峰争雄,其数有九。又城山,在县西南三十余里,东连大海,西接长江,延袤如城。《志》云:县西数里有盘龙山,七峰耸起,盘曲重叠,因名。〇锦田山,在县南四十里,下有腴田万顷。五代时，豪民黄氏居山下，亦曰黄田山。《志》云：县南有青山，山面大海。王闽将张梱尝立寨于此，以御海寇。又县南滨海有鸭山。嘉靖中，倭攻惠安，不克引去。知县林咸击之于鸭山，伏发败死。今有鸭山堠。

昆仑山，县东北三十里。势高耸，望之若祥云，南有伏虎岩，清泉石室，最为幽胜。又南为灵鹫山，一名乌石山。又五公山，在县东二十七里。相传萧梁时有五僧隐此。一名下江山，以南唐保大中，江盈家于山之东麓也。○松洋山，在县东南三十余里。高大甲于县境诸山，为一方巨镇。山北有洞，亦曰松洋洞，洞口仅容一人，中宽广，容二三百人。宋元之季，民常避难于此。又灵瑞山，在县南三十里。横列县治之阳，若屏障然。中有孤峰特起，曰灵瑞岩。麓有龙泉，一名龙泉山。《志》云：山北十里有峰崎山。又北三里为辋川山，有居民数千家。

覆船山，县西二十五里。以形似名。一名报劬山。唐陈嘏葬亲山下，因更名。有岩石诸胜。又南为鹳堂山，下瞰洛阳江。

獭窟山，县南五十里大海中。宋开禧间，僧道询运石成桥七百七十间，直渡海门，约五里许。潮平则没，半落则通人行，至今籍其利，亦曰獭窟屿，有巡司。又大岞山，在县东南海中。山顶有洞，由小石门入丈余，折而右转，巨石如屏，可蔽内外，中容数百人。一人持戟守门，千百人攻之不可入。明初居人避倭乱于此，寇不能攻。嘉靖三十八年，倭寇犯郡，继而自祥芝、石湖、乌浔分道出海，参将王麟追败之于此。○净山，亦在县东南海中，一名尖山，圆净尖秀，下瞰东溟。上多怪石，如水啮射状。最高而峭拔者三峰，登之可以观日出。又小岞山，在净山东十里，北对黄崎山，南控大岞山，邑境诸山之东趋于海者，至此三山而止。《志》云：黄崎山在县东南三十里。三面环海，卤气吹荡，不生草木。宋时产铁矿，置炉煮炼于此。今废。亦名扬旗山，以远望势如立旗也。又有圭峰，在县东北四十里，与黄崎山对峙于海门。又东北海中有乐屿，旧有民居，明初迁于内地。〇岱屿，在县南大海中，舟楫必经之地，常有戈船守此。

海，县东南两岸至海，皆四十五里。北自乐屿，南属岱屿，并海壖，凡百余里，支海穿达，上接溪港，不可悉计。又东与兴化府莆田县接界。《邑志》：县西北跨山，东南皆际海。永乐间，岛夷为患，始筑沿海五城，曰崇武，曰獭窟，曰小岞，曰黄崎，曰峰尾，以为屏障。今皆有兵戍守。

洛阳江，县西三十里，与晋江县分界。县境山溪之水，多汇流于此而入海，亦曰洛阳港。《志》云：县西有沙溪，出三髻山，合西南诸溪，亦曰白岩溪，入洛阳江。〇峰崎港，在县东五十里。县境驿坂诸溪，发源大帽以东等山，汇流入峰崎港以达海。又前林港，在县东南四十里。县南有金山等溪，发源九峰诸山，下流会群溪，东至东井埭，出前林港以入海。县东北四十里又有添崎港，其上流为证果、真如等溪，悉由此入海。

龙津溪，在县城南。源出东平山，绕流经城西北数里之太白峰，即莲华山也。至龙津陂，绕县治前楼山之阴，又东达下谢溪，入王孙走马埭，汇辋川港接于海。辋川即峰崎港。《志》云：县城有上、下水关，通莲花山下之水入龙津溪。西曰玉莲关，水门二。东曰龙津关，水门三。县境群溪以数十计，龙津溪则贯串城市间也。〇马山埭，在县西南二十五里马山下，埭以山名。《志》云：县南为马山埭，其上流为下曾、黄坑等溪，俱在县西二十余里，南流由埭以入海。又傅埭，在县东北，其上流为西充溪，汇东北诸溪水出傅埭以入海。《志》云：西充溪在县东北四十里。

辋川镇，县东北十里。阻山负海，民居繁密。嘉靖三十七年，县屡被倭患，因议城之。四十一年，城始就，周四里，与县城相犄角。又峰尾镇，在县东北四十余里。旧名沙格巡司，在县东四十里。洪武二十年，江夏侯周德兴改置于烽尾村，筑城为守。又小岞巡司，在县东南小岞山下。本名小兜巡司，即今崇武所也，后徙置于此，改今名。又黄崎巡司，在黄崎山下，本置于德化县东北清泰里，曰清泰巡司，后改徙于此。县南又有獭窟巡司，在獭窟山下，本南安县之芦溪巡司，后改徙焉。诸司皆有城，俱洪武二十年筑。又涂岭废巡司，在县北二十里涂岭山北，元元统二年置，洪武二十年废。故址犹存。

白水寨，县北五十里白水铺南。一名陈同寨，其地甚峻，元末寇乱，乡人筑垒为寨。正统十三年，邻境盗起，复藉此控御，邑人呼为寨岭。又东坑寨，在县西北。《志》云：日曙岭距县三十五里。又西五里即东坑也，路入仙游，地亦险厄。元季兵乱，邑人避难于此，筑寨自卫，今与白水寨俱为北境保障。○虎窟寨，在县西南山谷中。崇山夹峙，狭径仅通。正统末，置寨以御沙、汀之寇，遇乱辄为戍守处。又青山寨，在县东南四十余里，洪武二十一年置，隶崇武千户所。

锦田驿。县治西南一里。旧名皇华驿，在城东。宋太平兴国中建。元元贞间迁今所，更名龙山驿，兼置龙山站。洪武八年改今名。又西为递运所，以驿兼领。又河泊所，在县东三十里辋川澳，洪武十六年设，后为海潮漂圮，正德中重设。又惠安场盐课司，在县东南三十八里。元设管勾司，寻为司令司。明洪武十五年，为转运分司署。二十五年，改置今司。辖广运等仓埕凡八所，属盐运分司。○琼田延寿桥，在县东五里，宋建，为梁百二十九间，长二里许。自元以来增修，为县南诸溪汇流处，东出辋川入海。

○安溪县，府西百五里。西南至漳州府二百三十里，西北至漳州府漳平县二百四十里，东北至永春县百里。唐南安县地。咸通五年，置小溪场。五代周显德二年，南唐置清溪县，属泉州。宋因之。宣和三年，改为安溪县。今城周三里有奇，编户十六里。

清溪城，即今县故小溪场也。南唐保大十三年，詹敦仁监场事，请于清源节度留从效曰：小溪西距漳、汀，东滨溟海，地广二百余里。三峰玉峙，一水环通。黄龙内顾以腾骧，朱凤后翔而飞翥。土之所宜，桑麻谷粟。地之所产，獐麀禽鱼。民乐耕蚕。冶有银铁，税有竹林之征，险有溪山之固。地实富饶，足以置县。从之，名县曰清溪。宋曰安溪。旧无城。嘉靖三十九年，倭自仙游、永春突犯。四十一年，始议筑城。四十四年，城始完固。周三里有奇。

凤山，县治北，县之主山也。以形似名。一名凤髻山，又名展旗山。治南曰黄龙山，与凤山对峙，一名南山，亦曰登高山。下有黄龙津，龙津桥跨其上，亦名龙津山。〇黄蘗山，在县南十五里。一名午山，亦曰南山，为邑中众山之宗。深林邃谷，饶笋、蕨、棱、稻。山半有五峰岩，亦曰头陀岩。又南二十余里曰浪来山，谓山势如浪也。山半为阆苑岩，一名阆山。《志》云：县西南二十余里有龙塘山，岭曰龙门岭，石壁夹峙，旧有龙门驿，道出同安县。

翠屏山，县北五十里。高出群峰之上，亦曰大尖山。其东为小尖山。又陈五郎山，在县北三十里。最高，晴明可以望海。又覆鼎山，在县北八十里，以形似名。北接永春县界。嘉靖二十六年，贼陈日晖据山阴，出没大为民患。寻讨平之。〇后洋山，在县西北五十里，最高，下为平畴。一名大洋山。又西北六十余里有朝天山，以势若插天而名。上有天宁岩。又西北曰铁矿山，产铁。《志》云：县西北八十里有佛耳山。其山峭绝而高大，可耕可庐。一名佛天山。又西北二十里有石鼓山。其相接者曰石梯岭，巨石盘回，凡五十余级。

磨枪岭，县西百里。山岭险巇，路通漳州府长泰县。《志》云：自岭而西南为银场，即龙溪县界也。又九龙岗，在县西北九十里。嘉靖二十六年，盗陈日晖据覆鼎山、大小尖、白叶坂、九龙诸峒为寇，出没泉、漳、汀之交，亘百数十里。官兵寻破之于白叶坂口，遂追擒之。白叶坂与九龙相近也。○古陵坡，在县东。正统十三年，邓茂七由德化、永春、安溪寇泉州，知府熊尚逆战于古陵坡，败死。或曰坡在南安县境内，近泉州城南。

蓝溪，在县治南。源出县西北九十里北岩诸山，东南流，合群山溪之水，至县西南五里澳下渡，始通小舟。又东至龙津桥而流益大，溪色深碧，故曰蓝溪。又东南流，入南安县界，至珠渊渡，达双溪口，为黄龙江之上源。《志》云：溪自县治西而东，下流接南安界。群滩错列，凡十余处，为行舟之阻。溪之别派，则一出县西九十里九峰山，逆流而东北入龙溪县之九龙江。一出县西北七十余里之同发山，逆流而西北入长泰县。

湖头溪，在县治西北。源出覆鼎诸山，引而南，诸山溪水皆会焉。至县北三十余里，有马上滩、渊滩，当溪阻石数百丈，水从石罅中出。正统间，始凿石通舟楫。又有下湖溪，出铜钹山，即同发山也。又有龙潭溪，出县西北五十里天马诸山，合诸山水并流汇湖头溪，历数滩至县治西北，为吴浦渡，会于蓝溪。蓝溪盖众水之宗矣。

源口渡镇。县西北五十里。旧有巡司，后废。正统五年，复置渡，即龙潭溪渡处。○白叶坂寨，在县西北八十里。嘉靖二十六年，以山寇出没置。围以石城，拨军戍守。寨在崇山密林间，岚气最甚。寻废。又县境有东岭等隘十有一，俱正德以后置。《志》云：县西八十里有大深隘，弘治四年，贼温文盛立寨山上。正德十年，建为隘，路出漳平。又打鼓隘，在县西北五十里打鼓岭下。正德十六年建。嘉靖三年，贼新大总啸聚于此。又桃舟隘，在县西北百里，西通长泰，北接永春，盗贼往来之冲也。又县东南数里有故大寨，县北凤山之半有故县后寨，皆唐季遗址，后废。

○永春县，府西北百二十里。东北至兴化府仙游县百十里，南至安溪县九十里，西北至德化县五十里。本南安县地。唐长庆二年，析为桃林场。五代唐长兴四年，王闽置桃源县。晋天福初，闽又改为永春县，仍属泉州。县无城。嘉靖初始建西南北三门，以御漳、汀之寇。三十九年为倭所毁，寻砌石为垣。明年又为贼陷，因筑城，周不及三里。四十一年城始就，贼来犯，不能入。今编户十四里。

古桃林场城，在县西门外三里。今名上场，在县前溪之南。城周不及二里，民聚居其中。溪之北曰上西门，为商贾贸易之所，路通尤溪、大田、龙岩、漳平诸处，颇称殷繁焉。

大鹏山，县城北。形如飞鹏垂翅，绝顶三峰，秀出云表。其旁重冈叠嶂，左为白马悬钟，右为云龙大羽，若鸟张翼下趋，平处结为县治，实县之主山也。县东南三里曰花石山。嘉靖二年，官兵拒贼于此。〇双髻山，在县北十里。耸结二峰，若双髻。一名朋山，上有仙人池。又北数里曰高镇山，形势高耸，远出众峰之上，为一邑巨镇。又北为高岭山，亦高压众峰，其顶平夷。《志》云：县东北十余里有齐云山，高接霄汉。又有三贯山，三峰秀拔，势贯云表。

云居山，县西二十里。卓立嵯峨，若趋若伏，云常居之。其东为东山，俗呼高峰寨。又周山，在县西南二十里。形势雄壮，绵亘三十余里。又西南五里为达理山。峭拔苍翠，亦名笔架山，茂林清泉，六月如秋。〇陈岩山，在县西二十六里。中峰尖耸，东西二峰屹立，谓之二台。昔有萧姓者开路于山左，通龙岩、尤溪二县。凭虚架石，下瞰深谷，过者股慄。峰回路转，如羊肠一线，几三四里，行者仄足而过。地名马跳石崖，刻字曰一夫关。下临石涧，俯视深箐蒙翳，但闻水声，即陈岩溪之上流也。石梁横其上，曰高骞桥，亦名马跳桥。自七都至六都，必逾此桥。而西又九十余里为县之一、三都，地渐入漳平界矣。与陈岩山相近者曰洪步山，长亘数里，高耸凌空，巍然独秀，若步武状。又鸡母岫山，在县西北六十里。嘉靖初，官兵败汀、漳贼于此。山之东南十余里曰河涧山，盘回起伏，凡九十九峰，一名大池岩。相近又有矿山，产铁。《志》云：县西北二十余里曰高丽山，屹立如屏，绝顶有道场寨，可容万人。

蓬莱山，县东北二十里。回环秀丽，胜若蓬莱。相对者曰锦绣山，亦高胜，本名鬼岫。宋光宗改今名。又天竺山，在县东北三十里，极高峻，接南安、仙游二县界。又东北有四台山，四面各有一山，乐山居中，亦曰五台。《志》云：乐山周围数十里，昔时尝闻山顶有音乐声，因名。〇苦竹岭，在县东，接仙游县界。嘉靖四十一年，倭自仙游来犯，义兵拒却之于此。

桃溪，县治南。其源出县西北六十余里之雪山，山高峻，多积雪，接德化县界。水初名仙华，绕流而南出，经群山间，为陈岩、埔兜等溪。又东折为洑溪、磁灶等溪，至石鼓溪，始通舟楫。流经县治，为县前溪。复曲折流，为留湾溪。又东南出，历马甲、钟山、山门、南涧、滑石等滩，皆险崖激浪。至县东十五里之西涵滩，则桃溪咽喉也。宋开宝三年，令林滂以马甲诸滩险阻，凿之以通舟楫。自西涵而下，出南安县水江村，合于双溪，即晋江上源也。《志》云：溪自雪山下至西涵，出水江村，凡九十余里，舟楫通行。自石鼓至水江村，凡三十里，其众水之会于桃溪者，先后凡十四支。又有桃溪山，在县西北二十余里。旧《经》云：桃溪之水，盖以山名。

黄田溪，县西北百五十里，有岱山，北接德化县界，溪源出焉。南流有碧溪诸水，出群山中，先后来会，入安溪县界。又洞口溪，在县西北五十里。亦合诸溪水入安溪县界，下流合于蓝溪。〇小姑水，在县西二十三里，流经县西南二十里西向山，分流东南注，至南安县北塔口村，下流合东关水，即桃溪别名也。

南峰寨，县西北百五十里。相近有占仔、碧溪等寨。《志》云：碧溪寨。宋绍兴二十年，州将陈敏讨捕山寇，以其地控漳、泉、汀、剑之冲，因置寨。复置丘店寨。后皆废。又有蝴蝶、金鸡等寨，俱据山为险。又石鼓寨，在县西北五十里。相近有陈坑寨及山中上下二寨、龟洋、马头寨。县西二十余里曰陈岩寨，因山以名。明萧安六所建，旁有小路通龙岩尤溪。又西北为道场寨。○仙亭寨，在县西南二十余里后头山上，寨容百人。又县西二十里石壁山西有银瓶寨，险峻，壁中有清泉。元末所建。

双鱼寨，县治南留湾山上。山亦名双鱼山，寨因以名。又王山寨，在县治东北悬钟山后。又陈占仔寨，在县东南石谷山。相传昔剧盗陈占仔据此，鳞石巉岩，恃以为险。县东十里又有湖安山寨，山上有屯田百亩，即占仔寨门户也。相传贼将昔屯此。又县西北二十五里曰白鹤寨，在白鹤山顶，峭削壁立，崖石环障，清泉四出，纵横各一里许，亦元末建。正统十四年修筑。乡人避兵于此，贼不能陷。又有石壁、覆船等山寨，与白鹤相近。《志》云：县共有二十七寨，皆多事时戍守处。

樟坑隘，县西北百六十里三台山下，路通漳平县。又有任田隘，在县西北岱山下，路出尤溪。又西北东山下有吴畲隘，路出德化、尤溪及延平县。又白岩山下有上畲隘，亦出德化、尤溪县。西百五十里东湖山下曰白山岭隘，路通安溪县。自任田以下四隘，皆嘉靖二年置，以备汀、漳之寇。○芦地隘，在县西北五十里新犁山下，亦嘉靖二年建。又县西北二十里有山中隘，其南有许平隘，宋开庆元年筑，今废。

上达隘。县西南二十余里白芒坑山后。相近有高平隘，路出安溪打鼓岭。俱嘉靖初筑以拒贼。○白隔隘，在县东北三十里，路出仙游。其相近有梅坑、石狮山等隘。县北十余里又有塔岭隘。东北十余里曰苦竹隘。《志》云：县城东南有泥门隘，东十余里有东关隘。关倚山临涧，深林密竹，亦称险隘。关之东数里阻大溪，阔二十五丈，旧有桥曰通仙桥，亦曰东关桥，今圮于水。自南安来者必渡此。北二十五里又有苏坑、英山隘，久废。嘉靖初复置。县境之隘，凡二十有二。其因嘉靖初寇乱而置者，盖十有九云。

〇**德化县**，府西北百八十五里。东至兴化府仙游县百三十里，西北至延平府尤溪县二百四十里，北至福洲府永福县二百五十里，西南至安溪县二百二十里。本唐福州永泰县地。贞元中，析置归德场。五代唐长兴二年，王闽升为德化县，属长乐府。汉乾祐二年，南唐改隶清源军，又割尤溪县二乡益之。宋仍属泉州。旧无城。嘉靖三十六年创筑，周四里有奇。三十九年改筑以御倭，缩四之一。四十三年城东为水所毁，寻复葺治。今编户十三里。

龙浔山，县治东北。山势峭拔数千仞，蜿蜒如龙，县主山也。宋绍兴初，令吴崇年凿山筑寨以御寇。其西有大旗山，峰峦回顾，环拱县治，势如展旗。又治南一里有双鱼山，两峰并耸，为县之案山。〇琼山，在县治西南。一名困山，以圆秀如高廪也。相近者曰雪山，峰峦峻拔，高耸云际，冬时积雪，数日不消。又西南有斤山，一名盖竹根山，高五里，广十里。峰峦尖秀，如卓笔然。县北三里又有绣屏山，层崖峭壁，高秀若屏。《志》云：县西四里为五华山，一名根山，上有五峰，状如莲花。县南三里有凤翥山，一峰高举，又名鹄山。高秀出诸峰之上，旧有浮图，今废。又南曰罗城山，一名豪城山，山形如覆釜，四围峭峡，顶上平坦，旧为寨基。

戴云山，县西北五十里。高耸霄汉，雄跨十里，尝有云气覆之。巅有池，深不可测。分为九派，下注九溪。一曰张岩，二曰卢地，水皆北流。三曰双芹，四曰马槽场，五曰上洋，六曰上云，七曰中兴坑，水皆东流。八曰东埔，九曰李山，水皆南流。灌注县境。又西里许曰太湖山，盘踞数里，形势峻拔，四面崔嵬，上有奇峰罗列十二。山巅平广，数丈内有池丈余，影涵大虚，一碧如镜，因名太湖，俗曰龙湖，又名青草湖。山形如船，亦名飞船山。〇大帽山，在县北七十里，脉自九仙山来，绵亘数十里，卓起大峰,状若大帽。《志》云:九仙山在县西北百里,广袤峻拔,甲于诸峰。俗传尝有九仙隐此。又莲花山,在县西北八十里,五峰攒簇,高耸峻峭。又西北有钟山,四面俱石壁,峭峻形如覆钟,中有岩洞洞壑之胜。县西北百余里为鸡髻寨山,地甚险阻,峰如鸡髻,中有石门隘。

虎头山,县西百五十里。有古寨,周围七里余。其中泉石如画,外极高峻,避兵者依之,万夫莫敌。相近又有一山,亦甚高峻,但乏水。昔有避贼于其上者,贼欲久围以困之,有一女子取酒浣衣以示贼,贼疑有水,因解围去。俗呼酒县寨山。又西有金鸡山,山阴有金鸡寨。又西有大尖山,峭峡奇险,耸峙尖削,有泉出其顶。

均山,县东北百八十里。山势峭拔,延广数十里。相近者曰飞仙山,两峰角立,悬崖峭壁,瀑布飞流,高数千仞。县东二百里又有九座山,其山重峦叠嶂,道路险巇。○剧头岭,在县东南二十里,与永春县接界。又县西北百九十里有官田岭,接尤溪县界,亦曰尤岭。岭下有跃龙寨,宋元符中建。《志》云:县西五十里有湖岭,最高峻,其水分西南二流,皆入于沪溪。

沪溪,在县北,即戴云山水也。九溪之北流者凡二,合为赤水,西溪东流,迤逦为上涌、下涌、山茶、曾坂、百叶、湖头、李田、涌口等溪,益折而东北,距县百八十里曰九窦溪。又东北七八十里为螺潭,入永福县界。其五溪之东流者,二溪合为龙潭,为左溪,合于九窦溪;其上洋之水,过涵口,至县东北百七十里之石狮渡;上云之水为浆溪,过焦口,亦入石狮渡;中兴坑之水为林翰坑,会于县前溪。其二溪之南流者,合流为白泉、石山、苏溪、涂坂等溪,经城西,为西门溪。折而东流,为县前溪。回环曲折,俗谓之腰带水,总名曰沪溪。又东北为十二翰溪,与上洋、上云二水会于石狮渡,东北与张岩、卢溪、双芹、马槽四水同入永福界,为大樟溪,即九溪之下流也。境内山溪之水皆分流环注,并入于沪溪。

丁溪，在县南。源出琼山，汇九漈诸溪，经欧山溪、大坑溪，而汇于县北之浐溪。相传溪本南流，不与浐会。宋元符中，大雷雨，水流回转，纵横若丁字，因名。又寨前溪，在县西，源出湖岭。南流者入李山溪，西流者自尤溪转入永福，合大樟溪。《志》云：县西南百八十里有下平溪，入尤溪县之大溪。

官井关，县东北二百六十里。又汤尾关，在县东北百里。其地有汤岭隘，亦曰汤尾寨。又岩市关，在县西北百八十里，平卢关在县东北百四十里。其地又有石门隘。俱宋、元间置，以防山蹊支路盐丁出没沙、尤诸县间也。今仍旧。○苏坑隘，在县东南。又有剧头、盖福洋、上漈等隘，俱通永春及仙游县。又油竹隘，在县西北二百六十里之大官岭，路通尤溪。其东北曰蛇岭隘，道出永福。《志》云：县北百里有龙床、赤岭等隘，俱通尤溪。其西为伏虎隘，元至元十三年，以地接延、汀二郡，拨军戍守，今废。又焦岭隘，在县西北百八十里，路亦出尤溪。其地即小尤中团也。嘉靖三年，官军歼汀、漳贼于此。

高镇。在县东北百四十里。旧有巡司，万历末革。《志》云：县有三县巡司寨，在县西三十里五店村。宋祥符间，以左岭为五州所辖辕，因置寨于此。管德化、永春、安溪三县。元丰三年移此，元废。○上瓮驿，在县北，宋置。《志》云：自宋以前，郡城西北取延、建路，道南安澄口驿、永春桃源驿、德化龙浔驿、上瓮驿，抵尤溪县，逶迤经西芹，至延平。盖以避大义江之险，然山岭高峻，卒不可行。自宋以来，西北之驿道遂废。

附见：

泉州卫，府治西，洪武元年置。

永宁卫。府东南六十里。宋乾道八年，置水澳寨。元为永宁寨。洪武二十年，改卫。二十七年，以卫濒海，乃筑城以备倭，周不及五里。领守御千户所五。

守御福泉千户所，府东南八十里，北距卫城二十里。洪武二十年置。有城，周不及四里，后以时修筑，领潘径寨。《海防考》：所西南接深沪巡司，与围头、峻上诸处，并为番舶停留避风之门户，哨守最切。福全、深沪有备，寇不能犯矣。

守御中左千户所，在同安县西南五十里。本名嘉禾屿，为厦门海滨。洪武二十七年，移永宁卫中左所官兵于此，筑城戍守，周二里有奇。永乐、正统以后，不时修筑，辖县西南东澳、伍通二寨。天启二年，红夷突犯，总兵徐一鸣据城守拒，贼败却。《海防考》：所西有白石头澳，嘉靖三十八年，官军败贼于此。为岛夷出没之所，向来设兵戍守。

守御金门千户所在同安县东南五十里。本浯州屿，洪武二十年置。筑城周三里有奇，辖县东刘五店等五寨，县西洪山等三寨。《海防考》：所东有官澳巡司，相近又有料罗、乌沙诸处，皆番舶入犯之径。其控扼要害，则在官澳、金门。

守御高浦千户所，在同安县西南六十里。洪武二十三年，徙永宁卫中右所官兵戍此，更今名。筑城周不及三里，辖县西高浦、大员堂、马銮等三寨。《海防考》：所西有松屿，与海澄县之月港相接，为滨海要冲。

守御崇武千户所。在惠安县南七十里，西去府城八十里。宋元丰二年，以海寇猖獗，置小兜巡司，巡徼晋江、同安、南安、惠安四县沿海地。元仍置巡司。明初因之。洪武二十年，江夏侯周德兴经略沿海地方，设立城池，移司于小岞而置千户所于此。城周四里有奇，后不时修筑。嘉靖三十七年，倭贼来犯，官军御之，贼不能陷。以上俱属永宁卫。

○漳州府，东北至泉州府二百七十里，东南至海二百里，西南至广东潮州府五百有五里，西北至汀州府六百三十里，北至延平府七百三十五里。自府治至布政司七百里，至江南江宁府三千五百二十五里，至京师七千五百二十五里。

《禹贡》扬州地。周闽越地。秦属闽中郡。汉属会稽郡，后汉因之。晋属晋安郡。宋、齐仍旧。梁属南安郡。隋属泉州。大业中，属建安郡。唐初仍属泉州。今福州也。垂拱二年，始置漳州。以漳水为名，治漳浦县。《志》云：州境自隋以来，地荒人稀，未沾王化。仪凤三年，寇陈谦等连结诸蛮，侵轶潮州，翊府左郎将陈元光讨平之。始开屯列戍于漳水北，且耕且守。寻请于泉、潮间建一州，以抗岭表。从之。即屯所为州云。天宝初，曰漳浦郡，开元二十二年，州改隶岭南，至是还隶福建。十年，又隶岭南。上元初，复隶福建。乾元初，复为漳州，是年州徙治龙溪。《志》云：贞元二年徙。五代晋开运三年，南唐改曰南州。以刺史董思安父名章，请改也。宋仍曰漳州。亦曰漳浦郡。元曰漳州路。明曰漳州府，领县十。今因之。

府雄据海滨，噤喉岭表，山川清秀，原野坦平，为闽越之南屏，控岛夷之北户。《志》云：福、兴、泉为八闽之藩篱，而漳南又为两广之唇齿，备御不可不早矣。

○龙溪县，附郭。本晋安县地。梁天监中，析置龙溪县，属南安郡。隋属建安郡。唐属泉州。开元二十九年，改属漳州。乾元二年，始为州治。今编户百有二里。

漳州城，即今府城。唐迁郡治此，未有城。宋筑土为子城，周四里。咸平二年，环城浚濠。祥符六年，加浚西濠。又于西南隅凿水门通潮汐。其外城仅树木栅，周十五里。绍兴中，郡守张成大毁子城，并撤外城，三面筑以土，独南面阻溪为固，而子城之濠皆在城内。嘉定四年，以石甃城东面。绍定三年，复甃西南北三面，城周十七里有奇，皆建楼橹，浚河隍。淳祐九年增修。元至正二十六年，陈友定使其属缩城三面，惟南面仍旧,周十二里有奇。浚东西城濠,南临大溪,北依山沟,隍有陆门四,南面为东西水关二。明初因旧城修饰,正统七年以后,屡经葺治,规制一因旧址。

兰水废县,在府南。旧《志》云:梁所置也,属南安郡。隋属泉州。开皇十二年,并入龙溪县。

紫芝山,在城西北隅。脉自天宝山来,蜿蜒起伏三十余里,至此一峰耸拔。又名望高山。南麓为登高山,郡城绕焉。顶有威镇亭,洪武中建。山之东为日华、万松诸峰,禅月、隆寿等山。其西为净安峰,腾龙、起凤诸山。《志》云:腾龙山本名龙亭山,在城西南隅,平地特起,奇石攒凑,俯瞰溪流。相传昔有龙腾溪中,因建亭溪上而名。其相峙者曰起凤山,本名高亭山,与日华诸峰绵亘连络,绕城内外,皆紫芝之支陇也。又城南隔溪曰丹霞山,一名南山。又六里曰南岩山,峰峦奇秀,延袤数里,怪石错列。其最著者曰石狮岩、宝月岩、玉泉岩、罗汉峰、白鹿泉诸胜。○名第山,在城南十里。本名天城山,以唐元和中,郡人周匡物初登进士赐名。又城西南十里有员山,前后望之,分十二面,因名。山有琵琶坂,上为石池。

天宝山,府西三十里。五峰峭立,周百余里,郡之望山也。宋大中祥符中,山下溪产大珠,入贡,因名。上有宝岩洞、芙蓉城、百丈泉诸胜。山之北接玳瑁岭,高百丈,亘三十余里,接长泰县界,为郡北之屏障,俗曰大帽山。其枕天宝西麓者,曰新岭。石磴盘回十余里,路通安溪、龙岩、漳平三县,旧设亭障其上。旧《志》:元末有蔡公者,于山腰开新岭,一名蔡公岭。通道龙岩、安溪,即此。又西为揭鸿岭,极高峻,在郡西北四十里,《舆地志》:即古葵冈岭,东南之揭,二越之基也。汉、唐时,西北向长安,由安溪、大田以行。今故道废,其下有唐屯军营故址。上有营头亭,相传唐陈元光屯兵处。

文山，府东二十里。北临大溪，三面通潮，或谓之观音岩。其右为水头山，耸拔奇秀，滨于大溪。逾溪以北，曰鹤鸣山。一名石壁山。又分岐而北者，曰岐山。《名山记》：鹤鸣、岐山，连峙，二峰，延袤十里，耸秀于龙江之上，岩壑类皆奇胜。中有千人洞，洞口狭而暗，中甚宽朗，容千人。黄巢之乱，居民多避难于此。○凤凰山，在府东二十五里。《志》云：在岐山右侧，与文山对峙。中有万松岭，旧名马岐，即郡之孔道也。元末，陈友定破漳人于此，郡城遂下。又龙漈山，在府东南二十五里。有龙潭，飞泉百尺。旁为凫翠山，双峰如削，俗名鱼刺山，一名朝天鲤鱼山。

铜钵山，府北二十里。山势绵亘十余里，内一峰中洼而外圆，其形如钵。又北十里为天公山，山高秀，有瀑布泉。《志》云：府北四十里有石蚝山，尖耸千仞，顶石多粘蛎壳，因名。南下小山累累，盖天宝山来脉也。又龙山，在府北十里，产茶。○鼎山，在府东北二十五里。山高大，圆如覆鼎，绝顶有脐，俗呼鼎脐山。上有龙泰岩，以岩接龙溪、长泰二县交也。一名侯作岩。又仰盂山，在府东四十里，高广峭拔，顶凹如盂。上有田池，又有仰盂岩。又白石山，在县东六十里。一名鹳石山，中有石碣，容千余人。

华峰岭，府北五十里。一名龙头岭，高千余丈，累磴凿石，以梯行人，北溪之流经其下。滩濑粗恶，怪石巉岩，有三碣二花之名，船楫不通，上下皆当逾岭。溪傍有石状如龙头，因名。○九龙岭，在府南三十里。两山夹峙，中萦石磴，凡十余里，路通潮州。岭下有木绵庵，宋郑虎臣诛贾似道于此。旧《志》：府北三十里又有九龙山，北有九龙水、金溪水。

海，府东南六十里。旧《志》：府去海二百里，今海澄县东北即滨大海，与龙溪接境也。《志》云：兴、泉之境皆两面濒海，惟府境与会城皆三面濒海，故防御最切。而彭湖屿，实漳、泉二郡之外卫也。

九龙江，府东北四十里。一名北溪，亦曰龙溪，源出汀州府上杭、连城二县及延平府沙县界。东南流，合宁洋、龙岩、漳平之水而下华峰，又合长泰诸水过香洲渡，历峡中，出峡为柳营江，与南溪会流入海。梁大同间，有九龙游戏江上，因名县曰龙溪，并以名江也。又南溪，在府城南，溪有二源，本曰双溪。自南靖县合流，东经员山之北，为康仙渡。又东北绕郡城南，有三台洲。又东为方壶洲，水势微折而南，复曲而抱城，东过文山，为西浦渡。又东会于北溪，或以为即古之兰水，梁所取以名县者。其上流或曰西溪，以在郡城西也。亦曰南门溪，以绕城南门也。

柳营江，府东四十里。上有虎渡桥。《志》云：九龙江水自华峰而来，注九龙山下，为漫潭。两山如壁，流十余里，漫而不湍，渊而不测，即梁时龙跃处。南流经香洲渡，又南经蓬莱峡，出两峡间，亘虎渡桥，为东偏要害。丁氏古谱云：六朝以来，戍闽者屯兵于龙溪，阻江为界，插柳为营，江当梅溪之交，两山夹峙，波涛激涌，西岸尽属蛮獠。唐总章间，诸卫将军陈政戍闽。政没，子元光代领其众，阴遣人沿溪而北，就上溪缓处结筏连坡，从间道袭击之，遂建寨柳江之西，以为进取。恩威并济，土黎归附，因辖其地为唐化里。柳营之名，自六朝时始也。宋绍熙间，郡守赵伯逷始作浮梁于下流以度。嘉定七年，太守庄夏易以板桥，丰石为址，酾为十五道而屋之，名通济桥。嘉熙元年，圮于火。太守李韶易梁以石而不屋，越四年乃成。长二百丈，址高十丈，酾水亦十五道。淳祐初，又毁于兵。明洪武三十年复构。正统、天顺、成化以后，屡经修建。旧《志》：唐末王潮下泉、福，尝宿重兵以守之，故有柳营之号。元末陈友定攻漳州，度柳营江，败漳人于马岐山，遂下漳州，使人凿山道，城守自固。又陈让《记》云：江南桥梁，虎渡第一。昔欲为桥，有虎负子渡江，息于中流。探之有石如阜，循其脉沈石绝江，隐然若梁，乃因垒趾为桥，故名虎渡，即柳营江桥也。又南与南溪合流，谓之福河，俗曰福浒。又东为锦江，中有许茂、乌礁、紫泥等洲，江流经此，分为南北。南流至海澄县界，北流历白石、青礁石，美镇，东与南流合，纳浮宫水入海。

天宫溪，府西北七十里。源出龙岩县天宫山，流至此，为漫潭之上流，亦曰天宫大濑。中有石濑，高丈余，其水倾泻溪中，自成音节，俗谓之更鼓水。《志》云：府东北有藿溪，自连城县来，经龙岩县东北百里入宁洋县界，萦纡三百里。又南入境，流入九龙江。〇西湖，在城西。有泉甘美，可辟瘴疠，今湮。一云城东旧有东湖，周千余亩，今亦废。

蒲葵关，在府西南。《一统志》：关在龙溪县二十一都，汉初南越所置关也。或云，在漳浦县西南七十里，唐时为闽中、岭南之通道。〇海口镇，在府东南。宋置，以收海道商税。又府西黄林保有巡简寨，宋置。亦曰龙溪、龙岩、漳浦、长泰四县同巡简寨，元废。又县南有中栅寨，亦宋置，元废。

高安寨，在府西北。元至元十八年，州人陈桂龙据此，乘高为险，人莫敢进。元将高兴以计焚其山，桂龙遁入畲洞。〇石美堡，在府东七十里覆舟山下，嘉靖三十六年建。有土城，万历四十年增修。又府东四十里有玉洲土城，府北十里有长桥土城，俱嘉靖中土人筑以御寇。

福河堡，府东南四十五里福河滨。嘉靖中，乡人以福河系各港之要害，筑土城以防倭寇，寻置官兵戍守。亦为福河把截所。又福河上十里有镇门土堡，在镇门河滨，河即南溪下流也，又东会九龙江。《志》云：镇门港外通大海，内透城河，实为郡城门户。万历末，筑二小城，夹港南北对峙，设兵戍守，与福河堡及海澄县相为形援。〇柳营江巡司，在府东二十里柳营江之西。洪武三年，设柳营江掣制所，隶福建都转运盐使司。十四年，改批验盐引所。正统九年，改为巡司。县东四十里又有柳营江把截所。《志》云：县北百余里有新岭把截所，以新岭为名。

丹霞驿，府治西。唐时城东有漳浦驿，后废。宋淳祐中，建驿于城东朝天门外。元至正间，移府治东。明洪武三年，徙于此。九年，改清漳驿，寻复旧。旧有递运所，后以驿兼领。又甘棠驿，在府南五十里，接海澄县界。元至正二十五年建，明因之。又江东马驿，在府东四十里，宋为通源驿。元至正二十二年，改名江东。明仍其旧。旧有递运所，洪武二十三年革。《志》云：府北二十五里有香洲税课局，元商税务也。明初改为税课局，宣德中省。正统十二年，复设。成化十年，圮于水。嘉靖四年革。香，一作芗。

江东桥。在府东，即虎渡桥也。江东驿置于此。又东四十里即泉州府同安县之深青驿，为往来襟要。详见上柳营江。又薛公桥，在城南通津门外。宋绍熙中，始作浮桥。嘉定初，郡守薛扬祖累石为址七，而梁之长二十六丈，因名。桥西地下潦，至田皆沮洳。五年，郡守赵汝谠浚南岸沙坂为港，复建乾桥一十七间于桥南，以杀水势。又为小桥二十四间于乾桥南，接石堤二十二丈，直抵南岸，以便行人。其西南一带旧有土堤障水，绍兴中改筑石堤，后桥堤皆不时崩圮，相继增修。万历二十七年，大水为害，郡守韩擢议于东门外建文昌桥，长九十八丈，为梁二十八间，寻圮。三十年，还修旧桥。四十一年，并修新桥，俱为民利。又流冈桥，在府东十五里，长百二十余丈，上有亭四百六十余间，亦跨南溪上。

○**漳浦县**，府南百里。西北至南靖县百三十里，南至广东潮州府三百五十里，西南至广东程乡县二百六十里。本龙溪县地。唐垂拱二年，析置漳浦县为州治。开元四年，徙于今所。乾元二年，州徙治龙溪，县属焉。宋、元因之。今城周六里有奇，编户五十二里。

漳浦故城，县南八十里。唐初置县于此，为漳州治。在梁山之下，地名云霄。其南漳水出焉，因名漳浦。开元四年，州民余共讷等以地多瘴，请徙李澳川。从之。即今县治。旧《志》：唐垂拱中，陈元光开屯漳水北，诏即屯所云霄地为漳州治。丁氏《记》谓州治梁山西岭盘陀之险。

《一统志》云：今云霄驿，即故漳州治。或曰驿在水南，盖与故城相对
耳，后迁今所。唐未有城。宋初仅立三门，寻增为四。淳祐三年，始议筑
城御寇，未果。元至正十二年，创筑石城，浚濠环之。明正德五年以后，
屡经修筑。嘉靖六年，并浚城濠，嗣是亦相继营葺。

绥安城，县西南百里。晋义熙九年置县，属义安郡。宋因之。齐尝
为义安郡治。梁、陈复旧。隋开皇十二年，并绥安入龙溪县。义安郡，即
潮州也。○怀恩废县，在县西南二百里。唐垂拱二年，置怀恩县，属漳
州。开元二十二年，废为怀恩镇。又赤湖城，在县东四十里。元末，李志
甫作乱，巨族曾仁礼率众筑城以御之。后圮。正德中，寇乱，居民复修完
之，周六里有奇。又西林城，在县南七十里。元季有石城，后圮。正德五
年修复。

梁山，县西南三十里。峰峦盘结，为郡之望。其旁阜为大尖、婆髻
等山。《志》云：东南五里有峰山，自梁山发脉而来，挺然独秀，下临鹿
溪，与隔溪拓港山对峙，为邑水口。一名鳌峰山。其在县东南十五里者
曰良山，高数百丈，东峰距海，西接南靖、诏安及广东大埔县地。又东南
三十五里曰鼓雷山，断岸千尺，下瞰大江。潮至，怒涛急浪，其声如鼓如
雷也。又尽梁山之南境为棋山，在县西南百五十里。又南为朝天马山，颇
高耸。余见前名山梁山。

好景山，县西北一里。县治枕其麓，一名石虎山，以山巅有石如虎
也。又西北二十里为摩顶山，山高而圆洁，顶平坦，为县境诸山之宗。又
后到山，在县北十七里。蜿蜒秀峙，远望如蛾眉，东有白鹤岭。又东为罗
山，群山罗列，如拱揖然。支为东罗岩，其北为慈恩岭，盘折崔嵬，下瞰
深谷。○海云山，在县东二十里。壁立端重，上有沃田、清泉，山半有海
云岩。其相接者曰马鞍山。又灶山，在县东五十里，叠嶂高大，周环四十
余里，以中有仙人丹灶而名。怪石林立，山阳有田数十亩，可耕。《志》

云：县东六十里有香山，山有五峰，如马驰凤翥。相峙者为台山，高数十仞，平坦如台，近观与诸山齐峙，海舟望之，则迥出群山之上。又东有灯火山，距海里许，海行者或见山上有光如灯，因名。

大帽山，县东北八十里。山大而峻，四面林木蓊郁，顶有黄茅，形若戴帽，一名戴帽山。岩石泉壑，种种奇胜。北行为海澄县，东北行为镇海卫，皆此山发脉也。《志》云：大帽北麓为磁灶山，产茶。山与大江相对。其东为虎岭，路通镇海。山林深阻，旧多虎患，弘治中患息。好事者改为麟山岭。又东即灯火山之西麓。〇太武山，在县东北百里。一名太母山，山高千仞，周回亘百余里，屹立海上，端重耸峭。其高十里为镇海卫，东望大海，汪洋无际。陟其巅，漳、泉二郡尽在目中。有小石城，相传南粤王建德避汉兵尝保此，亦名建德城。似误。又有延寿塔，高数仞，海中归舶，望以为标准。

云霄山，县西南八十里。以高耸云汉而名。旧《志》：山形端重，一作大臣山，亦名大神山。其据漳水北岸与大臣对峙者，曰将军山。山形挺拔，如大将据帏幄中也。宋蔡如松云：古闽越王号力驸等为吞汉将军，使之南据险要以拒汉，因名邑。《志》云：唐戍将陈元光征蛮时据此，因名也。

盘陀岭，县南三十里。《志》云：在梁山西，路出潮州，汉蒲葵关路也，为郡境之要隘。唐仪凤中，戍将陈元光开拓柳营江以西地，追寇于盘陀之下，尽歼之。永隆二年，元光移镇漳浦以拒潮贼，阻盘陀诸山为塞，渐开西北诸山洞，拓地千里，因请置州是也。宋曰葵冈岭。又登云岭，在县东北镇海卫城西南，俗曰大岭。

鱼肠屿，县东南三十里海中，相近为竹屿。居民数百家，岁获鱼盐之利。又石城屿，在县东南四十余里海中。乱石丛杂，望若一城壁。傍曰菜屿，生紫菜。又为将军屿，亦以陈元光驻兵处而名。盘石叠耸，舟舶不通，滨海者多乘筏以取海蛇。又县东五十余里有大桑、小桑屿，地宜桑，居民皆业渔，在井尾港内。港口又有大澈、小澈屿，皆聚沙所成。

海，县东南八十里。又县东北距海百二十里。《志》云：县境去海为近，其通潮大小港不一处，而斗米、井尾、虎头等澳，则防御要冲也。

漳江，县南八十里。其上流曰西林溪，出平和县界，南流过云霄镇城北，亦名云霄溪。又南流而东，纳梁山以南诸溪水，至鼓雷山南，铜山所北，入于海。《志》云：溪水自西林而出，海水自铜山海门而入，清浊合而成章，故曰漳水。又县东五十里有黄如江，源出县北二十里龟山下，合诸小溪，过县东五十里，会灶山水。又东出大坑佛潭桥，为白石夹港。由井尾澳入海，俗曰鸿儒江。近设鸿江营，以此名也。《通典》：黄如江在县东南百里。

南溪，在县城南。即李澳川也。源出盘陀岭，北流为九曲溪。又东北有北溪流合焉，其源引罗山白鹤岭之水，合西湖、东门溪而会南溪，至城东南五里为鹿溪，邑中诸水皆会焉。又东由陆鳌所虎头澳而入海。《志》云：李澳川傍旧有李姓者居此，因名。引流灌田，凡千余顷。《郡志》：县东北六十里有石埠江，流至太武山东斗米澳入海。○绥安溪，在县南四十里，东流合李澳川入海。《志》云：县有绥安等五溪，皆有灌溉之利。又县西南有涌源溪，两泉涌出，东西相对，一微暖，一极热，合流而入县前溪。县前溪即南溪矣。

西湖，县西门外。宋嘉定八年开，周五百十五丈，后废。万历三年复浚。又鉴湖，在县东五十里，周二百里，水清如鉴。旧《志》：县西二十里有蜡湖，本名淡溪，忽有蛇鱼，因名。《郡国志》：蜡湖之水，随潮盈缩，今堙。

古雷镇，县东南鼓雷山下。古，亦作鼓。有巡司，洪武二十年置。初属南靖县，正统中改今属，有城戍守。今亦见南靖县。又后葛巡司，在县东南五十五里，亦洪武二十年建，有小城。县南盘陀岭下又有盘陀巡司，正统六年置。以地接潮、广，山林深邃，为草寇出没之冲也。亦有城。○青山巡司，在县东四十里，又井尾巡司，在县东百里。皆有城，与古雷司同时置。

　　云霄镇，在县南。即漳浦故县之地。元置云霄驿。明因之。成化十年，为漳水所圮，寻复建。正德初，乡民以寇乱筑土城，旋毁。嘉靖五年，修砌以石。三十九年，为贼所陷。隆庆六年，增筑完固。又设海防馆于城内，以督捕，通判驻此，为戍守要地。○埔尾堡，在县南，去云霄九里。初为土堡，后稍缘以山石。正德二年，山寇环攻，不能陷。嘉靖三十六年，倭寇力攻旬余，竟败去。因更增拓，砌以砖石。相近又有前涂堡，亦土堡也。嘉靖三十七年，倭乱砌以石。《志》云：县境有洋下等堡数十处，而县东南之西山堡，则负山带海，殊为险固。县东五十余里有佛潭桥堡，砌石为之，雉堞雄壮，后渐废。又县东有井尾、大径等把截所，东南有埠头把截所，南有吴田、北岐、港口等把截所。

　　临漳驿。县治西北，马驿也。宋置，曰仙云驿。元曰临漳。明因之。又云霄驿，见上云霄镇。○东溪桥，在县东门外，宋庆元四年建。元至正三年，累石重修，长三十丈。又五凤桥，在县南门外。宋淳祐中，累石为址，跨以石梁，长三十丈。又建乾桥，一百四十间，长二百丈，明洪武四年重修。又鹿溪桥，在县东南鹿溪上，旧名鱼腹渡。宋庆元四年，累石为址，上跨石梁，酾水三十六道，长五十丈，后圮。洪武七年重建。

　　○龙岩县，府西北三百五十里。北至延平府沙县三百五十里，东北至延平府尤溪县三百六十五里，西北至汀州府上杭县一百五十里。本晋新罗县之苦草镇。唐开元二十四年，置龙岩县，属汀州。《志》云：是年置新罗县于此，天宝初更名也。大历十二年，改属漳州。宋、元、明因之。城周六里有奇。今编户二十四里。

赵公城，在县治西。《志》云：县初无城，唐时编竹为限，寻筑土墙。宋绍定三年，令赵性夫于大對山巅筑土城，可容千余家，以避寇，谓之西寨，亦曰官寨。淳祐九年，令赵宗揆甃以石，俗号赵公城。元至元间，令黄士龙又即寨麓筑土城，县治仍在城东，寇至辄毁。至正十七年，筑城包县治，与旧城为上下二城。二十一年，议以二城难守，乃联筑为一，凿濠环之。二十四年，以城西逼高山，不利守御，因拓而大之，并辟城濠。明洪武八年修浚。正统中，为贼所毁。成化八年，因旧址修筑，更辟西北隅。十四年，城始就。正德以后，不时营葺。今城周六里有奇。

北寨山，县治后，县主山也。一名后山，员耸如覆釜，亦名覆釜山。又治西为大對山，故西寨在其上，一名官寨山。治南曰清高山，积石奇怪，以其势高而气清因名。又南曰登高山，屹峙城南，形如偃月，下瞰龙津。○龙岩山，在县东四里。《志》云：城东有翠屏山，其麓有前后二石峰，石趾为大小二洞，虚中如室，壁有双龙纹，县以此名。宋末，文天祥尝驻师岩下。又虎岭山，在城西县西南二里。又有乌石山，其对峙者曰东山，皆环列郭下。

东宝山，县东五里。《志》云：山麓旧产银砂，因名。上有龙井洞，中为翠屏山，亦曰翠屏峰，峰下即龙岩也。左为凉伞峰，三山连络，亦曰三台山。腰有岭，通漳平县。又观音座山，在县东三十里，当龙川水门，高数仞，势极险阻。其东北曰傅溪山，圆秀回峙，如屏障然。○铁猫儿山，在县东北四十里铁石洋。特起圆阜，如猫内顾，龙川诸水经其下，为县之水口山。又高第山，在县东百里。有高第岭，地高而危，层峦耸翠。其相近为迷云岭，接漳平界。

紫金山，县西十里。五峰秀削，壁立千仞。朝旭含辉，夕阳倒影，土石皆紫若金。上有天然池，下有赤水岩。又赤岩山，在县西四十里。以岩石皆赤而名。相近为石钟岩，奇胜不一。又双髻山，在县西五十里，最高胜。相近又有九曲岭。○奇迈山，在县南二十里。一名九峰岐。嵯峨拱峙，森如列戟。又县南六十里为上方山，行旅所经也。其南二十里曰倒岭，盘曲峻绝，岭凹有文信国驻师故垒。嘉靖初，于岭上建栖云亭，今为防御之所。

天宫山，县北五十里。高耸深邃，上有瀑布泉，飞泻数十丈，下流为天宫溪。又九侯山，在县北三十里。高入云汉，广袤数十里。九峰列峙，尊若公侯，因名。或讹为九猴山，云形若猿猴也。一名筋山。旧《志》云：支麓盘据，如筋络然。又有寿山，在县北四十里。高平方正，形如展轴。左畔峰峦错列，旧名孝山，后改今名。○大陶岭，在县北。盘踞数十里，与汀州沙县接界。又东北为均岭，为沙县、汀州两分处。其水南北分流，南入九龙溪，北流入于尤溪。又有黄土岭，与沙县接界，以土色名。其水北流入延平。《志》云：县西北二百余里有莒林岭，其水两流，一入龙溪，一入长汀，趋广东程乡县。

雁石岭，县东北三十里。岭北有雁石渡，即龙川所经也。地险仄，为戍守处。又县东二十里有鳔林岭，与雁石相对，旧名恼林，后改今名。长林阴翳，岁暮多崔蒲之警，隶雁石巡司巡守。○三峰岭，在县东百里，岭半有隘。

龙川，在县城南。受汀州上杭及延平大田诸溪水，合大、小池，历龙门磜。至县西，会罗溪、筋溪诸水，环绕城南。至县南三里，汇为石鼓潭。又东经观音座山下，汇为瓮口潭。潭形中广而口狭，因名也。稍东南合傅溪水，循石峡而下，石峻水激，险怪万状，谓之傅军滩。旧不通舟楫，后辟成港，可引小舟，过雁石渡而达漳平县境，为九龙江之上流。○罗桥溪，在县西二里。源出县西南七十里大、小池，合流经此，上有罗桥，至县南三里石鼓潭而会龙川。又曹溪，在县西南五里。自汀州府永定县来，至城南登高山下会龙川。又有小溪，源出县西南七十余里之茶峒，清浅幽折，流经县治，入于龙川。

雁石关，县东北雁石山下。有巡司，正统十一年置。又县东北百六十里有东西洋巡司，明初置，今废。《志》云：县北三十余里有黄坑、水槽、东坑、萧坑等隘，东北百里有三峰岭、廖天山二隘，西五十里有九曲岭隘，南有倒岭隘：俱戍守处也。〇大池寨，在县西南。又县西有大池巡司寨及虎头岭巡司寨，俱宋所置，今故址犹存。

适中驿。县南六十五里上方山下。嘉靖十一年建。《志》云：县城南有登龙驿，西有驻车驿，俱宋置，今废。〇龙门碇桥，在县西十里，道通上杭。又迎龙桥，在县西五里。两山夹溪而下，桥跨其上，亦名龙门。与城南龙津桥东西对峙，道出汀、潮。《志》云：迎龙桥旧名虎渡桥，以跨虎岭山麓也。俗呼西桥，一名筋桥。与龙津桥俱跨龙溪上，长各数丈，历代修圮不一。

〇长泰县，府东北三十七里。东至泉州府同安县百二十里，北至泉州府安溪县百六十里，西北至漳平县二百二十里。本泉州南安县地。唐乾符三年，始置武德场，以便输纳。文德初，改场曰武胜，又改曰武安。南唐保大元年，升为县，改曰长泰，属泉州。宋太平兴国五年，改今属。县故土城，周为土墙，宋绍定间寇毁。端平中始筑土城，元至正十七年增拓，明初砌以石，渐圮。正德十年列栅为守，十三年复因故址营筑，嘉靖三十五年增修，万历二年以后不时缮葺。今城周五里有奇，编户十二里。

良冈山，县西北五十里，县之镇山也。下为良冈岭，高危险峻，亘十余里。《志》云：山上有龙须泉，涌流不竭，瀑布出焉。其脊大石层列，山麓逶迤而南，圆峰特起，县治枕焉，曰罗侯山。又东瞰大溪，曰新寨山。旧设泰安寨，宋有寨官，因名。山之西曰水晶山，山形如覆釜，尝产水晶，与罗侯山俱峙城内，县城盖负山濒溪也。〇天柱山，在县东五十里。山最高，岩洞泉石，种种绝胜。绝顶曰紫玉峰，环眺千里，如襟带间。

吴田山，县东北五十里。山雄峻，少树木。高处有田十余顷，流水成渠，可引以溉田。一名曷山。《志》云：县北迤东四十里有鼓鸣山，高耸为邑之望。下有洞，风吹则成鼓声，因名。又县东北八十里曰内方山，出银矿。万历二十七年中，使奉命开采，商徒猬集，奸宄乘机攘夺，防御至切，寻禁不复采。○董奉山，在县北五十里。耸秀如卓笔然，相传仙人董奉尝游此。相近有待诏山，亦耸秀而奇丽。

朝天岭，县东南三十里。高峻特起，旁接群峰，旧为入京之道，因名。有巡司。又桐岭，在县东北七十里。多林木，亦名白桐林。上有观音岩，下有隘，接同安县界。《志》云：县东北又有磨枪岭，接安溪县界，亦有隘。○黎壁岭，在县西北六十余里，崖壁斗绝。其相接者曰大鸬鹚岭，以形似名。

龙津溪，县城东南。导源安溪界，流经县东北，诸溪涧水次第流汇焉。分合回环，至双溪口，入龙溪县。至华峰岭下而合九龙江，或谓之长泰溪。○马洋溪，在县东北四十里。源有二，出山谷间，滩途险恶，合流入龙溪县界。又有高层溪，源亦出安溪界，经县西北大鸬鹚岭下，有滩，亦入龙溪县，俱注于九龙江。

朝天镇，在县东南朝天岭下。亦曰朝天岭巡司，正统五年设。岭岩险，多盗贼。万历十八年，移于县东北六十里之溪口，亦曰溪口巡司，察白桐、磨枪等隘出入非常。《志》云：县有巡简坪，在磨枪岭上，旧设巡司，因名。又朝天驿，旧在县治东北，今废。○石高寨，在县东十里，宋置。昔人尝保此以避贼。又县东南三十余里有天成寨，县城东有泰安寨。

林口隘。县北五十里。又县西北有鸬鹚、下翁等隘，县东北有上宁、磨枪、白桐等隘，县东南为朝天岭隘，俱有民兵戍守。○西安桥，在县城西，万历二年建，长四十余丈。又城东有东津桥，东南里许有朝京桥，皆长数十丈，跨龙津溪上，宋置，今废为渡。《志》云：县西南一里有南津桥，亦宋置，今废。

○南靖县，府西四十里。西至龙岩县三百二十里，南至广东程乡县百五十里，北至漳平县二百二十里。本漳浦、龙溪、龙岩三县地。元至治中，以地险远，难于控御，割置南胜县。至正十六年改名南靖。今城周三里有奇，编户十七里。

南胜城，《志》云：旧址有二，初置于县西南九围矾山之东。元顺帝至元三年，畲寇李胜等作乱，事平，乃徙治于小溪琯山之阳。至正中，又徙双溪，改名南靖。始筑土城，西南濒溪，东北浚濠为固。明初因之。正统十七年，为邓寇所陷。嘉靖六年，葺以石。二十八年增修，四十年又为贼所陷，明年复陷于贼。四十四年，改筑城于大帽山麓，南去旧城里许。万历二十二年，以新城耗敝，复营旧城，仍徙治焉。城周三里有奇。

欧寮山，县北一里。一名大帽山，又名三凤山。《志》云：山后有五峰峙立，端严峭拔，周百余里。又县西北五里有宝珠山，其并峙者，左曰镜山，右曰磨石山。宝珠夹两山间，形圆如珠。下有溪流回绕。县西二十五里又有紫荆山，五峰耸翠，中有龙潭。○湖山，在县前双溪之南，山下有湖。又有鼓旗山，县治南案山也。内山圆如鼓，外山展如旗，俗呼扳旗山。

峡口山，县东十五里。两山相夹如门，双溪出其中。又圆山，在县东南十五里，崇圆峻拔，左郡右邑，为接境处。又东南曰西天山，一名狮山，列嶂如翠屏，为郡之西屏。又东即三平山。《志》云：县南五十里有天马山，一名鹅头山，皆以形似名。相近为橄榄湖山，形尖而厚，形如橄榄，下有湖。连峙者曰林壁山，出水晶。一名榜眼尖，以明初李贞居其下也。又虎头山，在县南九十里崎溪上，形如虎头。

浮山，县北八十里，接龙岩县界。山当往来之路，与上下山不相连属，如浮至然。亦曰浮丘。又南十里有金山，山下侈上锐，形若金字。中有峰突起，俗呼鹅髻山。〇朝天岭，在县西北百余里。山最高耸，四时云雾接天，当漳平、龙岩两县界。又峰苍岭，在县东北十六里。峰高入云，四时苍翠，峰苍涧出其下，南流入双溪。

双溪，县治前。一曰大溪，出县西南平和县界，入县境，与诸溪合，至县前。一曰小溪，出西北龙岩县界，经县北，亦与诸溪合流。至县前合大溪，东流出峡口，入龙溪县界，即南溪上源也。〇深渡溪，在县西北五十里。自龙岩县界历龟洋入小溪。又三团溪，在县西南百三十里。源出汀州府上杭县境，历山城水寨，至西场寨而入大溪。

海子潭，县西三里。深渡、涌口二溪汇流于此，磨石、宝珠两峰对峙如壁，潭潴其间，渊深不测。引流东出，水口若门。《志》云：涌口溪自县北金山南流，经海子潭。

古雷镇。在县西。元为古雷巡司，今废。《志》云：县南有小溪巡司，元设。洪武二十年，江夏侯周德兴移建于漳浦县古雷山，以备倭寇。正统五年，小溪草寇窃发，复设小溪巡司于此。今为平和县界。又九龙岭巡司，在县南百余里，正统五年建，亦曰九龙寨。《志》云：龙溪之海门，漳浦之岛尾，南靖之九龙，皆为海防险要。〇和溪巡司，在县北百七十里，接龙岩县界。又永丰巡司，在县北百九十里，地名韩婆径。正统五年，与和溪同置巡司。景泰二年改今名，以在永丰里也。弘治中，兼设韩婆径隘，为戍守处。又县西有水尾寨隘，亦弘治中置。又平南驿，在县北百七十余里。成化六年设。有平南桥，为往来津要。

〇漳平县，府西北三百里。东至泉州府安溪县二百四十里，西至龙岩县一百二十里，北至延平府永安县一百二十里，东北至延平府尤溪县二百九十里。本龙岩县地。成化三年，县民林廷琥等以地险远，贼税不供，请别置县。从之。七年置今县，治九龙溪北。县居漳上流千山中，地稍平衍，因曰漳平。初无城。正德间，始以砖石甃筑。嘉靖以后，相继增修。城周三里有奇。编户二十四里。

龙亭山，治西一里。山半清泉一脉，可以溉田。顶容二百余人，乡人尝置寨以避寇，亦曰龙亭寨山。登其巅，则众山皆在目中，最为高旷。又西北曰古漈山，山势雄峻，县西诸山之宗也。○仙帽山，在县西北十里。一名西雾山，连接群峰，逶迤盘结，而此山特巍峨秀丽。相传乡人尝避寇于此，寇将迫，忽云雾四合，寇迷不能进，因名。又北曰九仙山，九峰叠耸，雄敞峻绝。山后朱仙洞，石室幽邃，六月生寒，一名九星山。县北二十里又有石鼓山，与仙帽并耸，俱为县北之屏障。《志》云：凌云山亦在县北二十里，峭特而秀。山半地势平旷，土人居之。又北为赖家山，高耸而顶平，民居其上。

三尖山，县南三十里。崇峰耸峙，林木苍翠。县南四十里曰覆鼎山，林木深邃，多产宝物，山顶突出，如覆鼎然。又南数十里曰大壮山，宏壮为群山冠。○银瓶山，在县东十里。层峰叠翠，其状如瓶。又北有小都山，山高泉冷，上有岩，盛夏可以避暑。相近者曰铅山，旧产铅，闽人多采为利。旁有数峰相接。又石门隔山，在县东二十里。两山夹峙，其状如门。又东十余里为云峰山，雄峻屹立，常有云气浮其上，中有宝台岩。

碧灵山，县西北五十里。亦曰碧凌山，黛色青苍，高凌霄汉。上有寨场，下有岩。又西曰天柱山，雄峙高耸，与龙岩县接界。自山而西北，曰岩头山，旧产铜，民采以为利。《志》云：县东北有双髻山，一名螺髻，与尤溪县接境。

象湖山，县东南六十里，接平和县界。山深地僻，为啸聚之薮。正德中，象湖贼作乱，南赣抚臣王守仁讨平之。《志》云：近山有湖，泉混泥深，视若田然，仅半亩许，盖薮泽所钟也。相传曾有象过此，陷不能起，因名。

三重岭，县南二十里。上有三峰叠出，高下相因，崇峻险僻，人迹
罕到。又朝天岭，在县东北。最高峻，有径道达延平。使者按部，亦时经
此。〇百家畬洞，在县南五十里，界龙溪、安溪、南靖、龙岩、漳平五县
间，县正当其北，为要冲。万山环抱，四面阻塞，洞口陡隘，仅通人行。中
宽广，容百家，畬田播种，足以自给。四方亡命者逋聚其间，凭恃为乱。宣
德、正统时，乌合跳梁，官兵剿捕，数载始平。

九龙溪，县治南。自龙岩县雁石岭东流，亦曰雁云溪。又东历县
境，萦绕县南，汇诸川水为深潭大湍，亦曰漳平上溪。下流入龙溪县界，
经华峰岭，水石巉险，凡十余里。东南流，为柳营江之上游。又九房溪，
在县西北。源出汀州府连城县，流经宁洋县境，合徐溪。又有罗溪，源出
永安县，流入境，徐溪来合焉。又南会九龙溪。〇溪南溪，在县东北。源
出安溪县界，流入境，历县东华口。又有下折溪，在县南三十里。亦流至
华口，俱会于九龙溪。

三清湖，县北十余里。地名鱼龙津，自高山发源，涌为石湖。瀑布
而下，叠联三潭，因名。《志》云：湖与九仙山相近。又有白鹤湖，在县
南三十里。山巅峻绝，涌泉成湖，瀑布而下，为第二宫。第三宫一名三溪
林。又鳌池，在县北宁洋县界，周二十余里，不溢不涸，有溉田之利。

归化镇，县南三十里。向设巡司戍守。又溪南巡司，在县东二十里，
俱明初置，寻革。桃源店，在县北三十里宁洋县界，元曰聚贤、和睦等处
巡司，属龙岩县，明初因之。寻徙而南，以村为名。洪武十四年寇毁。十八
年，重置司署。二十年，江夏侯周德兴以地非冲要，迁于漳浦县金石寨。
二十五年，复还故址。成化中，改今属，寻革。

三峰隘。县北十余里。又北有华口、安井、赤坑口等隘。又禾头
隘，在县北二十余里，其相近有白泉隘。又长塔隘，在县东北二十五里。

又东有卓安、石门隔、南坑村、石锥岭等隘。又县南三十余里有朝天岭、下马坑、香树岭等隘。

〇平和县，府西南二百五里。西南至广东饶平县百里，北至汀州府永定县二百五十里，东北至南靖县七十里。本漳浦、南靖二县地。正德十四年，南赣抚臣王守仁讨平象湖贼，上言：河头之地，北与芦溪、流恩山冈接境，西北与漳平象湖山接境，而平和等乡又与广东饶平县大伞、箭灌等乡接境，皆穷险贼巢，与所属县治相距五日程，往往相诱出劫，宜设县控制。于是析置今县，并筑县城。万历三年以后，屡经修治。今城周三里有奇，编户十二里。

长卢山，县北十里，县之主山也。其近城北者曰卓凤山，形如飞凤。城东曰东山，西数里曰楼宅山，以形如楼阁也。楼宅之东，曰岑山，与东山遥对。迤南曰天马山，如天马驰骤，双峰矗起，为县治案山。〇象湖山，在县西北，接漳平县界，《郡志》云：在岑山之西。又五牙山，在县西南。九峰耸立，如牙笏然。产矾石，一名矾山，南胜县初置于此。又琯山，在县东，元移南胜县于琯山之阳，即此。琯亦作官，今山麓居人甚盛，称为乐土。

三平山，在县东南。岩谷深邃，结曲崎危。登者必历三险三平，乃至其巅，有峰岩泉石诸胜。又大峰山，亦在县东南，县之镇山也。一名大峰崎山。高峻巉岩，石峰凡十有七，自山麓至巅，可五十余里。登陟一望，远近城邑悉在目前。商舶渡海，以此山为表，山多峰岩洞壑，最胜者为山北之灵通岩。《志》云：漳浦、诏安、海澄、镇海卫诸山脉皆发于此。

芦溪山，在县西北，山势雄壮。又北为流恩山，正德中，王守仁抚南赣，败信丰、龙南等贼，贼走象湖山，击败之。贼复入流恩山冈等巢，寻遁去。守仁又攻何塘、洞山寨及长富村等处，二十余巢皆平之。信丰等皆江西赣州府属县。

河头溪，在县治东南，源出大峰山。《志》云：大峰山泉潢四注，画地成川。自正西出者，其下为粗溪，西经县治，曰河头溪。清濑可掬，西流至广东大埔县三河坝，合芦溪，出赤石岩，下潮阳入海。《志》云：芦溪出芦溪山，南流至三河坝合河头溪。

高山溪，在县东北。亦出大峰山，曰高山水。历大、小坪，合群溪之水为溪口溪，流入南靖县，会为大溪。土人呼为高坑石神溪，或以为即石塍溪也。旧《志》：溪源发江西、闽、广之交，下流入海。水最恶，饮之则病瘴，徒涉者则足黑，谓之乌脚溪。昔时自闽入粤，皆载水自随，以是水有毒也。《通典》云：石塍溪在漳浦西北百五十里。今溪在大峰山东，或水性变异，而旧迹尚存云。○河上溪，在县东南，亦出大峰山。或云：大峰之支麓有旗山，水源出焉，流为西林溪。又南为云霄溪，即漳浦县漳江之上源也。县南又有徐坑溪，南流为合溪，亦名双溪。又东南经葛布岭，有鱼鼓溪、马溪流入焉，下流为诏安县之东溪。

芦溪镇。在县北。漳汀巡司置于此。《志》云：县境大峰山南有龙峰头堡，又东有溪口堡。路当平和、南靖、漳浦之交，居民辐辏。嘉靖间，寇乱，居民累土为城，因溪为池，寇不敢犯。又东北二里许有西山堡，亦嘉靖间土人筑以御寇处。○高磜隘，在县东北，又有朱公畬、曹充、赤珠、三莱洲、茶寮等隘。县南又有半地、三角等隘。

○诏安县，府南二百里。东北至漳浦县百三十里，西至广东饶平县百七十里。本漳浦县南诏地。宋为南诏场。元至正中，右丞罗良命屯官陈君用砌石为城，以防不虞。明弘治中，广寇为患，调漳州卫官军戍守。正德十四年，设捕盗通判驻焉，督平和、饶平二县。寻废。嘉靖九年，析置诏安县。今城周七里有奇，编户二十二里。

南诏城，即今县治，宋南诏场也。后为沿边巡捡寨，亦曰临海寨。元至正十四年，汀、漳盗起，因筑城为备，东临溪，西、南、北倚山，城周三里有奇。明初为南诏把截所。正统十四年，邓寇猖獗，漳寇乘之，攻围八月不能陷。弘治十七年，广寇突入城中，四出劫掠，乃议调漳州卫后所官军置南诏守御千户所。始拓城西偏而广之，砌以石。周七里有奇。嘉靖九年设县，遂为县城。自是屡经修筑。三十七年，增筑城垣，浚河四周，半通海潮。四十二年，仍筑外城，周六里有奇。又筑西关城，周三百余丈，称为完固。

良峰山，县西一里。耸拔奇秀，县之主山也。县东北十五里曰九上落山，其山九上九下，旧为通道所经，剽掠者往往伏匿于崖谷间。嘉靖二十四年，道移而东，寇患始少。○赤坑山，在县西三十余里，攒聚若五星。又点灯山，在县北三十里，夜常有腾光，因名。

九侯山，县北二十五里。九峰并列，有石门可通车马，中多泉石之胜。其相接者曰乌山，峰头巨石嵯峨，半插天表。北接云霄镇，东联檺仔林山，为邑后障。一名火焰山，以山形尖耸也。又厚广山，在县东北二十里。一名和广山，崒嵂耸秀，与初稽、九侯诸山形势联络。《志》云：初稽山，在县北二十五里。○金溪山，在县西北四十里，俗曰金鸡山。与六峒诸山相接，旧有银坑。正德初，议开采，不果。万历中，复议开，商贾杂沓，奸究欲乘机为变，寻奉旨封闭，又以南诏所官兵更番戍守。然盗矿者犹隐匿故也。又龟山，在县西南二十五里。上有巨壑，蛟龙潜焉。又有石洞，山之右有漳、潮分界巡司。又大南山，在县南十五里。两峰锐秀，俗名大尖、小尖，自山而西，绵亘数十里，若巨屏森立，接于龟山。

檺仔林山，县东北五十里。山势巃嵸，崖石林立。有石屋数十处，可容百人，称十八洞。嘉靖末，附山剧寇啸聚谷中，出没靡常，大为民害，久之稍息。然箐林峭险，奸厉恒伏匿焉。《志》云：山势与九侯诸山连络，为邑之镇山。自梁山逾盘陀岭而南，此山群峰插天，居然竞胜。支麓为葵冈山，在县东四十五里，绵亘数里。中有两小山相峙，称相见岭。

有古关隘，累石而成。宋为沿海道巡海所。近以上湖、后港诸村豪黠劫掠，拨浙兵守之。县东六十里又有余甘岭，山盘亘旷邈，为漳浦、诏安接壤处。旧时路出山巅，崎岖不便。万历二十五年，县令夏宏改由山腰，甚为民便。

渐山，县东五十里。高峭千仞，顶分二峰。中有潭，深不可测。其相望者为双岐山，以两峰相岐而名。《志》云：山在县东三十五里，与厚广山相连。又玄钟山，在县东南三十里，距玄钟所十里，滨海。漳舶出洋，旧皆发于此。原设公馆，主簿镇焉。后设县，镇废。以其地屡为倭寇所凭，发船移于海澄。《志》云：玄钟之北，又有梅岭，为戍守处。嘉靖四十四年，戚继光败贼吴平于此。○大帽山，在县东，负海，最奇耸。宋末，丞相陆秀夫、陈宜中扶帝昺泊舟于此。又川陵山，亦在海滨，半入海。俗传帝昺南渡，将都南澳，筑此为东京，地遂陷为海，今城堞尚存。自山巅向海，莫穷其际。其峰青耸秀丽，号为苏尖，一名苍陵，亦号东山，北去铜山所十里。相接者为虎冈山。又有揭榜山，亦曰东湖山，山下有小湖也。又甘山，在海中，远望山巅，若小髻然。天将飓风骤雨，则形状变幻不一。中有井水，独甘淡，因名。又虎仔屿、南村屿、崎屿、犬眠屿，皆在川陵山南大海中。

海，在县东南。《海防考》：县咫尺即海，控引潮、粤，最为险要。而玄钟所之胜澳，则县之门户也。由海口西出半日程，为饶平之南澳山，砥柱海中，周围二百余里，与玄钟所对峙。其山之远者曰黄芒山，长三十里，逋逃之民居焉。伏险窃发，为信地要害。又有蜡屿山，长二十里。相近为洋屿，中多平田，漳、潮民杂处耕佃樵牧于此。递南入潮之澄海、潮阳县界。《郡志》：诏安之海有三派：一由铜山所之大京门入县东百浦、走马溪止；一由玄钟所北港门入，经渐山，汇梅洲、上湖止；一由玄钟所南港入，经赤石湾，绕县治至甲洲止。其从南澳入者，则潮之黄冈，广之南海矣。

东溪，在县城东。源出平和县大峰山，入县境，回环流，诸溪涧水悉汇入焉。经县南五里，为横岭渡，又南入于海。○港头溪，在县西，汇诸溪水出龟山西象头渡入海。又大陂溪，在县东四十里，由西北马洋山东南流，至大陂南，绕梅州村，复抵渐山而入海。又走马溪，在县东南，内有东澳，为海口藏风之处，寇船往来尝泊此，俗呼为贼澳。距玄钟所二十里。嘉靖三十九年，倭贼自广东突入走马溪，势甚张，官军与战，沉其数艘，贼败遁，官兵追至广东南澳大洋而还。

金石镇，在县东南海中。元设。在今宁洋县境。明洪武二十年，徙置于此。有城。又洪淡巡司，亦在县南海中。地名北埔，元置于县东五十里之沔洲，明洪武二十年移今所。又东沉赤山巡司，在县西二十五里。元置。在今南靖县境，洪武二十年，移于县南海中。正德十五年徙此，改曰漳潮分界巡司。俱有小城戍守。○岑头城，在县东。又县东四十余里有梅洲土城。《志》云：县东有甲洲土城，嘉靖二十五年筑。相近有上湖土城，嘉靖二十四年筑，皆为戍守处。

白叶堡，县西百余里。有白叶洞，贼巢也。嘉靖中，群贼啸聚于此，出没潮、广间。二十七年，官军四面会计，平之。因置今堡。有白叶洞水，下流入东溪。《志》云：县西二十里有分水关，又二十里即广东饶平县之黄冈驿。又有老虎关及半砂岭关、牛掌等隘，俱接饶平县境。县北又有龙过关，接平和县境。

南诏驿。在县城内。宋为临水驿，在北关外。洪武初，重建改今名。○东溪桥，在县东门外，长七十丈，嘉靖二十八年，创建木桥。隆庆五年重修，改曰通济桥。万历二十四年，易以石，仍曰东溪桥。又有洋尾桥，在县东五里，亦曰广南桥。初设渡船，万历七年，创建石桥，凡百有余丈。又平寨桥，在县南五里。亦万历间改渡为桥。又安济桥，在县西十五里。嘉靖十六年建，长各二十余丈。《志》云：县南有陈平渡，在海中，设把截所于此。

　　〇海澄县，府东南五十里。东至泉州府同安县百四十里，本龙溪县滨海地。正德间，土民以番市起寇。嘉靖二十七年，始议设县，不果。三十年，建靖海馆于此。三十五年，为海寇焚掠，因筑土堡为防御计。未几，倭入寇，奸民乘机盘踞。抚臣谭伦招抚之，更设海防屯驻于此。四十三年，巨寇伏诛。明年，议割龙溪并漳浦地置县，事闻，赐名海澄。隆庆初，始设县治。五年，改营县城，明年讫功，周三里有奇。编户四十三里。

　　儒山，县西南二里，县之主山也。圆秀突起，俗呼蔡前山。又席帽山，在县南七里。高耸圆秀，状如冠帽。其西为常春山，秀锐崒嵂，拱揖县治。其东为鸿江山。又东北为鹿石山，雄峭壁立，为县东屏障。〇虎甲山，在县西一里，俗名美山，巉岩盘踞。又西曰龙头山，两山之间，有一峰突出，盘回昂耸，状如狮子，曰陈坑山。又西南曰石壁山，最高峻，上有岩。

　　大鳌山，县西南十里。蜿蜒嵬峨，特耸二峰，形若笔架。又南岐铺头山，在县西南十五里。南溪之水，自檬浔而下；大海之水，自浮宫而入。至此会合，倒流纡延，而分绕于邑内，亦名倒港山。〇渐山，在县西。耸起高峰，雄大尖秀，鸡笼、南岐诸山拥峙水口，山下人民辐辏。

　　云盖山，在县东南。有石室，容数百人。岩岭巉峻，云气尝覆其顶。又龙门岭，在县东，上有石，高十余丈。宋末，文天祥奉少帝南奔，道经此，题迹犹存。又云岳岭，亦在县东，与同安县接界。〇圭屿，在县东海口中央，状如龟浮水面，俗呼龟屿。亦曰鸡屿。隆庆六年，议移海门、濠门二巡司，筑城其上，以壮形胜。城成，复废，今为戍守要地。又嵩屿，在县东。又有长屿，皆三面临海，居民各数百家。《志》云：宋末，少帝浮舟海上，遇诞辰，群臣构行殿，嵩呼行礼，故屿以嵩名。今遗址犹存。县东北又有浯屿，在同安界海中。林木苍翠，官军备倭者置水寨于此。后迁寨于嘉禾屿，此地遂为盗薮。详见同安县。又胡、使二屿，在海门，上下延袤数里，先是居民凭海为非。正统初，移其民而墟其地。《郡志》：胡屿故名荆屿，上多荆木。使屿故名梁屿，今呼为海门南、北山。海中又有丹霞屿，亦曰赤屿。

海，在县东北。自县以西北诸水悉由此入海，曰港口江，亦曰港口大溪。潮汐吞吐，粘天浴日，浩然大观也。一名圭海，盖以圭屿而名。《闻见录》：港口有大泥诸险。又自圭屿以西，有紫泥洲，西接乌礁、许茂诸洲，又西北数里，即柳营江，合诸溪处也，谓之三汊河。河口之地，谓之澳头，即福河北岸，自郡东抵省会之通道。海舟登泊最易，防御为切。由海门东出，水程二日，即彭湖岛。漳之汛守，岁凡再至云。

月港，在县城西南，接南溪，东北通海潮，其形如月。《志》云：正德中，土民私出月港，航海贸易，诸番遂为乱阶。嘉靖九年，于县东北十余里海沧澳置安边馆，委通判一员驻守。二十七年，议设县治于月港，寻增建靖海馆，以通判往来巡缉。既而倭贼入犯，仍据月港为巢，于是筑土堡，跨溪为桥，筑垣其上。未几，复为寇据。隆庆五年，滨月港为县城，而安边馆仍为守御处。又普贤港，在县西。《志》云：上通九十九坑之水，达于海。○南溪，在县西南六里。源出平和县三平山，经马口，受渐水、檺浔诸水，下流至浮宫，入于海，此县境之南溪也。

海门镇，县东十余里。有巡司，旧置海门社于县东北海门山。正统六年，以地险民悍，时为寇患，设巡司控御之。七年，徙其民于内地，而移巡司于青浦社，即此。又濠门巡司，在县东嵩屿上。洪武初，设于海沧洋，二十一年移于此。又岛尾巡司，在县东南，明初置。本属漳浦县，后改今属。○九都堡，在县城西，今学宫饷馆设于此。《志》云：隆庆初设县，分八、九都为二堡，八都堡即今县治也。时又于八都堡南筑草坂堡。

四年,改营县城,草坂堡并入城内,而九都堡仍旧。

港口堡。在县北。又有珠浦、广林、虎渡等堡,在县西南。相近又有屿上、田尾二堡。县东北又有长屿、何山、石囷等堡。○石马镇,在县北十五里。北达郡城之津要,有兵戍守。又西五里即龙溪县之福河堡。又安边馆,在县东北海滨,嘉靖九年置。四十三年,寇吴平巢于此,都督戚继光讨逐之,歼其余党。仍设兵戍守焉。

○**宁洋县**,府西北四百里。东北至延平府大田县百八十里,北至延平府永安县百四十里,西北至汀州府连城县二百五十里,南至漳平县百二十里,西南至龙岩县二百里。《志》云:龙岩县东北境有东西洋,界于漳平、永安、大田、连城四县之间。溪洞深邃,鸟道险峻。经二百余年,鞠为寇穴。至正统间,乱无宁岁,乃置巡司控制之。其地四山环列,中宽平。嘉靖四十一年,饶寇掠境,山贼廖选等聚众为乱,官兵不能制。四十四年,贼平。隆庆元年,置县,以巡司为县治,割龙岩及大田、永安地益之,名曰宁洋。并筑城,甃以砖石。万历以后,屡经修葺。城周不及二里,编户十一里。

金凤山,县治北,县之镇山也。圆峰特起,麓有平洋,结为县治。又北有王冈山,自百种畲分为岭兜、员当诸山,由穿石隔、赤洋埔达于城北。又县西北五十里为马家山,亦曰马峰山。顶尖秀,为众山之望。《志》云:自马家山逶迤而南,由骆驼崎历盖竹溪、百种畲,过鼓楼隔,至谢田崎,转折而东,结为金凤山。又天员山,在县北,其山极高,顶平坦,可容万人。上有古井。《志》云:县东北二十五里有虎山,县西北三十里有百刻岭,俱北出延平府永安县之道。

香寮山,在县南。上有紫云洞,可容数万人。正统中,邓茂七据此为乱,官军讨平之。山之绝顶有天台,台有龙潭,石窟如釜。又赖家山,在县东。上有虎符岩,最高胜。自山而西,由岩坑、石兜转至县南,为麒麟山。又城南三里有天柱山，以圆峻得名。○杀狐岭，在县西北，鸟道险峻，人迹稀少，尝为寇巢，名龙头寨。嘉靖四十四年，官兵会讨山寇曾东田等于此，数月不克。忽有大狐自岭上坑飞下，官军杀之。三日而贼灭，因以杀狐为名。

东西洋，在县城东南。有三源，自县东北诸山溪南流者，曰南溪。自县北流会南溪者，曰北溪。自县西北合诸山溪水流会南、北二溪者，曰西溪。三流合而绕县郭，激荡生涛，湍濑迅险，谓之东西洋，亦曰前后洋。正统中，邓茂七等啸聚于此。南流经漳平县境，为九龙江之上源。又徐溪，在县西四里。《志》云：出县西郭家山，又有大坑溪、小溪，俱流合焉。南入漳平县境，合九龙江。

坑源隘。县北四十里。又北二十里至延平府永安县之林田隘。林田，北出之要会也。○宁济桥，在县城南，万历五年建。长十八丈，寻圮。九年重建。

附见：

漳州卫，府治西，洪武三年建。属所二，曰守御龙岩中中千户所，在龙岩县治西北。成化七年，调漳州卫中所、镇海卫后所官军守御，隶漳州卫。又南诏守御千户所，在诏安县治东。弘治十七年，寇入南诏城劫掠。明年，调漳州卫后所官军守御，改属漳州卫。

镇海卫，在漳浦县东北九十五里。本名岐岛，有城垒。洪武二十年置卫，并筑城以备倭。城周四里有奇，领所三。《志》云：卫城东南十余里有东镇屿、南镇屿，西南数里有鸿儒屿。南镇屿西曰连进屿，一名大屿。卫东南又有将军礁，一名鸡心渊。水底石骨，内接乌鼻头山，外连东镇屿，里许。潮长则没，退则见，亦名浮沉洲。又有半洋洲，东接龟岭，西接南镇。晴明时见白浪，长百丈，名白玉礁。龟岭在卫城东南，如神龟出海，因名也。岛屿绵亘海滨，为卫城拱卫。

守御六鳌千户所，在漳浦县东南。《志》云：县东丹灶山南有铁灶坑，南行三十余里，平沙漠漠，三面皆海，惟正北可以陆行，所城凭焉。如巨鳌戴山，旧名青山，亦曰鳌山。山腰居民鳞次相叠，初置青山巡司，洪武二十年建所。筑城周二里有奇。城北曰大澳山，一名罗崎山，土色纯赤。东为对面山。又东北为虎头山，与古雷山对峙，商船渔舟皆经此。城东南又有鸟嘴、鸡心等山。又有横屿，在海中，长亘里许。又有双洲，俗名洲门，自广入海船舰必经之道也。

守御铜山千户所，在诏安县东。其地旧名东山，为民间牧薮。洪武二十年置所，筑城周三里有奇。嘉靖三十六年，增修以御倭。三面环海为濠，惟西面行二十里，始逾陈平渡。本属漳浦县，嘉靖十三年改今属。《志》云：所旧置于井尾澳，景泰间，始移于西门澳。北自金石以接浯屿，南自梅岭以达广东，皆属哨守。有西门澳水寨，五水寨之一也。城中有山，曰古楼，南对川陵山，山右为白沙山。又城西为瞭望山，又西为东岭山，西二里曰水寨大山。其在海中曰乌石平山，列屏如黛，周围数里。又有大、小甘山。以屿名者，曰东门屿。流浪冲激，俗呼大惊门。下有沙岛，积石叠起者，为铁钉屿。五墩聚立者，曰五屿。川陵山东，曰鸡心屿。沙湾环带曰南屿。水寨旁为后澳港，海舟避风处也。其相近者，又有井仔湾、鲎壳澳及沙洲诸处。

守御玄钟千户所。在诏安县南。东北接铜山所，西南抵潮州界。自澳口至南澳，约三十余里。洪武二十年置所，筑城周三里有奇。嘉靖四十二年，为倭所陷。隆庆六年重修。城内有果老山，四面八山，连环相向。一名古老山。城东有东山，海中有内屿、外屿。又有蛤洲、猎洲、敏洲、红洲、卧岗洲、陈洲、蛇洲等七洲屿，列于所北内江中。又有胜澳，在城西南面，与广东南澳相望，水通柘林等处。澳上为南山墩，城外市曰卸石湾市。渔舟舣附，居民贸易处也。《海防考》：镇海卫及所属三所，皆列海滨,贼自粤趋闽,则南澳、云盖寺、走马溪乃其始发之地。哨守最切者,铜山、玄钟二水寨而已。铜山有把总驻守,而玄钟隶焉,故止称一水寨,嘉靖中,最为贼冲。

附考:

琉球。琉球之地,在泉州府东海岛中,亦在福州府之东北。汉、魏以来,不通中华。隋大业三年,令羽骑尉朱宽入海,访求异俗,始至其国。语言不通,掠一人以归。明年,复令宽慰抚琉球,不从。宽取其布甲而还,适倭使来朝,见之,曰:此夷邪久国人所用也。六年,遣虎贲郎将陈棱等自义安泛海击之,东行至高华屿,又东行二日至鼋鼊屿,又一日至其都,琉球王欢斯渴利兜战败。棱等乘胜拔其栅,杀其王,略男女数千人而还。自是历唐至宋,未尝朝贡。元至元二十七年,遣使招谕琉球,不至。其国所辖有古米、太平、马齿等山,东北有硫黄、叶壁、七岛诸山,并隔海外,不相属。明洪武五年,遣行人杨载赍诏往谕,其国率先归附。太祖奖其忠顺,赐符印章服及闽人之善操舟者三十六姓,又许其遣子及陪臣之子来学于国学。其国分为三,曰中山王察度,山南王承宗,山北王帕尼芝,皆遣使朝贡。自永乐以来,其国王嗣立,皆受册封。后惟中山朝贡不绝,其山南、山北二王俱为所并。嘉靖三十五年,倭寇琉球,世子尚元邀击歼之。万历三十七年,萨摩州倭侵琉球,虏其王尚宁。四十年复国,至今其王相仍,皆称尚氏。贡道自闽县以达于京师。朝廷遣使,去以孟夏,来以季秋,乘风便也。自福州梅花所开洋,七昼夜可至。自泉州彭湖岛开洋,五昼夜可至。望见古米山,即其境。东去三百里,为叶壁山。又东即日本,恒与贸易假贷。近国那霸首里,并有马市。又有鸡笼山岛野夷,隔鸡笼、淡山洋,亦谓之东番。万历四十四年,倭夷胁取其地,久之始复国。《四夷考》:琉球之地,仅海外一冈碛,无大聚落,所居曰婆罗檀阔。无城郭,堑栅三重,环以流水,树棘为藩而已。《元史·志》载:自彭湖而东,水渐低,近琉球者,谓之落漈。漈者,水趋下不回也。嘉靖五年，给事中陈侃使琉球，首辨其妄。国别号大琉球，西南则暹罗，东北则日本。从长乐广石出海，隐隐一小山浮云，即小琉球也。更南则东番诸山，其人盛聚落而无君长，习镖弩，少舟楫，自昔不通中国。又东隅有夷，鸟语鬼形，殆非人类，或云即昆舍那国云。

吕宋。在东南海中，小国也。产黄金。永乐三年朝贡。嘉靖中，始复至。与漳、泉民相市易，民流寓其地，多至数万。万历中，同安人张嶷谬奏：海有机易山，与福建近，地产金，可采取。三十六年，诏遣中贵人委官勘视。吕宋人疑诸流寓人为患，悉坑杀之。嶷寻以首祸诛。贸易至今不绝。《漳郡志》云：东洋有吕宋、苏禄诸国，西洋有暹罗、占城诸国。今东、西洋商舶载在令甲者，东洋则吕宋、屋同、沙瑶、玳瑁、宿雾、文来、南旺、大港、呐哔啴、磨荖英、笔架山、密雁、中邦、以宁、麻里、吕、米、六合、高药、武运、福河、仑岸塘、吕蓬；西洋有下港、暹罗、旧港、交阯、柬埔寨、丁机宜、顺塔、占城、麻六甲、顺化、大泥、乌汀、礁林、新州、哑齐、交嚹吧、哪彭西宁、陆坤、占陂、高趾洲、篱木、高提、里邻、吉连单、柔佛、吉宁、邦日、隶安、丁义里、迟闷、苏禄、班隘。又有鸡笼、淡水，不系东、西洋船数。而红毛海夷饶财宝，于东、西洋别为种落，往往舟舶彭湖，构奸民为贩鬻。议者谓当与日本特严防禁，杜其乱阶云。○俱蓝国，自古不通中国。元至元十九年入贡，海外诸番，此为最远。自泉州至其境，约十万里。

广东方舆纪要序

广东，在南服最为完固。地皆沃衍，耕耨以时，鱼盐之饶，市舶之利，资用易足也。诚于无事时修完险阻，积谷训兵，有事则越横浦以徇豫章，出湟溪以问南郡。东略七闽，通扬、越之舟车；西极两江，用僮徭之弓矢。且也放乎南海，风帆顷刻击楫江津，扬舲淮渚，无不可为也。岂坐老于重山巨浸间哉？或曰：广东以守则有余，以攻则不足也。昔者任嚣谓尉陀曰：南海僻远，东西数千里，此亦一州主也，可以立国。陀用其言，而有国者数十年。五代时，刘岩承父兄之业，擅有岭南，享国者亦且四世。此善守之明验也。卢循、徐道覆自岭南图江东而败萧勃，自岭南图豫章而败，欧阳纥未越岭南而败，王仲宣欲以岭南复陈而败。文天祥、张世杰欲以岭南存宋而败。此议战而不议守之过矣。余曰：战与守各以其时耳。当守而不知守，以一隅之地，而冀争雄于天下，其至于覆亡也，宜也。当战而不知战，使数郡以外尽为他人之幅员，而犹冀人之不为我患，其可得乎？从来有事于一方者，必当审天下之大势。不审天下之势而漫应之，战与守虽异，而其至于败亡则一也。尉陀受任嚣之命，即移檄告横浦、阳山、湟溪关曰：盗兵且至，急绝道聚兵自守。夫刘、项相争，中国扰乱，此可战之时也。而陀乃聚兵自守者，陀新尉南海，众心未一，欲先固根本而后从事于外耳。汉既定天下，急封吴芮以长沙，所以塞岭南之口也，陀遂不敢与抗。及吕后乱政，陀始自尊为帝，发兵攻长沙边邑，败数县而去。吕后亡而陀兵亦罢矣，陀亦智矣哉！夫陀固未尝一日而忘用兵也。观其初行尉事，即击并桂林、象郡，其后地益斥，东西且万余里。使当可乘之时，其遂无意于中国哉？刘岩据岭南不能为北出计者，以湖南扼其吭也。及湖南覆败，此岭南得志之时矣。乃仅西取昭、桂，北并郴、连，为固圉计者，刘晟非远略之主也。嗟夫！卢循、徐道覆海上遁逃耳，一旦陷番禺，陷始兴，晋力未能讨也。及循犯长沙而北，道覆犯南康、庐陵、豫章而北，顺流长驱，直指建康，建康几殆。其终于无成者，以卢循畏葸，不尽用道覆之谋耳，非广州之不足用也。唐末，黄巢转辗残掠窜入广南，既而北还，扰荆湖，祸江、淮，残汝、洛，陷长安。陵寝陆沉，乘舆播越，广南非其厉阶乎？萧勃、欧阳纥本皆庸才，举措周章，适以自毙。王仲宣内无根本之固，外无强大之援，仓卒举事，旋以溃散。宋之末造，奔亡不给，假息无途，岂能与全盛之敌抗哉？夫时势所在，得人以乘之，则起于草泽可以转移六合也。时势既去，则关河虽险，不遑保矣，何必岭海之间能亡人国哉？且不闻陈霸先之初起乎？霸先之初，不过始兴相耳。乘侯景之乱，起兵北伐，克平大憝，卒成帝业，惟其时也。否则，牂牁、漓水、横浦、桂阳并会番禺，而南越亡矣。拔昭、贺，克英、韶，进屯双女山，而南汉亡矣。岂有力足以定中原，而独置岭南于度外者？明初王师至东莞，何真遂以迎降也。盖岭南当中原多故时，进不能以有为，退犹可以自立。及纷纭既定，必难久存矣。善乎徐道覆之言曰：本住岭外，岂欲以此传之子孙哉？夫岭外之不可以传子孙也，道覆且能知之也。然则守诚不易言也。又吾闻岭南之势，在于岭北。徐道覆谓卢循：刘裕若有将屯豫章，遣诸将率锐师过岭，恐君不能当也。高骈以黄巢在广南，请遣兵于郴州守险，又分兵于循、潮邀遮，而身帅重兵于大庾岭趋广州。潘美伐南汉，先拔郴州，又拔道州，盖所以夺其上游也。至于大海在南，上接三江，东西便利。刘裕方与卢循相持于豫章、浔阳间，水师已自海道袭番禺，倾其巢穴矣。唐咸通中，安南为南诏所陷，诸道兵屯聚岭南、江西、湖南，馈运皆溯湘江、漓水而至，劳费艰阻。润州人陈磻石者，请自福建运米泛海，不一月至广州，军食以足。近时岛倭为患，往往由浙、闽海道阑入岭南，故岭南之海防颇密。夫吾以全军下桂阳，略长沙，则当以奇兵出海道，越闽、浙，问江、淮矣。或又曰：下桂阳，何如出南康？夫以南康较桂阳更为艰阻。出豫章而溯江、沱，何如越长沙而震汉、沔？相时而动，固有以矣。若夫假道桂州，浮湘而下，又逾岭之西道也。或后或先，用奇用正，时哉时哉！又可得而陬度之哉？

读史方舆纪要卷一百

广东一 封域 山川险要

《禹贡》扬州徼外地。三代时为蛮夷国，或谓之雕题。题，额也。《礼·王制》：南方曰雕题。又《山海经》有离耳、雕题之国。楚《离骚》有玄国之南裔。或曰：今海南琼州府是其地。后为百越地，亦曰扬越，《国策》：吴起为楚悼王南攻扬越。《史记》起本传作南平百越。孔氏曰：越在扬州南境，故曰扬越。其在天文，则牵牛、婺女之分野。秦并天下，置南海等郡，亦谓之南越。《秦本纪》：始皇三十三年，略取陆梁地，为南海、桂林、象郡，以适遣戍。三十四年，又谪人筑南越地，又设南海尉以董之，所谓东南一尉也。孔氏曰：岭南之人，多处山陆，其性强梁，故曰陆梁。《史记》南越，班固作南粤。粤，即越也。今人多以两广为粤，闽、浙为越矣。秦末，赵陀王其地。汉元鼎六年，讨平之，寻置交阯刺史。后汉因之。汉刺史无常治。王范《交广春秋》：汉初，交州治赢陵。元封五年，移治苍梧广信县。建安十五年，复徙番禺。沈约曰：汉交阯刺史治龙编。建安八年，改曰交州，治广信。十六年，徙治番禺。三国吴黄武五年，析置广州，治番禺，而交州还治龙编。其后以交州并入广州。永安七年，仍置广州，治番禺。广信，今广西苍梧县。赢陵、龙编，今俱见安南境内。三国吴分交州立广州详见上。晋因之。宋又分置越州。泰始七年置，治临漳，即今廉州府治合浦县。齐、梁因之。梁大同以后，置州益多，无复古制。隋亦属扬州部。大业末，属于萧铣。唐讨平之。贞观初，置岭南道。治广州。开元中曰岭南节度。咸通二年，分为岭南东道。五代时，属于南汉。宋淳化四年，为广南路。至道三年，分为广南东路。元置广东道及海北海南道宣慰等司，广东道治广州，海南海北道治雷州。隶江西行省。明洪武九年，改置广东等处承宣布政使司，领府十、直隶州一、属州七、属县七十六，总为里四千二十八，夏秋二税大约一百一万七千七百七十二石有奇。而诸司卫所参列其中。今仍为广东布政使司。

〇广州府，属州一，县十五。

南海县，附郭。　番禺县，附郭。　顺德县，　东莞县，新安县，　三水县，　增城县，　龙门县，　香山县，　新会县，　新宁县，　从化县，　清远县。

连州，领县二

阳山县，　连山县。

〇肇庆府，属州一，县十。

高要县，附郭。　高明县，　四会县，　广宁县，　新兴县，　阳春县，　阳江县，　恩平县。

德庆州，领县二。

封川县，　开建县。

〇直隶罗定州，属县二。

东安县，　西宁县。

〇韶州府，属县六。

曲江县, 附郭。 英德县, 乐昌县, 仁化县, 乳源县, 翁源县。

〇南雄府, 属县二。

保昌县, 附郭。 始兴县。

〇惠州府, 属县十。

归善县, 附郭。 博罗县, 长宁县, 永安县, 海丰县, 龙川县, 长乐县, 兴宁县, 河源县, 和平县。

〇潮州府, 属县十一。

海阳县, 附郭。 潮阳县, 揭阳县, 程乡县, 饶平县, 惠来县, 大埔县, 平远县, 普宁县, 澄海县, 镇平县。

〇高州府, 属州一, 县五。

茂名县, 附郭。 电白县, 信宜县。

化州, 领县二。

吴川县, 石城县。

〇雷州府, 属县三。

海康县, 附郭。 遂溪县, 徐闻县。

廉州府, 属州一, 县二。

合浦县。附郭。

钦州, 领县一

灵山县。

〇琼州府, 属州三, 县十。

琼山县, 附郭。 澄迈县, 临高县, 定安县, 文昌县, 会同县, 乐会县。

儋州, 领县一

昌化县。

万州, 领县一

陵水县。

崖州, 领县一

感恩县。

东连七闽,

惠、潮二府, 与福建之汀、漳接境, 山溪相错, 伏莽之患常多。

南滨大海,

自潮州府之东南, 与福建之漳州海洋接。自廉州府钦州之西南, 与交阯海洋接。东西相距二千四百余里, 而琼州一府峙大海中, 尤为险远。

西距安南,

安南, 自廉州府钦州分界, 由海道以入交州, 则钦州、海阳, 其必出之途也。

北据五岭。

五岭之首曰大庾岭, 在南雄府北六十里, 与江西分险。绵亘而西为骑田岭、都庞岭, 与湖广分险。秦王翦降百越, 以谪戍五万人守五岭。淮南子曰: 始皇使尉屠睢发卒五十万, 为五军: 一军塞镡城之岭, 见湖广黔阳县。一军守九疑之塞, 九疑, 见湖广名山。一

军处番禺之都, 一军守南野之界, 即江西南安府。一军结余干之
水。见江西饶州府。或谓此为五岭, 非也。《汉书·张耳传》: 秦有
五岭之戍。裴渊《广州记》: 五岭, 大庾、始安、临贺、桂阳、揭阳
也。邓德明《南康记》: 南康大庾岭一, 桂阳骑田岭二, 见湖广郴
州。九真都庞岭三, 见湖广蓝山县。临贺萌渚岭四, 见湖广江华县。
始安越城岭五。见广西兴安县。《水经注》: 最东曰大庾岭, 在南康;
第二曰骑田岭, 在桂阳郴州; 第三曰都庞岭, 在南平县; 第四曰萌渚岭,
在冯乘县; 第五曰越城岭, 在始安县。邓氏以都庞在九真者, 误也。杜佑
亦曰: 塞上岭一也, 即大庾岭。今详见江西重险大庾。骑田岭二也,
都庞岭三也, 曰在湖广永明县, 与《水经注》不同。萌渚岭四也, 越城
岭五也。周去非则曰: 五岭之说, 旧以为皆指山名, 考之乃入岭之
涂五耳, 非必山也。自福建入广东之循、梅一也, 自江西之南安入
南雄二也, 自湖广之郴入连三也, 自道州入广西之贺县四也, 自全
入静江五也。今大庾岭实为北面之巨镇云。

其名山, 则有罗浮。

罗浮山, 在广州府增城县东北三十里, 惠州府博罗县西北
五十里。其山衺直五百里, 高三千六百丈, 峰峦四百三十有二, 岭
十五, 洞壑七十有二, 溪涧瀑布之属九百八十有九。盖宇内之名
山, 东粤之重镇也。五代周显德六年, 南汉主刘䥽建天华宫于山
中。在山之西, 即朱砂洞也。宋开宝初, 䥽又凿增江水口, 欲通舟道
入山, 不果。苏轼曰: 䥽于无事时, 以罗浮为宴游之所, 有急则为逋逃
薮也。《岭南志》: 罗山之脉, 来自大庾; 浮山, 乃蓬莱之一岛, 来
自海中, 与罗山合, 故曰罗浮。《名山记》: 罗浮山有洞, 周五里,《道

书》以为朱明洞天，十大洞天之一也。潜通勾曲，上有分水岭，谓之泉源福地。《山经》：五岭拥从，衡岳如君，而罗浮桀出，为之佐命。又旧《图经》：罗浮山西距番禺二百里，上有桂树、神湖。《山海经》云，桂林八树，在番禺之东，即此山也。一名博罗山，俗传尧时浮山自会稽浮海而至，傅于罗山云。《元史》：至正元年，罗浮山崩二十七处，坏民居，埋田洞，山水涌溢，溺死百余人。**其瑰奇灵异，游历所不能遍。大约峰之秀者为飞云、玉鹅、麻姑、会真、会仙、锦绣、玳瑁之属，洞之幽者为夜乐、石血、朱明、黄龙、朱陵、黄猿、水帘、蝴蝶之属，而石楼、铁桥之胜，尤为桀出云。**宋邹师正《罗浮指掌图略》：游罗浮者，始自龙华祠，至明月戒坛登山，历锡杖泉、罗汉岩、伏虎岩一十余里，而至大、小石楼。二楼相去五里，皆高出云表，重岩四柱如楼。有石门，方广可容几席，俯视沧海，夜半见日初出。其山岸周回五里，洞水消长，应海潮盈缩之候。又上为铁桥峰，即罗、浮二山相接处也。中有石如梁，湍水出焉，分东西流注于潭，又南流注于渊，一名神湖，《道书》所谓泉源福地也。又有上界三峰，上接铁桥，高三十仞，不可上，其下逶迤有汇水，与潮汐应，曰瑶池。第三峰顶又有青羊岩，其下曰夜乐洞，昔人常闻仙乐于此。洞在神湖东，洞中有犀牛潭、瀑布泉，泉从上界三峰侧悬流下注三十余仞。又有凤凰谷及凤浴潭，皆在夜乐洞中。铁桥相接者曰瑶石台，高五百六十丈有奇。梁大同中，僧景泰者建连云塔于其上，亦名飞云塔，在浮山上。铁桥之左曰玉鹅峰，一名鹅岭，右曰聚霞峰。罗山之西为麻姑峰，有麻姑坛。相近者为双髻峰，下有罗阳溪，罗浮诸峰之水西汇于此。罗山之西南曰飞来峰，下为梅花村。又黄龙洞，在聚霞峰之东，本名金沙洞，两峰相叠，一水中流。南汉主𬬮欲作天华宫，梦金龙起于宫前，因改今名，并建宫于此，今呼为西天华。其后有凤凰冈、云母溪。自麻姑峰而西南，有观源洞，一名麻姑洞。其西北有幽居洞、滴水岩。幽居洞后又有长寿观，南汉时亦建天华宫于此，今呼为南天华。又北为君子岩，岩侧有通天岩、云峰岩，其下曰蝴蝶洞，前曰水帘洞。又有天汉桥，其下为流杯池。又南为朱明洞，《道书》所谓第七峒，朱明曜真之天也。其东有青霞谷，又有野人洞，一名王子洞。又天汉桥东有会仙桥，桥东有明福观，南汉所建，亦名九天观。相近有小水帘洞。又东北有蛇穴，旧传穴通眉州。又东数里至蓬莱洞、鸦髻峰，上为刘仙坛，高百丈许，下临罗阳溪。山之东西有香台、会真、樱桃、抛球、刀子、锦绣、黄猿、钵盂、致云、大旗、小旗、云母、鸡笼诸峰，又有金沙、石血、朱陵、太和、欧阳、赤水、白云及风洞、云洞、雨洞，白角、大慈寺、古老、白芒古洞及枕榔、大坑诸洞。奇巘秀岑，湍流怪石，不可名状矣。

其大川，则有西江，

西江，即广西黔、郁、桂三江之水。自梧州府东流入肇庆府界，历德庆州封川县西，而贺江流入焉，贺江，见广西贺县。经县南，又东至州城南，亦曰南江，亦名晋康水。又东绕府城，而东南流出羚羊峡，入广州府顺德县界，亦谓之龙江。又东流至府城西北，会北江之水，又流至府城南，而会东江之水，并流而入于海。汉伐南越，离水、牂牁之师并会于番禺，即是道也。《南齐书》：西、南二江，川源深远，别置都护，专征讨之任。西江实兼南江之名矣。谓之二江，误也。梁大同十一年，交阯李贲作乱，命杨瞟为交州刺史讨之，又命定州刺史。定州，今广西郁林州。萧勃会瞟于西江。太清末，陈霸先为西江都护，起兵讨侯景。隋唐以后，岭南用兵恒以西江为要害。宋皇祐四年，侬智高陷邕州，沿江东下，滨江州郡悉被残破，遂图广州，官军拒却之。明初，廖永忠等定广州，复奉诏引兵趋广西，由肇庆溯西江而上抵梧州是也。今两粤往来,百斛巨舟可方行无碍者,惟西江耳。详见川渎盘江。

北江、东江附。

北江,即湟水、浈水合流之水也。湟水,出湖广宁远县九疑山,流入广州府界,《通志》:湟水,俗呼浈江,以出于郴州黄岑山,亦名黄水。误。经连州阳山县东,西南流经州城东,又折而东南入韶州府英德县界,又南流入广州府清远县境,至县东南与浈水合,亦曰洭水,亦曰湟水,亦曰洸水,其合浈水之处,亦曰湟口,亦曰洸口。汉元鼎五年,伐南越,伏波将军路博德引兵出桂阳,下湟水。陈大建二年,广州刺史欧阳纥以州叛,陈将章昭达将兵讨之,兼行至始兴。纥闻昭达奄至,出顿湟口,多聚沙石,盛以竹笼,置于水栅之外,用遏舟舰。昭达居上流,装舰造拍,乘流突进,纥众大败,遂擒之。宋开宝三年,潘美克南汉之郴州,刘鋹惧,遣其臣邵廷琄屯洸口是也。浈水出南雄府北大庾岭,东南流,复折而西南,经府城南,又西南,经始兴县西,而入韶州府界。经府城东,有武水,出湖广临武县之西山,流经郴州宜章县南,而入韶州府乐昌县境,又东南流至府城东南,而合浈水,亦曰曲江,亦曰相江,亦曰始兴江。又南流,经英德县西,出浈阳峡,入广州府清远县界,经县东,又南,则湟水流会焉。又南流经三水县西,至府西北三十余里,逶迤而下,会于西江。汉伐南越,楼船将军杨仆引兵出豫章,下浈水是也。今自庾岭而南,取水道,由始兴江口,可以径抵广州,且东达惠、潮,西届浔、梧矣。又有东江,源出江西安远县界,流入惠州府龙川县境,至县南为龙江。又西南流,经河源县南为槎江,南流至府城东北,折而西,过博罗县南。又西南流入广州府东莞县境，经县北，又经增城县南，而至府之南境，会西江以入海，亦谓之三江口，以东、西、北三江为名也。《南史》：宋元嘉十年，徙谢灵运于广州。或告灵运令人买兵器，结健儿，欲于三江口篡取之，不果，灵运因弃市。即此三江口也。三江周匝三垂，南则滨大海云。

海。

海环广东南界，倚为险固，然攻守之计，亦莫切于海。晋义熙七年，刘裕与卢循相持于豫章，而遣别将孙处等由海道径捣广州，倾其巢穴，循以败亡。唐乾元初，广州奏大食、波斯围州城，掠仓库，焚庐舍，浮海而去。咸通二年，安南陷于南诏，诸道兵赴援，皆屯聚岭南，用润州人陈磻石议，自福建运米泛海至广州，军食始足。宋末，车驾自闽入越，既而蒙古将张弘范将兵由潮阳入海，追宋少帝于崖山，宋亡。明初，命廖永忠由福州海道取广东，永忠奄至东莞，何真迎降，而广州亦下。洪武、永乐间，倭夷入犯广东，屡为所扰。嘉靖中，倭寇闽、浙，滋蔓亦及于广东。议者谓广东海防，当分三路。三路者，左为惠、潮，右为高、雷、廉，而广州为中。惠、潮二郡，皆与福建接壤，而潮尤当其冲，柘林、南澳皆要区也。由柘林而西，为大城、海门、靖海、蓬洲诸所，又西接甲子门、碣石、平海诸卫所，皆为南面之蔽。倘柘林、南澳失守，是无潮也；平海、碣石失守，是无惠也。《海防考》：惠、潮之备，以柘林为最要。柘林，乃南澳海道之门户，据三路上游，番舶自福趋广，悉由此入。其去惠、潮水寨，远几百里。水寨为惠、潮之冲，而柘林又为水寨之冲。慎固之防，不可不豫。而大城所声援差近，备尤不可或疏也。若夫中路之备，则在屯门、鸡栖、佛堂门、冷水角、老万山、虎头门等澳，而南头澳在虎头门之东，为省会门户。海寇往往窥伺于此，为阑入之途，则东莞、大鹏之戍守宜切也。又西则峡门、望门、大小横琴山、零丁洋、仙女澳、九灶山、九星洋诸处，而浪白澳在香山澳之南，为番舶等候接济之所，则香山所之戍守宜切也。又西为崖门、寨门海、万斛山、碉洲等处，而望峒澳在崖门之西，为番舶停留避风之门户，则广海卫及新宁、海朗二所之戍守宜切也。若西路三郡，去倭岛似远，而安南、占城、暹罗、满剌诸番，风帆易达。高州之南神电卫所辖一带海澳，若莲头港、汾洲山、西家滩、广州湾，皆府之南翰也。雷州凸出海中，三面受敌，其遂溪、湛川、涠洲、乐民等四十余隘，固为门户之险，而海安、海康、黑石、清道并徐闻、锦囊诸隘，亦所以合防海澳者也。至于廉州之境，尤为全广重轻，故兵符特札于灵山，达堡增屯于卫北。海寇之惊，峒、獠之扰，外夷之侵，有兼忧焉。永乐七年，倭尝陷廉州矣。而琼州，又廉之外户也。五指腹心，尽为黎据，所设城邑，类皆滨海，备倭之制。若白沙、石礌、琯头、文昌，与海安、海康对峙，番岛飘风突来，防御甚艰，此西路所当加意者也。又滨海诸邑，为盗贼渊薮者，如增城、东莞之茶窖、十字窖，番禺之三漕、波罗海，南海之仰船冈、茅窖，顺德之黄头涌，香山、新会之白水、分水等处，往往岁集凶徒，以小艇出没，珠禁弛则纠党盗珠，珠禁严则诱倭行劫，此又当诘奸禁宄，以消其萌矣。

《海道考》：广州舶船往诸番，出虎头门，始入大洋，分东西二路，东洋差近，西洋差远。宋于中路置巡海水师营垒，今为东莞县南头城。东南海路二百里，至屯门山，水皆浅，日可行五十里。乃顺帆风西行，一日至九州石，又南二日至象石。若用东风西南行，七日至九乳螺洲，又西南行，三日至占不劳山，西去占城二百里。又南二日至陵山，其山峻而方，有泉下绕如带，即占城地也。陆行至宾童国一月程，东去麻逸国二日程。水行一日至东西竺昆仑洋，又一日行至古葿国，其王号葿屈，即真腊也。又半日行至奔沱浪洲，即丹眉流国。又二日至军突弄山，又五日至海硖，南北百里，北岸则罗越国，即暹罗也；南岸则佛逝国，占城属国也。又东水行四五日至诃陵国，今瓜哇也，为南海中最大洲。又西出硖，三日至葛葛僧祇国，即佛逝西北隅之别岛。国人多钞暴，乘舶者多畏之，疑即昔之婆利国，今佛朗机也。其北岸则阿罗国，一名阿罗陀，今满剌加也。阿罗西则阿谷罗国，一名阿罗单。又从葛葛僧祇四五日行至婆露国，一名阿鲁。又六日行至婆那国，一名须文达那，即今苏门答剌国也。又西至伽蓝洲，一名翠蓝屿。又北四日行至师子国，其地在西洋之西北岸，距南天竺大岸百里。自伽蓝洲行二十日至榜葛剌国，即西天竺也，一曰西印度。海口有察地冈，番商于此抽分云。天竺之西千五百里曰注辇国。宋大中祥符八年，其贡使言：从本国舟行七十七日，历那勿丹山、娑里西兰山，至古罗国。又行七十一日，历加八山、占不劳山、舟宝龙山，至三佛齐国。又行十八日，渡蛮山水口，历天竺山，至宾头狼山之西王母冢，距舟所将百里。又行二十日，度羊山、九畏山，至广州之琵琶洲。离本国凡千一百五十日云。又雷州，控入海水路，从州东至海三十里，渡海抵化州、吴川县之硐洲，入广州，通闽、浙；从州南陆行一百七十四里，至递角场抵海南，泛海一程，可至琼州；从州西陆行一百五十里泛海，水路至安南诸番国。又琼州，东至海一百二十里，直通大洋，故诸番舶，虽东洋、琉球等国，被风漂，多至琼州也。

　　其重险则有梅关。

　　梅关，在南雄府北六十里大庾岭上，东北去江西南安府二十五里，雄杰险固，为南北之噤要，亦谓之横浦关。自秦戍五岭，汉武遣军下横浦关，常为天下必争之处。有驿路在石壁间，相传唐开元中张九龄所凿。宋嘉祐中，复修广之。旧时岭上多梅，故庾岭亦曰梅岭，关曰梅关。今梅废而关名如故，有官军戍守。详见江西重险大庾岭。

按广东之地，介于岭、海间。北负雄、韶，足以临吴、楚；东肩潮、惠，可以制瓯、闽；西固高、廉，扼交、邕之噤吭；南环琼岛，控黎夷之门户。而广州一郡，屹为中枢，山川绵邈，环拱千里，足为都会矣。肇庆接壤梧州，指臂相倚，溪峒徭僮，藉以控制。若四郊多事，鼓棹西江，不过六七百里而径达番禺，此上游之险也。连州北通郴、永，可以直走湖南，且西与平乐之贺县连界，由此纵横南北，似为径易。虽南雄密迩大庾，由岭南下，可以捷走韶州，然由连指韶，潘美之师实夺刘鋹之魄。兵固无常势矣。潮州东接漳州，海寇窥伺，必假途于此，而柘林寨其首冲也。廉、钦及高、雷二郡，与粤西皆犬牙相错，肘腋之防，不惟一族，不特为交阯障蔽也。利害之机，安危之系，有近而不察，忽不及防者。特筹粤东，而仅斤斤于番舶之恣扰，矿冶之奸顽，抑末矣。

读史方舆纪要卷一百一

广东二 广州府 肇庆府 罗定州

○广州府，东至惠州府三百六十里，南至海百里，西至肇庆府二百三十里，北至韶州府七百二十里。自府治至江南江宁府四千三百九十里，至京师七千八百三十五里。

《禹贡》扬州南境。春秋时为扬越地。裴渊《广州记》：六国时广州属楚。秦置南海郡，后赵陀据其地。《图经》云：尉陀僭据，改南海为南武，自称南武王，谬。汉元鼎六年，讨平之，仍为南海郡。后汉建安中，尝徙交州治此。三国吴始于此置广州。交广析置。详见前。晋、宋以后因之，并治南海郡。梁置广州都督府。陈因之。隋平陈，废南海郡，置广州总管府。《志》云：初治始兴，开皇二十年还治南海。仁寿初，改为番州。避太子广讳也。大业初，复曰南海郡。唐武德四年，平萧铣，仍置广州。初为总管府，七年改都督府。开元二十三年，置经略军于城内，又以广州刺史兼五府经略使。天宝初，仍曰南海郡。乾元初复故。乾宁二年，兼置清海军节度使。天复初，属于刘隐。五代梁贞明三年，刘岩僭号，改为兴王府。宋开宝四年，平南汉，仍曰广州。亦曰南海郡、清海军节度、祥兴元年升为祥兴府，既又改为翔龙府。元为广州路。明初改广州府，领州一、县十五。今因之。

府连山北峙，巨海东环，所谓包山带海，险阻之地也。封域绵邈，田壤沃饶，五岭以南，此为都会。秦末，任嚣谓赵陀曰：番禺负山险，阻南海，东西数千里，可以立国。陀因此霸有南越也。晋义熙中，卢循保据于此，分兵北出，江左震动，既而与刘裕相持于浔阳。裕密遣孙处等自海道至番禺，倾其巢穴，循败，无所归，因以覆灭。使裕计不早，循犹得阻险为奸，其为东南患，岂有已哉？陈萧勃、欧阳纥等后先据广州，而皆不克振者，羽翼未成，本根先拨也。唐置岭南经略使，为五管之枢要。乾符末，黄巢假息于广州，而毒螫遍于天下。天复初，刘隐代有广州，恣睢南服且数十年。宋之末造，冀保此一隅，为一城一旅之资，而卒摧于强敌者，事势已去，非智计所能逮也。明初，分道取广东，廖永忠以海道之师，自福州先至广州，广州既下，而岭南郡县亦望风款服矣。盖州不特为广东之根本，亦制广西之肘腋也。

○南海县，附郭，在府治西偏。本秦南海郡番禺县地。隋开皇十年，析置今县，寻以番禺县并入，为广州治。五代改曰常康。宋开宝五年复故。旧治府城北芝兰湖南，明初迁入郭内。今编户三百五十里。

○番禺县，附郭，在府治东偏。秦置县，为南海郡治，以番、禺二山为名。二汉因之。晋、宋以后，皆为南海郡治。隋并入南海县。唐初复置，仍为广州治。宋开宝五年，废入南海县。皇祐三年，复置，在州城东紫泥巷。元至正中，始徙治东城内。今因之，编户一百三十九里。

广州城，今府城也。《通历》：楚伐扬越，自是南海事楚。有楚亭。

旧《图经》：广州州城，始筑自越人公师隅，号曰南武。《吴越春秋》：阖闾子孙避越岭外，筑南武城。后楚灭越，越王子孙避入始兴，令师隅修吴故南武城是也。秦以任嚣为南海尉，初居泷口西岸，俗名万人城，在今城西二十七里。既乃入治番山隅，因楚亭之旧。其治在今城东二百步，俗谓之任嚣城。又相传南海人高固为楚威王相时，有五羊衔谷，萃于楚亭，遂增筑南武，城周十里，号五羊城。及赵陀代嚣，益广嚣所筑城，亦在今治东，今谓之赵陀城。汉平南越，改筑番禺县城于郡南六十里，为南海郡治，今龙湾、古坝之间是也。号陀故城曰越城。后汉建安十五年，步骘为交州刺史，以越城就圮，乃廓番山之北为番禺城，后又迁州治于此，自是不改。《城冢记》：郡南城，建安二十二年步骘迁州时筑，规制尚隘。唐广明间，为黄巢所焚。天祐间，清海节度刘隐更筑，凿平禺山以益之，始称壮丽。宋庆历四年，经略使魏瓘增筑子城，周五里。皇祐四年，侬智高寇广州，不能陷，命瓘再知广州。瓘复环城浚池，筑东西南三门瓮城。熙宁三年，经略使吕居简议修东城，未果，转运使王靖城之，袤四里，合于子城。明年，经略使程师孟筑西城，周十有三里。绍兴二十二年，经略使方滋修中城及东西二城，以御寇。嘉定三年，经略使陈岘以城南圆阓稠密，无所捍蔽，乃增筑两翅，以卫民居。东长九十丈，西五十丈，谓之雁翅城。绍定二年，经略方大琮增修。端平二年、开庆元年，皆尝葺治。景炎二年，蒙古攻广州，州将张镇孙以城降。明年，蒙古毁天下城隍，广州子城及两翅城无恙。明洪武三年，复因旧垒修葺。十三年，永嘉侯朱亮祖等以旧城低隘，乃改筑府城，连三城为一，东北包粤王台山，北连马鞍至于白云山之麓，冈阜相连不断。又建五层楼于北城上，高八丈，名镇海楼，称为雄胜。成化二年、弘治十六年、嘉靖十三年，皆尝修筑。万历以来，亦相继营缮。有门七，惟东南曰定海，西南曰归德，余各以方位为名。北枕山阜，三面环濠，城周二十一里有奇。

熙安废县，在府东。本番禺县地。宋元嘉中，析置熙安县，属南海郡。梁废。又怀化废县，在府东北，晋义熙中置，属南海郡。宋因之。梁废。又东有绥宁废县，亦宋元嘉中置，属南海郡。梁废。○咸宁废县，在府西北。《广记》：五代梁贞明四年，南汉析南海县置咸宁、常康二县。宋开宝五年，复省入南海县。《宋志》云：南汉改南海曰常康，开宝五年复故。今存以俟考。

陆贾城，府西十四里。《志》云：贾使南越时筑。一云赵佗馆贾于此。○卢循城，在府南十里，遗址隐然，往往有断砖败瓦。《南越志》：河南之洲，状如方壶，乃循旧居。晋义熙七年，沈田子破循，焚其巢穴，即此地也。

越秀山，府治北。一名越王山，耸拔二十余丈。上有越王台故址，尉陀因山筑台，因名。俗呼观音山。折而西北为歌舞冈，一名越井冈。相传井亦尉陀所凿，南汉时号曰玉龙泉，有九窍，亦名九眼井。○番山，在番禺县治东南一里。山北一里曰禺山，县因以名。旧时二山连属如长城，南汉刘龑凿平之，就番山积石，曰朝元洞，后改曰清虚洞。禺山之阳又有西竺山，今皆为官民居址。《志》云：南海县治西南一里有坡山，在圜阓中，高仅三四丈。其阳有穗石洞，旧传即五羊衔穗处。

席帽山，在府城北。有南汉郊坛遗址，山高二十余丈，周六里，下为兰湖。《南越志》：番禺北有芝兰湖，并注南海。今堙。又马鞍山，在府北六里。《南越志》：秦始皇时，望气者言南海有五色气，遂发人凿此山，其凿处形类马鞍。一云马援尝驻兵于此，因名。或谓之马径。宋乾德四年，潘美代南汉，南汉主刘鋹以宋师既逼，遣郭崇岳等屯马径，既而为美所据。《郡志》：马鞍山，自北而西有凤凰、鸿鹄二岭，自北而东有松柏、麒麟、望州诸岭。盖道出群山间为陉，讹陉为径也。

双女山，府西十里。俗名凤山。宋潘美伐南汉，次泷头，刘鋹遣使请和，美挟鋹使，速渡诸险，至马径，寨于双女山下，去广城十里。《南游记》：今府西十七里有花田，平畴弥望，皆种素馨。相传南汉宫人死，多葬此，一名白田。其地有双女山，即潘美驻师处。

白云山，府北十五里。山高耸，上多白云，有九龙泉，流为大、小水帘洞。又北为虎头岩，岩麓有宝象峰。折而西南五里曰栖霞山，一名景泰云峰山。景泰，六朝时僧名也。下有太霞、玉虹诸洞，又有滴水岩、聚龙冈，其东北六里为蒲涧，皆白云之胜也。《郡志》：府境名山曰白云。又乱石山，在府东北二十里，山高险，与白云山相连，一名白云后洞，亦曰紫云洞。

石门山，府西北二十里。两山对峙如门，据南北往来之冲。汉元鼎六年，楼船将军杨仆伐南越，将精卒先陷寻峡，破石门，得粤舡粟，因推而前，挫粤锋，是也。《郡国志》：吕嘉拒汉，积石江中为门，因名石门。宋德祐三年，元阿里海涯遣降将梁雄飞徇广东，广东帅徐直谅闻益王昱立于福州，遣将拒之于石门，为元兵所败。○大桥山，在番禺县西北十八里，形如象鼻，下临大涧。

抱旗山，府西南四十里。以形似名，为郡之前案。江水环绕，上有古烽埚。其南为南山峡，屹立江滨。《志》云：抱旗山北八里有青螺嶂，嶂高五百丈，一名白鹿冈，沙湾水出其下。又石壁山，在番禺县二十里，脉自抱旗山来。又县南二里有万松山，与卢循城相近。○三山，在府南二十七里，三峰并起，竞秀凌空，旧有三山寨。明初，廖永忠擒邵宗愚于此。今为桂华堡。又秀萝山，亦在府南二十七里，山阜奇秀，草木森郁。

灵洲山，府西六十五里。其山平原弥望，一名灵峰山。《唐十道志》岭南道名山之一也。《南越志》：肃连山西有灵洲。《郡志》：肃连山，在南海县西十五里，县西十九里有浮冈，形如巨屏，又西为灵洲山。○黄麖山，在府西五十里。其东南有二岩，后有石室通明，可容数十人。元末，居民尝避寇于此。《志》云：府西百里有旗峰山，山半出泉，冬夏不竭。府南十里又有碧云山，形如狮子。元末，乡民黎复震筑堡于其上以避寇。又浮丘山，《志》云：在府城西一里，相传浮丘丈人得道处。《罗浮记》：浮丘，即罗山，朱明之门户，先在水中，若浮丘然，今去海数里，所见惟一盘石耳。

西樵山，府西百二十里。高数百仞，势若游龙，盘踞四十余里。峰峦大者七十有二，互相连属，内顾若罗城。其极高峻者曰大科峰，峰之南曰雷坛峰、宝峰。又折而东南曰大观峰，下有九曜岩、九龙岩。其南曰紫姑峰，下为小云谷、乌利岩。自大科峰而西，岩石层叠，水帘千尺，折流而北曰龙泉，曰宝鸭池，其下曰泻钱坑，曰双鱼坡。又折而东北曰碧云峰，又数百步则小科峰、紫云峰也，亦高峻。其阴有观翠岩，石壁中悬泉一线，亦名水帘，其下为金银池，诸山之泉出焉，注于百会泉，以达碧江。转而北曰宫山，上有翳门关。又西北曰镇头冈，曰紫竹峰，绵延至于兰谷，尤为峭拔。峰之外为壁山，下有通潮井。又数折而出曰黄旗冈。又有黄龙洞，居人皆以种茶为业。《志》云：西樵山半地平，可为民居，峰峦回合，千态万状，不可殚述也。又《名胜志》：府西百七十里有三洲山，耸拔千仞，峰峦数十，西跨高明，南连新会，为郡之镇山。

金鹅岭，府东北四十里。一名飞凤岭。其山峻险，中藏群峰，下枕茭塘，接洋海。正统末，乡民立镇于此，以避寇。○戗旗冈，在府东南十里。又十里曰卢埭石，相传吴隐之与卢循战处，一名南箕台。又四十里曰冠冈，多林木。其东有相对冈，以两冈相峙，大江中流而名。

海，府南百里。《志》云：府东八十里出古斗村，又东南二百里至南海卫，又南六十里出虎头门，又南一百五里抵南头城，皆切近海洋。由此东历闽、粤，南达岛夷。《海防考》：府南有濠镜澳，寇自虎头门入犯，往往驻泊于此，为腹心之疾云。《名胜志》：府西南百四十里海中，有两峰并列，其形如目，名海目山。

西江，府西北五十里。其上流为浔、郁二江，合贺江而东，过肇庆府入府界，与浈水会。浈水，即北江也。又东南流，至城南而会于东江，亦谓之三江。江中有海珠石，是曰珠江，一名沉珠浦。相传昔贾胡挟珠经此，珠忽跃入江中。今有石屹峙江心，南汉创慈渡寺于其上，亦名海珠寺。宋末，经略张镇孙与蒙古将塔出战于海珠寺，败绩。蒙古复陷广州。又东过沥窖堡，北去城十余里，亦谓之东冲。孙处袭卢循之番禺，至东冲，焚舟舰而前，即日攻拔之，是也。又分流，经西朗，凡十余里，谓之蚬江，俗呼白蚬壳江，汇于府东南八十里南海庙前，《志》所称扶胥之口、黄木之湾也，一名扶胥镇。海隅出日，水中见之，是为波罗江，合诸水入于南海。详见大川西江及川渎盘江。

北江，府西北三十里。即浈水、湟水合流而南出者也。自三水县流入境，会西江，出石门，而东南流，会于东江。详见大川。又东江，在府东南二十五里，自惠州府博罗西流，历东莞、增城县而西至府东南，会西江入海。或谓之南江。附详见大川北江。

越溪，府东北三里。东流与东江会。《志》云：府东二十里有蒲涧，出白云山中，中产菖蒲，一寸九节，相传安期生服此得仙。其水甘冷，一名甘溪，曲折流注越秀山麓，左为菊湖，今埋；右为越溪。又东北与东溪合注于东江。今府城东北五里有甘溪池，亦谓之醴醴水。王象之云：醴醴，即蒲涧水也。吴刺史陆胤以海水咸卤，因导蒲涧以给民用。唐节度卢钧加凿之，始可通舟。南汉更为疏辟，作甘泉苑。《郡志》：宋末，于越秀山左堰越溪溉田。今堰废，其水悉入于城濠。○沙湾，在府南三十五里，源出青螺嶂，又有韦冲水流会焉，俱注于西江。

扶南水，府西南十六里。一名扶溪。民居环错，多菱芡之利。又西南四里为大通港，其东有平陆、松林、竹浦诸水，俱汇流入于海。

西澳，在城南。宋景德间，经略使高绅所开。《志》云：城中旧有六渠, 回环贯串, 皆汇流于西澳, 亦谓之南濠。其后屡经修浚。嘉定三年, 陈岘复疏凿之, 以通舟楫, 又于东西雁翅城濠口筑西闸, 以防溢涸。后皆因故址疏筑。明初, 改筑城垣, 于东门北城下, 置小水关, 疏城渠之水; 复于濠南, 改甃水闸, 广狭仅六尺许, 皆用铁石为柱, 以间阻内外。盖去海日远, 舟楫不通久矣。又有清水濠, 在旧子城东, 古东澳也。穴城而达于海, 后亦注于南濠。又有东濠, 在府城东, 明洪武三年开浚。其西濠则在城西四里, 明亦因旧址修浚。时东、南二濠与西濠分流入江。嘉靖五年, 引东、南二濠之水皆流汇于西濠, 合西江以入海。

琵琶洲, 府东南三十里江中。上有三阜, 形如琵琶, 闽、浙舟楫入广者多泊于此。又荔支洲, 在府西七里。旧《图经》云: 洲广四十里, 袤五十里, 亦曰荔支湾。南汉主刘龑建昌华苑于洲上, 今湮为民居。又拾翠洲, 在府西南三十里。古有津亭, 今建华节亭于其上。○沉香浦, 在府西二十里江滨。相传吴隐之任还, 妻刘氏独赍沉香, 隐之见而投于浦, 因名。旧有亭, 今废。又贪泉, 在石门山西, 一名石门水。俗传: 登大庾岭则清秽之气分, 饮石门水则洁白之质变。晋吴隐之刺广州, 独取而酌之, 以廉洁称。

金利寨, 府西十五里。宋、元时, 置寨于此。明洪武三年, 改置巡司。又县西盐步堡有神安巡司, 旧为泌冲寨, 亦洪武三年改。又西有三江巡司, 在侧水村, 本名三江寨。又西有黄鼎巡司, 在西隆堡, 旧为黄鼎寨。俱洪武三年改。○五斗口巡司, 在县南平洲堡。景泰三年置, 嘉靖五年移置于磨刀石。县西南龙江堡又有江浦巡司, 旧为鼎安寨, 亦洪武三年改。

鹿步堡, 在番禺县东。旧置寨于此, 洪武三年改设巡司。其相近有车陂、乌涌二堡。又沙湾寨巡司, 在县南三十里, 旧置寨, 今亦为白沙堡。又茭塘巡司, 在县南径口堡, 旧置寨。俱洪武三年改设。○狮岭巡司, 在县北擢桂堡，旧为巴由寨。又县北何岭堡有慕德里巡司，旧置寨。俱洪武三年改设。《志》云：府东南有白坎、神头等营，俱有官兵戍守。

朝亭，府西五里。《水经注》：赵陀因冈作台，北面朝汉，圆基千步，直峭百丈，顶上三亩，复道环回，朔望升拜，名曰朝台。后为西候津亭，因名曰朝亭也。宋泰始四年，叛将刘思道还攻广州，刺史羊希遣兵御之于朝亭，败绩。梁太清末，广州刺史元景仲附侯景，西江督护陈霸先等讨之，声言朝廷已遣军顿朝亭，即此。

茅滘埠，在南海县西南。又有戙洲、冈埠、石门等埠，又番禺县有波罗、石冈、猎德、乌涌、车陂等埠，向皆设水兵巡守江路。又南海把截所五：曰西庙，曰第二桥，曰戙舡澳，曰石门，曰长桥。番禺把截所五：曰双桥，曰流水，曰相对冈，曰官渡头，曰波罗庙。

五羊驿。在府城南。又府西北八十里有官窑驿。又西北四十里为三水县之西南驿。又胥江驿，在府西北。又番禺县北茅田村有洴湖驿。○乌石驿，在府东百里。又东六十里为增城县之增江驿。

○顺德县，府西南八十里。东南至香山县百里。本南海县南境东涌、马宁、西琳三都滨海地。景泰三年，始析其地置县，治大良堡。天顺九年，始筑砖城。编户百六十五里。

五山，县东北二里。有五峰：一曰拱北，二曰华盖，三曰安东，四曰登俊，五曰迎晖，环列如星。又神步山，在县东二里。县北二里又有云梯山。西二里有金榜山，以山形横峙也。县南四里又有钟鼓山，下有岩，为近郊之胜。

龙穴山，县西北四十里。山高秀，东有独冈。县北五十三里又有西淋山，三峰特起。又县东北三十里有都宁山，中有黄姬洞，相传五代时有黄姬者避地于此。其南又有桃冈，俗呼桃村。皆幽胜。

龙江，县西北四十里，即西江水也。流入县界，经龙穴山阳，谓之龙江。又东入南海县境,会于北江。○龙滘水,出县西南三十里龙头山,南流入于南海。

碧鉴海,县西南一里。自粤江分流至此,曲折环合,其色澄碧,因名。又三漕海,在县北三十二里。又北八里曰庚流海,县西二十里曰锦里海,八十里曰洪濛海,皆小川也。《志》云:县北四十二里有叠石海,东接新会;西南七十里曰石头海,西通香山,皆自北而南注于南海。

都宁寨,县南百里。其北有狮岭。《志》云:宋祥兴帝赴海时,有苏由义者夺港得出,得赵氏,后更名旦,集众千余人图恢复,都于由义所居之西山。逾月,旦卒,由义葬之于山北。土人呼其地曰都宁,言赵王所都,冀安宁也。明洪武三年,置都宁巡司于此。○马冈巡司,在县南三十里,本马冈村,有小湾堡,洪武三年置巡司。又南有马宁巡司,本马宁寨,亦洪武三年改置。《志》云:县西有江村巡司,县南百余里又有紫泥堡巡司,俱洪武三年所置。

鹤冲堡,在县南。明正统十四年,贼黄萧养据此作乱,官军讨平之。又古楼堡,在县西南八里。○黄涌头营,亦在县南,四面环海,设兵戍守,所辖有仰船冈、三沥沙等哨,接新会县界。

伏波桥。县南二里。《志》云:桥西南五里有乡名石桶,南越相吕嘉故乡也。嘉闻汉兵分道南下,于其地筑石瓮、金斗二城,及兵败,遂遁于此。伏波将军路博德遣兵穷追,编桥渡兵,桥因以伏波名。石桶,即石瓮之讹也。

○东莞县,府东南二百五十里。东北至惠州府博罗县百七十里。本番禺县地。晋咸和六年,析置宝安县,又分南海郡置东官郡治焉。宋、齐以后因之。隋平陈,郡废,县属广州。大业初,仍属南海郡。唐复属广州。至德三载,改宝安县曰东莞。五代因之。宋开宝五年,省入增城县,六年复置。今城周十四里,编户一百八十三里。

宝安废县，县南二百五十里。本东官盐场。三国吴甘露二年，置司盐都尉于此。晋改置县，并立东官郡，亦曰东官城。隋郡废，而县如故。唐至德二载，移县于到浦，即今县治也。明洪武三年，改筑新城。其废县亦曰城子冈，地平旷，千户所置于此。

安怀废县，在县东南。亦晋咸和中置，属东官郡。宋因之。《齐志》东官郡治安怀，即此。梁、陈间县废。

道家山，在县治西。城址环其西南麓。又金牛山，在县西五里，山势岧峣，下瞰海水，一名海月岩。〇飞鹅山，在县西南十里，属靖康场。流水环绕，状若飞鹅。又十里曰大岭山，奇突耸峭，下视群山，如蚁垤然。其阳有瀑布泉，灌田二十余里。又石鼓山，在县西南二十里，上有石如鼓。《南越志》：土有乱则鼓鸣。昔卢循来寇，时隐然有声。

黄岭山，县南三十五里。俗名旂岭，县治朝山也。《唐十道志》岭南名山之一，曰黄岭。其山峰峦秀拔，状如卓笔，逶迤而西，作展旗状。下有帘泉。又县南四十五里有彭峒山，上有水帘。〇神山，在县东三十里。其阳为鼓镇峡，下有龙潭，即龙江所经也，旧有浮桥。又石涌山，在县东五十里，水中石如涌出，因名。居民多种香木于上。又东十里为宝山，昔尝置场煎银于此，名石瓮场，久废。山巅有潭，悬流下注，居民引以灌田。

虎头山，县西南五十五里大海中，有大虎、小虎二山，俗号虎头门。《志》云：即秀山也。宋景炎二年，元将刘深攻帝于浅湾，张世杰战不利，奉帝退保秀山。明初，廖永忠下东莞，次虎头关。今外国来入贡及出使外国者，皆取道于此。〇武山，在县南五十余里大海中。山势突起，有武勇状。每潮汐消长，高低可辨。宋余靖尝候潮于此。

曹幕山，县西北八十里。其南有石门崦峒，高广横列如城府，林阴荟蔚，大者合抱，农隙采山如织，百材于此取办。《志》云：山广袤数百里，介于东莞、新会、高要、新兴之间。

铜岭，在县东二十里榴花村。宋末，邑人熊飞结集义勇，与元将姚文虎力战，斩之，遂与新会令曾逢龙复广州，是也。又太平岭，在县东南，形若竖旗，从山麓而上，连顿九阜，至山顶则平旷，一名九顿岭。道出大鹏所。○莲花峰，在县东北六里。九峰峻竦，状如莲花，一名三角山。其上有池。

三门海，县西南六十里。海中有三洲，潮自东南来，至此分为三道，既而复合，因曰三门。旧《志》：县境海道之备，有南头、屯门、鸡栖、佛堂门、十字门、冷水、角老、万山、伶仃洋等澳，皆有哨兵戍守。又县西南有乌猪海洋。《吴惠日记》：正统六年，奉诏使占城，发东莞，次日过乌猪洋，又次日过七州洋，瞭见铜鼓山，次至独猪洋，见大周山，次至交阯洋，有巨洲横截海中，怪石廉利，为舟楫患。次日至占城外罗阳校杯墅口，明日入其国门。旧《志》：占城西去广州二千五百里。海行殆难以里道记也。

东江，在县北。自博罗县流入境，又西入增城县界，至南海县入于西江。旧有东江堤，宋元祐初筑以防冲啮。绍兴中，复修治。淳祐三年，复增修之。元至正二年，淫潦崩溃，寻复营辑。一名福隆堤。在县东七十里。

龙潭，县东南四十五里。《志》云：深溪山，在县东南二十五里，有瀑水飞流，又十里而汇为龙潭。其水西北出，居民引以灌溉。又虎头潭，在县东百里，接惠州府界，有山险绝，形如虎头，下有潭，潭旁仅有线道，山内有田可耕，常为寇盗所据。昔于山前置寨，今废。《志》云：县东北黄曹村有织女湖，湖旁有小山。又县东南百里有双女湖。

福永镇，在县西南。有福永巡司。旧为屯门固戍寨，洪武三年改置巡司，三十一年迁于福永村，因改今名。又白沙巡司，在县西南百十里白沙村，近三门海口。旧为白沙寨，洪武三年改置巡司。○京山巡司，在县东北。旧为茶园寨，洪武三年置巡司，十九年迁于京山村，因改今名。又中堂巡司，在县西麻涌村。旧为中堂寨，亦洪武三年改置。

武山寨，在县南。又县东有虎头寨。《志》云：县境有把截所三：曰南冈头，曰沙潭，曰芦荻角。又有企石营，亦在县南。

城西驿。在县城西，水驿也。县东北又有黄家山水驿。又铁冈水驿，在县东。

○**新安县**，府东南二百六十里。东北至东莞县七十里。本东莞县地。隆庆六年，析置新安县，治城子冈。编户二十里。

梧桐山，县东四十里。山势峭拔，多产梧桐，因名。又杯渡山，在县东南百二十里，下滨海，旧名屯门山。上有滴水岩及虎跎井。《纪事》云：东莞南头城，古之屯门镇，乃中路也。一云南头城东南海路二百里至屯门山，唐置屯门镇兵，以防海寇。天宝二载，海贼吴令光作乱，南海郡守刘巨麟以屯门镇兵讨平之。宋亦置营垒于此。又梅蔚山，在县南百里大海中。《行朝录》：宋景炎二年正月，南狩幸此。今有石殿遗址。又西南八十里大海中有官富山，山之东有官富场。《行朝录》：景炎二年四月，帝舟次于官富场。是也。旧《志》：官富山，在东莞县西南二百八十里。

大奚山，县南三百余里大海中。环三十六屿，周回三百余里，居民以渔盐为生。《宋史》：庆元三年，提举盐茶徐安国以捕私盐致乱，知广州钱之望遣兵歼之，遂墟其地，后生息渐繁。明初，有万姓者统其众，今亦呼为老万山。

佛堂门海，县南二百里。潮汐相通。《志》云：肸牁水，经官富山西南入海，分为二门：佛堂门海在其左，急水门海在其右。凡潮自东南大洋西流，经官富山而入急水门，番舶至此无漂泊之恐，故曰佛堂。自急水角经官富场，又西南二百里曰合连海，水通东南大洋，连深澳、桑洲、零丁诸山，而汇合于此，故曰合连。

合兰洲，县南百九十里。《志》云：县南百余里有大步海，中有娟珠池，南汉时采珠于此。又南八十里为合兰洲，在靖康场海中，与龙穴洲相比。相传有龙出没其间，又有泉出龙穴洲石罅间，番舶回者皆汲以过海。近《志》县西北八十里为大步海，又西北八十里为合兰洲，似误。

官富镇。即官富场也。宋景炎二年，蒙古将塔出等以步兵追二王于岭南，其别将唆都由泉州取道泛海，期会于广之富场，谓此。今有官富巡司。《志》云：本官富寨，洪武三年改。○缺口镇，在县西南缺口村，近合连海口。洪武四年，置巡司于此。

○三水县，府北百二十里。西北至清远县百三十里，西南至肇庆府百三十里。本南海县之北境、高要县之东境地。嘉靖五年，析置今县，治白塔冈，有砖城，编户五十一里。

大潭山，县北三十里。石壁数仞，飞瀑如练，下注二潭，左曰龙湫，右曰天生塘，方广二亩许，居民引水溉田。○尧山，在县南四十里，俗呼大尧山。《水经注》：山盘纡数百里，有赭岩叠起，冠以青林。《郡国志》：山高四千丈，自番禺迄交阯，俱见之。今高约百仞，亦名凌山。

卢岭，县西北四十里，与四会县接界。又金帽岭，在县东北一里，俗呼城隍岭，有连珠峰，县之镇山也。又县东五里曰象冈，一名云秀山。又二里曰石顶峰，上有古烟墩，为县治之水口。○白塔冈，在县东南一里，冈下水中有浮沉石。又二里为昆都山，即古三水镇也。宋置斥堠于此。广州参谋刘颌擒海盐盗綦毋谨和尚于三水镇，是也。镇废。《志》云：县治东一里有魁冈，下有鹿峒水，出县东六里鹿峒中，流经魁冈，入于浈水。县西一里又有七星冈，其西为青冈，滨大江。又西有横石、将军二岭。

北江，县西二里。亦曰浈水，亦曰洭水。自清远县流入境，南流会于陶水，又南入南海县界，合于西江。○陶水，在县南，源出尧山，西北流注于洭水。又有翁水，出县东北利山湖，亦西南流注于洭水。三水合流,县因以三水名。《志》云:县南有金洲冈,水中突起,方圆约二百余丈,高五十余丈,一名金钟,水绕其旁。又十里过双窦,入南海县界,俗呼新生水,三水之余派也。

芦包水,县北四十里。《志》云:县北三十五里有龙坡山,一名花山。又北五里,则芦包水出焉。其水秋冬皆涸,夏始溢,北出一里,合于胥江,南出南海县境,至官窑驿合于大江。胥江,亦即北江之异名矣。又北六里有鸭埠水,亦流合北江,旧多盗贼,劫掠商船。《志》云:县西南十里有西南滘,商旅之舟多泊于此。

三水镇。在县西南一里,隔江青冈之旁,即三水口也。有三水巡司。又县西有横石巡司,与肇庆府高要县接界。近《志》云:嘉靖三十年,高要县古耶巡司移置此。○胥江巡司,在县北五十里。又西南巡司,在县东南十二里,地名杨梅堡。旧有西南寨,洪武三年,改置巡司,并置驿于此。○岩石营,在县北六十五里。又县北四十里有鸭埠水驿,又县南有界牌石营。俱有官兵戍守。

○增城县,府东百九十里。南至东莞县百里,东至惠州府博罗县百四十里。本秦番禺县地。后汉析置增城县,属南海郡。梁改属东官郡,寻为郡治。隋平陈,郡废,县属广州。唐因之。宋仍属广州。今城周四里有奇,编户一百八十三里。

增城旧县,县东北五十里。汉置县治此。唐时移置于县东九冈村,后又移今治。元末,尝筑土城。明永乐元年,始甃以砖石。成化五年,复增拓之。

罗浮山,县东百三十里,与博罗县接界。回环高耸,为广、惠二郡之望。详见名山罗浮。○猊山,在县东南二十里。《志》云:山产娑婆罗竹,围三四尺,性坚纫,土人取以为弓。

白水山,县西四十里。屹若巨屏,上有瀑泉百余丈,悬注如练。又峨眉山，在县西南七十里。山秀而长，下为乌石冈，状若覆钟，色如墨，堪以眺远。冈下有乌石村。○陈峒山，在县北二百五十里。脉自庾岭而来，势如卓旗，山侧有小阜突出，增江源于此。

望云岭，县北百七十里。下有九淋水，虽天时晴霁，亦有云气覆其上。又云母岭，在县西二十里，产云母石。○景星岩，在县北五十里。平野中孤石挺起，峰秀入云，连石相接，无异栋宇，中有楼阁宝盖之状。又浮碇冈，在县城东五里。其石赤，与罗浮相望。旧《经》云：浮山自海上浮来，合于罗山，此冈若浮山之碇。又东五里为百家山，上多竹，可容百家。

东江，在县南，与东莞县分界。西流入番禺县境。

增江，在县城东。源出陈峒山，东南流经此，又南合于防水。《志》云：防水出县南十五里流防山，流合增江。县南三十五里有牛潭，增江支流入焉。其正流西南出，入于东江。

乌石镇。在县南东洲村。旧为乌石寨，洪武初改置巡司。又茅田巡司，在县西，洪武四年置。《志》云：县北百里有莲花寨，宋置。○增江驿，在县城东。又县南有东洲驿，县西六十里有乌石驿。

○龙门县，府东北三百十里。本增城及博罗二县地。旧置龙门巡司于此。弘治九年，徙司于黄沙坳，而置今县于旧司治。有城，弘治十六年增筑。编户十七里。

虎狮山，县西五十里。形若虎狮对峙，上有飞泉，下注蛟穴，流至县东五里，为白沙水，引流可以溉田。又西十里为陈峒山，与增江县接界。

天岭山，县南八十里。高千仞，为一邑之望。一名指天岭。又东洞山，在县南百八十里，有层崖叠巘、漱石飞泉之胜。又南十里曰岑曙山，中有西云、会仙二洞，飞泉出焉。

西林水，在县西。一名九淋水。源出县西七十里铁冈大山，流经城西，诸溪涧水皆流合焉。东南流入增城县界，经望云岭下，迤逦二百余里，流合于增江。○路溪水，在县东六十五里，源出县东北铁坑山，西南流会于西林水，可通舟楫。又鹅溪水，在县南百余里，源出博罗县界，居民引以溉田，亦流入于增江。

上龙门镇。在县北。旧置长沙巡司，洪武四年改今名。

○香山县，府南百五十里。东至东莞县三百里。唐为东莞县之香山镇。宋因之。绍兴三十二年，升为香山县，仍割南海、番禺、新会三县滨海地益之。旧有土垣，号曰铁城。明洪武二十六年，始营砖城。弘治间，于城外筑子城。正德间修筑，周三里有奇。编户三十六里。

仁山，在县治北。有六阜环列，谓之七星峰。其北一阜曰寿山，东南曰丰山，西曰武山。洪武初筑城，平其三阜。又城北一里有插笏山，濒于海，旧名獭窟山。○大北山，在县城东一里。莲峰耸其前，金鼓角山峙其后。其与莲峰对峙者为石岐山，在县西北一里。又西二里水中有长洲山。

笔架山，县南一里。三峰屹立。又南二十里曰湖洲山，山下有湖，久之成洲，因名。俗呼为文笔山。○北台山，在县南四十里。又南二十里曰南台山，两山相对如台。《志》云：北台相近者有寿星塘山，塘广数亩，在山之北。《野史》：宋端宗崩于舟中，葬寿星塘。今塘侧有陵迹五处，盖遗臣马南宝所筑疑冢也。其地亦名坟头冈。在山之西，又梅花水出焉，下流入海。宋端宗太后全氏崩，葬于梅花坡上，亦即此水旁矣。又香炉山，在县南六十里，有瀑布悬流。《志》云：县以此山名也。

长江山，县东南三十里。众水皆导源于此，因名。紫马岭在其东，相合山在其西。又东南十里曰三洲山，三山并立海中，一名大圜山。又东南二十里曰乌岩山，宋末土人多避乱于此。○石门山，在县西十里，中有洞，宋末尝拒元兵于此。又黄杨山，在县西南七十里。其阳有赤坎冈，宋亡，张世杰葬于此。

浮卢山，县北七十里海中。相传山尝与波上下。《山海经》南海有浮石之山，疑即此。又石甑山，在县南百六十里，土人呼为南山。《志》云：县南百里海中有金星门，两峰相对，蛮蛋多渔于此，相聚为寇。又南百里有大、小横琴山，其下即井澳也。又三灶山，在县南三百里海中。周回三百里，林木葱翠，有三石如灶，旧多居民。洪武中，以通番寇入犯，遂虚其地。成化以后，有官军驻守。《广记》：三灶山，有田三百余顷，极膏腴。元时海寇刘进据此。明洪武初，奸民吴进添通番为乱。二十六年，讨平之，禁民不得居止耕种，设官兵防守。正德中，豪民渐侵啮其地。

海，在城外。宋阮泳《县治记》：香山，环海孤屿是也。今县西北接浮虚山者曰石岐，海中多洲潭，芦苇泥洿，久之成田，他邑民多耕种其中，攘夺为害。县西二十里曰象角头海，又西三十里曰叠石海，中多鱼蟹之利。西南七十里曰分流海，东注东洲门，合大洋。又三灶山东曰乌沙海，向为番夷窥伺处。成化中，番舶复自此侵扰，因岁令官军驻守三灶山。

井澳，在县南海中横琴山下。宋景炎二年，张世杰奉帝至井澳，飓风大作，舟败几溺，军士死者过半，即此。《番禺客记》：井澳海滨有湖居里，里中马南宝者，尝以其家为端宗行宫。及帝崩碙州，殡于南宝家，然后葬于厓山。继又起兵于井澳，与蒙古战，不胜，死之。《志》云：县有浪白澳，为海道戍守处。○零丁洋，在县东百七十里。宋末，文天祥为元兵所败，被执，尝经此，有零丁洋里叹零丁之句。又九星洋，在县西南。宋建炎二年，元将刘深袭井澳，帝至谢女峡，复入海，至九星洋，欲往占城，不果。《一统志》：海中有九曜山，罗列如九星，洋因以名。又谢女峡，一名仙女澳，亦在县境。

香山镇，在县北大榄村。旧为香山寨，洪武二年改置巡司。又小黄圍巡司，在县北百二十里，弘治九年置。○金斗场，在县南百五十里，地名濠潭，即宋金斗盐场也。今废。

象角头营。在县西。《志》云：县有镇头角、南禅佛、县港口及浮虚、大埔洋等营，俱有官军戍守。又把截所四，曰：石岐，在县西；东洲门，在县东；乾务，在县南；大人岭，在县北。

○新会县，府西南二百三十里。西北至肇庆府高明县九十里，西至肇庆府恩平县百十里。汉番禺县地。晋末，置盆允县。元熙二年，置新会郡治焉。宋、齐因之。隋平陈，郡废，置新会县，并置封州治焉。开皇十一年，改为允州，后又改曰冈州。大业初，州废，县属南海郡。唐武德四年，复置冈州，仍治新会县。贞观十三年，州废，县属广州。是年仍置冈州。天宝初曰义宁郡。乾元初复曰冈州。贞元末，州废，县仍属广州。宋因之。今城周三里有奇，编户二百三十八里。

盆允废县，在县东。晋末分番禺县置盆允县，属南海郡，寻为新会郡治。齐、梁因之。隋平陈，改置新会县，废县入焉。《城邑考》：新会县旧无城，元末始筑土垣御寇，旋废。洪武二十四年，改筑土城。三十年，甃以砖石。天顺六年，复筑子城，周为濠堑，时称完固。正德十一年，又复营筑焉。

新夷废县，在县西四十五里。三国吴析番禺置平夷县，属南海郡。晋太康初，改曰新夷。元熙中，改属新会郡。宋、齐因之。隋初，废入新会县。又宋元废县，在县东北。沈约《志》云：元嘉九年，割南海、新会、新宁三郡界上新民立宋安、新熙、永昌、始成、招集五县。二十七年，改宋安为宋元，皆属新会郡。齐废宋安县，余皆如故。梁、陈间，改新熙为新建，始成曰熙潭，招集曰怀集，又以废宋安县改置化召县。隋开皇十年，悉并入新会县。

义宁废县，县西北九十里。本新夷县地。宋置义宁县，属新会郡。

齐、梁因之。隋属冈州。大业初，属南海郡。唐武德四年，复属冈州。贞观十三年，改属广州，旋复故。宋开宝五年，废入新会，六年复置。太平兴国初，改曰信安县。熙宁五年省为镇，入新兴县。元祐初，复为县。绍圣元年，又改为镇，后复为县，还隶广州。建炎初废。

封平废县，县西七十里。晋末置，属新宁郡。宋属新会郡。齐、梁因之。隋大业初，废入义宁县。唐武德四年，复置封平县，属冈州。贞观十三年省。又封乐废县，在县西北。沈约《宋志》：元嘉十二年，以盆允、新夷二县界归化民置，属新会郡。齐、梁因之。隋大业初，废入新会县。唐复置，属冈州。贞观十三年废，旋复置。开元初又废。○始康废县，在县西南。刘宋元嘉中置，属新会郡。齐、梁因之。隋开皇十年，废入封平县。又有初宾废县，亦在县西。刘宋时置，属新会郡。齐、梁仍旧。隋开皇十年，省入义宁县。

桂山，县北二里。俗呼圭峰。唐僧一行至此，有黄云覆之，因名黄云山。上多松竹，瀑泉出焉。又北八里曰渌屏山，周回八十余里，环绕县治，一名绿护屏。屏南有潭，谓之圣池。○大云山，在县西三里，形如盘龙，浮江旋绕。又西五里曰龙山，上有九穴，俗呼龙窟。其下紫水出焉，南流入海。

仙涌山，县西北六十里。地名罗坑。本无山，一夕风雷震吼，涌出数峰。又西北五里曰昆山、仑山，二山相连，俗合呼为昆仑山。昆山巅有天井，仑山巅有白龙池。○金冈山，在县西八十里。《唐志》：冈州以金冈而名，其地产金，下有淘金坑，旁皆沃壤，延袤八十里。今皆为民田，不复有金坑矣。西北有石洞，曰金山岩，深广皆二丈，岩顶飞瀑如练，有盘石，可坐数十人，旧为乡人游赏处。今为盗薮，俗呼鬼子窟。

曹幕山，县西北二十里。上有徭人，垦山为畲。今详见东莞县。○茂山，县西南三十里，一名天台山。《志》云：县西三十里有将军山，山势雄峻，其脉蜿蜒而南，至此突起数峰，东尽于海。又西南二十里有石径山，石岩如屋，容数十人。

厓山，县南百里大海中。延袤八十余里，高四十二丈，与奇石山相对，立如两扉，潮汐所出入也。亦曰厓门山。故有镇戍。宋末，帝昺立于碙州，张世杰以厓山为天险，可扼以自固，乃奉帝移驻于此，遣人入山伐木，造行宫及军屋三千余间。未几，元将张弘范来攻。或谓世杰曰：北兵以舟师塞海口，则我不能进退，盍往据之？幸而胜，国之福也；不胜，犹可西走。世杰为必死计，不听，结大舶千余，作一字阵碇水中，以拒元军。厓山北浅，舟胶不可进，弘范由山东转而南入大洋，与世杰师相遇，薄之，且出骑兵断官军汲路，又以舟师据海口，世杰遂困。既而元将李恒自广州来会，守厓山北，与弘范合击，宋军遂溃，陆秀夫负帝沉海，杨太后及诸嫔御从死者以万数。宋遂亡。《志》云：厓山对峙有汤瓶嘴山，以形似名，最高峻，文禽异木，多出其中。又南有双壁山，高百余丈。又南十里曰九曲山。

海，县南二十一里。一名熊海，以旁有鼠熊、马鞍熊、东熊、长熊四山也，统名曰熊子山。熊，音那。三足鳖曰熊，山形似之，其下皆曰熊海。东径香山县为小梁海，西经蚬冈，自北而东至厓山，为厓门海，通谓之南海。《海防考》：滨海有望峒澳，系广海卫军巡哨。

西江，在县东北。《志》云：江水至番禺西分流，至县东为江门，江门又分为二水：左径石碕至东莞县虎头门入于海，右径县滘入于熊海。○锣鼓潭，在县西四十里。山溪之水，汇流经此，水石冲激，声如锣鼓，南流入海。

沙村镇，在县南长沙村。有沙村巡司。《志》云：旧置司于长珠大神冈，洪武三年改置于此。又县东潮莲村有潮莲巡司，旧置寨，洪武二年改。又药径巡司，在曹幕山药径口，旧置寨，亦洪武二年改。○沙冈巡司，在县西。旧为乐里寨，置于余村。洪武二十年，徙于沙冈村，改置巡司。又松柏巡司，嘉靖中增设，在县西松柏山，旧为贼巢。又县西河村有牛肚湾巡司，旧置寨，俱洪武二年创设巡司。又西有大瓦巡司，亦洪武初置。

利径营，在县西北。近昆仑、曹幕二山，通高明、新兴，山岭险阻，多贼。相近又有汾水江营。又赤水口营，在县西，有五坑、垌检、蚬凹山贼。又西为蚬冈营，有罗汉山浪贼。○鬼子窟营，在县西，防鬼子窟、良金、云永山贼。又西有五坑径营，防甜水坑、良金、云永三山贼，径道多岐，接新宁、恩平二县界。

长沙塘营。在县西南。有北腊山、船金坑、雷公岩、斩头等山贼。又西有游鱼山营，防石岩头、金良二山贼。相近为金钗营，防牛仔兰、北腊、王坑、王牯岭、罗汉等山浪贼，通新宁、恩平二县界。又有寨濠径营，亦防罗汉大山诸贼，接新兴、高明、恩平、新宁诸县界。○临江台堡，在县东南滨海。又东为良村营。俱接顺德县界。《志》云：县有白虎头、官来径等关五，又有把截所八：曰长沙，在县南海滨；曰企官，曰双烟整，曰潭澹，曰企头，曰横山，皆在县西南滨海；曰仰船冈，在县东南；曰寨门，在县西，亦滨海。

○**新宁县**，府西南三百三十里。西北至肇庆府阳江县百二十里。本新会县地。自元季以来，诸徭煽乱，屡征不服。明弘治十一年，讨平之，因析置今县。初筑砖城，正德六年改筑，周三里有奇。编户六十里。

三台山，县北一里。一名上坑山，县之主山也。迤东一里曰连珠山，有三冈如连珠。其西曰宝鸭山，与三台并峙。○百峰山，在县东五十里。峰峦百计，兽多獐鹿，木多松梧，蛮獠之所出没也。其相连者曰古兜山。其地水陆四达，蛮獠结寨于此，有峰曰汤瓶嘴。

大隆山，县西南百二十里。有徭寨，旧为盗薮。又县南百六十里曰龙溪山, 山险峻, 上有石室。○上川山, 在县南二百三十里海中。山多香腊材木, 居民煮盐者多取木于此。又下川山, 在县南三百里海中, 亦有香腊竹藤之利。《一统志》: 上川石山, 下川土山, 居民旧以贾海为业。下川相近者曰海晏村。洪武四年, 海寇钟福泉等挟倭船寇海晏, 下川官兵追讨, 至阳江平之。于是徙二山居民入内地, 遂为荒壤。其后生齿渐众, 然豪贵夺其利, 民日益贫矣。

海, 在县南。《志》云: 县西七里有紫霞山, 其下为紫霞海。又有矬洞水, 源出大隆山, 山南为大牌海。又南二百里径铜鼓山, 众水合焉, 风涛触石, 如铜鼓声, 是为铜鼓海。至上川山左右为大、小金门, 又西南二百里为番舶往来之冲, 是曰寨门海。

半塘水, 在县南。源出县西北冯村坑, 流入海。○雷公潭, 在县西一里。源出百峰山, 有龙潜焉, 龙兴则风雷迅烈。下流亦注于海。

城冈峒, 在县西南七十里城冈堡, 有巡司。又望高巡司, 在县南。旧为褥州巡司, 洪武二十七年以其地立广海卫, 移司于望高村, 因改今名。○那银堡, 在县西南九十里。又河木堡, 在县西南百二十里河木径, 南去广海卫十五里。

仓步营, 县东四十里, 东北至新会县之赤水口营三十里。相近者又有水流径营。《志》云: 旧防新宁上朗、张边, 恩平交径等山贼。○甘村营, 在县东南, 接顺德县界。《志》云: 营去仓步营三十里, 去城冈堡二十里。似误。

石鼓寨。县东三十里石鼓山上。徭寨也。县北八里有石人徭寨, 在石人山上。《志》云: 县境诸徭寨, 大者如石鼓、茅舍、苔村、石人、型峒、横岭、莲塘、羊公径、仓下、那西、东瓜、冲、上峒、万罗冈、鸡头、怀宁等寨。嘉靖三十年, 讨叛徭, 一自南海抵新会壁山寨, 一自石门抵苦草径, 又分左右翼: 一略百锋十二寨, 一略石鼓十五寨。旁午, 移兵攻黄沙泥、仓下寨,夜进茅舍、梅树峒等寨,贼突围走牛角型。又进剿盈峒、大塘诸寨,又克那西、上桥诸寨,又分兵自牛眠沙进剿苔村、怀宁诸寨。贼平,乃设更鼓、那西、三合水、金鸡头诸营。

○从化县,府东北三百四十二里。西北至韶州府英德县百八十里。本增城县地。弘治元年,峒獠谭观福恃险为乱,讨平之。三年,析置今县,治横潭。七年,改治马场田,筑城。十一年,甃以砖石。嘉靖中,重修,周三里有奇。编户十八里。

龙潭山,县北二十里。上有龙湫。又云台山,在县东北二十里,山巅平衍如台,常有云气覆之,旁有洞穴,容数十人。又北山,在县东北八十里,三峰峻拔,山半有兰和谷,下为龙潭,上有瀑布悬流注于其中。又五指山,在县东北九十里,五峰相连,如笔格然。

围脑山,县西十三里。其上有仰天湖,又西为三将军山。又蜈蚣山,在县西五十里,麓有铁场坑,相传旧尝于此煮铁。县西北四十里又有百丈带山,上有泉,注为流杯池。○石鼓楼山,在县南三里,其石层叠,下有潭。又鹧鸪山,在县南四十里。其脉自庾岭而来,有峰高百余丈,傍一峰差小,俗呼为大、小鹧鸪。旧《志》云:山在增城县西南九十里。盖本增城地也。又武台山,在县南五十里,亦有两峰相对。

流溪,在县南。源出韶州府乳源县流溪山,流经县前,合于曲水,又西流至南海县石门山,入于北江。○曲水,在县东,有三源:一出增城县界监潨山,一出县东六十三里之中心山,一出县东概洞,流五十里,至白芒潭,又五十里,抵县前与流溪水合。水甚清浅,不通舟楫。

犁塘水,在城西。源出县东三十里狮子岭,有石磕水流会焉,曲折流五十里,至县西三里之风门岭合于流溪。《志》云:风门岭多积水之窞,山半有水盂,积水常不竭。

流溪镇。左县北石潭村。旧置寨,洪武三年改设巡司。《志》云:县有上塘营,防十八山、苦菜塘、松子寨等处巢峒。《志》云:县境有山猺巢穴凡三十五处。

〇清远县,府北二百五十里。西南至肇庆府四会县百七十里,东北至韶州府英德县二百七十里。汉南海郡中宿县地。梁析置清远县,为清远郡治。隋平陈,郡废,县属广州。大业初,属南海郡。唐仍属广州。宋因之。《城邑考》:元至正中,筑土城。明洪武二十二年,始砌砖城。天顺七年,为猺贼所陷。成化中修筑,以后又尝增修。城周八里有奇,编户十七里。

中宿废县,县东北六十里。汉置县,属南海郡。后汉因之。三国吴改属始兴郡,仍曰中宿县。宋、齐因之。梁析置清远县,又改置政宾县,移东官郡治焉。隋平陈,郡废,县属广州。唐武德六年,并入清远县。《志》云:今县东十二里有中宿山,中宿县以此名。

峡山,县东三十里。一名中宿峡。崇山挺峙,中通江流。旧《记》:黄帝二庶子,曰禺阳,曰禺号,南采阮俞之竹,为黄钟之管。今山上小竹,节间长九寸,圆径三分,疑此山即阮俞也。亦曰禺山,亦曰二禺。有两峰穹窿对峙,束隘江流,故曰峡也。道家以为第十九福地,有和光洞,甚深窈。又有标幡岭,在山顶南。唐大历间,哥舒晃版广州,命将讨平之,还见二幡于山顶。盖二禺神之所赐云。又观亭山,在县东三十五里,一名观峡山,或云即峡山之支麓也。或谓之寻峡。姚氏云:汉楼船将军杨仆出寻峡,峡去始兴三百里,近连口,即此峡矣。〇观音山,在县东二百五十里,高出诸山,峰峦层叠。

大罗山,县西二百五十里。其脉自阳山来,西抵广西梧州府怀集县界。猺、獠多居其间,中有龙潭,贼巢也,嘉靖三十六年讨平之。又漆源山,在县西百二十五里,连山交枕,绝峰壁竦,漆水出焉,俗讹为秦王山,漆水亦曰秦王水。〇回岐山,在县西南八十里,古名观岐,高耸数十仞，逶迤环抱，有回顾县治之状。下有岐水，回岐驿设于此。又临汉峡，在县西北五十里，两崖壁立，延袤九十里。

浈水，在县东北。源出大庾岭，径韶州府英德县界，又南过废中宿县，至县东会于洭水。汉杨仆下浈水，是也。经县南八十里有黄巢矶，相传黄巢尝覆舟于此。又南入三水县界。

洭水，在县东。自英德县流入界。《汉志》注，中宿县有洭浦，是也。又东南流四十二里，至县东与浈水合。或谓之湟水，或谓之洸水。汉路博德下湟水即此。又洭水合浈水之处，谓之洭口。陈大建二年，广州刺史欧阳纥以州叛，陈将韦昭达破之于洭口。亦谓之洸口。宋乾德二年，潘美克南汉之郴州，刘鋹惧，使邵廷琄屯洸口是也。《志》云：浈水，亦曰洌水、湟水，曰浈江。今县东有浈江乡及浈江巡司。

溱水，在县南。源出溱源山，东流合于浈水。《水经》云：溱水源出湖广临武县西南境，经曲江县西北，流合武水，《山海经》谓之肆水。又南合浈水，又西南径中宿县，会一里水。其扼处名为观峡，春水泛至，鼓怒沸腾，流水沦没，必无出者，称为至险。盖讹今之浈水为溱水，而又以今之溱水为浈水矣。

横石寨，在县东。洪武二年，改置横石矶巡司。其相近有高田营、金斗角营，皆设兵戍守。又浈江寨，亦在县东，洪武二年改置浈江巡司。其相近者有鼓楼冈、黄峒水二营，俱为戍守处。〇滨江寨，在县西北。又有回岐寨，在县西南，近回岐山。洪武二年，俱改置巡司。

枫坑营，在县西南，接三水县界，西防四会之徭。其相近有塘角、蚊虫石、大庙峡、黄流寨、石角、河村等营。又龙镇营，在县北。相近有石川径口、鸭春径、三木坑等营，皆僻在万山中，接英德、阳山二县黎峒贼寨。〇清远峡营，在县东峡山下，亦曰峡口营。又南有正江口、头巾滩、山塘、大燕水等营，又西南有界排营。《志》云：县境江道，北接英德，南达三水，多盗贼及黎、徭、水蛋之患，因设金斗角、高田、黄峒水及峡口诸营，拨兵防戍。又有锣鼓滩、板潭、禾云、合头、白泡潭、丫矶水等营，皆近江道。县西北又有老虎峒、黄柏径、黄冈径、秦王径等营，则西北一带山径防汛处也。

独石寨，在县境。《志》云：县有独石、黄田、田心、洋子、莲梗、双石水、西乱潭、白湾、牛挨石、羊坑、雷坑、石阁、老虎峒、桃枝、横石、企石、三木坑等十七寨，又有三坑等徭巢一百有六。

安远驿。在县城西。县东北九十里为横石矶驿，县西南八十里为回岐驿。《志》云：县东又有官庄驿。

附见：

广州左卫，在府治北。又有广州右卫，在左卫之西。俱洪武八年建。又广州前卫，在府治西，其北为广州后卫。俱洪武二十三年建。

南海卫，在东莞县治南。洪武十四年建。〇东莞守御千户所，在县南东莞县旧城内，洪武二十七年置，有砖城，周三里有奇，环城为池。一名南头城，备倭指挥亦驻于此。又大鹏守御千户所，在东莞县东三百五十里，以相近有大鹏岭而名。岭脉自罗浮来，状如飞鹏也。洪武二十七年置所，有城，周二里有奇，环城为池。俱隶南海卫。

广海卫，在新会县南一百五十里。旧为褥洲巡司，洪武二十七年改建卫，有城。三十年，甃以砖石，周五里有奇，环城有池。〇香山守御千户所，在县治东，洪武二十六年建，隶都司。二十八年，改隶广海卫。又新会守御千户所，在县治东，洪武十七年建。又新宁守御千户所，在县城内，嘉靖十年建。俱隶广海卫。

清远卫，在县治东。洪武二十二年建。

增城守御千户所。在县治南。洪武二十七年建，直隶都司。又从化守御千户所，在县城内，嘉靖十四年建，隶南海卫。

○连州，府西北五百六十里。东北至湖广郴州三百五十里，西北至湖广道州五百五十五里，东至韶州府四百里，西至广西贺县二百六十七里。

春秋时楚地。秦为长沙郡之南境。两汉属桂阳郡。三国吴改属始兴郡。晋因之。宋泰始中，置宋安郡。大豫初，省入广兴郡。齐仍属始兴郡。梁置阳山郡。隋平陈，郡废，改置连州。大业初，改为熙平郡。唐武德四年，复曰连州。天宝初，改为连山郡。乾元初，复故。五代时属湖南，汉乾祐三年入于南汉。宋仍为连州。亦曰连山郡。元至元十七年，曰连州路，属湖南道。十九年降为州，隶广东道。以州治桂阳县省入。明洪武初省，十四年复置州，编户十七里。属广州府，领县二。今因之。

州北接九疑，西通桂岭，控郴、永之喉喉，为广州之肩背。汉平南越，一军出湟水。宋伐南汉，自连州进克韶州。明初，陆仲亨以赣州之师，由韶州出连州，捣肇庆以西。盖介五岭之口，为四出之途。岭南形胜，斯为最矣。

桂阳废县，今州治。汉置县，属桂阳郡。元鼎四年，伏波将军路博德将军屯桂阳，待使者。既又出桂阳，下湟水，即此也。后汉亦曰桂阳县。孙吴属始兴郡。晋因之。宋泰始中，分属宋安郡，寻还属始兴。齐仍属始兴郡。梁为阳山郡治。隋为连州治。唐、宋因之。元省县入州。《舆地志》云：连州桂阳县，汉属桂阳郡，因谓之小桂。西魏围江陵，王琳自广州入援，将兵自小桂北下，至蒸城。蒸城，见湖广衡阳县。姚思廉曰：小桂，岭名，或即今之桂阳山。《城邑考》：桂阳城，刘宋元徽中，湘州刺史邓曾创筑。宋皇祐四年，因旧址增拓。元祐、绍兴及宝庆中，皆尝增修。明洪武二十八年，复甃以砖石。正德四年修葺。有门三，城周三里有奇。

冈溪废县，在州西北。沈约《宋志》：泰始六年，立冈溪县，割始兴之桂阳、阳山、含洭四县立宋安郡，属湘州。大豫元年，县与郡俱废。

顺山，州东四里。刘禹锡《记》：邑东之望曰顺山，由顺以降，无名而相依者以万数，回环郁绕，叠高争秀，西北朝拱于九疑，乃州之第一山也。又东一里曰巾山，一名翠巾峰，平地耸起，凡百余丈，崔嵬冠于群峰，其木多楠柘之属。九疑，见湖广名山。

桂阳山，州西北二十五里。上有石洞，广三百一十步，藤萝蔽之。洞内之泉流出，东入于韶州。旧县名桂阳，以此。又西北五里曰白鹤山，石峰四面如掌，相传有陈真人者骑白鹤上升而名。○方山，在州北二十八里。《志》云：山远与九疑对峙，凡数百里，其东南有水出焉，下流达于湟水。又北十二里曰北山，上有磨崖。《志》云：州南五里有白罗山，峭拔壁立。

冠峰，州北十三里。高耸冠于群山，或曰以山形如冠也。又北里许有五峰，状如芙蓉，亦名芙蓉峰。或曰即莲花峰也，宋潘美破南汉之兵于此。又圭峰，在州西北十里，泉山环绕，惟此峰端立如执圭。○天际岭，在州西北十五里。一名昆湖山，以下瞰昆湖而名。连延而西，入连山县界。又秀岩，在州西北五里，山有悬石，如滴翠乳，一名大云岩。

楞伽峡，州东十五里。双崖壁立，垂石飞瀑，下注深潭，即湟水所经也。唐显庆四年，连州山水暴出，漂七百余家，即峡中水矣。宋嘉泰二年，崖崩水壅，溪谷倒注，舟楫不通，田庐垫溺，患及城邑。州刺史杨榕等疏凿之，三载底平。叶适《记》曰，湟水会流而东南出，束两崖间，湍怒激跃，势倾百里，舟行必逾峡，始可无患，是也。下有贞女石，相传贞女化石处，亦名贞女峡，

湟水，在城东。自阳山县流入界，又南入韶州府英德县境。刘禹锡曰，城下之浸曰湟水，由湟之外，交流而合输者以百数，是也。今详见大

川北江。

桂水，州东北十五里。《志》云：源出湖广宜章县黄岑山，南流入境，俗名奉化水，流合五溪水。《寰宇记》：五溪者，沧浪水、昆湖水、横溪水、叶腐溪水、相思水也。一云五溪源出方山，五派合流，注于湟水。

卢溪水，州西北二十里。源出湖广蓝山县，有卢龙水流合焉，亦名上、下庐水。经州西二十五里，汇为龙潭，东流历楞伽峡，注于湟水。○双溪水，在州西南三里。其上流为乐簪溪，古名斟水。一出连山县界，亦名获水。径县西九里，合高良水，又东为双溪水，注于湟水。又连口水，旧《志》云：源出桂阳县西北百十里石塘村，亦曰涟水，东南流，注于洭水。或谓之郁连水。

鸡笼关。州西三十七里。有兵戍守。《志》云：自州界接四会县境，有徭贼山寨一十有二。

○阳山县，州东北二百里。北至湖广宜章县百三十里，东至韶州府乐昌县百八十里。汉置县，属桂阳郡。后汉改曰阴山县。三国吴省入含洭县。晋复置阳山县，属始兴郡。宋、齐因之。梁属阳山郡。隋属连州。唐、宋因之。元属桂阳州。明洪武二年，属韶州府。十四年，改今属，城周二里有奇，编户六里。

阳山故城，在县南。汉县治此。唐神龙初，移县治于洭水北，即今县治。《城邑考》：县旧无城，天顺七年始营砖城。成化以后，屡经修筑，有池环之。

宣乐废县，县南百里。梁置梁乐县，并置梁乐郡。隋平陈，郡废，县属连州。开皇十八年，改为宣乐县。大业末废。又游安废县，在县西南，亦梁、陈间置。隋属连州，大业末废。

贤令山，县北二里。唐韩愈为阳山令，尝读书于此，有读书岩，山以愈名也。又县东北二里有石崖山，上有石壁如板。〇阳贤山，在县西南十里，高出众山，日光先照，故名。有两峰上耸，亦名丫髻山。

宝源山，县东三十里。山产黑铅，居民尝采取之。弘治九年，奸徒相结为盗，始禁，不复采。又铜沙山，在县西南七十里，旧尝产铜。〇同官峡，在县西北七十里，脉自连山县黄连山来，有峡水，东流注于湟水。《志》云：峡，今夷为同官村。

洭水，在县东，即湟水也。亦曰洀水。自湖广宁远县界，东南流入县境，复折而西南入连州界。《志》云：同官峡水，东流合湟水，又流过城南为阳溪水，又南十里曰龙坂滩，滩侧温泉，四时不竭。又南十五里为龙宫滩。韩愈云：阳山，天下之穷处也。水则江流悍急，横波之石，廉利伴剑戟，舟上下失势，破碎沦溺者往往有之。

斟水，县东二里。其地有东岩，水源出焉，南流四里为潮泉，泉源消长，与潮汐同候也。俗亦谓之桃江。又有两溪水，源出韶州府乳源县，流经县东之莲塘，合斟水入于洭水。

湟溪关，在县西北。秦置。汉武伐南越，兵出桂阳，下湟水，即此。《新唐书》阳山县有秦湟溪关。《郡国志》：阳山县理，洭水之南，即其故墟，本南越置关之邑。故关在县西北四十里茂溪口云。

阳山关，在县北，当骑田岭路。秦始皇二十六年，既定南越，遂于此置关。《史记》，尉陀移檄湟溪、阳山关曰：盗兵且至，急绝道，聚兵自守，是也。姚氏曰：县去骑田岭不过百余里。岭，即郴州之黄岑山也。

星子镇，在县北。有巡司。又西北有朱冈巡司，县东又有西岸巡司。俱洪武二年置。〇白芒营，在县西，路接连山县。相近为高滩营，接白芒、老鸦坑诸险路，置兵戍守。又西有饭甑营，接稍陀、白水诸险路，通广西怀集县石角山徭。又有大崀营，亦在县西，地名青洞，接怀集县黄潭山诸险路，并防汾水、凹山贼。相近又有琵琶径营，亦接黄潭诸

山，防茶坑、南北西水山贼。又有江头圳营，亦接南、北西水险路。俱置
兵防守。

马丁民营，在县西南桥下山，接广西怀集县界，防古岭山贼。旁又
有马丁兵营。又李峒营，在县西南乌石峒，通四会、清远大罗等山险路，
防大罗、焦坑、黄沙坑诸贼。相近有梅花径营，地名白竹茛，亦防大罗山
贼。○牛仔营，在县东，接乳源县界，防企山、滑峒坑诸贼。

石盘闸。在县东南。地名大桥。路通英德县界，防杉木角贼。其北
有大青蓝闸，相近为天堂岭，通乳源县莽山险路。稍东有小青蓝闸，接雷
峒、大桥诸处，亦防天堂岭贼。又高桥闸，亦在县东南，地名神下坪，亦
接莽山界，防黄沙坑徭贼。又长塘闸，在县东北，地名大东山，路通湖广
宜章县。○旱塘闸，在县西，地名坑塘，路接广西怀集县界，防清油，草
塘贼路。又佛子径闸，在县西南，地名牛皮岩，与李峒营相接。又黄柏径
闸，在县南，地名老虎坑。相近有沙涌闸，地名鱼水，与梅花径营相接。
俱防大罗山贼。

○连山县，州西二百七十里。北至湖广宁远县二百十里，西至广西
贺县百五十里。汉桂阳县地。梁析置广德县，属阳山郡。隋改县曰广泽，
属连州。仁寿初，改曰连山。大业初，属熙平郡。唐复属连州。宋因之。
绍兴六年，废为镇。十八年，复故。明洪武二年，属韶州府，是年省县入阳
山。十四年，复置，属连州。今城周二里有奇，编户二里。

连山故城，在县西北。《志》云：县在前代迁徙无常，洪武初，因
唐神龙间旧址，置县于西北程山下。天顺三年，为徭贼所破。六年，贼
平，议者以县在万山中，道涂险远，且多瘴疬，乃相度鸡笼关内小水坪，
水土平衍，堪徙县治，因筑今城，环城为池。

熙平废县，在县西。三国吴置尚安县，属始安郡。晋太康初，改曰
熙平县。宋因之。齐置齐乐郡。梁、陈仍旧。隋平陈，废郡，县属连州。大

业末废。又有武化废县，在县西南，亦梁置。隋属连州，大业末废。

长径山，县东九里。中有长径通往来。夏瑜《记》云：山在城东四里，高数百丈，周二十里，脉自州东巾子山来，山势中断，若蜂腰然。有径路，连民出入必由此。西通怀、贺，北抵锦田，路多石壁悬崖，可徒行，不容车骑。春夏山水暴涨，所过冲薄荡啮，虽岁加葺治，而圮坏不免。天顺初，广右峒蛮越境寇掠，据县为巢，路益崩坏。六年，寇平，知县孔镛修复县治，以山当出入通衢，不容蓁塞，乃重辟之，凿其阻险，补其倾缺，于是民无攀援之患云。

天梯山，县北百五十里。高险无草木，行者难若升天。又上叶山，在县西北百六十里，山险峻，为徭僮窟穴。又昆湖山，在县东北二百里，下瞰昆湖，湖水淳泓，群山四拥，称为奥区。一名天际岭。东南至州城十五里。

黄连山，县西百五十里。峰峦连络，多草木，与广西接界。又巍峨山，在县南四十里，高险不可登。○连营峒，在县西。

梁峒水，县东南十九里。有上吉水流合焉。又县南六里有横水。俱东南流合于湟水。○大龙水，在县北十六里大龙山下，下流亦入于湟水。

白沙营。在县东。地名茅铺冈，防鸡笼关、台子冈诸山贼。台子冈，即长径山路之险也。又黄南营，在县南，防沙田峒、黄南、梅水界巢贼，向系乐昌县民壮戍守。相近有沙坊营，系仁化县民壮戍守。○大眼营，在县西，地名上草峒，防草峒、大小眼及贺县上下均峒、咸石等山贼。又拳石营，在县西北，地名三禾峒，防大冲、倒水及湖广界蕉花、石角等处贼巢。

附见：

连州守御千户所。在州治西。洪武二十八年建，隶清远卫。

○肇庆府，东至广州府二百三十里，西南至高州府七百七十里，西至广西梧州府四百里，北至广州府连州五百二十里。自府治至布政司见上，至江南江宁府四千二百六十里，至京师七千四百二里。

《禹贡》扬州南境。春秋时为南越地。秦为南海郡地。汉初为南越国地。武帝平南越，为苍梧、合浦二郡地。三国吴及晋属苍梧郡。刘宋分属南海郡，又置绥建郡。治四会县。梁增置高要郡。治高要县。隋平陈，郡废，改置端州。大业初，又改为信安郡。唐武德四年，复曰端州。天宝初曰高要郡，乾元初复故。五代时属于南汉。宋初仍曰端州。亦曰高要郡。元符三年，升兴庆军节度。重和元年，又升为肇庆府。以徽宗潜邸也，又赐军额曰肇庆。元曰肇庆路。明洪武初，复为府，领州一、县十。今因之。

府带山控江，延袤数千里，据广州之上游，当贺、梧之津要。汉武帝自巴、蜀发夜郎兵，下牂牁江，会番禺，即今西江路也。梁大同中，交阯李贲作乱，以杨暕为交州刺史讨之，命定州今梧州府刺史萧勃会暕于西江。萧子显曰：西江川源深远，宋、齐以来，皆别置督护，专征讨之任。陈霸先为西江督护、高要太守是也。李吉甫曰：端州当西江口，入广西之要道。明初，廖永忠等奉命平广西，亦由肇庆溯西江而上，抵梧州。盖郡为两粤之要膂，东西有事，此其必争之所也。

○高要县，附郭。汉县，属苍梧郡。后汉及晋因之。刘宋改属南海郡。齐因之。梁为高要郡治。唐、宋以来，州郡皆治此。今编户九十八里。

高要城，即今府治。汉置县治此。宋皇祐中，始筑州城，环土为垣。政和三年，改筑石城。明洪武元年，复增拓之。天顺、嘉靖间，皆尝修筑。有门四，城周四里有奇。

平兴废县，府东南八十里。刘宋置，为宋隆郡治。沈约《志》：元嘉十八年，以交州流寓立昌国、义怀、绥宁、新建四县，为宋熙郡。二十七年，改置宋隆郡，领平兴、初宁、建宁、招兴、崇化、熙穆、崇德等县。孝建中，复改为宋熙郡。齐时亦曰宋隆郡。隋平陈，郡废，以平兴县属端州，诸县悉并入焉。唐因之。宋并平兴入高要县。《一统志》：府东南三十里有废崇州，宋元嘉中置，寻废。误。《郡志》以为宋隆郡故址。又云：平兴废县，今为黄村都，成化十一年，割入高明县，去高明城五十里。

博林废县，在县西南。梁置，属新宁郡，并置抚纳县。隋属新州，大业初以抚纳县并入博林县，属信安郡。唐属端州，贞观十三年省。

石室山，府北六里。一名圆屋山，亦名高星山，或谓之定山。山有石室，自生风烟，南北有二门，中可容百余人，号为神仙下都。其前有浦，曰高星浦，旁有耸石，广六十余丈，高二百余仞，谓之崧台。又有七星岩，连属曲折，列峙如北斗，岩之中亦为石室，容数百人。又有斗魁台，唐初所筑。岩之左为石洞，穹窿宏敞，前后二门，顶开中罅，巨石覆其上，春夏间潦水泛溢，岛屿平没，惟此高耸特出水中。又东逾沥湖半里许曰屏风岩，又里许为阆风岩。从石室而西，半里则为天柱岩，又里许为蟾蜍岩，又半里许为仙掌岩。西北二里曰阿陂岩，延袤凡数十里，沥湖环流其下，可通舟楫。又有北山，亦名北岭，在县北十里，高千仞，盘亘百余里，为府治之后山，峰峦联属，若屏障然。其中一峰，屹立雄伟，名将军岭，盖即石室之支阜也。又府东北十里曰狮子冈，在七星岩之东，中峰嵯峨，陵阜盘郁。

铜鼓山，府南二十里。高千仞，周三十余里，府治之案山也。山有赤石如鼓，叩之有声，因名。又南三十里为神符岩，有南北二岩相向，南大北小，皆奇胜。小岩口又有龙井，四时不涸。○云从山，在府南三十里，高百丈，周五十余里，峰峦叠巘，秀出天表，新宅水经其下。

高峡山，府东三十里。高百余仞，周十里，与烂柯山对峙，江流至此夹束而出。一名高要峡，汉以此名县。相传山有灵羊，每出鸣，风雨随至，亦名灵羊峡。灵，一作羚。三国初，吴交州刺史步骘取南海，刘表大将衡毅、钱博等逆战于峡口，兵败，毅死之，即此处也。水中有亚婆顶、钓鱼台，皆最湍急处。○烂柯山，在府东南四十六里，一名柯斧山，旧传王质观棋处。亦名端山，峡之对山也。高数百仞，周五十里，其上俚人所居。江水经此，谓之端溪。隔溪有二岩，石可为砚。《吴录》曰：端山有五色石，石上多香木。《砚史》云：岩有四，曰下岩、上岩、半边岩、后砾岩，穿洞深入，不论四时，皆患水浸。治平中贡砚，取水月余方及石。自仁庙以前，赐史院官砚多是，其后岁贡惟上岩耳。《一统志》：砚石凡三种，岩石为上，西坑次之，后磨又次之。

顶湖山，府东北四十里。山高千余仞，周数百里，为一方巨镇。盘郁森耸，攀援莫上，山顶有湖，四时不竭。又东北十里曰九坑山，高五百余仞，周五十余里，出泉九派。旧有茶园四十四所，徭人居之。○劳山，在府东北百里，高数百仞，周三十里。山径险狭，樵人惮劳，因名。

湘峡山。府西三十余里。高数十仞，周八里，群峰列峙，江经其中，形类潇湘。其东五里为小湘峡。宋皇祐四年，侬智高犯端州，州守李宝臣曰：若得兵数千人，伏小湘峡，扼至险以击骄兵，可必胜也。即此。《志》云：府西有小湘、大湘二水，俱流至峡中入江。○望夫山，在府西六十里，高百仞，周百里，屹然际天。《郡国志》古端州有望夫山。又腾豻山，在府西百里，亦曰腾豻岭。山势险峻，有异兽，或谓之腾猿，亦曰腾狂。

王侯峰，府东南七里。高数百仞，周三十五里。《志》云：宋元丰中，郡守王泊葬其下，峰因以名。又金洲冈，在府东南九十里，巨石崚峋，高数十仞，周数百丈，屹立江流。又十里为罗郁冈，亦横屹江面，潦涨时，漩涡颇险，亦西江捍门也。又白猪冈，在府西南五十里，高百丈，周三十里。冈有石如猪，因名。又府西一里有三台冈，三冈鼎峙，状若三星。府西北一里又有龙顶冈，高五丈，周二里，林木荟蔚，军民环居其下。

大江，在府城南。一名西江，亦曰西水。《元和志》：端州当西江口，入广西要道。今自广西三江而来，经封川、德庆，绕郡城而东，南入广州府境，注于海。每淫雨，则江涨暴至，且为羚羊峡所束，郊原皆溢。谚曰：水浸钓鱼台，上下不通来。钓鱼台者，峡中山也。峡江旋束，溢为涡塘，皆有渔人恣取之，并多得蟹。西水退尽，蟹亦蜕壳。谚云：西水漫漫，鱼蟹满盘。是也。详见大川西江。

新江，府南六里。源出新兴县乱山中，北流百四十里入于大江，谓之新江口。又新宅水，出罗定州东安县之苟径山，萦回曲折，北流注于新江。又博峒水，出东安县之书山，萦绕而东北出，凡八十余里注于新江。又有孔洞水，在县南五十里，亦北合新江水。府南又有示峒水，源出高明县老香山，北流七十里，亦入新江。

苍梧水，府东南六十里。一名典水。源出烂柯山，初为瀑布，东流，屈曲二十里入大江。又贝水，在府东八十里，自四会县南入界，一名鸦雀水，又名安南水，亦名飞水，流入大江。又清岐水，在府东九十里，自四会县绥江分流入境。一名古武水，南流入大江。自昔设关隘于此，为屯兵用武之地，因名。○古娄水，在府东北七十里，源亦出四会县界，南流入大江。

宋崇水，府东南九十里。西北流，至府东南二十五里宋崇渡口入大江，有鸬鹚峡水注焉。本名宋隆，以故郡为名。唐讳隆，曰崇。《志》云：鸬鹚峡水，源出高明县老香山，经府东金鸡营，亦名金鸡水，其下流分二流，一合宋崇水，一合都含水，入大江。洪武中，潦决泛浸高明。永乐中，修塞。正统三年，复伐石堤防，高明始无水患。又复源水，在府东南九十里，自大江分流，而西南还合大江，因名。〇都堰水，在府西七十里，源出德庆州界大朝山，流入境。又有笋峒水，亦出大朝山，流经府西五十里。皆注于大江。

沥湖，府北五里。北山诸涧之水，汇为黄塘、上榄塘，又石室诸岩之水皆流合焉。春夏潦涨，极目浩渺，多蒲鱼菱芡之利。湖水环流，经岩后束为小渠，谓之后沥水，绕北山石子滩三十里，出灵羊峡入江。又有新沥水。万历中，守臣王泮分引沥湖，经城东一里石头冈，出大江以泄涨潦。〇东洲沙，在灵羊峡口之东，江中有居民数千家。

禄步镇，府西七十里。旧为禄步寨，明初改置巡司。洪武二十一年，自禄步上村迁于下村水口。又府东七十里有横查巡司，洪武二年置，嘉靖三十六年迁于横查水口。又古耶巡司，在府东九十里，本古耶寨，在府东百五十里。明洪武四年，改置巡司。嘉靖二十五年，移置此。崇祯二年，以横查巡司并入。

金鸡坪营，在府东四十里云头山，与高明县九曲径相接。嘉靖二十五年置。又贝水营，在府东七十里，近大河，嘉靖十一年置。〇白泥营，在府西百三十里，弘治六年设。相近又有云初营，正德五年设。又府西九十里有雾径营，嘉靖二十四年设。又蔡径营，在府南百十里，嘉靖十六年设。又南有白泥埠，二十八年所设也。又苟径营，在府南百里，嘉靖五年设。

崧台驿，在城西。又新村驿，在府西百二十里，旧置于德庆州之站湾，洪武五年移置于悦城水口，即此驿也。《舆程记》：新村驿而西为悦城镇，又西为三洲岩，共百里而达德庆州，此为西达梧州之道。自崧台驿而南九十里，为新兴县之腰鼓驿，又五十里至新兴县，为南达高州之道。

○河泊所，旧在府东二里，明初置，万历中革。

林田山寨。在府西，徭寨也。又府西百余里有大台山徭寨，府东南有花顶山诸徭寨。《志》云高要县徭山凡九，是也。

○高明县，府东南六十里。西南至新兴县七十里，东南至新会县九十里。本高要县地。明初设高明巡司于此。正统末，山寇邓宗远等屡作乱。成化十一年，督臣吴琮等请改置今县，从之。十六年，筑砖城，环城为濠。正德以后，屡经修筑，周三里有奇。编户十八里。

清泰废县，县东二十里。本高要县地。萧梁置梁泰县，为梁泰郡治。隋平陈，郡废，改县为清泰。大业初，省县入平兴县。唐武德七年复置，贞观十三年省。旧《志》云：在府东七十里。今为清泰都。

庆林山，在治北一里。一名春富山。上有石岩，多林木。又五龙山，在县东北十里，五山奔伏如五龙，中有一阜圆如珠。又东北十五里为鹤山，高五百余丈，与此相接。又灵云山，在县东北三十里，尖峰插汉，上有石泉，麓有三峰，一名三台山。○朋峰山，在县西北二十五里，顶平，高三百余丈，周五里，两峰并峙，形如朋字。其相接者为官径山，《志》云：脉自老香山来，东西连绵，中有通径二十里，为入郡之道。又表山，在县西二十里，高百余丈，广三十里，高出众山之表。稍南有蟾蜍径，旧为官军防戍处。

千岁山，县西南三十五里。形势突兀，高百余丈，周十余里。又县西五十里曰文储山，与千岁山相接，高三百余丈，周百五十里，群峰崚嶒，有飞泉汇而成渊，名曰圣潭。○歌乐山，在县西二十五里，高三百余丈，周二十里，峰峦耸秀，四时风声如音乐然。又粟寨山，《郡志》云：在县西南四十里，高数百仞，周百里，中有石壁飞瀑，下流成潭，一名武陵溪。又西南十里为云宿山，高百余丈，周五十里，接新兴县界。

老香山，县西北六十里。高七百丈，延袤五十余里，多产香木，徭人结巢其上，南接新兴县界。旧《志》山一名通利山，以山多嘉木美竹为民利云。○鹿峒山，在县西南二十里，高二百余丈，延袤四十余里，拱向县治，罗列如屏。赵陀尝获白鹿于此，名白鹿台。又县南三十里为龙峒山，泉石甚胜，亦名龙冈。

皂幕山，县南四十里，即曹幕山也。连新会县界，与药径山相接，高千余丈，延袤二百余里。旧《志》谓之奢山，山有丹砂，蛮语讹砂为奢也，在县东南百七十里。似误。○云峒岭，在县东南四十里，接新会县界。其东麓与南海县大茶岭相接，出铅矿。又石船径，在县西南七十里，路达新兴，旧为徭贼往来要害，设兵防戍。《志》云：县西北十五里有平头径，即鸬鹚峡也。老香山之水流经此，入高要县界，为金鸡水。

仓步水，在城南。一名仓江，亦名沧溪。源出老香山，东流二十里，有云宿水流合焉。又东二十里，合文储、歌乐诸溪，又东南流，远近大小诸溪次第流入焉。至县东南七十里，入于大江。《郡志》：仓步水，至县东四十里名泥滘水，又东五里名三洲水，又五里至龙搅湾，名都含水。府境东南诸水，皆附仓步水入江。《一统志》谓之钩源水。

清泰水，县东南十五里。源出皂幕山，东流三十里合黄沙、罗汉诸水，又北流十余里合仓步水。旧以此名县。一名狮子水，以水中有石如狮也。俗谓之杨梅水。○官棠水，在县东四十里。《志》云：府东百二十里有官棠山，官棠水出焉，亦名潼滘水，入县境合仓步水。旧通大江，元至正中，泛溢为害，因筑塞之。

范州水，县东三十里。源出灵云山，接府东南百十里之北港水，汇牛围水入仓步水。元至正初，北港水自罗郁港引大江入境，乡民病潦，因塞之。万历九年，淫潦为患，乃复疏浚，谓之腾蛟港。

太平镇，县东五里。旧为高明寨，洪武初改置巡司。弘治中置高明县，因迁司于太平都，改曰太平巡司，寻迁都含海口，又迁山台寺。万历十年,迁于石奇海滨。○都含海口营,在县东四十里,近大江,嘉靖二十三年置。又长圳营,在县东五十里,近大江,嘉靖二十六年置,防中围、石子洲一带江贼。又县西南五十里有长岗营,嘉靖二十六年设。县西四十里又有坳塘营,嘉靖二十九年设。近《志》:县有山台、长岗、鸡笼、赤水四营。

古道径营。在县北,接高要县界。《志》云:县南三十里有赤水径营、药径营,俱嘉靖三十四年设。又鸡笼径营,在赤、药二径之间,万历十一年设。○赤麻径,在县东南三十里,为新会贼往来门户。又风凹径,在县南三十五里。大下径,在县西三十五里。石船径,在县西南七十里,近麦板村,当新兴西山盗贼往来之路。又钱窟径,在县西七十里。官径,在县北五里。已上诸径,向皆设官兵戍守。

○四会县,府北百三十里。东至广州府三水县九十里,东北至广州府清远县百七十里,西北至广宁县百八十里。秦置四会县,属桂林郡。汉属南海郡。后汉因之。晋仍属南海郡。宋元嘉十三年,置绥建郡。齐、梁因之。隋平陈,郡废,县属番州。大业初,属南海郡。唐武德五年,置南绥州。贞观八年,改为浈州。十三年,州废,县属广州。宋开宝五年,省县入南海,旋复置。熙宁五年,改属端州。元属肇庆路。明改府,县属焉。今城周三里有奇,编户三十里。

南绥州城,即今县。宋置绥建郡。隋废。唐置南绥州,贞观中废。《一统志》府西六十里有废南绥州,误也。《城邑考》:县旧无城,洪武二十四年,始立栅为城。天顺三年,始筑砖城。正德以后,屡经营治。

乐昌废县,在县北。刘宋置县,为乐昌郡治,兼领始昌、宋元、乐山、义立、安乐等县。齐移郡治始昌,以乐昌县并入。隋郡废,又并始昌等县入四会县。《寰宇记》:县西北五十里有化成废县,地名冈谷,刘宋元嘉中,分四会县地置,寻废。今沈约《志》不载。

金冈山，县北一里。县之主山也。一名金山，又名金鸡山。《志》云：县南十里有千岁岭，三峰突兀，形如笔架，为县治之案山。○仓冈山，在县西三里，林峦高耸而深杳，南汉尝建仓，贮兵储于其上，因名。其西南一面，俯瞰绥江。又广正山，在县西南一十里，一名真山，绝顶有三池。

扶卢山，县东四十里。高百丈，周四十里，上有池，四时澄澈，其高处谓之龙子岭。《志》云：县东三十里有六士山，以六峰耸列而名。○百僚山，在县北五十里，形势高耸，有崇冈叠巇四面拱合，如百僚然。又北十里为白马山，山势如马奔驰也。

相对冈，县东南十里。两山屹峙，为县治喉咙。其相近者为尖峰岭，高耸而尖秀。○豸岭冈，在县西北十里，嘉靖中，乡人立寨其上。又县北四十里有塌冈，天顺中，西寇流劫，乡人屯此为寨。

绥江，县南一里。一名滑水，又名绥建水，其上源即广西怀集县怀溪诸水也。流三百余里入县界，从峡中回绕而下，漫流至县前，江面空阔，古绥建郡以此名。环绕而东十五里，至陶冶山下分为二派，一由高步出清溪入西江，一由金钗湾出南津入北江，是为三江之会。旧《志》：四会县，以县东有古津水、滇江水，西有绥水，北有龙江，四水俱会而名。

龙江，县北百里。源出石港潭，滩石隘险，至金溪，始漫流可通小舟，经县东北二里，出金冈山下，会于绥江。

南津镇，县东南六十里。有巡司。《志》云：南津巡司旧置于县东七十余里黄冈村，洪武十七年移置于南津水口。是也。又金溪巡司，在县北五十里，洪武初置。

大坑营。在县北五十余里。又北有大径营。俱嘉靖十一年设。又东北曰青草营，嘉靖二十年设。又沙田营，在县东北三十余里，亦嘉靖二十年设。又鹤爪营，在县东北五十里，嘉靖二十九年设。近《志》云：县有太平、双江等营。〇深坑山寨，在县北，徭寨也。《志》云：自县而北接清远县界，西北接怀集县界，远近徭山以数十计。

〇广宁县，府西北二百九十里。东南至四会县百八十里，西至广西怀集县二百二十里。本四会县地。嘉靖三十七年，平大罗山贼，因析置广宁县，治大围村，创建砖城。万历以后，皆尝营缮。城周不及二里，编户十二里。

新招废县，在县西新招村。沈约《宋志》：本四会县之官细乡，元嘉十三年，分置新招县，为绥建郡治。齐、梁因之。隋郡县俱省。唐武德五年，复置新招县，属南绥州。贞观初省。〇化蒙废县，在县东南。沈约《志》：本四会县之古蒙乡，元嘉十三年，置化蒙县，属绥建郡。齐、梁因之。隋平陈，改属广州。大业初，属南海郡。唐属南绥州。贞观十三年，改属广州。宋省。《志》云：化蒙废县，在今太平都东乡水口。

化穆废县，县东南五十里。刘宋置，属绥建郡。齐、梁因之。隋废。唐复置，属南绥州。贞观十三年废。〇化注废县，在县西四十里，亦刘宋置，属绥建郡。齐、梁因之。隋废。唐初复置，属南绥州。贞观初废。又威成废县，在县西南，萧齐时置，为晋康郡治。梁、陈因之。隋废郡，县属化州。大业初，省入化蒙县。唐武德五年，于怀集县置威州。贞观初，县省。

福星山，在县治北。圆秀如覆釜，城跨其上。又乐安山，在县西三里，高八十丈，周二十余里。又县南三里有狮子山，上有岩，称奇胜。又南七里曰三台山，三峰鼎峙，为邑案山。〇石涧山，在县南三十里，高百丈，周十里，泉出窦中，声闻数里，南流五里入于绥江。

夹山，县北四十里。两山夹峙，水从中出，旁山连延，多竹木。又北十里曰圆岭山，高三百余丈，横亘十五里，有九十九坑，皆相似，行者失道三日，乃得出。〇银坑坪山，在县东北六十里，山险僻，旧为贼巢。又东北二十里为乌泥坑山，路通清远，颇险仄。《志》云：县东北百里有梅峒山，亦贼巢也。相近者曰葵洞山。设县后，皆为乐土。

花山，县西北八十里。昔时徭贼险巢也，今有兵营。又西北二十里为赤坑山，道出怀集县，旧亦为盗贼渊薮，今为往来通道。○石燕山，在县东百二十里，高百余丈，周十里，巉岩窟穴，中有大洞，秋燕多蛰焉。其东麓为龙冈，蜿蜒数十里，接清远县之大罗山。昔时盗贼盘踞，嘉靖三十六年，官兵讨平之。

高望山，府西五十里。山高险，俯视群山，林木苍秀，洞泉澄澈。又西二十里为三宿山，高百余丈，周三十里，上有三峰如列宿，一名三足山。又森峒山，在县东百里，山洞岩险，林木森秀。其相近者为膺峒山。旧皆为徭贼渊薮，今平。《志》云：县西三十里有乌石山，在扶溪上，周十余里。○潭圃山，在县东南六十里，连山险峻，至此稍平。县治初建于此，寻移今治。旁为春水山，多材木，春水出焉，西流三十里入于绥江。

绥江，县西四十里。广西怀集县境诸水汇流入县界，县境群川亦次第流合焉。东南入四会县境。

扶溪水，县东十里。源出清远县罗山冈，西流数十里，受梅峒、葵洞诸水，绕县南流，诸溪涧水多流汇焉。南流入于绥江。○罗源水，在县东南百三十里，源出大罗山麓，西南流十余里，有石港潭水注之，经四会县界，合龙江而注于绥江。

顾水，县东北四十里。源出清远县，西流入境，南流至顾水口入绥江。上流有美材巨木，商人从水口作巨筏而下，货于南海。○新招水，在县西五十里，源出高望山。又程村水，在县西南百里，源出高要县界。其下流皆合于绥江。

扶溪镇，在县南。有巡司，本属四会县，后改今属。《志》云：司置于太平都东乡水口，后移县南扶洛口。万历十一年，改置于官埠。○黄沙营,在县东南百二十里,一名南绥营。又南有古灶营。俱嘉靖十二年设。又黄桐营,在县西南,嘉靖十一年设。

企冈营。县北八十里。相接者曰花山营。俱嘉靖三十九年设,防顾水一带及营后螺壳贼巢,最为险要。县西北百八十里又有得胜营,万历四年设,当怀集、开建诸贼巢要路。○峡径营,在县东北,旧属四会县,后改今属。县境又有塘角、逍遥等寨,及官埠、扶罗、程村三水哨。

○新兴县,府南百四十里。东北至高明县七十里,西北至罗定州东安县百二十里,西南至阳春县二百二十里。汉合浦郡临允县地。晋初,析置新宁县,属苍梧郡。永和七年,分立新宁郡,改县为新兴。宋、齐因之。梁兼置新州。隋郡废州存。大业初,州废,县属信安郡。唐武德四年,复置新州,仍治新兴县。天宝初,曰新兴郡。乾元初,复故。宋仍曰新州,亦曰新兴郡。元至元十六年,升为新州路。十九年,复降为州。明初,州废,县改今属。城周不及四里,编户五十五里。

新州城,今县治。《志》云:东晋置新宁郡,治南兴县。萧齐治博林县。梁新州及郡俱治此。隋唐以来,皆为新州治。《城邑考》:县旧无城,宋建炎四年,始用砖石修筑子城。绍兴十四年,州守黄济拓而大之,绕城植笐竹,号曰竹城。竹有芒刺,羔豚不能入,亦曰笐竹城。明洪武十三年,增筑土城于竹城内。天顺七年,为贼所破,贼平,改筑砖城,环城为濠。弘治以后,屡经修筑。

临允废县,县南七十里。汉县,属合浦郡。后汉因之。三国吴改属苍梧郡。晋亦曰临允县。永和中,属新宁郡。宋、齐仍旧。隋废。○索卢废县,在县南三十里。梁初置,属新宁郡。隋属新州。大业初废。唐武德四年,复置,仍属新州。乾元后,以索卢县省入。又单牒废县,《志》云:在县东二十五里。晋末置,宋属新宁郡。齐、梁因之。隋废。唐武德四年,复置,仍属新州。贞观中废。

新昌废县，县东十余里。唐武德四年，析新兴县置，属新州。贞观中废。《郡志》：县西去新兴县治数十步。盖皆为新州郭内县也。又南兴废县，在县东北，亦晋末置，宋属新宁郡，齐、梁因之，隋废。

云斛山，县北十五里。高百余仞，周五十余里，山谷幽深，常有云气。又北十里为云坞山，高广与云斛相埒。《志》云：县北六里为端峰山，高五十余仞，周八里，屹然端正，为县主山。○宜路山，在县西北二十里，高七十余仞，周四十余里，平冈坡陀，路经其上。其相近有小温峰，高三百余仞，周三十余里，峥嵘接天，下有小温村。又鹤山，在县西八十里，高百余仞，周五十里，形势崛起，上多松。又老香山，在县东北五十里，与高要、高明接界。

新宁山，县西南二十里。高二百余仞，周二十五里，山势高耸，为一邑之镇。又锦山，在县西南三十里，高百余仞，周五十余里，其上花木如锦。又仪峒山在县西南八十里，县西南百里又有赘峒山，俱高三百余仞，周五十里，其间千崖万壑，深杳莫测，猺人据险为巢。○佐隍山，在县西七里，高三十余仞，周三十余里，环绕县右。其并峙者曰宝盖山。又碧冈山，在县西二十里，其相近者又有云幹山，俱高耸盘回，皆二三十里。稍南三十里曰索山，亦高峻。

大罗山，县东二十里。高八十余仞，周二十里，山状如屏，群峰罗列其下。其并峙者曰思防山，以山形峭拔，登者尝防陷危而名。稍南曰罗陈山，山亦高广，居民多罗、陈二姓。○碧云山，在县东三十里，高百仞，周六十余里。其旁相接者有岚冈山，又有通利山，皆高广。《志》云：通利山，一名利山，多竹木，为民利，即老香山之南麓也。

天露山，县东南七十里。险峻插天，顶有巨石，泉出其旁，注为龙潭。又双官山，在县东南五十里，高百余仞，周三十余里，数峰相连，有两峰嵬然秀出，因名。○龙山，在县南三十里，高二百余仞，周五十余里, 蜿蜒如龙蟠。又南十里曰笔架山, 高三百余仞, 周百里, 以形似名。《志》云: 县南二十里有霍山, 山高大, 下多霍姓者, 因名。

云宿山, 县东八十里。高百余仞, 周百四十余里, 猺贼尝结巢于此。一名云岫山。成化初, 按察副使毛吉追贼至此, 遇害。又县东七十里有独鹤山, 俗呼独鹤尖, 下有独鹤驿, 与恩平县接界。又凤华山, 在县东六十里, 高四十余仞, 周二十余里, 山势轩轾如凤, 亦接恩平县界。又曹幕山, 在县东百十里, 接高明、新会县界, 耸翠参天, 中通一线, 左右冈陇如帐幕然, 一名皂幕山。

望州岭, 县东五里。高七十余仞, 周十余里, 登其巅, 恩平、阳江、高、雷之境皆见。又东五里有十里峰, 高亦百余仞, 周二十里, 峰峦嵯峨, 草木葱郁。〇圆岭, 在县东南四十里, 高百余仞, 周五十里, 或讹为贤岭。又大面岭, 在县东南五十里, 高二百余仞, 周四十余里, 路通高明县。又东南五十里为府君岭, 路通高要县。《志》云: 县西南百二十里为冬瓜岭, 高二百余仞, 路通阳春、罗定、东安, 形如冬瓜。又蟠龙冈, 在县西南二里, 高三十余仞, 蟠旋如龙。

新江, 在县城东北十里。其上流合诸溪涧水, 汇流而北出, 曲折百四十里, 至府南新江口入大江。〇卢溪水, 在县南, 发源李峒岭, 经卢村, 过龙山, 绕县城东门, 北流合锦山水。又锦山水, 在县西南七十四里, 源出大岭, 西流至河头, 与天塘水合, 又北十里与蓝坑水合, 又北五十里至山口, 即二十四山路口也。又北二十里至洞口, 南去县五里, 与卢溪水合为新江之上流。凡商贾往高、雷, 必拖舟至河头, 乃登陆。

天露水, 在县东南。源出天露山, 流至城东门, 合卢溪水。又县南有清溪水出笔架山, 思龙水出龙山, 俱流会卢溪水。〇夹冈水, 出县北一里之夹冈, 合锦山水流十里, 至洞口合卢溪水。又县东有通利水, 流合县东八里之索水, 注于卢溪, 并汇于新江。

立将镇，县西南八十里，有立将巡司。《志》云：县北四十里旧有罗苛巡司，今改属东安县。又县东八十里有四合巡司。俱洪武初置。又有废福缘巡司，在县南三十里，洪武元年置，十五年废。

东营，县东三里。又县西二里有西营。俱嘉靖二十五年置。又通利营，在县东十二里，嘉靖二十八年置。白鸠营，在县东四十里，亦嘉靖二十五年置。〇高村营，在县东六十里，嘉靖四年置。相近又有芦村营，嘉靖二十八年置。又平安冈营，在县东南八十五里，县东南九十里又有石子营，俱嘉靖四年置。

张公脑营，县西南五十里。嘉靖三十年置。又西南二十里有第八营，嘉靖元年置。又茶岗营，在县南二十里，嘉靖四年置。里峒营，在县南四十里，嘉靖二十七年置。〇良峒营，旧《志》云：在县西北三十里，嘉靖三十七年设。又伯冈营，在县南七十里，嘉靖三十九年设。又下洋营，在县西，为二十四山要地，置兵巡戍山口、河头诸处。《兵防考》：县境增置茅田径、腰古、东利、回龙四营。后又添设泠水营，守县西北双桥诸处，蓝坑营守县西南天塘诸处。

黄三坑寨，在县西，徭巢也。《志》云：县四境诸徭山凡数十处，而黄三坑、铁场、石人背等山巢皆在县西。嘉靖三十七年，督臣王钫以德庆、泷水、阳春、高要、高明、新兴、恩平连界，黄三坑、铁场、石人背、山枣坪诸贼巢盘据万山中，岩谷险峻，林箐丛密，贼首盘永贤等恃险肆恶，乃议征剿。一军由泷水江沙田登陆，进剿山枣坪等巢；一军由高要南岸登陆，进剿铁场诸巢；一军亦由南岸登陆，进剿石人背诸巢。贼大窘，奔集云浮山，复追破之。云浮山，在东安县界。

新昌驿。在县治东。《郡志》：云即废新昌县治，似误。又腰古驿，在县北五十里，旧无城。弘治八年，以徭贼劫掠，乃筑城戍守。又独鹤驿，在县东七十里。隆庆四年，亦筑石城戍守。

○阳春县，府西南三百四十里。东北至新兴县二百二十里，东南至阳江县百四十里，西南至高州府二百里。汉合浦郡高凉县地。梁始置阳春县及阳春郡。隋平陈，郡废，县属高州。唐武德四年，乃置春州。天宝初，曰南陵郡。乾元初，复为春州。宋熙宁六年，州废，县属恩州。元因之。明初改今属。城周三里有奇，编户二十四里。

废春州，即今县。一云唐初置春州，在今县北八十里顺阳都，后移今治。似误。《城邑考》：春州城，唐武德四年创筑。宋皇祐二年增修。元季废坏。明洪武三十年，因旧址加筑。天顺以后，屡经营缮。

铜陵废县，县北八十里。汉合浦郡临允县地。刘宋置龙潭县，属新宁郡。齐因之。梁、陈间，改曰铜陵。隋属端州。唐武德四年，置勤州。五年，州废，县属春州。万岁通天二年，复置。长安中复废。开元十八年，仍置州，治富林县。乾元初，还治铜陵。五代因之。宋初州废，县属春州。熙宁六年，并入阳春县。○富林废县，在县北百里。本铜陵县地。唐武德四年，置县，属勤州，后与州俱废。开元十八年，复以富林峒置县，为勤州治。乾元初，州徙治铜陵，县属焉。宋开宝五年，省入铜陵。

流南废县，县西北三十五里。梁置流南县，属新兴郡。隋属新州。开皇十八年，改曰南流县。大业初废。又西城废县，在县西南七十里，亦梁置，属新兴郡。隋大业初，废入铜陵县。○罗水废县，在县西南九十里。唐天宝末分阳春县置，属春州。宋省。

磁石山，县东南三里。一峰特起，四面平陵，产磁石。又射木山，在县东南十五里，高百余丈，周数十里，巍峨葱蔚，为县治案山。一名云灵山，云幕其上，则雨立至。○铁坑山，在县东二十里，高七十余丈，周三十里，山势盘旋，古木森蔽，产铁。又天马山，在县东三十里，高百余丈，周七十里，一峰插天，群山拱伏，形如天马。

罗湖山，县西南五十里。上有天湖，最清澈。其相近者曰旗鼓山，皆高广。又丫髻山，在县东南百三十里，一名白水山，高二百余丈，周四百余里，有天池、龙井、飞泉、瀑布，古木阴森，奇胜不一。其相接者曰木栏山，亦秀丽。又十里曰罗黄山，山高广，瀑布悬流，落而成川，下多罗、黄二姓。○珠环山，在县东南九十里，群峰相连，如珠累累，高六十丈，周五十余里，与阳江县接界。

　　崆峒岩，县西南十五里。石壁穹窿，深广数十丈。又石角岩，在县北六十里，高五十余丈，周三十余里，旧名石脚岩，有石穴泉从中出。又北十里为铜石岩，亦曰峒石，深广数丈。又云霖岩，在县北八十里，岩穴深邃，遇警，乡人多趋避于此。又北三十里有牛厄岭，与新兴县分界。《志》云：县西北百二十里为响石岩，岩穴圆敞，其东北接新兴县界之冬瓜岭。○石窟岩，在县西北百三十里。有上、下二岩，下岩轩敞，陆路可抵雷、廉；下岩水从中出，可通小舟，石壁奇绝。又宝带岩，在县西北百四十里，俗呼大岩，僮田环之，岩高朗可容千人。

　　凉伞冈，县北十里。高五十丈，周数十里，盘旋宛曲，为县主山。○将军冈，在县东北八十里，高三十余丈，周四十五里。冈峦起伏，宛如波浪。唐姜晦贬州司马，尝提兵陟冈御獠贼，因名。又铅坑冈，在县北百二十里，高五十余丈，周二十里，冈之西南，出铅铁砂矿。

　　漠阳江，在县西。源出县西北百里东安县界之云浮山，自山巅东下，经新兴县界，过故富林县前，南流为漠阳江，又东南流，入阳江县界。

　　博学水，县西北百二十里。源出霜山。又县北八十里有古勤州水，源出狼狂山。县北七十里又有云霖水，源出盘龙诸岭。皆合于博学水，东南流入漠阳江。《志》云：云霖水绕旧铜陵县之云霖寨，南入漠阳江。是也。○罗凤水，出县北五十里白木岭，曲折流经龙江湾，亦名江腰河，西流入漠阳江。又那乌水，出县东北五十余里之大峒西南，流十里至那乌石，又西流经石壁北入漠阳江。又高辽水，出城东北二十余里之台岭，曲折流经留村湾，入漠阳江。

麻陈水，县西南百五十里。源出高州府电白县东岭诸山下，流百余里，合罗水。《志》云：县西四十里有罗水，自罗黄山东流，合麻陈水，又北流五里，经大沙湾，入漠阳江。〇木栅水，在县西北百三十里，一名甘娄水，源出丫髻诸山，东流穿岩底，过废富林县，入漠阳江。《郡国志》：蛮语以穴为甘，以穿为娄。又石绿水，出县西三十里石绿山，流五六里，合渡口水入漠阳江。又有轮水，出县南五十里之穀冈，流十五里，经南留湾入阳江县界。

北泷水，县北十里。东北诸溪涧之水，汇而西南流，入漠阳江。又博麻水，在县城东北，源出射木山，流二十里，合麻黄水，入北泷河。

古良镇，县西二十里。有巡司，洪武初置，建文四年废，永乐初复置。《志》云：今司移置于那乌石，在县北四十里。又北十里曰潭葛石，有石峰数十，自那乌西达于水次。

牛厄曲营，县北百二十里。嘉靖二十四年置，防新兴黄三坑、恩平君子山等贼。又岩面营，在县北百五十里，亦嘉靖二十四年置，防泷水、四贺等山猺贼。又湾口营，在县西六十里；凤凰营，在县西南九十里，俱嘉靖十二年置。又鸭斗营，在县城内，嘉靖三十年置。《邑志》：县城外有东营、西营，城西八十里有狼营。正德间，庞峒、罗陈、合水、黄稿、木栏等山猺猖獗，邑令黄宽招广西狼兵二百余家，分三营屯守。又上、下鱼跳寨，在县东北百五十里，接新兴及蓝坑营界，万历中添设官兵戍守。

北塞径，在县西南。相近有蕉林径。又曹峒径闸及白水径闸、蟠龙径闸，皆在县东北，设乡兵戍守。《志》云：县北四十里有石壁寨，群峰数十，攒簇水次，昔人避乱，筑石寨于其上。又县北二十五里有高冈寨，因冈以名。〇横石山寨，在县西，猺寨也。《志》云：县四境猺山以数十计。

乐安驿。县南九十里，接阳江县界。隆庆五年，筑城。万历四年以后，屡经修葺。

○阳江县，府西南四百四十里，西北至阳春县百四十里，东北至恩平县百三十里，西至高州府电白县二百二十里。汉高凉县地。隋海安县地。萧铣时，置阳江县。唐武德四年，县属高州。贞观二十三年，改属恩州，寻为恩州治。天宝初，曰恩平郡。乾元初，复曰恩州。大顺二年，州移治恩平，县仍属焉。宋为恩州治。庆历八年，曰南恩州，以别于河北之恩州也。元曰南恩路，寻复为州。明初州废，县改今属。城周五里有奇，编户五十里。

高凉废县，县西三十里。汉置县，属合浦郡，其旧治在今高州高凉山下。三国吴为高凉郡治，又析置安宁县属焉。晋移郡治安宁，而以高凉为属县。宋省高凉入安宁。齐仍旧。梁复改安宁为高凉县，兼置高州治焉。隋平陈，郡废，仍为高州治。唐武德五年，改县曰西平。贞观二十三年，改置恩州治焉，寻移治阳江，以县省入。《城邑考》：阳江城，宋绍圣五年始筑土城。元大德间，种筋竹于城外，以为障蔽。明洪武三年，改营砖城，环城浚濠。天顺以后，屡经修浚。

西平废县，在县西北。三国吴析高凉县置西平县，属高兴郡。晋因之。宋省。唐改高凉县曰西平，仍旧名也。○杜陵废县，在县西百二十里。梁置县，并置杜陵郡治焉。隋平陈，郡废。开皇十八年，改县曰杜原，属高州。唐复曰杜陵县。贞观中改属恩州。宋开宝三年省。

广化废县，在县西北。三国吴析高凉县地置广化县，为高兴郡治。晋因之，后并郡入高凉。宋元嘉九年，复析置宋康郡，治广化县。齐、梁因之。隋平陈，废郡为宋康县，属高州。开皇十八年，又改曰义康。大业二年，省入杜原县。又永宁废县，亦在县西。梁置永宁郡。隋废为县，属高州。大业二年，亦省入杜原。

东山，县东一里。山高数仞，怪石林立，为近城胜概，上有石塔。又县治东有鼍山，与东山冈脉相接。又东二里曰王母冈，高百余丈，周十余里。《志》云：县北一里有北山，县治后山也。〇大坑山，在县东南十里，有泉北流，溉田数百亩。

北廿山，县北二十里。高三百余丈，周六十余里，上有徭寨。稍东为凤凰山，壁立千仞，有瀑布悬流。《志》云：自凤皇山而北，为石龙、棐峒诸山，其南为随峒、翼峒、官山诸山，延绵环绕，群徭错居，周百余里。〇马衔山，在县东北五十里。其南有金花岭，攀跻而上，高百余仞，众山环列，莫计远近，顶有巨石，泉流石隙，如马受勒，山因以名。其泉下注为上、中、下三龙潭，皆清澈深杳。自山而北为合沟、合门、秀石、三龙诸山，皆山徭盘据处也。

罗琴山，县西二十五里。高三百余丈，周八十余里，泉峰攒列，四面相似。《志》云：山东面为罗琴，西为磨刀，南曰射龙，北曰茶水，皆险峻，中各有徭，上有龙潭，四时不涸。又郎官山，在县西六十里。又西有箭幹、鹿围诸山，皆高峻。又有虎头山，在县西百二十里，近太平岩。〇望夫山，在县西百六十里，周四百余里，接电白县界。稍南为铁帽顶山，最高峻，岩洞纡回，狼徭恃为天险。相近者曰鸡笼山，旧尝调神电卫军驻守。又梅峒山，在望夫山北，高二百余丈，周百里，上多梅，接阳春县界。

石坑山，县西北六十里。数峰相接，徭居其中，接阳春县界，恃为藩翰。《志》云：石坑东北为乌石山，为两霖山，为罗岭，为盘龙山。又有珠环山，亦与阳春县接界。

石鹤山，县东南三十里。其东为那湖、香炉、苏峒、南坑诸山，皆险峻，为徭所据。又琨山，在县东五十里，高三百余丈，周四十里，有峰如卓玉。又紫萝山，在县东南九十里，高四百余丈，周六十余里，一名烟萝山，亦名瑞灵山，接新宁县界。〇北津山，在县南三十里，其对峙者为南津山，夹峙海口，自东堤海而西，延袤数里。二山之间有独石，高十余丈，周四十余里。山出海口二里，其下渊深不测。《志》云：北津山外捍奔潮，内卫村陌，邑之外藩也。又有银坑山，在南津山侧，高三十余丈，周二十里，有十八井，相传宋南恩州知州余久大鼓冶于此。稍西有马母山，在大海中，去县五十里。

海陵山，县西南七十里大海中。周三百里，列为数峰，高三百余丈。旧名罗洲，又名罗岛。其中峰名草黄山，其东为平章山，下有平章港，受海陵涨潦，以达于海。宋末，张世杰败于崖山，将西趋占城，复谋入广，回舟舣此，飓风大作，世杰取瓣香，登舵楼祝天，赴海死处也。明洪武四年，官兵追败海寇钟福全于海陵山，即此。《郡志》：海陵西南为马鞍山，下为戕船澳，西北为鹤洲山，海陵巡司置于此。又西北为麻龙渡山，四面皆大海也。〇三汲山，在县东南大海中。又东有小镬、中镬、大镬三山，皆在大洋中，相去数十里。大镬高二百余丈，望之如覆釜，因名。

高岭，县北六十里。有石洞，洞门迂曲，仅容一人，内宽广容千人。泉出其下，响如鸣珂。昔人避贼于此，贼不敢犯。其中又有一洞，石壁峭削，不可上下，乡人名为铁城。《志》云：县北四十里有麒麟冈，八所军屯在焉。〇斜岭，在县东九十里，昔为官道所经，蹊径险恶，盗贼藏聚。正德九年，改营通道，避险就平，人以为便。又退前岭，在县西五十里，以两山耸拔，行者难前而名。或作退钱岭，以地旷人希，商贾经此，多被劫掠。又县西百三十里有王公岭，地名西山径，旧累石不通，缘崖艰苦。万历四十八年，参将王杨德始辟岭路，行者便之，因名。又丞相岭，在县西南六十里，高百丈，周十里。宋丞相留正，绍兴中尝为阳江尉，游憩于此，因名。

望海冈，县南六里。高百仞，周四五里，为县治之案山。又峡冈，在县东南二百里，高二百五十丈，周三十里。两冈对峙。

海，在县西南。宋白曰：恩州滨海，地蒸湿，当海南五郡泛海之路。自广泛海行数日，方登陆，人惮海波，多由新州陆路云。《海防考》：由县南双鱼城，历海陵山，过北津港，至海朗城，为县之门户。由大澳而东北，即新宁县界，中有柳渡三洲、大金门、上下川，俱倭寇停泊处。春汛秋防，皆有水师哨守。《志》云：县南北津外，名曰镇海，自此东屈而北，可达新会、东莞、广州，西转而南达高、雷、廉、琼，商运咸取道焉。

漠阳江，在县城西。自阳春县东南流，历受泉水，其势始大，入县界，至县西北三十余里麻桥，岐分二派。东流至县北十余里，激为龙渊，亦名龙涛水。至城西，亦名鼍江，亦曰恩江。南流二十五里汇为石潭。其西流随地得名，亦曰黄江，亦曰牛马海，亦曰蛟龙环。又东南流合于石潭，至县南北津港入于海。《志》云：港在北津山之阳，阳春、阳江众水皆由此达海，每潮起，汹涌而入，遇风则其声砰击如雷，舟楫往来，重防阴碛。盖东南大海港口皆乱石，舟可行者仅仅丈余，必候大潮始进，故海寇不敢睥睨也。

莲塘河，县东六十里。源出恩平界白马山，一名琨水。曲折流经县东北百里那龙村，曰那龙水。过莲塘驿，曰莲塘河。又经县北六十里合门山，山夹莲塘水，对峙如门也。南流六七十里，至县南十五里尖山渡，合于漠阳江。《志》云：县东北那吉峒有那吉水，九十里至篱竹径，有篱竹径水，皆流入琨水。

麻蒙水，县西三十里。出罗琴山，流经县西南四十里丰头港入海。又丹阳水，在县西八十里，源出梅峒山，东流十里，经大墟渡，复东南流，汇于丰头港。又有丹城水，在县西百二十里，亦出梅峒山，东流六十里，汇于丰头港，并入于海。○儒峒水，在县西百六十里，源出望夫山，南流九十里，由北额港入海。《志》云：北额港与电白县接界。

沙河，县西北六十里。源出乌石山，居民资以灌溉。又轮水，自阳春县流入界，二十里，名黄沙涌。皆入于漠阳江。《邑志》：轮水出石坑诸山，与阳春接境。又石河，在县西三十里，源出罗琴山，流二十里入黄江。〇龙潭，在县西五十里郎官山之东，下流入海。又县西百里有白石港，一名石门港，在郎官山下，通大海。《志》云：县东南六十里有三鸦港，在海滨，源出紫萝山，西流七十里入海。其相近者有大澳，东接新宁县界。又县西百五十里有那池澳，在双鱼所南。

海陵镇，县西南七十里海陵山西北。有巡司，明初置。〇永安营，在县东南八十里，地名黄竹径。又马牯径营，在县东九十里。俱嘉靖七年设，防新宁白水山贼。又麻思营，在县西百十里，弘治十二年设，防阳春乐安等山贼，正德中改名印冈营。《志》云：县西五十里有高岭营，近退前岭，嘉靖三十九年设。又有长亭等营十有六，三邓等径十，俱有兵哨守。〇莲塘堡，在县西六十里，防阳春、恩平六山浪贼路。又有铁炉头寨，在县南三里。

北津寨，在县南北津山上。旧有望海亭，万历四年奏置北津水寨，十四年城之，以防海寇。《海防考》：海陵山西南𬇙船澳，旧为御倭要地，水师巡哨皆期会于此。嘉靖二十七年以后，防御渐弛，海寇往往突犯，后遂以北津水寨为重地。所分汛地，东至芒洲上下川，与广海寨会哨，西至吴川限门，与白鸽寨会哨。既又以𬇙船澳、丰头澳为中哨，新宁县寨门海为左哨，电白县莲头澳为右哨。万历二十八年以后，复画界为守，以海朗寨官兵分守汛海，东自广海寨界娘澳起，西至双鱼界马�石止；双鱼寨官兵分守汛海，东自海朗界马�石起，西至莲头寨界北额港止。而北津寨官兵，每至泛期，则协同出哨𬇙船澳。盖府境海防惟阳江为最切也。

博腊寨，在县境。《宋志》县有海口、海陵、博腊、遂训四寨，盖皆滨海戍守处也。又有梅口场，宋时采铅于此。〇双恩场，在海朗所西南，产盐。宋、元时设管勾官于此。明洪武二十年，改设盐课司。

西平驿。在县治东。洪武初置，万历中改曰平豆驿。又莲塘驿，在县东北六十里，近合门山，亦洪武初置。嘉靖三十三年筑城于此，周一里有奇。又太平驿，在县西百十里。宋置大墟站，在今驿西十里。洪武初，改置太平驿，十二年移建于此。嘉靖四十五年，筑城环之，周一里有奇。○那乌山寨，在县东那乌山上，徭寨也。《志》云：县境徭寨凡一十有三。

○恩平县，府南三百二十里。东至广州府新会县百十里，西南至阳江县百三十里，西北至新兴县百八十里。汉高凉县地。三国吴置海安县，属高兴郡。晋因之。宋改属东官郡。齐末置齐兴郡，改县曰齐安。隋平陈，郡废，县属高州。开皇十八年，改曰海安县。唐武德五年，复曰齐安县，仍属高州。贞观二十三年，改属恩州。至德二载，改曰恩平县。大顺二年，移恩州治焉。五代因之。宋开宝五年，移州治阳江，省县为恩平堡，属阳江县。元因之。明成化十四年，割阳江及新兴、新会三县地复置今县。城周不及二里，编户二十二里。

恩平故城，《志》云：在县东北二十里。今为恩平铺，俗呼木绵铺，相传县本治此。一名清海军城。唐至德中，于恩平郡置清海军也。后迁今治。《城邑考》：今县城本恩平堡，成化二年筑砖城，置恩平堡巡司于此。寻升为县，即故址增筑。正德、嘉靖以后，屡经修治。

信安废县，县东北百里，与广州新会县接界。即废义宁县也。《志》云在新兴县东南八十里，盖境亦相接。《通志》：县北百里有古新安郡，即晋哀帝太和中所置郡。恐误。

龙鼍山，县西二十里。亦名大人山，又名鼍山。高三百余丈，周七八十里，中有龙潭，俗名圣水；东有穴，清泉泻出，名曰水礁；旁有紫霞洞，林木蓊蔚，石壁奇绝。又县南十里有凤皇山，为县之前案。又石神山，在县北二里，一名鳌山，拥县治后。○石围口山，在县西北二十里，卓立江口，巉岩峭绝。又西北十里为温泉山，山形峭绝，下有温泉。

蓝坑山，县东南三十里。岩壑深杳，材木丛生，旧为盗薮。又东南十里为石径山，昔时十三村盗薮也。成化以来，皆为乐土。又金鸡山，在县东南六十里，一名金鸡头山，山脉绵延，接新宁县之下川山。○白马山，在县南二十里，高三百余丈，延绵二十余里，耸立如马。又金婆山，在县南三十里，冈陇连绵，南达湾雷海。海中有覆船山，行舟者恶其名，今曰金台冈。《志》云：县东北六十里有罗汉山，接新兴、新会二县界。

鼓角楼山，县西北七十里。岩峦层叠，下有流泉。其后为鸿嘴山，绵延险峻，亘数十里，旧为贼叠。嘉靖三十五年，督臣谈恺讨徭贼，克黎源、沙峒二寨，贼走双石岭，官军扳崖而上，克塘茶，进拔良塘、十三村诸贼，皆乞降，即山旁诸徭寨也。又有茶山，在县西北八十里，昔时材木美盛，为民利。又西北十里为云立山，又十里为君子山，皆高险，群徭聚居，接新兴县界。○天露山，在县北八十里，俗呼铁炉山，北接新兴县境。相近有云洞山，亦曰云岫山，旧有云岫营，亦接新兴县界。嘉靖三十五年，征良塘巢，即此山也。又独鹤山，在县北百里，一峰耸拔，绵延三十里，亦名独鹤尖。山脉东连曹幕诸山，西北连老香诸山，亦与新兴县分界。又县东北百里有北猎山，险峻，有徭寨。嘉靖三十一年，佥事杜璁破徭贼于此。猎，一作腊。

湾雷海，县南八十里。海势湾曲，潮声如雷，多蟹鲎鱼盐之利，蛋户居之，其南通大洋。

南门河，县南一里。《志》云：县境诸水，其大者曰濑头水，在县西二十里，源出龙鼍山，流经县西十五里之相公潭，为群流汇合之处。又东为南门河。又有横槎水，在县东南十里，源出蓝坑山，西北流会南门河，绕县南迤东，达于新会县之蚬冈而入于海，亦谓之恩平江。

恩平镇，在城东。有巡司，洪武二年，置于恩平故城。成化二年，移于恩平堡，寻置县，移置于县东南之城村。万历二年，又移城东。又有恩平马驿，宋置于县东三里，今名古站村。成化中，徙置于城北，后又数徙。万历初，移于城南，八年，改为守备司。

塘宅堡，县东北百里。嘉靖十三年设，三十六年，议以堡当新会、新宁、新兴、恩平各县适中之地，四面崇山峭壁，旧为盗贼渊薮，乃增建城垣于县治西南，移广、肇、高、韶参将驻于此。万历二年改筑开平屯，废堡入焉。又马冈营，在县东北八十里，嘉靖十三年设。○猎径营，在县东北百二十里，嘉靖十四年设。又楼径营，在县北九十里，嘉靖二十五年设，防鸿嘴山诸山贼，今为丰建屯。《邑志》：楼径，东至仓步，通水洞贼巢；北至九岭，通老熊石贼巢；九岭至陈坑，接新兴界飞鼠窟，通黄三坑贼巢；东北至独鹤驿，由驿西通西坑圆岭贼路；又西为新兴大河界，东通立径、蚕娥岭、新兴相思围贼路，最为要害。又祠堂营，在县北五十里，嘉靖十一年设，防化眼潭诸山贼。

大夹脑营，县西南三十里。嘉靖十一年设。《志》云：县北二十里有莲塘头营，县东三十里有乌荄塘营，截篱子径要路，俱嘉靖三十三年设。又白蒙径营，在县东南四十里，嘉靖中设，今为白蒙屯。《邑志》：径东通白麻径、怀宁营，南通湾雷径，至海西南通阳江那龙村，北通那虔、上峒诸徭路。又有镇安屯，嘉靖二十九年设，在县东南六十里。○鸿嘴山营，在县西北百里，嘉靖十九年设。又有长沙营，在县东百二十里，入新会县界。

篱子径，县东南二十里。东通十三村达蚬冈。又塞喉径，在县东北七十里，又十里为羊径，又十里为火灯径，俱接新会县界。○十二径，在县西南，又西南为白石径，皆通阳江、阳春，盗贼出没之处。又瓦巷径，在县西五十五里，又有双穴径在县西北四十里，又五里为清油径，又西北十五里为老鸦滩，皆当阳春、新兴盗贼出没之道。《志》云：县北六十里有黄竹径，又北十里为镇戎屯，旧名擒颈，为控守要地。又仓步，在县东北百十里，通新会、新宁诸贼寨，今为开平屯。又县境有石井等营一十有九，皆有兵戍守。

武定屯。县东南六十里。本新宁县界苔村贼巢。隆庆五年立屯，万历二年建城。又永安屯，在县东南四十里，十三村石径贼巢也。又永镇屯，在县东南五十里，十三村横山贼巢也。俱隆庆五年改立屯，其地入新会县界，与县北巩靖诸屯、县南白蒙诸屯，共为二十屯。○大人山寨，在县西三十里，徭寨也。《志》云：县境徭山凡七。

附见：

肇庆卫，在府治东。明洪武初，设守御千户所。十二年，调守新兴。十五年，复故。二十二年，改置是卫。

守镇四会千户所，在县治西。洪武二十三年，调肇庆后千户所驻守，仍隶肇庆卫。嘉靖三十八年，增置广宁县，因改置广宁守镇千户所，直隶都司。又新兴守镇千户所，在县治西，本元时故址，明洪武二年，降为百户所。十二年，移肇庆千户所戍之。十二年，升百户为千户，而肇庆所复故。所直隶都司。又阳春守御千户所，在县治东，亦元故址，洪武三十一年，调神电卫后千户所驻守于此，仍隶神电卫。又阳江守御千户所，在县治东鼍山上。洪武元年废南恩州，改州治为千户所，直隶都司。

海朗守镇千户所，在阳江县东南五十里。洪武二十七年置，隶广海卫。有城，周四里有奇。城据海朗山上，因名。下临海，亦曰镇海山，与双鱼所并为海防襟要。《志》云：所西近北津山，崇祯二年，于北津大王庙小尖津口山前置铳台，并筑小城，设兵屯戍。

双鱼守镇千户所。在阳江县西南百五十里。洪武二十七年置，隶神电卫，有城，周二里有奇。所东有双鱼角，临大海，颇险，所因以名。又东五里为筶杯石，两石屹立大海中，中通一门，双鱼所舟航出入要道也。昔人议叠石填塞，从右侧浅沙入港，以免寇舶冲突。又东为马鞍、粪箕等山，皆屹立海中。《志》云：所旁有石门南尾山，崇祯二年，置铳台并筑小城，设兵戍守。

○德庆州，府西二百十里。西至广西梧州府百九十里，南至罗定州百五十里，东北至广宁县二百六十里。

秦南海郡地。汉属苍梧郡。后汉因之。晋永和七年，置晋康郡。宋、齐因之。隋平陈，废郡，属端州。大业初，属信安郡。唐武德四年，置康州，并置都督府于此。九年州废。贞观元年，复置南康州，十一年又废。十二年，还置康州。天宝初曰晋康郡，乾元初复故。宋开宝五年，州废，仍属端州，寻复置康州。亦曰晋康郡。绍兴初，升为德庆府。以高宗潜邸也。十四年，又置永庆军节度。元为德庆路。明洪武初，改为府。九年，降为州，以州治端溪县省入，编户六十二里。领县三。今因之。

州据岭西之上游，扼广右之门户。邕、桂、贺三江，州实绾其口。山川雄固，诚锁钥要地也。

端溪废县，今州治。汉置县，属苍梧郡。晋属晋康郡。宋为郡治。齐郡治威城县。梁还治端溪。隋属端州。唐为康州治，后皆因之。明初废。《城邑考》：州旧无城，宋皇祐六年，始筑子城。元至正间重修。明洪武初，以旧城狭隘，改立城址，甃以砖石。景泰以后，屡经修筑，有门五。隆庆五年，塞东北一门。城周六里有奇。

元溪废县，州东五十里。本端溪县地。晋析置元溪县，属苍梧郡。永和中，为晋康郡治。宋属晋康郡。齐、梁因之。隋废。沈约《志》：元溪相近有龙乡县，晋末置。宋初为晋康郡治。元嘉二十年，移郡治端溪，以龙乡县并入。又有威城废县，萧齐置，为晋康郡治，后亦废入端溪。

悦城废县，州东八十里。晋末置乐城县，属晋康郡，又兼置悦城、文招二县。齐、梁因之。隋属端州。开皇十二年，以悦城、文招二县并入乐城。唐武德五年，改属康州，寻又改为悦城县。宋开宝五年，省县为悦城镇。自州入府之通道也。又宾江废县，在县东南，亦晋末置。宋属晋康郡。梁、陈时废。

香山，州北二里。高二百余丈，周四十余里，为州之主山。昔多香木，一名利人山，下有漱玉泉。又藿山，在州东北五里，高百余丈，周三十里，峰峦秀郁，有草如藿香，因名。其相接者为青云冈，高百五十丈，周二十余里，亦名卧人冈。○茗山，在州东十五里，高百余丈，周二十里，产茶。又东五里为樵云山，高二百余丈，周三十余里，山高而秀，形势盘蔚，下有琼响泉。又文笔山，在县东二十五里，高二百余丈，周四十余里，以形似名。《通志》：州东北五十里有楂山，高百五十丈，周二十余里，形耸而秀。

端山，州东五十里。高三百三十丈，周三十里。山形端正，因名。又东十里为西源山，高六百丈，周三十里，一峰高出云表，顶有池，四时不竭，下流分为东西二溪，合流入江，即思夫水也。州东八十五里又有劳山，高百余丈，周三十里，形势峻桀，登者惮劳，因名。○高良山，在州北七十里，高百余丈，周五十里，山下田高土肥，上产铁笋木。又焦石山，在州东北百里，高三百余丈，周五十里，苍翠盘郁。相接者为双鹤岭，岭高六百余丈，周八十里，当往来通道，崎岖险峻，登陟甚艰。

峡山，洲西二十里。高百丈，周九十里，南北岸对峙甚隘，江水中流，春夏多雨则水峻急，舟不能行。又锦石山，在州西五十里，上有石柱，直插霄汉。相传南越迎陆贾时，尝以锦覆石。万历四年，征罗旁贼，尝驻师于此。

佛子岭，在州西北二十里。岭势嵯峨，路通封川县。又杉岭，在州西十五里，高百余丈，周百余里，路通苍梧，产杉木。又州西四十里有藜岭，一名礼岭，高二百丈，周三百里，高峻，产篱竹。又窦岭，在县东北八十里，高三百余丈，周三十里，两山壁立，中通一径如窦。〇三洲岩，在州东七十里，一名玉乳岩。岩后有穴，可登山顶。《志》云：山取蓬莱第三洲之义为名，最幽胜，东西往来者皆道出岩下。

大江，州南一里，即西江也。州人亦谓之南江，一名晋康水，又名锦水。自梧州府东流，经封川县境，出峡山，经州南，又东入高要县界。详大川西江。

端溪，州东十里。源出州东北七十里之龙潭，曲折流经端山下，又西流入于西江。州东北二十里又有麻墟水，自封川县流入境，一名马墟水，亦流合端溪水入江。又夫号水，在州东五十里，出西源山。其东十里为思夫水，亦出西源山，并流入江。〇灵陵水，在州东九十里。自广宁县界流入境，凡百余里南入江，可通舟楫。《州志》云：灵陵水，一名程溪浦，出州东七十里龙岩，下有龙母温媪墓，亦曰温水，亦曰灵溪云。又州东四十里有书堂水，源出徭山，南流五十里入江，以宋石处道读书于此而名。

陆溪，州西五十里。源出佛子岭东，流三十里入江。水口旧有陆贾庙，因名。又州西七十里有武赖水，西南三十里有榕塘水，俱出封川县界，南流入江。〇罗旁水，在州西四十五里。源出废都城县，南流七十里入江。水口有石，其绞如罗，因名。

悦城镇，州东百里悦城水口。有悦城乡巡司，洪武四年建。嘉靖二年，以徭患筑城，周一里有奇。高要新村驿，与巡司并列其中。〇寿康水驿，旧在城西，万历二十八年，改置于城东。

西湾营，州西十里，近大江。正德五年设。又州西三里有教场营，嘉靖三十六年设。州东五十里有水碓营。○平村营，在州西八十里，近大江，地名上峒。其相近为大塘营。又麻地营，在州西九十里，地名万峒。俱嘉靖十八年设。《志》云：州西八十里又有罗旁营，近罗旁水口，正德五年设。

沿头埠，州西八十五里。又绿水埠，在州西六十里，泠水埠在州西三十里，野芋埠在州西五十里，俱近大江北岸。○大、小涧埠，在州东三十五里。龙目埠，在州东四十里，相近为辣头埠，又东五里为下埇、思麻二埠。又蓬远埠，在州东五十五里；媳妇顶埠，在州东六十里；大塘埠，在州东六十五里；降水埠，在州东七十五里；又东五里曰莲湖埠。俱正德五年置，近大江北岸，设兵戍守。《图说》：江北岸又有三洲、伦埇、大树、田心等二十余营，俱设兵防西山诸徭贼。其在江南岸者，今俱属罗定州。

白沙山寨，在县东北，徭寨也。旧《志》：州境诸山徭寨凡百五十有奇，后割江南岸属罗定州，其在州境者以数十计云。

封川县，州西百二十里。南至罗定州西宁县七十里，西至广西梧州府八十里。汉苍梧郡广信县地。梁析置梁信县，为梁信郡治，兼置成州治焉。隋平陈，郡废，改州曰封州。开皇十八年，又改县曰封川县。大业初，改置苍梧郡于此。唐武德四年，复置封州。天宝初曰临封郡，乾元初复故。宋仍曰封州，亦曰临封郡。绍兴七年，省州，以县属德庆府，十年复旧。元至元十六年，立封州路，寻降为州。明初州省，县改今属。城周二里有奇，编户十四里。

废封州，即今县。《志》云：梁置成州，在今县北六里。隋移置封州于封川口，后皆因之。唐乾符三年，广州牙将刘谦为封州刺史，遂为南汉之始。《城邑考》：县城，明初筑，堑山为之。正统十四年，以黄萧养作乱，因故址修筑。天顺二年，展筑外城，环栅植刺竹，又砖甃城北面，并浚濠环之。成化五年以后，屡经修筑。

封兴废县，在县东北。晋末置，属苍梧郡。宋、齐因之。梁属梁信郡。隋属封州，大业初，废入封川县。

东山，县东一里。形如屏障，亦名挂榜山。其对峙者曰纱帽岭，东四里曰先锋岭，高拔诸山。又天马山，在县东南三里，拱抱县治，西江汇其下，多白沙，亦名白沙岭。又二里为绿衣岭，与纱帽、先锋、白沙诸岭相连，稍北为罗客山。又登高山，在县治北。其北三里为牛头岭，有峡水经其中。《志》云：县南二里有会龙山，层峰叠秀，县之案山也。〇封门山，在县东北二十里，峰峦秀蔚，两崖如门。又东北五里为相思山，群峰联属，下有相思大径，长六七里，两山夹峭，一水中流，极其清冽。相近又有石门岭。《志》云：县东南五十里有濯锦山，一名锦石山，与德庆州接界。

鸡笼山，县西三十里。其脉广远，左接广西界，右襟西宁县。又西山，在县西南十里，隔江，峰峦峭拔。〇丰寿山，在县东北五十里。《寰宇记》：山高一百三十余丈，周五十里，一名霹雳山。相传山有巨石，雷震其一，上有石池，泉涌其中，其西北有罗克径。又太子山，在州东北六十里，尖峰插汉。又东北十里为甲子山，其相接者曰麒麟山。《志》云：麒麟山，在县北八十里，高三百丈，周百五十里，秀出天表，形若麒麟，县之镇山也。

白马山，县东北百里。与麒麟山对峙，周五十里，石坂甚长，飞泉如练。正德中僮巢其上，参议周用等剿平之，改名白鹤山。相近有老鸦径，深山大箐，天日罕睹。又县北百三十里有流连山，重峦叠巘，蹊径深杳，有林泉岩石之胜。或作连山，误。其相近有螺髻岩，石门暗狭，中忽明敞，容数百人，有一夫当径，万夫莫前之险。

续岭，县北二十里。断而复续，宛委绵亘七十余里。又猿岭，在县北三十里，高三十余丈，周四十里，平冈漫坡，或起或伏，上多林木，猿狄所居，有猿岭径。○云岩，在县北九十里，中容三百人，居民常避寇于此。泉自石出，澄泓不竭，石床磴道，殆若天造。其南为荔枝岩，极幽胜。又县北七十里有锣鼓冈，周四十里，今设巡司。

西江，在县城南。自广西梧州府流七十里，至县西十里之灵洲合贺水，环城西十余里，经城东入德庆州界。《形胜志》：封州扼三江之口，谓西江、贺江、东安江也。灵洲，当贺江之口，广一里，长五里，江流环迎，上多芦苇，春夏泛溢，洲常不没，因曰灵洲。

贺江，县西十里。一名封溪，亦曰封江。自广西贺县流入开建县界，又南流入境，汇西北诸川，至灵洲入于西江。五代唐天成三年，楚大举水军围封州，南汉主刘龚遣将苏章救之。章至贺江，沉铁絙于水，两岸作巨轮挽絙，筑长堤隐之，而以轻舟逆战，诱楚人入堤中，挽轮举絙，楚舰不能进退，大败，遂解封州之围。

东安江，县西北二十里。源出苍梧县界，俗名小江，流合贺江，入于西江。又扶灵水，在县北百里，汇流连诸山水入于贺江。又有广信水，源出老鸦径，流入扶灵水。○谷墟水，在县东十三里。源出麒麟山下，流入西江。旧《志》以为丰溪，源出丰寿山，误。又颛山河，在县东百里，汇东北境诸溪涧水入谷墟水。又县东南十里有蟠龙水，源出苍梧县界留竹山，流入境，注于西江。其水宛转，如龙之蟠。弘治七年，乡民堤其下流为塘。

文德镇，旧在县北大洲口。洪武初，置文德巡司。七年，徙置县西贺江口。嘉靖二十四年，又移置于县北铜鼓冈。○麟山驿，在县西二里。旧在城西，洪武六年移置于堰塘埇口，十二年迁于今治。

罗峒营，在县西。相近有菊花营。俱正德中设，嘉靖三十八年废。《通志》：县境旧多营堡，嘉靖二十四年剿平麒麟、白马二山贼，自是渐

撤。○迪田营，在县西北，前临贺江。其相近有西河营，旧为广西徭贼出
入喉嗌，防御甚切。又靖安营，在城东北，隆庆五年设。又县北有南龙、
锣鼓等营，去县皆百余里，万历三年设。

三丫径，县北二十里绕岭下。相近又有埔彪径。又相思大径，在相
思山下。又县北四十里有存塘径，长二十余里，林木阴翳。○乌添径，在
县东北七十里，长二三里，崇冈叠巘，起伏蟠曲。其相近者为榄径，乔木
森密，猿猴聚居。又县东北有都蓬等径。旧皆有兵戍守。

石砚山寨。在县北，徭寨也。正德中，封川之石砚、大和、鸡峒山
徭，纠合开建大玉、小玉、大台，贺县金峒、上峒、下峒等巢，封川归仁、
文德二乡、大滑脑、洪秋、南吉、大货、黑石、麒麟、白马、莲花等巢诸徭
皆叛，山径多岐，穷险莫测。嘉靖八年，官军讨石砚山徭，平之。

○开建县，州西北三百十里。北至广西贺县百八十里，东北至广西
怀集县百里。汉苍梧郡封阳县地。宋元嘉中，析置开建县，属临贺郡，寻
又置宋建郡治焉。大明元年，郡废，仍属临贺郡。齐因之。梁置南静郡。
隋平陈，郡废，县属连州。大业初，属熙平郡。唐属封州。宋开宝五年，
省入封川县。明年，复置，仍属封州。明初，改今属。《城邑考》：县故无
城，洪武中始筑土垣。天顺三年，因故址减三之二，植栅疏濠为备。八
年，创筑砖城。成化初，始告成。嘉靖以后，屡经修筑。城周一里有奇，
编户四里。

谢沐废县，在县北。汉置谢沐县，属苍梧郡。后汉因之。三国吴改
属临贺郡。晋以后因之。隋省。

忠谠山，县东北五十里。高二百余丈，周八十里，为县境之望。又
县西北五十里有圆珠山，高百五十丈，周二十余里，圆竦如珠。○似龙
山，在县东十五里，高二十丈，周四十余里，蜿蜒如龙。又东五里为昭埇
山，路通怀集县，有石名鼠石，旁三穴，皆容数十人。又五里为野埇山，有

水石岩,峰峦森立,水环其下,岩穴幽折,莫穷其胜。又大水山,在县东三十里,其下有洞,源深流广。其相接者为羊梯山,山为牛羊径道,有石磴若梯然。

大玉山,县西三十五里。高百三十丈,周三十余里,青碧如玉。其旁为小玉山,高八十余丈,周五里,形势突兀。○黎水山,在县东南二十里,高三十余丈,周三十余里,两山对峙,黎水中流。其相近者为狼岭,周七十里,形势险恶,上多豺狼,有径通封川县。

开江,在县城西。其上源即贺江也,自贺县南流二百里,经县境,合群川而南注,流百里入封川县界,为封江。嘉靖十四年,大水,县城为圮。隆庆五年,开江涨溢,复圮城西,盖西面迫临开江也。又有大玉、小玉及黎水,俱流入开江,狼岭水则西流合黎水而注于江。《志》云:县北五十里有白鹤滩,北去贺县百四十里,为分界处,即开江所经矣。

金缕水,县东十五里。其上源合似龙、昭埇、野埇诸山水,流经金缕村,因名。水声清响,亦谓之龙吟水,至县东南流入开江。○龙潭水,在县北二十里。源出怀集县深山中,流经县北六十里万石岭,又南流经县北三十里潭霜山,东北群川皆流合焉,西流入于开江。又梁村水,源出怀集县之梁村,西南流入县境,至万石岭合于潭霜水。《志》云:县东北三十里有金塘水,出金塘村诸山。又东北有忠谠水,出忠谠山。卢村水,出县东北七十里,近界山。县西北又有莲塘水,出圆珠山。县东三十里又有金装水,出大水山,羊梯水亦流合焉。并汇潭霜水,入于开江。

水母塘,县北五里。广十余亩,源出县北十里之雁山,南流入塘。天顺三年,守备王芳等疏城濠,因浚原凿塘以潴水,又自塘凿渠以灌城濠,水常不竭。

古令镇,县北五十里。其地有古令山、黄沙岭,洪武初置巡司于此。万历六年,徭贼作乱,徙置于县东北之褥村。十四年,剿平黄沙等山贼，复还旧处。

独住营，县北三十里。嘉靖十四年设，防贺县深埇、塞山、企墈、磨刀、田源诸山贼。又万保营，在县北四十里，嘉靖二十三年设，防贺县深埇、怀集牛栏、羊桥、铜钟、鼓城诸山贼。县北六十里又有会珠营，嘉靖二十六年设，防怀集金鹅、松柏、南水、上帅、下帅诸山贼。相近又有潭霜营，嘉靖二十三年设。《志》云：县北六十里有总旗营，隆庆五年设；东北六十里有东营，正德五年设，今废。又大湾营，在县北七十里；相近者曰白莲营，地名柯木径，旁白莲峒山，因名：俱万历十三年设。白莲北十里曰枪杆烽堠，亦是年所设。

九源山寨。在县东，徭寨也。《志》云：县境徭山凡三十有七。

附见：

德庆守镇千户所。在州治东。洪武九年建。

○罗定州，东至肇庆府三百里，西南至高州府二百里，北至肇庆府德庆州百五十里，西至广西岑溪县百九十里。自州治至布政司五百三十里，至江南江宁府四千五百六十里，至京师七千七百里。

秦南海郡地。汉属苍梧郡。后汉因之。晋仍属苍梧郡，后属晋康郡。宋、齐因之。梁置平原郡，兼置泷州。隋平陈，郡废，大业初改泷州为永熙郡。唐武德四年，复置泷州，天宝初曰开阳郡，乾元初复故。宋开宝五年，废州属康州，后属德庆府。元属德庆路。明初属德庆州，万历四年改置罗定州，编户二十五里。领县二。今因之。

州襟带千里，江山联络，蛮徭盘据，恃为险奥，盖抚绥重地，门庭巨防也。

泷水废县，今州治。汉端溪县地。梁置平原县，为平原郡治。隋平陈，郡废，县属泷州，开皇十八年改为泷水县。唐因之，仍属泷州。《寰宇记》云：旧治在今县南百里，唐初移置于此。宋州废，县属德庆府。元因之。明初亦曰泷水县。万历初傜乱，督臣凌云翼讨平之，改置今州。《城邑考》：州旧无城，正统十三年，始筑土城。景泰四年，甃以砖石。成化屡经营治，周不及四里。

晋康废县，州北八十里。宋元嘉中置安遂县，属晋康郡。齐因之。梁置建州及广熙郡治此。隋平陈，废郡，大业初并废州，属永熙郡。唐武德四年置南建州治焉。贞观八年改南建州曰药州，十八年州废，以县属康州。至德二载，改曰晋康县。宋开宝五年废。

开阳废县，在州南。梁置县，为开阳郡治。隋郡废，县属泷州，大业初并入泷水县。唐武德四年，复置，属泷州。宋废。又罗阳废县，在县西南，亦梁置县，为罗阳郡治。隋郡废，县属泷州。开皇十八年改曰正义县，大业初废。唐复置，属泷州，贞观中省。

镇南废县，在州北。梁置安南县，属广熙郡。隋属建州，大业初废入永熙县。唐武德五年，复析泷水置安南县，属南建州，寻属药州。贞观十八年，州废属泷州。至德二载，改曰镇南县。宋废。又永业废县，在州东北，梁置永业郡，寻改为县。隋平陈，县废，开皇十六年复置，属建州，大业初属永熙郡。唐属南建州，寻属药州，贞观十八年废。

龙脑山，州北十五里。山势盘旋，若回龙然。又双龙山，在州南二十里，高百丈，周五十里，两冈对峙，状如双龙，上有三石如笏，下有双龙泉，涌出不竭。又南二十里有文笔峰，一名尖冈，有巨石号防虞石，崔嵬险固，容数百人，居民遇警，常登石避之，亦一保障也。○径山，在州南六十里，群峰森立，横截州南。

水纹山，州东南百十里。高七十丈，周四十余里，山下有泉沸涌而出。或谓之罗旁山。弘治中，御史万祥言，肇庆山峒贼巢，有罗旁山、大潭坑二处。盖泷水本属肇庆也。相近者又有双轮山，其高倍之。又云雾山，在县南百二十里，高二百丈，周百里，耸拔为诸山最，云雾常蒙其顶。○上乌山，在州东南百五十里，高百余丈，周五十里，有乌水出焉。其流峻急，东入泷水。

泷水，在州城西南。源出徭境大小二山，流径州西新容村，有滩高二丈，峭削如壁，水流其下。又有巨石横截中流，至为险阻，乡人以竹筏装载，从高放下，稍不戒则冲激漂没。下滩势稍平，流亦漫，至州治西宛转而南，东北流百六十里入于西江。

云雾水，州南百里。源出云雾山，委曲西流，有抱水流合焉，又西北入于泷水。○云浮水，在州东南，源出东安县界云浮山下，流入州境，注于泷水。

晋康镇，在州北。即晋康废县地。洪武十六年，置晋康巡司，属德庆州。万历四年，改今属。《志》云：州西有李陂、古城二关，旧皆为戍守处。○开阳乡巡司，在州南，即废开阳县地，洪武中置巡司。

水西营，州西二里。又州东二里有水东营。俱嘉靖十三年设，以在泷水旁而名。《志》云州西十里旧有西营，民营也。又西有大莆营，嘉靖十七年设。又州东十里旧有东营，亦民营也。又东为茅尖营，与大莆营同时设。○铁场营，在州东南百里，又东南十五里有惠鸡营，俱嘉靖二十三年设。又云青营，在州东南百十里，嘉靖二十二年设。又东南十里有龙角营，接阳春、阳江二县界，嘉靖二十五年设。《志》云：州南百里旧有帽冈民营，西南百二十里有窦州民营，皆金乡兵戍守。

云际峒，在州西。旧为蛮峒地。又有盘辽峒。唐开元十六年，泷州叛獠陈行范兵败，逃于云际、盘辽二峒，官都杨师勖追擒之。今州西有云致徭山，或曰即云际之讹也。

云罗山寨。在州东，徭寨也。又州西北有逍遥山寨。天顺初，逍遥山徭贼作乱，官军讨之，东由阳春，西出岑溪，复分道自鸡骨岭、罗旁水口水陆并进，捣其巢穴，贼遂平。《志》云：州境徭山凡百有余处。

〇东安县，州东八十里。东北至肇庆府百三十里，东南至肇庆府新兴县百二十里。本泷水县之东山、西乡及德庆州之晋康乡、高要县之杨柳、思劳等都、新兴县之芙蓉都，万历五年，割置今县，编户一十五里。

永顺废县，县东五十里。唐武德四年析新兴县置，属新州。宋开宝五年省。旧《志》：其地南去新兴县六十里。是也。〇建水废县，在县西。隋置永熙县，属泷州。唐武德五年改曰永宁县，天宝初又改曰建水，仍属泷州。宋废。

书山，县东三十里。高千仞，周五十余里。相近者又有圣山，高千仞，周八十里，崇冈叠巘，嵬然矗天，中有流泉，徭居其上。〇苟径山，在县东北，山高广，大湾水出焉。又铁岭山，在县东六十里，有石壁峭峙，色黑如铁。又东三十里有崖牢山，旧《志》云在新兴县西百三十里，盖旧与铁岭山俱属新兴县。

云浮山，县东南百里。高五十丈，周四十里，危峰突起，峰顶常有白云。相传陈霸先曾居此，上有林泉岩石之胜。旧《志》山在阳春县北百里，盖本属阳春也。〇甘山，在县北五十里，高七百余丈，周百余里，上有龙头潭，悬流如瀑布。旧《志》：甘山在德庆州东南百二十里。又青旗山，在县北，林木青葱，人不敢伐，对岸即德庆州之灵陵水口。

九星岩，县北五十里。九峰尖秀如玉笋，下有岩穴如堂，中有幽径，又有石泉水，引流可以溉田。旧《志》岩在德庆州东百十里。〇古蓬洞，在县西北百六十里。《志》云：洞在德庆州东南十五里。徭人所居，在州界凡五十四山，此其一也。昔时屡为民害，洪武中剿平之。然未尽帖服，永乐初向化来归，始入版图。亦曰古蓬山。

西江，有县北。自德庆州东流，经县界，又东入高要县境。县西又有泷水，自州境流经县界，入于西江。

逢衍水，在县北。源出甘山下流，入于西江。又大湾水，在县东北，出苟径山，流经肇庆府西南三十里之大湾村，入于西江。〇晋康水，在县西北，源出州界，经晋康废县，因名。一名南江，东流径古蓬洞，又北入于西江。《通志》：南江源出泷水县大水山，经县北，两岸山峦对峙，竹木蒙翳，猺贼盘踞，行者必以兵卫焉。

建水镇，在县西。即建水废县也。洪武中置巡司，本属泷水县，万历中改今属。〇东山营，在县东四十里，其北十里有料峒营，相近者又有曲龙营，俱嘉靖二十一年设。又有长径塘营，嘉靖二十九年设。长岭营，嘉靖二十八年设。《志》云：东山营，南去新兴县八十里。料峒等营，俱南去新兴县九十里，旧属新兴，万历五年改今属。

南江营，在县西北泷水小江口，近大江。嘉靖十二年设。《志》云：营在德庆州江南岸十五里，防守最切。万历中改今属。又大埇营，在县西北，正德五年设。《志》云：营北去德庆州七十里。又南三十里曰思和营，在泷水小江西岸，嘉靖二十六年设。又茅坡营，在大埇营西南二十里，嘉靖三十年设。又大石岭营，在思和营南十里，又南四十里曰山柏营，俱正德五年设。又白马营，在山柏营南三十里，又南四十里曰新安堡，又南三十里曰何木径营，又三十里曰步云营，又二十里曰查峒营，其相近者曰木源营，俱正德五年设。旧属德庆州，万历五年改今属。

送鬼岭营。在县西泷水小江东岸。又南三十里有塘底营，又二十里曰三岭营，俱嘉靖二十三年设，属德庆州，万历五年改今属。《志》云：送鬼岭营，在德庆州南一百七十里。又有麻塘埠，在德庆州东三十里，正德五年设，今亦属东安县。

〇西宁县，州西百二十里。西北至广西梧州府百十里。本泷水县之西山大峒地及德庆州之都城乡，万历五年割置今县，编户一十里。

都城废县，县西六十里。晋置，属晋康郡。宋、齐因之。隋省。唐复置都城县，属康州。宋开宝五年省。今为都城镇，洪武十年置巡司戍守。

天黄山，县东二十里。旧属泷水县。《志》云泷水县西界徭山凡六十五，此其一也。永乐中叛徭归化，后复据险为乱。万历四年，督臣凌云翼破其巢而殄之，境内以宁。○大力山，在县东北百里，高六百丈，周回二百里，上多产竹木、赤藤、南漆，山势雄伟，为西境之望。旧《志》：山在德庆州西南二十五里，州之镇山也。

计都山，在县东北百余里。高百六十丈，周五十里，形势奇崛，西有龙潭。《通志》计都山在德庆州东十五里，似误。○鸡骨岭，旧《志》云：在大力山东十五里，东北去德庆州十里，高二百余丈，产鸡骨香。

泷水，县东南四十里。源出徭界，县境群川番汇于此，又东流入州境。

大力埠。县东北百余里，大力山之水入江处也。旧《志》：在德庆州西七十里大江南岸，正德五年设，万历五年改今属。

附见：

守御泷水千户所。在州城内。万历四年增设，直隶都司。○守御南乡千户所，在州东。又有守御富林千户所，在东安县界。又州西有守御函江千户所，州西北有守御封门千户所，俱近西宁县境，万历五年增置。

读史方舆纪要卷一百二

广东三 韶州府 南雄府

〇韶州府，东北至南雄府二百九十里，东至江西龙南县界三百七十里，南至广州府七百二十里，西至广州府连州四百里，北至湖广郴州四百里。自府治至布政司见上，至江南江宁府三千五百九十里，至京师七千三十五里。

《禹贡》扬州南境。战国属楚。秦属南海郡。汉初属南越，元鼎以后属桂阳郡。后汉因之。三国吴甘露元年，分桂阳南部都尉置始兴郡。治曲江县。《寰宇记》云后汉置始兴都尉，误。晋因之。宋泰豫初改曰广兴郡。齐复为始兴郡，梁、陈因之。隋平陈，郡废属广州，寻属番州，大业初属南海郡。唐武德四年置番州于此，寻曰南衡州。贞观初改曰韶州，天宝初曰始兴郡，乾元初复为韶州。五代时属于南汉。宋仍为韶州。亦曰始兴郡。元曰韶州路。明改曰韶州府，领县六。今因之。

府唇齿江、湘，咽喉交、广，据五岭之口，当百粤之冲，且地大物繁，江山秀丽，诚岭南之雄郡也。晋末，徐道覆以始兴之众逾岭而北，几覆建康。陈霸先当萧梁之季，倡义始兴，卒平侯景。唐皇甫湜曰：岭南属州，韶为最大，蛮越有事，提兵逾岭，韶为必争之险也。宋初，潘美伐南汉，拔连州，而东进拔韶州。韶，汉之北门也。于是汉人大惧，美进拔英州，长驱至广州而汉亡。蒙古南略，遣降人吕师夔败宋师于南雄，进取韶州，而广东悉为残破。明初，命将取广东，陆仲亨自大庾而南入韶州，捣英德以西，如破竹然。韶之所系，顾不重哉？

○曲江县，附郭。汉置县，属桂阳郡。吴为始兴郡治。隋属广州。唐、宋以来，皆为韶州治。今编户三十六里。

始兴郡城，在府城南官滩下十里。晋卢循寇番禺，以徐道覆保始兴，因徙郡城而北，当岭门以自固。刘裕讨之，遣沈田子筑城伏兵于此，后遂为郡治，亦名沈将军垒。《志》云：汉城在浈水东莲花岭下，隋城在武水西，地势卑湿。五代时，南汉移治于中洲，在武水之东、浈水之西。白龙二年，始筑州城。宋皇祐以后，屡加增修。明洪武三年，因故址修筑。永乐初城圮，十五年复修治。天顺、成化以后，时加营缮。有门五，城周九里有奇。

临泷废县，在府西。唐武德四年置，属番州，寻属韶州。贞观八年废。又西南有良化废县，亦武德四年置，贞观八年废。○永通废监，在府城内。宋皇祐中，诏韶州钱监为永通监。先是庆历八年以天兴场岁采铜，置监，至和二年以韶州岑水场铜发，令漕司益铸钱。《宋志》曲江县有永通钱监、灵源等三银场、巾子银场，是也。

莲花山，府南五里，与郡治相对。宋开宝三年，潘美伐南汉，南汉主刘鋹使其将李承渥列象为阵，拒美于莲花峰下，美大败之，遂进拔韶州。又笔峰山，在府北一里，一名帽子峰，松竹蓊蔚，团圞如帽，左浈右武，悉聚目前，《志》以为郡之镇山也。其北二里曰皇冈山，高峻端整，俨如屏障，阳有虞泉，以虞舜名也。又北六里曰越王山，一名武临原，俗呼白虎山，下有皇潭，西流二里入武水。○芙蓉山，在府西五里。山形簇起，状似芙蓉。山半有石室，顶有玉泉井。《志》云：府东五里有灵鹫山，旧名虎市山，山多虎。晋义熙中改今名。又玉山，在府东北五里。《湘州记》：其山草木滋茂，泉石澄润，曾有得玉璞于此者，因名。又东北里许有灵石，高三十丈，广圆五百丈，浈水经其下。

桂原山，府西北四十里。亦曰桂山。宋李渤《记》略云：山之盘礴方广几千百里，峻极崇高几五千仞，青峰碧嶂，云霞所栖，为郡之望。上有温泉三穴，其下桂水出焉。《志》云：山周数百里，多产菌、桂。又西北七十里有林源山，山有石室，林水出焉，南流六十里入于武水。○韶石山，在府北四十里，迤逦而东，有三十六石，古名曲红冈。旧《图经》：汉初置县，本名曲红，或云古江字皆作红也。《郡国志》：韶州斜斗劳水间，有韶石二，状如双阙对峙，相去又一里，高百仞，广圆五里，相传虞舜南游，登此石奏韶乐，因名。今呼左阙、右阙。又有宝盖、奏乐、骆驼三峰，其凤阁、左右毬门、大小香炉等石，即三十六石也，双阙尤为挺拔。惟太平石稍低平，屹立犹二十余仞，樵人牧子尚怯攀援也。

钱石山，府东北六十里。山形四方如台，巨石三面壁立，上有碎石如钱。又大峒山，在府东北八十五里。宋余靖《记》略云：自州治水行七十里，得月华山，舍舟道樵径，又十五里乃至大峒，其山磅礴耸峭，秀倚天际，绝顶之上，千里在目，涧声泠泠，清入毛骨，真可遗世而绝俗也。○石头山，在府北十三里，上有巨石特起，俗名鸡冠石，石上有洞深邃，一名貂蝉岭。又浮岳山，在府东北二十里，其山蹑一处则百余步皆动，若在水中，后没于五渡水。

南华山，府南六十里。峰峦环抱，如莲花然，曹溪水出其东南。又虎榜山，在府南四十里，西面临江有石，高十余丈，阔五十馀丈，中有小洞，容二百许人。府南十五里又有宝石山，一名伏虎山，潭溪之水出焉，南流二十里入于曹溪。○书堂岩，在府东南二十里，岩洞豁然，泉清而洁，为张九龄读书处。又城西南十二里有紫薇洞，中若大厦，容百余人，其东大涌泉出焉。宋舍人朱翌谪居时游此，因名。

浈水，在府城东。源出大庾岭，经南雄府而南，至府东南，武水流合焉。二水相合，谓之相江。其水抱城回曲，故曰曲江。又流经城东，亦曰东江也。西南流经英德县，谓之始兴江。《志》云：府东北有利水，浈水之沱流也，一名斜斗劳水，经韶石山南流，经灵石下注于东江。余详大川北江。

武水，在城西。源出湖广临武县西山，流经宜章县南入郡境，又流经乐昌县西，东南流经城西，又东南合浈水为北江。《郡志》：府城三面有濠，西临武水无濠。是也。古名虎溪，唐讳虎，改今名。岩崖峻阻，湍泷危急，亦名泷水。又桂水，在府西北四十里，源出桂原山，东南流合于武水。《志》云：府北有卢水，南流合武水，至为湍险，亦名新泷水，相传汉太守周昕所开。

修仁水，府东北二十里。源出浮岳山，《水经注》谓之邸水，下流为五渡水，注于浈水。又灵水，在府东七十里，《志》云：源出始兴县界清化岭，西流九十里入浈水，俗呼零溪。又府东九十里有藜溪，出始兴县界东坑岭，西流百五十里入浈水，岸多棠梨，因名，亦曰利水。○双下水，在府西五十里，有两涧合流，因名。南流五十里入于浈水。又胆矾水，在府西南三十里，宋初置场采铜，谓水能浸生铁成铜。又出生熟胆矾，役民采之，岁以充贡。明成化初，督臣韩雍奏革。

曹溪，府东南三十里。源出南华山之狗耳岭，西流三十五里入浈水。又宣溪，在府南八十里，源出螺坑，南流入于浈水。○目岭水，在府东北百里，水中有石穴如人眼，瞳子黑白分明，下流五十里入浈水。

平圃镇，府北九十里。有巡司。又府南百里有濛浬巡司。俱洪武十六年设。○上道营，在府东北。又乌石营，在平圃巡司东三里。濛浬营，在濛浬驿西五里。又有白土营，在府南五十里。《志》云：府境又有中堂、苏渡、乱石、鱼梁、磨刀、白芒、蓑衣、黄茅、高桥、小坑、连环、土岭、官村等十三营。

鸡冠寨，府北十里。又北二十里有老龙寨，又北二十里有古羊寨，西北三里又有上窑寨。○白沙堡，在府南。《志》云：曲江县境又有总铺、古羊、白芒、黄金等堡，向俱设官兵戍守，以防沿江盗贼。又有幽溪、列溪、葵溪、西山等徭山凡四。

芙蓉驿。在府治东。又新馆驿，在府治北。平圃驿，在平圃巡司东。濛浬驿，在濛浬巡司东。《舆程记》：自南雄府黄塘驿而南，百里至平堡驿，又百里而至芙蓉驿，又百里为濛浬驿，又百里为英德县之清溪驿。○浈水馆，在府城南，宋州守狄咸建。又有迎山馆，在府城东南通津门外曲江亭西偏，为过客憩息之所，亦宋时建。《志》云：曲江亭，临江舣舟处也。又东浮桥，在城东门外横江，长七十丈。又西门外有西浮桥，用舟六十有二。

○英德县，府西南二百二十里。西南至广州府清远县二百七十里，东南至惠州府长宁县百六十里。汉置浈阳县，属桂阳郡。后汉因之。三国吴属始兴郡。晋因之。宋泰始三年，改浈为贞。齐仍为浈阳县。梁、陈因之。隋平陈，县属广州，开皇十六年省入曲江县。唐武德五年，改置真阳县，属洭州。贞观初，州废，仍曰浈阳县，属广州。五代梁贞明中，南汉置英州治焉。宋因之。宣和二年曰贞阳郡，庆元初以宁宗潜邸，升为英德府。元至元十五年改为英德路，寻降为州。大德五年，复升为路。至大初，又降为州，以浈阳县省入。明初降州为县，又改今属。城周三里，编户九里。

涨阳废县，即今县治。汉置，隋废，唐复置，元省。《城邑考》：古县城，在县北一里大庆山上。今城宋庆元中所筑，后毁。明天顺五年重修，七年复筑外城。成化三年，增修。正德初，内外二城门皆甃以石。嘉靖以后，屡经修筑。

含洭废县，县西七十五里。汉县，属桂阳郡。后汉因之。三国吴改属始兴郡。晋、宋、齐因之。梁置衡州及阳山郡。隋平陈，郡废，改州曰洭州。开皇二十年，州废，县属广州。唐武德四年，复置洭州。贞观初州废，县属广州。南汉因之。宋开宝四年，改隶连州，六年，隶英州，又改含洭曰含光县。元属英德州，寻省县入州。明初于故址置含光巡司。正德初，修筑故城，恃为保障。嘉靖以后，亦屡修复。

南山，县南二里。以当县治之南而名。其阴为鸣弦峰，相传舜南巡时尝弹琴于此峰。下为涵晖谷，谷有晞阳岛、飞霞岭、凌烟嶂、梦弼岩及桃花、栖云、潜灵三洞。山之阳有莲花峰，攒簇高耸，如莲花然。○金紫山，在县北十里。石山耸拔，冈脉南出为县北一里之大庆山，俗名龙山。其右则绵亘数十峰，自西北徂于南山鸣弦峰，壁立江浒。

涨山，县北四十里。县之主山也。相传尉陀筑万人城于此，今涨水经其南。又北二十里有龙头影山，山势雄峙，其下石壁玲珑，临清溪水，即涨水也。○英山，在县东二十五里，州以此名。

皋石山，县西南十五里。一名团山。在涨水西，崖壁千仞，猿猴莫上。又西南二十二里，曰太尉山，一名香炉峡。汉邓彪尝至岭南，召还为太尉，因名。《舆地志》：皋石、太尉二山之间，是为涨阳峡，两崖杰秀，壁立亏天，昔尝凿石架阁，令两崖相接，以拒徐道覆。由此南出至清远峡。宋嘉祐四年，转运使荣諲开峡至洸口，作栈道七十余间，以便行旅。其下矶石横截，水势湍急，名牯牛石，又名抄子滩。《一统志》：牯牛石，在县南十九里涨阳峡中，涨水为峡山所束，两石相抄，故名抄子滩。其下巨石横截，即牯牛石，为行舟之害。谚云：过得牯牛、抄子滩，寄书归去报平安。言其险也。○尧山，在县西四十里，四面瀑布悬流，倾泻万丈。王韶之《始兴记》：尧山下有平陵，陵上有古大堂基十余处，谓曰尧故亭，父老相传尧南巡时登此。

观州岭，县东北五里。盘礴蜿蜒，登之可望一境。又有浈石，在县东北二十八里，一名赌妇石，东枕浈水。又弹子矶，在县北六十里，一名轮石山，高数十丈，壁立江浒，崖半有窝，高广数尺。

麻寨冈，县西十三里。唐末黄巢犯境，有虞夫人者，率兄弟及乡人拒巢于此，贼为之却。又蛾眉冈，在县西南五十里。《志》云：在旧含洭县南，高三百余丈，东西望如蛾眉。其西十五里有石莲冈，以形似名。又碧落洞，在县南十七里，石室深邃，旁有小洞，号云华洞。南汉主晟尝假宿于此。《志》云：洞南二里又有通天岩，横冈峻岭，奇胜万端。

浈水，县西十五里。自曲江县南流经县北浈山下，西南流出浈阳峡，又西南入广州府清远县界。县境群川皆流会焉。○洭水，在县西南四十里。一名湟水。自广州府连州境东南流入县界，经废含洭县，又南流入广州府清远县界，而会于浈水。

泷头水，县南十里。源出翁源县翁山，经象冈流至此，亦谓之翁源水，与泷水合。泷水，即武水之别名，浈水合于武水，故兼有泷水之称。其地险隘。宋潘美伐南汉，由韶州进克英、雄二州，次泷头，刘鋹遣使请和，美疑有伏兵，乃挟鋹使，速渡诸险，是也。○隆水，在县东六十里，源出县东百四十里之羊岭，东南入翁源水。又沱水，出县东南九十七里茗茶山，北流合翁源水。又县有风水，出县北二百里重岭下，南流入于浈水。

清溪，县北六十里。岑水自翁源县流入界，经龙头影山与曲江水合，㳂流三湾，环山而潴，澄澈可鉴，故曰清溪。清溪驿以此名。○滑溪，在县西一里，源出县西旗山，南流合浈水。又桃溪，在县西四十里，源出崇山。溪上多桃，因名。又西有桂溪，源出旧含洭县之五山，旁多桂树，因名。又有凤溪流合焉。俱注于罗溪。罗溪，即洭水之别名也。

洭浦关，在县西南。《唐志》：浈阳县有洭浦故关。又清溪镇，在县北百里，有巡司，洪武二年设，有将军寨、箭筒径等处，防三板滩诸贼巢，清溪驿亦置于此。又象冈巡司，在县东百里。洭口巡司，在县西南五十里，扼大小罗山、陈、黎二峒之吭。又县西有洽洸巡司，即旧含光县也，扼五山径、大小枫林之冲。皆为要害。○浈阳驿，在县西南四十里。《舆程记》：自清溪驿南行百里，至浈阳驿，又一百二十里而至广州清远县之横石驿。

跌牛石营。在县西二十里。《志》云：县境旧有金皂口、虎尾径、鱼梁埠、燕石、麻埠、丹竹径六处戍兵。嘉靖三十四年，议以跌牛石为适中地，因置营于此，增设官兵，倚为重地。○虎尾径营，在县北五十里，清远西山猺寇出没，道每经此，旧有戍兵，后并于跌牛石营，仍调兵驻守。又县境有大庙、黎峒、杀鸡坑、流寨、鹿子矶、波罗坑，及黄寨、大塘、沙口埠、三板滩、望夫岗、石尾、大平等十余营，又有榄坑隘，俱拨兵戍守。《志》云：县境江道，上达韶阳，则有高桥、观音诸营，弹压上游；下通广海，则有洸口、大小樟、杀鸡、蚊虫诸营，控制浈峡。其猺山则有杉木角、黄茶山。

○乐昌县，府西北八十里。西至连州阳山县百八十里，西北至湖广宜章县界百五十里。汉曲江县地。梁置梁化县，属始兴郡。隋平陈，县属广州。开皇十八年，改曰乐昌县。唐武德四年，县属番州，寻属韶州。今城周二里有奇，编户十五里。

乐昌废城，县西南二里。《志》云：秦时任嚣所筑，置戍兵于此，后废。隋为乐昌县治，后又移今治。《城邑考》：今县城，洪武二年筑。成化三年，复修城浚濠。弘治九年，因旧城增拓，并甃以砖石。嘉靖二年以后，屡经修治。

平石废县，在县南。梁置平石县，属始兴郡。隋开皇十二年，省入梁化县。《志》云：县南五里有任嚣城，昔秦、楚之际，南海都尉任嚣因中国鼎沸，筑此城以图进取云。

昌山，县东三里。有二石山相连，上小下大，如昌字，旧产磬石及紫竹，可为乐器，县以此山名。又桂堂山，在县北三里，宋、元兵乱，民倚为险，亦名寨山。北崖有谷，产菌、桂。《邑志》：县东十里有五将军山，五峰竦立，如甲胄之士。○周山，在县北十五里，一名白石岭，亦曰宝山，为北达郴州之道。又北五十里曰九峰山，下有巡司。

泠君山，县东北三十五里。泠，亦作灵。高数十仞，周回数百里，山巅有池，广十里，深五尺。其西有龙山，亦幽胜。○监豪山，在县西六十里。旧《志》：山广圆五百里，接曲江县界，崖岭峻阻，其上交柯云蔚，霾天晦景，谓之泷中，以泷水所经也。泷水悬湍回注，崩浪震山，有新泷、腰泷、垂泷之名，曰三泷水，皆周府君昕所凿，甚险峻。亦名韩泷，以唐韩愈尝过此也。元邑人张思智任本县尹，始凿新泷东西路。嘉靖二十年，署邑推官郑文锡复凿之。今为坦道。《图经》云：县西北九十里又有蔚岭，联络三泷，高入云汉，有径通郴、桂。上有泉甘列，俗名六祖泉。

泐溪岩，县西北三里。岩有石室，深三丈，广五丈余。《道书》以为七十二福地之一。其北五里泐溪水出焉，南流入武水。

武水，在县西。自湖广宜章县流入境，又东南流入监豪山中，谓之三泷水，亦曰新泷。《图说》：武水环绕县西，飞湍急溜，有星泷、垂泷、崩泷、腰泷、金泷、白茫泷，谓之六泷，又东南下祈门滩，峻急如瞿塘，经县南入曲江县界。《志》云：县西百四十里有白石溪水，源出西北衡口岭，东南流二百里入武水。

冷溪水，县东北三十里。《水经注》：冷水东出冷君山，山，群峰之孤秀也。晋太元十八年，崩千丈，于是悬涧瀑挂，倾流注壑，颓波所入，灌于泷水。今冷溪南流四十里，入于武水，是也。○萦溪水，在县南三十里，源出乳源县北境，东流四十里入于武水。又沧湖，在县东南七里，周围三十五里，东通泷水。

高胜镇，县东三十里。有巡司，今废。又县北六十里有九峰巡司，其地四山壁立，称为险隘。县西北百二十里有罗家渡巡司，在长涟山峡中，有塘口、杨毡二隘，称天险，惟临封、梅花峒徭宜防。县西北百六十里又有黄圃巡司，在山谷间，接近楚省，有白石隘、担盐凹隘及更鼓坪隘为防守处。俱洪武中置。

黄土岭隘。在县东三十里，路通仁化县。又县东北三十里有龙山口隘，北三十里有铜锣坪隘，西北百里有象牙山隘，百五十里有塘口隘，路出宜章县界。县南五十里又有九牛岭隘，又县东南五十里有企冈岭隘，俱通乳源县。向皆设兵戍守。《志》云：县境象牙山、老虎洞等处，旧为贼巢，正德中讨平之。又县东南有梳妆台，接曲江县界。又有狮子寨，防九阳僮寇。皆县之巨防也。

○仁化县，府东北八十里，东北至江西南安府二百四十里，东至南雄府百八十里，北至湖广桂阳县界百五十里。本曲江县地。唐垂拱四年，析置仁化县，属广州。天宝中，改属始兴郡。南汉仍属韶州。宋开宝五年省入乐昌县，咸平三年复置。今城周一里有奇，编户五里。

仁化旧城，县北三十里。《志》云：尉陀自王南越，筑城于此。唐垂拱中，置县于仁化乡之走马坪，在古城南二十里。宋咸平中，改置县于光泽乡，即今治也。成化四年，始筑土城，寻复增修，甃以砖石。

廉石山，县北二十里。县之主山也。相传黄巢过此，投枪竿于石罅中，至今不朽。又骆驼山，在县东一里，下临深潭，环绕县治。○凉伞山，在县南十五里，山形圆耸。《志》云：县南十里有书台岩，壁立千仞，岩窦隐见，无路可攀。又南五里即凉伞山也。山南七里曰锦石岩，石壁斑斓，望之如锦，分上、中、下三岩，宛若堂殿。其径湾环，直上千余级，夹道杉松，高凌霄汉，幽胜并于武夷。岩前有锦江，分流为锦石溪。

青云峰，县北五十里。高耸凌云，一水萦回，四山环拱。又北十里曰康溪岭，康溪水出焉，西流五十里合于浈水。○吴竹岭，在县西北三十里，吴溪水出焉，下流亦入浈水。又七里径，在县西七十里，径长七里，通乐昌县。

会浈水，在县治南。源出廉石山，流经锦石岩，为锦江水，又西南流会于浈水。○扶溪水，在县东北百里。《志》云：源出南安珠子山，经左泷岭，东南流百八十里，合浈水。今县东北五十里有紫岭，扶溪经其下。一云县东三十里有潼阳溪，即扶溪下流也。经县南六十里有潼夹石，二石并峙，潼水经其中，又西南合于浈水。

恩溪，县北百里。《志》云：源出湖广郴州界，入县境，注于浈水。又有合溪，在县北五十里，源出康溪东平岭，北流与浈水合。

扶溪镇，在县东北五十里紫岭下。有巡司，接江西南安府界，洪武七年设。又恩村巡司，在县北八十里，地名城口，接湖广郴州界。○高冈堡，在县东北十里。又平安营，在县东北五十里。盘石营，在县东五十里。其相近者又有厚塘营，县北七十里又有水西营。《志》云：县东南五十里有繁华堡。

风门凹隘。在县东北。又赤石径隘在县西四十里，七里径隘在县西六十里，长江隘在县北七十里，城口隘在县北百三十里。《志》云：县境又有界牌、洞口、百步、水头等营，皆有官兵戍守。

○**乳源县**，府西百里。东南至英德县百五十里，西北至连州阳山县二百里。本曲江、乐昌二县地。宋乾道二年，析置今县。今城周一里有奇，编户四里。

乳源故城，县东十里，地名虞塘。宋乾道二年，以韶州诸县水道不通，因置县于依化乡花村头津口。明年，筑土城，其后屡为贼毁。明洪武初，迁于洲头津，修筑土城，即今治也。天顺六年，改甃以石，浚濠环之。成化十七年以后，屡经修筑。

双峰山，县西二里。有两峰对峙。又县治北一里有钟乳岭，一名丰冈岭，形如卧象，县之主山也。山腰有岩穴，穴中有水南流，产钟乳充贡。成化初，督臣韩雍奏革。○文秀山，在县南五里，有三峰尖耸。

云门山，县东北十里。盘礴高峻，常兴云雾。又风门山，在县西十五里，两山夹立，中通一路，风从中出。又县西百三十里有石城山，高三十余丈，峙立如城，盘回如龙，一名石龙山。

腊岭，县西七里。高四百余仞，周三十里，脉接风门山。郴州骑田岭，为五岭之一，此其支也。夏天寒如腊月，因名。一名支岭。○关春岭，在县西二百二十里，路通宜章，即古入京之道。

洲头水，在县城南。源出双峰山，东北流入曲江县境，注于浈水。又小溪水，在县西，源出腊岭，南流经文秀山，复北流至县前，入洲头水。又紫泷水，出县东三十里三峰石，亦流合洲头水。

武阳镇，县西二百七十里。有巡司，司前有武阳渡。○风门关，在县西风门山下。又有小梅关，在县西三十里。《志》云：县北百八十里有白花营，东十五里有天德寨。

分水凹隘。县南百二十里。又高车岭隘，在县西北百七十里。旧《志》：县北有平头隘，又有黄金峒隘，皆路出宜章。又西北有月坪、杉木角隘，路通阳山县。《图说》：县境有高车、坪址、青石、深庄等十四隘。中间若黄公岭、沿沙隘，与跳石、高车俱徭民错杂。其西山、牛婆洞，与湖广宜章及阳山县接壤，旧皆贼巢也。

○**翁源县**，府东南九十里。东南至惠州府河源县二百五十里，东北至江西龙南县三百里，北至南雄府始兴县百三十里。汉桂阳郡浈阳县地。梁置翁源县，寻又置清远郡治焉。隋平陈，郡废，县属广州。唐武德五年，置洭州治此。贞观初，州废，县属韶州。宋因之。元大德五年，改属英德州。明初仍属韶州。今城周二里有奇，编户二里。

翁源故城，《志》云：县治至明初凡六徙。一在今县东北六十里安阳里之罗江，一在今县北五十里之下窖，一在曲江县南百里之濛浬巡司，一在今县西北四十里岑水之东，一在今县东南四十里之细草冈。洪武初，建县于长安乡，即今治也。《城邑考》：县城，元末尝筑土城。天顺六年，改筑砖城。成化二年以后，屡经修缮。

建福废县，县东五十里。宋宣和三年，析曲江、翁源二县地，置建福县，属韶州。建炎初省。

宝山，县北二十五里。山产铜矿，高千仞，周百余里，巅有巨石，下有池环绕，左右东岩出泉，深不可测，岑水盖源于此。又北三十里为九曲岭，盘旋凡九，旁有耽石泉，高山绝顶，巨石倚空，飞泉泻落，为绝胜处。唐时有僧耽玩不舍，泉因以名。

灵池山，县东百二十里。亦曰翁山。壁立千仞，巅有石池，池中有泉八，曰涌泉、温泉、香泉、甘泉、震泉、龙泉、乳泉、玉泉，乃翁溪之源，所云八泉汇而为池者也。相传有老人隐此，故山溪俱以翁名。又东十里曰利山，一名甲子山。又东五十里曰铁山，山出铁，接惠州府河源县界。《志》云：县东南八十里又有纸山，产竹可造纸。

狗耳岭，县西北九十里。两峰并立，状若狗耳，曹溪水出焉，即南华山之支岭也，与曲江县接界。又海岩，在县西十三里，深邃纡曲，容数百人。《志》云：宋天圣间，邑人梅鼎臣者读书于此，因名。○白石岩，在县东南七十里，石室高敞，可容千人，秉炬穷入，深逾数里，有泉下滴，味极香冽。

羊径，县北七十五里。两崖对峙，岑水中流，石径二十余里，险峭曲折，不亚羊肠。旧《志》：岭南每深山穷谷，中通一路，即谓之径。县境万山环合，两壁屹峙，以径名者甚众，羊径其最著者。县东三十里又有猿腾径，亦深险。又东十里曰书堂石，在罗江泷水中，高九十丈，周围五里。唐邑人邵谒读书于此，因名。罗江泷水，即翁溪水也。岭南水石相激处，多谓之泷。

翁溪，在县东。源出灵池山，西南流二百四十里至英德县，合于浈水，所谓泷头水也。○岑水，在县北。源出羊径，一名铜水，可浸铁为铜。水极腥恶，两旁石色皆赭，不生鱼鳖禾稼之属，与曲江县胆矾水同源而异流，入英德县界，会于清溪水。

桂丫山镇，县东百二十里。有巡司，洪武初设。又县东百四十里有黄峒巡司，旧为贼巢，弘治十四年设，后改入兴宁县，万历中革。○三华镇，在县北三十里三华山下。有城，嘉靖中筑，控制诸隘，为保障。又有大功桥，路通曲江。又麻砂寨，在县东南五十里。又东南有李坑、黄茅畲二隘，通惠州府河源、和平二县界。

南北岭隘。县东百八十里。又县东百二十里有冬桃岭隘，百五十里有银场径隘。又有桂丫山、冬瓜岭、佛子凹等隘，皆在县东百三十里。相近又有甲子磜、道姑岩等隘，俱与惠州府河源县、南雄府始兴县、江西龙南县接界。○梅花隘，在县东南百二十里，亦接河源县境。又县东北百九十里有画眉隘，亦接龙南县境。又九曲隘，在县北三十里，路出曲江及英德县。《志》云：县东李村有人头径、花瓶径，路通惠州府长宁县。又县北九十里有开场里铁场，其地有天子岭，亦险峻。

附见：

韶州守御千户。所在府治东南，即元万户府旧址也。明初为韶州卫,洪武初改为所,属清远卫。

○**南雄府**,东至江西信丰县界二百四十里,东南至江西龙南县界三百里,西南至韶州府二百九十里,西北至湖广郴州三百五十里,北至江西南安府百二十里。自府治至布政司一千九十里,至江南江宁府三千三百里,至京师六千七百四十五里。

《禹贡》扬州南境。战国属楚。秦属南海郡。汉兼属桂阳郡。后汉因之。三国吴属始兴郡。宋属广兴郡。齐复属始兴郡。梁属安远郡。隋属广州。唐属韶州。五代初,南汉置雄州。宋开宝四年,曰南雄州。以河北有雄州也。宣和二年,又赐郡名曰保昌。元曰南雄路。明初改为南雄府,领县二。今因之。

府当庾岭要口,为南北噤喉。秦王翦降百越,谪戍五万人守五岭。汉武平南越,遣杨仆出豫章,下湞水,即此地矣。南汉置雄州为北面重镇。宋末,叛将吕师夔以元军度岭,败宋军于南雄,遂取韶州。旧《记》云:州以雄名者,盖控带群蛮,襟会百越,岭南气息,仰此一州也。

○**保昌县**,附郭。晋始兴县地,属始兴郡。隋属广州。唐属韶州,光宅初,始置湞昌县,仍属韶州。南汉置雄州治此。宋以仁宗嫌名,改为保昌。今编户四十四里。

湞昌废县,在府治东。唐县治此。宋曰保昌。《城邑考》:郡有古城,仅环府治。宋皇祐四年,始开拓之。元至正十七年,因故址重修。明洪武初,增缮土郭,名曰斗城。寻以旧城浅隘,于东门外增筑土堢,名曰顾城。成化四年,甃以砖石。七年,又于城北筑土城,沿河俱设木栅。十四年,斗城为西河所决,复营治之。弘治十一年,流贼穴入土城,明年复修筑。正德三年,并甃以砖石,九年城始就。其南面滨江,仍周以木栅,谓之新城。三城共有门七,周六里有奇。

大庾废县,在府北。本始兴县地。《志》云三国吴尝置斜阶县,属始兴郡,似误。一云萧齐置正阶县,梁并入始兴也。《隋志》:梁置安远郡,属东衡州。隋平陈,改郡置大庾县,属广州。开皇十六年,废大庾入始兴县。《新唐书》始兴县东北有安远镇兵,开元中置,盖在大庾岭上。

大庾岭,府北六十里。一名东峤,以在五岭最东也。汉初为南越之北塞。武帝讨南越时,有将军庾姓者筑城于此,因名大庾岭。由豫章趣岭南,此为噤喉之道。唐开元四年,诏张九龄开新道于此,自是益为坦途。大庾而东南四十里,又有小庾岭,间道所经也。详见江西重险。

州案山,府南二里。状如马背,一名金马山。又三峰山,在府西十里,三峰并峙。○巾山,在府北三十里,郡治主山也。端正如巾凌,江水绕其南。巾山之东为威凤冈,高耸轩举,形如翥凤。

天峰山,府东北八十里。山形陡峻,高插霄汉,有泉出焉。兵乱时,乡民多避难于此。其东十余里曰洪崖山,高数仞,周围五十里。《志》云:府东北百二十里有油山,高数十仞,其势突兀,旁有一小穴出油,人取以为利。又东三十里曰冯大山,形势高耸,山顶宽平,可容千人。○青嶂山,在府东南四十里,翠阜屹立,松桧阴翳,瀑布潺湲,称为奇胜。

杨历岩,府西北二十里。山巅方广百余丈,前后皆奇峰怪石,飞泉泻空。相传汉楼船将军杨仆曾经此,因名。又仙女岩,在府东北百里,一名阆象山,松桧蔚翳,泉石潺湲,如仙女之秀丽,因名。

浈水,在府城西。一名保水。源出大庾岭,东南流,复折而西南至城西,与凌水合,又绕城而南出,入始兴县界,萦回城邑,如腰带然。详见大川北江。

凌江水,在城西北。源出府西北百余里百丈山,南流,绕巾山西麓而南出,至城西合于浈水。宋天禧中,保昌令凌皓凿渠堰水灌田,因名。又昌水，在府北三十里，源出江西信丰县界，西流入境，合于浈水。《志》云：县旧名浈昌水，浈水、昌水合流也。又有长圃水，在府东北四十里，亦出大庾岭，流合浈水，一名长浦水。○鲢水，在府西北四十里，源出凌江，流合浈水。又修仁水，在府南三十里，亦流合于浈水。

五云泷，府西北四十里。群峰险峻，泉水潺湲，飞流曲折，高下成潭，深不可测。相近又有九牛泷水，自山巅飞注深潭，响应远近。○叶陂，在府北，明初守臣叶景龙开以灌田，因名。

梅关，在大庾岭上。两崖壁立，道出其中，最为高险。或以为即秦之横浦关也。旧《志》：府东北四十里有秦关。《南康记》：大庾岭横浦有秦时关，后为怀化驿。盖横浦关，秦所置也。唐、宋以来，谓之梅关。明成化中，好事者更为岭南第一关。今亦详见江西重险大庾岭。○盐关，在府城南。明天顺二年抚臣叶盛奏置，以榷盐税。成化以后，屡经修葺。《志》云：府南有太平桥，跨浈江上，桥之南即盐关也。

小梅关，在府东北四十里小梅岭上。山径荒僻，有路通三洲、五渡、龙南、信丰等处，贼每由此窥窃往来。旧有土城，恃为限蔽。嘉靖三十四年，贼从此突入，寻复由此逸去。三十六年，改砌砖城，东西二十余丈，与新城相为形援。万历以后，屡经修筑。又中站递运所，在梅岭东，去府城七十里，与江西南安府接界。嘉靖三十六年，盗贼出没于此，劫掠商贾，因与南安府共筑城垣，设兵戍守。其城阻溪负岭，周不及一里。

平田镇，府东南百里。有巡司，洪武二年置。又百顺巡司，在府北百里，洪武十年置。《志》云：府北又有红梅巡司，洪武十六年置于梅关下，后迁火径村，与中站相近。○平田凹隘，在府北。又有红梅、新茶园二隘，极险峻。府东有南亩、杨婆岭等隘，西有百顺侧、旧百步等隘。《志》云：旧百步隘山，最深僻。又有旧茶园隘，则南雄通道也。杨婆岭隘，临九渡水，为兵冲之地。府东南又有冬瓜隘。其地有犁壁山，近龙南贼巢。又东有上泷头隘，亦贼境要口也。县境又有不劳石及白石冈等隘，向俱设兵哨守。

叶田口，在县东南。《志》云：平田司相近有叶田等六口子。又有林溪、石闲、塘源等三口子及红地村口子，与百顺司相近。北坑村及赵坑口子，与红梅司相近。又修仁堡，在府南。又有古塘、塘角、界滩等堡。俱江防巡哨处也。

凌江驿。在府城南。《志》云：宋置寄梅驿，取江淹庾岭折梅逢驿使之语。明改曰凌江驿。又黄塘驿，在府南。宋置沙水驿，在沙水镇。明改置今驿。《舆程记》：自红梅关六十里至凌江驿，下水九十里至黄塘驿，又百里至韶州府境之平浦驿。

〇始兴县，府西南百十里。西南至韶州府曲江县百十里。汉豫章郡南县地。三国吴置始兴县，属始兴郡。晋、宋因之。梁末置安远郡，兼置东衡州。隋平陈，郡废，改置广州总管府于此。开皇末，广州移治南海，县仍属焉。唐属韶州。南汉因之。宋开宝五年，改属南雄州。今城周不及二里，编户七里。

始兴故城，在县东北。三国吴置县治此。晋以后因之。梁承圣中，置东衡州，授欧阳𫖯为刺史。时衡州治含洭，故以此为东衡州也。陈大建初，广州刺史欧阳纥叛，攻衡州，即此。隋改置广州，寻移治南海，并移县于今治。《城邑考》：县旧无城，明天顺中始筑土垣。成化十一年，甃以砖石。十八年以后，相继增修。

丹凤山，县北五里。其峰如戟，为县主山。相传梁天监中，有凤集此。又九凤山，在县西二十里，一名天柱峰，奇峭秀拔，高插霄汉。相传梁天监中，有九凤来集。〇机山，在县南十里，一名玲珑岩。平地石峰屹立，有二石室高大如屋，窍户相通。《志》云：山有下三岩、上三岩，皆绝胜。

谢公山，县南三十里。峰峦耸拔，独高诸阜。昔有谢姓者隐此，因名。又白牛山，在县东南三十里，其势昂耸，与谢公山对峙。又桂山，在县北百里，林谷深邃，桂树森立，张九龄故宅在焉。○塔岭，在县西十里，巍然耸峙，上有浮图。

涨水，县西十里。自保昌县流入境，又西南流入韶州府界，亦谓之始兴江，县境群川悉汇入焉。○跃溪水，在县东四十里，源出江西龙南县界，流入境。又有杜安水，在县东北三十八里，源出江西信丰县，流入境。俱西流会于涨水。

斜阶水，县南百三十里。源出曲江县东南界丹桂岭，北流至县西，与涨水合。又肥水，在县西南十五里，源出曲江县云溪岭，东北流会于斜阶水。○清化水，在县南百二十里，源出翁源县界，东北流至县东，合于朔水。《志》云：朔水出江西龙南县界，流经县东四十余里，又南合清化水，月朔则涨，至晦则减，因名。亦西注于涨水。

墨江水，县西十五里。《志》云：源出翁源县界，水色如墨。又有官石村水，亦出翁源县界。下流皆入于涨水。又凉水，在县东南三十里，自江西信丰县界竹岭分流，经白牛山下，合清化水。旧《志》云凉水流合斜阶水，恐误。

黄塘镇。在县东北五十里。有巡司，洪武二年设。《志》云旧置于东北四十里璎珞铺，寻移于黄田铺，即今司也。又清化径巡司，在县南百里，洪武十五年置。○黄田隘，在县东北。《志》云：县东南有河溪、桂山丫二隘，县东有花腰石、沙田二隘，西南有扬子坑隘，西北有上台隘。又有凉口隘，当河溪、桂山丫、花腰三隘之会。猪子峡隘，当沙田一路之冲，而河溪为东南险要，沙溪为东北险要，扬子坑为西南要会，防御最切。又有界滩、斜潭、江口、水口诸哨堡，则江防所系也。

附见：

南雄守御千户所。在府治西。洪武初建，隶清远卫。

读史方舆纪要卷一百三

广东四 惠州府 潮州府

〇惠州府。东至潮州府七百九十五里，南至海岸百十里，西南至海岸二百五十里，西至广州府三百六十里，北至江西龙南县界六百三十里。自府治至布政司见上，至江南江宁府四千九百里，至京师八千三百九十五里。

《禹贡》扬州南境。秦为南海郡地。汉初属南越国，武帝时仍属南海郡。后汉因之。晋初亦属南海郡，成帝咸和以后，兼属东官郡。宋、齐因之。梁置梁化郡。隋平陈，郡废，改置循州，治归善县。初为循州总管府，大业初府废。大业初曰龙川郡。唐武德五年，复置循州，初置总管府寻改都督府贞观二年府废。天宝初曰海丰郡，乾元初复故。南汉改置祯州。移循州治龙川县。宋初因之。天禧中，改曰惠州。避仁宗讳也。宣和二年，赐郡名曰博罗。元曰惠州路。明洪武初，改惠州府，领县十。今仍为惠州府，析河源、和平二县置连平州。

府东接长汀，北连赣、岭，控潮海之襟要，壮广南之辅弆，大海横前，群山拥后，诚岭南名郡也。

○**归善县**，附郭。汉南海郡博罗县地。晋太和初，置欣乐县，仍属南海郡。宋末，改属东官郡。齐、梁因之。陈祯明初，改为归善县。隋置循州治焉。唐、宋以来，皆为州郡治。编户四十五里。

欣乐城，《志》云晋置县，在今府南界。陈曰归善，移治于今城东五里白鹤峰之阳。隋、唐皆为郭内县。南汉迁城于今所。《城邑考》：郡城，宋、元时旧址甚隘。明洪武三年，始增拓之，东北带江，西南萦湖。嘉靖十七年城圮，二十年重建，三十五年复增筑之。万历以后，相继修筑。有门七，城周七里。

梁化城，府东南八十里。梁置梁化郡，盖治此。隋郡废，改置循州。《志》云：初立州时，有木鹅浮至江上，故今尚有鹅州、鹅岭之名。○阜民废监，在府城内。宋治平四年，置阜民钱监是也。《宋志》归善县有西平、流坑二银场，永吉、信上、永安三锡场，又有三丰铁场、淡水盐场。元皆废。

石㻛山，府西南七里。崖石峭立如㻛，流泉溅沫，宛若珠帘，其水泻入丰湖，为郡之胜。又周径山，在城南，延袤数十里，冈岭回复，岩壁峭峙。其径四达，因名。《志》云：城东五里有白鹤峰，高仅五丈，周一里，旧县治在其阳。城南五里有飞鹅岭，四周皆水，如鹅浮水面。皆周径之支陇矣。

黄洞山，府西三十里。山深远，旧为贼巢。弘治十一年，御史万祥言惠州有黄洞山贼，即此。山脉蜿蜒而东，至府西十里为新村岭，郡邑之屏障也。又府南十里有吴洞山，亦高耸，云集其上即雨。

归化山，府东南百里。俗呼鸡笼山。高二百丈，周百五十里，为群山之冠。又九龙山，在府东百二十里，上有龙潭，西江水出焉。《志》云：府南百三十里有怀安山，峰峦列峙，环抱郡城，一名鼓角山。○平政山，在府东百五十里，有平政驿。相近者为碧甲山，有巡司戍守。又浊水坑山，在府东南海滨，亦名乾溪山，下为涌船澳。宋末文天祥移军驻此，上表求入朝处也。

大林峚山，在府西南腊石社。产白垩，攒峰叠巘，林木蔚荟，猺人耕种其上。有岩如厦屋，容五六百人，门至逼仄，一人持戟而守，千人攻之不能入。〇白云嶂，在府西百三十里，高千余仞，广圆二百里，重冈复岭，峭拔凌嶒，西湖诸山皆起于此。

海，府城南百十里。自府东南以迄西境，皆以海为险。《志》云：海滨有船澳。宋祥兴初文天祥移师处，即涌船澳矣。

东江，在府城东北。源出江西安远县界，南流过龙川、河源县界，流入境，绕白鹤峰之阴，至府城东，西江水流入焉。西流历城北，经博罗县而入广州府境。亦谓之龙川江。附详大川北江。

西江，在府东南。源出九龙山，西流与群川水合，至府城东受西湖水，乃北折而合于东江。《志》云：城东有斤斗水，亦曰百田水，有鱼利，官收其税。

丰湖，在府城西。广袤十余里，亦曰西湖。宋知州事陈偁筑堤防，创亭馆以为胜。后太守林俒叙云：湖之润溉田数百顷，苇藕蒲鱼之利数万，民之取于湖者，其施以丰，故曰丰湖。隔水有山曰丰山，自西逶迤入之湖中，有漱玉滩、点翠洲、明月湾、熙春台、杂花岛、披云岛、归云洞诸胜。左有苏公堤，以苏轼谪居时所筑而名。《志》云：西湖之水出石埭山，流绕飞鹅岭下，至府南三里汇为龙塘，塘在沙子埠前，其水清甘。又北注于丰湖，渟泓涵浸，流入城中，出东水关而注于西江。又有东湖，在城西南，与西湖相并，一名塔子湖，中有甲山。宋守陈偁以岁旱，教民以牛车汲水入东湖溉田，即此。又有秀山湖，本汇丰湖，以入西江，后改注于百官池。池上有印山亭，邦人游赏处也。《图经》：丰湖南有鳄湖水，小而深黑，相传中潜鳄鱼，亦名鳄穴。今在城西南一里。〇同湖，在府南四十里，群山之水注焉。春夏间，弥茫数十里，冬月水涸，有鱼虾之利。其下流北入于东江。

淮水，府南百里。亦曰上下淮水。源出府西南梧桐山，东流受李溪水、米塘水，至鼓角山折而北流，有麻溪水来合焉，北流注于西江。○横槎水，在府西二十里，出黄洞山下，流汇于西湖。《志》云：县东南五十里有梁化水，源出归化山；又有神溪水及上下义水，俱出归化山，下流并注于西江。

驯雉镇，在府东北。有巡司，后改属永安县。又内外管巡司，在府东南百三十里，地名饭罗冈。皆洪武初置。又碧甲巡司，在府东南百八十里海滨，正统八年置。

蚬壳营，在府西北，与博罗县接界。有官军戍守。又马公寨，在府东北。《志》云：岭南贼巢曰洋乌潭、马公等寨，皆丛山深箐，延袤八百余里，一夫当关，万夫莫过。贼首伍端、黄世乔等啸聚其中，吞食东路者数十年。万历初，督臣殷正茂剿平之。○怀安戍，在府南怀安山下，唐置戍于此。开元十四年，贬刘宗器为循州怀安戍主，即此。

欣乐驿。府北一里。又水东驿，在府东九十里。苦竹派驿，在府东百六十里。平山驿，在府东南八十里。平政驿，在府东南百五十里。《舆程记》：自欣乐驿西四十里至博罗县之苏州驿，为入广州之道。自平政驿东八十里至海丰县之平安驿，东达潮州府之道也。

○博罗县，府西北三十里。西南至广州府东莞县百七十里。秦置县，属南海郡。汉以后因之。隋属循州。南汉属祯州。宋属惠州。今城周四里，编户五十五里。

罗阳废县，在县西。萧齐时析博罗县置，属南海郡，隋废。唐初复置，属循州，贞元初省入博罗县。《城邑考》：博罗县旧无城，惟环以土墙。成化二十三年，创筑。弘治九年，复增拓之。

罗浮山，县西北五十里，与增城县接界。山绵连高广，峰岩洞壑之属不可悉记，为岭南之望。今详见名山。

象山，县北二十里。山高大，形如象，俗呼象头山。其右群峰骈列，惟黄甲峰最为耸峙。又白水山，在县东北三十里，一名白水岩，北连象山。苏轼曰：白水山，即罗浮东麓也。有悬泉百仞，山八九折，折处辄为潭，深者至五六丈。旁有佛迹岩，岩西有泉二：东曰汤泉，西曰雪如泉，二泉相去仅步武，而凉燠迥别云。〇旗山，在县西十里，山高百余丈。《志》云：县北三里有石鼓岭，岭有巨石，击之有声，一名神钲。又县治东有浮碇冈，俗传罗浮山以此冈为碇。又有龙冈，在县西三十里，顶有龙潭，深不可测。

东江，在县城南。自归善县流入境，大小群川多汇于此，又西流入东莞、增城二县界。

罗阳溪，县西六十里。源出罗浮山西双髻峰下，亦曰罗水。罗浮诸峰之水皆会于此，东南流入于龙川江。又有榕溪，在县城东，源出象山，西南流至县治，西折而东流，至东门浮碇冈下入于龙川江。〇云母溪，在县西北百里，亦出罗浮山，流入增城县境，入于增江。旁产云母石，因名。

石湾镇，县西七十里。有巡司。又县东有善政里巡司。俱洪武四年置。〇橘子铺营，在县西北，又有南坑营、桥子头营，俱接广州府龙门县界。

苏州驿。在县城西。又县东有莫村驿。《志》云：县西南七十里有沙河驿，亦曰铁冈驿，与东莞县接界。又西八十里达黄家山水驿，广州往来通道也。〇泊头墟，距罗浮山十五里，广、惠二郡舟楫，及自陆路而至入罗浮山者，皆毕集于此。

〇长宁县，府西北四百里。东北至韶州府翁源县百五十里，西北至

英德县百六十里。本归善县及韶州府英德、翁源二县地，在万山中，为盗
薮。隆庆三年，督臣吴桂芳奏置今县，治鸿雁洲。有城，编户六里。

君子山，县北一里。冈峦耸列，形势端正，因名。又象首山，在县东
三里，下有樟树镇、三星潭、游鱼洲。○岳城山，在县东北十里，峭壁四
周若城垣然。

雪峒山，县北六十里。中有大雪、小雪二峰，其南又有雪山，俱以冬
春积雪而名。岭南地暖，独此三峰有雪，故为奇也。○横石岭，在县东南
八十里，岭半清泉一线，从石罅中出，千人汲之不竭。又县西二里有云髻
岭，中有石洞。

玳瑁水，在县东。县境又有公庄水。皆东南流入归善县界，注于东
江。

皮村隘。在县西北。又有腊溪等隘。皆接英德县界，旧为盗薮，设
兵戍守。○牛神径，在县东，接和平县界，亦戍守处。

○**永安县**，府东北二百五十里。本归善、长乐二县地，在万山中，为
盗薮。隆庆三年，督臣吴桂芳奏置今县。有城，编户七里。

紫金山，在县治东。城跨其上。又三殿山，在县东二十三里，五峰
插天，状如宫殿者三。又丫髻山，在县东三十里，形如蝶翅，又若双鬟，
因名。○闻麖嶂，在县东五十里，本名帘紫嶂。宋末帝昺航海，丞相文天
祥收败卒屯此，夜闻黄麖鸣，遂徙南岭，其寨址阶石尚存。相连者曰山谷
嶂。又乌禽嶂在县南百里，高峻盘崄，周百余里。西为犁壁山，折而北为
南山，与南雄府接界。

南岭，县东南八十里。广百余里，四高中衍，惟一路可通。宋景炎二
年，文天祥为蒙古将李恒所追，奔循州，收散卒屯此。后人呼为忠臣岭。
其下为高洋坑水，一名毒水，饮者多死。今泉气如呼吸，随出随没，而水
不流。○梅花岭，在县西百里。五岭攒聚，状如梅花，故名。有岩高十

寻，路甚狭隘，累足而入，弘邃高旷，远望无际。

琴江，在县东。有二源，皆出县东九十里之琴岭，分为南北，合而为神江，亦曰神冈水。又有义容水、秋乡水及上下岚水、横沥水、古仙水，皆自县境西南流入归善县界，注于东江。

宽仁镇。在县东，地名桃子园。《志》云：宽仁里巡司，旧置于府东苦竹派驿侧，后迁于今所，距府城四百余里。

○海丰县，府东三百里。东至潮州府惠来县二百七十八里。汉南海郡博罗县地。晋末置海丰县，属东官郡。宋、齐因之。隋属循州。唐仍旧。宋属惠州。今城周二里有奇，编户四十里。

陆安废县，在县西北。萧齐置县，属东官郡。隋废。唐武德五年，复置，属循州。贞观初，省入海丰县。《城邑考》：海丰旧有土城，在今城东一里，元末废。洪武二十七年，始筑今城。

龙山，县东二里。山势蜿蜒，盘踞龙津水口。《隋志》县有黑龙山，即此。又县东二十里有东保障山，西十里有西保障山，皆绵延峭拔，互拱县治。○银瓶山，在县北三十里，山高而锐，瀑布悬流，县之镇山也。其南十里曰莲花峰，峰峦攒簇如莲花。又南十八里曰五坡岭，南去县城仅二里，皆冈脉相接。宋祥兴初，文天祥屯潮阳，蒙古将张弘范以舟师济潮阳。天祥走海丰，蒙古别将张弘正追之。天祥方饭五坡岭，被执，即此。

金笼山，县东南十里。山腰有泉甘洁，土人呼为圣泉。《志》云此为小金笼山。又有大金笼山，在县西南八十里，蜿蜒高广，镇长沙海口。笼，本作龙。宋端宗易今名。又法留山，在县东三十里，有岩如屋。○宋师岭，在县东二十里。《志》云：县东南二十五里有新潂水，旧时沃野弥望，水道不通，蛋民分东西两溪。宋师至，舟不得渡，遂凿而通之。其上流五里名宋师岭，时伐土为阶级，故迹尚存。今闽、广商船，多聚于新潂水口。

大嵠岭，县西六十里。景泰以前，驿路经此，砦石为道，盗贼阻塞，行人从间道由新岭、鹿坑、南山绝江而西，日暮苦无舟楫。又西北五里为杨桃岭，正德中凿石通衢于此，径路便易，今为往来通道。又五里沙，在县西南九十里大海滨，亦达府之路也。○旗峰，在县东百九十里，山状如旗，半枕海上，东南夷入贡，望此为表识。

海，县南百里。旧《志》谓之滩海，即南海也，亦曰长沙海口。《图经》县南百里有丽江，合龙津、蛟溪诸水，东流入海，名丽江浦，即长沙海口矣。宋景炎三年，文天祥败于空坑，走循州，又走惠州行，收兵出海丰，次于丽江浦，是也。空坑，见江西兴国县。

龙津水，县东七里。源出银瓶山，南流至小金笼山下，与赤岸、大小液诸水合，名三江口。《志》云：赤岸水，在县东北，有二源：一出激石溪，一出掘龙径，流至清湖而合，又南至小金笼山下，会龙津水。又大液水，在县西七十里，源出小溪山。小液水，在县西六十里，源出马鞍山，东南流数里，又为田心溪，又东合于龙津水，所谓三江口也。南出长沙海口，而达于海。○冲口水，在县东北九十里，源出黄泥坑，东合蛟溪诸水，至南沙渡入于海。又东海滘水，在县东北八十里。《志》云：源出吉康罗溪，南流百里，分为二派：东流出县东南迎仙桥，西流至沙塘渡与众水合，入于海。

甲子门水，县东二百十里。《志》云县有大陂、龙溪诸水，俱由此入海。海口有大石壁立，上下各有六十甲子字，故名。宋景炎元年，帝自闽航海驻于此，遣使降元。又祥兴二年，蒙古张弘范由潮阳港乘舟入海，至甲子门，知帝所在，遂趣崖山。明嘉靖中，倭寇广州，败还甲子门，为暴风所覆溺，其得脱者，帅臣俞大猷尽歼之。今有千户所戍守。○凤湖，在县西百里。《志》云：湖受鹅哺岭、赤口港诸水，西流入海。

甲子关，在县东甲子门水口，为滨海噤要。石门深广各二十丈，有巡司，洪武五年设。又长沙港巡司，在县南长沙海口。港口深广各三十丈，洪武十三年置巡司。

油坑营，在县西，近归善县界。又赤冈营，在县东，近惠来县界。《志》云：营南距海二十里，北接深山，多盗贼。〇谢道山营，在县南二十里。又县东南有湖东澳、鱼尾澳二军营，皆近碣石卫。

南沙军营。在县南。相近有大德港，海寇出没处也，有大德军营。又南灶军营，在县南五十里；长沙军营，在县南八十里，距丽江浦。相近又有石山营、大磨军营，向俱设官兵戍守。〇南丰驿，在县治西。又西七十里有平安驿。县东八十里又有东海滘驿，又东七十里曰大陂驿，东入潮州之道也。

〇龙川县，府东北四百里。东北至江西安远县三百五十里，北至江西龙南县三百二十里，东至兴宁县百五十里。秦县，尉陀为龙川令是也。汉属南海郡。晋、宋以后因之。隋省。唐初复置，贞观初又废。天授初，改置雷乡县于此，属循州。南汉改雷乡曰龙川县，徙循州治此。宋因之，亦曰海丰县。宣和二年，改县曰雷江，绍兴初复曰龙川县。元亦为循州治。明初州废，县改今属。城周四里有奇，编户八里。

废循州，今县治。州本治归善县，南汉徙治于此。宋因之。元初为循州路，寻降为州。明初省州入县。《城邑考》：县旧无城，洪武二十一年创筑。天顺六年，于城南浚隍。弘治初复修筑。正德三年以后，相继增修。隆庆末，又筑新城于北面。

龙穴山，在县城北。《郡国志》：山有穴潜通海，县以此名，即东江之源也。又东山，在县东一里，隔江环绕县城，民居参错。城南二里又有海珠山，圆平如几案，山下大溪中有独石，高圆如珠，一名案山。又有湖山，在县西五里，以近鳌湖而名，一名白鹇山。

鳌山，县北三十里。与河源县灵山势相连接，峻耸秀丽，如围屏列载，高五百余丈，周百余里。其上瀑布悬流，分为三派，注为三龙潭，下流入于鳌湖。又霍山，在县北百里，高七百余丈，周三百里，有峰三百六十，其可居者七十二，峰之秀者曰大佛迹，曰志公楼，曰先殿前，曰白牛塔，曰大独石，又有石楼、石瓮、仙乐、仙游等峰。其石岩曰望月，在山之巅；东向曰太乙，在群峰中，石窦穹敞，临瞰风雨。岩后有醴泉，曰石瓮泉。又有清凉堂，在岩窦间。外有石如门，谓之天门，往来者经此。相传秦时邑人霍龙者隐此山，因名，盖郡境之名山也。嘉靖中，贼黎一统据太乙仙岩为乱，官军讨平之。

龙台岩，县东北二十里。有巨石如台，台下为岩，岩前有池。又县北十里有白云岩，近鳌山南麓。县东七十里有青龙岩，上有悬泉千尺，相传龙蛰其中。〇铜鼓嶂，在县北。又有葫芦峒诸险，皆贼出没处。嘉靖四十五年，抚臣吴百朋遣将破贼赖清规于此。

龙江，在县城南。自江西安远县西南流经县城东，又西南流经蓝口巡司，入河源县界。《郡志》云：东江源出龙穴山，东北流三百里，会安远县黄埠水及和平县浰江水，并流而西南出，环绕县前云。

鳌湖，县西北二里。周数里，鳌峰之水注焉。中有水心寺，东有苏堤。《志》云：宋端平初，循守宋诩筑堤壅水，循隍窦以疏涨，且溉堤下之田千余亩。元季堤溃湖湮。嘉靖二年，邑令韦邦宪复修筑。

通衢镇，县北百里。有巡司，洪武九年设，防陆路过山之险。又十一都巡司，在县东北百五十里，洪武二年设，为县境水陆之冲，防守最切。〇老龙埠头，在县南二十里。其地为水陆舟车之会，闽、粤商贾辐辏于此，一邑要区也。万历中，建城戍守。

猴岭隘，在县西北。山深地险，与和平、河源县接界。隆庆末，贼鲍时秀据此作乱。万历中，官军讨平之。又铙钹山隘，在县北，亦险峻。万历初，贼宋福达据此作乱，寻就抚。〇铁龙隘，在县东北，接江西安远县界。或以为铁炉隘。万历初，贼叶楷据此作乱，寻讨平之。今隘废。

塔下堡。在县西北。水道出江西定安、安远二县界。又有浊溪、高涧诸处，旧皆为哨守处。○雷乡驿，在县南二里，马驿也。又通衢巡司，东有通衢驿。《舆程记》：自雷乡驿过岭，六十里至通衢马驿，又六十里至兴宁县。

○长乐县，府东北四百八十里。东北至兴宁县七十里。本兴宁县地。宋初为长乐镇。熙宁五年，改为县，并割龙川地益之，属循州。明初改今属。《城邑考》：县城，洪武二十一年筑，嘉靖初增拓，寻复修筑，周五里有奇。编户十里。

紫金山，在县治东北。下有鹿坑水。又东山，环县城东，与民居接。又东南二里有塔冈。《志》云：县北有迎龙山，峰峦突起，称为秀丽，一名五华山。稍北又有仙掌山，上有仙掌石。○贵人山，在县西南三十里，上有井，常盈不竭。

嵩螺山，县南九十里。峰峦连属，起归善、海丰，终于潮州，为一方巨镇。山出石可煮铁。○金鱼岭，在县西九十里，每霖雨，水溢其旁，冈阜皆没，独此岭形如双鱼，鬐鬣悉具，若腾跃于巨浸中。又县西南六十里有天云岭，枕江跨谷，常有云烟出没其上。相近者曰排岭，层峦叠嶂，环列如堵，其中沃野弥望。又漆木嶂，在县西百里，重峰耸列，上多漆树。又西五十里有石马嶂，峰峦峻巨，绝顶草木繁茂。

清溪河，县西三十里。一源发于龙川，一源出县西广信都，有竹溪、黄浦、董源诸水，皆流合焉，东流经兴宁县界合通海河，又东南入程乡县境，下流入海。○黄浦溪，在县南三里，有二源：一出漆木嶂，一出县西南百洋潭，合流而东，又东北于清溪河。

清溪镇，县西三十里。有巡司。又县南百里黄牛渡有十二都巡司。俱洪武五年建。《志》云：县境有隘十一：曰银坑，曰古楼坪，曰榕树，曰平塘,曰解纱径,曰芙蓉径,曰象鼻径,曰董源车塘,曰平塘,曰大荔,曰秋溪火载径。

兴宁驿。县城南一里。县东南六十里又有七都驿。《舆程记》:自兴宁水马驿下水,七十里至七都驿,又八十里而达潮州府程乡县。

〇兴宁县,府东北五百五十里,东南至潮州府程乡县百三十里。本汉龙川县地。晋咸和六年,置兴宁县,属东官郡。宋、齐因之。隋属循州。唐仍旧。南汉乾亨初,升为齐昌府。宋复为兴宁县,仍属循州。元因之。明初改今属。城周三里有奇,编户七里。

齐昌废县,在县北。萧齐置,属东官郡。隋废。唐武德五年复置,属循州。贞观元年,并入兴宁县。《志》云:南汉置齐昌府,使其子守之,在今县北五里洪塘坪。宋开宝四年,为县如故。《城邑考》:兴宁县旧无城。成化三年,始筑砖城。嘉靖三十九年增修,崇祯八年复营治焉。

武婆故城,在县西。《志》云县西五里有梅山,傍为竹山,亦名天烛山,武婆城在其下。五代之季,四方云扰,峒贼乘机劫掠,有武寡妇者富而才,纠合村落,筑城自卫,因名。

赤山,县南三里。滨河层峙。又神光山,在县西南五里,形如展旗。宋邑人罗孟郊读书山下,尝见异光。〇和山,在县东十里,高百许丈,状若旋螺。其阳有麻石岩,深广数丈,两峰环抱,一峰背耸,周道左达丹崖,右耸岩中,清泠如浸。又鸡灵山,在县东三十里,高出群山,气势雄峭。

宝山,县东北六十里。高六十余丈,周三十里,势若树屏,循、潮二州之分水岭也。唐韦衮刺潮州经此,因名丞相岭。有巨石如马,外险中衍,曰石马峒。《志》云:元末陈友定采矿于此,得银数百万,因名宝山。明嘉靖中,贼据石马峒为乱,寻讨平之。又东北十里曰铁山障,五峰峭立,迥出群峦,昔有铁冶。山之东为蓝坑凹,接程乡县界。

大望山，县北九十里。亦名大帽山。南界程乡，北界安远，层峦叠嶂，茂林丛棘，旧为贼巢。弘治十六年，徭寇起于此，官军讨平之。正德七年，贼复炽，督臣周南破之，赭其山。

黄土岭，县西十五里。高五十丈，与长乐县分界。《志》云：黄土岭，地名麻头，过此即长乐县之董源车塘隘。又鸡鹆笋峰，在县东南四十里，孤峰独秀，势插云霄。○黄沙嶂，在县南三十里，高百余丈，周百里。又县南二十里为佛子高嶂，高二十丈，广亦数十里。

通海河，在县城西。合吴田溪、西溪、东溪、许陂溪、凉溪、洋步溪、远安溪、通海桥溪、黄田溪、笃陂溪、汤口溪、淡坑溪十二溪之水，汇于城西，是为水口，又合长乐溪、上保溪、中保溪、博溪四溪之水，共十六溪，东南流达潮州，入于海。《通志》：通海河，一名西门河，河水中断，受诸谷之水，实为衢路咽喉。今溪在邑北曰凉，曰洋步，曰下埪水，曰石马，曰龙归洞，曰吴田，曰李田，曰罗冈，曰大望山，曰溪尾，曰杨梅寨，曰上下萆，凡十二溪，汇流为河。又宝山溪自东来，经城南而西注，麻岭溪、竹山溪、乌池、洛洞、牛牯陂、曾坑六溪之水，自西来而东注，由此东流，环绕县治，则远安打石坑之水，自西南来注之，至县治东南隅而南下，则洋湖、潢湖、笃陂、白水寨、汤口、黄基沥、黄竹岭、淡坑八溪之水注之，谓之水口，乃合长乐、三保、博溪之水，东南流入程乡县界。

杜田河，在县北。《志》云：水自安远寻邬保东流百五十余里，复折而西流，名曰赤石渡。又西南流入龙川县界，为河明潭，下流注于东江。又双头溪，亦在县北，下流汇于河明潭。○黄陂溪，在县东，发源德马寨；又有莲塘溪，发源虎尾坑，与县东南之沿泷溪分流合注，俱入于通海河。

水口镇，县南四十里。有巡司，洪武八年置，为兴宁、长乐二水交流之所。又十三都巡司，在县北百二十里，与江西、长宁县接界。洪武四年，置巡司，防大望山、岑峰、丹竹楼贼巢。正德六年，移建于白水寨。嘉靖六年，始议于故址筑城，迁巡司于城内，城周二里有奇。天启六年，贼入境，城毁。崇祯五年修复。

石马隘，县东四十里。路通潮州府程乡、平远县。又径心隘，在县东五十里，亦路出程乡。又龙归洞隘，在县北七十里，亦通平远及龙川县。隘口有偷牛栋，崎岖险峻，过此为石镇与平远县接界处也。○黄竹塘隘，在县西三十里，路通龙川县，有石坑镇，地荒僻，为寇巢。县西五十里又有大坪隘，亦路出龙川。《图说》云：县西有筠竹岭隘，通长乐县。

消陂尾隘，县南七十里。亦路出程乡，为水口之外卫。《志》云：县北九十里有罗冈隘，接江西安远县界。又县境有四都隘，旧为戍守处，今废。○黄茅尖顶寨，在县西四十余里，山顶旁有天然湖，四时不涸，俗呼野猪湖。又大龙田盘石围，在县北十余里，其地有九十九墩，昔尝议建州于此。《志》云：县境围寨凡百余处，皆为御寇之所，惟县北十里之张陂沥龙和围，又北五里至冷井水龙和围与大龙田盘石围，俱砖石包砌。上覆以瓦，俗呼为阴城。

周塘驿。在县东南。万历四年建。

○**河源县**，府北百五十里。东至龙川县二百五十里。汉南海郡龙川县地。萧齐始析置河源县，以县东北有三河之源而名，仍属南海郡。梁、陈因之。隋属循州。唐仍旧。南汉属祯州。宋属惠州。《城邑考》：县旧无城，洪武二十八年创筑，弘治五年增修，周二里有奇，编户十里。今置连平州，析县属焉。

休吉废县，在县东。萧齐置新丰县，属南海郡。隋属循州，开皇十八年，改县曰休吉，大业初废。又石城废县，在县东北，唐武德五年析河源县置，贞观初省。○龙川故城，在县东北百七十五里。秦县治此，赵陀为龙川令，筑此城。汉、晋以来，皆为县治。隋开皇十一年，省入河源县。唐初复置龙川县，属循州。贞观初，省入归善县。一云今龙川县东二里有龙川故城，似误。

梧桐山，县东南十里。形势峻耸，多梧桐。又县西北十里有凤皇山，与梧桐山隔江相对。又有桂山，在县西十五里，峰岩耸峙，多桂树。○平陵山，在县西八十里，高数百丈。有通海岩，岩中有泉，潜通海。又西二十里有岩峭峻，曰景星岩。

灵山，县东北百二十里。高百余丈，上有龙湫，亦曰龙山。又县北百三十里曰戈罗山，以尖峰列峙如戈戟也。正德中，为盗薮。又北百余里曰亢山，有两峰相亢，亦名丫髻山。○东桃嶂，在县北百里，孤峰高耸。又北二十里为平石岩，平旷可居，因名。又漂湖岩，在县北百七十里，以岩下有小湖也。

槎江，在县南，即龙川江也。自龙川县西南流入界，绕县治而南，萦回如带，又南入归善县界。亦谓之东江。○修江，在县北三百五十里，一名新丰江，石碛险峻，东南流五百五十里入于槎江。刘昫曰：河源水自虔州雩都县流入龙川江，即修江也。一云河源在县东北三角村。

蓝口镇，县东北八十里。有巡司，洪武六年置。蓝口驿亦设于此。又忠信里巡司，在县北百里，洪武四年设。长吉巡司，在县北戈罗山下，洪武五年设，后改属长宁县。《志》云：县有古城堡，亦戍守处也。又县南有南湖斗隘，县境又有中村、古云二隘。

宝江驿。在城南江滨。又县东北四十里有义合驿。又东有蓝口驿，为龙川县往来之道。

○和平县，府北五百八十里。西北至江西龙南县二百二十里，西至韶州府翁源县三百里，东南至龙川县百八十里。本龙川县和平峒地，山林深险，盗贼盘据。正德十三年，抚臣王守仁奏置今县，又割河源地益之。明年筑城，周二里有奇，编户四里。今置连平州，析县属焉。

东山，县东一里。高百丈，周三里，形如卓旗。又紫云山，在县东北五十里，高五百丈，周八十余里，上有岩，朝夕有紫气腾起。又东北十里曰乌虎山，高二百丈，周二十里，形如虎。

浰头山，县北八十里。亦曰和平峒，绵亘深远，接江西龙南县境。其最近龙南者为上浰，在岭冈者为中浰，和平峒谓之下浰，浰溪水出焉。旁多奇石，巉岩险仄。正德中，贼党池仲容者巢穴于此。十二年，赣抚王守仁讨之，先以计擒其魁，遂举兵由龙南冷水径直捣下浰大巢，又发诸路兵入三浰，贼惊惧，据险设伏于龙子岭，官军追击之，克其三浰大巢，余贼走聚九连山。事平，以和平峒巡司改为县，而移巡司于浰头龙子岭。见赣州府定南县。○羊角山，在县北九十里。相传山时有金鼓声，金则兵起，鼓则兵息。正德初征池大鬓，嘉靖初征曾蛇子，屡有验。

九连山，县北百里。峰峦高峻，林木茂密，东连龙川、河源，南连博罗、增城、龙门、从化，西连乳源、翁源，北连赣州龙南，凡九县界，因谓之九连山。正德中，三浰余贼屯聚九连山，山四面险绝，惟一面可上。守仁设计克之，贼走，官军四路设伏，擒斩略尽。《图说》：山多虫蛇，害人最甚。秋冬虫蛇入穴，贼备干粮入山，连月可藏，故能亡命。春夏蛰发，山中不能久藏也。○云山，在县西北百里，有大小二山，遇冬积冰，弥月不消。

蜡烛峰，县北七十里，地名岑冈。高八十余丈，周五十余里。又龙归岩，在县西百里浰头曲潭，口阔丈余，深入不可量，中有水流出，可灌田五六顷。嘉靖六年，官军讨曾蛇子，步入三四里，不见贼而还。又燕子岩，在县北百五十里，岩深广可容五百余人，中有流泉。遇惊，乡人辄避寇于此。○五花嶂，在县北二十里，邑之负山也，高五百余丈，春夏之间杂花如绣。又有仙女嶂，在县东北二十里，亦高秀。

三洞水。在县北三十里。其源一出龙南县之牛冈，一出九连山，水流屈曲经三洞间，溪涧之水皆合焉。亦曰上、中、下三洞水，龙川、长乐、龙南、安远四县交接之道，闽、广、江西闰余之地也。王守仁云：三洞之地，守之足以控诸贼之咽喉，不守则为狐鼠之窟穴。盖以山溪深阻故也。《图经》：三洞水，东流合汤坊水、乌虎镇水，南合县前溪水，下流经龙川入于东江。

镇水，县东北六十里。源出紫云山，东北流经乌虎山下，汇龙南、安远诸小水，又东南合和平水，即洞水也。县境之田多赖以灌溉。又汤坊水，在县北二十里，其上流有漆木嶂、大门山二水，合而东流，入于和平水。

洞头镇，县北九十五里。有巡司。《志》云：司旧置于今县治，正德中改司为县，而移置巡司于此。又有洞头镇隘，在县东北百二十里，嘉靖三十四年立隘，环以墙垣，置兵戍守。○岑冈营，在县东北三十里，北通江西定南县下历保及安远县黄乡保诸处，旧屡为贼巢。万历十四年，设岑冈营，拨兵戍守。

中村隘。在县西。又西有驴子隘，路通翁源。《志》云：县东有平虎镇、东水二隘，通安远、长乐，东南有黄竹坑一隘，东北有阳陂、三折水、黎头、古镇四隘，皆道通龙南。又县南有高车山隘，县北有乌虎镇、三角山等隘，皆设兵戍守。

附见：

惠州卫，在府治东南。洪武三年立千户所，二十三年改为卫。○长乐县守御千户所，在县治东，洪武二十四年建。河源县守御千户所，亦在县治东，洪武二十八年建。又龙川守御千户所，在县治西，洪武二十年建。俱隶惠州卫。

碣石卫。在海丰县东南百二十里滨海。洪武二十三年建。○海丰守御千户所，在县治东。又捷胜守御千户所在海丰县南八十里，甲子门守御千户所在海丰县东二百十里，皆滨海。又平海守御千户所，在府东二百里。俱洪武二十七年置，隶碣石卫。

○潮州府，东、南至海岸俱百五十里，西南至惠州府七百九十五里，西北至江西赣州府千一百六十七里，北至福建汀州府六百六十里，东北至福建漳州府五百五里。自府治至布政司千一百九十里，至江南江宁府六千五百八十里，至京师九千七百四十七里。

《禹贡》扬州南境。后为闽越地。秦属南海郡。汉初属南越国，武帝平南越，复以其地属南海郡。后汉因之。晋咸和七年，属东官郡。义熙九年，又析置义安郡。治海阳县。宋、齐因之。梁兼置东阳州，后改曰瀛州。陈废州。隋废郡，改置潮州，大业初复曰义安郡。唐武德四年，仍置潮州。天宝初曰潮阳郡，乾元初复故。五代时，属于南汉。宋仍曰潮州。亦曰潮阳郡。元曰潮州路。明初，改路为府，领县十一。今因之。

府介闽、粤之间，为门户之地，负山带海，川原饶沃，亦东南之雄郡也。往者，倭寇阑入则警戒东南，奸宄伏藏则张皇西北。郡盖非闲暇之地矣。

○海阳县，附郭。汉南海郡揭阳县地。晋咸和中，置县，属东官郡。义熙中为义安郡治。隋为潮州治。宋、元因之。今编户三十里。

海阳故城，在今县治东。晋置县于此。义熙以后，皆为州郡治。《城邑考》：府旧有子城，宋至和元年筑，北绕金山，东临大江，外郭则土垣也。绍兴十四年，稍移而南，循濠旧址甃砌。绍定、端平间，工始竟。元大德中，修东城滨溪者，名曰堤城。明洪武三年，复辟其西南隅，砌以石。弘治八年，大水，北城坏，旋复修筑。嘉靖、万历间，皆尝营治。有门七，环城有濠，城周九里有奇。

金山，在府治北。形如覆釜，高四十丈，周三里，中有小湖。一名金城山。东临恶溪，西瞰大湖，为一郡之胜。城西北一里曰湖山，旧名银山，山下有西湖，因改今名。高五十丈，周十里，巅有浮图，形胜与金山相并。又有韩山，在府治东，顶有三峰。唐韩愈守是州，尝游此，因名。○九郎山，在府东北十里，起伏有九，右为尖峰，高百余丈。

桑浦山，府西南四十里。高二百丈，周围五十五里，崔嵬蜿蜒，跨海丰、揭阳二县，为东南巨镇。有桃源洞及宝云、白云等岩产茶，其北麓多桑，因名。又西南十里曰狮子山，上有石岩屈曲，又有浮图曰狮子塔。又南为甘露岩，岩前为玉简峰，与郡城对峙。

瘦牛岭，府西北五十五里。一名云落山，为往来通道，即揭阳山之南麓也。又有凤栖峡，在府北二十里，两山对峙，凤水经其中。

海，府南百五十里。有南洋三湾。嘉靖三十八年，官军败倭贼于此。

韩江，在府城东韩山下。源出江闽汀、赣二州境，流入界，会三河而南出，又合产溪、九河、凤水，过凤栖峡，经恶溪而至山下，为韩江。又经老鸦洲，分流为三：一自县东溪口达澄海水寨入海，一自县南分东、西二溪俱入于海，一自溪口东南流达急水门，经北关亦入于海。

恶溪，在城东北。一名鳄溪，亦名意溪。唐元和中，溪有鳄鱼，刺史韩愈作文驱之。宋咸平中，通判陈尧佐斩鳄鱼于此。中有垒石，名曰恋洲塔。韩江经此，合流而南，盖即韩江之别名矣。○产溪，在府北九十里，东南流会于韩江。又有九河水，亦在府北五十里。又凤水，在府城北，一名凤凰溪，源出饶平县凤凰山，皆汇于韩江。

三利溪，在府城西。导濠水，西历潮阳、揭阳二县，回抱曲折，殆将千里，而后入海，三县利之，因名。又有枫溪、新溪，源出湖山，俱来会焉,注于凤塘,达于枫口径,入于海。《通志》:三利溪,宋元祐间浚。明正统以来,日就湮塞。弘治五年复浚,八年复塞,至今惟小沟泄水潦而已。又中离溪,近《志》云:在县西南四十里,地达揭阳,邑人薛侃浚,起龙溪,过桃山,达枫口,入于海。

西湖,在府治西湖山之阳。绵亘十余里,今渐湮塞。又东湖,在城东韩山后,四山环绕,湖潴其中。又府东南二十里有官障湖,产龟,亦名龟湖,中有洲约二里许,下流亦入于韩江。

急水门溪,府南二十里。韩江之水分流出此,合双溪以入海。两山夹峙,中横大石,水势迅驶奔涌,因名。○老鸦洲,在府东,扼韩江中流,今名凤凰洲。广一百八十五丈,袤六百三十三丈有奇,广济桥跨其上。

北关镇,府东南六十里海口。向设兵戍守。又枫洋巡司,在府南。《志》云:司旧置于枫洋村,洪武四年改置于园头村。○潘田堡,在县西北百三十里,僻在山谷,通潮、揭、漳、韶,为戍守要地。嘉靖中亦改设巡司。《会典》:潘田巡司,旧属澄海县,后改属海阳。又县有田心、丰顺二营。

柘林寨,府东南百三十里滨海,戍守要地也。今详见饶平县。又金山北有摧锋寨,宋置,今为民居。《宋志》:海阳县有海门等三寨、三河口盐场、丰济银场、横衡等二锡场。○新关隘,在府南。又府境有万里桥、汤田、枫洋等隘。旧《志》:县又有海门、东陇、辟望等隘。

凤城驿。在府城北。又北七十里有产溪驿。《舆程记》:自凤城驿西至揭阳县之桃山驿七十里,又西七十里为潮阳县之灵山驿,又自产溪驿而北,凡百里至大埔县之三河驿。○广济桥,在府城东,跨韩江上,广二丈,长一百八十丈。旧名济川桥,分东西二洲,创始于宋,明增修之,崇祯以后毁。

○**潮阳县**,府南百三十里。西南至惠来县百六十里。本海阳县地。

晋义熙九年析置, 属义安郡。宋、齐因之。隋属潮州。唐永徽初省, 先天初复置, 仍属潮州。宋因之。绍兴二年废, 八年复置。今城周六里有奇, 编户三十六里。

潮阳故城, 县西三十五里。《志》云: 县初治于临昆山, 即此。唐元和十四年, 刺史韩愈移县于棉阳, 即今治也。《城邑考》: 县城, 元至正十二年筑。洪武二十四年, 因故址修筑。正统十三年, 始甃以石。天顺四年, 城始就。弘治以后, 屡经修筑。

东山, 在城东。其相接者亦曰韩山, 叠嶂层峦, 参差奇胜。又城西十里有西山, 形势巉峭, 上有砖塔, 下有石室, 名海潮岩。又西十里曰曾山, 双峰并峙, 亦名双髻山, 出海望之愈高。○临昆山, 在县西三十五里, 相传旧县置于其下。相接者有龙首山, 一名猴子山。又钱澳山, 在县东十里, 前有莲花峰, 下临沧海。又东五里曰大湖山, 亦南临海, 下有龙潭。又十里曰广澳山, 北有招收山, 三面距海, 盘据数十里, 地多斥卤不可耕, 河渡通焉。其北十里曰磊口山, 马耳在其外, 是为洋海之门。

浔洄山, 县北十里。山在水中, 为邑之后宬。东有三屿, 白屿尤杰起。○铁山, 在县西北八十里, 山耸秀, 为群山之冠。山之西接普宁县界, 其北曰牛户山, 接揭阳县界。又南山, 在铁山西南十里, 连峰接岫, 林岭深峻, 盗贼多窟穴其中, 亦名大南山。

灵山, 县西五十五里。山高耸, 下有卓锡泉。唐元和中, 僧大颠居此。《志》云: 县西南二十里有石龟山, 面枕练江, 有石林立如笏, 是为邑之西障。又南十里曰神山, 平地突起, 林木森秀。○盐岭径, 在县西百里。其山与普宁县接界, 道通惠来县。又西南有林昭径, 亦出惠来县之道也。

海, 在县东南。《志》云: 县境滨海, 潮汐入港, 支析成川。招收山临河, 渡长数十里, 南为钱澳、为广澳, 北为马耳、为磊口, 皆通海。磊口，海洋之门也。其外为牛田洋，澄、揭之水皆汇于此，有海门所，为扼要处。嘉靖三十八年，倭贼自福建漳州来犯，自磊门登陆，攻海门所，官军击败之，是也。

练江，在县西南石龟山下。源出海阳县云落山，流入境，东流十里，有减水来合焉。又东二十余里，潇溪流入焉。又东四十五里，东溪流合焉。又五里出和平桥，又东流经县南二十里，汇众流而为江。纡回如练，因名练江。又东南入于海。

东溪，县西七十里。源出大南山而东注。又潇溪，亦在县西。俱流注于练江。《志》云：县北诸山之水，皆迤西达于练江。又临昆山下有西丰水，灵山西北有仙陂水。又西十余里有麒麟水及西条、东条之水，南流而东折为减水，合云落水，即练江也。又西南之水曰司马浦，东流会于铜钵湖，迤南有桃溪水，东流会于东溪，其下流皆合流，过和平桥，注于练江。练江，盖汇县境诸水为大江，流至海门入海也。

吉安镇，县西北七十里，地名贵屿村。有巡司。又门辟巡司，在县北六十里。俱洪武二年设。招宁巡司，在县东三十里，洪武二十八年建。桑田巡司，在县北三十里，正统十三年建。又云落巡司，在县西南百二十里，嘉靖中置，属普宁县，后改今属。《志》云：县东三十里有招收盐课司，县南二十里练江村有龙井盐课司。今龙井司改属惠来县。又县西和平村有河泊所。

兴安镇，县东南三十里。有兵戍守。又北关隘在县城北，河溪隘在县北二十五里，门辟隘与巡司相近。又河渡门隘，在招收山下。《志》云：县有下游营，守河渡门、磊口等处。又有绍兴营，置于海门所。嘉靖三十八年，倭贼从招宁巡司河渡、磊口入犯。○灵山驿，在县南门外。又武宁驿，旧在县南七十里。《郡志》：县西南有和平桥，宋宣和中建，长三十丈。元末毁，明初重修。

○**揭阳县**，府西南七十五里。西北至惠州府长乐县二百八十里。汉县，属南海郡。后汉因之。晋废。义熙中，以其地析置潮阳等县，后因之。宋宣和三年，始析海阳三乡置县。绍兴二年废，八年复置。今城周四里有奇，编户七十八里。

揭阳故城，在县西北揭岭之南。汉置县，以揭岭为名。元鼎六年，伐南越，东越王余善上书，请发兵从击吕嘉兵，至揭阳，以海风波为解。后废。宋绍兴八年，卜置县于𣸪隍村，不果，改置县于玉窖村，即今治也。《城邑考》：县城，元至正十二年，因海寇，始筑内、外二城。明天顺中，增拓内城，甃以石，并拓外城。成化二十三年，复筑外城，甃石为址。弘治元年增修，十一年皆改甃以石。嘉靖以后，屡经修治。

揭阳山，县西北百五十里。形势岹峣，南北二支直抵兴宁、海丰二县界。亦曰揭岭。秦始皇伐百越，命史禄转饷，禄留家揭岭，或以为即此山也。岭之阳为海丰县西北之瘦牛岭，去县治百里。岭之西为飞泉岭，壁立数百仞，周围数十里，有泉飞空而下，径通惠州府长乐县，为惠、潮之关隘，或以此为揭岭。岭西北又有贵人山，《通志》：山跨揭阳、长乐二县界，周围百里，曰滩下，曰大竹园，曰矿山头，曰粗石坑，曰麻竹坑，曰筲箕坪，皆其处也。

黄岐山，县北十里。上有石湖，四时不竭，绝顶又有石浮图，下有二岩，东曰竹冈，西曰松冈，皆有洞壑之胜。又五房山，在县西北四十里，多竹木，产铁矿。○三山，在县西百五十里，一名独山，南溪经其下。独山南四十里曰明山，东南二十里曰巾山，峰岩相望。明山之岩曰天竺岩，甚奇胜。

桑浦山，县东百里滨海，接海阳县界。崔嵬绵亘，多岩洞之胜。详见前。又东二十里曰菱池山，三峰插天，中有深池数十亩，岩谷林泉为诸山最，下有石岩，形如狮子，中可容千人。相近者又有桃山，旁有小山类桃，因名，逶迤百余里。

玉窑溪，在县治南。有南北二源。南溪出海丰、长乐二县，分水并流，经三山百折而东，过玉窑，会北溪。北溪出程乡、长乐二县，分水并流，经贵人、飞泉诸山，又东有石硿、循梁、大罗诸水流入焉，过玉窑会南溪，绕县治而东南至浦湾渡入于海。海口有石马激潮，声闻数里。《志》云：南溪源出鱼梁滩，北溪出瘦牛岭。又县东南三十余里有双溪口，南北溪水并会于此入海。

枫溪，在县东北四十里大脊岭下。源出海阳县，即三洲水派流也。东南流二百里，为枫溪口，亦曰枫口径，汇诸溪水并注于海。《志》云：县东南十五里有古溪，又南有官溪，南溪派流入焉。又东有中离溪，北溪派流入焉，并注于枫溪。〇深浦溪，在县西北，源出西山，流至北寨入于北溪。又湖口溪，源出县西五十里之龙磜山，流会斗龙潭，入南溪。又有梅冈溪，出县东北三十里梅岗山，一名曲溪，亦流入枫溪。

北寨镇，在县东。有巡司，洪武四年置于县东北之冈头山，后移于桃山。又湖口巡司，在县东北之棉湖寨，洪武三年置。嘉靖三十八年，倭贼自平和营进赤寮村，劫棉湖寨，寻移营于此。相近有水沙村，是时倭贼焚劫处也。〇狮子营，在县西，亦曰狮头营，防七成径关隘。又西北有马头营，防石硿、飞泉径等关隘。又东北有长布营，防磜内、官硕径等关隘。旧俱有官兵巡戍，今废。又有西营，在县西。

官溪隘。在县南。《志》云：县东有桃山隘，北有蓝田隘，西有霖田隘，皆为戍守处。又桃山驿，亦在县东二十里。又东有大滘桥。嘉靖三十九年，倭走大滘桥，官兵邀击，倭溃走。

〇程乡县，府西北三百里。西至惠州府兴宁县百三十里，东北至福建上杭县三百八十里。本汉揭阳县地，晋海阳县地。萧齐置程乡县，时有程旼者以信义行于乡，因名，属义安郡。梁、陈因之。隋属潮州。唐仍旧。

五代晋开运初，南汉置敬州治焉。宋开宝四年，改曰梅州。熙宁六年，州
废，县属潮州。元丰五年，复置。宣和二年，赐郡名曰义安。绍兴六年，州
复废，十四年又置。元至元十六年，升为梅州路，二十三年仍降为州。明
洪武二年，省州入县。今城周六里有奇，编户十九里。

废梅州，即今县。南汉置敬州。《宋志》作恭州，避翼祖讳也。历
宋及元，皆为梅州治。明初废。《城邑考》：县旧有土城，宋皇祐间增筑。
明洪武十八年甃以砖石。弘治八年、嘉靖十九年，皆因大水城坏，复增修
之。崇祯六年，亦尝营缮。

百花障山，县东十里。形势起伏，相连如城堞，高十余丈，与百花
洲相映，为县东之保障。又旗山，在县东北十三里阳坡径口，高百余丈，
周三十余里。县西十四里又有西山，峰峦尖耸，百有余丈，山址周回，分
为八重，县西之胜也。其相接者为李洋山。○明山，在县东南四十里，高
九百余丈，周三百里，形如帘幕，下有龙潭，中有仙花嶂，县之镇山也。其
相近者又有九峰山。又天马山，在县南六十里，高三百余丈，周七十里，
一名马鞍山。

铜鼓山，县东南八十里。高千丈，周百里，山势峻阻，盗贼多窟穴
其中，亦曰铜鼓嶂。其相近者有阴那山，高百丈，周二百五十里，形如仙
掌，下有湖。又南为香炉山，高二百九十丈，周三十八里，以形似名，产铁
矿。○王寿山，在县东北百四十里，高八百余丈，周二百里，形如殿阁，上
有仙牛岭。又平顶山，在县东北二百里，高二百余丈，周七十二里，形如
展盖，而顶平产铁矿。又东北五十里有龙牙笔山，高二百九十丈，周百余
里，山势峭拔，笔状其形。龙牙，盖地名也。又蓿田笔山，在县西五十里，
高百六十丈，周二十九里，形势秀拔。蓿田，亦地名矣。

梅峰，县西二里。平地突起，形如覆钟，一名马蹄峰。其相近者曰
高峰，亦平地突起，形如覆釜，为近郊之卫。又耸秀峰，在县南二十里，

高三百五十余丈，周百里，形如宝盖，而秀丽耸拔。县东南三十里又有双笔峰，高三百余丈，周六十里，二峰并立，峭直如笔。又大峰嶂，在县北百四十里，接汀、赣之交，旧为盗薮。〇铁山嶂，在县西北九十里，山径荒僻，亦故盗薮也。

程江，县西北七里。源出江西长宁县大帽山，流经县西北七十里，又东南流至城南，注于梅溪。稍东有百花洲，周数百步。相传洲东有五色水，绚烂如锦，谓之锦江。南流五十里有小溪自汀、赣来，经县北七十里南流会焉。又三十里曰松源溪，源出福建武平县象洞山，经县东北二百里西南流入焉，谓之松口。又南二十里为蓬辣滩，涛浪汹险，声闻数里，一名晒甲溪。相传韩京帅师平潮寇经此，触石舟坏，晒甲于此，因名。又东南入大埔县，会三河溪，经府城东而为韩江。《邑志》：小溪，亦名小河溪，源亦出武平县赤岸山。又松源溪，有滩石险恶，仅通小艇。

梅溪，在县城南。惠州府兴宁、长乐县界诸山之水流入县境，东会于程江。又周溪，在县东四里，源出县东北之葵岭，经百花山下，环绕如带，西会于梅溪。《志》云：梅溪南有老溪，即梅溪故道，后水势直下，故道淤塞。今县西南二里有老溪角，约长一里，广二十余丈，折而东为新溪。正德十一年，梅溪泛涨，渐啮城址，凿此以分水势，别流过城东，复会梅溪。嘉靖二十五年，复筑陂绝流，仍自县南合于程江。〇西洋溪，在县东南四十里九峰山下，源出明山，逆流而西会于梅溪。

梅口镇，在县北，接福建汀州府境。五代梁龙德中，南汉主岩用术者言，幸梅口镇以避灾，闽将王延美遣兵袭之，岩仅以身免。〇太平镇，县西百里，有巡司。洪武三年置于县西南十余里梅塘保，二十三年改置于此。又县西北百二十里有丰顺巡司，嘉靖末置，隆庆初筑城，周二里有奇，以通判驻守，寻以盗平还郡。崇祯初，复增设官军汛守。《志》云：县城北有永定营，一名北营。又县东百五十里有上井隘，通福建上杭县，冈岭峻绝。东北二百里有松源隘，亦通上杭，山径崎岖，松源水所经也。西南四十里有水车隘，山荒涧多。百里有马头隘，路出长乐，为往来之径道。旧皆为盗贼啸聚处，设兵戍守。

程江驿。在县城东。洪武三年置于城西，十八年移于此。又榄潭驿在县西八十里，松口驿在县东南八十里，俱洪武初置。武宁驿，在县南百里，崇祯初自惠来县移置于此。《志》云，县西百二十里有废东牛驿，元天历中置，后废，今属兴宁县界。〇丙村，在县东三十三里，旧为盗薮。又东北有蛇坑、小溪坝，俱山寇出没处也。

〇饶平县，府东二百里，东至福建诏安县百七十里，东北至福建平和县百里。本海阳县地，地名三饶，滨海倚山，习俗慓悍，为盗贼薮。成化十四年，督臣朱英奏置今县，治于下饶，筑城，甃以砖。嘉靖十四年，大水城坏，旋复补砌，十八年增修。城周四里有奇，编户二十七里。

将军山，县北三里。高五百丈，周十里，巍峨秀拔，一名尊君山。又县治北有大金山，城环其麓，一名城隍山。县南三里曰天马山，其右有文峰卓起。〇桃源山，在县西北十里，上有龙潭。又十里为九峻山，峦嶂重叠，顿伏九折，抵大埔县界。又百花山，在县西南十余里，一名待诏山，产茶最佳。

凤凰山，县西北四十里，东南去府六十里。其地为下饶保，山高峻，为一郡巨镇，凤水出焉，流入海阳县界。山之西有虎头山，形如虎踞。〇莲花山，在县西南九十里，一名白石山，五峰并列，形若莲花，东接沧海，西障郡城。

南澳山，县西南二百里大海中，去福建玄钟澳口约三十余里。形如笔架，周二百余里，内三澳：曰青，曰深，曰隆，即长沙海尾，延袤三百里，田地沃饶，几数千亩。洪武二十六年，居民为海倭侵扰，诏令内徙，遂墟其地。其山四面蔽风，大潭居中，可以藏舟。嘉靖初，倭舶于此互市，既而倭自福建之浯屿移泊南澳，建屋而居，大为粤东患。其后，海寇吴平、许朝光等亦窟穴于此。万历三年，增设重兵屯据其地。四年，筑城，周三里。城左右有湾曰白沙湾，为郡境之锁钥。《海防考》：南澳周围六七百里，有青澳、后泽澳，番船多凑泊于此。而深澳尤为形险，小舟须鱼贯而入，官兵攻剿，势甚掣肘。嘉靖间，尝用木石填塞澳口。未几，倭人使善水者捞起木石，澳口复通。既而剧贼吴平等结巢于此，官兵剿逐之，然常为贼薮。万历初，设营置兵，创筑三城：一在深水澳，一在云盖寺，一在龙眼沙，互相联络，墩台瞭望，错综布置。三处田约共四五万亩，军民耕种，可以坐食云。〇石壁山，在县东百里。山多岩石，飞泉溅空，眺望最远。又尖山，亦在县东接福建漳浦县界，相近有白鹏山，皆险阻，旧为伏戎之薮。

大尖峰，县东南百里。峰峦笔立，为高埕栅之镇。东有大埕栅，近凤髻山。又东则虎屿、狮屿。西有大港栅，则近烟楼山。南有柘林栅，则近柘林澳。中有红旗山。四栅之中，设大城千户所。其东南有鲤鱼山，又二里有红罗山湾港，皆通潮汐，蟠蜒四十里，为一方关隘。柘林澳在其南，暹罗、日本及海寇皆泊巨舟于此，因设官兵戍守。

海，县东南百三十里。县境诸水皆汇入焉。南澳山在其中，分三澳，与南澳为四，海岸皆沙也。由南澳东折曰青澳，一名青径口，风涛险恶，鲜有泊舟者。深澳，内宽外险，蜡屿、赤屿环处，其外一门通舟，中容千艘，番舶寇舟多泊焉。隆澳，则轴轳往来门户也，中又有辞郎洲、宰猪澳、后泽澳皆宽衍，海寇尝窃据于此。又有钱澳，或以为即浅澳，宋少帝驻跸处云。

黄冈溪水，县西北二千里。有二源：一出桃源山，东流经县城北而出；一出九峻山，东南流五十里至县东，两山对峙，为河门。又有程乡县梅峰水，从天马山南下，亦赴河门。三溪合流十余里，为大石溪，以溪中有大石蹲踞，溪流经此始停潴。又十里为汤溪，一名磐石溪，溪中多磐石，有温泉涌出石窍中，因名。汤溪又流经东洋屯，十里为灯塔溪，会大榕、小榕、潘段三溪，又流二十五里为黄冈溪，入于海。

双溪，县西南百五十里。一曰漳溪。出青峰洞山，东流四十里合黄冈溪，一曰秋溪，源出莲花山下，流入南澳，有小江溪流合焉，共入于海。○山尾溪水，在县东九十里程洋冈下。宋绍圣中，凿冈北畔为溪，接上流诸水，东行会水寨溪入于海。

黄冈镇，县东九十里。有巡司，洪武三年置。又有右营及小江场盐课司，俱置于此。《志》云：镇峒谷邃险，北与福建平和县接界。嘉靖十四年增筑堡城，周六里有奇。三十七年，倭贼自漳州寇饶平，攻黄冈镇，据其城，官军败却之。三十八年，复从平和突犯，入分水关，至黄冈，既又自福建云霄所突入黄冈，皆败去。《舆程记》：县东百里为黄冈驿，自驿达漳州，陆行不过七十里。○凤凰山镇，在县西北凤凰山麓，有巡司，弘治五年建。

柘林寨，在县南大尖峰。西南有柘林澳，西北去府城百三十里，置寨于此，为戍守要地。《海防考》：柘林波连南澳，跨闽、粤之交，海寇恒窥伺于此，往来突犯。盖他寨或山、或礁、或港，皆有险可恃，柘林寨南面平洋，海寇扬帆直指，瞬息可至，且四面孤悬，无附近卫所可以缓急应援。迩者海寇李之奇、刘香皆突陷柘林，遂入潮阳、揭阳。刘香且直趋会城，后又突入虎头门等澳。既而闽帅郑芝龙破香于柘林寨，患始息，故柘林之备为最切。

鱼村隘，在县东南。相近又有小榕隘，县东北又有九村隘、岭脚隘，县东又有黄山坑、黄冈等隘。○青竹径隘，在县东南，接福建漳浦县界。《志》云：县境又有平溪、牛皮石、黄坭大径、凤凰小村等隘。

水寨。在县南，去柘林一日程，近澄海县界。洪武三年，指挥俞良辅筑城，周不及二里，凿池于内，置水关于西北隅，内通海港，自南而西转入水关，潴于池，以泊战船。○竹林堡，在黄冈镇东北，福建诏安山贼由此出没。嘉靖十四年，置堡于此。《志》云：饶平东境险扼有茅山、分水二处，皆险要，接平和县界。嘉靖三十八年，俱立营于此，以御倭。

　　○惠来县，府西南三百里，西至惠州府海丰县二百七十八里。本潮阳县惠来等都及海丰县龙溪等都地，东南临海，西北盘礴万山，僻远荒略，为盗贼出没处。嘉靖四年，始析置今县，治洋尾，筑砖城。二十二年，增拓南城，周四里有奇。编户三十里。

　　虎头山，县东北一里。两石夹峙，其中空洞，外望若虎之昂首。又杨梅山，在县西二里，峰峦奇秀，草木繁茂。西南二里又有钓鳌山，临江多巨石。《志》云：县南一里有大墩山，上多榕树。东南三里曰赤山，平埔突起，其土赤色，因名。○葵岭山，在县西北十里，顶如覆釜，有巨石对峙，溪径幽险，山寇出没。先年设兵哨守，今废。又文昌山，在县南十五里，孤峰秀拔，卓立如笔。

　　五潮山，县北三十里。形势雄伟，高耸如屏，为县枕山。山西有普陀岩，岩口有潭，常盈不竭。又石鸟山，在县西北四十里，形势峭拔，双峰并耸，状如飞鸟。○金刚髻山，在县东北七十里，尖峰秀拔，渔舟出海归路，视此为准。又百花山，在县东三十里，亦名百花岭，以山多异花也。

　　黄冈山，县东六十里。山势巉峻，有峰嶆然，雄峙海表。《志》云：县西三十里有梳山，峰峦高广，亘百余里。○峡岭，在县西北六十里，盘径纡曲，盗贼出没处也。又铭湖岩，在县东南三十里，山麓有石宽平数丈，盘盖为室，南北相通，中容百余人。又东南十里为双髻山，二峰秀拔，上有岩曰宝峰岩。又县西八十里有黄山径，路通海丰，隘不容车，群盗所窟。

　　光华溪，在县东北二里。源出县东四十里释迦岭，西流经虎头山，至县南十五里合神泉港入海。《志》云：港在文昌山之阳，中有大石，潮没而汐见，俗谓之石龟。○罗溪，在县西二十里，源出石鸟山，流合东溪，下流会于神泉港。又龙冈溪，出县西三十里莺嘴山，由凿溪至潦洋，又东入于罗溪。《志》云：县城西北有禄昌溪，源出盐岭，入大溪，至白沙会小溪，接赤洲，而南达于神泉港。

大陂溪，县西九十里。由澳头达海丰县之甲子港入海。又洪桥溪，在县东六十里，源出金刚髻山，东至靖海港入海。○赤沙澳，在县南四十里，沙堤蔽涛，海艘时集于此，为防御要地。其相近又有石井澳、铅锡澳。

神泉镇，县南十里。有巡司，洪武初置于县之北山村，二十七年改置于此。当神泉澳口，海寇猖獗，兵民难以寄顿。嘉靖三年筑城，周不及二里，有兵戍守。又县东九十里有龙井盐课司，接潮阳县界。○文昌营，在县南文昌山下。又有武宁隘，在县东，接潮阳县；大陂隘，在县西，接海丰县。皆有兵戍守。

北山驿。在县西。旧置于县北北山村，后改置于此。又大陂驿，在县西九十里，接海丰县界。县东五十里旧有武宁驿，今移置于程乡县境。《舆程记》：自大陂驿而西，八十里至海丰县之东海滘驿，惠、潮通道也。

○大埔县，府东北百六十里，东北至福建永定县二百二十里，南至饶平县二百里。明初为海阳县地。成化以后，为饶平县地。嘉靖五年，析饶平县之沴洲、清远二都地，置今县。《城邑考》：县东连福建平和县，北接上杭、永定二县，西北距程乡县，南抵饶平、海阳二县。其地荒僻旷远，溪洞险阻，盗贼往往蟠结于此。正德六年，清远都山獠张白眉依山结营，分队剽掠。嘉靖二年，悉剿平之。五年，置县，治大埔村，创筑砖城，二载始就，周三里有奇。编户二十里。

义招废县，县南七十里。晋义熙九年，以东官五营立义招县，属义安郡。宋、齐因之。隋属潮州，大业初改曰万川县，仍属义安郡。唐初，废入海阳。《志》云：废县治，在今县南清远都之湖寮村，遗址尚存。县境又有绥安废县，今见福建漳浦县。

茶山，在县治北，山下有寨，元至元二十一年，闽人涂侨据此，称涂寨，久之始降。今城垣半跨其上，县之主山也。山后有白莲洞。城东北一里曰伏虎山，一名石柱山，数峰联络，其首如虎之伏，西临大江，东绕小溪，中有高峰如柱，上有寨址。其后又有数峰，起伏绵亘。城西一里曰狮子山，奇石巉岩，襟带江上，有来秀峰。下有山如螺旋，曰海螺峰。○南栋山，在县南二十里，山高耸。稍南为积龙山，下有岩，前有盘谷。又南三十里有双髻山，中有石室。

大河山，县西四十里。高百余丈，周四十里，大河经其西，一名阳石峰。又西四十里曰乌槎山，多竹木。《志》云：阴那山，亦在县西八十里，相接者曰铜鼓嶂，俱接程乡县界，盗贼盘踞其中。又西岩山，在县西南百五十里，洞谷深杳，下有龙潭。○高昌山，在县西北二百里，一名梁山，跨福建漳浦县界。下有绥安溪，一名越王潭。《南越志》绥安县北有连山，是也。今详福建名山梁山。

天门岭，县南百二十里。两峰杰峙，中有径通福建平和县，绝顶有泉，大旱不竭。又风波嶂，在县东二十里，高四百余丈，周四十里。又有阎罗石，在县东北三十里，右达福建永定县，左达上杭。其石欹仄如砖壁，人不可行，舟经石下，亦必登岸而后进。

神泉河，在县治北。一名大河，即汀州府之鄞江也。经上杭碇头，奔激出丛石中，西流横带县治，会永安、小靖二溪，又西北流三十里，经大河山西达三河。闽、广往来，水道之所必经也。

三河，县西四十里。上流有三：自汀、杭北注者曰大河，自长乐县西注者曰小河，自平和县东注者曰小溪。三支交会，潆洄渟溜，南达府城东，所谓韩江也。○大靖溪，在县东五十里，一名漳溪，源出永定三层岭，湾曲数十里，绕县北流入神泉河，所谓永安河也。《邑志》：溪有二源：自漳州来者为漳溪，自永定东洋来者为黄沙溪，合流为大靖溪。又有小靖溪，源亦出永定县，曲折数十里，绕县北会神泉河。

小河，县西北五十里。源出惠州府龙川县界，东流经长乐、程乡二县界，会为三河。县西南又有小溪，源出平和县赤山岩，西流入境，曲折流会于大河。《志》云：小溪上源为清远河，出福建漳平县象湖山，合诸涧壑流入境，经县南下流会梅子潭，注于小溪。又有莒溪，在县东南，源出尖笔栋，流汇诸溪涧水，合清远河，所谓双溪也。

三河镇，在县西。有巡司，洪武九年置。又三河驿，亦置于此。嘉靖中筑城，周不及三里。万历末，司废，有威远营，设兵戍守。又大产巡司，在县南大产村，嘉靖十六年置。又有乌槎巡司，在县西乌槎山下，本乌槎堡，嘉靖末改设巡司。

虎头沙隘。在县东北。又县北有平沙隘，县东有箭竹凹隘，县东南有长窖隘、莒村隘、白猴隘，县南有鸦鹊坪、天门岭、枫朗三隘，县西有大麻隘、阴那口隘，俱有兵戍守。《郡志》县西又有小靖、看牛坪、护坑三寨。

○平远县，府西北三百八十里，东南至程乡县百六十里，西至惠州府兴宁县百里，北至江西长宁县二百三十里。本程乡等县豪居堡、林子营。嘉靖三十八年，以险僻多盗，设通判驻守。四十一年，析福建武平、上杭、江西安远、惠州府兴宁四县地置县，以接壤于武平、安远，因名，属江西赣州府。四十三年，还三县割地，惟析兴宁之大信都与程乡之义化、长田、石窟、石镇四都为县，改今属，筑城。崇祯中，增修，周三里。编户四里。

凤山，县南三里。一名鹅山，县之主山也。又卓笔山，在县东南三十里，高出群峰，下有铁矿。又有白云山，在县东南百里，一名石镇山，中有岩洞数处，四壁削成，中通一径，上平衍有泉，为乡人避寇地。

五子石山，县东北三十里。山多石峰，壁立云际，其最胜者为宝鼎、宝盖诸峰，含珠、击磬、睡佛诸洞。高处约数百寻，好事者缘崖而上，豫章、闽越之境，悉在眉睫间。县北五十里有项山，亦高胜，产葛，土人采以为布。

三段岭，县东南二十二里。段，亦作断。三岭相接，纡回断续，通道所经也。县西北五十五里又有凤头嶂，为江、广接界处，亦名碻头隘。嶂外即长宁县丹竹楼，贼巢也。

县前溪，在县治南。源出项山，东流入镇平县，达大埔县之三河。又石镇溪，在县西南，下流入程乡县之梅溪。《志》云：县有大柘溪、河头溪、长田溪、坝头溪，俱东入镇平之石窟溪。《会典》：石窟巡司，旧属程乡县，后改属平远，寻又分属镇平县。

石镇营。县西南百里。向有官兵戍守。又有石镇村隘。《志》云：石镇与兴宁大帽山贼巢接壤，其路险巇，可以遏敌；其山嵯峨，可以固守；其上坦平，可以屯兵；且原田宽衍，可以耕种云。○腰古隘，在县西北。东南去程乡县二百余里，径路险狭，丹崖若壁，长三十余里，通赣州安远县。县北又有分水凹隘，近安远县黄乡贼巢。县东南又有畲田径隘，近武平县缘绳峰贼巢。旧皆有兵戍守。

○普宁县，府西南百二十里。西北至揭阳县七十里。嘉靖四十三年，析潮阳县之洋乌、戎水、黄坑三都地，置县于贵屿，名普安县。万历三年，改筑城基于后屿。十年，以二都还潮阳，止存黄坑一都，改曰普宁县。十四年，城成，因移治焉，南去旧治二十里。城周三里有奇，编户十四里。

昆山，在县治东。又有金山，在县治西。其南曰铁山，峰峦峭崒。〇黄举林山，在县东十里。其北有洪山，孤峰特起，上有泉不涸。

洴溪，在县东。《志》云：县境又有下浦、竹浦、南溪，下流俱注于枫溪入海。

北关隘。县城北。城南有南关隘。

〇澄海县，府东南六十里。东北至饶平县百三十里。嘉靖四十二年，析饶平县苏湾一都，揭阳县鮀江、鳄浦、蓬州三都，并海阳县之上、中、下外三莆共七都，置澄海县，创筑县城。万历、崇祯间，皆增修，周五里有奇。编户五十五里。

北殿山，县西北七里。相传宋太子避元兵至此，设行在，因名，俗呼皇子佃山。又凤山，在县北十里。又北五里曰仙门山，又二十里曰三髻山，皆高耸。〇莲花山，在县北六十里，与龙舟岭相连。

浔洄山，县西五十里。突起海中，接潮阳县界。又小莱芜山，在县东十里海中，一名留子山。又东二十里曰大莱芜山，亦名双髻山。《志》云：县东南三十里有南澳山，接饶平县界，山之左有侍郎屿。

海，在县东南。《志》云：外沙海中有鸣洋，声起若雷，东风西雨，海人每以为候。又牛田洋，在县西南四十五里，揭阳境内南、北二溪及枫溪诸水，俱汇于此，入大海。

三川溪，县北一里。又北一里有玉带溪流合焉。又有南港、北港及黄洲溪、新溪诸水，俱流注于三川溪，下流入海，居民资以灌溉。〇横陇溪，在县西北二十里，上通海阳县之韩江，分二派绕流入县界，东接诸港以达于海。《志》云：县北有大洲港、飞钱港、旗岭港，县西南有溪东港、鮀济河，又有石港、新港、东港、溪南港，俱县境通海之道也。

辟望镇，在县南南洋村滨海。有巡司，洪武五年置。嘉靖三十八年，官军败倭贼于南阳湾，贼奔聚辟望港口。明年，官军捣平之。四十二年，自海阳县改今属。○鮀浦镇，在县西南。有巡司，洪武三年置，本属揭阳县。嘉靖三十七年，倭犯鮀浦，又攻蓬洲千户所，即此。四十二年，改今属。《志》云：鮀浦镇西北旧有小江场盐课司，镇北有鮀浦河泊所，其东南又有东陇河泊所。今二所皆废。

大场镇。在县西南近海。其相近有夏岭、新港等镇，接连马耳、莱芜等海澳，以防贼冲。又有大澄营，在县南门外。○冠陇隘，在县西十里。又西南有鮀浦隘及乌汀背隘，县南有南洋隘。

○**镇平县，**府北三百六十里。东北至福建上杭县百二十里，北至福建武平县百七十里。本程乡县地。崇祯六年，因寇变，析程乡之松源、龟浆、下半图，并平远县之石窟一、二图，置镇平县，治蕉岭，筑城，周四里有奇。编户四里。

洋子佃山，县西北十里。三峰鼎立。又有凤山在县西南十里，亦高耸。○龙藏嶂，在县南二十里，峰峦高耸，若龙之腾空。又大峰嶂，在县东三十里，山半有湖。又铁山嶂，在县西二十五里，与程乡县接界。《志》云：县城内有蕉岭，今名桂岭，县治所凭也。

石窟溪，县北十五里。源出武平县界，南流经此，有石窟洞临溪上，因名。县西北有横梁溪、徐溪，俱出平远县界，流入境，东流注石窟溪，会大埔县之三河达于韩江。

蓝坊镇。县东二十里。有巡司，与县俱置。《志》云：县北旧有石窟巡司，南去程乡县二百里，地名圆子山径。四围皆山，中有径道，方四十余里，通汀之武平、赣之安远，寇盗往往出没于此，有兵戍守。本属程乡县，后属平远，今为县境。○胡椒径营，在县东三十里。又县西有大麦径、梅子畬、天门凹等隘，俱接平远县界。

附见：

潮州卫，在府城内。元总管府故址。洪武元年，置兴化卫，二年改潮州卫。〇大城守御千户所，在饶平县西。旧《志》云：在府东北三十里，洪武二十七年置，筑城，周三里有奇。嘉靖十七年重修。近《志》云：所在饶平县东宣化都。又海门守御千户所在潮阳县南十五里，靖海守御千户所在惠来县东六十里，俱洪武二十七年置。旧《志》靖海所，属潮阳县，北去县八十里。成化以后，改属饶平。

蓬洲守御千户所。旧在揭阳县东南九十里滨海。洪武二十年，置所于下岭村，以扼商夷出入之冲。二十七年，移建于西埕村。三十一年，始砌石城，周三里有奇。嘉靖中，改属澄海县。〇程乡县守御千户所，在县治西南。洪武十五年置于县治西北，万历初迁于此。又澄海守御千户所，在县城内，万历初置。已上诸所，俱属潮州卫。

读史方舆纪要卷一百四

广东五 高州府 雷州府 廉州府

〇高州府，东北至肇庆府七百七十里，南至海岸百五十里，西至廉州府二百六十里，北至广西梧州府五百二十里。自府治至布政司一千里，至江南江宁府五千四百八十里，至京师八千六百四十七里。

古百越地。秦为南海郡地。汉初属越国，武帝时属合浦郡。后汉因之，建安末，析置高凉郡。治高凉县。三国吴又置高兴郡。治广化县，今与故高凉县俱见肇庆府阳江县。晋初因之，后以高兴并入高凉郡。宋、齐仍旧。梁大通中，兼置高州。隋平陈，废郡，大业初复改高州为高凉郡。唐武德六年，复置高州。初治高凉县。贞观二十三年，移州治良德县。天宝初曰高凉郡，乾元初复故。《新唐书》：大历十一年，州移治电白县。五代时，属于南汉。宋仍为高州亦曰高凉郡，景德初并入窦州，三年复故。元曰高州路。仍治电白县。大德八年，徙治茂名。明洪武初，改为高州府，领州一、县五。今因之。

府据二广之间，为交衢之地。西北一带，山箐盘互，徭僮伺隙其间，一旦窃发，则东西俱病矣。至东南皆距大海，虽有沙带、限门之阻，而水深潮平，倏忽易达，御倭营堡，不容少疏也。《志》云：郡控山滨海，溪峒中联，为水陆襟要，允矣。

〇茂名县，附郭。汉合浦郡地。晋南渡后，置茂名县，属高兴郡，后废。梁复置，属高凉郡。隋属高州。唐初因之。贞观元年改属潘州，八年为潘州治。五代梁开平初，刘隐奏改为越裳县。唐同光二年，南汉复改县曰茂名，仍为潘州治。宋开宝五年，废潘州，以县隶高州。景德元年，高州废，县属窦州，寻为窦州治。三年，还属高州。元因之，寻为府治。今编户四十六里。

废潘州，今府治。唐武德四年置南宕州，治南昌县，在今广西博白县境。贞观初，移治定川县，在今郁林州境。八年，更名潘州，寻移治茂名县。十七年，并入高州。永徽初，复置潘州。天宝初曰南潘郡，乾元初复故。南汉因之。宋开宝五年，州废，县属高州。元改为府治。《城邑考》：今府城，唐潘州城故址也。洪武十四年，因故址增拓，三十一年，甃以砖石。成化元年寇毁，三年重修，明年复增筑。嘉靖四年以后，屡经修治。有门五，城周不及四里。

南巴废县，府东百里。梁置县，为南巴郡治。隋平陈，郡废，县属高州，大业初废。唐武德五年，复置，属高州。永徽初，改属潘州。宋省入茂名县。〇潘水废县，在府西北百二十里。唐武德五年置潘水县，属南宕州，寻属潘州。贞观二十三年，析置毛山县，寻省潘水县入焉。开元二年，又改毛山曰潘水。南汉曰潘川县，仍属潘州。宋省入茂名县。

潘山，府东一里。亦名东山。峰峦高耸，环抱郡治，郡之主山也。山之麓为潘仙坡，相传晋永嘉中，道士潘茂名者，得仙于此。城西又有观山，为茂名上升处，一名昇真山，亦名仙山巅，有昇真观，因名。〇笔架山，在县东南十里，有三峰并耸。又东南十里有射牛山，峻耸圆秀，上有二潭，俗呼石牛山。

高凉山，府东北九十里。旧属电白县，后改今属。《志》云：山本名高梁，群峰并耸，盛暑如秋，故改梁为凉。汉建安十六年，衡毅、钱博拒步骘于高要峡，毅死，博与其属亡于高凉，盖即此山云。或云汉高凉县盖置于山下。又大帽山，在府东北五十里，层崖高耸，形圆如帽，猺人散居其中，亦曰猺山。又东北三十里曰白水山，上有飞泉直泻，中有白石鲜明。〇云炉山，在府西三十里。山高耸，多云雾，如烟起炉中。弘治十一年，御史万祥言：高州山峒贼巢，有云炉、大桂、平地、石羊、冬瓜、捌岭凡六处云。又铜鱼山，在府东六十里，山形似鱼。又东二十里曰灵湫山，下有龙湫。旧皆属电白县。《志》云：府东百里有浮山，山岭高耸，其水西南流入吴川县界。

南宫岭，府南一里。山形圆秀，下临鉴江。又南二里有茂岭，亦曰茂岭冈，以草木滋茂而名。其下为南洲。相传冈本临大湖，唐天宝中，一夕雷雨，湖中涌出一洲，土人目为小瀛洲。又仙井岭，在府西北一里，旁有仙井。《志》云：府西南三十五里有蚕山，俗名王商岭。又府东南百七十里有胡鼻冈。

海，府南百五十里。《海防考》：府境所辖海澳，若莲头港、汾州山、两家滩、广州湾，皆南面之险也。

鉴江，在府城东北。源出电白县鉴山下，其水澄澈，绕流而西，环带郡治，迤西南支分双渚，合流至化州会罗水，又南经吴川县入海。《志》云：府东北一里有上宫湾，出崖石中；又有下宫湾，在城西观山下。又有新河水，在府东南一里，源出云炉山，一名东河，合大河，经此皆流会于鉴江。

潭峩江，在府城西。源出信宜县西思贤岭下，流经府城西南，有高源水亦自信宜县流经府城西，会为一水，并流入于鉴江。〇特亮江，在府西百里，自信宜县流入界。又浮来水，在府西北百二十里。其下俱流注于海。

平山镇，府东南四十里。本属电白县，有巡司，洪武中置。成化以后，改今属。又赤水巡司，在府东北。《志》云：府东百十里有故那黎寨，宋置于电白县下博乡，元曰那黎巡司。洪武二十七年，以那黎地僻，迁于今治。○东门营，在府城东。《志》云：府西北有双威寨，绣江源出于此，即今广西北流县之双威镇矣。又有茅峒，在府东南十里，四山环合，中有隙地可以藏兵，当山缺处一径逦迤，通神电以西诸路。成化二年，贼邓公长据此，知府孔镛招降之。

古潘驿。在府治西。又那夏驿，在府东九十里。《舆程记》：自古潘驿西八十里，为化州石城县之息安驿，又西九十里为廉州府石康县之白石驿，此为西达廉州之道。自驿而南九十里为化州陵水驿，又百里为石城县之新和驿，又南百里为雷州府遂溪县之桐油驿，此为南达雷州之道。又自那夏驿东百里，为电白县之立石驿，又六十里为肇庆府阳江县之太平驿，此为东北达肇庆府之道。○端黎山寨，在府北。《志》云：茂名县境徭山，凡四十有四。

○电白县，府东四十五里。东至肇庆府阳江县二百二十里。汉合浦郡高凉县地。梁置电白郡，治电白县。隋平陈，郡废，县属高州。唐因之。大历十一年，自良德县移高州治此。宋因之。景德初，州废，县属窦州，寻复为州治。元大德中，移高州治茂名，县属焉。明景泰初，流贼云扰，县无宁宇。成化四年，移入神电卫城。今城周六里有奇，编户十二里。

高州城，今县治。唐、宋时州郡皆治此。《郡志》：电白县旧有土城，即故高州城也。元大德中，因故址为县城，甃以砖石，周三里有奇。明正统中，为徭寇所毁，寻复修筑。成化中废为旧电白堡，而移县于神电卫治东，西北去旧城百八十里。《城邑考》：卫城，洪武二十七年筑，初为土城，永乐七年改甃以砖。成化四年增修，浚濠环之。

良德废县，在旧县西北三十七里。陈置务德县，属高凉郡，后改曰良德。隋属泷州。唐初改属高州，贞观中为高州治，州徙，县仍属焉。宋开宝五年，省入电白县。〇海昌废县，在旧县北，梁置，并置海昌郡治焉。隋省。

保定废县，在旧县东二百二十五里。本高凉县地。梁置连江县，为连江郡治。隋平陈，郡废，县属高州。唐初改曰保安县，仍属高州。开元五年改曰保宁，至德二载又改曰保定。宋初省。

宝山，旧县治北一里。秀丽特立，形如圆珠。宋绍兴间，创登高亭，植松于上，为郡登临之胜。山之麓有送龙冈，其南为狮子坡，县治凭焉。又有鉴山，在县北三里，旧有银坑，下有溪，澄澈如镜，即鉴江之源也。《志》云：今县北二里有庄峒岭，高峻巉岩，为县主山。县北十里曰龙潭山，山麓有石岩，泉出三窦中，涌流为龙潭。又县南十里曰莲头山，高秀如芙蓉，县之案山也。

要龙山，县东六十里。与双甑山相连，皆高耸。又帽涝山，在县东北三十里，山有云如帽，即雨至，因名。〇丫角岭，在今县北五十里，双峰并峙，山色苍翠。又湖山岭，在县西北七十里，山势耸拔，为诸山宗。登其巅，瞰大海如池沼。上有龙潭，渊深莫测。

海，县南五十里，又东南与阳江县接境。《志》云：县南三十里有咸水湖，四面水皆淡，而此湖独咸，说者以为地窍通海也。

鉴水，在县西南。源出鉴山下，合群川流入茂名县境而为鉴江。《志》云：县东北三十里有射合水，出帽涝山，流入茂名县境。旧县南三里又有蒲牌河，东流七十里为大河，复西南流入茂名县界，合于东河，并注于鉴江。

五蓝河，县东三十里。源出山涧中，南流入海。有官渡。〇莲头港，在县南四十里，源出县西北十五里之奇壁山西，名沙尾港，南流经莲头山，山水流合焉，因名莲头港。又南有大分洲，水流经此入海。

立石关。在县西北立石驿西。《志》云：神电卫西有立石驿，万历中改据冈驿，有立石巡司，寻革。又龙门营，在县西四十里，嘉靖十八年置。又狮子堡，在县西七十里，嘉靖五年设，与旧县城并为控御徭贼之要路。相近有三桥堡，《志》云：即茂名县之那夏驿，弘治十年设。皆有兵戍守。○北额寨，在县西，宋置。又望夫山寨，在县境，徭寨也。《志》云：县境有二十一徭山。

○信宜县，府北八十五里。东至罗定州百六十里，西北至广西容县百八十里，北至广西岑溪县百五十里。汉苍梧郡端溪县地。梁为梁德县地。隋为怀德县地。唐武德四年，析置信义县，为南扶州治，贞观六年为窦州治。宋太平兴国初，改县曰信宜，仍为窦州治。熙宁四年，州废，县属高州。今城周不及二里，编户十五里。

废窦州，即今县。唐武德四年，置南扶州，治信义县，寻以獠叛，寄治泷州。贞观元年，州废，以县属泷州。二年，复置南扶州。五年，复废入泷州。六年，改置窦州。天宝初曰怀德郡，乾元初复曰窦州。《唐志》：州界有罗窦洞，因名。南汉亦曰窦州。宋废。《城邑考》：县旧有土垣，正统五年徭乱，始筑砖城。

怀德废县，县东北七十里。萧梁置梁德郡，治梁德县。隋平陈，郡废，县属泷州。开皇十八年，改曰怀德县。唐初属南扶州，寻属窦州。南汉因之。宋开宝五年，省入信义县。○潭峨废县，在县西南二十里。唐初置，属南扶州，寻属窦州。宋开宝中废。又特亮废县，在县西北百二十里，亦唐初置，属南扶州，后属窦州。宋废。

龙山，县东二十里。山势峻险，南有石孔，约深五丈许，谓之风窨；北有石孔，其深不测，谓之雨窨，相传有龙潜焉。又古楼山，在县东七十里，山势险峻，上有三峰，高低相叠，其状如楼。○大间山，在县西北二十里，形势高大，间于茂名、信宜二县界，因名。又县北三十里有赵山，形势险峻，元时有猺人赵姓者依山而居，因名。《志》云：县治东北有营屯山，县之镇山也。又有凤凰山，在县西南二里，俗呼凤凰渚。

云岫山，县西南三十里。山高险，中有一峰耸拔，人莫能至，云常盖其上。○雷公岭，在县东北百里。山空洞雷鸣，则洞谷响应。又有欧岭，在县西北百里，山高广，其中一峰特耸，元时有欧姓者居此。《志》云：县南一里有罗窦洞，唐以此名州。贞观五年，高州总管冯盎入朝，罗窦诸洞僚反，敕盎率部落讨平之。又显庆三年，播罗哀僚酋长多扶桑等率众内附，即此地也。盖生僚所居后，日就倾圮，无复故险。明嘉靖中，好事者因之曰小瀛洲。

窦江，在县城南。《志》云：窦江源出龙山西，流合东、西二川。东川源出雷公岭，西南流经城南，合西川入窦江，滩峻水急，多峭石，冬浅夏深，民常以竹簰转运。西川源出欧岭，绕流经废潭峨县，亦曰潭峨江，至城南与东川合流。其水亦冬浅夏深，无石，民亦以竹簰转运，合流后，始通舟楫。又西南经云岫山，转而南流，经府治西北入于鉴江。

丽水江，在县北八十里。出县北百里白马山，下流入东川。又特亮江，在县西百里，源出县西七十里之宋山，东南流入茂名县界。《志》云：县西百里有高原岭，接化州界，高源水出焉，下流入于西川。

中道镇。县东北五十里，东川所经也。有巡司，洪武中置。《志》云：司本置于怀德乡后黄潦寨左，与县北函口隘并为要害。是也。○岭底堡，在县东四十里，向设官军，防怀乡、圣峒、六定、岭底等猺。又中堂堡，在县东九十里，亦设官兵，防坡头、竹云、中堂等猺。○浦头山寨，在县北，猺寨也。《志》云：县北境猺山，接广西岑溪县、郁林州界，凡四十有一。又县境有盐田等猺山十五，十三峒等猺山十二。其坡峡山等五十八猺山，称为险恶云。

○化州，府西南九十里。西南至雷州府三百六十里，西至廉州府百八十里,西北至广州陆川县二百三十里。

秦象郡地。汉属合浦郡。后汉因之。三国吴属高凉郡。晋以后因之。梁置罗州及石龙郡于此。《陈书》冯仆为阳春郡守,转石龙太守,即此。《隋志》梁罗州及高兴郡并治石龙县,恐误。隋平陈,郡废。大业初,州废,仍属高凉郡。唐武德五年,复置罗州,六年,改置南石州。贞观九年,又改为辩州。天宝初曰陵水郡,乾元初复曰辩州。天祐初,尝改为勋州,时朱全忠以辩、汴声相近也。旋复故。宋太平兴国五年,改曰化州。亦曰陵水郡。元曰化州路。明洪武初,改为府。八年,降为州,以州治石龙县省入。九年,又降为县。十四年,复为州,编户三十七里。属高州府,领县二。今因之。

州接壤粤西,控扼徭峒,而大海南环,窥伺易及,亦噤要之所矣。

石龙废县,今州治。汉高凉县地。梁置石龙县,为石龙郡治。隋废郡,县属罗州。大业初,州废,县属高凉郡。唐初仍为罗州治,旋为南石州治。贞观中为辩州治,自是州郡皆治此。明初省。《城邑考》:州城,宋绍兴三十一年创筑,甃以砖石,北际江,三面环以池。元末毁。明正统十三年,广西徭贼犯境,奏筑砖城并浚濠堑。成化四年增修,十年改旧城而小之。旧城四门,周四里有奇。今城二门,周三里有奇。

陵罗废县,州北百二十里。唐初置,属罗州,后属辩州。宋白曰:县在陵、罗二水间,因名。宋开宝五年废。○慈廉废县,在州西。又南有罗肥废县。俱唐武德五年置,属罗州,明年属南石州,贞观初省入石龙县。旧《志》州北有罗辩废县,州西北又有龙化废县。今见广西北流县及陆川县境。

千秋山,州东南二里。去罗江二里,横亘如屏。其东又有东胜岭,在罗江东岸，亦高胜。又龙母山，在州治南一里，一名南山，东面临江。《志》云：州治北有石龙冈，旧石龙县以此名。〇帽子山，在州西南五里，以形似名。又铜冈山，在州东北十里。州北二十里又有丽山，州之镇山也。又十里为扶良山。皆险峻。

石城山，州北五十里。中平衍，四面高耸如城，因名。又北三十里曰来安山，接石城县界，极险峻，惟东南一径可登，旧为乡人避兵处。〇畲禾岭，在州西百五十里。岭高广，猺人以为畲田，种禾其上。成化二年，贼梁定屯此，寻降。

陵水，州北九十里。源出广西北流县扶来山下，西南流七十里，与罗水合。又罗水，亦在州北九十里，源出北流县娥石山下，东南流合于陵水，亦谓之罗江。经城东，至州南二十里鉴江来合焉，谓之平原江，以江流平顺也。又南流至吴川县入海。

平乐水，州西五十五里。源出畲禾岭，流经此，又东四十余里与陵水合，水宽平，无滩险，篷筏易达，因名。又有高原水，出州东北百余里高原岭，流入信宜县，合于西川。

梁家沙镇，州东北百九十里。有巡司，洪武中置。梁家沙堡亦置于此。又平定堡，在州西北百八十里，向皆设官兵戍守。〇陵水驿，在州治南。

门村山寨。在州境，猺寨也。《志》云：州境猺山凡五十有一，向皆分兵戍守。

〇吴川县，州南七十里。东北至高州府百三十里。汉高凉县地。隋置吴川县，属高州。唐属罗州。宋开宝五年，改属化州。《城邑考》：县城，洪武二十七年始筑土城，永乐元年甃以砖石，周三里有奇。编户二十七里。

罗州废县，县西北百十里。刘宋元嘉初，镇南将军檀道济于陵、罗江口筑石城,后因置罗州县,属高凉郡。齐、梁因之。隋废。○翔龙废县,在县南百四十里硐洲上。洲屹立海中,当南北道,为雷、化犬牙处。宋景炎二年,帝自七里洋还驻硐洲,旋崩,弟卫王昺立,升硐洲为翔龙县,即此。

特思山,县西南七十里。山势特兀,为众山最。又有高山,在县西八十里,峰峦崒嵂,因名。○特呈山,在县南六十里,山势秀拔,竦立海中,与雷州府遂溪县平乐海岭相邻,山北有茂晖场,产盐。又文翁岭,在县东三里,脉自浮山来,屹峙海东。

海,在县城东南,与雷州府接境。《志》云:县南三十里有限门港,合群川之流注于海,水道曲狭,值潮退,沙碛浅露;或潮满风急,舟楫悉不敢往来,因名。又硐洲,在县南大海中。宋置硐洲寨,后为翔龙县。明洪武六年,杨璟破海贼谭南等于此。《海防考》:县南四十里有广州湾,海寇出没处也,向设兵哨守。

吴川水,县西一里。鉴江及陵、罗诸水自化州合流至县北二十里,复纳浮山水,流经城西,至县南合渡分为三川,旋绕数里,复合为一,出限门入于海。又县城东有洞雷水,其水无源,随潮上下。

平城江,县西二十里。源出州境那阳山,经林公渡入于海。

宁村镇。县南五十里。有巡司,洪武初置于县东南,近宁川所。二十八年,改置于此。又硐洲巡司,旧在州南海滨,正德中迁于洲上。

○石城县,州西百十里。西北至广西陆川县百四十里。汉高凉县地。刘宋为罗州县地。隋废入石龙县。唐武德五年,析置石城县,以石城水为名,属罗州。六年,移罗州治此。天宝初改为廉江县,又改州曰招义郡,后复曰石城。南汉仍为罗州治。宋开宝五年,州废,县亦省入吴川。乾道三年,复析置石城县,属化州。今因之。城周三里,编户二十七里。

废罗州,即今县。唐初置罗州,治石龙县,寻移此。天宝初曰招义郡, 乾元初复曰罗州。宋初, 州废。《城邑考》: 县城, 洪武二年始筑土垣, 正统五年甃以砖石。

招义废县, 县西七十里。唐初置招义县, 属罗州。天宝初, 改曰幹水县。宋初废。又零绿废县, 在县西南百二十里, 亦唐初置, 属罗州, 以零绿水为名。南汉属常乐州。宋初废。常乐, 今见廉州府废石康县。

谢建山, 县北十里。上有一峰高出, 为县主山。又有一冈, 远望如城, 曰石城冈, 县因以名。○石篱山, 在县北四十里。其西、南、北三面皆峻, 东稍平, 叠石如篱。又天堂山, 在县北百二十里。元末, 民恃其险, 避寇于此, 获免锋镝, 因名。

望恩山, 县南五十里。驿路径其麓, 突起三峰, 形如笔架, 回绕县治。○招义山,《志》云: 在废招义县西北二里。昔卢循作乱, 有谭氏招义兵于此, 以保乡里, 唐因以名县。

九洲江, 县东北二十里。其上流即广西陆川县之龙化江也, 南流入县境, 至县南有双水流会焉, 又南注于海。其江至冬水浅沙露, 分为九洲, 因名。又南廉水, 在县治东一里。《志》云: 源出广西容县界, 流入境, 或曰即龙化江支流也, 分流经此, 东南入海。唐廉江县以此水名。○东桥江, 在县东南四十里。《志》云: 源出化州境谢获山, 南流二十里, 经雷州府遂溪县之柳浦, 东南会石门水入海。

零洞水, 在废零绿县西三十里。源出县西境零洞山, 下流入海, 一名零绿水。《通志》: 零绿水, 在县西百二十里, 一名零烈水, 源出廉州府境, 东南流入海。○官寨港, 在县西南百二十里, 源出廉州府废石康县之六牛山, 南流二十里入永安大海, 近官寨盐场, 因名。《志》云: 县东南三十里有两家滩, 海澳通大海, 贼船多泊此, 为石城、遂溪两县之襟要, 向设军防守。

零绿镇, 在县南。以废零绿县而名。有巡司, 洪武初置。零绿水经其旁。旧有零绿关，亦置于此。〇那楼营，在县西八十里。旧在县西北，嘉靖中迁于息安驿。又三合堡，在县东北，成化七年设，防广西陆川徭贼。

新和驿。在县治西。又三合驿，在县北七十里。息安驿，在县西八十里。《舆程记》：由广西陆川县永安驿七十里而达三合驿，由车头朗、龙化江、平山墟等河共七十里至新和驿，又由三合堡河江头渡共七十里至雷州府遂溪县桐油驿。

附见：

神电卫，旧在电白县东南百八十里，地名白石坡。洪武二十七年，建卫筑城。成化四年，电白县移治于卫城内。〇高州守御千户所，在府城内，洪武十四年置，调雷州前千户所官军守御。信宜县守御千户所，在县治东北，正统五年置。又宁川守御千户所，在吴川县治东南，洪武二十七年置。俱隶神电卫。

守镇石城后千户所。在县治西。正统五年置，隶雷州卫。

〇雷州府，东至海岸十里，南至海岸二百二十里，又南渡海至琼州府七十里，西至海岸二百里，北至化州石城县二百五十里，又北至广西郁林州亦二百五十里。自府治至布政司一千四百五十里，至江南江宁府五千五百九十五里，至京师九千四十里。

古百越地。秦属象郡。汉初属南越，元鼎以后置合浦郡。治徐闻县。后汉因之。徙治合浦县。晋亦属合浦郡。宋、齐仍旧。齐还治徐闻。梁大通中置合州，大同末改为南合州。以别于合肥之合州也。隋平陈，复改为合州。治海康县。大业中，州废，仍属合浦郡。唐武德五年，复置南合州。贞观元年改东合州，八年改为雷州。天宝初曰海康郡，乾元初复曰雷州。五代时属于南汉。宋仍为雷州。亦曰海康郡。元曰雷州路。明洪武初改为府，领县三。今因之。

府三面距海，北负高凉，有平田沃壤之利。且风帆顺易，南出琼、崖，东通闽、浙，亦折冲之所也。

〇海康县。附郭。汉徐闻县地，属合浦郡。隋析置海康县，为合州治。唐为雷州治。今编户百五十里。

雷川废县，在府西。梁置。又有模落、罗阿二县，隋大业初俱并入海康县。《城邑考》：雷州城，五代梁贞明中南汉所筑，后圮。宋至道二年，始筑子城，周一里。绍兴十五年，复筑外城，二十五年城始就。嘉定五年、淳祐十年，皆尝修筑。元至顺、元统间，亦复营治。明洪武七年重修，弘治十七年增修，正德十二年复用砖石甃治。嘉靖以后，屡经修筑。有门四，城周五里有奇。

擎雷山，府南八里。府治之案山也，擎雷水出焉。又府北五里有英灵冈，府治主山也，状如屏几，一名鸟卵山。相传陈大建间雷出于此，因更今名。又府西南八里有英榜山，上有雷师庙。〇吉斗山，在府西北四十里，山尖盘回三十里，形如盘斗，因名。又西北五里曰雷公山，山势稍平，林木深郁，高仅八丈，盘旋五十里。相近者又有讨泗山，多竹木之利。

虎头山，府东七十里。山枕海中。府东北八十里又有麻囊山，亦枕海滨。又有时礼山，在府东南八十里，高五十丈，山岭有泉，遇旱，居民祷雨于此。〇博袍山，在府西八十里，高五十丈，岩穴甚胜。又有英高山，在府东南百三十里，两峰高峭，上有石穴，涌泉不竭。又徒会山，在府南百三十里，枕西海中，高三十余丈，周三十余里，岩穴崎岖，泉流清泠。

海，府东十里。亦曰东洋海。极目无际，南通琼、崖，西通对落、杨梅二珠池，东北通闽、广，中有思灵岛，产米豆。又有濒洲，在府东南百八十里，崛起海中，周五十余里，上有田颇腴沃。又府西南境之海亦曰西洋，海中有卯洲，地常暖，鸟多伏卵于其上。又有邵洲，在府西南百十里海中，周围六十里，居民皆煮盐为生。其地本荒弃，有邵姓者辟而居之，因名。

擎雷水，在府南擎雷山下。一名南渡水。《志》云：水源有三：一出海康县北铜鼓村，一出县西鹧鸪坡，一出徐闻县界，三水合流，环绕郡治，南流七十里，东入于海。○罗湖水，在府城西，一名西湖，下流入擎雷水。又潭望水，在府西南六里，源出遂溪县界，流入境。又平望水，在府西北十五里。俱合擎雷水入海。又博袍水，出府西博袍山之阳，西流入海。

清道镇，府西南百二十里，地名乌石港。有巡司。又有黑石巡司，在府东九十里。俱洪武二十七年置。《志》云：府南二里有水军寨，宋置，屯兵以备海道。又府城北有澄海、牢城二营，俱宋置。○清道隘，《志》云：在府西百八十里，滨海。又府西南有黑石隘。皆戍守要地也。

雷阳驿。在府城北。《舆程记》：自驿而南，六十里为将军驿，又南七十里为徐闻县之英利驿，又百里为杏磊驿，渡海广六十里至白沙驿，由白沙驿十里而至琼州府城。

○遂溪县，府北百八十里。北至化州石城县七十里。汉徐闻县地。梁为椹县地，属合浦郡。隋开皇十年，析置铁杷县，属合州。唐初因之。天宝初改置遂溪县，属雷州。宋开宝五年，废入海康县。绍兴十九年，复置，仍属雷州。元因之。《城邑考》：县城，洪武七年始筑土垣，正统间甃以石，周二里有奇。编户四十八里。

铁杷废县，县东南七十五里。梁椹县地，隋析置铁杷县，唐又改置遂溪县。又椹川废县，在县东南五十里。梁置椹县，属合浦郡。隋开皇十八年，改曰椹川县，仍属合州，大业初并入扇沙县。唐复置，天宝初并入遂溪县。今椹川巡司置于此。○扇沙废县，在县东。梁置扇沙县，属合浦郡。隋属合州。唐初废。

乌蛇山，县东北三十里。山弯长而黑色，产乌药。又县东南百里有覆盂山，以形似名也。《志》云：县东北百五十里有调楼山，高十余丈，上常有五色光见，若楼台然，因名。〇螺冈山，在县西南七十里，高二十仞，盘曲如螺。又县西南二百里海中有涠洲山，中有三池，旧产珠。《志》云：山团围皆海，周七十余里，内有八村，人多田少，皆以采海为生，一名大蓬莱。旧为防海要隘，万历十七年，以珠贼为患，增兵戍守。山之阳有蛇洋洲，亦名小蓬莱，特起海中，如蛇形，周四十里，与涠洲山相对。

斜离岭，县南五十里。高十仞，周二十里，突起二峰，势皆斜列。一名雷公岩。又七星岭，在县南七十五里，岭上有七小峰，形如北斗。〇湖光岩，在县东南七十里。本名净湖岩。湖畔峰岭壁立，瞰湖为岩。其在湖西绝壁中者曰白云岩，宛若城门，其前湖水澄澈，人迹罕至。宋建炎中，丞相李纲过此，改今名。

海，在县东南百余里。《志》云：海中有调鸡门，周百有五里，隔吴川县硇洲仅一港地，势奔趋如鸡转翅，故名。县西南亦滨海，海中有涠洲山也。

三鸦水，县东南八十里。源出县东之大陂，流经此，旁有三石如鸦，因名。《志》云：县治东有东溪，流经县治，南一里合于傍塘溪，又西南流，合东流水折而东，会三鸦水，又东入于海。〇铁杷溪，在县东南湖光岩之阳。岩下有湖，俗传为陷湖，溪承其下流，中有石齿，形似铁杷，隋铁杷县置于溪之东岸，又东入于海。又武乐水，在县西南螺冈山下，南流二十里，折而东入海。相传汉元鼎中，路博德讨南越，尝驻师于溪北岸。恐误。

椹川镇，在县东南。有巡司。《志》云：元至元二十一年置于椹川村，明洪武二十三年迁于旧县治。又涠洲巡司，在海中涠洲山上，洪武三年置。〇横山堡，在县西北六十里，向设官军戍守。

桐油驿。在县城内。又县有城月驿。

○徐闻县，府南一百五里。南渡海至琼州府百九十里。汉置县，为合浦郡治。后汉属合浦郡。三国吴为珠崖郡治。晋仍属合浦郡。宋因之。齐仍为郡治，又析置齐康县，为齐康郡治。梁、陈间，并徐闻县入焉。隋平陈，废郡，改县曰隋康，属合州，大业初属合浦郡。唐属南合州，贞观二年复曰徐闻县，寻属雷州。宋开宝五年废，乾道七年复置。今城周三里有奇，编户九十里。

徐闻旧县，在县西北。汉初置县于此。晋、宋以来因之。梁、陈间，并入齐康县。隋改隋康。唐曰徐闻。《城邑考》：县城旧在讨网村，元至元二十八年迁于宾村，俱无城。正统中，始筑土城。天顺中寇陷，又迁于海安所城。弘治十四年，复迁宾村，始筑石城。正德五年，增修。嘉靖十一年、十九年以后，屡经修筑。

石门山，县西北六里。高十余丈，周围十里，上有巨石，耸峙如门，山巅有潭，四时不竭，一名石门岭。又冠头山，在县东七十里，端耸如冠冕。又东十里曰屯云山，以云雾常蒙其巅也。又十里曰三原山，上有三原泉。○尖山，在县北九十里，尖耸出群山之上。县东北七十里又有石界岭，上有石卓起。

小蓬山，在县南三十里海中。前有海屿，名曰三墩。旧《志》：由此渡海四百里，乃至琼州。

海，县东南二十里。《志》云：海中有老鸡洲，抵琼州界仅四里，渡海至琼州折旋四百一十里。《舆程记》云：旧《志》谓由徐闻县而南，舟行四百三十里度海达琼州。今自雷州东海洋径达琼州白沙口，一日夜可至也。

大水溪，县东十里。源出县东北笕床山，至县东，有石滩，水声响急，其下旋洄为潭，深不可测，俗名龙潭，南流经海安所城东入于海。俗号石滩为灵山镇海滩。又古源水，在县东南十里。《志》云：源出潭田村，南流入海。○廉宾水,在县西北四十里。又西北十里为马鞍山水源出焉,南流合顿吞水,又南至老沙港入海。又迈胜溪,在县东四十里,溪水澄澈,下流亦注于海。

东场镇。在县西南,滨海。有巡司。《志》云:洪武初置于迈谷村,二十七年迁于东场。又宁海巡司,在县东南。《志》云:洪武初,司置于县东,二十七年,迁于黎浦口。○杳磊驿,在海安所城中。其南有杳磊浦。宋雷州将王用降元言:硐州无粮,闻琼州欲供粮,而海道滩水峻急,止有杳磊浦可通舟楫,宜急守之。即此。又县北五十里有英利驿。

附见:

雷州卫。在府治东。洪武五年建。○海康守御千户所,在县西百七十里,有城戍守。乐民守御千户所,在遂溪县西南百九十里。又海安守御千户所,在徐闻县西南二十里。锦囊守御千户所,在徐闻县东百里。俱洪武二十七年建,皆隶雷州卫。

○**廉州府**。东至高州府二百六十里,南至海岸八十里,西至广西上思州界五百三十里,北至广西横州三百里,西北至广西南宁府三百五十里,东北至广西博白县二百里。自府治至布政司一千二百六十里,至江南江宁府五千六百二十里,至京师九千九百六十五里。

古百越地。秦为象郡。汉初属南越国,武帝平南越,属合浦郡。郡治徐闻县。后汉因之。始治合浦县。三国吴黄武七年,改曰珠官郡,寻复故。晋亦曰合浦郡。宋置越州。《志》:泰始七年,置州,并领合浦、临漳等郡。齐因之。《志》:越州治临漳郡,而合浦郡还治徐闻。梁为越州治。《通志》:梁省临漳郡入合浦郡,还治合浦,仍移越州治焉。隋平陈,废郡存州。大业初,改为禄州,寻又改为合州,三年复曰合浦郡。唐武德四年,仍置越州。亦曰南越州。贞观八年,改为廉州。以郡有大廉洞而名。天宝初曰合浦郡, 乾元初复曰廉州。南汉因之。宋仍为廉州。亦曰合浦郡。太平兴国八年, 改曰太平军。咸平元年复故。元曰廉州路。明洪武初改为廉州府, 寻降为州, 属雷州府。十四年, 复为府, 领州一、县二。今因之。

府南滨大海, 西距交阯, 固两粤之藩篱, 控蛮獠之襟要。珠官之富, 盐池之饶, 雄于南服。

○合浦县, 附郭。汉县, 属合浦郡。后汉及晋、宋皆为郡治。梁兼为越州治。自隋、唐以后, 州郡皆治此。明初省, 洪武十四年复置。编户三十六里。

廉州故城, 在府东北七十五里蓬莱乡。唐时州治此。《志》云: 今治东十里有青牛城, 古越州城也。《宋志》: 越州, 泰始七年立, 领临漳郡, 旧属广州。《南齐志》: 越州治临漳郡, 本合浦北界, 蛮僚丛居, 略无编户。宋泰始中, 西江督护陈伯绍猎其地, 有青牛之祥。七年, 启立为越州, 增置百梁、龙苏、永宁、安昌、南流六郡, 又割交、广之临漳、合浦、宋寿三郡属焉。元徽二年, 始立州镇, 穿山为城门, 以威服狸僚。梁废临漳郡, 以越州治合浦郡。隋废郡, 仍为越州治。大业三年, 改州为郡, 仍治合浦县。唐武德四年, 又为越州治, 五年南越州刺史宁道明据州叛, 即此。其治俱在蓬莱乡。宋开宝五年, 移廉州治于长沙场。太平兴国八年, 废州, 改置太平军于海门镇, 其地在今治西南三十五里。咸平初, 复置廉州于廉江东岸, 即今治也。《城邑考》: 州城, 宋元祐中创筑土城, 绍圣四年重修。明洪武三年增筑, 谓之旧城。二十八年, 于城东增拓土城。宣德中甃之以砖, 谓之新城。成化元年为贼所陷, 明年修复, 益拓旧址。正德中, 增修。嘉靖二年, 复营治。十七年, 大雨, 西城坏, 旋修复之。十九年、二十年、三十四年, 皆尝缮治。隆庆以后, 屡经修筑, 环城为濠。有门三, 城周五里有奇。

　　石康废县，府东北三十里。本合浦县地。南汉咸亨初，置常乐州，领博电、零绿、盐场三县。宋开宝五年，州县俱废，改置石康县。《一统志》石康县治南有常乐废州治，是也。本属廉州。元因之。明洪武初改属雷州府，十四年还属廉州府。成化八年，为广西徭贼所残破，并入合浦县。旧有编户十里。《广志》云：盐场废县，亦在府东南。

　　漳平废县，在府东。《宋志》临漳郡无县。《齐志》为郡治。梁、陈间，郡县俱废。漳，亦作鄣，又作瘴，以临界内瘴江为名。瘴江，即合浦江也。又合浦故县，旧《志》云：在今县西南。汉初置县于此，后移而东。三国吴孙皓末，交阯太守杨稷据交阯，遣将毛炅等攻合浦，战于古城，大败吴兵，即此城云。○龙苏废县，在府东南。宋置龙苏郡，治龙苏县。齐、梁因之。隋平陈，郡废，县属越州。唐初废。又大廉废县，在府南六十里，梁置县，属龙苏郡。隋废郡，改属越州。大业初，废入龙苏县。唐武德五年，复置，属越州，寻属廉州。宋开宝五年废。

　　封山废县，府西南百五十里。汉合浦县地。南齐置封山郡，治安金县。萧梁兼置封山县，萧正表封封山侯是也。隋郡废，以封山县属越州。唐武德五年，于县置姜州。贞观十二年，州废，以县属廉州。南汉因之。宋开宝五年省。又廉昌废县，在县西南百二十里，梁置，属封山郡。隋大业初，省入封山县。

　　蔡龙废县，府西北百十五里。唐初置。《新唐书》：县有蔡龙洞，因名也。初属姜州，贞观中属廉州。南汉因之。宋开宝五年废。又高城废县，亦在府西，唐武德五年置，属姜州。贞观十二年，省入蔡龙县。○东罗废县，在府南。唐初置，属姜州，贞观中改属廉州，天宝以后县废。又珠池废县，亦在府南，唐贞观六年置，属越州，十二年废。又东南有安昌废县，唐武德五年置，属越州，贞观十二年省入合浦县。

　　大廉山，府东百里。上有大廉峒，唐以此名州。又东五十里曰画山，峰峦秀丽如画。又十里为百良山，山高大，多巨木良材。〇登高山，在废石康县治东，旧为士民登眺处。又东二十里曰白石山，又十里曰三山，有三峰峭立，与白石山相接。《志》云：府东北百四十里有姜山，以绕山居民皆姜姓也。

北峨山，府西北百里。峰势嵯峨。又西北四十里有糠头山，一名军头山，相传秦尉陀尝驻军于此，偶乏粮，以糠头散给，因名。俗呼狼头山。〇黄稻山，在府北九十里。又北六十里曰五横山，俗呼五黄岭，山深杳。相近有母鸡山，弘治十一年，御史万祥言，廉州山岗贼巢有母鸡山、木头洞二处，是也。

龙门岭，府东八里。下有龙门村，有龙门水，分二支：曰源头，曰龙门，环城北入于廉江。又冠头岭，在府南八十里，形势穹窿，山石皆黑如冠，亦曰冠山。自此涉海，北风顺利，一二日可抵交之海东府。〇蔡龙洞，在府东百余里。唐以此名县。《通志》洞在合浦县东一里，似误。

珠母海，府东南八十里巨海中。中有七珠池：曰青莺，曰杨梅，曰乌泥，曰白沙，曰平江，曰断望，曰海渚。后为五池，其东为断望、对达二池，无珠；西为平江、杨梅、青莺三池，有大蚌，剖而有珠。今止以三池名所谓合浦珠也。南汉刘铄于合浦置媚川都，令人入海采珠，溺死者甚众。宋开宝五年，诏废之。明嘉靖二十二年诏采珠，二十四年复采，寻以碎小不堪用而止。海中有围洲，周回百里，昔有野马渡此，亦名马渡。

廉江，府北三十里。一名合浦江，亦名南流江，又名晏江。源出广西容县大容山，南流入府界，地名州江口，分为五江：曰州江，曰王屋屯江，曰白沙塘江，曰大桥江，曰新村江，环流至府城西南入海。又府北二十里有石湾江，府北十里有猛水江，皆廉江分流也。

武利江，府北六十里。其源一出府北小双山，一出灵山县界张蒙山，一出府东北谢成岭，汇于武利埠，南流合新村江入海。又府东北五十里有思乡水，源出废石康县北境之思峒山，西流接武利江，还入县界，合于晏江。以其去而复还，因名。○晏水，在府东北二十里。源出废石康县界，西会于廉江。亦谓之晏江。

钟湾水，府南七里。其湾接江通海，相传宋政和间灵觉寺钟与龙斗于此，因名。《通志》云钟湾在府北七里，似误。又府东二里有南津水，源出薛屋岭，西流绕城入于州江。府东五里又有刘公涌水，亦流会于州江。○明月溪，在府北八十里，又北九十里有绿云溪。又有张沐溪在府东北九十里。其下流皆注于州江。

雁湖，府西北七十里。尝有雁集此，因名。或云在府治北二里，环绕芳洲，为郡之胜。又铜船湖，在废石康县治东登高山下，俗传马援尝铸铜船于此。

东关，在府东北。明初置，久废。嘉靖十五年重修，改曰条风关。又高仰镇，在府西南十里，有巡司，洪武初置。又珠场巡司在府东南六十里，永平巡司在府西北四百里，皆洪武初置。○山口营，在府东南百四十里。又新寨堡，在府东五十里，防新寨隘。向皆有官兵戍守。

环珠驿。在府治东。又府东永安所城内有白石驿，府西又有乌家驿。《舆程记》：自驿东北九十里为废石康县之白石驿，又东九十里为化州石城县之息安驿，自环珠驿而西七十里为乌家驿，又西七十里至钦州太平驿，入交阯之道也。○海门公馆，在府东八十里，嘉靖六年设。又那思公馆，在府东三百里，正德中设。又有海北盐课提举司，旧在雷州府城内，洪武初迁于石康县西，成化中迁于府城内，领白沙等十五盐课司。

○钦州，府西百四十里。南至海岸二百五十里，北至广西南宁府三百五十里，西至安南界三百六十里。

秦象郡地。汉属合浦郡。晋因之。刘宋置宋寿郡。齐因之。梁兼置安州。隋平陈，郡废。开皇十八年，改州为钦州，治钦江县。

大业初曰宁越郡。唐武德四年，复改置钦州。兼置总管府，七年改为都督府。贞观初，府废。天宝初曰宁越郡，乾元初复曰钦州。南汉因之。宋仍曰钦州。亦曰宁越郡，徙治灵山县。元曰钦州路。治安远县。明洪武二年，改为钦州府。八年，降为州，隶廉州府，以州治安远县省入，编户十里。领县一。今因之。

州控临大海，制驭安南，为藩篱要防，折冲重地。永乐中两征交阯，皆自广西之凭祥、云南之蒙自，而未尝以奇兵出钦州，倾其内险，故贼得以偷息海上。则钦州者，灭交阯之要途也。嘉靖中，州臣林希元曾建议而不果用。详见广西安南总论。有事交阯者，安可后钦州而不讲欤？

安远废县，今州治。汉合浦县地。萧梁置安京县，为安京郡治。隋平陈，废郡，县属安州，寻属钦州，大业初属宁越郡。唐仍属钦州，至德二载改曰保京县。宋开宝五年，改名安京，景德中改曰安远县。元移钦州治焉。明省。《城邑考》：宋时州治灵山县。《志》云：天圣初，徙治南宾寨。《别录》云：州旧治灵山县思林都，今名旧州墟。后又迁于滨海白沙之东，即今治所白沙，盖安远县地矣。明洪武十八年，始筑州城，景泰七年增筑。成化六年，又复营治，并遍植笅竹于城外。嘉靖十三年增修。三十三年，大水，坏西北城，未几修复。隆庆以后，亦尝修治。环城为濠，有门三，城周三里有奇。

钦江废县，州东北百三十里。刘宋时宋寿郡治也。齐、梁因之。隋废郡为宋寿县，开皇十八年改曰钦江县，为钦州治。唐因之。宋开宝五年，省入灵山县。《一统志》：今州东三十里有钦州故城，即隋、唐时州治。恐误。

乌雷废县，州西南百七十里。梁置安平县，又置黄州及宁海郡治焉。隋平陈，郡废，改州曰玉州，治海安县，即安平县也。大业初，州废，县属宁越郡。唐武德四年，复置玉州，领安海、海平二县。贞观二年，州废，县属钦州。上元二年，改置陆州，治乌雷县，以州界陆水为名。天宝初曰玉山郡，乾元初复为陆州。宋开宝中，州县俱废。○海安废县，在乌雷县西，隋县也。唐曰安海，为玉州治。贞观中属钦州，上元后属陆州，至德二载改曰宁海县。宋初废。其南又有海平县，本梁置，属宁海郡。隋属玉州，大业初废入海安县。唐武德四年复置，仍属玉州。贞观二年，废入安海县。

华清废县，在州西南境。梁置玉山县，属宁海郡。隋初属黄州，寻属玉州，大业初废入海安县。唐上元二年，复置玉山县，属陆州，天宝初改为华清县。宋废。

文笔山，州南二里。山峦峭拔，一名镇安峰。又南三里有三山岭，三峰特立，多产孔雀，一名孔雀山。○横山，在州东南三十里，山形延衺，横拱州治，一名鸡鸣山。又西南百六十里曰招远山，本名滩凌山，山高耸。正统五年，御史朱鉴陟此山，招叛民黄金广，建旗于上，因改今名。

安京山，州西北八十里。峰峦峭拔，冈脉绵远，形似惠州罗浮山，或谓之西罗浮。《隋志》安京县有罗浮山，即此。又十万山，在州西北百二十里，重峦叠嶂，延衺起伏，高大甲于众山。又铜鱼山，在州西北六十里，相传山下有深陂，铸铜鱼以为水窦，因名。州北三十里又有石浪山，群峰叠石，如拥浪然。○乌雷山，在州西南大海中，入安南之要道也。唐乌雷县以此名。

分茅岭，州西南三百六十里，与交阯分界。山岭生茅，南北异向。相传汉马援平交阯，立铜柱其下，以表汉界。唐安南都护马总亦建二铜柱，镌著唐德，自明为伏波之裔。明宣德二年，没于交阯。嘉靖二十一年，莫登庸降，仍归版籍。旧《志》：马援立铜柱在交州古森洞，即此岭云。○

望海岭，在州北十五里，登此可以望海。州北十里又有双角岭，以两峰并峙而名。

海，在州南二百余里。自此涉海，扬帆一日至西南岸，即交州潮阳镇。永乐五年，尚书黄福议：交阯万宁县接云屯海口，并连广东钦州地方，最为险要，宜以钦州所添军立卫。是也。《图经》：云屯海镇，在交阯新安府云屯县之云屯山，在大海中，番贾舟舶多萃于此，永乐中置市舶提举司。其山摩空直耸，两相对峙，一水中通。自海门黎母山发船西行，水程九百里至海宝山，自海宝北行，水程三百里取鸡唱门入云屯镇，就此镇转入新安府或往安邦州，皆便近。又州西南有六水口，曰谭家水口、黄标水口、藏涌水口、西阳水口、大湾水口、大亭水口，并为入海之路，向皆置卒戍守。

钦江，在州治东。源出灵山县洪牙山，流经城东南，下流入海。又渔洪江，在州西二十里，出西北安京山之阳。州西三十里又有凤凰江，流会渔洪江。又平银江在州东二十里，源出灵山县界，东流经平银渡。又州东南百余里有防城江。俱注钦江以入海。

龙门江，州南六十里。《志》云：安京山之阴有涌沦江，南经州南四十里，亦曰罗浮水。又南曰龙门江，两山对峙，形势若门。又西经涌沦、周墩而达交阯永安州界，为钦州之要害。嘉靖二十八年，安南贼范子仪等驾船突至龙门港口，因议设兵戍守，寻废。○淡水湾，在州南百三十里。《志》云：湾在龙门之前，旁有巨石，淡水出焉。舟楫往来，恒取汲于此。正德八年，安南入寇，官军败之于此。又五湖，在州城外。《一统志》：旧有东、西、南、北、中五湖。

天板关，在州西。又西有渔洪关，州东又有茶陵关。《志》云：州西南有那苏隘，其东南曰稔均隘，又东有那隆隘，隘外即交阯境，奸民通番者率由此。今废。

如昔寨，州西百六十里。连左、右两江溪洞，接交阯界。寨据大山之巅，势甚险阻。宋置峒长官辖时罗、贴浪等七峒。天禧间，岁调兵守之。元因其制。至正十二年，两江峒贼黄圣许寇钦州及灵山、安远二县，于是时罗、贴浪七峒人民亡散殆尽。兴兵讨之，贼窜入深峒。明洪武中，置巡司于如昔寨。宣德二年，土酋黄金广等以漷凛、罗浮、古森、葛源等四峒十九村叛附安南，安南遂侵如昔、贴浪二都，因置金勒千户所，移治那苏隘。嘉靖十五年，安南复侵如昔、贴浪二都。十九年，莫登庸降，归漷凛、金勒、古森、丫葛四峒地，于是始复故境。《志》云：贴浪峒，在贴浪都思牙村。相近为漷凛峒，在漷凛村。又西为古森峒。其时罗峒在时罗都，如昔峒在如昔都思勒村，相近者为博是峒，在丫葛村，鉴山峒在罗浮村。所谓七峒也。○管界巡司，在州西百八十里，本名时休峒。永乐中，改置巡司。嘉靖中，没于交阯，寻复来归。又州南十里有沿海巡司，州西三十里有长墩巡司，俱洪武中置。

千金镇，胡氏曰：在州西南。唐长庆三年，黄峒蛮破钦州千金镇，刺史杨屿奔石南寨。黄峒，见广西新宁州之西原废州。又如洪镇，亦在州西南。宋至道元年，交阯黎桓寇钦州如洪镇。如洪，或曰即渔洪之讹也。明永乐七年，交阯贼船劫掠钦州鱼洪村，官军追至交阯万宁县海上，遇贼舟，尽擒之。○鹿井寨，在州西南，宋置，控象鼻沙、大水口入海通交州水路。又有三村寨，在州东南，亦宋置，控宝蛤湾至海口水路，东南转海至雷州递角场。又思禀管，亦在州境。宋嘉祐四年，交阯李日尊寇钦州思禀管，即此。

防城营，州南二百里。又南五十里有思勒营，相近者曰罗浮营，俱嘉靖三十年设。○陆眼营，在州西北二百五十里，防广西界那农等山贼。又那迫营，在州西北百五十里。黄观营，在州西百二十里。那罗营，在州西百十里。团围营，在州西百三十里。又有总捕营，在州西二百里，与广西接界，春夏廉州卫军戍守，秋冬南宁卫军戍守。

天涯驿。在州东。永乐十四年，张辅奏：自天涯驿经猫尾港至涌沦、佛淘，从万宁县抵交阯，多由水道，陆行止二百九十一里，比丘温故路近七驿，宜设水马驿传，以便往来。从之，乃设防城、佛淘二水驿，宁越、涌沦二递运所及佛淘巡司，而改天涯水驿为水马驿。宣德三年复旧。

○灵山县，州北二百十里。北至广西横州百四十里，西北至广西永淳县百三十里。汉合浦县地。隋开皇十八年，置南宾县，属钦州。唐初因之。贞观十年，改为灵山县，仍属钦州。宋徙州治此。元徙州治安远，县属焉。明正统五年，始筑城。天顺三年，为贼所陷。成化八年重修。嘉靖八年以后，不时修筑。城周五里有奇，编户三十里。

南宾废县，县西八十里。隋置南宾县治此。唐改为灵山县。《宋志》钦州，天圣元年徙治南宾县，盖尚取故县为名也。治平三年，又徙今治。

内亭废县，县西九十里。刘宋末置宋广县，属合浦郡。齐因之。梁置宋广郡。隋平陈，郡废，县属钦州。开皇十七年改曰新化县，十八年又改曰内亭。唐武德五年，置南亭州于此。贞观二年，州废，县仍属钦州。宋开宝五年废。○遵化废县，在县南三十里。隋开皇二十年置县，属钦州。唐初属南亭州，贞观二年改属钦州。宋开宝五年废。

西灵山，县西一里。一名石六峰山。其峰有六，雄壮奇特，下有三岩，曰龟岩、月岩、前岩，宋陶弼名曰三海岩。弼《叙》云，治平三年春，移灵山县治于石六峰下，是也。《一统志》：唐贞观中，移灵山县治此。误。又西有穿镜岩，与三海岩相接，翠屏耸立，峰半一窍相通，宛若城门，其中天日晃然，有如穿镜，因名。

罗阳山，县东二十五里。山高极大，陟其巅，往返尽二日之力。山崎县东，日出先照，因名。又洪穿山，在县东北三十里，一名洪崖山，与广西横州接界，下为洪岸江。又龙牙山，在县北十五里，山中有潭，常有龙起。○羊角山，在县西北。成化八年，灵山县羊角山贼攻劫广西永淳县，即此。

博岭山，县西南三十里。广大高耸。又有狼济山，在县西八十里，山有石室、石门，门外有石桥。《志》云：山有石壁，壁外有石人夹峙，谓之狼济石。又林冶山，在县西南百三十里，旧有金坑。

洪崖江，在县东北洪崖山下。西南流出县西，其别源出罗阳山，流至县西，合为一，中有四滩，曰羊俭、滑石、鸡冠、大冠，下流入州界，即钦江上源也。○旧州江，源出县西七十里流峒山，又南流四十里，有南岸江流合焉，下流注于钦江。又大洸江，在县南百六十里，出县东南高仑岭，西南流至平银渡，直抵大洸港口入海。

西乡镇。县西北百四十里。有巡司，洪武八年置。又林墟巡司，在县西南百四十里，洪武四年建，永乐七年海贼阮瑶等寇劫钦州长墩巡司及林墟巡司，官军追败之。○洪崖堡，在县北三十里，又石隆堡在县东北七十里，又八角营在县西北百二十里，向皆有官兵戍守。○太平驿，在县治西。永乐十四年，于灵山县置龙门、安迁二马驿，安和、格木二递运所，寻废。

附见：

廉州卫，在府治东。洪武三年立守御百户所，十四年改千户所，二十八年改置卫。《志》云：卫东北有达官营，成化八年设。

永安守御千户所。在府东南百五十里。洪武二十八年设。《一统志》云在府东六十里。又钦州守御千户所，在州城内。洪武四年，立百户所二，二十八年并为千户所。守镇灵山千户所，在县治东。正统六年，调南海卫后千户所官军防守。已上三所，俱隶廉州卫。

读史方舆纪要卷一百五

广东六 琼州府

　　○琼州府，东至海岸四百九十里，南至海岸千一百三十里，西至海岸四百十里，北至海岸十里，又北渡海至雷州府二百九十里。自府治至布政司一千七百五十里，至江南江宁府六千四十五里，至京师九千四百九十里。

　　古百越地。《通志》云：古为雕题、离耳二国。汉武平南越，始置珠崖、儋耳二郡。《汉志》曰：汉武元封元年，遣使自徐闻南入海，得大洲，方一千里，略以为珠崖、儋耳二郡。贾捐之曰：二郡合十六县。昭帝始元五年，罢儋耳入珠崖郡。元帝初元中并罢珠崖郡。后汉因之。置珠崖县，属合浦郡。三国吴复置珠崖郡。治徐闻县，今属雷州府。晋省入合浦郡。宋、齐仍旧。梁置崖州及珠崖郡。治义伦县。隋初，郡废州存。大业初，复曰珠崖郡。唐武德四年，复置崖州及儋、振等州。贞观五年，增置琼州。治琼山县。十三年，又废入崖州，寻复置。天宝初曰琼山郡，乾元初复曰琼州。《旧唐书》：贞元五年，岭南节度使李复奏称：琼州本隶广州管内，乾封中，山峒草贼反叛，遂兹沦陷，至今一百余年。臣已遣兵收复，且以琼州控压贼峒，请升为下都督

府，督琼、崖、振、儋、万五州，其崖州都督请停。从之。五代时属于南
汉。宋仍曰琼州。亦曰琼山郡。《宋志》：大观元年，以黎母山夷峒置镇
州，赐军额曰靖海。政和初，镇州废，以军额来归。宣和中，又升为琼管
安抚都监。元仍旧，《一统志》：元改琼州路。今本《志》不载。天历二
年，升为乾宁军民安抚司。以潜邸所幸也。明洪武二年，降为琼州。
三年，升为府，领州三、县十。今因之。

府外环大海，中盘黎峒，封域广袤二千余里，盖海外之要区，
西南之屏障也。

○琼山县，附郭。汉瑇瑁县地，属珠崖郡，后废。唐初置琼山县，
属崖州，贞观中为琼州治。后因之。今编户一百三里。

古崖州城，府东南三十里。即汉珠崖郡也。《茂陵书》：朱崖治暉
都，去长安七千三百二十四里，元初中废。后汉亦为珠崖县治，后复废。
梁置崖州及珠崖郡，治义伦县。或曰州初治此，后徙义伦也。唐置琼山
县于今治，自是州郡皆治焉。《城邑考》：今府城，唐贞观五年创置，筑
土为城，周仅三里。宋、元因之。明洪武二年改拓，甃石为固，南临大
溪，涨溢为患，乃筑长堤捍之，引溪为池，环绕城外。十一年增修，十七
年于西门外增筑土城。成化九年，又复营缮，十三年于城外增筑拦马墙，
并修筑土城。正德以后，相继修葺。大城周七里，土城不及二里。

舍城废县，府东北二百六十里。隋大业中置。唐为崖州治，其西南
有勤连镇兵。南汉时崖州亦治此。宋初因之，熙宁四年改置崖州，省县
入琼山。又颜卢废县，在舍城县西南，隋置县，属崖州。唐因之，贞观初
改曰颜城县。开元后省。

容琼废县，在府东南百五十里。唐贞观十二年析琼山县置，属琼
州。贞元七年省。又颜罗废县，在府南，亦贞观十三年置，属琼州。唐末

废。《志》云：府东南有瑂琩废县。

苍屹山，城南二里。石峰屹立，水流其下，山后有仙人洞。又有雁塔峰，平冈特立，如卓笔然。又灵山，在府南十五里，自北渡海者，至中流即见此山，乔林荫翳，俗呼圣山。又府南六十里有琼山，土石多白，似玉而润，县以此名。

扶山，府东南五十里。山之东有五岭：一曰从衡，二曰思峒，三曰光螺，四曰居禄，五曰居林，递相拥护，故名扶山。《道书》以为第二十四福地。昔有陶公者隐此，因亦名陶公山。其西有苍巡峒，峒深广，中有二井，山下又有巨潭，流三十六曲以达于江。○西石山，在府西四十里，一名马鞍山。山多石，下有洞，容数百人，出泉甚清冽，顶上有井，源与海通。其西南一里有递莲洞，自石门入，径窦委曲，大小凡五洞，甚深邃，容数千人，上有一门，透露天日，旁一洞，深黑可三十许里。曾有人避难于此。《志》云：府东南七十五里又有东石山。

云露山，府西南六十里。中有三潭，俗名陷屋潭。其上潭林木阴森，人不敢近。又那射山，在府东南八十里，居人以射猎为业。山之阳为铜铫溪，中有巨石，形如铜铫，水注其中，有声如雷。○潭龙岭，在府东北二十里。登绝顶可望黎母诸山，下有泉分两派，俱西南流，中又有一泉涌出，名曰卓锡泉。又南岐岭，在府西南百六十里，顶有大石，盘回十余丈，一名石鼓岭，以山巅小石其声如鼓也。岭之南接生黎地。《一统志》云：府南十里有琼崖岭，其下有古珠崖郡城址。

海，府北十里，亦曰海口港。北接雷州府徐闻县境，舟行一日可抵岸。一名海口渡。宋白曰：州北十五里即大海，泛大船使西南，风帆三日夜，至崖山门入江，一日至新会县，或便风十日可径达广州。《志》云：海口港南岸有神应港，旧名白沙津，番舶所集之地。初，港不通大舟，而海岸多风涛之虞。宋淳熙中，琼帅王光祖欲开而未遂，忽飓风作，自冲一港，人皆以为神应，因名。亦谓之白沙口。宋祥兴元年，元阿里海涯略地海外，琼州安抚赵与珞等率兵拒之于白沙口，援兵不至，州民遂以州叛附于元，即此。《舆程记》：自白沙口渡海，七十里而至雷州府徐闻县之沓磊驿，旧置白沙驿于此。

南渡江，府东南十里。源发五指山，历临高、澄迈、定安三县界，会诸水至此，北流至白沙入于海。又湳渭溪，在府南十六里，水源有二：一出谢潭，一出荫潭，合流十余里入南渡江。乡人沿流筑栅，置车数十辆，升水灌田。其水如渭之清，土人呼水为湳，故名。

黎母水，城东三里。源出黎母山，北流入海。《志》云：儋州亦有此水。盖黎母山之水分五派流入四郡界矣。又府城东有峻灵潭，周二百余丈。宋开宝八年，知州李易上言：州南五里有峻灵塘，开修渠堰可溉水田二百余顷，即此。或曰潭盖黎母山水所汇也。〇第一水，在府西三里，绕流经县西北一里之下田村，又北入海，于城西涧流为首派，因名。又西去十里有一涧，亦流入海，谓之第二水。又学前水，在府城西南。《志》云：府西南十五里有泉出石窦间，旧名龙泉，东流西折而为篁溪，又西汇为石湖，溉田千顷，名曰西湖。西湖奇胜甲于一郡，以泉得名也。岁久泉废，好事者浚之，名曰玉龙泉。其下流为学前水，东南流入于南渡江。又白石河，《志》云：在府城东南三十里。溪旁多白石，因名。西南流，亦入南渡江。

东湖，府东十五里。相传昔本民居，为风雨所陷。又府西二十里有西湖，即玉龙泉下流也。又南湖，在府南五十里，溉田百余顷，通南渡江入于海。

清澜镇，在府南。有巡司，洪武中置。〇大坡立营，在府西南，防守居林、居碌、沙湾三峒黎贼。《志》云：琼山县村峒凡百二十有六处。又白沙营，在府北白沙港口，防白沙、东营、芒芋三港贼船。

居缺峒，在府西境。元大历初，琼山黎多叛，主帅谭汝楫请兵讨之，次居缺峒，败贼兵。贼有九峒，而居野居中，为最大，周百二十里，草木蒙密，不可入。汝楫先令万人除道周其山，暮复以万二千人衔枚围之，树栅三重，密防奔突。明日，出万人赭其山，布陈以待，渐移栅逼之，复益栅数十重。贼穷蹙，不知为计，遂进兵平之。

琼台驿。在府西北隅土城外。自此而东，七十里为宾宰驿，又四十里为文昌驿，东达万州之路也。由琼台驿而西，四十里为澄迈县之西峰驿，又西七十里为临高县之朱崖驿，为西南达儋、崖二州之道。○梁陈渡，在府西南。元至顺元年，黎、僚叛寇乾宁界，都镇抚谭汝楫沿江自南建至番诞渡，置堠障守之。明年，贼寇石山、新村、梁陈渡，汝楫战不胜。三年，贼寇乾宁西山界，元帅关关军水尾，失利，贼遂陷澄迈。

○澄迈县，府西六十里。西至临高县百十里。汉苟中县地，属珠崖郡。隋置澄迈县，属崖州。唐因之。宋开宝五年，改属琼州。《城邑考》：县城，成化初始筑土垣，弘治元年甃以石，正德七年增修，周二里有奇。编户五十四里。

曾口废县，县南七十里。本澄迈县地。唐贞观十三年，置曾口县，属琼州。五代时，南汉省。今其地名博罗村。

澄迈山，县东十五里。县以此名。《志》云：山特起一峰，若树株然，一名独株山。又文奄山，在县南二十里，龙泉出其阳，三峰在其阴，一名三峰岭。《志》云：山南有鲤鱼潭，山穴泉涌，潴而为潭，溢入新河。

大胜岭，县西十里。《志》云：马援破交阯，峤南悉平，因抚定珠崖，调立城郭，置井邑，屯兵于此，故以大胜名。其东为万岁冈，上有石如列屏，俗名圣石。○石鼓岭，在县南七十里。岭上有二石，扣之若钟鼓然，声闻里许。又县西北三十里有云霄谷，山幽地腴，泉甘木茂，为隐胜之处。

新安江，县南六十里。源出五指山，历临高县而东入县界，又东达定安县而入琼山县境，即南渡江之上流也。○澄江，在县东，源出山谷间，下流达新安江。

澄迈镇。县西北十里。有巡司，洪武中置。又居便营，在县西南，防茅甲已等村峒生黎，其地与琼山县居林、居碌、沙湾三洞黎相近也。《志》云：县境村峒凡一百三十有七。○西峰寨，在县东。《宋史》，政和间，管帅郭晔乞于澄迈置西峰寨，临高置定南寨，以隘阻黎人，由是道路无梗，即西峰驿也。

○临高县，府西百八十里。西至儋州百九十里。唐初置临机县，属崖州。贞观五年改属琼州，十三年复属崖州，寻又来属。开元初，改曰临高县。宋、元因之。今城周三里有奇，编户六十七里。

临机废县，县西二十里。唐初置县于此，后改曰临高。贞元中，移县于今治。《城邑考》：今县城，正统八年创筑，垒石为固。至正德间增修。

毗耶山，县西北十里。山有兽如虎，俚人呼为毗耶，故名。一名高山，县名临高以此。○那盆山，在县东南三十里。脉自五指山北来，至此特起一峰，高耸而圆，若覆盆然。又县西南十里有落云岭，脉接那盆岭，坡坨蜿蜒，回拱县治。又有滩神峒，在县南十九里，江中耸立巨石，旁有穴，高广二丈许。

大江，县南百八十里。源出五指山，流至此，东流历澄迈县名新安江，入定安县名建江，至琼山县为南渡江，远近群川皆汇此入海。○美泷滩，在县东十里。水自石巅泻下，高数寻，形如曳练，下有潭，深不测，滩上黑石平铺，可容百余人。又龙潭，在县西三十里，亦深广。

田牌镇。县南二十里。有巡司。又县北三十里有博铺巡司。俱洪武中置。○那零营，在县南，又南有屯建营，俱防生熟黎人劫路。《志》云：

县境村峒凡二百三十九处。又县北有新安、三家、末落、乌石、博白、黄龙、吕湾、博顿等八海港，俱有民兵瞭望，防贼船湾泊。

〇定安县，府南八十里，东南至会同县二百二十里。本琼山县地，元至元三十一年，析置定安县，属琼州。天历元年，升为南建州。明初，复为定安县。今城周三里有奇，编户三十四里。

废忠州，在县西南。古僚境。唐咸通五年，遣兵擒黎峒蒋璘等，遂定其地，置忠州，兵还即废。元至元三十年，元帅朱斌统兵深入，黎巢尽空。明年，于忠州故地置定安县。《城邑考》：县城，成化二年始议开筑。正德八年伐石甃砌，十四年工始竟，十六年风雨圮坏，寻复修筑。嘉靖二十四年增修。

五指山，县南四百里。山有五峰，极高大，屹立如人指，据琼、崖、儋、万之间，为四州之望，一名黎母山。或云婺女星尝降此，本名黎婺山，后讹为黎母云。黎人环居山下，内为生黎，外为熟黎，山巅常在云雾中，久晴则见翠尖浮于半空，其下犹洪蒙不辨也。熟黎所居已阻且深，生黎之巢人迹罕至。唐乾封中，黎母山贼陷琼州，据之。贞元五年，州始复为唐境。元至元二十八年，黎叛，阔里吉思等讨之，空其巢穴，勒石五指山。明嘉靖二十年，亦尝大举师，徒攻毁巢峒，登黎婺山巅。二十八年，崖州黎复叛，大军进讨，直抵巢穴而还。《广记》：议者尝以五指山居州邑之中，为吾内患，宜于兵威削平之际，开十字大路。大约以道里计之，自府治至崖州千里而近，自儋州至万州六百里而遥，此四至径一之大凡也。细数之，自府治至沙湾三百里而遥，自崖州至罗合三百里而近，俱为坦途矣。度其中未开通处，不过二百里。若大集军民土兵，通力合作，相其溪壑，易其险阻，假以数月，而琼、崖之路可由黎峒中行矣。儋、万视此，其工则又杀焉。四路交达，度中建城，量地置堡，就堡立屯贮食，以攻则取，以守则固矣。又云：五指山下东南有阳春峒，为郡境之中，其南有湳他、香根、竹茂、竹拥诸峒，西南有万家、罗活、磨岸、磨魁等村，东有思河等峒，东南有纵横、斩兑等峒，北去定安，东南出万州、陵水，西北至儋州，俱六日程。惟西至昌化，中阻大溪，须浮筏乃济。初入自思河仅六日，前半路颇崎岖，愈入愈衍，其地皆可耕作也。

迈本岭，县南十里。一名丫髻岭。自西南蜿蜒而东北，复峙一小峰，为县之主山。

建江，县北一里。源出五指山，自澄迈县流入境，又北流为琼山县之南渡江。元升县为南建州，以江名也。又思河水，在县南，亦出五指山，流经县南境，逶迤数百里，复东南流入乐会县界，为万泉江上流。

岭背营。在县南。《志》云：县境思河、光螺峒、水口、岭背等村黎，尝构琼山县境内诸黎为患，因设南伦营防守。嘉靖十三年剿平，改设今营。又县境诸黎村峒凡一百十有二。

○**文昌县**，府东百六十里。南至乐会县百七十里。汉紫贝县地，属朱崖郡，后废。唐武德五年，置平昌县，属崖州。贞观元年，改曰文昌县。南汉亦属崖州。宋改属琼州。县无城，编户十八里。

紫贝废县，县城北一里紫贝山下。汉置县，治此，寻废。又平昌废县，在县西北。《志》云：本武德县，隋置，属崖州。唐改为平昌县，后改曰文昌，移于今治。

玉阳山，县北十里。一名青山岭，林木青翠，邑之主山也。其西曰苍锡山。又紫贝山，在县北一里，一名灵山岭。○铜鼓山，在县东北一百里，又抱虎山在县东北百二十里，皆以形似名。

七星山，县北百五十里大海中。有七峰相连，一名七洲洋。山林木茂密，下出淡泉，航海者必取汲于此。山之东又有七星泉，虽旱不涸。○焚艛岭，在县北百三十里，枕海滨。相传汉楼船将军杨仆初渡海至此，即焚其楼船以示士卒必死处。恐误。《志》云：县东北五十里东昆港水之北有眉丘，丘狭而长，若埭然，延亘六七里，中藏一丘，隆然深秀。

文昌江，县南一里。一名南桥水。《志》云：江源有二：一出县境之迈南山，一出龙塘，至县南一里合流，又东南达清澜港入海。○清澜港，在县东南三十里。源出县东下场溪西，二处合流至此，与海潮相会而成港。又铺前港，在县西百五十里，商帆海舶，多集于此。

铺前镇，县西北百五十里铺前港之东。有巡司。又青蓝头巡司，在县东一百里抱陵港。俱洪武中置。○白延架营，在县西南，防斩脚峒黎等贼。《志》云：县境村峒凡三十有五处。又县有铺前、木栏、抱虎、七星港澳，皆与琼山连洋，大海贼船易入，拨军瞭守。

宾宰驿。县西北六十里。又县南四十里有长岐驿。《会典》有文昌驿。三驿皆革。

○会同县，府东南二百九十里，东南至乐会县六十里。本乐会县地，属琼州。元至元三十年，析置会同县。《城邑考》：县旧无城，周为栏闸。嘉靖三十年，始甃石为垣，周二里有奇。编户七里。

小禄山，县西二十里。下有洞水，分二派灌田。又西十里曰西崖岭，峰高千仞，顶有巨石，下有石穴。○多异岭，在县东南二十里，以岩石多异而名。又县东北三十里有文器岭，亦高峻。

天塘溪，县北二十五里。源出文昌县界天塘岭，流入境，下流达乐会县，合万泉江。又县南有大塘水，源出黎母山，分流经县南，潴为巨塘，资以溉田。

调嚣镇。县东南十五里。有巡司，洪武中置。○永丰驿，《舆程记》云：在县北。自文昌县之长岐驿，五十五里而至永丰驿，又四十里至温泉驿，又四十五里为万州界之多陈驿。

○乐会县，府东南三百里。西南至万州八十里。唐显庆五年置县，属琼州。宋大观三年，改属万安军，寻复旧。县无城，今编户十二里。

阴阳山，县东北一里。山形奇偶相生，因名。又县东二里有雷朴山，小山特起，在万泉河南，曾有雷击其山石，因名。又香炉山，在县南二里，突起一小峰，诸峰罗列交拱。〇金牛山，在县东南十五里，峻耸插空，俯视诸山皆如培塿，海航望此以为表识。又白石山，在县西四十里，山脉绵亘，耸立高峰，顶有巨石。

风门岭，县西南七十里。岭路高峻，瀑布悬流，为诸黎出入咽喉之所。又三山神岭，在县东南十里。岭上有泉曰金牛井，四时不涸。〇龙见石，在县西北十五里，状如龙首山脊，半里许皆黑石，崚嶒叠出，若龙鳞然，黎盆水绕其前。

万泉河，县西北二十五里。亦曰万泉江。源出五指山，入定安县界为思河水，又东南流至县西，分二支绕县治后，经雷朴山下而复合。中有印山屹立，若浮印然，周遭有沙护之，亦名应山，与雷朴山对峙，出博敖港入大海。《志》云：万泉河纳会同诸县众水之流，因名。又昔人尝饮马于此，亦名饮马河。

温泉河，县南十里。《志》云：河自西黎山纵横峒发源，流经县西界，达县西南温汤铺，转流至东北博敖港入海。

猪母营。在县西南。防守加略、中心等村生、熟黎。又有沙牛坝营，防葵根、水口等村黎。皆拨民兵戍守。《志》云：县境村峒凡五十有三处。

〇儋州，府西南三百七十里，东南傍海至崖州五百八十里，北至海岸五十里。

古百越地。汉置儋耳郡，《茂陵书》：郡去长安七千三百三十五里。始元中省入珠崖郡。后汉属合浦郡。《志》云：时为珠崖县地。晋、宋以后，皆为荒徼。萧梁置崖州及珠崖郡。隋初为崖州，大业初复为珠崖郡。《隋志》州、郡皆治义伦县，即今州治也。《元和志》

《旧唐书》皆云，隋置儋耳郡于此。盖萧铣时改置。唐武德五年，置儋州。天宝初，曰昌化郡。乾元初，复曰儋州。南汉因之。宋复为儋州。熙宁六年，改曰昌化军。绍兴六年，军废，属琼州。十四年，复置军，寻改曰南宁。元因之。明洪武初，复曰儋州。正统五年，以州治宜伦县省入，编户四十六里。领县一。今因之。

州外滨瀛海，内扼黎狸，翼带琼崖，互为唇齿。

宜伦废县，今州治。梁置义伦县，为珠崖郡治。隋因之。唐为儋州治。宋太平兴国初，避讳，改曰宜伦，仍为州治。熙宁中为昌化军治，绍兴中又为南宁军治。元因之。明废。《城邑考》：旧州城，在州西北三十里，地名南滩浦。相传汉楼船将军杨仆所筑，亦谓之儋耳城。梁置义伦县，亦治此。隋末迁于高坡，即今治也。洪武六年，始筑石城，缘城为濠，后常修治。有门四，城周二里有奇。

富罗废县，在州西南。本汉儋耳县地。隋置毗善县，属崖州。唐武德五年，改曰富罗县，属儋州。南汉废。○洛场废县，在州东南。《志》云：唐乾元中置在黎峒中，属儋州，后移置州城下。宋省入宜伦县。《志》云：州南有浔阳废县，唐天宝初置，寻废为浔阳镇。今考新、旧《唐书》，皆不载。

松林山，州北二十里。《隋志》谓之藤山，一名松林岭。圆顶下垂，中有石岩，县之主山也。又州东北六十里有辅龙山，俗名抱社岭。○黎毗山，在州西北四十里，近黎母山，俗呼为那细岭。又州西四十里有德义山，俗呼黎晓山，顶有巨石若岩。

马蝗山，州东三十里。以形似名。俗传汉将曾屯兵于此，盖其地尝为战场也。龙门岭，在州西北三十里。海岸夹起石峰，两趾奔海，其状若门，可以泊舟岭上。又有石穴，中虚通海，峰出其中，名曰风门，内容数十人。

海，州西四十余里。一名琼海。中有狮子石，舟楫所经也。《志》云：石在海中，东去州五十里。

沦水，州北一里。源出黎母山，流合群川，绕城北，西流十里为大江，至新英浦与新昌渡水合，会海潮成港，复南经羊浦入海。《志》云：沦水沿流有四名：一曰黎水，以出黎母山也；一曰昌江，以州旧为昌化军也；西近海滨曰新英浦；流至海口曰羊浦港。

白马井，州西南三十里。相传唐咸通中，辛、傅、李、赵四将奉命灭黎，兵至此渴甚，有白马嘶鸣，以足跑沙，清泉涌出，因名。一名滔沿井。《郡国志》：井源与沦水通，有人以竹置井口，于沦水中得之。俚人呼竹为滔沿，故名。

镇南镇，州西南三十里。有巡司。又州西南八十里有安海巡司。○山口寨，在州境。成化五年，七方峒黎符那南叛，官军讨之，凭险阻不下，既而破其上下多邦山口寨，追擒之于落贺洲，并平其党姜花等峒。《志》云：州境村峒凡二百有九处。

归善驿。州东四十里。又镇南巡司西有田头驿，安海巡司西有大村驿。《舆程记》：州城外有古儋驿，又由归善驿而东六十里为临高县之珠崖驿，大村驿而南三十里为天员驿，又四十里为昌化县之昌江驿，此州境达琼崖之道也。

○昌化县，州南二百九十里。南至崖州感恩县七十里。汉为至来县，属儋耳郡，后废。隋置昌化县，属崖州。唐属儋州。宋因之，熙宁六年省入宜伦县。元丰三年复置，属昌化军，寻属南宁军。明属儋州。县无城，编户九里。

吉安废县，在县北。隋置吉安县，属崖州。唐初废。贞观元年，析昌化县复置，属崖州。乾元后省。

峻灵山，县北十里。本名朝明山，一名神山岭。山有落膊冈，其旁石如冠帽，俚人呼为山胳膊。南汉封其神为镇海广德王。宋元丰五年，改封为峻灵王，山因以名。海航往来，恒泊舟汲泉于此。○九峰山，在县东百六十里。山有九峰，盘旋百余里。又马岭，在县南三十里，山势起伏至海滨，与城相对，耸起三峰，形若天马。

昌江，县南十里。源出五指山，西北流汇群川水，至县东南侯村，分南北二流：南江西流，经赤坎村而南出，会海潮成港，一名南崖江，又名三家港；北江北流绕县南，又西流至泥浦，与潮水会而成港，一名北港，并入于海。○峨娘溪，在县东，出九峰山下，西南流注于昌江。

德霞寨。在县东南。地势平衍，黎贼巢于此。嘉靖十九年，斥夺其地，拟建城邑，既而中止。二十八年，黎复叛，议者复请建城寨于此，据其膏腴，仍由德霞沿溪水以达县治。《志》云：县境村峒凡三十三处。○大南驿，《舆程记》云：在县南。自县之昌江驿，四十里而至大南驿，又七十里至感恩县之县门驿。

○万州，府东南四百七十里，西南至崖州三百六十里，东至海岸三十里。

汉珠崖郡地。隋崖州地。唐初因之。龙朔二年，析置万安州。天宝初曰万安郡，至德二载改为万全郡，乾元初复曰万安州。南汉因之。宋仍曰万安州。亦曰万安军。熙宁七年，改万安军。绍兴六年，军废，属琼州，十三年复置军。元因之。明洪武初，改为万州。正统五年，以州治万安县省入，编户三十里。领县一。今因之。

州控临大海，雄峙东隅，琼、崖之指臂也。

万安废县，今州治。唐初为崖州文昌县地。贞观五年，析置万安县，属琼州，十三年改属崖州。龙朔中，为万安州治。开元九年，州徙治陵水，县属焉。至德二载，改县曰万全。贞元初，复为州治，寻复曰万安县。

宋亦为万安军治。绍兴中，军废，改县曰万宁，寻复置军，县亦仍旧。元仍曰万安县。明废。《城邑考》：州城，宋绍定间筑，甃以砖瓦，广袤不过半里，历久倾圮。元时，土酋郑宽摄州事，因旧址甃砌。明洪武七年，始展拓旧城。成化七年修筑，环城为池。初有门四，后塞北门。今为门三，城周二里有奇。

富云废县，在州西南。又南有博辽废县。俱唐贞观五年析文昌县置，属琼州，寻属崖州。龙朔中，属万安州。唐末废。

赤陇山，州东南三十里。土色赤，有冈陇相连，一名东龙山。又独洲山，在州东南五十里海中，风帆半日可达，峰势插天，周围五十里，有田数亩，鸟多鹦鹉，兽多猩猩。○六连山，在州北六十里。山脉接黎母山，六峰突起峻拔，连续起伏三十里，《志》以为州之主山也。中多鹿麢，一名鹿市山。弘治十七年，官军讨鹦鹉啼、龙吟洞诸叛黎，贼多匿于坛口村六连山麓，官军遇伏败绩。

浦陵山，州西南二十里。南有大溪，流绕冈阜。又剑门岭，在州西南十里，势如剑锋，卓然对峙。又东山岭，在州东七里，岭之阳有巨石耸立。又有华封、维石二岩，流泉清冽，为州之胜。《志》云：州东北百里滨海又有金牛岭。

金仙水，州北二里。源出黎母山，至城北潴为潭，绕流经东山岭，转北入小海港达于海。俗呼仙河溪。又大溪水，在州南十里，源亦发黎母山，绕流经此，下流入海。又南陵水在州西南二里，都封水在州西南三十里，其下流俱汇大溪入海。嘉靖二十年，官兵御叛黎，败绩于多崩江，或曰即都封之讹也。

小海港，州东北二十里。港口有二小石山，南北对峙如门，海舶往来，取道于此。

莲塘镇，州东三十里。有巡司。○莆芒营，在州西北，防鹦鹉啼等村峒黎，最为襟要。又南头营，在州西。其相近有黄坎、改体、抱打、罗透表、罗眉、无俗等村黎为患，特设官兵戍守。《志》云：州北有沙牛坝营，防迤北龙吟、青山与乐会县纵横峒、葵根、水口等村诸黎，今亦见乐会县。又驳北营，在州西南，防州境与陵水县合界午岭、海湾、路口诸黎。又有镇南营，在州东南，其相近有南港、莲塘、莲岐、大塘、新潭诸港澳，俱海寇出没处，设兵瞭守。《宋志》州境有买扶诸峒黎，旧尝梗化，端平初效顺。今州境村峒凡九十有三。

岐峒，在州西北。岐人所居。岐人又在生黎之外，亦有生熟二种，居五指山中，历代不宾，黎人惧之。《隋志》所谓㟴也。永乐三年，尝设土官统之，寻革。弘治中始为寇。正德七年，官军讨之，不克。嘉靖以来，常为寇暴。黄佐曰：黎外有岐，黎所惧者，岐也。生岐疆界，由琼抵崖不过三百余里，自儋达万不过二日余程。候彼三、八月饥荒，分兵四面，开示信义，彼必听从，乘此开路，可立衙门，岐既从而黎伏矣。

多陈驿。州东五十里。《舆程记》：州城北有万全驿，又东北四十里为多陈驿，又北四十五里接会同县界之温泉驿。

〇陵水县，州南六十里，西至崖州二百九十里。《志》云：隋大业六年，置县，属珠崖郡。今《隋志》不载，盖唐初所置也。本属振州，龙朔中改属万安州。宋初因之。熙宁七年，省入万安县，为陵水镇。元丰三年，复置县。绍兴六年，改隶琼州，十三年复来属。元因之。县无城，今编户九里。

独秀山，县西南一里。一峰突起，亦名文笔山。又小五指山，在县西南百里生黎峒中，与崖州接界，脉接黎母山，挺立数峰，黎人环居其下，有温郎、岭脚二洞，外险而内坦。嘉靖二十八年，科臣郑廷鹄言：温郎、岭脚，实万州、陵水之冲，大军攻黎，贼必合二峒以扰我陵水，当分奇兵出此，使二峒贼自救不暇，然后大兵直捣崖贼巢穴，党涣势分，可以得志。是也。○博吉山，在县东二十里，下有博吉水。又声山，在县东八十里，山中虚谷与人声相应，因名。又加枕山，在县西境。弘治十三年，黎亭峒黎陈那洋等作乱，官军讨之，至加枕山，进至大播山，贼平。

多云岭，县南十里。一名灵山。山峻拔，云常覆其上。○双女屿，在县东百里大海中，去岸半日，周围数十里，两石对峙如人，上有淡水，海舶多就汲焉。

大河水，县东二里。源出五指山，绕流经此，有古博渡，南流至县南十五里与海潮会，曰水口港，远近群川悉由此入海。○陵柟水，在县东北十五里，一名陵栅水。又博吉水，在县东二十里，亦出五指山，绕石山间，东南流合众水，俱至水口港入海。又有都笼水，在县西南二十里，东入大河水。

牛岭镇，县北二十里。有巡司。《通志》：司在万州、陵水间，为海湾平阳之地，多盗贼为腹心患。司南有地名南峒，议建镇南营于此，增设官兵，并迁牛岭司佐之；司北有地名杨梅，议建驭北营于此，亦增设官兵，并迁莲塘巡司佐之，庶官民商旅往来可期无患云。《海防志》：县旧有苗山巡司。

络綀营，在县西北。向设官兵，防桃油、信脉、山涧、打綀、朝缠、凡遐等村黎。又有鸭塘营，防寿山、芦岭诸黎，最险要。又合水营，在县西。其相近有白水、回峰、番釟若、那龙等村黎为患，特设官兵戍守。《志》云：县境村峒凡三十处。又县东南有水口、黎庵等港门，海寇易入，皆拨兵戍守。

乌石驿。县西四十里。又西即崖州之都许驿。《会典》县又有顺潮驿，与乌石俱革。

○**崖州**，府南一千四百一十里。南至海岸四十里，西北至儋州五百八十里，东北至万州三百六十里。

汉珠崖郡地。后汉属合浦郡。萧梁亦属珠崖郡。隋属崖州,大业中置临振郡。杜佑、刘昫皆云隋置。今《隋志》不载。唐武德五年,置振州。天宝初曰延德郡,又改为宁远郡。乾元初复为振州。宋改为崖州。亦曰珠崖郡。宋白曰,开宝六年,割旧崖州地属琼州,而改振州为崖州,是也。熙宁六年,改为朱崖军。绍兴六年,军废,属琼州。十三年复置,改曰吉阳军。元因之。明复为崖州。正统五年,以州治宁远县省入,编户十五里。领县一。今因之。

州山林环绕,黎、僚错杂,屹峙海滨,最为艰远,岭表之绝徼,滇南之奥区也。《岭表录异》云:自琼至振多溪涧,涧中有石鳞次,水流其间,或相去二三尺,近似天设,可蹑之而过。或有乘牛过者,牛皆促敛四蹄,跳跃而过,或失,则乘流而下云。

宁远废县,今州治。隋置县,属崖州。唐为振州治。宋改为崖州治。绍兴中,县属琼州,寻为吉阳军治。明省。《城邑考》:州旧无城,仅以木栅备寇。宋庆元四年,始筑土城。绍定六年,甃以砖瓦,周围仅一里余。元元统初修葺。洪武九年增修,十七年因旧址展筑,明年甃以砖石,环城为濠。成化十二年,复修治,于濠堑周围植刺竹。弘治二年以后,屡经修葺。今城周三里。

延德废县,州西百五十里。隋置县,属崖州,以延德水为名。唐属振州。南汉初,县废。宋崇宁五年,复置延德县于朱崖军黄流、白沙、侧浪之间。大观初,又增置延德军,复置倚郭县曰通远。政和初,军废,省延德县入感恩县,又废通远县为镇,隶朱崖军。六年,复置延德寨,又改通远镇为寨。元俱废。《通志》延德废县,在今白沙铺西南。又吉阳废县,在州西北百里。唐贞观二年,析延德县置,属振州。南汉因之。宋属崖州。熙宁六年,废为藤桥镇,隶琼州。绍兴六年,复置县。元初废。

《志》云：州西百里有乐罗废县，汉置，今为乐罗村。

临川废县，州东南百三十里。刘昫曰：隋所置县也，属崖州。或曰本临振故县，隋开皇十年，以临振县赐高凉冼夫人为汤沐邑，即此。后废。唐曰临川县，属振州。南汉废入宁远县。宋为临川镇，镇东北有故盐场，亦宋置。又落屯废县，在县东五十里。唐天宝后置，属振州。南汉废。

南山，州南十里。壁立枕海，为州屏障。石边一穴，出泉清冷，名万仞泉。元王士熙尝更名为鳌山。又南十里曰钓台山，中有试剑峰。又有岩曰大洞天，岩前瞰大海，后环曲港，峭壁在南，小洞附北。岩之西北复有一岩曰小洞天，岩外临海，有平石可坐而钓，谓之钓台。《志》云：小洞天，在州西南十里海滨。〇澄岛山，在县西南十五里，孤峭枕海。又州东南十五里有石版山，傍有横石平如砥，周围数里。

回风岭，州东北百二十里。以飓风不过此岭而名。又大横岭，在州西十里，岭高峻，下有路北入黎界。《志》云：州北十里有报福岭，以土人遇旱祷雨于此而名。又州北三里为马鞍山，五里为豺狼岭，皆以形似名。〇落笔峒，在州东百里，石壁峭立，上有石门，中有二石，形如悬笔。其东复有石洞，外窄内宽，中有井，源与海通。

海，州西五十里。有龙栖湾，海水湾旋二里，昔有龙栖于此。又州南亦滨海。《海槎余录》：海面七百里外有石塘，北之海水特高八九尺，其南波流甚急，海槎必远避而行。舟入回溜中，罕得脱者。又有鬼哭滩，舟行至此，必以米饭掷之而后过。宋天禧二年，占城使言：国人诣广州，或风漂船至石塘，即累岁不达。石塘，在崖州海面七百里。

大河水，在州城北。源出五指山，东流转西绕州南。宋知军事毛奎塞为平地，导流经城北三里，分南北流以入于海。今名分流处为三汊河。又临川水，在州东百三十里，源亦出黎母山，分两派，前后夹流，南入海。废临川县以此水名。○木饮川，在州境。《酉阳杂俎》：朱崖有一岛，居民甚众，而地无井，海水特咸，取草木汁饮之，因名。又璚瑂栏，在州东南五十里海边，有巨石数十丈如屋。宋时陈明甫者凿石为栏，以养璚瑂云。

南沟，在州城南。城北又有北沟。明正德十四年，知州事陈尧以州城环溪分流南北，溪外皆民田，乃凿二沟于溪之上流，南沟延袤十五里，北沟延袤五里，沟成，旁通曲引，亢燥之地，皆成沃壤。

藤桥镇，州东二百二十里。有巡司。又州西八十里乐罗村有抱岁巡司。又通远巡司，《志》云：在州北黄流村郎凤岭下。○合水营，在州东，与陵水县接界。又牙力营，在州东北，昔时增置官军，防罗活、千家、多涧等黎贼。嘉靖二十八年大征，遗党无几。今营废。《志》云：州东南滨海有榆林、牙狼、不头、利桐、玳瑂洲等港澳，俱海寇窥伺处，向设军瞭守。

罗活寨，在州东北。其地膏腴，黎贼常据此，曰罗活峒。嘉靖二十八年，黎叛，议者谓当于罗活等处建立州县，设耕屯，且由罗活历斩开路以达安定，使道路四达以慑奸萌云。《志》云：州境村峒凡九十有二，其最强者曰罗活，曰抱宥，曰多涧，曰千家，而千家尤路迩官道，为诸黎门户。成化末，尝征服之。正德初复横，寻讨平之。于是州境少事。

义宁驿。在州城西。又西北七十里有德化驿。又都许驿，在州东百八十里。《志》云：州东藤桥村有太平驿。又潮源驿，《名胜志》云：在州城外，自会城至此凡二千五百五十里，东去陵水县陆路三百里。《舆程记》云：由感恩县县门驿，八十里至甘泉驿，又南八十里至义宁驿，东行六十里为德化驿，又东百里为潮源驿。似有误。

○感恩县，州西北三百二十里。北至儋州昌化县七十里。汉置九龙县，属儋耳郡，后废。隋始置感恩县，属崖州。唐属儋州。宋初因之，熙宁六年省。元丰四年复置,属昌化军,寻属南宁军。元因之。明初属儋州。正统五年改今属,始筑土城。正德初改筑,十年工毕,周一里有奇。编户九里。

废镇州,县东北七十里。宋大观初,蔡京议开边,知桂州王祖道言:黎人愿为王民,请于黎母山心立镇州。又置倚郭县曰镇宁,赐军额曰静海,未几废。○九龙废县,《通志》云:在县东九龙山下。汉置,后废。

感劳山,县北十里。山南有平坡,相传大军平黎曾至此,乡人感其德而劳之,因名。山之阴,感恩水出焉,隋以水名县。○息风山,在县东南五十里,中有巨穴,深不可测,每飓风作,黎人祷之则止。

小黎母山,县东百五十里。脉接黎母山,至此危峰特耸,崖石崎岖,人迹罕至,群黎环居其下。元时讨叛黎,尝驻军于此,今石刻犹存。又黎虞山,在县东五十里,山高广,黎人虞猎处也。○抱透岩,在县东北五十里。岩在山巅,口仅二尺许,内阔如巨室,黎人常藏谷帛于此。《志》云:县东北七十里有虞山石鼓,在废镇州城之东河中,鼓圆六尺,声如空瓮,元军讨叛黎尝至此。又鱼鳞洲洞,在州北七十里,海滨特起一峰,上有石洞重叠,状如鱼鳞。

海,县西南四十里。有石排港,巨石排列海滨,湾环里许,可泊舟。祝穆曰:江、浙之潮皆有定候,钦、廉之潮,则朔望大潮谓之汛水,余日之潮谓之小水。琼海之潮半月东流,半月西流,潮之大小系长短星,不系月之盈亏也。

南龙江,县东北五里。源出黎母山,流经此,感恩水流入焉。又绕流经县治而西,会潮成港入海。两岸皆巨石,深不可测。又延澄江,在县东北四十里。源亦出黎母山,流经此,有透道岭江绕其下,又西南流,会潮成港,一名白沙港。○南湘江,在县南三十里,源亦出黎母山,分而为二,绕流至县南复合为一,经南港铺西南流,会潮入海。

延德镇。县东南八十里。有巡司，因废延德县而名。或云县盖置于此。又县门堡，在县南，旧有县门驿，今革。《志》云：县有南港、岭头、白沙、南北沟诸处，向皆设官兵，防诸黎贼。县境村洞盖四十有一也。又黎港，在县西北。县南又有抱驾港、白沙湾，皆滨海水深，寇船易入，置兵哨守云。

附见：

海南卫，在府治西。洪武五年置。○儋州守御千户所，在儋州治西，洪武二十年置。又万州守御千户所，亦在万州治西，洪武七年置。又崖州守御千户所，在崖州治西，洪武二十七年置。俱隶海南卫。

清澜守御千户所。在文昌县东南三十里，西北去卫治一百九十里。洪武二十四年建，创筑砖城，周五里。又昌化守御千户所，在昌化县北十里，东北去卫治六百六十里。洪武二十四年建，始筑土城，三十年甃以砖石。永乐中，以倭寇屡侵，复增修。正统十年，又缘城凿池。今城周三里有奇。○南山守御千户所，在陵水县西南，去卫五百六十里。洪武二十七年置于南山港西，植木为栅。永乐十六年，以倭寇屡侵，沙土卑薄，木栅难固，乃改筑城于马鞍山之北，甃以砖石。成化四年，复加修葺。环城有池，周不及二里。已上诸所，俱隶海南卫。

广西方舆纪要序

　　广西之地，不必无所事于天下。然欲保据一隅，幸天下之不为我患，则势有所不能。何也？始安之峤，吾境内之险也。桂岭左右，可飞越者不一处。筱岭峤之材，浮湘水而下，席卷衡、永，风趣长沙，湖南一倾，则湖北必动，动湖北，则中原之声势通矣。昔人言：用闽、浙不如用粤东，用粤东不如用粤西。何也？其所出之途易，而湖南之险与我共之也。昔者，黄巢肆祸，转入广南，议者谓广南繁富，山岭间阻，贼必欲藉以自固，势且不能骤出。惟高骈昌言于朝，请敕荆南镇将守桂、梧、昭、永四州之险。不听。既而贼从桂州编筏，浮湘水，历衡、永，抵潭州，欲径上襄阳，不果，乃逾江而东，又渡淮而北，入东都，陷长安，祸乃遍于天下。问其发轫之始，则桂州也。蒙古兀良合台从云南入交阯，可谓艰远之至矣。一旦从交阯而北破横山，进陷宾州、象州，入静江，遂逾岭而进破沅、辰，战于潭州城下，与其淮北之师声援相接也。继又趣湖北，渡江而去。当是时，宋人战戍之兵不下数十万，而敌之出没常若无人之境。是则善用兵者，交阯且可以历湖、湘，涉江、淮也，况其为粤西乎？吾故曰所出之途易也。然则，粤西何以不可守? 曰: 以粤西守, 则形见势屈, 敌之加我数道而至, 则我必困矣。昔者, 尉陀兼有粤西, 其后牂牁、漓水之师入而屈于汉。李袭志坚守始安, 卒并于萧铣。刘士政保静江, 而马殷取之, 继又为南汉所夺。宋潘美南伐, 由道州而进克富川, 拔贺州, 而昭州、桂州次第举矣。马塈, 宋名将也, 拮据静江而卒为蒙古所陷。明初取广西, 杨璟由永州而入, 南攻静江, 廖永忠则自广州抵梧州, 由平乐以趋静江, 静江下, 而两江溪峒且望风款伏矣。吾未见以广西而能倔强自雄, 使敌不能至城下, 即至而犹保其境内者也。然则, 何以策广西? 曰: 广西者, 图之闲暇之时则有济, 谋之仓卒之顷则无及也。往者, 中原多难, 时两粤犹称乐土。诚得一深识远虑有志于天下事者, 周旋其间, 埒江上下, 田土膏腴, 耕屯可以足食也。其民与蛮徭杂处, 惯历险阻, 便习弓弩, 训练可以足兵也。兵食既足, 隐然有以持天下之后。事变既至, 则从容应之, 不惟覆敌于境上而已。远之可以击楫江、淮, 近亦可以扬鞭荆、楚。流寇虽讧, 犹足有为, 何至跼蹐边陬坐待灭亡也哉? 或曰: 为广西计, 亦极难耳。昔人言: 广西之境, 大约偋人半之, 徭僮三之, 民居二之。以区区二分之民介蛮夷之中, 一有举动, 掣肘随至, 未暇为远谋也。曰: 不然。当秦之季, 五岭以南, 草昧方辟耳, 尉陀自称蛮夷大长是也。然佗犹能以兵威边, 财物赂遗, 闽越、西瓯、骆役属焉。故以汉之强大, 而佗犹能与抗。今诚奉天子之命, 开府粤西, 以奔走封内, 蛮偋徭僮, 何不可以为吾用? 吾以信义先之, 财赏驱之, 威令制之, 部伍明, 赏罚当, 两江酋长必率先趋命。而徭僮之材能者, 吾亦择而官之, 使督率其种落以供我之驱使, 则胜兵十万可得也。昔徭贼作乱,官兵讨之。其人善登岩崖,攀缘树木,捷如猿猱,追袭所不能及;又善制毒矢,每发必中,中者辄毙,官军惮之。今以向之为吾患者转为吾用,驾驭有方,枢机在握,相时之宜,并力北向,流贼犹敢当其锋哉?不此之为,而顾从容啸傲如承平故事,迨夫始安之峤已逾,严关之戍已遁,而会城之人尚处堂晏如。呜呼!是犹刀俎在前,以腰领界之而已矣。天下事,其孰任之哉?

读史方舆纪要卷一百六

广西一 封域 山川险要

《禹贡》荆州南徼地。商、周时，皆为蛮夷国，所谓百越地也，亦谓之南越。杜佑曰：南越亦曰蛮越。战国时吴起相楚，南并蛮越是也。其属有瓯越、雒越，种类甚蕃，故曰百越。后又谓之扬越。今详见广东。其在天文，则翼、轸分野。秦始皇平南越，此为桂林、象郡地。秦末，赵佗兼据此。汉元鼎六年，讨平之，改置苍梧、郁林二郡，属交州，其地又分属荆州。后汉因之。三国时，属于吴，此为荆州及广州地。晋时属于广州，永和初，割始安、临贺二郡属湘州。咸和四年，复故。义熙八年，复属湘州，十三年复故。宋属湘、广二州。齐、梁因之。隋属扬州部，而不详所统。隋末，为萧铣所据。唐讨平之。贞观初，属岭南道。咸通三年，始分为岭南西道。《方镇表》：开耀后，置桂管经略使，治桂州。天宝十四载，置邕管经略使治邕州，容管经略使治容州。三管俱属岭南道。乾元二年，升邕管为节度使。上元元年罢。咸通元年，又升邕管为广南西道节度，仍治邕州。唐末，属于湖南马氏。五代周广顺初，属于南汉。宋初属广南路，至道三年分为广南西路治桂州。元初，置广西等道宣慰司，隶湖广行省。至正中，始分置广西等处行中书省。明洪武九年，改置广西等处承宣布政使司，领府十一、内羁縻府三。州四十七、内羁縻者三十八。县五十三，内羁縻者八。又羁縻长官司四，总为里一千一百八十三，夏秋二税约四十三万一千三百六十石有奇。而卫所诸司参列其中。今仍为广西布政使司。

○桂林府，属州二，县七。

临桂县，附郭。　兴安县，　灵川县，　阳朔县。

全州，领县一。

灌阳县。

永宁州，领县二。

永福县，　义宁县。

○平乐府，属州一，县七。

平乐县，附郭。　恭城县，　富川县，　贺县，　荔浦县，修仁县，　昭平县。

永安州。五屯守御千户所附见。

○梧州府，属州一，县九。

苍梧县，附郭。　藤县，　容县，　岑溪县，　怀集县。

郁林州，

博白县，　北流县，　陆川县，　兴业县。

○浔州府，属县三。

桂平县，附郭。　平南县，　贵县。

○柳州府，属州二，县七。

马平县，附郭。　洛容县，　柳城县，　罗城县，　怀远县， 融县， 来宾县。

象州，领县一。

武宣县。

宾州，领县二。

迁江县， 上林县。南丹卫，迁江屯田千户所附见。

〇庆远府，属州四，县五。

宜山县，附郭。 天河县。

河池州，领县二。

思恩县， 荔波县。

南丹州，

东兰州，

那地州，领县一，长官司二。

忻城县， 永顺长官司， 永定长官司。河池守御千户所附见。

〇南宁府，属州七，县三。

宣化县，附郭。 隆安县。

横州，领县一。

永淳县。

新宁州，

上思州，

归德州，

果化州，

忠州，

下雷州。驯象卫附见。

○太平府，属州十八，县三。

崇善县。附郭。

左州，

养利州，

永康州，

上石西州，

太平州，

思城州，

安平州，

万承州，

全茗州，

镇远州，

思同州，

茗盈州，

龙英州，

结安州，

结伦州，

都结州，

上下冻州，

思明州，

陀陵县，　罗阳县。

○思恩军民府，属县一。

武缘县。

○镇安府,

直隶○归顺州,

○思明府,属州一。

下石西州。禄州、西平州附见。

直隶○田州,属县一。

上林县。恩城州、上隆州附见。

直隶○泗城州,属县一。

程县。

直隶○利州,

直隶○奉议州,

直隶○向武州,属县一。

富劳县。

直隶○都康州,

直隶○江州,属县一。

罗白县。

直隶○思陵州,

直隶○龙州,

直隶○凭祥州,

直隶○上林长官司,

直隶○安隆长官司。

东达湘水,

湘水，出桂林府兴安县南九十里之海阳山，经全州南，而东北流入湖广永州府境。出湘水，则湖南之地在襟带间矣。

南控交阯，

自南宁府南及太平府、镇安府、思明府，以及思陵州、龙州、凭祥州之西境、南境，皆与交阯界接。

西接滇、黔，

自泗城州而西，出上林、安隆二长官司，俱接云南广南府界。由泗城州而北，则达贵州之永宁州。又自利州北境，以迄庆远府之北、柳州府之西北，皆与贵州接壤也。

北逾五岭。

五岭，在广西北境者二：自湖广道州入平乐府贺县者，萌渚岭也；自全州入桂林府者，越城岭也。全州，旧属湖南，其地在岭北。盖广西之地，实逾岭而北矣。详见下。

其名山，则有越城岭，萌渚岭附。

越城岭，在桂林府兴安县北三里。一名临源岭，亦曰始安峤。《通典》：五岭以次而西，其第五岭曰越城岭，在始安郡北、零陵郡南。盖自衡山以南，东穷于海，皆一山之限耳。汉武帝元鼎中，遣路博德出桂阳，下湟水，路盖出于此。后汉建初八年，郑弘为大司农，旧交阯七郡贡献转运，皆从东冶泛海而至，东冶，今福建侯官县。风波艰阻，沉溺相系。弘奏开零陵、桂阳峤道，自是遂为通路。建安十六年，交州刺史赖恭自广信今梧州府合兵出零陵，憩于越城岭，却步骉，即此岭也。《水经注》，漓水与湘水出海阳山而分源，湘、漓之间陆地广百余步，谓之始安峤，亦曰越城峤者，是也。又其地临湘、漓二水之源，亦谓之临源岭，又谓之全义岭。以兴安县本名全义也。唐光化二年，静海帅刘士政以马殷悉定岭北地，大惧，遣将戴可璠屯全义岭备之，为马殷将秦彦晖所破。后唐清泰三年，楚王马希范疑其弟静江帅希杲会汉兵侵蒙、桂二州，遂自帅军如桂州，逾全义岭而南，名为御汉，实以防希杲也。王氏曰：从来越全义则已夺桂州之险。盖粤西之咽喉，实自全义岭操之。其在平乐府贺县东北二百里者曰萌渚岭，萌，亦作甿。与湖广永州府道州江华县接界，盘峙百余里，其水皆南北分流，亦曰萌渚峤，亦曰临贺岭，亦曰白芒岭，亦曰桂岭。《广州记》：五岭，一曰临贺。《丹铅录》萌渚之峤在临贺，即此矣。晋建兴初，荆州刺史陶侃击杜弢于此。隋开皇十七年，桂州李世贤反，诏虞庆则讨平之，将还潭州，临桂岭观眺山川形势，曰：此城险固，加以足粮，若守得其人，攻不可拔。为怨者诬以谋反，坐死。宋开宝三年，潘美击刘鋹，自临贺而南。绍兴三年，群盗曹成据道、贺二州，岳飞讨之，追破之于贺州。成乃自桂岭置寨至北藏岭，连控厄道，以众十万守蓬头岭。既而飞登桂岭破之，成奔连州，又走邵州。盖北藏、蓬头二岭，俱与桂岭相接也。

勾漏山。

勾漏山，在梧州府郁林州北流县东北十五里平川中。有石峰千百，皆矗立特起。其岩穴勾曲穿漏，因名。容县之都峤、浔州府贵平县之白石，其林麓皆相接也。山之胜者曰普照岩，岩如覆釜，洞穴当其前。岩之西曰独秀岩，洞门弘邃，中有石室，容数千人。岩东五里许有白沙洞，纵广一顷，高数十仞，下有涧井数处，皆旧时采砂处，其砂独白，因名。其相近者曰玉虚洞，俗名念经窟、观冲洞。洞中虚明莹洁，有云从洞中出则雨，风从洞出则雾。洞西南有巫山寨，规围二顷，绝壁千仞，围环左右者凡十有二峰。寨之北曰玉田洞，洞辟三门，中门明广可入，中有石田数丘，田中积水，无间冬夏。洞之南半里为玉田寨，高十余仞，其深莫测，北流为二池，中有小岛，其南潜流北出则溢入大江。又西北曰宝圭洞，为勾漏之正洞，有石室三，《道书》以为第二十二洞天也。宝圭之西则为勾漏洞，其旁又有龙潭、太阳、太阴诸洞，皆洞之支出者也。《志》云：勾漏洞天，四面石山回绕，其中忽开平野数里，洞在地上，不烦登陟，外微敞豁，中有暗溪穿贯而入，与北流水合。其最胜者则为白沙洞。祝穆云：勾漏甲于天下，而白沙又为勾漏第一也。

其大川，则有漓江，

漓江，与湘江同源，出桂林府兴安县海阳山。《汉志》注：漓水出零陵县阳海山，东南至广信入郁，行九百八十里。东北流，至兴安县北酾为二流，漓水则从灵渠南出，绕桂林府城而南流。岸旁数山，或扼其冲，或遮其去，故间有乱石沙潭处，清浅为滩，湛碧为潭。余虽深至一二丈，俯视水中，草石洞然，清澈无翳也。《志》云：漓水上流谓之灵渠，自兴安县而南有斗门，上下六十里。昔秦戍五岭，命史禄凿渠，以通舟楫。汉灭南越，使归义越侯严为戈船将军，出零陵，下漓水。又东汉建武十七年，马援讨徵侧，因史禄旧渠，开湘水六十里以通馈饷。后江水溃毁，渠遂埂浅。唐宝历初，观察使李渤立斗门以通漕舟，自是累加修浚。或谓之埭江。《新唐书》：景龙中，王晙都督桂州，因埭江开屯田数千顷，以息转输。

又咸通五年，安南为南诏所陷，诸道兵屯聚岭南、江西、湖南，馈运皆溯湘江入澪渠、漓水，劳费艰涩，诸军乏食。有润州人陈磻石，请自福建运米，泛海不一月至广州。从之，诸军食始足。九年，桂州刺史鱼孟威因大修灵渠，增置斗门，渠复通利。宋初，计使边诩复修之。嘉祐四年，提刑李师中更加浚治。今自灵川县而南，亦曰灵江，入临桂界，亦曰桂江，亦曰始安江。又经阳朔县东而入平乐府界，亦名府江。自平乐而南，经昭平县西以入于梧州界。平乐旧《志》云：府江北抵桂林，南连梧州，上下八百余里，两广舟船必由之路。其西岸山势劈削，树木丛密，苗贼往往据险出没，致江道阻塞。虽调兵征剿，而林箐深密，不能尽殄也。《府江考》：府江，自桂林达梧州，亘五百余里，为广右咽喉。东岸连富川、贺县，北抵恭城，西岸连修仁、荔浦，南抵永安。中则有上、中、下古折及桂冲石峒、黄泥岭、葛家峒诸巢，西则有大小黄牛、大小桐江及磘碌象矶、马尾冲、莲花汀等巢，而朦胧、仙回、高天、水浐等峒，与五指、白冒诸巢皆为羽翼。江介诸岭，深箐蒙翳，诸徭凭阻其间，纵横为患。成化以后，始渐就抚。未几，纵恶如故。万历初，患始息。《南征记》：府江诸滩鳞次，由梧州而上有象棋、大结、小结、简较、三门、锣鼓诸滩，皆奇险，而雷霹滩尤为险恶。府江至梧州之西北仍曰桂江，亦曰漓江，南流过府城西，合于左、右二江，谓之三江口，又东入广东封川县界，谓之西江，东至番禺入于海。范成大曰：湘、漓二水皆出灵川之海阳山，行百里分南北下，北下曰湘，稠滩急泷，二千里而至长沙，水始缓；南下曰漓，名滩三百六十，至梧州，又千二百里而至番禺云。

右江，

右江之源有三：一曰福禄江。源出贵州古州长官司西南，下流入柳州府怀远县境, 绕县西, 历融县东, 亦曰融江。又南历柳城县, 东合龙江, 至府城西而名柳江。溯其源而言, 亦曰黔江, 从其流而名, 亦之曰浔江也。一曰都匀江。源出贵州黄平州西南, 下流入庆远府天河县, 又东南历府城北, 谓之龙江。又东经柳州府柳城县北, 又东合于融江, 并流至府城西南而为柳江, 又东南经象州西, 亦曰象江。又南入武宣县界合于横水江。一曰都泥江。源出贵州定番州西北界, 三源委曲, 俱详见川渎异同, 流入庆远府南丹州南及那地州北, 又东历忻城县南, 又东南经迁江县北, 复东南流, 经宾州南为宾水, 又东北流, 历来宾县南, 又东至武宣县西而合柳江。以其自西而东, 或谓之横水江也。三水同流, 历武宣县东南而为大藤峡, 两岸连山, 中多滩险, 绵亘数百里, 经浔州府武靖州而南, 绕府城北, 至城东而合于郁江。二江同流, 又东过平南县而为龚江, 又东入梧州府藤县而为藤江, 至府城西合于桂江。又经府城南而东流, 以至于番禺, 通名为大江也。由西北而东南, 中分粤西之地, 徭僮出没多在其间。而自黔入粤, 此实为必争之道矣。

左江。

左江之上源, 即盘江也。有二源: 一曰北盘江。出四川乌撒府西乱山中, 经贵州慕役长官司, 东南合于南盘江。一曰南盘江。源出云南曲靖府东南, 两源委曲, 俱详川渎异同。亦流经慕役长官司, 东南而会于北盘江。于此并流而入广西界, 经泗城州东始谓之左江, 从其流而言之亦曰郁江。郁江历田州东南、奉议州北, 而入南宁府界, 经归德州南、隆安县北, 又东经府城之南, 有左江、右江自府西南来合焉。二江出交阯界，流合郁江，非左、右江正流也。详见南宁府。又东流经永淳县及横州南，又东经贵县及浔州府城南，绕府城而东合于黔江。并流经藤县北，至梧州府城西而合于桂江，又东而为广东肇庆府之西江也。本名牂牁江。《汉书·西南夷传》：夜郎临牂牁江，江广百余步，足以行船，南粤以财物役属夜郎，西至桐师。夜郎国，今见四川遵义府。颜师古曰：桐师，西南夷种也，在夜郎西叶榆西南。唐蒙乃上书曰：南粤地东西万余里，今以长沙、豫章往，水道多绝难行，若通夜郎，浮船牂牁，出其不意，此制粤一奇也。元光五年，司马相如通西夷，除边关，关益斥，西至沫、若水，见四川大川泸水及大渡河。南至牂牁为徼。元鼎五年秋，伐南粤，以路博德为伏波将军，出桂阳，下湟水；杨仆为楼船将军，出豫章，下横浦；一作洭水。故归义、粤侯二人为戈船、下濑将军，出零陵，或下漓水，或抵苍梧；使驰义侯因巴、蜀罪人，发夜郎兵下牂牁江：咸会番禺。盖自蜀入粤之道，自汉启之也。《汉志》注：郁水首受夜郎豚水，注又云：温水出牂牁郡镡封县，豚水出牂牁郡夜郎县，俱东至广郁入郁水。按：镡封县，晋属兴古郡，宋、齐属梁水郡，当在贵州省普安州及云南曲靖广南之境。或曰在今遵义府东境。夜郎，见遵义府桐梓县。欧阳忞曰郁江即豚水，似误。又陶弼咏郁江云昔年观地志，此水出牂牁，亦未是。盖江以道通牂而名，非遂出于牂也。东至四会入海，四会，即今广东属县。过郡四，郁林、苍梧、合浦、南海。行四千三十里。《水经注》云：温水出牂牁夜郎县，与《汉志》不合。东至郁林广郁县为郁水，汉时谓之牂牁江。然则，漓、郁二江自汉已为通道，惟黔江则近代始辟焉。故大藤峡之薮塞，几如异域也。又西南土司皆以左、右江为分。右江所辖者，庆远境内羁縻州、县、长官司，及镇安府田州、向武、奉议、泗城、归顺诸州，安隆、上林二长官司以至思恩九巡简司是也。左江所辖者，南宁境内羁縻诸州，及太平以南羁縻府、州、县皆是也。苏濬《土司志序》曰：两江溪洞，旧皆荒服。唐太宗时，诸夷内附，始置羁縻州、县，隶于邕州都督府。宋参唐制，析其种落，大者为州，小者为县，又小者为峒，推其雄者为首领，籍民为壮丁，以藩篱内郡。其酋皆世袭，分隶诸寨，总隶于提举。元丰以后，制渐隳矣。元以左、右两江羁縻州县俱属南宁帅府，分司管辖，而上下相遁，姑息为甚。有明受命，两江土酋，东溯交关，西缘牂牁，际滇之广南，莫不纳土归款，朝廷第因旧疆稍稍增省而已。其初，约束甚坚，绥怀亦至，间有调发，趋命恐后，事已则赐赉亦随之，边陲无警者且百年。其后，桀骜渐萌，反覆多有。议者欲仿贾生众建之说，择封疆延袤、兵力雄盛者，则因其势而瓜分之。夫西南土司与交州为邻，交人不敢窥内地者，以土酋力足制之耳，而可自薄其藩垣哉？嗟夫！中官武弁视土官为外府，而墨吏以渔人收之，土司尚知奉我之威令乎？故曰：黩货则玩，玩则无震。言两江者，盍亦反其本哉？

其重险，则有严关，秦城附。

严关，在桂林府兴安县西南十七里。兴安，旧全义县也。县北三里曰全义岭，自严关而南二十里为古秦城关，实为楚、粤之咽喉。今其地两山壁立，中为通道，置关其间，署曰严关。或曰：汉归义越侯严出零陵，下漓水，定越建功，故以严为名。或曰：关当隘路，而可畏也。唐光化二年，静海帅刘士政以马殷悉定岭北，大惧，遣将戴可璠屯全义岭备之。殷遣将秦彦晖击士政，至全义，士政又遣将王建武屯秦城。会可璠掠县民耕牛犒军，民怨之，乃为湖南向道曰：此西南有小径，距秦城才五十里，仅通单骑。彦晖即遣别将李琼由小径袭秦城，中宵逾垣而入，擒王建武，还示全义壁，全义兵震恐，因击之，擒可璠，引兵趣桂州。秦城以南二十余壁皆惊溃，遂围桂州，士政出降。范成大曰：秦城，相传秦始皇发兵戍五岭之地。城在湘水之南融、漓二水间，遗址尚存，石甃无恙。城北近严关，群山环之，鸟道不可方轨。秦取南越，以其地为桂林、象郡，而戍兵乃止湘南。盖岭之喉衿在是，稍南又不可以宿兵也。宋景炎元年，元将阿里海涯谋取广西，马塈以所部兵守静江，而自帅兵守严关。元军攻关不能克，乃以偏师入平乐，过临桂，夹攻塈，塈退保静江。近时徐谨《征西记》云：关本为马坑岭，马塈以阻元兵凿岭断路处。按：成大已前言之，此说恐未当。魏氏曰：严关北负峻岭，坡陀险阻，若守御严密，以逸待劳，敌师虽多，无能难也。一失其险，则会城单外，势不能孤立矣。严关之安危，非即粤西之存亡哉？

大藤峡。

大藤峡，在柳州府象州武宣县东南三十里，浔州府西北百五十里。《志》云：峡跨柳、浔二郡间，夹浔江，而南带象州、永安、修仁、荔浦、平乐，武宣、桂平诸州县界。峡中之水，皆夹山涧而下，砱砑巀嶭，最为险恶。而自大藤峡截浔水而东，又为府江，府江、大藤相去约二百五十里。《志》云平乐府南至浔州府平南县断藤峡二百五十里，是也。诸蛮每恃藤峡为奥区，以桂平之大宣乡崇姜里为前庭，象州东南乡、武宣北乡为后户。藤县五屯障其左，贵县龙山据其右，若两臂然。峡以北岩峒以百计，如仙女关、九层崖，称险绝者亦十数处，迤南又有牛肠、大岵诸村，贼皆傍山缘江立寨。又藤峡、府江之间，有力山险于藤峡数倍。力山南则府江也，地域约六百里，中多徭人，以胡、蓝、侯诸姓为渠魁。其力山诸处僮人，更善傅毒弩矢，中人则立毙。《藤峡考》：大藤峡磅礴六百里。峡以北，巢峒屋列，不可殚名，而西罗渌，东紫荆，后根姜、老鼠、白石、横石、寺塘、桂州崖、仙女关、九层楼尤极险隘。峡以北，山稍廉瘴，而牛肠、大岵、大寺、白银、大湾诸村亦皆倚江立寨，四塞难通。自紫荆折而稍东，为茶山，为力山，力山尤险。自紫荆折而东北，为沙田，为林峒，迤北折而稍西为罗运，罗运之险又倍力山。万山中，徭蛮盘据，登峡巅环眺，则远近数百里动静举在眉睫间。叛徭每恃险寇盗，急则窜伏林中，莫可究诘。永乐初，南丹蛮乱，《志》云：即罗渌山蛮也。先是洪武二十年，大亨、老鼠、罗渌山生徭作乱，戕杀官吏，至此复叛。杨文讨之。文分兵剿大藤峡、江南岩、莲花寨诸徭，悉平之。久之，复炽。景泰间，徭人侯大狗为乱，诸种皆应之，浸淫至广东雷、廉、高、肇之境。成化初，命督臣韩雍讨之。雍至南都，会诸将议进兵，皆曰：两广残破，盗所在屯聚，宜分兵：一由庾岭入广东驱广东贼，一由湖广入广西困广西贼。雍曰：不然。大藤峡，贼之巢穴，不覆其根本而剪其枝叶，非计之得也。今鼓行而前，南可攻大藤峡，援高、雷、廉，东可应南、韶，西可取柳、庆，北可断阳峒诸路，如常山势，动无不应。既溃其腹心，他无足虑矣。遂进至全州。会阳峒、西延苗贼为梗，阳峒，在全州境内。西延，在全州西北，今有西延巡司。击灭之。至桂林，众议乘胜攻峡，雍按图籍曰：修仁、荔浦为藤峡翼蔽，须灭此而后可弱其党。乃以永顺、保靖及两江土兵分五路进，追至力山，大败之。雍抵浔州，延父老问计，皆以大藤险毒，不宜深入，莫若屯兵围守，坐令贼毙。雍曰：山峡辽远六百余里，势不可围。今吾新破府江，士气十倍，贼且落胆，若遂乘之，破竹之势成矣。乃遣欧信等率右军自象州武宣分五道入攻其北，白全等帅左军自桂平、平南分八道入攻其南，又遣孙震等攻左江及龙山五屯，绝其奔轶。雍驻高振岭以督诸军，又令欧信既破山北，便提兵深入，夹攻桂州、横石诸岩；又以村峒、沙田、府江间道也，复令夏正统兵越古眉、双髻诸山，伏林峒，扼其东奔。于是诸路并进，别遣兵断诸山口。贼闻官兵至，置妇女积聚于桂州、横石、寺塘诸寨，而悉力栅峡南以拒官军。官军登山力战，尽破山南、石门、大信、道袍、屋夏、诸舍、老鼠、寨岭、竹踏、紫荆、良胸、沙田、古营、牛肠、大岣等寨。贼遁入桂州、横石、寺塘、九层楼，皆悬崖绝壁，林箐丛恶，据险立寨以为固。雍伐山通道至其地，出奇奋击，用火箭焚其栅。夏正又自林峒出，迎击之，贼大溃。破贼巢三百三十有奇，擒侯大狗而还。《杂志》云：时雍又破五村、大帽山、黄沙、吴峒等寨。斩藤峡断之，易名断藤峡，分捕雷、高诸寇，悉平之。雍乃即断藤峡奏置武靖州，又议设东乡、龙山等巡司，俱以有功土人为之。贼稍戢。至正德中，峡南贼复出没横江，督臣陈金使商人入峡者，皆出鱼盐唉之，易峡名为永通。贼益无所忌。嘉靖初，断藤峡等处贼徭上连八寨，下通仙台、花相等

峒，盘亘三百里，流劫浔、梧上下，遂成大寇。五年，王守仁奉命督
两粤，驻南宁，既招降，思南叛目王受、田州叛目卢苏等，议八寨
去断藤稍远，先攻峡贼，而分兵剿八寨，贼可灭也。于是按兵南
宁，遣还永顺、保靖土兵，密使乘机击之。于是永顺兵攻牛肠，保
靖兵攻大寺诸巢，出贼不意，四面突进。贼大败，退保仙女大山，
据险结寨。官兵复攻拔之，又拔油榨、石壁、大陂等巢，贼走断藤
峡。官军追至横石江，贼舟覆死者甚众。守仁还兵浔州，密檄诸
将，分兵剿仙台等贼。于是永顺兵由磐石、大黄江口登岸，进剿仙
台、花相等峒；保靖兵由乌江口、丹竹埠登岸，进剿白竹、古陶、
罗凤等巢。贼初闻牛肠等寨贼破，皆严为守备。官军两路奋击，
大破之，贼走保永安、力山，复进兵捣之，贼大溃，奔诸路者皆为
官军所歼。断藤峡复宁。十五年，峡北贼复聚弩滩为乱，弩滩，旧在
武靖州北，今见浔州府。行杀武靖城下。督臣潘旦议讨之，参将沈希
仪谓：宜俟春水涨，从武宣顺流下扑之。不听，使乌阁等道浔州击
之，无功。十七年，诏以蔡经代旦。时酋长侯丁公横甚，浔州参议
田汝成以计诛之，因请乘此时灭贼。经于是遣副总兵张经等将左
军会师于南宁，都指挥高乾将右军会师于宾州。继而左军分六道
进。王良辅由牛渚湾越武靖，攻紫荆、大冲、根姜、老鼠诸巢。朱
昇由三等村渡廖水，攻二驴、石门、军营、大安、黄泥岭诸巢。柳
溥由白沙湾攻道袍、大井、李仪、洪泥、梅岭诸巢。凌溥亦由白沙
下湾攻大昂、屋夏、小梅岭诸巢。周维新由白沙上湾攻胡塘、渌
水、竹埠诸巢。孙文绣由断藤峡溯流，与六军合攻大坑巢。右军分
四道进。孙文杰由武宣过太山庙，从流而下攻碧滩、渌水诸巢。

王俊由武宣逾山而东攻罗渌上峒。戚振攻罗渌中峒。吴同章攻罗渌下峒。两军并进，贼大窘，奔林峒而东，欲北走府江。王良辅邀击之，贼中断，复西奔。官军毕至，贼大败，东奔者入罗运山，复进攻之。右军抵长洲，沿江绕出贼背，贼漫走山谷间。官军不能穷追，乃还。时永安一云在平南有小田、罗应、罗凤、古陶、古思诸徭，亦据险为乱，并扑灭之。盖大藤之险，凡三兴大役而后底定。《志》云：大藤峡口旧有藤，大逾斗，长数丈，连峡而生，徭蛮藉以渡峡涧，如徒杠然。其地最高，登藤峡巅，数百里可一目尽也。韩雍讨峡贼，断其藤，汁流水赤，贼巢一空。然而，伏戎于莽，消弭之功未可以旦夕奏矣。

按广西，在五岭西偏，襟带三江，堤封甚广。然而外迫交阯，内患徭僮，诸土司之顽梗，又数数见也。桂林以密迩湖南，声援易达，故藩司设焉。而平乐以东，实为东粤之肘腋，疆壤相错，祸患是均，非可东西限也。梧州据三江之口，联络东西，控扼夷夏，故特设重臣，为安攘之要策。而柳、庆接壤黔中，有右江为通道，田、泗比邻滇服，有左江以启途。一旦有事，皆未可泄泄视也。南宁控扼两江，坐临交阯，粤西保障，端在是焉。魏濬《西事珥》曰：古之部置方州，皆因山川形便与其道里远近所宜。故或因建瓴之势以临制上游，或顺臂指之义以控运四海，要归于建威销萌以久安长治而已。若悉割两江，东包廉、钦、浔、郁，以尽乎宜、柳之境属之邕管，使自为牧镇，此所谓臂指之义也，则两江溪洞可以驯服。两江既治，虽以南略交阯可也。或曰：如此，则何以为广西？曰：桂林，故衡、湘地也，天文分野上属翼轸。九疑、苍梧之山，形势曼衍，首起衡岳，腹盘八桂，而尾达乎苍梧，湘、漓二水分绕其下，桂林据其上游，若屋极然，所谓建瓴之势也。衡、永、邵、道、桂、郴诸郡缀附广西，并故所辖桂、昭、梧三郡统之，其封略故为不小矣。今荆湖地理阔远，行部使者病不能遍历，而衡、湘间数郡，且岁调兵食以给广西，何如举而移之，为岭服长治久安之计乎？

读史方舆纪要卷一百七

广西二 桂林府 平乐府

　　〇桂林府，东北至湖广永州府六百六十五里，东至湖广道州五百五十里，东南至平乐府百九十里，西南至柳州府六百七十里，北至湖广武冈州四百里。自府治至江南江宁府四千二百九十五里，至京师七千二百六十二里。

　　《禹贡》荆州南界。战国时，为楚、越之交。秦为桂林郡地。汉属零陵、苍梧二郡。后汉因之。三国吴甘露元年，始置始安郡。以零陵南部置。晋因之。宋改为始建国。明帝泰始初改。齐复曰始安郡。梁大同初，兼置桂州。陈因之。隋平陈，废郡，而州如故。兼置总管府。大业初，府废。大业初，又改州为始安郡。唐武德四年，平萧铣，仍曰桂州。亦置总管府。九年，改都督府，自是皆兼督府之名。开耀后，又置桂管经略使，为岭南五管之一。详见州域形势。下仿此。天宝初，亦曰始安郡。《唐志》郡有经略军。至德二年，改曰建陵郡。乾元初，复为桂州。乾宁二年，改桂管为静江军节度。光化三年，属于湖南。五代周广顺初，属于南汉。桂州、静江军皆如故。宋开宝三年，平南汉，仍曰桂州。亦曰始安郡，静江军节度、广南西路治此。绍兴三年, 升为静江府。《宋志》: 大观初, 升桂州为大都督府, 寻又升为帅府, 至是以潜邸升为府。元曰静江路。明洪武初, 改曰桂林府, 领州二、县七。今仍旧。

府奠五岭之表, 联两越之交, 屏蔽荆、衡, 镇慑交、海, 枕山带江, 控制数千里, 诚西南之会府, 用兵遣将之枢机也。昔秦兼岭外, 此为戍守重地。汉平南越, 分军下漓水。自孙吴以后, 湘、广之间事变或生, 未有不争始安者。隋、唐之初, 皆置军府于此。盖天下新定, 岭南险远, 倘有不虞, 燎原是惧。故保固岭口, 使奸雄无所觊觎也。乾符三年, 黄巢自桂州出湘水, 至湖南, 遂为中原大祸。马殷兼有桂管诸州, 兵力益强。刘晟兼有桂州, 遂能北取柳、连之境。宋潘美入南汉, 亦先取桂州, 所以摧其藩篱也。宝祐五年, 蒙古侵宋, 其将兀良合台自交阯而北入静江, 遂破辰、沅, 直抵潭州。时蒙古之强梁, 已玩宋于股掌间矣。其后马塈守静江, 拮据虽力, 而滔天之势, 岂一隅所能挽? 其卒趋于丧败也。君子未尝不嘉其志, 悼其忠也。《志》曰: 郡之外险为严关, 内险为濠水。严关, 见前重险。濠水, 见后。至徭僮环境, 蠢动无时。《通志》: 郡境古田诸徭, 往往蠢动。又灵川之七都、兴安之六峒、全州之西延、义宁之白面寨, 亦时时啸聚。《诸夷志》: 广西徭数种, 曰熟徭、生徭、白徭、黑徭。生徭在穷谷中, 不与华通。熟徭与民错居。白徭类熟徭, 黑徭类生徭。又有生僮、熟僮, 与徭异种而杂处。僮之类曰大良。此外, 复有仡、侗、僚人凡二种, 又有伶人、休人、侗人、蛮人及西原、广源诸蛮。又水夷曰蜑人, 山夷曰山子, 皆在广西境内。莅兹土者, 保固之方, 扰驯之策, 其可不熟筹而预备之哉?

○**临桂县**，附郭。汉始安县，属零陵郡。后汉因之。三国吴为始安郡治。晋以后因之。梁为桂州治。隋、唐仍旧。贞观八年，改县曰临桂。今编户一百二十九里。

桂林城，今府治。《城邑考》：桂林子城，在漓江之西，周三里十有八步，高一丈二尺，《风俗记》以为桂州总管李靖所筑。又古外城方六里，相传唐大中间蔡袭筑。或曰：宋皇祐中平侬智高，经略使余靖所筑也。又有夹城，在外城之北，周六七里。唐光启中，都督陈环筑其外城。旧有六门：南曰宁远，俗呼阳桥；北曰迎恩。西二门：一曰平狄，俗呼铁炉；一曰利正，俗呼沙塘。其东二门：一曰行春，俗呼上东门；一则子城之东江门也。宋自余靖增筑后，乾道中经略使李浩、淳熙间经略使詹仪之、绍熙间经略使朱希颜，相继修复。元至正十六年，廉访使也儿吉尼始甃以石，谓之新城。明洪武八年增筑南城，九年塞西坝，开城濠，导阳江经新城西门外通宁远桥，分二派与漓江合焉。今为门十二：曰东镇，曰就日，曰癸水，曰丽泽，曰武胜，曰文昌，曰宝贤，曰西清，曰安定，曰宁远，曰行春，曰东江，皆元季因旧门增改。明初，杨璟取静江，从宝贤门入是也。又宁远门，亦曰榕树门，相传唐时筑此城，门上植榕树一株，岁久根深，跨门内外，盘错至地，分而为两，天然成门，车马往来，经于其下。洪武十八年，展南城，此门犹存。今府城周八里有奇。

秦城，府北八十里，东北去兴安县四十里。相传秦始皇二十三年筑以限百越者。《唐史》：光化元年，马殷引兵取桂州，秦城以南望风奔溃。城北旧有望秦驿，宋时改为桂州驿，今稍移而东，曰东江驿。又西南有汉城遗址，相传汉军伐南粤时筑。余附见前重险严关。○福禄废县，在府东。唐武德四年析始安县地置，贞观八年省。

桂山，在府治东北。俗称北山。有三峰连属，前峰拔起，如狮昂首，桂生其巅；次峰宛转相接；后峰巉嵘特秀。山势东行，奇石累积，为叠彩岩，岩后有风洞，洞西北隅有北牖洞，洞左小山曰干越，其右小支戟立，曰四望洞，后则尧山蔽天，漓江若练，称为绝胜。《一统志》：山亦名越王山，顶有石坛，五代时马殷所筑。远眺长江，极目烟水，亦名四望山。○独秀山，在府治东。直耸五百余丈，环眺诸峰，独为雄秀，郡治主山也。有读书岩在其下，刘宋时始安太守颜延之读书处。其阳今为藩邸。又伏波山，在府治东北，亦曰岩山。特起千丈，与独秀山相望，岩旁水际有还珠洞。《志》云：洞本名玩珠，宋张维易今名。洞前石脚插入漓江，为绝胜处。

宝华山，在府治西北。《志》云：夹北城而西，是为宝华，当山中断，续以雉堞，下有重门，即西清门也。宝积山自南来，交扼其口。前岩东向为华景山，华景之前，横塘深广，称为佳胜。大抵从北而西，城壁峻峭，皆斩岩为之，虽石头之险不能过焉。唐以前谓之盘龙冈。《胜览》：华景、宝积二山，皆在府治北三里，两山相连。华景下有洞，深广如厦屋。宝积多奇石怪木，东隅有吕公岩。

漓山，在城外东南隅。山立漓江中，一名沈水山。唐龙朔中，曾降天使投龙于此。阳江西来，东入漓水，山魁然拔起，横障江口，郡人名为象鼻山，以山突起水滨，形如象鼻也。明初围静江，别将朱亮祖屯于东门象鼻山下，即此。或谓之宜山。山麓有洞名水月，门出水上，其高伟阔，上彻山背，其旁岩洞相接，奇胜不一。又南二里有雉山，山东北麓下瞰江水，其上侧起，势如昂首欲飞，谓之雉岩。○穿山，在府东南五里。《临桂志》：在雉山东水口，即弹丸溪合漓处。其山耸身昂首，若与西岸山作斗，亦名斗鸡山。山半有穴，南北横贯，故以穿名。或名为月岩。南溪之水出其下。《通志》以穿山、斗鸡分为二山，似误。

七星山，府城东三里隔江。旧名七星岩。峰峦骈列，如星象然。中有栖霞洞，洞旁又有玄风洞。《志》云：山下有冷水岩，宋曾布帅桂，改曰曾公岩。山西南有龙隐岩，山脚入溪水中，洞内水深莫测，涌激如在三峡间，亦曰龙隐洞。山后有月牙岩及乳洞诸胜。其接龙隐而起者曰望城冈，外障大江，内护东城，旁连诸土山，纵横起伏，亘二十余里。○弹丸山，在七星山东。《水经注》：漓水东合弹丸溪，溪出于弹丸山，奔流迅急，山溪有石如弹丸，因名。今亦曰弹子岩，有两岩皆北向，旁有东西两洞，岩下为弹丸溪，流入漓水。

隐山，府西三里。当夹山南口，潜洞山环其东北，西山屏其西南，乱石层叠盘回，北高南下，中藏六洞，洞皆有水，溢出为湖。唐李渤名山曰隐山，其洞之水曰蒙泉，疏水出山名曰蒙溪，又名诸洞曰夕阳、朝阳、南华、北牖、白雀、嘉莲。回环出入，胜致不一。夹山，谓华景、宝积两山也。又城西十里地名木林，有中隐山，其岩三重，以渐而削，亦曰钟隐，土人名佛子岩。○西山，在隐山之西。一峰峻拔，如立鱼然，俗号石鱼峰。峰之南有明月洞。或云：虞山韶音洞西亦有石鱼峰。又潜洞山，在隐山之东，中有洞曰南潜、北潜。

虞山，府东北五里。一名舜山。漓水漾其左，黄潭萦其后，下有洞曰韶音，入洞面潭，水石清漪，名曰皇泽湾。洞南有平原，舜祠在焉。《志》云：黄潭亦曰舜潭，宋绍兴三年，张栻为郡守，发石得洞，始名之曰韶音云。○屏风山，在虞山之东，地名圆通湾，有湾水纡折而下，接弹丸溪山，亦名屏风岩，亦名程公岩。断山屹立，高百余丈，中有平地可容百人，钟乳倒垂，石磴盘屈，有石穴。宋范成大帅桂，表为空明洞。《志》云：屏风山，西南去弹丸山二里。

琴潭山，城西六里。川原平衍，群峰环抱，下为琴潭，以水流琮峥如琴声也。其水溉田数千顷。旁有玉乳、荔枝等岩，皆以垂乳凝结而名。泉石悉奇胜，而琴潭又为之冠。又有清秀岩，在城外西北隅，亦曰清秀山。从西清门下濠，石道上西皋夹山口，缘山又里许，有清塘岩临其上，清彩映发，因名。〇侯山，在府西十里，高耸如公侯端冕之状，因名。上有金钩岩，俯视诸峰，若培塿然。又光明山，亦在城西十里。山势峭拔，有一穴通明，其水潴于家庄渠，灌田数百顷。

南溪山，府南七里。《志》云：从斗鸡山白水口入，是为南溪山，耸拔千仞，下临溪水，诸峰环合，烟翠黝苍。西北有洞，唐李渤名曰玄岩。西南又有白龙洞，洞在平地半山上。五代汉末，南汉谋并静江地，湖南遣兵屯龙洞以拒之，即此。洞中有泉，谓之新泉。其东南有刘仙岩，岩旁又有穿云岩，亦曰仙迹岩，俱以仙人刘仲远而名。自刘仙岩而入其最高处，曰泗洲岩。〇普安山，在府南三十里。山势蜿蜒回绕，有泉涌于山顶，四时不涸。又南十里为白鹿山，亦郡山之胜也。

尧山，府东北十五里。积土盘回，参差带石，长竟数百里，为桂郡诸山之冠。上有平田，土人名为天子田，因尧以名也。剑江之水源于此，合弹丸溪，至穿山口入于漓江，亦名灵建江，又名拖剑水。《风土记》：尧山，在府东北，隔大江与舜祠相望，因以尧名。《始安郡记》：东有驳乐山及辽山，或辽讹为尧也。今府东五十里有驳鹿山，即驳乐矣，或又讹为福禄山，俗又谓之阳龙山。〇辰山，在府东北十里。有三岩从石磴盘折而上，皆奇胜，土人名曰虎山。宋嘉泰初，士人刘晞隐于此，桂帅李大异表此山为蛰龙岩。自山之东渡江三四里，即尧山麓矣。

乌岭，府东二十里。极高峻，有石磴数千级盘回而上，顶有泉，行者资焉。又湘水岩，在府东三十里，俗呼圣水岩。夜半则潮上岩，日中则潮下岩，略不愆期，地广数十亩。《水经注》所云潮汐塘也。〇木龙洞，在城东癸水门外。《志》云：洞北去伏波岩四百步许，西望叠彩岩百步许，孔道通行，如砥如矢，驱车飞盖，绰然有余，旁复有小洞相通。

漓江，在府东十里。亦曰桂江。源出兴安县海阳山，流二百里至府城东北，复绕流而南，至城下漱伏波岩之趾，至漓山北麓，阳江流入焉,又南合相思江入平乐府界。亦曰癸水,以其自北而来也。详见大川漓江。

阳江,在城南。源出灵川县思磨山,一云出灵川县维罗岭,经分界山、马公岭,流五十余里至府郭西,受杉木、莲花诸塘水汇为澄潭,历西南文昌、三石梁,东出漓山与漓水合。旧《志》:静江城依水为固。宋末马塈保静江,蒙古将阿里海牙攻之,不克,乃筑堰断大阳、小融二江以遏上流,决东南埭以涸其隍城,遂破。又明初遣兵围静江,杨璟屯北关,张彬屯西关,朱亮祖屯于象鼻山下,久之,不克。璟曰:彼所恃者,西城濠水耳。当先取闸口关,决其堤岸,破之必矣。于是遣将攻闸口关,杀守堤兵,决堤,濠水涸,因筑土堤五道近与城接,以通士卒,遂克其北门月城,又克北门水隘,复攻其西门。城中势蹙,乃降。盖旧皆引阳江为濠也。洪武九年,复浚城濠,导阳江,经西门外通宁远桥,分二流入于漓江。

相思江,府南五十里。其处有卧石山,江出其下。有相思埭,唐长寿初筑,分相思水使东西流,东流合漓江,西流合白石水,阔各十丈许。○南溪,在南溪山前。《志》云:漓江南流至斗鸡山,南溪之水自西南来,合弹丸溪入焉。又西有曲斗潭,回旋数曲,东流合于南溪,其合处亦名金莲港。又马溪,在府东四十里,下流合于漓江。

西湖,旧在府城西三里。环浸隐山六洞,阔七百余亩,胜概甲于一郡,久废。宋经略张维筑斗门,始复旧。今复湮为平畴矣。又白竹湖,在府城西南三十里官道西,阔百余亩,冬夏不涸。○龙池,在尧山下,颇为民利。岁久埋塞,宋张维重浚,以石甃之。

灵陂,府东北二十里。唐景龙中,桂州都督王晙堰水溉田处也。后废。宋乾道中,经略李浩即其地开营田,再筑此陂,随坏。淳熙中,经略詹仪之重修。今废。又朝宗渠,在府城北。宋治平中,知全州王祖道

穿渠东接漓江，西入西湖，达阳江。其后，范成大、方信孺相继营缮。今
湮。土人呼其地为朦胧桥。《志》云：城西旧有莲花、杉木两塘，宋时穿
此引西湖水北接朝宗渠，为西北城濠。今故址犹存。

湖塘，府城东十五里。其相近又有龙塘。二塘相通，阔数百余亩，
深十余丈。其旁又有润塘、耿塘，灌溉亦甚广。又沙塘在府城西十五里，
石家塘在府南，俱利灌溉。

回涛堤，在府城东南。唐贞元十四年，筑以捍桂水。○訾家洲，在
城东南漓水中。洲觜并漓山，先是訾家所居，因名。虽大水，洲尝如故，
相传以为浮洲也。

东关，在府城东江门外。又有南、北两关，及府西南文昌门外之中
关，皆近郊之捍卫也。又有河泊关，在府东南河泊所之东。○芦田市，在
府南四十里，明初置巡司于此。又府西五十里有两江巡司。《会典》：旧
有湘山渡巡司，今革。

东江驿。在府城北。又苏桥驿，在府西七十里。南亭驿，在府南
七十里。《舆程记》：东江驿而东北，五十里为大龙驿，道出灵川县；苏
桥驿而西南，四十五里为永福县之三里驿，西入柳州之道也。又桂川公
馆，在府北二十五里，临桂、灵川二县适中之路，万历六年建。

○兴安县，府东北百三十里。东至全州百二十里。汉始安县地。唐
武德四年，析置临源县。大历三年，峒寇万重光诱桂林等县构逆，独临
源不应，因改名全义。五代晋开运三年，湖南置溥州治此，又改县曰德
昌。周广顺初，南汉仍曰全义县。宋初州废。太平兴国三年，避讳，改今
名。城周三里有奇，编户二十里。

全义城，县西五十里。《志》云：旧县治此，今名全义坊。又有临源
城，在县南乡廖仙井旁。唐武德初置县于此，遗址犹存。《通志》：县西
五十里又有黄城，相传黄巢寇桂州，尝营垒于此。

龙蟠山，县东十五里。本名盘龙，唐天宝中改今名。山下石洞有门数重，《录异》谓之乳洞。斜贯一溪，名灵水溪。又阜源山，在县东五里，下有泉可溉田。《志》云：县东三里有全义山，唐因以名县。〇凤鸣山，在县北三十七里。俗呼鸡爬山，宋淳熙间改今名。

海阳山，县南九十里，西南去灵川县九十里，盖境相接也。本名阳海山，俗曰海阳。湘、漓二水皆出于此。山下有岩幽胜，行数百步至水泉处，阔不盈尺，其深叵测。又龙山，在县南四十里，民居环绕。又金山，在县西南二十里，下有金坑，今废。

临源岭，县北三里。即越城岭也，亦曰始安峤。旧《志》：越王城，在湘水南五十里。《一统志》：越城岭西南有越王城。盖即越城岭之讹矣。详见前名山越城岭。〇石康岭，在县西，周八十里，逶迤而东，绕出县后。其下源泉四出，灌田甚广。又盐砂岩，在县西六里，有砂与盐相似，鬻盐者多取以乱真。旧有盐沙寨巡司，今革。

龙凤岩，在县东。一名梓林洞。泉出岩中，灌田甚广。又草圣岩，在县西十五里，以唐僧云峤者善草书而名。岩之东有圆穴，一名月山。又西五里为白雪峰，特立渠江之侧，粲白如积雪而名。上岩深广，容百余人。〇乳洞，县西南十里。洞有三：上曰飞霞，中曰驻云，下曰喷雷，宋人所名也。旋折而上，泉石奇胜。又西南里许有鸣玉洞，亦曰梵音洞，外狭中广，下滨灵渠。

潞江，县西北七里。源出徭洞中，流入界，分南北二陂，灌田万亩，又南入灵川县境而合于漓水。

始安水，在临源岭南。《水经注》：始安峤之阳，有峤水南流注漓，名曰始安水，又有沩水流合焉。《志》云：沩源水，源出县之南乡，亦名桃花源。又有融水，出融山二洞中，流经县境，又南入灵川县界入漓水。今县西五十里有大、小融江渡。〇零水，在县西南五十里。其地有郁金山水源出焉，亦南流入漓。县南又有凤源水，其地亦名南凤源，合南渠入于漓水。又双女井水，在县南七里，亦流出南渠合漓江。

灵渠，在县北五里，即道漓水处。南经灵川县入临桂县界，亦谓之澪渠。《水经注》湘水自零陵西南谓之澪渠，是也。唐咸通五年，安南为南诏所陷，岭南用兵，诸道馈运皆溯湘江入澪渠。《宋·沟洫志》：灵渠以引漓水，故秦史禄所凿。或谓之秦凿渠，后废。唐宝历初，观察李渤设斗门十八以通漕，俄又废。咸通九年，刺史鱼孟威以石为铧堤，亘四十里，植大木为斗门，至十八重，乃通舟楫。宋庆历中，提刑李师中修浚，后守臣边诩等复累加修葺。绍兴二十九年，臣僚言：广西灵渠接全州大江，其渠仅百余里，自静江府经灵川、兴安两县，宜令两邑令兼管修治。诏漕臣修复，以通漕运。范成大曰：灵渠，在桂之兴安县，秦始戍岭时，史禄凿此以通运之遗迹。湘水源于海阳山，在此下融江。融江为牂牁下流，本南下。兴安地势最高，二水远不相谋。禄始作此渠，派湘之流而注之融，使北水南合，北舟逾岭。其作渠之法，于湘流砂碛中，垒石作铧觜，锐其前，逆分湘流为两，激之六十里行渠中，以入融江，与俱南。渠绕兴安界，深不数尺，广丈余，六十里间置斗门三十六，土人但谓之斗。舟入一斗则复闸斗，俟水积渐进，故能循崖而上，建瓴而下，千斛之舟亦可往来。治水巧妙，无如灵渠者。《志》曰：渠既通舟楫，亦利灌溉，一名中江。自李渤置斗门，开漓水则入于桂江，壅桂江则归之湘水。又凿分水渠三十五步，阔仅五六尺，以便行舟。其后修筑，皆因渤之故迹。明洪武末，渠道湮坏，遣御史严震直修浚。《郡志》：震直修灵渠，欲广河流，撤去鱼鳞石，增高石堘，遇水泛，势无所泄，冲塘决岸，奔趋北渠，而南渠浅涩，行舟不通，田失灌溉，连年修筑，百姓苦之。永乐二年，改作如旧制，水患始息。成化间复坏，郡守罗珦修复。今县东有水函十，灵渠之水径此。每遇霖潦，往往啮堤为患，因置石函以泄之，灌田数千亩。每至决坏，有司相视以时兴修焉。

八字陂，在县治东。又昌陂，在县南六十里。沿潭陂、赵家陂、观陂，在县西。斜陂，在县北。又辛家堰，在县南。龙眼堰，在县东。皆灵渠之水分引溉田处。又渼潭，亦在县南。《志》云：湘、漓分流处，地名铧觜，汇而为潭，名曰渼潭。

严关，县西南十七里。粤西之襟要，桂郡之咽喉也。详见前重险严关。○下营关，在县西五里。

唐家铺。县北五里。有巡司。又县西南四十里有陆洞巡司。○白云驿，在县东北漓江上，驿南有万里桥，漓江所经也。

○灵川县，府西北五十二里。东至全州灌阳县百四十里，西南至永宁州义宁县九十里。本始安县地。唐龙朔二年，析置今县，以灵渠水为名。今城周四里，编户五十里。

高镇山，县西南二里。古名大象峰，一名大藏。其下有潭，横浸山腹，名象潭。其形三折，又名之潭。宋宝祐间，改名高镇岭。元至正间，大藏山崩，后名其所崩崖为赤壁，因名赤壁岩。○西峰山，在县西北二里。高数百丈，三面峭拔，其中坦夷，上有龙泉，每日三涨三落。又西北三里为挂榜山，高耸与西峰相埒。又西北五里曰双盖山，高百余丈，两峰圆峙，如张盖然，俗名凉伞山。《志》云：县西一里有吕仙山，产茶曰吕仙茶，其地即今县治西南平阜也。县旧治此。宋绍定四年，县令郑延年始迁县治于今所。

北障山，县北十里。倚峙如屏障，与临桂尧山对峙，高广称之。《志》亦谓之玄山。山周环有泉百源，其著者曰滑石泉。宋绍兴六年，州帅胡舜陟易名漱玉泉。今易曰道乡泉，以邹浩曾经此而名。或名为龙隐泉。《一统志》谓之百丈山，又名把伏山。重峦叠嶂，绵亘数里，当风飙起，则飞鸟回旋不能度，俗谚：县鸟不过灵川。是也。○舜华山，在县西二十里。一名舜山。山多峰岫如冠笏，亦与尧山相望。中有月华岩，亦曰月华山，以岩洞如月窟也。下有池曰舜池。

香炉山，县东北三十里。高千仞，中分一小山，形若香炉。又马鞍山，在县东二十五里，高耸与香炉相并。○金瓶山，在县西十五里。其西峰连环崒嵂，状类金瓶。又半云山，在县西南界。其山平地突起，四面孤高，亦谓之半云岭。

千秋峰，县东北七里。独立危耸，一名文笔峰。下有峡通大江，亦曰千秋峡。《志》云：千秋峡丛山列拥，亦名笔峡。大融江经此，风水相搏，涛色如银，名曰银江。今有千秋峡巡司。○灵岩，在县西北三十里。岩高数百丈，南北相通，小溪环绕其下。《名胜志》：江水贯灵岩中，阔数十丈，深不可测，山谷百源辐辏于此，可通舟楫。

龙田岩，县西三里。中有石田，高低委曲，下有龙泉。又真仙岩，在县西南三里，石室穹窿，容数十人。又仙隐岩，在县西南十余里。岩深广，其上若石楼，下有深潭。又西南十里有华岩洞，高广数仞，清泉环绕。

漓江，在县东北。自兴安县流合大融江入县界。《志》云：灵渠行五十里入大融江，名曰灵江。又西北有黄柏、六峒、川江三水流合焉，亦曰融江。经千秋峡而南亦曰银江。又经县南之甘棠墟白石潭而入临桂界，亦曰桂江。又有小融江，亦自兴安来，至江南大埠口始与大融江会，左右刺合，故曰漓津。

西江，在县西北。即黄柏、六峒、川江三水也。其源俱出全州西延之境，与湖广新宁县接界，绕七都蛮峒而来，六峒居中，黄柏、川江在左右，并流而汇灵岩山下，东流合于漓江。

甘水，在县南。源出融山北界，流经县西南，过大山下东流，至县南二十里之甘棠墟而合漓江。又白石湫，在县南三十五里，亦名白石潭，东流合于漓江。《志》曰：县东有淦江，北有路江，与白石湫、甘水皆入于漓江。淦、路二源俱出徭峒界云。

莲花塘，县南三里。其相接者有蛟精潭，储水以通灌溉。又黄花塘，在县西北五里，亦储水溉田处也。○南、北堰，《志》云：去城皆三里，灌田二千余顷。

白石镇。在县南白石潭上。有巡司，亦曰白石漈巡司。又千秋峡巡司，在县东北十里银江滨。○大龙驿，在县东，明初置。

○阳朔县，府南百四十里，东至平乐府八十里，西至永福县七十里。本始安县地。隋开皇十年，析置阳朔县，属桂州。今县城临江倚山，周十余里；编户十三里。

归义废县，县西十五里。唐武德四年，析始安、阳朔县地置，属桂州。贞观初省。今为归利乡。又县南二十里白面村山下有乐州古城，《志》云：唐武德四年置乐州，盖治于此。

阳朔山，在县治北。县以此名。其相近者曰都利山，县之主山也。《志》云：县理在都利山下。《水经注》漓水南经都利山，即此。出香草，亦曰都荔。又鉴山，在县治西南，亦曰西山，城环其上。○龙头山，在县治东北，高百丈。又县东三里有卓笔山，濒河一峰，尖秀如笔。其在县西者又有膏泽峰，以将雨则云起也。《志》云：峰在县西一里，其下有珠明、豹隐等洞，洞有三，亦名棋盘洞。

寨山，县西十五里。《志》云：五代时，湖南马氏常置戍于山下，因名。其地即归义县故址。旁有碧莲峰，峰峦重叠，如莲花然。相传县治旧在其下，亦名连碧峰。相近者又有乳洞，中多乳石，下为观源溪。○大天马山，在县西十五里。其相接者曰威南山，《志》云：山下有晋威南将军薛珝墓，因名。又西里许曰塘山，下有涌泉，潴流为渊。群山间又有读书岩及金鸡洞，洞中有小江，石如鳞甲，一名白龙洞。《志》云：皆在县西十五里。

东人山，县东南二十里。石形如人东向，其下有三十六洞，南北纵横三十里。又县西七里有西人山，与此山相对。○浮岣山，在县东南十五里，高出众山。又有白鹤山，在县东南五里滨江，其形如鸟舒翅而名，亦曰鸟山。又云翁山，在县南，耸秀特立，群峰罗列，若其子孙，因名，亦曰秀峰。县南三十里又有占罗山，亦名都乐山，高数百丈，顶有池。

画山，县北五十里。九峰屹立，丹岩苍壁，望之如绘。其相近者曰宝山，有瀑布飞流，下注桂江。《志》云：画山北有绣山，与临桂接界，舟入阳朔，必先经此。又石银山，在县北四十里，左右层峦峭拔，山色如银。○云源山，在县西北七十里，广数百里，阳朔群山之发轫也。又抱子山，在县东北七十里，亦曰宝子山，接湖广道州界。

东岭，县东五十里。一名提头岭，为昭、贺、全、永必经之地。又东明岩，在县东十里，有栈道通平乐。○甘岩，在县北七十里漓江旁，一名官岩。又翠屏岩，在县西四十里，岩高而明，石门三五，俯望若屏。其相近者曰龙隐岩，泉石甚胜。又独秀岩，在县南十里，有南北二岩。又南十里曰广福岩，中弘敞，为县境岩洞之冠，俗名罗汉洞。

漓江，在县治南。自临桂县流入境，又南流入平乐府界，亦曰桂水。《志》云：县西北五里有东晖水，县东南三里有双月溪，俱流达于桂江。

西溪，县西一里。源出县西北云源山，曲折流达明珠洞前，入于桂江。又兴平水，在县东北三十里。《志》云：源出抱子山，南流入桂江，其北流入道州界，合群川入于洮水。○东石渠，《志》云：在县东狮子山下，两岩天成，深丈余。又有通井，在县东练旗山下，泉脉通江，至春水辄涌沸，有灌溉之利。

灵陂，县西北七十里。雷雨所成，涌水成江，潴以溉田。其相近者又有神陂，为众水聚流处，亦灌溉所资也。又清渌陂，在县西十五里，亦曰清渌塘，溉田甚广。《志》云：县西群山环列，溪涧萦流，潴而为塘，其得名者以数十计。○飞泉，在县西五十里。泉涌山腰，悬石百级，飞注而下，如挂银河，下流入于桂江。

榕树关，县西二里。《志》云：县有石柜关，洪武三十年建，今废。○伏荔镇，在县东南十五里，有巡司，其南为伏荔渡。又白竹寨，在县西二十五里，亦有巡司戍守。

金宝堡，在县南。《志》云：县南有庄头、鬼子、金宝顶诸巢，逼近府江，徭僮出没处也。隆庆五年，平其地，设金宝、大水田二堡戍守。万历初，贼首廖金滥等作乱，围大水田堡，永福贼皆应之。二年，抚臣郭应聘谋击之，檄诸道兵会金宝顶，大破碎江、古隘、岩塘、凉境、庙门、徭山诸巢，诛廖金滥等，于是置戍于金宝顶、遇龙、翠屏、伞山诸堡，以为保固之计。

古祚驿，在城北龙头山下。旧在县北十五里，正统二年移于此。《志》云：唐初置归义县，有新林驿，后废。今呼其地为驿头街。又葡萄驿，在县北，明洪武二年立，正统间废。今呼其地为葡萄墟。《舆程记》：桂林府水行八十里为南亭驿，又南三十里为古祚驿，自古祚而南八十里为昭潭驿，入平乐府界。

白面村。县东南二十里。《志》云：村南至平乐府城四十里，为往来径道。村南有白面渡，漓江所经也。又广化村，在县东七里，有广化渡。又县东南十五里有香顶渡，北十五里有五龙渡，俱四出之津要。

○**全州**，府东北二百五十里。东北至湖广永州府二百五十里，西北至湖广宝庆府三百七十里，南至平乐府三百三十里。

春秋时楚地。秦属长沙郡。汉属零陵郡。后汉、晋、宋、齐以后皆因之。隋属永州，大业初仍属零陵郡。唐亦属永州。五代晋天福四年，湖南奏置全州。周广顺二年，属于南唐。宋仍曰全州。元为全州路。明初，改路为府。洪武九年，复降为州，以州治清湘县省入，隶湖广永州府。二十八年，改今属，编户八十九里。领县一。今因之。

州北连永、邵，南蔽桂林，舟车络绎，号为孔道。从来有事粤西者，必争全州。五代周广顺二年，南唐取湖南，时桂州为南汉所取，唐主命知全州张峦兼桂州招讨使以图之，既而复命将侯训自吉州路趋全州，与张峦合兵攻桂州，不克。盖界壤相错，门户所寄也。

清湘废县，今州治。本汉洮阳县地，属零陵郡。隋开皇十年，改置湘源县，属永州。其治在州西七里，地名柘桥。唐亦曰湘源县，仍属永州。五代晋天福中，马希范奏改县曰清湘。后周显德三年，徙县入郭内。宋因之。明初省。《城邑考》：今州城，宋末始筑，植土为城。元至正十四年改筑，北据山麓，南瞰湘江。明年，甃以砖石。明洪武元年增修，嘉靖二十二年又复营治。有门五，城周五里有奇。

洮阳废县，州北三十五里。汉置县，以洮水经其南而名。如淳曰：洮，音韬。后汉仍属零陵郡。晋因之。刘宋永初中，以继母舅萧卓为洮阳令。元嘉三十年，宗悫以功封洮阳侯，即此。齐、梁亦属零陵郡。开皇中，并入湘源县。

零陵废县，州北三十里。汉置零陵县，零陵郡治于此。后汉因之。延熹八年，桂阳贼攻零陵，零陵下湿，编木为城，太守陈球固守，贼激流灌城，球于城内因池势反决水淹贼，贼退走，即此。建安中，孙吴移郡治泉陵，零陵县属焉。晋以后因之。或谓此为小零陵，对零陵郡而言也。《隋志》：小零陵县，开皇十年废入湘源。宋白曰：零陵郡旧治在清湘县南七十八里，似误。今其地名梅潭，故时城堑犹存。泉陵，见湖广永州府。

湘山，州西一里。峰峦荟郁，岩洞幽深，泉石秀异，登其巅尽一州之胜。又柳山，在州北二里，郡之主山也。旧名北山。宋雍熙中，柳开为守，尝筑室读书于此，因名。山之南又有凤凰山。〇三华山，在州南三里。顶有三峰，形如华盖，湘江绕出其背。《志》云：州东一里有隆城山，有古颓垣如城堑状。又钵盂山，在城东北隅。山形完整，正统中改名曰完山。

覆釜山，州西八十二里，跨湖广新宁县界。峭险峻绝，凌逼霄汉，一名朝山。有七十二峰，其名者曰大、小覆釜，峰顶皆有石如覆釜，岩壑泉石层叠环绕。又州西四十里有屋柱岭，山脉与覆釜相接，高耸迥出天表。〇文山，在州北五十里，洮水出其下。又黄华山，在州东北八十里。《郡国志》以为黄山横亘如榜，一名猎山。《志》云：州南二十里又有笔架山，以三山秀拔而名。

狮子岩，州西四里。即湘山之支峰也。石径窄狭，中高广，可容数百人。又西十里有龙隐岩，一名龙云岩，岩室虚敞，地名石燕冈。〇礁岩，在州北十五里，虚明深窈，有飞泉百余丈，萦纡如练，一名漱玉岩。

湘水，州城南一里。自兴安县海阳山北流，合越城峤水，至州境，挟洮、灌二水入湖广东安县界。详湖广大川湘水。

洮水，州西十里。源出文山。《志》云：山下出泉，喷激有声，因名。《水经注》：洮水出洮阳县西南，东流径其县南，又东注于湘水。汉高祖十二年，英布军败走江南，高祖令别将追破布军于洮水南北。旧说以为此洮水，或以为今江南溧阳县之洮湖也。

灌水，在州南二里，地名小村口。源出平乐府贺县界，东北流经灌阳县境，入州界。州西五里又有罗水，出西境罗氏山，东流经州南。俱入于湘水。《志》云：州东北门曰合江门，其对岸有山巍然，名钵盂山，即罗、灌二水入湘处。〇宜湘水，在州西北九十里。群山之水皆汇于此，东流三十里入湘水。又钟乐水，出州西百里之钟石山，东流六十里入湘水。

黄沙关，州东北七十五里。道出永州府，关下有黄沙渡。又寨墟关，在州西北，道出宝庆府，关下有寨墟渡。旧皆有兵戍守。

香烟寨，在州西北。《志》云：州境又有禄塘、长乌、羊伏、硖石、磨石、荻源等寨，俱宋置，以防蛮寇。○延洞寨，在州西。《宋史》：全州西有延洞蛮粟氏，聚族居此，常抄劫民口粮畜。雍熙三年，柳开知全州，悉降之。或谓之西溪洞，又谓之西延六峒蛮。明弘治中，此地亦为盗薮。《州志》：州西百里有西延巡司，元至正中设，寻废。明洪武六年复置，即故延洞地也。

板山堡，州西南七十里。又西南十五里有洮水堡。《志》云：城南六十里有里山堡，西南九十里有鲁塘堡，南五十里有石塘堡，八十里有莲塘堡，西四十五里有源口堡，北八十里有山口堡，西六十里有白塘堡，北六十五里有镇湘堡，南四十五里有罗口堡。俱有额军戍守。

柳浦镇。州北七十里。有巡司，洪武三十年置。又建安巡司，在州西南六十里，洪武三十年置。《舆程记》：州西南九十里为建安驿，又百三十里为兴安县之白云驿，又柳浦驿在州东北六十里，又东北九十里为湖广东安县之石溪驿。○城南驿，旧在州南，洪武二年迁置于广山下，去旧驿十里。正统中，改置于城北朝京门外之江次。又山角驿，旧在州东，洪武四年置，嘉靖六年移置于黄沙渡，或谓之洮阳驿。又有山枣驿，在州西六十里。《志》云：州北三里又有递运所，洪武十四年置。

○灌阳县，州南九十里。东南至湖广永明县百二十里，南至平乐府恭城县百十里。汉零陵县地。后汉建安中，孙氏析置观阳县，以观水为名，仍属零陵郡。晋以后因之。梁、陈间，讹曰灌阳。隋开皇十年，废入湘源县。大业末，萧铣复置。唐武德七年废。上元二年，荆南节度使吕諲奏置，属永州。五代晋天福中，湖南改属全州。今城周不及二里，编户八里。

灌阳旧城，《志》云：在今治西二十里雀儿山下。县本治此，隋初改建今治。

峡山，县北五里。夹江峙岸，高耸蔽日，形似三峡。县有沙罗、马渡、龙川、盐川之水，咸汇于此，东北流入于湘水。○抱子山，在县北五十里，山势重叠如褓抱然。其相接者曰七星山，上有犁陂洞。《志》云：县西百里有海山，以四围涵水而名。其相近者曰风吹罗带山。

通真岩，县西二里。一名灵岩。又西八里曰仙源洞，洞旁有大源塘。又西七里曰九龙岩，中有沙河，流通别洞，石藤凡九，盘曲如龙，因名。其水流入灌水。○打鼓洞，在县西四十里。《水经注》灌阳县东有裴岩，下有石鼓，形如覆船，叩之清响远彻，即此洞矣。

灌水，县南九十里。北流至州境入湘水。《水经注》灌水出临贺郡之谢沐县，西北流径灌阳县西，又西北流注湘水，谓之灌口，是也。

峡水，在县东北五十里。源出县北七星、抱子诸山，西南流经峡山，因名。其间有大龙、大埠、三贵诸滩，又南入于灌水。又小富水，在县北六十里，源出县北之旗岭山，流经昭义关西南，至瓦江口入灌水。○龙川水，在县西北。自兴安县流入界，又有盐川水、烈溪源水会流而入于灌水。

小河源水，县东北五十里。县东又有钟山水，自湖广道州流入境，注于灌水。又大溪源水，在县西南六十里。县西南二十里又有安乐源水，十七里有市溪水，十五里有黑石源水，县南又有吴川水，东北十里有飞江水。俱自湖广永明县流入境，下流注于灌水。

昭义关，县东六十里。旧有昭义驿，亦置于此。今县北百里为昭义公馆，盖仍旧名也。又永泰驿，旧在县东七十五里，今废。○吉宁寨，在县西八十里，宋置。今县南四十里有吉宁巡司。又洮水、灌水二寨，亦宋置。《志》云：县境又有崇顺里巡司。

狮子堡。在县西二十里。又县南五十里有三峰堡，县西六十里有新安堡，东六十里有栗木底堡。俱有额军戍守。《志》云：县北六十里有月冈公馆，又有昭义官渡，又北十里为白水渡。

○永宁州，府西一百五十里。西南至柳州府二百五十里，北至湖广宝庆府武冈州界二百三十里。

春秋时楚地。汉属零陵郡。三国吴为始安郡地。晋以后因之。唐属桂州。宋属静江府。元属静江路。明初属桂林府，弘治初没于猺蛮。隆庆四年开复，明年改置永宁州，编户十里。领县二。今仍旧。

州山川险隘，土田丰腴，控御猺僮，实为重地。

古田废县，今州治。汉始安县地。唐为恭化县地。乾宁二年，析置古县，仍属桂州。五代因之。宋仍曰古县。明洪武十四年，改为古田县，后没于蛮。隆庆中改置今州，以县并入焉。《城邑考》：古县置于今城南三十里，四山环抱。明初，移治于今州南八里。成化十八年，改今治。旧有土城，是年始甃以石。隆庆六年，增拓西南二面。万历三年、九年，屡经修葺。有门四，城周四里有奇。

慕化废县，在州东。唐武德四年置，曰纯化，属桂州。永贞初，改曰慕化，避宪宗讳也。五代梁开平元年，湖南奏改曰归化县。后唐同光初，复曰慕化。宋因之，后并入古县及临桂县。

宝盖山，州北一里。州之主山也，黄源水出焉。又州东北三里有银瓶山，高耸秀拔，为群山之冠，甚险峻，旁有清泉。州北三里曰会仙山，州西南八里曰天柱山，亦皆秀耸。

都狼山，州北六十里。亦曰都狼岭。唐末黄巢寇岭南，溪峒蛮应之，逼桂州城，守将于向引兵与贼战于都狼山，连挫其锋，逐利深入，大战于洛阳坡，后兵不继，日且暮，引还，道卒。贼遂陷桂管。《志》云：州北二十里有三隘山,与都狼俱称天险,近时凿为坦道,建公馆于其上。○天村山,在州西南百里。巅有田,居民耕种成村,因名。《志》云:州西南四十五里有马鞍山,以形似名。州南四十五里又有凤凰山,甚陡峻。又南五十里为潮水山。俱贼巢所据也。

穿岩,州西三十里。穿成复道,如覆厦屋,坦长二十余丈,人马通行其中。今有穿岩营。又铜掌岩,在州南六十里,宽敞容数百人。○虎踞岩,在州东南二里,本名老虎岩。相接者为金竺岩,一名狮子岩。又州西五里曰将军岩。皆有泉石之胜。

大长江,州北五十里。源出都狼山之大长泉,一名济泉,东南流入永福县界,名太和江,下流合于漓江。又东江,在州城东,上流合四源之水,淳泓并注,下流入永福县界合太和江。○黄源水,在州西,流经永福县界,合太和江入于漓江。

富禄镇,在州西南七十里。有巡司戍守。又州西南百二十里有常安镇巡司。《志》云:州西南五十里又有桐木镇巡司。皆控扼蛮险处。○凤凰营,在州南三十里。又州西三十里为莲塘营,北十里为安息营。皆置兵处。

牛河营。州北二十五里。其东五十里为三隘营。皆僮贼屯据处也。弘治五年,官兵讨古田贼覃万贤等,至三厄,为贼所袭,官兵大败。隆庆三年,总兵俞大猷讨古田叛僮,先遣兵分屯牛河、三厄以扼要害。大猷寻至古田,分军齐进,连破东山、凤凰、大岩、洞水、渌里、古城数十巢,贼溃奔潮水巢,据诸岭。大猷合军击之,贼守险力拒,乃阳分兵由马浪诸巢,而乘雨夜,出不意袭破之,既而马浪诸巢亦下。复分兵击碎江、金宝顶、凉境、天井、理定、南乡诸贼,悉破之。诸巢皆在州境,及永福、阳朔等县界。《志》云:今州北二十里有牛河渡。○小荡营,在州北三十五里。又北十里为兴隆营,公馆置焉。又北十里为大长江营,又十里至都狼堡。自州达会城,往来通道也。

　　○永福县,州东南七十里。东北至府城百里,东至阳朔县七十里,西南至柳州府洛容县二百二十里。本始安县地。唐武德四年,析置永福县,属桂州。宋、元仍旧。明初亦属桂林府,隆庆五年改今属。编户十二里。

　　理定废县,县西南六十里。本始安地。梁置兴安县,并置梁化郡治焉。陈因之。隋平陈,郡废。大业初,并废兴安县入始安县。唐武德四年,复置,属桂州。至德二载,更名理定,仍属桂州。宋、元因之。明正统五年,省入永福县。今为理定堡。《志》云:故理定县,在今县东南四十里。宋迁治上清音驿,在今县西北。元又移治上横塘驿,即今堡也。嘉靖二十二年,筑城一里有奇,置戍于此。○宣风废县,在县南,唐武德四年置,贞观十三年省入理定县。

　　凤巢山,在县治北。本名华盖山。隋大业二年,有双凤来巢,宋建隆间复至,因名。山顶有玉液池。嘉靖二十七年,于山畔筑土墙一带,周百余丈,护蔽北城。○永福山,在县南五里,县因以名。山后有白马山,亦曰莲花山,以数峰丛立,形类莲花也。又金山,在县西南五里,下有金潭。《志》云:县西五里有登云山,西北五里有茅汇山,皆高峻。

　　兰麻山,县西南四十里。《寰宇记》:从府至柳州,路经此山,过溪百余里,方至平路。山中有毒,循溪水而行,有伏流,有平流,峭绝险隘,更无别路。魏睃《峤南琐记》云:自理定西行,麻兰、乌沙诸岭险绝刺天,路极逼仄。每遇岭则直上,至绝顶乃下,下抵涧水乃已,渡涧水,又复上,如此者三四程。诸岭每遇狭处,谓之隘子,必有大小石子一堆,意必戍士积之,以备他虞。土人云:行人过隘子,必携石置之,谓之增脚力。其溪水一名下漏水。或讹为麻兰山,又讹为兰蛮山。○太和山,在县南六十里废理定城后,岩谷盘纡,峰峦幽峻,太和江经其西南麓。

独秀山，县东南三十里。旁无陵阜，亭亭独峙，高百余丈。又神山，在县东北三十五里。山顶有池，水常不竭。一名罗秀山。其北又有灵寿山。○东岭，在县东二里，形如屏障，下有泉。

太和江，在县西南。其上流即永宁州大长江也，经太和山下，因名。太和江东流入漓江。《志》云：兰麻山之水流为下漏川，其西北有木皮江出州界，北有丹竹江出下边山，俱流注焉，经废理定县西南入太和江。又平乐府修仁县界有古磜江，荔浦县界有石流江，互相灌委，合太和江以注漓水。

白石水，县东四十五里。诸山溪水所汇也。《志》云：县南有大融水，县东三十里有长宁水，俱流合白石水。又铜鼓水，在县东六十里，即白石水下流也。昔人于此凿渠以通漓江。《峤南琐记》云：灵渠自北而南三十二陡。又由漓通铜鼓水，自东而西入永福六陡，六陡冬月水消，则涸绝不行。○银洞水，在县西十五里。有二源，一出石城隘，一出茶山，并流为银洞水，东至城西谓之西江，有西江渡，下流入长宁水。

永福水，在县西南。《志》云：县西南城下有金山潭，众水会同，金山逆塞，澄汇六七里，永福水由此分流曲折群川中，夺流而西南出，入柳州府洛容县境，为洛清江之上源。

永福堡。在县西。有城戍守。○三里驿，在县城东。《舆程记》：县西南三十五里有兰麻驿，又二十五里为横塘驿。《志》云：县有兰麻镇、桐古市二巡司。

○义宁县，州东北百里。东南至府城八十里。唐灵川县地。石晋天福八年，湖广置义宁镇，寻升为县，属桂州。开运初，改属溥州。宋开宝五年废，后复置，仍属桂州。明因之，隆庆四年改今属。城周不及三里，编户十三里。

广明废县，在县东北。《志》云：唐末湖南奏置，属桂州。五代晋开运三年,改属溥州。南汉因之。宋废。

灵鹫山,县西南十五里。峭拔高峻,瀑布悬流。又边隘山,在县西三十里,丹崖千仞,青壁万重,状如列戟,环拱县治。○智慧山,在县西北二十里,万山中突出,蜿蜒秀丽,下有水曰智慧江,流入义江。

义江,县北七十里。源出县北之丁岭,流至苏桥分为二:一入永福县永福江,一历铜鼓墟东流,合相思水入于漓江。中有义江洲,一名浮洲,上建塔寺,有一水自县西北流经浮洲合于义江,谓之塔背江。苏桥,即临桂县之苏桥驿也。

桑江,县北八十里。南流合智慧水入义江。县东又有石壕江,亦流入于义江。○山末江,在县西南,下流入永福江。

杨梅关。县东十五里。又县北八十里有桑江口巡司。○白面寨,在县西,为诸蛮啸聚处。县境又有石门堡。

附见:

桂林中卫,在府城内。洪武八年建桂林左卫,十二年改为中卫。又桂林右卫,亦在府城内,与左卫同建。又广西护卫,亦在府城内,洪武五年为静江王府置。

全州守御千户所。在州治西。洪武元年建。又灌阳守御千户所,在县治东,洪武二十八年建。○古田守御千户所,在永宁州西,隆庆五年建。

○**平乐府**,东至广东连州六百二十里,东南至梧州府三百九十里,西北至桂林府百九十里,北至湖广永州府六百三十里,东北至湖广道州三百五十里。自府治至布政司见上,至江南江宁府四千四百六十里,至京师七千六百四十二里。

古百越地。秦属桂林郡。汉属苍梧郡。后汉因之。三国吴属始安郡。晋因之。宋属始建国。齐仍属始安郡。梁、陈因之。隋属桂州，大业初亦属始安郡。唐武德四年始置乐州，贞观八年改为昭州，天宝初曰平乐郡，乾元初复曰昭州。唐末，属于湖南。五代汉乾祐三年，为南汉所有。宋仍曰昭州。亦曰平乐郡。元初因之，大德中改为平乐府。明因之，领州一、县七。今仍旧。

府屏蔽湖、湘，噤喉岭表，而府江环带。自桂入梧数百里间，溪峒林樾，所在多有，猺人盘据其中。一或不靖，祸生肘腋矣。苏濬曰：府摄桂、梧、浔、柳间，西北界楚，东邻东粤，而府江天险，实两粤门户也。嘉靖以后，芟夷而蕴崇之，刊山通道，展为周行，重江上下，可以帖席。且境壤辽阔，山田仰泉，不甚作苦，鱼盐粗给，称小康焉。旧《志》云：自静江至梧，滩泷三百六十所，至昭而中分。自昭上至静，险恶尚少；自昭下至梧，则两岸悬崖，中多碎石，滩水湍急。郡盖府江之门户而桂、梧之腰膂也。万历三十五年，郡守陈启孙始凿平崖石，行旅称便。又贺县，故贺州也，介郴、道、连、邵数州间，为两粤冲要。宋潘美伐南汉，则拔贺州。岳武穆破群盗，亦从事贺州。其地据岭环江，犬牙盘错，实关膈之所，从事两粤者未可泄泄视之矣。

○平乐县，附郭。汉为荔浦县地，属苍梧郡。三国吴始置平乐县，属始安郡。晋以后因之。唐武德四年置乐州治焉。后为昭州治。今编户六里。

平乐城，府西南三里。县旧治此，亦名乐州城。《郡志》：唐初置乐州，治荔浦江口。武德八年徙治此。《城邑考》：唐武德中，刺史汪齐贤筑乐州城，即是城也。宋治平元年，州守汪齐改筑今城。乾道元年，太守葛永庆复修治之，以寇警，议凿后山为濠，不果。元初，城毁。至正中，以郡累被寇患,乃复筑治。明洪武十三年,增设守御千户所。是年,营筑新城,东跨山巅,南瞰大江,皆甃以砖石。弘治七年,守臣俞玉复凿后山为堑,以御寇。正德十四年,增葺。嘉靖十六年大水,城西南两隅圮,寻修治。万历二十九年及三十七年相继营缮,称为完固。城东面无门,有门三,城周三里有奇。

沙亭废县,府东南十五里。唐武德四年置,属乐州。贞观七年,省入平乐县。《郡志》云贞观八年置,误也。其故址今为走马坪。○永平废县,《志》云:在府东北历塘村。《唐书》永平县,本属藤州,贞观以后改隶昭州。按:隋改夫宁为永平,为藤州治,唐又改县为镡津,即今梧州府之藤县,去府绝远。盖唐改废藤州之永平县,而增置永平县属昭州,非即故县也。五代时,仍属昭州。宋开宝五年废。又废孤州,《通志》:在府东南四十里,即唐之古州,天册万岁元年所筑,寻废。其相近有昆仑城。皆未知所据。

昭山,在城西漓、乐二水合流处。有巨石屹立水中,方正如印,一名印山。又凤凰山,在城东,城跨其上。又东里许曰东山,《志》云:府东二里有昭潭冈,一名昭潭洞,漓、乐二水汇而为潭,冈在其北。今昭潭亦曰昭冈潭。杜佑曰:长沙郡名潭州,以昭潭为名;此曰昭州,以冈为名也。潭南岸又有南山,山半为双峰岩。《郡志》:南山在府南二里。○五马山,在城南府江南岸,突起五峰,中一峰高耸端圆,与郡治相对。又南四里曰挂榜山。《志》云:府北五里有龟山,一名龟头岩。其南二里曰仙宫岭,宋邹浩谪官时憩居处也。又北山,在府城北。《通志》云:在府北十五里。

紫山,府东南十里。山势萦回九折,上有九峰,曰高崖、羊栏、月岩、兜鍪、马鞍、跨镫、石旗、石剑、丫髻,险不可陟。其相近者有眉山,峰峦秀耸,宛如眉黛。《志》云:眉山在府东南九里。又有白云岩,在府东十里,丛林蓊郁,洞门翼然,有古藤盘绕之,其中寥廓,盛夏常寒。○

华盖山，在府西十里，一名火焰山，以山峰尖耸而名。又密山，在府北十里，数峰回合，环绕郡治。

云山，府东南四十里。九峰四垂如云。又诞山，在府东北八十里，有三峰皆峻拔。其相近者又有圣山，巍峨插天，绝顶高平。又有穿山，三峰并列，半壁开一窍，可通往来。○四十里山，在府东北龙平巡司南十里。周四十余里，因名。为富、贺往来要路，近设三堡，以为戍守。又鲁溪山，亦在县东北界，高数百丈，环跨平、恭、富、贺及湖广永明县界，上有塘，方广数亩，俗呼分水塘。

天门岭，在府东，与贺县接界。上有石门，故名。又龙岳峰，在府东北五里，一名龙跃峰，考槃涧水出焉，幽远屈曲，流至城东二里会于昭冈潭。○端山岩，在府东，有四岩相连，遇乱，村民每避居于此。又罗山岩，在府东北八十里，水环岩外，乘筏而入，有幽径可达山巅，地坦夷，可望四远，亦村民避寇处。

龙门峡，府东南百余里府江中。今名松林峡。冬月水小，极险恶。稍东南为龙头矶，矶下二里为鼓锣峡，有石如鼓锣，水涸则平，水涨则凶恶，回洑漩转，舟不敢行。今皆开凿，渐为坦道。一云龙头矶在府南三十里。

漓江，府城南。自桂林府阳朔县东南流，历鳜鱼、滑石诸滩，至府西北十余里，又东南至府西五里，经更鼓滩，绕城西南而东出，会乐川水，又南经诸滩峡间入梧州府境。《志》云：漓江入府界，远近群川，参差环汇，夹江两岸皆高山盘束，朦胧阴翳，长六七百里，谓之府江。徭僮往往窟穴于此，与大藤叛徭相应响。嘉靖中，田汝成议曰：藤峡、府江相表里，然治藤峡宜速，而府江宜缓。盖藤峡前阻重江，后临大野，面势虽迂，犹可逻遏，所患者东奔耳。其南紫荆，北罗运，各有间道可以夹攻，扼此一隅，三面迫蹙，贼安所遁？故曰宜速。府江则上起阳朔，下抵苍梧, 辽绕五百余里, 万山参错, 曲径盘纡, 茂林青箐, 蒙茸绊结, 必屯兵聚粮于恭城、平乐、怀集、贺县、修仁、荔浦、永安五屯及茶、力二山之间, 熟其饷道, 探其险易, 扰其耕耘, 然后可以择利便, 相机宜, 一举灭之。若欲于旬日之间悬军深入, 贼必漫走山谷, 莫可究诘。故曰宜缓。此治府江之大略也。《经略志》: 府江东岸有葛家、石狗等冲, 接恭城之站面; 西岸有桐亮、铜镜等冲, 接荔浦之三峒, 山势陡绝, 道里辽阔, 守御不易。

乐川水, 府北五里。源出湖广道州西南, 流经恭城县, 南流入境。又南经此缘城而西, 又东南折以入于漓江。《志》云: 乐水, 源出富川上乡, 越恭城县至郡城下, 汇于漓水。二水会处蓄而为潭, 渊深莫测, 谓之昭潭, 亦名回龙潭。今城西川中有滩曰虎埠滩, 自昭潭而下有韭菜、三门等滩, 在城东五六里间, 皆川流险峻处也。○诞山江, 在府东。源出诞山, 西流至虎埠滩入乐川水。

鲁溪江, 在府东。源出鲁溪山之分水塘, 流经平乐县东乡曰鲁溪江, 出龙平巡司曰涝源江, 出恭城曰上平江, 出富川曰白藁江, 又分流入贺县、永明等县境, 灌溉之利甚溥。○沙江, 在府东, 源出四十里山, 西流入鲁溪江, 至榕津与诞山江合流而入乐川水。

荔水, 府西四十里。自修仁县流经荔浦县, 又东北流入界, 至府西七里曰荔浦江口, 入于漓。《志》云: 府西南有湖塘江, 源出永安州, 流经荔浦江口, 合修、荔诸水入于漓江。○周塘, 在平乐县之东乡里, 积水灌田, 四时不涸。又木良塘, 在府城北仙宫岭下, 广数十亩, 亦有灌溉之利。

南关, 在府城东南昭潭江下。又城北有北关。《志》云: 府东南有开建寨。宋潘美讨南汉, 克贺州, 进次昭州, 破开建寨, 昭州刺史田行稠遁去, 遂下昭州, 是也。又白田镇, 在府东南。宋皇祐四年, 侬智高围广州，不克，引还，大将张忠邀击之于白田，败没，智高遂陷昭州。

广运堡，在府江东岸，北距府城六十里。即广运驿也。弘治中，以寇患，筑城于此，为守御之备。正德三年，城始就，为门一。又足滩堡，在府江东岸，距府城九十里。正德二年，置城于此，有门三，寻圮。万历三十年，复修筑。又水浐营，在府东百八十里。万历二年，筑城置戍，有门二。三城周皆不及一里。〇团山堡，在府东十五里。其地有团山，因名。又鸡冠堡，在府西三十里。《里道记》：自堡西二十里至延宾江，江滨有下洞城，又二十五里即荔浦县也。又甑滩堡，在府南百三十里，与昭平县分界。

大徭冲，在府江西岸。西至荔浦县四十里，为分界处。徭僮多出没于此，因名。今设兵戍守。又田冲寨，亦在府江西岸，为要害处。万历中置戍。〇榕津渡，在府东四十里，有榕津巡司。《志》云：榕津接富川、贺县界，为往来之要隘。又密山渡，在府北十五里；鸬鹚渡，在府北四十里，皆乐川津要处。

昭潭驿。在府城西。驿之东为递运所。《舆程记》：昭潭驿西北八十里为桂林府阳朔县之古祚驿，其南九十里为龙门驿，往来所经之道也。〇白面村，在府北四十里，接阳朔县界。《郡志》府治本汉荔浦县之白面村，似未可据。

〇恭城县，府西北百里。北至全州灌阳县百十里。本平乐县地。隋末，萧铣始析置恭城县。唐因之，属昭州。今城周不及二里，编户一里。

恭城旧城，在县北。《宋志》：太平兴国初，徙县治于北乡龙渚市景，定五年复故。

凤凰山，县东三里。两峰开豁，中峰昂耸，如凤飞翔，县城旧在山下，成化十三年迁今治，地名黄牛冈。又东为五马山，有五峰亭立。又东里许为金芝岩，石室高朗。〇燕子山，在县南一里，外峻，中稍宽，顶平，有石岩如燕窠然。其相近者曰狮子山。《志》云：县南二十里为三台山，有三峰叠翠。

银殿山，县东北八十里。常有白云覆其上，望之如宫阙。《元和志》谓之银帐山。有钟乳穴十二。又天梯山，在县东，内宽平，四面峭壁，无路可陟。〇穿岩，在县西十五里。岩深邃，有溪从中出，通舟楫，一名太极岩。又龙岩，在县东，中宽平，状如殿宇。

乐川，在县西。自道州流入境，经县南入平乐县界。《志》云：县北七十里有平川江，南流合乐川，有平乐溪之名。东北六十里有南平江，其源为白水、淘江，西流合于乐川。又西水江，源出县西北二十里之黄山，南入平乐县界合乐川。又上平江，源出全州灌阳县界，经银殿山，过镇峡关，东入乐川。〇葛家溪，在县南。源出县东之北洞，西流入乐川。又高桥溪，出县西高堆岭，东流合西水江。县东又有官潭，出湖广永明县，南流九十里过县前，西合于乐川。

镇峡关，县北六十里。俗名龙虎关。与湖广永明县接界，临江倚山，称为要害。盖即永明县南之荆峡镇山也。又镇峡寨，在县东北八十里，置巡司戍守。〇沙子铺，在县西南四十里，又四十里而达于府城。又复圣岭铺，在县东北四十里，即灌阳县界。

站面寨。在县东南。其北有淘江寨。《志》云：县有势江，源离县最近，叛猺横恶，与站面、淘江相匹。又县东北有黄泥、清水、赤口、毛塘等冲，皆距县百里，人迹罕至，为逋逃渊薮。又县北乡有燕子岭，在乐川东，与富、昭之花山、白冒等猺时有出没之虑。万历中，始渐驯伏。

〇富川县，府东北二百六十里。东至广东连州二百五十五里，东北至湖广江华县百三十里，北至永明县百四十里。汉置富川县，属苍梧郡。后汉因之。三国吴属临贺郡。晋以后因之。隋初，属贺州。大业初，州废，改属始安郡。唐武德四年，仍属贺州。天宝初，改为富水县，寻复故。宋因之。明洪武九年，改今属。城周不及四里，编户二里。

富川故城，在县西南钟山下。《志》云：汉元鼎四年，析临贺钟山地置富川县，后皆因之。明初，县仍旧治，而移钟山千户所于霭石山南，相距七十里。洪武十八年，征南将军韩观奏请筑城，迁县于今治，千户所附焉。城周三里有奇。万历三十七年，复因故址修筑，并浚濠为固。

冯乘废县，县东七十里。汉置县，属苍梧郡。三国吴属临贺郡。晋、宋以后因之。隋属永州。唐复属贺州。宋开宝四年，废入富川县。《志》云：冯乘废县，南去今贺县一百二十里，地名灵亭乡。亦见湖广江华县。

霭石山，县北一里。山高耸，四时尝有烟霭冒于峰顶，因名。又北一里曰兴云山，以云兴而雨至也。〇朝冠山，在县东一里。其相接者曰马鞍山，马鞍之南为凤凰山，其下有云梯岭。《志》云：县西三里为屏山，以形如屏障也。其东一里曰独秀岩。又龙头山，在县南五里。

石门山，县东三十里。四围峭壁，有门仅容一人，其中平原旷野，居民百余家。又东二十里曰隐山，中有潜德岩。又东十里曰通山，其洞曰祥云洞。《志》云：县东九十里有东山，多乔林。又有穿山，在县东十里，上为仙岩，泉石甚胜。〇峡头山，在县南三十里。又有峡口山，在县西九十里，亦曰峡头。皆以两山夹川而名也。

钟山，县西南七十里。富川县旧置于此。上有石，叩之如钟，因名。今边蓬寨巡司置于此。又白云山，在县西南百二十里，旁有丹灶山，下有灶溪水，《道书》所云丹霞福地也。〇龙溪山，在县北五十里，下有龙溪。其相近者有郎山，中有穿石岩。又秦山，旧《经》云：在县北百八十里，高二千余丈，北连湖广道州境。《荆州记》：吴孙权时，此山夜雷暴震开，为峒者凡六。

萌渚峤，县东北百二十里，与湖广江华县接界。即贺县之临贺岭也。详附见名山越城岭。○长标岭，在县北六十五里。相传李靖讨萧铣，收岭南地，尝驻师植标于此。又斜岭，在县东南九十里，南至贺县五十里，分界处也。《志》云：县北二十里有秀峰，平地突起，凡数十仞。

富江，在县东。源出县北四十里之桃母岩，一名灵溪，水南流合于贺水，县以此名。又卢溪江，在县南，源出县西十里黑石源，东流入富江。又西沟水，源出县西屏山，亦经县南入富江。又县西三里有白源水，县南五里有碧溪，俱流汇于富江。

潕源，县北二十里。其水北流，下九疑，入潇湘。○秀溪，在县西八十里。一名秀峰涧，以出秀峰山也。又县西百里地名沙坪，白藁涧出焉。其水俱南流入于漓水。《岭外录》：白藁涧水下流经白霞寨，又西南流入于漓江，亦谓之沙江。

荔平关，在县东。《汉志》荔浦县有荔平关，疑旧时境相错也。《唐志》冯乘县有荔平关。○马坪堡，在县东北。《志》云：县境有内八源等十五巢，马坪堡为防守要地。

钟山镇。在县西南钟山下。故县治也。县东徙，因置镇于此。旧有土城，寻圮。正德二年重筑，十四年易以砖石。周不及二里，有门三，建公馆、军堡。又寨下市巡司，亦置于此，为往来通道。城外有钟山渡。《里道记》：镇南至贺县八十里。○白霞寨，在县南百二十里，有巡司，司前有白霞渡。《舆程记》：白霞渡东至钟山镇四十里，西至沙江渡三十里，又西三十里达平乐县之榕津渡。又珊瑚寨，在县西南。《志》云：寨南至昭平县百六十里，为分界处。

○贺县，府东二百八十里。东至广东连山县百五十里，南至广东开建县百八十里，北至湖广江华县百七十里。汉临贺县，属苍梧郡。后汉因之。三国吴置临贺郡，治此。晋因之。宋初亦曰临贺郡，明帝泰始二年，改为临庆国。齐复为临贺郡。梁、陈因之。隋初，改为贺州。大业初州废，县属始安郡，寻并入富川县。唐初，复置临贺县，为贺州治。天宝初亦曰临贺郡，乾元初仍曰贺州。宋因之，亦曰临贺郡。元仍为贺州。明初，以临贺县省入州。洪武四年，改州为县。今城周六里有奇，编户六里。

临贺废县，今县治。汉置。孙吴以后，州郡皆治此。裴氏《记》：自九疑而南，崇山峻岭，高排霄汉，绵亘数百里，山清水秀，皆为贺境。是也。唐、宋时，皆为岭口要路。明初，州始废。《城邑考》：县旧有土城，宋德祐二年易以石。元初毁天下城池，此城仅存。明洪武二十九年，以形家言，闭塞西门，止存东南二门。嘉靖十一年重修，增筑月城。十四年大水，又复营葺，仍开西门。万历初城圮，三十五年增修，今城周六里有奇。

封阳废县，县东南百里。汉县，属苍梧郡。孙吴以后属临贺郡。隋初属封州，大业初属苍梧郡。唐贞观元年省，九年复置，属贺州。宋开宝四年，省入临贺县。又荡山废县，在县南。梁置，并置乐梁郡治焉。陈因之。隋初废郡，大业初并废县入富川。唐天宝中，复置荡山县，属贺州。宋开宝四年废。又绥越废县，旧《志》在荡山县南百里，亦梁置，隋省入富川。○桂岭废县，在县东北。吴置建兴县，属临贺郡。晋太康初，改曰兴安，仍属临贺郡。宋、齐因之。隋初属贺州，寻属连州。开皇十八年，改曰桂岭县。唐还属贺州。宋因之。元末废。

浮山，县东十里。挺出江中，障县水口。一名玉印山。○丹甑山，在县西十里，高千余丈，时有云气上浮，泉流不竭，注为池，名曰仙池。《志》云：山本名幽山，唐李郃为守，更曰丹甑，宋守邓壁又更名瑞云。今亦曰甑山。又玉泉山，在县西北十里，其泉皎洁，与仙池之水俱流入于橘江。

橘山，县东北二十五里。上有七十二峰，攒奇竞秀，其中多橘，故

名。《唐志》山有铜冶，又尝产银。宋置太平银场，今皆废。〇五指山，在
县南八十里。其相近者又有幞头、聂峰诸山。又海螺山，在县南十里，有
泉清彻下垂，一名滴水岩，亦曰天堂岭。

临贺岭，县东北二百里。一名萌渚峤，亦曰桂岭。《志》云：唐置桂
岭县于岭下。县有朝冈、程冈，即桂岭之支陇也。详附见前越城岭。

贺江，在县城东。《志》云：源出富川县界石龙山，东南流经城东，
合临水。弘治中，建浮桥于上，以榷商旅之税。又东流合于橘江，至广东
封川县合于西江。宋初，潘美破贺州，声言顺流取广州，南汉使其将潘
崇彻屯贺江以备之，即此。〇临水，在县东南一里。源出桂岭，亦谓之桂
岭江，南流至此合于贺江，临贺之名以此。又橘江，在县东五里，源出橘
山，南流合于贺江。《志》云：县东南八里有龙门滩，贺江合群流经此，
水深百寻，湍流涌激，拟于河津之龙门，亦谓之龙溪。

沸水泉，县西二十里。泉涌如沸，灌溉之利甚博。又县南十五里有
七分水井，其泉平地涌出，四时不涸，灌田亦甚广。

芳林镇，在县东北。宋初，潘美等伐南汉，兵至芳林，进围贺州，
是也。今县有芳林铺及芳林渡。〇南乡镇，在县南百余里。宋潘美围贺
州，南汉将伍彦桑趋援，潘美潜以奇兵伏南乡岸，彦柔至，伏兵起，遂擒
斩之。南乡即今信都乡，今有巡司戍守。

石牛营，县西南百里。万历八年，筑土城于此，置兵戍守。《志》
云：县西南有黄峒寨，叛猺巢穴也。嘉靖末作乱，抚臣张岳讨平之。或
曰：黄峒即修仁县之黄峒山。

里松峒。在县东北。其地有锡矿七处，万历初以税使开采，聚徒基
祸，寻复封闭。附峒豪强私擅其利，时有攘夺之衅。今置里松土巡司。又
沙田土巡司，在县北。〇大宁峒，在县东。其地有南乡六冲连接湖广、广
东，地遥山峻，易生戎心，防闲不易。今有大宁土巡司。

○**荔浦县**，府西七十五里。北至桂林府阳朔县百二十里。汉县，属苍梧郡。三国吴属始安郡。晋以后因之。隋属桂州。唐武德四年，置荔州治焉。贞观十三年，州废，县仍属桂州。宋因之。明弘治四年，改今属。城周不及二里，编户五里。

崇仁废县，在县西南。唐武德四年，置属荔州，州废，改属桂州，寻废。又永宁废县，在县西北五十里，本阳朔县地。唐武德四年，析置永丰县，属桂州。长庆三年，改曰丰水。五代梁时，湖南奏改永宁县，仍属桂州。宋因之。熙宁四年，废为镇。元祐初复故。元初省入荔浦县。《通志》县南四十里有荔州故城，西二十里有澄河县故城，未知所据。

龙颈山，县北一里。又城西一里曰望高岭。《志》云：县东南五里有鹅翎山，岩壑相承，虚明变幻。山下有鹅翎岩，宋时尝改为鹅英山。又圣山，在县南一里，上有岩，云合则雨。

镆铘山，县北四十里。险峻如刃，昔人置关其上，土人谓之界牌峡。或以为即汉之荔平关。○马鬃岭，在县东四十里，亦曰鸡冠岭。其相对者曰铜鼓岭，亦曰火焰山，或曰即古之方山，高数千仞。《方舆纪》：方山对九疑，高下相类。又有天门岩，在县东南，一名太极岩，其中又有拱辰、广寒诸岩，云壑深邃，游历难尽。

荔江，在县南。《志》云：桂林府永福县南境有荔山，荔江出焉，东南流，经修仁县界，至县境，又东入平乐府境，合于漓江。《舆地记》：荔溪多桂，不生杂木。又山月江，在县北二十里钟山下。《志》云：源出县东北之南源，西南流入于荔江，一名沙月江。又丹竹江，出县东峰门寨，过县南九里独秀山，入于漓江。

镆铘关，在镆铘山上。又华盖营，在县东，控扼山险，为徭僮出没之所。《经略志》：县南接府江，西通修仁，西北连永福之黄磊，北达阳朔之金宝顶，皆称阻隘，而东面尤险。华盖营镇压诸巢，最为重地。至若葫芦、夹板、富林、五墩等处，皆群贼渊薮，而龙肚、铜鼓之冲要，横木、界牌之险僻多岐，罗门、长峒之万转羊肠，南源、江带之阴阳反覆，旧恃龙头堡以扼其吭，修复不可不早也。

上、中峒寨。县东二十里。万历四年筑城置戍。又下峒寨，在县东北三十里，有城，万历十年筑。又峰门寨，在县东四十里，有城，万历四年筑。南源寨，在县东北三十里，有城，万历十年筑。《志》云：二寨为县境要隘，皆置土巡司于此。○白面堡，在县东。又县东南有乃乃堡。

○修仁县，府西八十五里。南至象州百五十里，西至柳州府洛容县百五十里。汉荔浦县地。吴析置建陵县，属苍梧郡。晋因之。刘宋末改属始建国。齐曰建陵左县，仍属始安郡。梁置建陵郡治焉。隋废郡，县属桂州。唐初因之。贞观初置晏州于此，十二年州废，县仍属桂州。长庆三年，改曰修仁县。宋仍属桂州。熙宁四年，省入荔浦县。元丰初复置。元因之。明初属桂林府，弘治四年始改今属。城不及一里，编户二里。

修仁故城，县西南四十里。《志》云：洪武初，县治南隘口。永乐初，为贼所陷。景泰初，迁羁寨山。天顺中，复陷于贼。成化十五年，迁今治。旧为土城，成化十九年易以砖石。《郡志》故城在桂林府西南三百四十里，是也。

武龙废县，在县西北。唐贞观初，置武龙县，属晏州，州废，县亦省入建陵县。

罗仁山，县东一里。石崖险峻，稍南水绕其下，寇至，邑人以竹木架渡，可容四五百人。又松明山，在县北一里，山多松，人采之以代炬，因名。又横水山，在县西一里。越王山，在县西十里。又西五里为橐驼山，又西五里为修仁山，县因以名。○黄峒山，在县南二十里，山深险，贼巢也。又南十里为龙冈山。又有大峒山，在县南百里，山岭层叠，徭僮出没。《志》云：县南十里有榕山，其相近者为潭川山。

崇仁山，县北五十里。高数百丈，云兴即雨，因名。亦曰崇仁岩。又苏山，在县北十里，亦高耸。○德峰山，在县西三十里，高出众山，可以望远。又县西南一里有象鼻岩，下临水际。

荔江，在县北。《志》云：源出废理定县界，流入境，有木稳、东坡、朝阳诸水悉流入焉，又东入荔浦县界。○橐驼水，在县西，源出橐驼山，流经县南。又县南三里有白石水，亦自县西流合焉。下流俱注于荔江。

南隘关。在县西南。亦曰南隘口，即旧县治也。县西又有西隘关。今皆废。《志》云：县境旧有丽壁市巡司，为戍守要害。○石墙隘，在县西南，向为徭僮门户。万历中，置官兵戍守于此，为石墙营。又太平堡，在县西南百里，亦戍守要地也。又莫廖堡，在县西百里。《里道记》：莫廖西三十里，即柳州府洛容县之高天堡。《经略志》：县南境仁化、归化诸徭，皆顽梗；而归仁、吉祥、骆驼、小黄、安平诸里，其徭僮善恶相错；尤悍戾者，则金村、大峒、板木、毛村诸徭；至鸡笼、横祥等村，皆良徭也。

○昭平县，府南二百二十里。南至梧州府百六十里，东北至贺县二百五十五里。汉临贺县地。萧梁置龙平县，兼置静州及梁寿诸郡于此。隋初，州郡俱废，县属桂州。唐武德四年，复置静州治焉。贞观八年，改为富州。天宝初曰开江郡，乾元初复曰富州。宋开宝五年，州废，县属昭州。熙宁八年，改属梧州。元丰八年复故。宣和六年，改县曰昭平。淳熙六年，仍曰龙平县。元因之。明洪武十八年，废入平乐县。万历四年，复置今县。城周一里有奇，编户三里。

龙平旧城，今县治。《志》云：梁析临贺县太平岭置县，为南静郡治。《隋志》：梁置静州及梁寿、静慰二郡于此。隋平陈，并废。杜佑曰：静州，陈所置也。刘昫曰：梁置静州，兼置南静郡，寻改郡为龙平县。今以《隋志》为据。唐时州郡皆治此。宋州废，而县不改。明初，县仍治太平岭，在府江西岸，有城，旋废。成化中，置昭平堡，寻陷于寇。正德三年，迁堡城于府江东岸，置守备司。万历四年，置县。六年，于西岸旧址建城为治。八年，城圮，旋复补筑，即今城也。

豪静废县，在县南百里。梁置县，兼置开江、武城二郡。陈改置逍遥郡。隋郡废，县属桂州。唐武德四年，属静州，寻属梧州。贞观十二年，废入苍梧县。○博劳废县，在县西南。梁置。隋属桂州，大业初废。唐武德四年，复置，属静州。又归化废县，在县西北。又安乐废县，在县西。隋平陈，置归化及安乐县。大业初，俱省入龙平。唐初，复置，俱属静州。九年，与博劳县同废。

马江废县，在县东南。梁置开江县，属开江郡。隋初，郡废，县属桂州。大业初，并废县。唐初复置开江县，属静州，寻属梧州。武德九年，还属静州。长庆三年，改曰马江县，属富州。宋开宝四年废。又思勤废县，在县东北。唐乾元初置，属富州。宋开宝四年，亦废入龙平。

棋盘山，县南三里。以山顶方平而名。《志》云：县南二里有靖尉山，亦秀耸。唐开元中，恭城尉叶靖有道术，尝游此，因名。○五峰山，在县北五里，以五峰并峙也。又县北十五里曰雷霹山，五十里曰银盘山。又金田脑山，在县西八里。又县西二十里曰铜鼓山，峰峦岩壑，次第相望。

北陀山，县东八十里。山高岭峻，登陟艰阻。山后有天池，一名峡口塘，石山对峙，潭水清彻，其源常涌不竭。旧为徭僮出没处。万历中筑城于天池之前，设兵防戍。《里道记》：北陀山有小路自峡口至大江口，计里一百五十，为滩六十有五。万历三十七年，郡守陈启孙开凿，遂为坦道。又苓叶山在县东四十里，木皮山在县东二十里，皆高峻。○天门山，在县东百四十里，有天门岭，接贺县界，上有石门插天。《志》云：县西四十五里有富玉山，亦高广，《图经》所云东列天门，西环富玉者也。

独山，县北百二十里。亦曰独山岩。巍然特立，周围皆峭壁不可跻。其南一穴，深三十步，广二十六步，高千寻，可通山巅，寇起，居民缘梯而上，寇不敢犯。○五指山，在县东百八十里，中深广，入仅一线，仅容二人，扼之则万夫莫过。万历三年，昭平贼黎福庄等作乱，抚臣吴文华遣兵袭擒之，捣五指、白冒诸岩，贼党悉降。又珊瑚岭，在县东二百六十里，接广东开建县界。

漓江，在县城东。自平乐县南流，经此入梧州府界，沿江山箐深险，旧为盗贼出没之所。《志》云：县西北十里有龙门峡，府江经其中，左有玉白泉，亦流注于府江。

思勤江，县东北百里。《志》云：源出富川县界丹霞洞，流经白藁洞，至思勤废县与韦峒浊水江合，又西南入于府江。○浊水江，亦在县东北。《志》云：源出富川之龙岩，至思勤废县合思勤江。又有富郡江，源出贺县界，流经马江废县，入府江。

归化江，县西北八十里。源出永安州界仙回洞，流经废归化县，因名。东南流入于漓江。又明源水，出县西金田脑山，至县东北练漓堡入漓江。又上滩水，在县南，源出县西南之盐洞，至县南百五十里黄京山入于漓江。

韦峒营，县东北九十里。万历七年筑城置戍。又北陀寨，在北陀山东南，旧为贼巢，万历二十八年收复，筑城戍守，城后即峡口塘。《郡志》云：北陀城，在县东南百三十里。○九冲营，在县东。其地倚山为险，猺僮常屯聚于此。万历中，设营戍守。

雷霹堡，在县北雷霹山旁。又藤湾堡，在县东北。皆滨江控险，怪石狂澜，叛猺依阻其地。万历中，铲平之，置堡守御。《志》云：雷霹堡又北二十里，即平乐县界之甑滩堡。○石仁堡，在县南。其相近为东、西两营。《志》云：县有上永、藤湾、明源、江口等村，诸徭僮环县四列，而东营、西营、石仁等堡为戍守要地。

龙门驿。县南百二十里。《里道记》：县南门外有昭平驿，自驿而南四十里，地名福登，又四十里为上仰，又三十里至龙门驿，又三十里为沙冲，又三十里为簕竹公馆，接苍梧县界。又明源洞，在县西，亦徭僮窥伺处。

○永安州，府西南百六十里。南至梧州府二百七十里，西南至浔州府四百里，西至象州百六十六里。

古百越地。汉属苍梧郡。隋属始安郡。唐初，属荔州。武德五年，析置南恭州。贞观八年，改为蒙州。天宝初曰蒙山郡。乾元初复故。宋初因之。熙宁五年，省入昭州。元属平乐府。明成化十三年，置永安州，属桂林府。弘治四年，改今属。编户三里。今因之。

州屏蔽昭、梧，控扼蛮左，界浔、漓二江之中，为形援要地。

立山废县，今州治。汉荔浦县地。隋置隋化县，属桂州。唐武德五年，改为立山县，南恭州治焉，寻为蒙州治。宋州废，县属昭州。元因之。明洪武十八年，省入平乐县。成化中，改为州治。《城邑考》：立山县旧无城，成化十三年置州，始营土城。万历二年，增筑。有门三，门外各有关，城周三里有奇。

纯义废县，州南四十七里。唐武德五年，置属荔州，寻属南恭州。贞观六年，改属燕州，十年还属蒙州。永贞初，改曰正义县。宋熙宁五年，省入立山县。又东区废县，在州东北。唐武德五年，分立山县置，属荔州，寻属南恭州。贞观中，属燕州，十年还属蒙州。宋熙宁五年省。又岭政废县，在州北，唐武德五年置，贞观十二年省。《郡志》云：县西北三十里有常安废县，唐初置，寻废。今正史不载，似误。

蒙山，州东五十里。下有蒙水，其居人亦多蒙姓，唐因以名。《州志》云：州东五里有石鼓山，顶有大石如鼓。谶云：石鼓鸣，盗贼兴。州人每以为验。○莲花山，在州西五里。诸山联络，状若莲花。又天马山，在州南二十里。又南三十里为古眉山，旧设古眉巡司于山东麓，今废。

茶山，州西四十里。绵亘深远，林箐丛郁。又力山，在州西南三十里，岩谷尤深险，旧为叛猺依阻处。○群峰山，在州北四十里。群峰环聚，岩隈深阻，群峰巡司旧置于此。《志》云：州北三十里，有通天岭，险嵲嵯峨，势若插天。

银江，在州东。源出州东北之平峒，过三昧巢，又南会于西江。○西江，在州西。源出茶山，过大洞，东南会于银江，下流入于漓江。《志》云：州北有金麻江，源出榕洞。又有金斗水，出州北七十里之金斗崖，流合古东、古爽诸川，又流合县北群川，东入荔江。

激江，在州南。源出古眉山，南流入藤县，合于藤江。

仙回营，州东南七十里。其地有仙回洞，东南去昭平县百二十里，亦曰仙回山。本属平乐县，弘治十一年，督臣邓廷瓒请以仙回洞田给昭平堡耕种是也。万历四年，筑城置堡于此。今有仙回巡司。又古眉营，在州南古眉山下，州境要害也，旧置巡司于此。万历七年，议置土巡司戍守。○群峰营，在州北群峰山下，有巡。《志》云：洪武中，置司于峡口堡北，后迁于杜莫寨，万历中，迁于州东北之猫儿堡。

古西岩口隘，在州东北，接荔浦、昭平二县界。旧为猺贼出没处。隆庆三年，荔浦三峒贼攻荔浦县，既而府江西岸仙回诸贼围保安州，掠山湾诸处。抚臣殷正茂议讨之，未果，彪滩、龙头矶诸贼益肆。六年，官兵分道进讨三峒，兵克古西岩口、木鱼、青靛诸巢，西岸水兵克太平、古冒、马尾、彪滩、仙回诸巢，东岸兵克黄峒、古慑、水浐河冲诸巢，贼大败，追及南源鸡笼山，复破之。高天巢贼犹乘险拒敌，我兵攻克之；东岸贼遁匿苦竹蒲岩，用火攻尽歼之。万历初，乃议城昭平，分上中峒、下峒、东岸、西岸、龙头矶、仙回、永安、高天、古带诸界，皆设堡戍守。三年，阳朔碎江贼廖金滥等复叛，南源残孽又阴助之袭古西岩口，据峰门、山湾。抚臣郭应聘发兵讨之，复峰门，破山湾巢，南源贼酋周公楼等请降，乃屯兵山湾，据守永安扼塞；又遣兵破榕峒诸巢，上中峒僮酋皆降。

杜莫寨。州北七十里，徭僮出没处也。万历二年，筑城置戍。《里道记》：州北四十里曰潘村，又北三十里即杜莫寨，又东北二十里即荔浦县也。自州而西南百四十里为藤县之五屯所。○佛巢堡，在州东。又东南六十里至昭平县，又三昧巢在州东北五十里，堡西北四十里即荔浦县。《志》云：州峦嶂稠叠，徭僮充斥，嘉靖以后，渐次扫除，惟古造、六峒与修仁山泽相连，至为险阻。堡扼六峒之口，则守御为易。至九屯，接断藤峡，素称顽悍。虽已鼠伏，然附近乃门堡、平峒诸处，岭峻山长，通府江，达三峒，皆称要害。至五屯所，为州唇齿；杜莫寨，为州咽喉，尤不可忽也。

附见：

平乐守御千户所。在府治东，洪武十三年建。又富川守御千户所，在富川县治东，洪武二十三年建。贺县守御千户所，在贺县南，洪武二十九年建。

读史方舆纪要卷一百八

广西三 梧州府 浔州府

○梧州府，东至广东德庆州百九十里，南至广东高州府五百二十里，西至浔州府三百八十里，北至平乐府三百九十里。自府治至布政司五百八十里，至江南江宁府五千九十五里，至京师八千二百六十二里。

《禹贡》荆州徼外地。周为百粤地。秦属桂林郡。汉初，属南越。赵陀封其族赵光为苍梧王，即此。元鼎六年，置苍梧郡。元封五年，兼置交州，领郡七，理于此。后汉因之。孙吴亦曰苍梧郡。交州移治番禺。孙皓时，又移龙编。晋以后因之。梁属成州。隋平陈，苍梧郡废，改州曰封州。大业初，仍置苍梧郡。《隋志》：封州，治封川县。大业初，遂以封川置苍梧郡，而废旧苍梧郡为苍梧县属焉。唐平萧铣，改置梧州。治苍梧县。天宝初，曰苍梧郡。乾元初，复曰梧州。五代初，属于湖南。汉乾祐三年，入于南汉。宋仍曰梧州。亦曰苍梧郡。元曰梧州路。明初，改为梧州府，领州一、县九。今因之。

府地总百粤，山连五岭，唇齿湖、湘，噤喉桂、广。汉以交州治广信，控南服之要。会明时，亦设重臣于此，固两粤之襟带。形势所关，古今一辙矣。苏氏曰：苍梧为两粤都会，北自漓江建瓴而下，西则牂牁及郁合为巨浸，绾毂三江之流而注之大壑。故论西则桂林为堂奥，而苍梧为门户；论东则南海为心腹，而苍梧为咽喉，控上游而据要害，其指顾便也。《山堂杂论》曰：梧州居两粤之中，自西而东者，至梧州则广东之藩篱坏；自东而西者，至梧州则广西之心腹倾。所谓地利者，非与？虽然，攻守之势有内外之分焉。提兵压敌，利在深入，则攻在梧州可也。蛮左窥伺，芽生于内，居中肆应，以时扑灭，则守在梧州可也。若欲以一隅之地动天下之权，临战合刃，惟敌是求，则两广之形胜不尽在梧州也。筹两粤者，当知所折衷矣。

○苍梧县，附郭。汉置广信县，为苍梧郡治。后汉及晋、宋、齐皆因之。隋郡废，改县曰苍梧，属封州，寻属苍梧郡。唐武德四年，置梧州治此，自是皆为州郡治。今编户三十三里。

广信城，在今府治东。汉置。自三国吴以来，皆因而不改。《城邑考》：府旧城，在大云山麓，东北跨山，西南两面皆临江。宋开宝六年，砖筑。皇祐四年，寇毁。至和二年，重筑。明洪武二十二年，因旧址增拓，三面环濠，北因山险。正统十年毁，十一年重修。天顺八年及成化二年，皆缮治。四年，复增筑瓮城门楼，称为雄壮。正德初及万历五年以后，修葺不一。有门五，城周四里有奇。

猛陵废县，府西北百里。汉县，属苍梧郡。晋、宋以后因之。隋废。萧铣复置。唐初，属藤州。贞观八年，属梧州，改曰孟陵。乾化四年，马殷奏隶贵州，寻复旧。宋开宝四年，省入苍梧。○戎城废县，在府西南二十里大江南岸。晋置遂成县，属苍梧郡。宋以后因之。隋开皇十一年，改曰戎成县，属藤州。唐永徽中，改属梧州。光化四年，马殷表隶桂州，寻复旧。宋仍属梧州。熙宁四年，省为戎墟镇。《志》云：府南二十里有戎墟渡，当大江南岸，上通长洲，故县盖置于此。

宁新废县，在府东南。刘宋置宁新县，属苍梧郡。盖析广信地置，后废。齐又置。梁、陈因之。隋废。《志》讹为新宁。或曰：县盖在广东封川县境内，今府南十五里即封川县界。又《城冢记》：苍梧西南有农城废县，晋置，属苍梧郡。刘宋初废。《郡国志》云：其地有铜山、铜湖、铜丘，今堙。○废歌罗城，《志》云：在府西南六十里。隋开皇中，李贤所筑以屯兵处，久废。

大云山，在城东北隅。盘回高耸，其下为三台山，郡之主山也。上有扶虎岩，亦名大虫山，一名大灵山。《搜神记》谓扶南王范寻养虎之所。今其岩蟠结危耸，为一山之胜。○火山，在城南隔江二里上。有光如火，其下水深无际，今亦名冲霄山。又石英山，在府城西桂江上，宋时产石英充贡。《志》云：府东南八里大江滨有苏山，以宋苏轼南迁时泊舟山下而名。

立山，府西十五里。东临大江，山坂平衍，西极险扼，有径通藤县。山下有三公坡，成化初，督臣韩雍集大僚讲武于此，因名。○通星山，在府北六十里。山高耸，可以望远。

大江，在府城南。黔、郁二水相合东流，至此合于桂江，谓之三江口。三江同流，水势浩衍，故曰大江。又桂江，在府城西。自平乐府昭平县流经此，至城西南合大江。俱详见前大川及川渎异同。

思良江，府北二十里，亦名思贤水。又有峡山水合焉，南流入于桂江。○东安水，在府北四十里，东南流入广东封川县界，注于大江。又北有江简水，亦南流入于大江。

系龙洲，府南七里大江中，亦名七里洲。一峰卓立，林木深秀，江涨时洲独不没，亦名浮洲。水口有浮桥。○长洲，在府西七里大江中，纵三十里，横三里，民居甚繁。自此溯流而上，又有思恩、思化等洲，皆在江中，俱有居民、林木。

漓水关，在城西南。《汉志》苍梧郡有漓水关，即此。今堙。〇大云关，在府东二里。府西二里又有扫云关。又镇南关，在府南火山上。府西南三十里又有耀武关。《志》云：府西二十里有下岸关，关北十里有扬威关。以上六关，俱成化六年督臣韩雍筑以控扼要冲。

长行镇，府东七里。旧有长行巡司，置于长行乡。洪武二年，移置于此。又府境须罗乡有罗粒寨巡司，洪武中置。又东安沙村有东安乡巡司，正德六年置。〇澄海营，在府城西北，元初土军所居，明洪武十二年废。今阅武营，在府城西南隔江五里。

府门驿。在府城西南德政门外。递运所亦置于此。《志》云：所旧置于城北云山门外江滨。万历三年，改所为提举司，移建递运所于此。稍西为税课司。又有龙江驿，在苍梧县治西北。〇武灶渡，在府西递运所前桂江之侧。又冲霄渡在税课司前，潘田渡在城南五里，又两渡在城东二十里。又府西二十里有平浪渡，六十里有龙江渡，八十里为古榄渡，百里曰观音渡。皆大江津要也。

〇藤县，府西八十里。西南至容县二百四十里，西至浔州府平南县百四十里。汉猛陵县地。晋为安沂县地。义熙中，析置夫宁县，属永平郡。萧齐徙郡治此。梁兼置石州。陈因之。隋平陈，郡废，改州曰藤州，又改县曰永平县。大业初，复改州曰永平郡。唐武德四年，仍置藤州，治永平县。贞观中，改县曰镡津。天宝初，又改藤州曰感义郡。乾元初，复为藤州。五代时，属于南汉。宋仍曰藤州。元因之。明洪武十一年，以州治镡津县省入，复改州为县。今城周二里，编户四十四里。

镡津废县，在县治东北。晋置夫宁县。隋曰永平。唐曰镡津。《元志》藤州治镡津，旧在大江东岸，宋徙治于西岸，是也。明初，县废。《城邑考》：旧城，在大江之南、绣江之西，元至顺三年，因旧址修筑。明宣德间，复筑土城。天顺四年，为寇所毁。五年，重修，甃以砖石。成化初，又为寇所陷。二年，增筑其东、北隅，皆滨大江。隆庆、万历间，皆尝修缮。崇祯九年，又复营葺云。周二里有奇。

安沂废县，县南百二十里。《志》云：晋升平五年，分苍梧郡立永平郡，治安沂县。宋因之。齐移郡治夫宁，安沂属焉。梁改县曰安基，置建陵郡。隋平陈，郡废，县属藤州。唐初因之。贞观七年，改属泰州。明年，为泰州治，又改州曰燕州。十八年，州废，仍属藤州。二十三年，县废，寻改置安昌县。至德二载，改曰义昌县。南汉因之。宋开宝三年，省入镡津县。明正统十二年，设义昌巡司。成化八年革。又感义废县，在县西百二十里。隋开皇十九年，置淳民县，属藤州。《隋志》作淳人，避唐太宗讳也。唐武德七年，改曰感义县，仍属藤州。宋开宝三年，废入镡津县。

宁风废县，县西百里。唐贞观五年，置宁风县，属燕州。七年，徙州治此，更曰泰州。八年，又徙州治安基，复曰燕州，县仍属焉。十八年，州废，县属藤州。宋开宝三年废。〇长恭废县，在县西七十里。唐贞观二年，置长恭及泰川、池阳、龙阳四县，属燕州，寻移州治长恭。五年，复增置新乐、宁风、梁石、罗风四县，又徙州治宁风，改池阳曰承恩，而省长恭入宁风。八年，省龙阳、承恩，后又省新乐、梁石、罗风等县，皆在今县境。又隋安废县，在县南。又东南曰贺川废县。俱隋开皇十九年置，属藤州。唐贞观末，俱废。

东山，县东一里绣江东岸。相传唐李靖南征，尝驻师于此。今山上有卫公祠。又南山，在县南二里绣江南岸，山势耸秀，顶平如砥。相接者曰石壁山，岩峦相倚，下瞰重渊，亦名赤壁，以石色皆赤也。又东南曰石人山，去县三里，山势峭拔，上有巨石，远望如人。《志》云：县西北五里隔江有谷山，高出众山之上，一名西山。

龙骧山，县南七里。数峰耸列，下瞰清流。晋龙骧将军陈隐镇此郡，尝驻兵其下，因名。又登屿山，在县西十五里。二山南北对峙，江中苍翠相望。县西九十里又有六爻山，山形六叠如卦爻然，山足为十二矶，络绎相属，与白马堡对峙，为峡寇出没处。

灵山，县东南百余里。岩石险巇，路径悬绝，林木阴翳，猺蛮巢窟也。又勾刀山，在县西南窦家寨北，岹峣峻绝，猿猴所不能逾。万历初，划石为梯磴，南通容县，山虽险，而取径甚捷。○大燕岩，在县西三十余里，雄伟秀丽，下瞰长江。《志》云：县西南三十余里有罗幔岭，高四五里，周回如列帐，其巅广袤十里，有陂塘村落，田产沃饶。又潘洞、都榜、慕寮诸水发源处也。

白藤岭，县西南百里。峻拔侵云，路通容县，多产白藤，县以此名。○赤水峡，在县东六十里。峡南有岩，相传李白曾过此，谓之李白岩。峡与岩相对壁立，一水中流，林木蔚然，岚气朝夕不散。有赤水峡巡司。《志》云：赤水峡中有金环滩。又县东南百余里有天堂岭，高四五里，上有大池。

藤江，在城东北。黔、郁二水合流，自平南县东经此，有龙潭湾，甚深阔，亦谓之镡津，旧县以此名。江流入县界，亦谓之镡江也。挟蒙、绣诸川并流入苍梧县界，一名弥江，又名剑江。《邑志》：自县至郡城，陆程八十里，水程百二十里。盖江流屈曲也。○蒙江，在县西五十五里，即永安州漒江下流也。经五屯所城东，亦名五屯江，又东南入于藤江。

绣江，在县东南。一名北流江。源出广东高州，流入府境，经北流县始通舟楫，由容县经窦家寨，至县城东入于藤江。《志》云：绣江流入县境有石城滩，江中隐石，横截如城也。又北流百里有中箸滩，以石屿屹立中流，江分两派也。又北四十里为鸭儿滩，又北五里至城东为将军滩，舟行经此，冬月水涸，最为艰阻。○黄华江，在县西南百二十里，源出广东信宜县，至县境恩泽村入绣江。又县南百二十里有义昌江，其源一出灵山，一出岑溪县界，流入绣江。县南百五十里有潘洞江，源出罗幔岭；又南十余里有思罗江，源出容县大容山。其下流皆入绣江。

慕寮江，县西十里。源出罗幔岭，分二流，流二十里而复合，入于藤江。又都榜江，在县西六十里，亦出罗幔岭，至黄丹驿南岸入于郁江。○黄埇江，在县东五里。又白石江，在县东十七里，源出灵山。皆北流入于郁江。

涠洲，县东十五里。又东三十里为托洲。皆在江中，纵横各数里，有陂池、田舍，居民稠密。又登洲，在县西二十里，中流一峰突峙，高数百尺。又西有思礼、黄鲩等洲，皆有居民勤树畜，生产颇饶。○蓬塘陂，在县西四十里。又县南三十里有大埇陂，县北四十里有合水陂，县西南义昌乡有法冲陂。俱有灌溉之利。

马鞍关，县南二里。平南、岑溪、容县舟道所经也。山径险隘，正统初设关于此，嘉靖末废。○安靖营，在县城西。又三江营，在县北藤江北岸，万历十二年置。《志》云：县西二十里有登洲营，又县东十里有黄埇江口营，二十里为白石江营，皆滨江设险处也。又青草营，在县南十里，又南十里为牛湾营。

白石寨，县西五十里。有巡司。又县东六十里有赤水镇巡司，县南百二十里有窦家寨巡司。《志》云：旧有周村巡司，在县南五十里，正统中置，成化中废，今为周村堡。又有驿面巡司，在县西南六十里，废置同上，即今驿面村。又思罗巡司，在县南百三十里思罗村，洪武中置，旋废。

大湾堡，县西三十里。又西十里为濛堡，水道北达五屯所。又石腮堡，在县西六十里，十二矶堡在县西八十里，又十里为白马堡，西出平南之水道也。又县西北八十里有标榄堡，东北至平乐府昭平县二百五十里,西南至五屯所二十里。○苦竹堡,在县南三十里。又县西南百十里为岭头村堡,又南十里为三眼堡,南出容县水道所经也。

藤江驿。在县治南。又黄丹驿在县西六十里,双竞驿在县南百二十里之甘村。《志》云:窦家寨下旧有金鸡驿,与双竞驿相近。万历初废。《舆程记》:自藤江驿历蒙江口白石巡司而至黄丹驿,又西四十里至浔州府平南县之乌江驿。

○容县,府西南二百四十里。东北至藤县二百四十里,东南至广东信宜县百八十里。汉合浦县地。晋初,置荡昌县,属合浦郡。宋、齐因之。或作宕昌,误也。梁改曰阴石县,并置阴石郡。隋平陈,废郡,改县曰奉化。开皇十九年,又改县曰普宁,属藤州。唐初,属铜州,寻属容州。元和中,州移治普宁县。五代初,州属湖南,寻属南汉。宋仍曰容州。元为容州路,寻降为州。明洪武十年,以州治普宁县省入,又改州为县,属梧州府。今城周四里有奇,编户十六里。

普宁废县,今县治。唐初,属容州,州治北流县。开元中,升州为都督府,岭南五府之一也。天宝初,改曰普宁郡。乾元初,复故。元和中,移治普宁县,都督府如故,亦为容管经略使治。乾宁四年,改经略使为宁远军节度。南汉亦曰宁远军。宋仍为普宁郡宁远军。元至元十三年,为容州安抚司。十六年,改容州路,寻复降为州,皆治普宁。致和元年,广西普宁县僧陈庆安作乱,即此。明初省。《城邑考》:今县城,唐经略使韦丹筑,内为子城,周二里有奇;外城周十三里。宋咸淳初,寇毁。四年,重修。元至正十三年,寇毁门楼。明洪武二年,因故址修葺内城。二十二年,展筑城西,共周四里余。天顺三年,复为贼毁。成化四年,修筑,以城广难守,截去东隅。万历八年,复缮治,皆因内城展筑。其外城则遗迹仅存,惟旧濠如故。

宕昌废县,在县西。唐武德四年置,因晋、宋旧名,改荡为宕也。本属容州，建中三年，改属禹州。唐末废。又西北有新安废县，亦武德四年置，属铜州，寻属容州。贞观十一年省。○渭龙废县，在县西南。唐武德四年，析普宁县置。南汉仍属容州。宋开宝五年废。

欣道废县，县东北八十里。隋开皇十五年，置安人县，属藤州。十八年，改曰宁人县。唐初因之。贞观二十三年，改曰欣道县，属容州。宋开宝五年废。

大容山，县西北二十五里。高五百余丈，周围千余里，以其迥阔无所不容，因名。藤、容、北流、兴业诸县，郁林、高、浔诸州，分据其麓，皆以此山为望。南流江出焉。○凌云山，《志》云：在县北十里，以山势凌云而名，上多斑竹。又奇岭山，在县西南五里。

都峤山，县南二十里。山有八峰，曰兜子、马鞍、八叠、云盖、香炉、仙人、中峰、丹灶，而八叠尤奇秀高耸，石径纡回，上复轩敞。又有南、北两洞，皆高广百余丈，《道书》以为第二十洞天。○天塘山，在县西南百里，上有塘水，旱潦不增减，因名。《通志》：山周二百余里，南接信宜，多竹木，有石窍出泉，流至山下为池。其西南有龙分山，天塘水出其下，流分九支，因名。

石梯山，县南百五十里。路出高州，磴道险狭，如梯上下。○三纽岭，在县南百里，峻岣峭险。

容江，在县南。源出北流县境之绿蓝山，流入境，又东合于绣江。○绣江，在县西三里，自北流县流入境，与容江合流而东入藤县界。又渭龙江，在县西南七里，源出天塘，分流为九，至此复合为一，下流入于容江。《志》云：县北有思登江，又有波罗等江，俱流入容江。

李家陂，县北半里，思登江汇流处也。溉田甚广。又县西二里有莲塘陂，又西二里有石村陂，县东有水源陂，皆有灌溉之利。

粉壁寨。县西南四十里。有巡司。又大洞巡司，在县东五十里大横村。又三洲营，在县东江中三洲上。〇自良驿，在县东北七十里，路出藤县。旧又有绣江驿，今革。

〇岑溪县，府西南二百九十里。东至广东罗定州百九十里，南至广东信宜县百五十里，西至容县九十里。汉猛陵县地。隋永业县地。唐武德五年，置龙城县，为南义州治。贞观元年，州废，县属建州。二年，复置义州。五年，复废州，以县属南建州。六年，复置义州，仍治龙城县。天宝初，改为连城郡。至德二载，改龙城县曰岑溪。乾元初，复改县曰义州。五代时，属于南汉。宋太平兴国初，改曰南仪州。熙宁四年，州废，县隶藤州。元因之。明初，改今属。城周二里有奇，编户七里有奇。

龙城废县，《志》云：在县东二十里。唐初置县于此，后改曰岑溪。宋初，迁县于今治。旧有土城，明洪武三年修筑。成化十年，易以砖。正德十五年，筑夹城，于外甃以石。万历二十四年，以城垣湫隘，复议展筑。

永业废县，县东四十里。梁置永业郡，寻改为县。陈省。隋开皇十六年，复置永业县，属藤州。唐初，置龙城县及安义等县，属南义州。至德中，改安义曰永业。南汉因之。宋省入岑溪县，今为永业乡。又连城废县，在县东北五十里。唐武德五年，析龙州之正义县置，属南义州，寻属义州。宋省。今为连城乡。又有义成废县，在县东南，亦武德五年置，乾元中废。

高城山，在县南。蟠结高远，土人以为石城，岭有巨石，如人立状。《一统志》：县有高城岭，又有马头、太富、登高三岭。〇都盘山，在县南二十里，一名罗山。又冷水山，在县西南三十里，其相接者曰佛子山，两山拱峙，势如张翼，为县之卫。

乌峡山，县东北十里。壁立万仞，险峻可凭。又丁郎山，在县东十里，以汉孝子丁密而名，下有孝感泉，或讹为丁兰山，亦高胜。又有要峨山，在县东百里，峥嵘苍秀，一名秀峰。○石泷，在县北十五里，大石连江，不通舟楫。

皇华江，在县城南。有二源，一出县北中西乡，一出连城乡，合流经县北十里皇华山下，因名。南流经县东，折而西至容县境，入于绣江。《志》云：潘洞江，在县西二十里，源出连城乡之凤凰巢，经县南，亦西入容县界合于绣江。

仲塘陂，县东二里。又东八里有大塘陂，又东七里为赤水陂，皆灌溉所资。又断河陂，亦在县东三十里，溉田五十顷。

乌峡镇，县西一里。旧置于乌峡山下，后移于此，改为上里河巡司。

大峒镇。县西北五十里。又西十余里为北科镇。《经略志》：岑溪县西北有下七山，介苍梧、藤县间，有平田、黎峒、白板、孔密等三十七巢，东南为六十三山，有孔亮、陀田、桑园、古榄、鱼修、白碟等百余巢，与粤东罗旁相联络，岩岭高险，林峦环匝，数百里无日色，贼徭据险为乱。弘治中，四征不克。嘉靖初，七山贼叛，征之无功。三十二年，抚臣应槚发兵潜袭七山，贼被创，自是稍戢。而六十三山贼甚炽。时粤东罗旁贼方煽乱江上，岑溪、容县诸贼俱为羽翼。万历初，督臣凌云翼平罗旁，岑溪、容县贼俱乞降，乃于岑溪县西北数十里大峒镇设参将，筑城驻守。镇西为北科镇，募兵耕屯其地。又设连城、北科、七山、六云诸镇，分兵列戍，联络岑溪西境，后渐怠玩。二十三年，贼复炽，会粤东亡命浪贼数百潜入七山，诱结诸徭为乱。二十四年，浪贼屠乾厢村，徭人应之，侵掠诸村，邑民震恐，因发官兵讨之，贼惧愿自归。会北科贼复叛，与七山、孔亮山贼合势甚张，督臣陈大科等调两粤兵合进，前锋从小径登孔亮山，贼败走。贼初恃六十三山奇险，王师必不能至，至是胆丧，望风逃溃，追至鱼修、白碟，复大败之。贼潜遁车滩，我兵乘之，贼溺死无算。于是穷搜诸穴，岑溪遂平。《藤县志》：北科、七山二镇，万历三十一年改属藤县。

〇怀集县，府东北百五十里，西南至广东开建县百里，北至平乐府贺县二百七十里。本汉南海郡四会县地。晋元熙中，置怀远县，属新会郡。宋改置怀集县。沈约《志》：本四会县之银屯乡，元嘉十三年，分为县，属绥建郡。齐、梁因之。隋平陈，属封州。大业初，属南海郡。唐武德五年，置威州治焉。贞观初，州废，属南绥州。十三年，改属广州。南汉因之。宋仍属广州。元至元十五年，改属贺州。明洪武十年，改今属。城周二里有奇，编户四里。

怀远废县，县东二十里。《志》云：晋末所置县也，宋改置今县。今其地名古城营。《城邑考》：今县城，洪武三十年，筑土城。成化四年，易以砖石。弘治七年，潦水崩颓，寻复修筑。隆庆五年，复为潦水所毁。万历九年，修葺，即今城也。

洊水废县，在县西北六十五里。汉封阳县，属苍梧郡。隋分置洊安县，属熙平郡。唐武德五年，置齐州，又析置宣乐、宋昌二县。贞观初，省州，复以二县并入，属绥州。十三年，改属广州。至德二载，改曰洊水。宋开宝五年，废入怀集县。《名胜志》：今县西西水里斤水渡头上里许，即洊水城旧址。

永固废县，旧《志》云：在县北。唐置，属广州。开元十二年，省入怀集县。《名胜志》：今县东南务本里有永固峒，城垣基址犹存，疑即故县。又兴平废县，在县境。唐武德五年，置威州，兼置兴平、霍清、威成三县属焉。贞观初，州废，以三县省入怀集。

天马山，县南五里。《唐志》县有骠山，即此。《志》云：县城西有宁峒山，诸峰叠出，竹木交生。〇忠党山，在县西六十里。又西十里为花石山，峰峦错立，石多五彩。

齐岳山，县西百十里。峭拔出于众山之上，上有龙潭，久旱不涸。又白崖山，在县西南百五十里，山险峻，多白石。○笔架山，在县南百二十里，三峰亭亭，竦插天外。又云头山，在县南百四十里，两山相并，其上多云。《志》云：县东百里有戴帽山，以云拥山尖也。其相近者曰梅子山，中多梅林。

登云岭，县北八十里。岭头云雾常凝结不散，行者经此，若登云然。《志》云：县东南有上爱岭，接广东四会县界。

四门岩，县西五十里。石山突起数百丈，下有石室，外为四门，岩中奇胜不一，一名花石洞。岩之东为游仙岩，岩之西为冲天、道士诸岩，又西数里曰三潮岩，中有泉，应潮辄涌，因名。○朝岩，在县西八十里，岩口幽窄，中甚明敞。其西南三里曰燕岩，石峰峭拔，洞口高敞，中容数百人，燕巢其间，因名。

怀溪水，在城西南。亦名南溪水。源出齐岳山，南流而东折合桃花水，经广东四会县界，下流入海。又佛灯水，在县北七里。《志》云：县境有马宁、花兜、西厢、宿泊、下朗、佛灯、甘洞、桃花、多罗、瀛古诸水，俱流合怀溪水，入四会县界。

官陂，县西六里。县西三十里又有大径等陂。《志》云：县境之以陂名者凡数十处，俱有灌溉之利。

慈乐寨。县西六十里官陂山口，有巡司。又县东二十里有武乡巡司，《会典》作武城乡。

○郁林州，府西三百三十五里。东南至广东化州三百七十里，西北至浔州府三百里。

古百越地。秦为桂林郡地。汉属郁林郡及合浦郡地。汉元鼎六年，更桂林为郁林郡，治布山县。今见浔州府附郭桂平县。后汉、晋、宋、齐因之。梁置定州，又改为南定州。隋平陈，改为尹州。大业初，改为郁州，《通典》作郁林州。下仿此。寻复曰郁林郡。治郁林县。唐初，属贵州。麟德二年，析置郁州。刘昫曰：贞观中置郁林州，治石南县。《通典》亦云治石南，《新唐书》治郁平县。平，当作林。乾封初，更为郁林州。天宝初，曰郁林郡。乾元初，复为州。建中二年，移治郁林县。五代时，属于南汉。治兴业县。宋仍曰郁林州。亦曰郁林郡。《志》云：开宝中，州治兴业。至道二年，徙治南流。元因之。明洪武五年，以州治南流县省入，编户四十三里。领县四。今因之。州襟带浔、梧，控扼蛮、越，山川环亘，岭表奥区。

南流废县，今州治。杜佑曰：本汉日南郡地。宋分置南流郡。齐因之，治方度县。梁改为定川郡。隋平陈，废郡，改县曰定川，属越州。大业初，属合浦郡。隋末，废入北流县。唐武德四年，析置南流县，属容州，寻属义州。五年，改智州。贞观十一年，改曰牢州，徙治南流，寻废。乾封三年，将军王杲平蛮獠，复置牢州，仍治南流县。天宝初，改为定川郡。乾元初，复曰牢州。南汉因之。宋开宝四年，州废，县属郁林州，寻为州治。《城邑考》：州子城，宋至道二年筑，周二里有奇。淳熙六年，陆川寇反，郡守黄龄筑外城守御，为寇所毁。七年，郡守施埤重修子城，又缮水城。元至正三年，复修子城。明洪武十九年，又创筑新城。二十九年，浚濠为固。天顺四年，增修。七年、八年，连被寇陷。成化二年，重修。嘉靖四十一年，又复缮治。万历十四年，大水，城多坏，寻复修治。有门四，城周三里有奇。

定川废县，在州西。隋定川县地也。唐武德四年，析北流县复置定川县，初属容州，寻属牢州。南汉因之。其西有宕川废县，唐贞观十一年，分南流县置，属牢州。南汉因之。宋开宝中，俱省入南流县。《通志》：今州西南三十里有定川下渡，相传即故定川县治。又州北二十里有定川上渡，亦以故定川县而名。

容山废县，州西北八十里。唐永淳初，置安仁县，属党州。二年，析置平琴州治焉，兼领怀义、福阳、古符三县。垂拱三年，州废。神龙三年，复置。天宝初，曰平琴郡。至德二载，改安仁曰容山县。乾元初，复改郡为州。建中二年，州废，县皆属党州。南汉因之。宋开宝中，容山、怀义等县俱省入南流。

善劳废县，州北七十里。《唐志》：古西瓯地，汉属郁林郡，唐初郁林州地也。永淳元年，开古党洞，因置党州，领善劳、抚安、善文、宁仁等四县。天宝初，曰宁仁郡。乾元初，复为党州。南汉因之。宋州废，县皆并入南流县。刘昫曰：党州西至平琴州二十二里。又抚安废县，在善劳县东。唐至德二载，改曰抚康。

信石山，州东南一里。一名牢石坡。《旧唐书》：牢石高四十丈，周二十里，牢州以此名。又石柱坡，在州东南三里，柱高三丈，相传马伏波所立。其地亦名马援营。《通志》云：营在州南二十里。又荔枝山，在州东南二十里，嵯峨峻拔，为州屏障。○绿鸦山，在州西北四十里，厥土青黄，冶者取土炼铁铸为锅。又寒山，在州北二十里。旧山多橘，采者常遇大寒，不得归。下有潭水，色如靛。《志》云：州西四十里有西山，形如鼓角楼台。

豸塘岭，州北一里。山形如豸，为州后镇。又州东有东门岭。○两道岭，在州南十里，山峰尖丽，博、陆两县于此分道。又南十里为五冈岭，有五峰并列。又南三十里为尖冈岭，孤峰插天，为南境之望。又南十里曰五岩岭，泉石甚胜。

张道岩，州东二十五里。有石门，通人行。《志》云：州东南二十里为水月岩，岩中虚明爽豁，洞壑绝胜，右接天马、钧天诸洞，幽异不一。又白石洞，在州东三十里，周七十里，《道书》以为第二十一洞天。

南流江，在州城南。源出容县大容山，经县东而西南流，十余里中有八叠萦洄，合罗望江至广东廉州入海。旧南流县以此名。○罗望江，在州西，一名西望江，亦出容山，绕流经州北，复西南流十余里，下流会南流江。

鸦桥江，州西四十里。源出绿鸦山，亦名绿鸦水。又定川江，在州西南二十里，源出兴业县之葵山，绿鸦水流入焉，共注于南流江。○桥丽江，在州南三十里，源出白石洞。又有沙田江，在州南四十里，源出州东南六岑山。俱流汇于南流江。

官陂，州北五里。又北十余里有银水陂，其相近者曰三山陂、绿表陂。又州北二十五里曰锦陂，五十里曰河阜陂，尤广衍。○都毫陂，在州西三十里。其相近又有林陂、鸦桥陂。又赤𡎺陂，在州南四十里。皆潴流溉田，多者至二三百顷。

西关。州西一里。《志》云：州南一里有安远桥，跨南流江上，元延祐中建，明永乐八年重建，万历二年增修，津梁要冲处也。今名瑞龙桥。又通济桥，在州东二十里。本名妙林桥，元至正中建。明弘治十三年重建，一名太平桥。冲要次于安远。又西望桥，在州西五里，本名大兴桥，与通济桥同时创建，亦津途所必经也。○西瓯驿，在州城南。

○博白县，州西南七十里。西南至广东廉州府百八十里。汉合浦郡合浦县地。梁置南昌县。陈因之。隋平陈，属越州。大业中，属合浦郡。唐武德四年，改置博白县，兼置南州治焉。六年，改为白州。天宝初，曰南昌郡。乾元初，复为白州。南汉因之。宋仍曰白州，亦曰南昌郡。政和初，州废，县属郁林州。三年，复旧。绍兴中，仍废入郁林州。元因之。今城周二里有奇，编户三十二里。

建宁废县，县东五十里。唐武德四年置，并置郎平、周罗、淳良等县，皆属南州。贞观十二年，省郎平、淳良二县，而建宁如故。宋开宝五年，废入博白县。《通志》县北十五里有废郎平县，东南百里有废淳良县。今其地名安仁乡。又周罗废县，在县东南百里，宋开宝中，与建宁县俱废。《城邑考》：今县城，唐初筑。宋淳熙六年，寇毁。十一年修，故土城也。元至正十三年，砖砌。明洪武五年，寇毁。六年，增修。天顺六年，又为寇所陷。成化二年，修筑，并凿濠环之。正德初，又复营缮。万历四年，展筑西南隅，即今城也。

南昌废县，县东南四十五里。《志》云：隋旧县也，唐初更置，属潘州。贞观中，改属白州。宋开宝五年废。又大都废县，在县南，唐初置，属廉州。贞观六年，改属白州。十二年，省入博白县。○龙池废县，在县西南。汉合浦县地。唐贞观中，置山州，领龙池、盆山二县。天宝初，曰龙池郡。乾元初，复故。建中间，州县俱废。

卫公山，县东十里。崔嵬耸立，为邑之镇。唐初，李靖南征，尝驻兵于此，因名。其相接者曰洞房山，广七十里，洞中高广玲珑，丽若雕房。又凝雾山，在县东二十里，山势屹立，云雾常集其上。○双角山，在县西十五里，两峰角立。又西十五里曰绿罗山，下有绿珠洞。

飞云山，县西六十里。山势崇峻，常有云气。又县西南六十里有宴石山，山皆盘石，壁立峭绝，北临大江，流泉喷激，崖宇虚旷，有二石峙于山巅。《寰宇记》以为南越王宴处。○九岐山，在县西七十里，回峦复嶂，分为九峰，四时葱翠。又西二十里有南象山，高百余丈，广百里，旧尝产象，因名。

蟠龙山，县南八十里。蜿蜒苍翠，形似蟠龙。又大荒山，在县南百五十里，上有池，产鱼如人形。又南三十里曰射光山，峰标插空，日影先见。○八将山，在县东百三十里，有八峰攒立。其相接者有凤飞山，亦高耸。

绿秀岭，县南五十里。嵯峨盘亘，林木青葱，广三百余里。○大虫岩,在县南百余里,临大江,常有虎伏其下。又将军洞,在县南三十里,一名飞鼠岩,石门三重,中如堂,石有泉温凉易流。唐初,将军庞孝泰刺南州,尝游此,因名。《志》云:县东北二里有将军岭,以宋狄青讨侬智高尝驻兵于此也。

绿珠江,县西七里。源出绿罗山,下流合于南流江。《新唐书》白州西南百里有北戍滩,咸通中,安南都护高骈募人平其险石,以通舟楫,即南流江通廉州之道也。《岭表录异》云:白州之水出自双角山下,东北流合容州江,是为绿珠江。恐误。又饮马江,在县南一里。相传马援南征,饮马于此。下流亦入南流江。〇绿淇江,在县东南十里,源出洞房山。又小白江出县南十里之云流山,陆马江出县东南桥浮山,鸦山江出县南十五里之凌青山。皆流汇于南流江。

顿谷江,县西南四十里。源出飞云山,又县西二十里有浪马江南流会焉,并入于南流江。又南立江,在县北三十里,源出绿澄洞,下流亦入南流江。〇浪醴江,在县西六十里,流入浔州府贵县界,入于郁江。

龙母陂,县东十里。又县南百里有江口陂,百五十里有双鱼陂。《志》云:县境远近之陂凡十余处,此三陂其差大者。

海门镇,县东南百五十里。旧为入安南之道。唐咸通三年,南诏复寇安南,敕都护蔡袭退屯海门。时袭已为贼所围,诏不得达。四年,安南为南诏所陷,置行交州于海门镇,寻复置安南都护于此。六年,高骈治兵海门镇,进复安南。又石晋天福二年,交州乱,南汉刘龑图乘机取其地,屯兵于海门是也。〇南关,在城南。又有东、西两关,皆在城外。

沙河寨。县西七十里。有巡司。又周罗巡司,在县南八十里,以废周罗县为名。

〇北流县,州东四十五里,东北至容县六十里,南至广东信宜县百七十五里,北至浔州府平南县百七十里。汉合浦县地。萧齐永明六年,置北流郡。梁、陈间，废为北流县，属合浦郡。隋属越州。大业中，仍属合浦郡。唐武德四年，置铜州治此。贞观初，改为容州。开元中，升为都督府，并置经略军于城内。天宝初，曰普宁郡。乾元初，复为州。元和中，徙州治普宁县属焉。宋因之。元仍属容州。明洪武十年，改今属。城周不及二里，编户二十里。

陵城废县，在县东南。唐武德四年，置属铜州，寻属容州。南汉因之。宋开宝五年，省入北流县。又豪石废县，在县东，亦唐武德四年置，属铜州。贞观十一年废。《城邑考》：今县，旧有土城，景泰初，因故址修筑。天顺四年，寇毁。成化二年，增修。七年，展城浚濠。嘉靖四十二年，复增筑之。周不及二里。

峨石废县，县东南百十里。唐总章初，析白州之温水县置，寻为禺州治。《唐志》：武德四年，置南宕州，治南昌县。贞观六年，移治定川。八年，改为潘州。总章元年，改为东峨州，移治峨石县。二年，改为禺州。天宝初，曰温水郡。乾元初，复曰禺州，皆治峨石县。欧阳修曰：东峨州，乾封二年，将军王杲奏析白、辩、窦、容四州置。总章二年，改曰禺州。南汉因之。宋开宝五年，禺州废，以所领峨石、扶莱、罗辩、陵城等县皆并入北流县。南昌，见博白县。定川，见上郁林州。

罗辩废县，县东南百里。《志》云：本罗辩洞地。梁置陆川县，属合浦郡。隋大业初，废入北流县。唐武德四年，改置罗辩县，属罗州，寻属辩州。乾封中，改属禺州。南汉因之。宋开宝五年，省入北流县。○扶莱废县，在县南百里。唐武德五年，析信义县置扶莱县，属窦州，以扶莱水为名。贞观中省。乾封中，复置，属禺州。南汉因之。宋初，与州俱废。

勾漏山，县东北十五里。岩穴幽胜。详见前名山勾漏。

金龟山，县东南二里。与会灵台山隔江相对，台上有瀑布、岩洞。又梧台山，在县城南，其并峙者曰贺山。又有公界山，高广相埒，为县南镇。又天门山，在县西，与穿镜山并峙，县之西镇也。○铜石山，在县东十五里，峰峦秀丽，山顶宽平，旧产水银、硃砂。又县东五里为笔架山，有三峰耸峙。

绿蓝山，县西北三十里。容山之东支也，容江之源出焉。○扶莱山，在县南百里，陵水出焉。又县东南有峨石山，罗水出焉。二水俱流入广东化州界。《志》云：县东南二百五十里有双威山，下临思贺江。

通津岩，在县之南坝乡。石山叠峙，有二门南北相对，高敞如关，水流环绕，石室虚明，为县之胜。《志》云：县西南有歇马岭，相传伏波南征曾驻于此。

绿蓝水，在县北。出绿蓝山下，分二流：一入容县境为容江，一入博白县境合南流江。今县东二十里有落桑桥，盖跨绿蓝水上。○绣江，在县东南，出广东茂名县，西北流入境，又北入容县界。

马门滩，《志》云：在县西南四十五里，即绿蓝水所经也。汉马援南征，以江流迅急，凿去其石，余二巨石双立为门，其中流水如奔马，因名。又北戍滩，《志》云：亦在县西南马门滩下。唐高骈为安南都护，平蛮北归，见其湍险，属防遏使杨林疏浚之，人以为便。胡氏曰：马门江，在博白县西南百里，下北戍滩，出马门江，渡海抵安南界。咸通四年，南诏陷安南，都护蔡袭幕僚樊绰携印渡江，即此处也。

黄江陂，在县南。《志》云：县境有坑塘、大陂、都莫等陂，俱有灌溉之利。

天门关，在县西十里。颠崖邃谷，两石峰相对，状如关门，中间阔三十步。马援讨林邑，路由此。交阯往来，皆道此关。其南尤多瘴疠，去者罕得生还，俗号鬼门关。谚云：鬼门关，十人去，九不还。《舆地纪胜》谓之桂门关。元廉访司月鲁改名魁星关。洪武初，仍曰桂门关。宣德初，改曰天门关。旧《志》：鬼门关，在县南三十里。

双威镇。县南百里，有巡司。又有游鱼寨，在县南山中，乡人避兵处。成化二年，贼邓辛酉据此，掠广东信宜县境，官军讨平之。又宝圭驿，在县治东。○化龙桥，在县东南，两溪水合流其下，旧为行旅津要。宋开庆初，甃石为桥，构亭其上。永乐十一年毁。十四年，修治，改曰登龙桥。

○陆川县，州南七十里。东南至广东石城县百四十里，东北至北流县百十里。汉合浦县地。萧齐置陆川郡。梁、陈间，废为陆川县。隋并废县入北流。唐武德四年，复置陆川县，属南宕州，寻属禺州。唐末，改属容州。南汉因之。宋仍属容州。明洪武四年，改今属。城周不及二里，编户十五里。

温水废县，今县治。刘昫曰：唐武德四年，析南昌县地置温水县，属南宕州，寻属禺州。大历中，改属顺州。宋开宝五年，州废，县省入陆川。《九域志》陆川旧治在今县东五十里。宋开宝九年，移治公平镇。淳化五年，又移治旧温水县，是也。《通志》温水废县在今县南六十里，似误。《城邑考》：县旧无城，永乐中，始筑土城。景泰三年、正统十四年，皆增修。成化十一年，甃以砖石。弘治十八年，又修城浚濠。正德七年，寇毁。十五年，重修。嘉靖四十二年、隆庆四年、万历二年，屡经修治云。城周不及二里。

龙化废县，县东南五十里。《唐志》：武德五年，置龙化县，属罗州，寻属辩州，以西有龙化水，因名也。大历八年，容管经略使王翃析禺、罗、辩、白四州置顺州，治龙化县，亦曰顺义郡。南汉因之。宋开宝五年，州废，省县入陆川。《通志》龙化废县在县北四十里，误。又南河废县，在县东南百二十里。《唐志》：本石龙县地，武德五年，析置南河县，属罗州。大历八年，改属顺州。宋初，与州俱废。《通志》南河废县在今县西六十里，亦误。石龙，见广东化州。○龙豪废县，在县西南，唐武德四年置，属南州，寻属白州。大历八年，改属顺州。宋初废。

后阳山，县北一里。层峦叠嶂，起伏不一，为县所倚。又县南一里有三台山。○分水山，在县北五里，其水分二派：一合县东南妙洞水流入广东石城县界，一经郁林州合南流江入广东廉州界。《志》云：县东八里为东山，中有妙洞。又有金坑山，在县东南十里，山下有溪，沙黄如金，瀑水注之，即妙洞水矣。又文龙山，在县东北十五里，下有水流绕县前。

白羊山，县东北二十里。山色洁白，四面悬绝，上有飞泉，下有勾芒木，土人练其皮为布。○凤凰山，在县西十里，中多桐竹，上有石盘泉。其相近者曰石鼓山，一名鸣石山，《志》云即《山海经》所称长石之山也。又双流山，在县西南二十里，相传唐龙豪县治此。县西北二十里又有石湖山，一名石抱山，上有渊潭，旁为石岩。或云：山多竹木，葱翠如袍，一名石袍山。

文黎山，县南五十里。产黄白藤，山下水流潆洄，凡九十九渡。又谢仙山，在县东五十里，上有潭，流泉下注，土人谓之昆仑水，西南流，经广东石城县界入海。

回龙江，县北十五里。《志》云：县北有乔林、高岭二水，合流为回龙江，其下流合南流江。○龙化江，在县南四十里。又有平南水，在县南二十五里，流合龙化江，下流入广东石城县境，合九州江。

老鸦陂，县东三里。又暗螺陂在县南三十里，沙料陂在县北三十里。皆灌溉民田数十顷。

温水寨。县南五十里。有巡司。盖以废县为名。○永宁驿，在县南七十里。《舆程记》：自永宁而东南，由回龙、流埇、麻坡、墟洞、尾流、茶六等河，七十里达广东石城县之三合驿。

○兴业县，州西北六十里。西北至浔州府贵县百二十五里，西南至广东灵山县二百二十里。唐初为石南县地，属贵州。麟德二年，析置兴业县，属郁林州。宋因之。今城周不及二里，编户七里。

石南废县，县东北五十里。《隋志》：陈置石南县，为石南郡治。隋平陈，郡废，县属尹州。大业中，属郁林郡。唐初，属南尹州，寻属贵州。麟德二年，置郁林州治焉。建中二年，州移治郁林，以石南省入兴业。《城邑考》：今县城，洪武三年筑。宣德五年，增筑。正统十年、天顺三年，皆修葺。正德二年，始甃以砖石。嘉靖中，又尝修葺。周不及二里。

郁林废县，县西北六十里。《志》云：在浔州府贵县东南五十里。汉广郁县地。梁置郁林县，为郁林郡治，兼置定州治焉。隋平陈，郡废，改州为尹州。大业中，仍为郁林郡治。唐初，县属南尹州，寻属贵州，后置郁林州，县改属焉。建中间，州移治郁林县，后又徙治兴业。南汉因之。宋初，改郁平曰郁林，以郁林县省入兴业。今详见贵县。

兴德废县，县西北二十里。《志》云：萧铣析石南县置，寻废。唐武德四年，析郁平县复置，属南尹州，寻属贵州，后改属郁林州。宋初，省入兴业县。又潭栗废县，在县东三十里，唐置，属郁林州，亦宋初废。

万石山，县西四里。峰峦错落，如累石然。其下有石井涧，绕流结曲。〇北斗山，在县北十里，七峰卓立，如北斗然。又县东十里有东斗山，与北斗山对峙。《志》云：东斗山相接者又有东山，山上有泉从石壁飞下，凡百余仞，望之如翔鸾舞鹤。

铁城山，县南十里。石壁四周险固若城，中平衍，容数百家，上多石窦，泉流不竭。有四门，惟东门可通人行，南门山半有土基，相传为古敌楼，西、北二门多石艰阻，其石皆铁色。《图经》云：郁林州旧设于此。山北一里有古州岩，广数丈，中有潭，四时不涸。又绿阴山，亦在县南十里，有大木如榕，蔽数十亩，一名甑山，鸣水江绕其下。又三台山，在县南二十里，有三峰连属。〇葵山，在县北十五里，山半有岩，岩有龙井。

黄岭，县东南十里。重峦回合，下多居民。又松岭，在县东十五里，长松四匝，望之郁然。又翻车岭，在县北二十五里，龙母江之源也。山路险巇，两崖阴翳。《志》云：县西二十五里有黄桑峡，抵广东灵山县界。○白马岩，在县西十余里，岩深广，容数千人。又牛龙岩，在县南十里，地温，有龙蛰此，居民遇冬，则驱牛入岩以避寒，容数千头。又石掩岩，在县西六十里，岩门有石若扉，阖不可开。

穿江，县西十里。源出葵山，东南流二十里，有石山穹窿，水过其下，东入郁林州境，即定川江之上源也。○清江，在县西南九里，亦出葵山。又龙母江，在县北二十里，源出翻车岭。又有上鸣江，在县北十余里，参差会流，经县东二十里曰下鸣江，巨石横亘，湍流激射，声响如雷，东流为定川江。

岑江，县南八里。西南流入广东廉州界。又西水，在县北四十里，西流入贵县境，注于郁江。

南山陂，县北二里。县东北二里又有大林陂。又都陵陂，在县之兴德乡，相近者为龙江陂。灌溉民田，各至数十顷。

高桥。县北二十五里。旧有高桥驿。又富阳桥，在县东北一里。《舆程记》：贵县怀泽驿而东南，九十里至高桥驿，又八十里至富阳驿，自富阳驿而东南，又八十里至郁林州之西瓯驿。似误。○龙津江桥，在县南门外，往来通津也。

附见：

梧州守御千户所，在府治东。洪武十二年建。又容县守御千户所，在县治西北，洪武二十三年建。怀集守御千户所，在县治北，洪武三十年建。郁林州守御千户所，在州治东，洪武十九年建。俱直隶都司。

五屯屯田千户所。藤县西北百里，北至永安州百四十里。成化二年，建所筑城，直隶都司。嘉靖八年，增筑，周一里有奇。其地旧名古赠，当大藤峡、风门、拂子贼僮巢穴之冲，守御最切。《边略》：五屯，旧为僮人聚居。洪武初，以僮首覃福为桂林右卫中所千户，率其属编隶桂林。后福物故，部曲散亡，潜归故窟。成化初，生齿日繁，督臣韩雍请照迁江屯所，就于本土开设千户衙门，筑城分哨，以控制东隅，而黄丹、白马、蒙江、十二矶有警，皆可倚任。从之，始置是所。既而督臣王守仁增置城堡，屹为保障。

○浔州府，东至梧州府四百里，南至梧州府郁林州二百二十里，西至南宁府横州四百三十里，北至柳州府象州三百六十里。自府治至布政司九百八十里，至江南江宁府五千五百里，至京师八千五百四十里。

古百越地。秦为桂林郡地。汉属郁林、苍梧二郡。后汉因之。晋属郁林郡。宋、齐仍旧。梁置桂平郡。隋平陈，郡废，属尹州。大业中，仍属郁林郡。唐初，属贵州，寻属燕州。贞观七年，置浔州。十二年，州废，属龚州，后复置。天宝初，曰浔江郡。乾元初，复故。南汉因之。宋开宝五年，废入贵州。明年，复置，亦曰浔江郡。元曰浔州路。明洪武三年，改为府，领县三。今因之。

府据两江之会，扼溪洞之冲，山薮藏匿，职为厉阶，往者尝芟薙之矣。夫柳、桂诸州，府为之襟带；梧、邕二郡，府为之腰膂。防维不先，而粤西一隅将尽病矣。谈形势者，不可以浔为缓图也。

○桂平县，附郭。汉为布山县地，郁林郡治此。后汉因之。晋以后，皆为郁林郡治。梁分置桂平县，桂平郡治焉。隋郡废，县属尹州。大业初，属郁林郡。唐初，属南尹州。贞观三年，属燕州。七年，为浔州治。南汉因之。宋初，州废，亦属贵州，寻复为浔州治。今编户二十四里。

布山废县，府西五十里。汉县，郁林郡治也。后皆因之。梁析置桂平县，又改置郁林县为郡治，以布山县属焉。隋属尹州，大业初省。《城邑考》：今府城，宋嘉祐七年，因旧址增拓，有子城，寻圮。嘉泰初，复营土垣，环以濠堑。景定三年，易以砖石，移筑于城西高原。元至元十七年，城废。明洪武六年，复营治。十五年、二十九年，相继增拓，东西凿濠，南北际江。景泰四年、成化二年，又复修筑。崇祯七年，亦尝缮葺。有门六，城周七里有奇。

阿林废县，在府南。汉县，属郁林郡。晋、宋皆因之。隋仍属郁林郡。唐属绣州。宋开宝五年省。又罗绣废县，亦在县南。唐武德四年，分阿林地置，属绣州。宋初废。今为罗绣里。○皇化废县，在县西南，亦汉阿林县地。隋开皇九年，置县，属尹州。大业初，省入桂平县。唐武德四年，复置，属绣州。贞观七年，改属浔州。宋开宝五年废。又西南有卢越废县，亦唐初置，属绣州。贞观七年，废入罗绣县。

常林废县，府西南百五十里。《通典》：县西北去贵县百里，汉阿林县地也。晋以后，为郁平县地。唐武德四年，置常林县，又置林州治焉。六年，改为绣州。贞观六年，省归诚县入常林，移治归诚故城。天宝初，曰常林郡。乾元初，复故。宋开宝五年，废绣州，并县入桂平。旧《志》：常林故县，在今县西南二百里。唐武德四年，置归城县，亦属绣州。后归诚县废，常林随州移治焉。

陵江废县，在府东北。汉布山县地。唐贞观七年，置陵江县，属浔州。十二年，废入桂平县。今为崇江里。又大宾废县，在府东南，隋开皇十五年置，属藤州。唐改属浔州。唐末废。

武靖废州，府东北三十里。本桂平县地。成化三年，督臣韩雍以碧滩地为藤峡要害，奏置武靖州，寻复移置崇姜、大宣二里间，为蓼水北岸，乃紫荆、竹踏、梅岭、大冲诸山要路也。地广土沃，衰连大同、鹏化诸乡，足以控制诸蛮。《城邑考》：州城，在府北渌江上。渌，亦作蓼。督臣韩雍委土知州岑铎所筑，有二门，周二里。又《土司考》：初，上隆州岑铎犯大辟下狱，韩雍建置武靖州，特请宥其罪，使迁部兵二千人，世掌武靖州事，设流官吏目一员。铎死无嗣，部兵渐散。正德十六年，议以田州府岑猛次子邦佐继之，时仅有部兵五十人。嘉靖五年，猛乱，安置邦佐于漳州。七年，王守仁抚平田州，奏复邦佐知州事，益骄横。议者谓宜削去土官，改州为武靖千户所。既而邦佐嗣亦绝，以浔州府通判权知州事。万历末，州废为武靖镇，仍置兵戍守。《郡志》镇在府西南五里武流滩上，似误。或曰：万历末，盖迁置于此。

思陵山，城西五里。一名西山，亦曰西陵。秀嶂穹窿，映带府治。上有三清岩，宋淳化初，州守姚嗣宗游此，亦曰姚翁岩。有泉曰乳泉，即思陵水之源。又覆船岭，在城西北二里。

白石山，府南六十里。两峰并立，下有岩洞，通梧州府北流县之勾漏山，世传葛洪尝往来其间。有会仙岩，磴道险峻，上平广，容数十人，峰曰独秀，泉曰漱玉，《道书》第二十一洞天也。隋开皇十七年，周法尚讨桂州叛俚李光仕，败之，光仕走保白石洞，寻溃走，追斩之。胡氏曰：白石洞，即浔州白石山。〇罗丛山，在府西南六十里。平地中忽起冈阜，中有岩室明爽，东为碧虚洞，西为灵源洞，皆深邃。由灵源而入，又有水月洞，敞若广厦，中有龙潭。

紫荆山，府北五十里。自山而北，岩壑深广，山为徭僮门户。相近者为石鹿山。《志》云：府北九十里曰吉盘山，百里曰都温山，又北四十里曰罗渌山，即罗渌洞也。又府北百六十五里为基石山，本名阆石山，峰峦竞秀，如列旌旗。下有读书岩，相传五代梁嵩读书处。府北百八十里曰竹踏山，相接者曰屋厦山，万历以前，皆叛徭出没处也。又罗影山，在府西北五十里，亦高耸。府西五十里又有凤巢山，下有龙潭。

石梯山，府西百里。削直如梯，路通梧州府容县。《志》云：府西七十里为昆仑冈，府西南七十五里为峻嶒岭，路极险峻。〇鸡冠山，在府南八十里,峰峦昂耸。又鸡栖山,在府东八十里。府东百三十里又有水表山,为东面之望。

横岭,府南五十里。又南三十里为云合岭,耸秀插天,云合即雨。又南顿岭,在府南百二十五里。《志》云:府南三十里为宝子岭,山势磊落,如聚宝玉。又三鼎岭,在府东三十里。○高振岭,在府北百余里。成化二年,韩雍讨大藤峡,登岭督战处也。

大藤峡,府西北百五十里。大山夹江,自象州武宣县而南,绵亘数百里,山势险峻,叛徭出没于此。峡口有大藤如梁。成化三年,徭贼作乱,都御史韩雍讨之,断其藤,因名断藤峡。正德十二年,都御史陈金奏改为永通峡,后蛮复依阻。嘉靖、万历间,屡荡平之,渐为通道。详见前重险大藤峡。

浔江,在府城东。其在城北曰黔江,一名北江,经柳、象诸州境汇众水流入界,绕城北而东合于郁江。在城南者曰郁江,亦曰南江,经邕、横诸州境汇众水流入界,绕州南而东合于黔江,共流为浔江,过藤、梧至番禺入于海。《志》云:今州东一里有铜鼓滩,当黔、郁二水合流处,春夏水涨,响如铜鼓。余详大川左、右江。

官江,府西南三十里。又绣江,在府西南五十里,亦曰绣水。或以为即藤县之绣江,误也。又横眉水,在府西南六十里。俱流入郁水。○渌水,在府南十五里。又府西四十里有罗叶水,亦流入郁水。

大隍水,府东北五十里。源出象州武宣县界,东流合黔江。又思陵水在府西北十里,都耶水在府北三十里,俱流合大隍水入黔江。《志》云:永通峡内有南渌水,黔江别流也,合大隍水,仍流入黔水。○木赖水,在府西北九十里,自武宣县境流经贵县界,又东入于黔江。

牛渚水,府东北九十里。自藤峡分流,为徭贼出没处。又相思水,在府东北百里。俱流入浔江。又伏化水在府东南二十里,布历水在府东十里，俱流入浔江。〇南湖，在城西南，一名洁湖，广三里许，中有洲，今渐埋塞为民塘。

弩滩，府西北五十里。当大藤峡口，水涌而迅，势如发弩，因名。嘉靖五年，藤峡以北猺酋侯胜海居弩滩为乱，指挥潘翰臣诱杀之，其弟公丁噪武靖城下而去。官军溯流击弩滩贼，无功，乃立堡于其地，设兵守之，贼掩至，戍兵没者甚众，寻讨平之。

碧滩，府西北八十里。成化初，韩雍议，峡江百里有上、中、下三滩，上曰勒马，下曰献俘，中曰碧滩，既而议置武靖州，及移思隆巡司于此。万历三年，参政田汝成议曰：江北一带，西自碧滩，东连林峒，皆南渡蓼水垦作便田；江南一带，东起满竹，西绕河源，亦托处平原，远背山麓，宜设保甲以防不虞。是也。《舆程记》：自府入柳江，西北四十里而至镇峡堡，又西北四十里而至碧滩堡，又西北百二十里为武宣县。《郡志》碧滩在府西二十五里，一云在府西五里；弩滩在府西北十里；似皆误。

浪滩，《郡志》云：在府西南九十里。万历初，议者以弩滩、浪滩两处猺贼远徙，旧穴辽旷，恐为他贼所乘，宜于滩碛各立营堡，戍以官兵，是也。又龙门滩，在府东百里。又武流滩，《郡志》云：在府西南五里，俗名马流滩，武靖镇置于此。旧《经》府境有思傍、砍水等滩，与碧滩、弩滩、铜鼓滩为五滩。似未可据。

东乐关，在府城东。又城西有西靖关，城南有南济关，城北有北定关，皆近郊之卫也。又有归化、镇远二关，亦在府城旁。

靖宁镇，府北三十里。成化初，议改置靖宁乡巡司于献俘滩，即此处也。又大黄江巡司，在府东五十里。《郡志》：桂平县境内巡司凡七，其靖宁乡巡司置于崇姜里之甘村，大黄江巡司置于大黄江口。又有大宣乡巡司在大宣乡平山村，常林乡巡司在上秀林里浪滩村。又有罗绣里、思龙乡、木盘浦等巡司, 废置无定云。

勒马寨。府北百里。成化二年, 韩雍平大藤峡, 议移周冲巡司于勒马滩, 即此。又碧滩堡, 置于碧滩上。《舆程记》: 府西北四十里为镇峡堡, 又四十里为碧滩堡, 又西北百二十里而至象州武宣县。〇府门驿, 在城南。《舆程记》: 自府门驿历大藤峡水口, 共九十里至牛屎湾堡, 又东八十里至平南县之乌江驿, 又自府门驿而西, 四十里为淹冲堡, 又六里为秀江堡, 又七十四里为贵县之东津驿。又马平场, 在府西七十里。《志》云: 昔时土人采砂炼铅处也。

〇平南县, 府东百三十里。东至梧州府藤县百四十里, 南至梧州府北流县百七十里, 西北至象州武宣县二百二十里。汉苍梧郡之猛陵县地。隋为武林县地, 属永平郡。唐贞观七年, 析置平南县, 属龚州, 寻为州治。天宝初, 曰临江郡。乾元初, 复故。南汉因之。宋仍为龚州, 亦曰临江郡。政和元年, 州废, 县属浔州。三年, 复故。绍兴六年, 州复废, 仍属浔州。今城周二里有奇, 编户三十六里。

武林废县, 县东四十里。汉猛陵县地。晋析置武城县, 属苍梧郡, 后废。刘宋元嘉中, 置武林县, 属永平郡。齐、梁因之。隋属藤州。大业初, 属永平郡。唐初, 仍属藤州。贞观三年, 置燕州, 治武林县。七年, 徙州治宁风, 而增置龚州于此, 又升为都督府, 府旋废, 复移州治平南, 以县属焉。宋开宝五年, 废入平南县。今为武林乡。《城邑考》: 平南县旧无城, 洪武初始筑土城。景泰初, 寇毁。天顺中, 改筑砖城, 环城浚濠。弘治七年, 又筑墙为罗城云。城周二里有奇。

阳川废县, 县西六十里。汉布山县地。唐初, 置阳建县, 属藤州。贞观中, 属燕州, 寻改曰阳川, 属龚州。宋初省。今为阳川里。又大同废县, 在县北五十里。唐贞观初, 析武林县置, 属藤州, 寻属燕州。七年, 改属龚州。亦宋初废。今为大同乡。〇隋建废县, 在县东。汉猛陵县地。隋开皇九年，置隋建县，属藤州。唐属龚州。亦宋初废。

西平废县，在县西南。唐贞观八年置。又南有归政废县，亦是时所置也。俱属龚州。贞观十二年，省归政入西平后，又以西平省入平南。又泰川废县，在县东北。唐贞观初置，属燕州。七年，属龚州。十二年，省入平南。

武郎废县，在县西北。《新唐书》：永隆二年，析龚、蒙、象三州置思唐州，领武郎、平原二县。开元二十四年，为羁縻州。天宝初，亦曰武郎郡。乾元初，复故。建中初，仍为正州。长庆三年，改平原县曰思和。南汉废思和县，寻改州为思明州。宋开宝五年，州废，以武郎县属龚州。嘉祐二年，废入平南县。

燕石山，县东南十二里。《隋志》武林县有燕石山，即此。唐因置燕州。有石岩，每春夏，则群燕巢于岩顶。《通志》云：山出石燕，故名。○大峡山，在县北十五里。又北五里为马头山。《邑志》：县北五里有高妙岭。又有畅岩，在县西二十里。其相接者曰思鹅岩，旧《经》谓之思鹅石，状若八角楼，或谓之鹅山。天启末，贼胡扶纪据此，官军旋讨平之。

摩云山，在县南隔江百里。山高切云。又出马山，亦在县南百里，势如奔马。《志》云：县东九十里有飞凤山，形如飞凤。又维灵山，在县东南八十里，九峰错立，下有深潭。○蓝峒山，在县南六十里，山多窍穴，有蓝峒村。又有石脚岩，相传岩通勾漏。

阎石山，县西北八十里，即桂平县之基石山也。中有石岩、石梯、流水，扃若堂奥。《志》云：县西北九十里有高阳岩，高爽明豁，前瞰平野，其阴又有胡叟岩。○蛇黄岭，在县北一里。岭势盘纡，出蛇黄，每岁八九月，土人掘地求之，一名蛇黄冈。又县东二十里有天堂岭；县西四十里有西岭。

仙台峒，县北百余里。其相近有花相、白竹、古陶、罗凤等峒，回环相属，皆断藤贼连结煽乱处也。嘉靖七年，王守仁剿仙台、花相诸贼，皆平之，即此。又东西王峒，在县北境。唐贞观八年，龚州道行军总管张士贵讨东西王峒反獠，平之。胡氏曰：峒在龚州界。

龚江，在县城南，即浔江也。唐置龚州，江因以名。东流入藤县界，亦名都泥水。江中有洲曰游鱼洲。西上五里曰乾洲，又五里曰相思洲，皆在江中。《志》云：县东十五里有石门滩，又五里为将军滩。又古滟滩，在县西二十里，有渚甚险。皆大江所经也。

相思江，县西北三十里。自桂平县界流入境。又泰川江，在县东北二十里，废县以此名，或讹为秦川河。又白马江在县东五十里，武林江在县东南五十里。又有渌水河在县东南二十五里，南浦河在县南五里。俱流合于龚江。

太平关，在县西北。《志》云：县有东、西、北三关，俱在县郭内，盖即弘治中所筑罗城诸门也。又乌江之西曰永宁关，稍北曰太和关。○泰川镇，在县西北四十里，有泰川巡司。又县北六十里有大同乡巡司，县南五十里有武林乡巡司，在武林江口。俱以旧县名。又平岭巡司在县西，三堆巡司在县西南，大峡巡司在县东北。《郡志》县境巡司凡六，是也。《图经》县城西南又有洞心巡司。

乌江驿。在县城西。《舆程记》：自乌江驿而东历将军滩，共六十里至白马堡，又东四十里即藤县之黄丹驿。

○贵县，府西百四十里。西至横州百八十里，东南至郁林州兴业县百二十五里，西北至宾州百七十里。古西瓯、骆越地。汉为郁林郡之广郁县地。后汉因之。三国吴置阴平县。晋太康初，改曰郁平县，仍属郁林郡。宋、齐以后因之。隋初，属尹州。大业中，亦属郁林郡。唐武德四年，置南尹州，兼置总管府，寻为都督府。贞观七年，罢都督府。九年，改南尹州为贵州。天宝初，曰怀泽郡。乾元初，复为贵州。南汉因之。宋仍曰贵州，亦曰怀泽郡。开宝四年，改州治郁平县曰郁林。元因之。大德九年，以州治郁林县省入。明洪武三年，降州为县，又改今属。城周四里有奇，编户三十六里。

郁平废县，即县治。汉广郁县地。刘昫曰：古西瓯、骆越所居。后汉灵帝建宁三年，谷永为郁林太守，招降乌浒人十余万，开置七县，今贵州境内皆是其地。晋始曰郁平。唐为贵州治。《新唐书》贵州治郁林，误也。宋初，始改郁平为郁林。元省。《城邑考》：县城，唐元和中筑，甃以砖。宋绍熙中，重修。元初，城毁。至正中，又尝营治。明洪武二十五年，展筑。二十九年，复甃以砖石。成化五年、嘉靖九年，皆尝增修。周四里有奇。

怀泽废县，县南百五十里。汉广郁县地。三国吴析置怀安县，属郁林郡，旋废。晋末复置。宋、齐因之。梁曰怀泽县，仍属郁林郡。隋属尹州，大业初废。唐武德四年，复置，属南尹州，寻属贵州。南汉因之。宋初废。〇义山废县，在县北八十里。梁置马度县，属郁林郡。隋因之。唐武德四年，改为马岭县，属南尹州，寻属贵州。贞观末废。天宝末，复置，改曰义山，仍属贵州。宋初废。旧《志》云：县有乌浒夷巢。又潮水废县，在县西五十里。唐武德四年，分郁平县置，属南尹州，寻属贵州。亦宋初废。《胜览》云：县西有郁林郡城遗址，吴陆绩为太守时筑。似未可据。

南山，县南七里。有二十四峰，峭拔秀异，甲于一郡。上有七星诸岩，洞壑皆奇胜。《志》云：南山岩洞，其得名者凡数处。又有景祐寺，宋太宗、真宗、仁宗所赐御书藏其中。又东山，在县东二十里，峰峦秀峙。县北十五里又有北山，一名宜贵山，上有瀑布千仞，其北为登仙岩，路接仙女岭。又西山，在县西三十里，有五峰并峙。

龙山，县北五十里。山势险峻，绵亘深远。《新唐书》贵州有龙山府,盖府兵防戍处也。山产茶,沙江出焉,议者以为藤峡之右臂。成化二年,置北山巡司,以扼其险。○马岭山,在县西北七十里,一名马度山,昔以此名县,亦名龙马山。

仙女山,县北七十里。亦曰仙女岭。嘉靖初,藤峡猺贼据此,谓之仙女寨。又东北为油榨、石壁、大陂等巢,王守仁遣兵讨平之。○马面山,在县北九十里。《志》云:县东北六十里有鸦笑山,东接石梯山,西连北榄山,亦猺贼出没处也。《图经》:北榄山在县北六十里,石梯山在县东北七十里,东接桂平县之思陵山。

龙岩山,县东六十里。上有七岩,一岩最大,有四门,虚明爽垲。○定祥山,在县西三十里,崎岖险塞,常为盗薮。其相近者又有云岭山。

铜鼓岭,县南十五里。平地突起,层冈环列,可以避寇。又分界岭,在县南一百二十里。○金鸡峡,在县西六十里。相近者又有狮子峡。又悬象峡,在县西一百四十里。

郁江,在城南。自横州流入界,又东经府城南,合于黔江。一名南江。○沙江,在县东三里,源出龙山。又有东津江,在县东二十里,即沙江分流也。俱入于郁江。又宝江,在县西二里,一名浮江,自宾州流入界,南注于郁江。

泛水江,县南四里。北流入郁,一名道冲江。又思缴江,在县南四十里,源出兴业县,即西水下流也。又有武思江,在县西六十里,自郁林州博白县流入界。横眉江,在县东南,自郁林州流入界。俱注于郁江。○潮水泉,在县西六十里。其水盈涸不时,唐潮水县以此名。

长平关,在县城南。《志》云:县城外有东宁、西镇、北靖三关,环城为卫。○新安寨,在县东六十里,有巡司。又县南三十里有桥头墟巡司,县西三十里有瓦塘渡巡司。又北山寨巡司,在县北三十里。县境又有五州寨、东墨渡、郭东里诸巡司。共为七巡司是也。

五山镇，县东北百三十里。《志》云：五山之地，周数百里，界宾江、迁江、武宣、来宾间，山深林密，八寨余孽往往逋逃于此。万历中，浸淫为患。二十三年，讨平之。议者谓：五山界浔、柳间，谢村适当五山之中，先曾设堡于谢村、马鞍、金箱，兵弱不能弹压，应于谢村修建土城，增设官兵，倚为重地。自谢村迤西北十五里为马鞍堡，通武宣之古毫、来宾之南四、白牛诸处，则五山后门也。稍折十里而西为玄村，其地束廖源、鹪怀诸山口，通来宾、迁江捷路，则谢村后门也。又折而西为寨思堡，通来宾南四之六象山口、迁江之昆山口，贼村要害也。又迤西而南为定藏岭，控制马罗、叠址，交通五山之门户，与玄村俱应添筑小堡，合马鞍、寨思为一路。又谢村迤东北四十里为金厢堡，则南四、古毫、武赖交通龙山之门户也。稍迤而南为大器岭，龙山、五山之通衢也。一以控山东、山北、芦荻等贼村，一以保固郭西北、郭东民村，宜增筑一堡，与金厢为一路。又自谢村以南十里为黄梁桥，上应谢村，下接北霸，应增小堡。北霸，在黄梁桥北三十里，群贼窥伺，城厢要路也，应添大营戍守。稍横而西为窿笠堡，荒僻深阻，为各贼窟藏，密迩思简、恶村。又折而西北为佛子山，与黄梁桥以下宜为一路。四路置堡增戍，而谢村居中弹压，则五山宁谧矣。

三江镇。县西五十里郁江上。上流诸水咸汇于此，向为盗薮。万历中，置三江城，设兵戍守，盗氛始息。○怀泽驿，在县城东。又东六十里郁江南岸为东津驿，接桂平县界，自县而西六十里为郁江北岸为香江驿，接南宁府横州界。又县城西有河泊所。

附见：

浔州卫，府治东北。洪武八年建。

奉议卫，在贵县治西北。正统十一年，自奉议州改调于此。又有守御贵县千户所，在县治西。洪武二十五年，调南宁卫中前千户所戍守于此。本在县治东，永乐十四年，迁县西北，即今奉议卫也。正统十一年，建奉议卫，因迁所于此，隶南宁卫。

向武军民千户所。旧在贵县北门外。正统十一年，自向武州移置于此。万历二十三年，移置于五山谢村镇。

读史方舆纪要卷一百九

广西四 柳州府 庆远府

○柳州府，东至平乐府四百五十里，西南至南宁府五百七十里，西至庆远府二百三十里，北至贵州黎平府六百里。自府治至布政司四百里，至江南江宁府四千五百六十五里，至京师七千七百三十二里。

古百越地。秦为桂林郡地。汉属郁林郡。后汉因之。三国亦属桂林郡。晋、宋以后因之。隋开皇十二年，置象州。治马平县。祝穆曰：三国吴析桂林郡置马平郡。梁大同中，兼置龙州，治龙江南岸。隋废郡，徙州治江北，寻废州，而以马平郡置象州。与史志不合。大业初，州废，仍属始安郡。唐武德四年，置昆州，寻曰南昆州。贞观八年，改曰柳州。以地当柳宿而名。天宝初，曰龙城郡。乾元初，复曰柳州。光化三年，属于湖南。五代汉乾祐三年，为南汉所取，仍曰柳州。宋因之。亦曰龙城郡。《宋志》：州治马平。咸淳初，徙治柳城县之龙江北。元曰柳州路《元志》：至元十三年，置安抚司。十六年，改为柳州路。明初，曰柳州府，领州二、县十。今因之。

府襟带楚、黔，控扼蛮洞，山川回环，封壤辽远。《志》云：柳州形势，东北达昭、桂，西南接黔、邕，控扼番落，封疆不啻千里，众流逶迤与牂牁会,边于夜郎,为骆越要害,足以控制诸蛮云。驭之得其道,可以荡黔江之氛翳,清岭表之烽烟也。

○马平县,附郭。本汉潭中县地,属郁林郡。吴属桂林郡。梁析置马平县,并置马平郡。隋郡废,为象州治。大业初,州废,县属始安郡。唐为南昆州治,寻为柳州治。宋因之。咸淳初,州徙治柳城县之龙江。元亦治柳城县。明初,复徙治马平。今编户七里。

潭中废县,在府西。汉县。孙吴置桂林郡,治此。晋、宋因之。齐移郡治武熙县,潭中属焉。梁因之。隋废入马平县。《城邑考》:府旧无城,宋元祐中创筑。咸淳初,州徙城废。明洪武初,复为府治。四年,筑土城。十二年,易以砖石,外环以濠,一名壶城,以三江回合,绕城如壶也。万历十九年,复缮治。有门五,城周五里有奇。

武熙废县,在府东南。孙吴置武熙县,属郁林郡。晋因之。宋改属桂林郡。齐为郡治。梁、陈仍旧。隋平陈,郡废,寻废县入马平。○新平废县,在府南。唐武德四年,析马平县置,属昆州。贞观十二年省。又文安废县,亦在府南。唐武德四年置,属昆州,寻改县曰乐沙。贞观七年,省入新平。

仙奕山,府城西南。山高耸,多竹木,山半有穴,由穴而登,乃至其巅,穴中如屏、如室、如宇,奇胜不一。又有石枰可奕,因名。其南为石鱼山,山小而高,形如立鱼,山半有立鱼岩,岩之东麓灵泉出焉。○驾鹤山,在府城南,旁临大江,耸立如鹤,古州治负此。柳宗元云:古州治薄水南山石间,今徙在水北直平四十里,南北东西皆水汇。是也。又屏山,在府南一里,以方正如屏而名。《志》云:江南岸一里有马鞍山,五里有凤凰山。

雷山,府南三里。两崖东西相向,雷水出焉,蓄于崖中,谓之雷塘,一名大龙潭。《通志》云:山在府南十里。○峨山,在城西三里,一名深峨山。亦曰鹅山,谓瀑布飞流如鹅也。又西二里曰四姥山,其山四面对峙,因名。又新洞山,在府西南十里,与鹅山相对,有穴可坐百人。

夹道双山,府北十里。东山曰桃竹,西山曰鹊儿。柳宗元《记》:柳州北有双山,夹道崭然,曰背石山,有支川东流入于浔水。○龙壁山,在府东北十五里,有石壁峭立,下临滩濑,郡城之下关也。有关洞,西去城八里。龙壁南又有甑山,绝水壁立,下上如一。

走马岭,在城西。绵亘二十余里,有一峰突起,谓之金山。又将台岭,在府东北十里。府东十五里又有铜鼓岭。

柳江,在城南。其源曰福禄江,自贵州西山阳洞长官司南流入境,经怀远县西,至融县东为融水,又流经柳城县,始名柳江,历府城西,折而东南,经江口镇,合相思埭、永福、洛容之水,过象州,入浔州府境。宋景德四年,宜州澄海军较陈进作乱,拥判官卢成均为帅,号南平王,攻柳州,至柳江不能渡,守臣王昱遁去,遂陷柳城,官军退保象州。江盖郡城之襟要也。一名黔江,亦曰浔水。详大川右江及川渎盘江。

龙江,在府城西北。源自贵州独山州,流入庆远府天河县界,东流经宜山县北,又东入柳城县境,又南合于柳江。○黄陂水,在府西三十里,流入柳江。又鹅水,在府西南四十里,源出鹅山,亦流入于柳江。

罗池,在府城东。水可溉田。有罗池庙,即柳宗元祠也。又府城东有白莲池,池有九窍,泉出其中。又长塘,在城西南驾鹤山下。俱有灌溉之利。

新兴镇,府南五十里。有巡司。《志》云:府南十里有三江渡,亦谓之三江口,柳江、洛清江与鹅水汇流处也。或曰:龙江、柳江、洛清江为三江。洛清江,见下洛容县。○穿山驿,在府南四十里,马驿也,有穿山堡。又雷塘水驿,在府城东。《舆程记》驿在府东北七十里,又八十里为洛容县之云腾驿,似误。《志》云:县旧有博罗镇、归化镇二巡司,今革。

干蔓堡，在府北。嘉靖二十四年，督臣张岳破鱼窝诸贼寨，至柳城，移驻干蔓，阅士叙功处也。又府境有乌石、红花、响水、古零等十余堡。

鱼窝寨。在府西南，贼巢也。《经略志》：马平五都诸贼，窃发不时。弘治中，鱼峰贼周鉴复相煽乱，官兵讨之，为所败，贼势益张。嘉靖间，贼首韦金田等占据水陆二路，村落悉被荼毒。二十四年，督臣张岳等会兵征之，分三哨，并进破雷岩、同银、平田、洛满、都博等巢，遂围鱼窝巢。鱼窝石壁，峭立拔地，高数千丈，从来用兵莫能胜。贼悉力坚守，山四周倾仄，官军进攻不能置足，乃为久困计，乘懈击之，遂破鱼窝巢。于是高桅、同银、马鞍诸巢亦尽下，马平之寇遂息。

○洛容县，府东北百三十里。东北至永宁州永福县二百二十里，东至平乐府修仁县百五十里。汉潭中县地。唐贞观中，置洛容县，属柳州。宋因之。明时仍旧。城周不及二里，编户五里。

洛容废城。今县东北三十里。《志》云：县本治白龙岩下。明天顺末，毁于贼，邑民奔米峒居之，因即山麓甃为垣，距古田常安镇仅隔一水。成化中，甃石为城。正德十六年，为古田贼所陷。嘉靖二年，稍修复之。隆庆初，平古田，古田贼多遁洛斗及附县诸村，既而县令邵廷臣议复县治于白龙岩，不果。诸贼寻纠永宁遗孽，又与柳城上油洞诸巢相联络。万历二年，叛猺袭入县，杀吏掠印而去。时官军方破怀远，议并除之，且分兵攻上油贼。于是连破托定、洛斗、金峒、古龙、黄塘诸巢，贼败散，乃设兵分屯扼塞。三年，复移城于白龙岩，以旧县为平乐镇，即故米峒地也。

○废象县，在县东南。隋置，属象州，寻属始安郡。唐初，属贵州。贞观中，改属柳州。宋初因之。嘉祐四年，废入洛容县。

思微山，在废城北一里。顶有泉穴，四时不涸。又西北九里曰屏石山，峰峦高耸，下有石崖，泉水出焉。○如来山，在废城南二十五里，高耸峻拔。

会仙岩，县南五里。中有潭，水石清旷。又县西五里有白象岩，旧县东二十里有白龙岩。

洛清江，县南半里。其上源自永福县境流入，亦谓之永福水，经县南谓之洛清江，又西南至郡城南之三江口，入于柳江。《志》云：柳江，在县西百二十里。○龙鼻江，在旧县西十五里，出托定、洛斗诸乡，流合洛清江，入于柳江。

江口镇，在县东。有巡司。《志》云：洪武六年，设于县西南十里洛容江口。万历三年，迁于此。又平乐镇，即废县也，亦有巡司。《志》云：洪武六年，置镇于县东十里丰轨乡石榴江。万历十四年，迁于此。又县有章路镇巡司，今革。○高天寨，在县东。自寨而东，百二十里至平乐府修仁县，旧为盗贼出没处。

桥屯隘，在县北。万历二年，官军平洛斗诸巢，贼败散，乃设兵分屯扼塞：一守桥屯隘，一守都勒隘，一守平经隘，于三板桥设堡一，屯兵戍守。又托定村，在县东北。正德十五年，贼僮覃万贤据古田作乱，陷洛容，据西乡、托定、洛斗诸村，江道多梗。久之，患始平。

洛容驿。在县东。又江口驿，《通志》云：在县西。《舆程记》：自江口驿而西南，百二十里为云腾驿，趋府城之道；自江口驿而东北，百二十里为大分驿，又百二十里为永福县之横塘驿，趋桂林府之道。

○**柳城县**，府北七十里。西南至庆远府百六十里，西北至罗城县百二十里。汉潭中县地。梁置龙城县，属始安郡。隋开皇中，属贵州。唐武德四年，置龙州于此。贞观七年，州废，县属柳州。宋因之。景德三年，改曰柳城县。咸淳初，徙州治此。元因之。明初，还治马平，县属焉。城周不及二里，编户十二里。

龙城废县，在县南。《志》云：梁大同三年，八龙见于江，乃即江南置龙城县。隋开皇八年，徙治江北。唐因之。宋曰柳城。元移置于龙江东，即今县也。县旧无城，成化间筑，甃以砖，周不及二里。○柳岭废县，在县西南。唐武德四年，置县，属龙州。贞观七年，废入龙城县。

青凤山，县西二里。高百余丈，上有一窍通明，一名穿山。又乌蛮山，在县东南二里，高耸临江，下有深潭，澄湛彻底，以山石纯卢，故名。○勒马山，在县北五里，其形曲转，如勒马状。《志》云：县旧治在山下，一名文笔山。又铜磬山，在县西十里，一名云盖山，高大峻耸，云气常覆其上。《志》云：县西北有观音岩，回环相通。又东有会仙岩。

龙江，在县西。自庆远府宜山县东流入境，又东南流，与融水合而为柳江。

融江，在县东。即柳江上流也。自怀远县流入境，亦谓之融水，又南入马平县界，龙江流合焉。○马跑水，在县西七十里，一名涌珠泉，有灌溉之利。

东泉镇，在县南。有巡司，又东泉驿亦置于此。又古寨镇，在县北，有巡司。《志》云：司初置于融江西岸。成化二十二年，迁于马头驿东。○东江驿，在县西。又县北有马头驿。《舆程记》：自东江驿而西，六十里为罗斯驿，又五十里为宜山县境之大曹驿，又五十里即庆远府城也。《志》云：县有磨石驿及洛奸、吉清、廖洞三巡司，今革。

上油峒。在县东北，贼巢也。万历二年，洛容叛猺与上油峒诸贼相连络，官军讨之，分遣别将杨照等攻上油，连破板桥、姚峒、青鸟、黄泥、常安、蒲岩诸巢，俘获甚众，贼遁匿里厢、下良诸岩。里厢、下良共一山，长数里许，中宽而曲，水石各半，官军复攻破之。○安劳堡，在县西北。成化初置。正德以后，为叛猺所据。万历二年，平上油贼，复置堡设兵屯守，又于境村立堡，亦设兵守之，邑境遂安。

○罗城县，府西北百九十里。东南至柳城县百二十里，西南至庆远府天河县百里。《一统志》云：本桂林之琳州洞地。宋开宝五年，置罗城县，属融州。熙宁七年，省入融水县。崇宁初，为罗城堡。明洪武初，复置县，仍属融州。十年，州废，改今属。城周二里有奇，编户五十里。

罗城旧城，在县西。《志》云，县旧治西乡，洪武三年，迁治凤凰山下，即今县也。旧无城，成化十七年，始筑，甃以石。

东黄山，在县东。中有渊秀岩。又城北二里曰凤凰山，十里曰覆钟山，有岩圆耸若覆钟。○冰山，在县西北四十里。其上高寒，四时常冰。县西北八十里又有葵山，又西十里曰石砚山，圣水发源于此，南流入于龙江。

武阳江，县北百里。有二源：一出县东北之高悬里，一出县北之平西里，皆流至武阳寨合为一，又西有沙拱江流合焉，下流入于融江。○西江水，出县西银村，南流入于庆远之龙江。

武阳寨。在县北。宋置。《通志》：今县西百里有武阳镇巡司。又西九十里有通道镇巡司。又莫离镇巡司，在县东五十里。

○怀远县，府北三百十里。北至贵州永从县二百里，东北至湖广通道县三百七十七里。本牂牁夜郎蛮地。宋初，置羁縻怀安军。庆历中废。至和中，置王口寨。崇宁四年，又于寨置怀远军，寻改平州，兼置怀远县为附郭。政和初，州县俱废，复为王口寨。七年，复置平州。宣和二年，赐郡名曰怀远。绍兴四年，州废，又为王口寨。十四年，仍置怀远县，隶融州。元因之。明洪武十年，县废，置三江镇巡司。十四年，复置县，改今属。城周不及二里，编户九里。

怀远旧城，在县北，即王口寨也。宋初，置怀安军。景德四年，宜州澄海军校陈进作乱，据宜州，陷柳州，官军退保象州。贼攻怀安军，知军任吉等击走之，即此。崇宁中，置怀远军，并置平州于此，后改废不一。明初，吴良征蛮，降古州峒，析融县金鸡乡为县地，置县治于江浦。其地形峣嵬，徭僮环伺，屡为寇乱。嘉靖初，县城为贼陷。隆庆初，营故城，徭贼复乱。万历初，讨平之，议移县治于板江堡。四年，徭复叛，堡毁，县寄理于融县。十七年，始营县城于丹阳镇，周不及二里，即今城也。

废允州，在县西北。宋置安口寨。崇宁中，置允州治焉，改寨为县。政和中，州县俱废。又西有废从州，宋置乐古寨。崇宁中，置格州治焉，又改寨为县。五年，改格州为从州。政和中，州县皆废，复为乐古寨。《宋史》：崇宁四年，时蔡京以开边蛊上，知桂州王祖道诱王江酋杨晟免等使纳土，夸言向慕者百二十峒，又言王江山川形势，据诸峒要会，宜开建城邑，置溪峒司主之。从之，于王口寨置怀远军，寻分其地置允、格二州是也。

平山，县北五里。宋平州以此名，亦曰屏山。山东麓有治平洲，广数百亩，可以耕种。又北五里曰大桂山。○武牢山，在县南十五里，高险峭拔。又县南有珠玉山，县之案山也。《志》云：今县治即故丹阳镇，有丹阳洲，苍帽山当其北，珠玉山在其南，挂榜山在其西，天马山直其东，又东北为大耀山，又远为唐朝山，与湖广通道县接界。

九曲山，在县西北。高万仞，怪石巉岩，中流一泓，碧练千尺。其南为石门山，大江左右，两山夹峙，凡有四处，俱崖石峭竖如门，又南入融县界。江岸皆有山夹峙，俱谓之石门云。《志》云：县境有古尼山，峰峦环抱，风气凝聚。

古州江，在县西北。自贵州西山阳洞长官司流入县境，即福禄江也，亦谓之大江，湖广靖州南境之多星江、芙蓉江诸水皆流汇焉。自石门山而南，绕县西入融县境，谓之融江。

板江，县北十五里。源出北境之扶劳山，经牛头、上瓮、边田诸村，南入大江。又蕉花江，在县北二十里，出蕉花村，自江口入大江。县北三十五里又有田寨江，出叽江北原，经田寨、播营、丹竹诸村入大江。○西坡江，在县北四十三里，源出白雄山，入甘边江，会合水江而入大江。又四里江，亦在县北，自大理、马平经白花、古利、龙塘诸寨入大江。又有斗江水，自县北江源、大地诸村入大江。《志》云：县北三里有军听潭，两岸皆悬崖峭壁，其流亦入大江。

文村堡，在县北。宋置。其东有临溪堡，又有融江寨，在县东北。又东有浔江堡。《宋志》：崇宁四年，王江、古州蛮户纳土，因建怀远军，割融州之融江、文村、浔江、临溪四堡寨隶焉，寻又属平州。政和初，州废，融江等寨还隶融州。又百乐寨，在县西北，崇宁中置，兼置万安寨，初属平州，寻又置靖通、镇安等寨，拨隶允州，后皆废。《志》云：县东有通天寨，亦宋政和中置，属平州，宣和中废。又县有浔江镇巡司，旧有宜良、丹阳、万石三巡司，今革。

板江堡。在县西南。万历二年，设兵戍守，又议迁县治于此。四年，堡为猺贼所陷。《经略志》：万历初，议讨怀远叛猺，以近县近江诸巢为必剿之寇，黄土诸峒、白杲诸僮、青淇、大梅诸猺，宜安抚。于是召集诸军，水陆并进，贼党奔溃，官兵追捣太平、河里，连破七团诸巢，直抵靖州界。于是天鹅岭之北，贼猺略尽，而杲黄、大地诸贼，犹聚郡邓山，乃移兵夹击，复大破之，又破其上猺龙七寨。寨为诸猺重地，长亘数里，崖壁峭绝，官兵奋勇克之。计前后破贼巢百四十有余，猺大窘，乃议以县北之太平、河里、四港诸葺属之三甲余民，猛团、七团诸葺属之武洛良僮，桐木、合水、三门诸葺属之白杲良僮，县南郡邓、坡头、杲黄、大地诸葺属之县，边田、板江诸葺属之浪溪、宝江良僮，河潺、蕉花诸葺属之背江良僮，县境侵噬稍息。四年，猺复叛，陷坡头堡，毁板江堡。六年，复攻长安镇，官军大败之，自是猺患益少。

○**融县**，府西北二百五十里。东至桂林府永宁州二百八十里，东北至怀远县九十里。汉潭中县地。萧齐析置齐熙县，为齐熙郡治。梁兼置东宁州。隋平陈，郡废。开皇十八年，改州为融州，又改县曰义熙。大业初，州废，县属始安郡。唐武德四年，复置融州。六年，改义熙曰融水县。天宝初，曰融水郡。乾元初，复为融州。宋因之，亦曰融水郡。大观元年，升为帅府，黔南路治焉。三年，府罢，赐军额曰清远军节度，寻又升为下都督府。元曰融州路。至元二十二年，降为州。明洪武初，以州治融水县省入。十年，降州为县。城周二里有奇，编户七十里。

融水废县，今县治西。萧齐曰齐熙县，隋曰义熙，唐曰融水，皆为州郡治。明初废。《志》云：县东临融水，西近香山，南达真仙岩，北倚云际山。唐始筑州城。宋大观初，复增拓之，创外城，周九里。元至正中，寇毁，复修筑内城。明初，又增拓城西一面，环之以濠。正统九年、嘉靖三十一年、四十四年，皆尝修葺云。

武阳废县，在县西北。《志》云，萧梁置黄水县，并置黄水郡，在今县西。又于西北置临牂县，属黄水郡。隋平陈，郡废，县皆属融州。大业初，俱省入义熙县。唐初，复置临牂、黄水二县，仍属融州。天宝初，改置武阳县，临牂、黄水俱省入焉，仍属融州。宋初因之。熙宁七年，废入融水县。崇宁初，置武阳寨，即故县也。或曰：武阳废县，即临牂故址。○安修废县，亦在县西北，唐武德四年置。贞观十二年，省入临牂。

抚水废县，县西北三百里。唐垂拱中，置羁縻抚水州，领抚水、古劳、多蓬、京水四县，属黔州都督府，后仍没于蛮。宋初，亦置抚水州及县于此。祥符九年，州蛮为乱，寇宜、融等州，广西转运使俞献可使宜州将曹克明、融州将王文庆等讨之。克明出樟岭西，文庆出天河寨东，磴道危绝，蛮多伏弩以待，官军击破之，群蛮窜伏，寻出降。诏以抚水州为安化军，县为归仁县。《宋志》庆远府有羁縻安化州，领县四，即此。元废。○乐善废州，在县北。宋崇宁二年，置乐善寨。绍兴中，为羁縻乐善州，后复废。

独秀山，县西一里。挺然秀发，上干云霄。又西里许为旗山，山巅卓起，坡势衍逶，旧设香山驿于山下。《志》云：县西南四里有老人岩，叠巘隆起，度高千仞。山腰削壁，忽开岩窦，轩豁明爽。山后有石径，萦纡而上，俯眺川原，尽在几榻。又县西北四里有玉华岩，俗谓之龙吟虎啸岩，以石形相似也。又县西五里有弹子岩，中多石子，一名德岩。

灵岩山，县东南五里。仰视高远，青白错杂，灵寿溪贯串出中。岩中有白石巍然，亦名老君洞。宋咸平中，改为真仙岩，颁太宗御书百二十轴藏于岩内。《志》云：县南五里为刘公岩，旧名西峰。宋绍定间，郡守刘继祖所辟，因名。又南二里即真仙岩矣。

云际山，县北十里。甚高峻，上有二泉。又石门山，在县西北十里，两峰夹峙江岸，崖石峻削若门，土人谓之上石门。其在怀远县境者曰下石门。○圣山，在县北四十里长安镇，高七八里，上有圣祠，因名。又县东北四十里有四盘岭，上下二十余里，岭道萦纡。《志》云：县北五十里有天堂岭，有泉长流。

宝积山，县东五十里。产铁及芦甘石。○采蓝洞，在县东北二十里。四山环列，洞中平地如砥。

潭江，县城东。一名融江。自怀远县流入，与县境诸水合流至柳城县而为柳江。今有浔阳渡，在县东南十五里，融水津渡处也，为往来要道。

背江，县西北十里。《志》云：背江之水，历石门山，流经罗城县界入柳江，盖即融江支流也。又保江，在县北二十里。浪溪江，在县北六十里。县境又有思回江、丹江诸水，俱流汇于潭江。

灵寿溪，县南五里。出县西南之六村，东流入真仙岩。县东七里有深潭，其深叵测，流合灵寿溪，下流俱注于融江。又玉华溪，亦曰玉华江，出玉华岩，下流亦注于融江。○都博塘，在县西南十五里，大数百亩。又县北四十五里有山塘，受诸山溪之水，回环数曲，大如江河。《志》云：县境陂塘凡数十处，而都博、山塘为最大。

长安镇。县北四十里。有巡司。《通志》镇旧在融江东岸，今徙西岸。又县西南五十里有鹅颈镇巡司，县东六十里有思管镇巡司。《志》云，县有清流镇巡司、大约镇土巡司，又有保江、西峒、理源三镇巡司，今皆革。○板江村，在县西。成化中，怀远贼侵融县板江村据之，即此。

○**来宾县**，府南七十里。南至宾州二百二十里。汉潭中县地，后为僚所据。唐乾封元年，招致生僚，置来宾县，并置严州治焉。天宝初，改为循德郡。乾元元年，复曰严州。宋初，州废，县属象州。元因之。明初，改今属。城周二里有奇，编户九里。

归化废县，在县南。晋义熙中，置县，属郁林郡。宋、齐因之。梁、陈间废。唐乾元初，复置，属严州。宋开宝七年，省入来宾县。又循德废县，在县东。唐初，置归德县，属柳州，寻改曰循德县。乾元初，改属严州。宋初废。《志》云：县东南五十里有古郎城，以旁有古郎山而名，城周一里。疑即故循德县治。

武化废县，县东南八十里。刘昫曰：汉潭中县地。隋为桂州建陵县地。唐武德四年，析置武化县，仍属桂州，寻属晏州。贞观十二年，州废，以县属象州，寻移州治此。大历十二年，州移治阳寿，县仍属焉。宋初因之。熙宁七年，省入来宾。元祐初，复旧。绍兴初废。又东有长风废县。唐武德四年，析阳寿县置，属晏州，寻属象州。大历十一年，省入来宾。

龙镇山，县北一里。县之主山也。县北四十里又有思玉山。○石牙山，在县南三十里，平地有石，峭拔如牙。又南五里有居松山。又南五里为穿山，山有穴，南北相通，相传马伏波获白鹿于此。《志》云：县南六十里又有金峰山，泉石甚胜。

白云洞，县北二十里。洞深邃，常有白云覆其上。○白牛洞，在县西南六十里。弘治中，盗贼出没于此，台臣万祥言，贼在柳、庆间者，有白牛、上油、肆滴、二都、四五都诸巢，是也。

大江，在县南。都泥江下流也。其源自贵州定番州界，经庆远府境，历迁江县北、宾州南，又东北入县界，有雷江流合焉，又东南入于柳江。《元和志》严州有长水，自牂牁流下来宾，即此水也。详见大川右江及川渎盘江。

定清江，县北五里。又雷江，在县北三十里。俱南流入于大江。○白马溪，在县西南二十余里，下流亦入大江。

界牌镇。在县南境。有巡司。《志》云：司旧置于县西。宣德七年，迁于南江石牙村，接贵县界。○在城驿，在县西二里。

○象州，府东南百三十里。南至浔州府三百六十里，西南至宾州二百八十里，北至平乐府修仁县百五十里。

秦桂林郡地。汉属郁林郡。《汉纪》：武帝平南越，以秦桂林地置郁林郡，以秦之象郡为日南郡。《茂陵书》：象郡治临尘，去长安万七千五百里。元凤五年罢象郡，以其地分属郁林、牂牁。临尘废县，盖在今州界。汉属郁林郡，后汉因之，后废。《通典》：秦之象郡，今合浦郡是也。后汉因之。三国吴属桂林郡。晋以后因之。梁置象郡。隋平陈，郡废，置象州，开元十二年置，治马平县。大业初，州废，属始安郡。唐武德四年，复置象州。治武德县。贞观十二年，移治武化。大历十一年，又移阳寿。天宝初，改曰象郡。乾元初，复为象州。宋因之。亦曰象郡。《宋志》：景定三年，州徙治来宾县之蓬莱镇。元曰象州路，寻降为州。明初，以州治阳寿县省入，编户十里。领县一。今仍旧。

州接壤浔、邕，控临番峒，山溪错杂，为肘腋要地。

阳寿废县，今州治。汉中溜县地，属郁林郡。后汉因之。晋废，后复置，属桂林郡。宋、齐因之。梁改置阳寿县，又置诏阳郡治焉。隋废郡，县属象州。大业中，属始安郡。唐初，属象州，寻为州治。宋、元因之。明初省。《城邑考》：州旧有土城，洪武中，甃以砖。成化十四年、嘉靖九年及万历十三年，皆尝修治。城周三里有奇，门五。

桂林废县，在州东南。汉县，属郁林郡。吴孙皓分置桂林郡，县属焉。《广纪》：汉改秦之桂林郡为郁林，孙皓又分立桂林郡。时谓桂林县为小桂。晋建兴三年，陶侃为广州，执交州叛将刘沈于小桂是也。陶弘景曰始兴桂阳县即是小桂，误矣。大兴初，又分置晋兴郡，桂林县属焉。宋、齐因之。隋属桂州，后属始安郡。唐属象州。乾封初，省入武仙县。○淮阳废县，在州西南。梁置，属诏阳郡。隋开皇十八年，改曰阳宁县，属象州。大业初，废入阳寿县。

武德废县，在州南。唐武德四年，析桂林县地置为象州治，寻属象州。天宝初，省入阳寿县。又西宁废县，亦在州南。唐武德四年置，属象州。贞观十二年，省入武德县。○晋兴废县，在州西。晋大兴初，分郁林郡置晋兴郡，领晋兴等县。宋、齐因之。隋郡县俱废。

象山，在州治西。下有岩，深三里许，中有白石如象，州名本此。其相连者曰西山，山北为猫儿山，下临大江。《风土记》猫儿山对鹿儿滩，是也。又凤凰山，在州治东二里，与东冈山相连。又东三里有金鸡岭。《志》云：州城北有燕子岩，空洞可容千人，群燕巢栖于此，下有碧潭，亦名龙潭山。

白面山，州南七里。石壁屹立，横截大江，中多白石，一名挂榜山。又南三里有鹭鹚岩，一名鹭鹚峡。○居鹿山，在州东北四十里，上有鹿池。又雷山，在州东六十里，广四十里，下有仙女池。州东北百里又有圣塘山，高峻不可登，上有塘水。

象台山，州西北三十里，平正如台。○石门岭，在州东南十里。《志》云：州北七里又有二仙岩。

象江，在州城西，即柳江也。自府城东南流经州西北，自城西而南入武宣县境，又南入浔州府界。详见前大川右江。

七里江，州东七里。有天堂岭，江源出焉，流入象江。又温汤泉，在州东三十里，水流成河，灌田甚广，土人谓之热水江。其下流谓之第四涧，从牛角洲流入象江。又州东四十里有濮泉，州城东北有东泉，俱有灌溉之利。

三里塘，在州南。方广三里，灌南乡诸田。《志》云：州城东有大莲塘，北城有第一、第二、第三等涧。又古凤坝在州北，慈悲坝在州南。俱灌溉民田，为利甚博。

龙门寨。州东八十里。有巡司。《志》云：寨东至永安州二百里，山溪险僻，为猺贼出没之处。又州境有鸡颈、尖山二镇巡司，今革。○象台驿，在州城南。《志》云：州南三十里有象台，平地突起，巍然一台，四望平远，相传州旧治此，驿因以名。《舆程记》：自象台驿沿江而北，江中有金滩、麻子滩，皆峭险，分道出洛容县之江口驿凡七十里。

○武宣县，州南百里，南至浔州府二百五十里。本桂林县地。唐武德四年，析置武仙县，属象州。宋因之。明初，改为武宣。城周二里有奇，编户八里。

武仙旧城，县东十余里。旧县治此。宋景德四年，宜州军校陈进作乱，转攻象州。时曹利用安抚广西，遣将败贼于武仙，遂平之，即此。明洪武三年，筑土城。三十年，尝增拓之。宣德八年，移于今治。成化中，始营砖城，即今城也。

仙岩山，县南四十里。岩中可容数百人。又石羊山，在县西六十里，峭壁上有石如羊，俯临大江。又铜鼓山，在县西十里，下有铜鼓滩。

罗禄山，县东南百五十里。其相近有老鼠诸寨，旧为猺贼出没之薮。洪武二十年，广西参政汤敬恭讨叛猺，败没于此。○大藤峡，在县东南三十里，接浔州府界。详见重险。

浔江，县东南三十里。亦曰大藤峡水，即柳江与诸川汇流处也。中有四滩，曰弩滩、新藤滩、锁筒滩，牛角滩，滩有巨石，水势回旋，其声如雷，又南入浔州府境。旧为猺贼渊薮云。○大江，在县西六十里，都泥江下流也。自宾州流入界，东合于浔江。

仙山驿。在县南。自浔州府经大藤峡至县，又北出象州之通道也。又县东有东乡巡司，旧为猺僮出没处。成化二年，平大藤贼，设巡司于此。《会典》有县郭、安永二巡司，又旧有周冲、闲得二巡司，今革。

○**宾州**，府南三百里。东北至象州二百八十里，西南至南宁府二百六十里，西北至庆远府二百二十里。

秦桂林郡地。汉属郁林郡。晋、宋、齐因之。梁置领方郡。隋平陈，郡废，属尹州。大业初，仍属郁林郡。唐武德四年，属南方州。贞观五年，改置宾州。天宝初，曰安城郡。至德二载，改为岭方郡。乾元初，复为宾州。宋开宝五年，州废，属邕州。明年，复置。亦曰安城郡。元曰宾州路，寻降为州。明初，以州治领方县省，入编户十五里。属柳州府，领县二。今因之。

州制邕管之上游，为两江之障蔽。嘉靖中，林富言：州为两江障蔽，宾州有警，两江必不能晏然也。南服有警，批亢捣虚，州其折冲之所矣。宋皇祐中，狄青讨侬智高于邕州，勒兵宾州，亦其证也。

领方废县，今州治。《志》云：旧县在今州南三十里。汉置县，属郁林郡，郡都尉治焉。后汉亦属郁林郡。三国吴改曰临浦。晋太康初，复曰领方县，仍属郁林郡。宋、齐因之。梁为领方郡治。隋初，郡废，县属尹州，寻属郁林郡。唐属南方州，寻为宾州治。宋开宝五年，以琅邪县省入领方。明年，移州及领方县于琅邪旧治，即今城也。《唐志》琅邪县，唐武德四年，析领方县置，属宾州。《城邑考》：州城，宋开宝中筑，后废。明洪武初，复修筑。成化中，增修。正德八年，复修城浚濠。嘉靖十五年、万历十二年，皆尝营缮。城周不及七里，门四。

保城废县，在州东南。本领方县地。梁析置安城县，并置安城郡。隋平陈，郡废，县属尹州。大业中，属郁林郡。唐初，亦曰安城县，属南尹州。贞观五年，析属宾州。至德二载，改曰保城县。宋开宝五年废。○思干废县，在州西。唐武德四年置，属南方州。贞观五年，改属宾州。十二年，省入领方县。

领方山，城东一里。旧郡县皆以此名。又圆珠岭，在城南门外，大江环流，如珠圆抱。又南里许为铜鼓岭，人行岭上，逢逢有声，如铜鼓然。○顶山，在州南五里。州南十五里又有南山，连峰耸峙，为州前案。其相近者曰武禄山。

马鞍山，州西十五里。以形似名。其相连者有白村岩，相传岩中有道，潜通南宁府武缘县界。又葛仙岭，亦在州西十五里，有洞深邃，容数百人。又有禄蒙岭，在州西北十五里，盘踞蜿蜒，与禄寿岭相接，四围如屏，中有田数十亩。○金鸡山，在州西二十里。又州西南二十里有甘村岩，岩中幽深，下有潭水。

石壁山，州东北二十里。其并峙者曰白羊山，旁有廖平岩，清胜奇绝，四围坚密如城郭。又双山，在州东二十八里，以两山相对而名。○铜泉山，在州东北十七里，下有泉，尝出铜。《志》云：州北十五里有罗凤岭，蜿蜒横亘，为州后屏。

古漏山，州西四十里。有泉如滴漏，四时不竭。宋咸平中，州守王举凿崖烧石，开关路以通行旅，往来称便。又灯台山，在州西南八十里，高耸为诸山望，南接南宁、武缘界，西接上林大明山，迤逦二百余里。○镇龙山，在州东南八十里，高出东南诸山，亘百余里，与平乐府之永安县、浔州府之贵县接界。

宾水，在州南。其上源即都泥江也。自庆远府忻城县界东南流，经迁江县北，又东南流，历州南，复东北入来宾县界。详见大川右江。

李依江，州东三十里。源出县北，合诸流入宾水。融县商船道出于此。又武陵江，在州东南三十里，源出武渌山。又有浮江，亦自州南流入焉。俱汇于李依江。○宝水，在州西南三十里，即宾水支流也，亦东会李依江。

古漏水，在州西。出古漏山下，注流成川，合于宾水。○白鹤泉，在州南三十里，源出南山，至城东南，通鹰寨泉，合李依江。

陷塘，州东二十里。相传岭陷成塘，周五六里许。又东二十里有梁鸦塘。俱灌溉所资也。《志》云：州东十里有清潭渠。又州境陂塘，其得名者凡十余处，俱有灌溉之利。

古漏关，州南四十五里。以古漏山名，宋置。又安城镇，在州东六十里，有巡司。○清水驿，在州北八十里。又北八十里为来宾驿，接来宾县界。《志》云州有在城驿，又有李依驿，今革。

○迁江县，州西北百里，西北至庆远府忻城县七十里。本蛮地。唐大历中，置羁縻思冈州，属邕州都督府。宋天禧中，改为迁江县，属宾州。嘉定三年，始筑县城。元毁。明洪武二十五年，始复营筑。万历十三年，增修，周不及四里。编户二里。

宝积山，县东二里。叠石崔巍，不通道路。山巅稍平，可居，乡人常依以避寇。亦作堡保积山。又县北一里有钟山，下有岩。又北二里曰钟子山，以石峰突兀如钟也。○印山，在县西二里，有泉石之胜。又西一里曰烟合山，层峦叠嶂，岩壑深蔚，烟云常聚其上。又县北五里有泊舰山，下有岩，容数百人，石笋奇甚，舟行者必驻观而后去，因名。

永昌山，县西七里。石岩奇秀。又瓦山，在县西十里，山峰险峻。《志》云：山下有古县治。又县西十五里有古党山。《志》云：唐开古党洞，置党州，即此。误。○双髻山，在县南十里，两峰并峙。又南十里有鹧鸪山。《郡志》谓之白鹤山，下有洞，亦名白鹤洞。

大江，县东北二里。即都泥江也。自庆远府忻城县流入界，又东南入宾州境。旧《志》：都泥江，亦名浑水江，自宜州落木渡东流，合贺水达柳江。详大川右江。

龙江，县南三里。源出鹧鸪山之白龙洞，下流入大江。又贺水，在县西二里，源出上林县界，石碛险巇，溪流屈曲，绕县西而东，亦会于都泥江。○武节水，在县西十里，流汇于都泥江。又武绳水，在县南十七里，流合贺水，入都泥江。《志》云：县西八十里有潮泉，泉水涌出，一日三潮，流至罗月镇入都泥江。

石零堡。县东南三十里。往来者经此，每罹寇患。正德七年，设堡于此，筑城置戍。《志》云：县有清水镇巡司，旧有罗目、李广二镇巡司，今革。

○上林县，州西八十五里。西至思恩府二百五十里。汉领方县地。唐武德四年，析置上林县，并置南方州治焉。贞观八年，改为澄州；天宝初，曰贺水郡；乾元初，复为澄州，皆治上林县。宋开宝五年，州废，县属邕州，寻改今属。县旧无城，洪武三十一年，立屯田千户所，始筑土垣。景泰三年，陷于贼。天顺初，改筑土城。成化八年，甃以砖。弘治以后，屡经修筑。城周一里有奇，编户八里。

无虞废县，在县南四十里。唐武德四年，析领方县置，属南方州。贞观八年，属澄州。宋开宝五年，省入上林。又止戈废县，在县东南，

亦唐武德四年置,属南方州。贞观五年,改属宾州,寻复来属。宋开宝中
废。〇贺水废县,在县东北。《新唐书》:武德四年,析马平县地置,属柳
州。八年,改属南方州,寻属澄州。宋初,与州俱废。

扶岚山,县北五里。八峰分矗,若扶摇云霄之上,一名八角山。又
罗勾山,在县西六里,山势盘屈如勾。〇大明山,在县西十里,接思恩府
及武缘县境。蜿蜒叠峰,中有五峰,直插霄汉;上有潭,深不可测,潭中
时吐异光,远烛数里,因名。又县东七里有争光岭,俗称岭有异光,与大
明山交映也。又石光山,在县北十里,以山石洁白而名。

镆铘山,县南十里。相传昔人尝得宝剑于此。有镆铘关。县南二十
里又有鸡笼山,中有洞,宏阔可容百人。又石蓬山,在县东南三十里,
平地突起,中有岩洞,容数百人;下有小江,穿石缝中,其水清碧多鱼。
《志》云:县东四十里又有云灵山,最高秀。〇罗洪山,在县东五十里,岩
洞幽胜。其相近者又有狮山,对峙者曰螺山,皆平地突起,旁有狮螺江。
《志》云:鱼峰岭,亦在县东五十里,高峻可四望。

高眼山,县南四十里。山最高,林木深郁。又古渌山,在县西南
五十里,乔林葱蔚,下有古渌水。〇周安岩,在县东北二百里。又智城
洞,在县东二十里,矗立千仞。又罗汉洞,在县北二十里,一名白云洞,有
茂林清溪之胜。

澄江,县西二里。出大明山下,流入马波江。唐澄州以此名。〇马
波江,在县北四里,源出县西之茶山,流入迁江县境,合于大江。《志》
云:县北有黄龙、里仁、化龙诸江,又有周江,皆流合马波江。又淡竹
水,在县南八里,亦出大明山,会马波江。

周利江,在县西南。又县南有单竹江。俱东流注合水。《志》云:
县南三里有龙马江,亦出大明山,县南又有章光江流合焉。又樊庙江,在
县南三十里,出古渌山。俱流至县东三十里而为合水,又东汇于大江。〇

宝水，在县西南十五里，有陂堰，可溉田。

镆铘关，在县南镆铘山上，宋置。○三畔镇，在县北三十里，有巡司。《志》云：上无虞乡有琴水桥，万历中置巡司于此。又思龙驿，在县东百二十里。旧有思龙、三门滩二镇巡司，今革。

周安堡。在县东北。八寨之一也。八寨者，曰思吉，曰周安，曰古卯，曰古蓬，曰古钵，曰都者，曰罗墨，曰剥丁；后又益以龙哈、咘咳为十寨。其地东达柳州三都、皂岭、北四诸洞，西连东兰等州及夷江诸峒，南连思恩及宾州上林、铜盘、渌毛诸峒，北连庆远忻城、东欧、八仙诸洞，周环五百里。故迁江八屯及上林二里民地，贼据日久，寨各千余人，扼险要，且鸷悍难制。成化初，参将马义等讨之，不克。正德中，益炽。嘉靖初，王守仁定思恩，密图八寨，潜师分道捣之，破石门，贼始觉，警溃。守仁议以八寨诸贼，实柳、庆诸贼根柢，四山环合，同据一险，各巢贼皆倚八寨为逋逃薮；今幸平荡，宜据其要害，建置卫所，以为控御；其周安堡正当八寨之中，宜创筑一城，移南丹卫守之。未及行，而守仁病归。既而抚臣林富议云：八寨为柳、庆、思恩各贼渊薮，而周安堡委当思恩八寨之中，四方贼巢道路所会，宜就筑新成，委官驻札。亦不果。不数年，猖獗如故。隆庆四年，抚臣殷正茂征古田八寨，贼震恐请服，因设长官司戍守其地。万历二年，龙哈僮樊尚纠党为乱，抚臣郭应聘密令三寨土司袭破之。其后，诸酋益恣，占上林七里、武缘五图横行四出。七年，督臣刘尧诲等议征之，分官兵为四部：一由三里，一由忻城，一由夷江，一由上林，进破贼巢，贼皆披靡。又以北五诸聚落习与贼通，移师破之。因议曰：八寨，原系迁江县永安乡地，洪武间设千户所。后寨贼强盛，所不能制。弘治六年，以其地拨附思恩。正德间，又改属归顺州。未几，复叛。今宜分设三镇，以周安、古卯为一镇，思吉、古钵、罗墨为一镇，古蓬、都者、剥丁为一镇，各置土巡司戍守，以思恩参将辖之而隶于宾州，建参将置于三里，龙哈、咘咳各筑左右堡，募兵置戍，迁南丹卫八所与参将同城而居。自是八寨帖服。《土夷考》：三里，谓上林之循业、抚安、古城等里，向被寨贼占据，改为龙哈、咘咳二寨。万历三年，抚臣郭应聘改设思恩参将驻守于此，因筑三里城，又筑龙哈、咘咳二大堡，设兵戍守。

附见：

柳州卫，在府治东北。洪武四年建。又守御融县左千户所，在县治东，洪武二年建。守御来宾中前千户所，在来宾县治东，洪武三十年建。〇守御象州中右千户所，在州治东，亦洪武中建。又武宣守御千户所，在武宣县治东北，宣德六年建。守御宾州后千户所，在州治东，洪武三年建。以上五所，俱隶柳州卫。

南丹卫，在上林县西北百里，南至周安堡五十余里。本庆远之南丹州。洪武二十八年，改州为卫。正统七年，徙卫于宾州治东，寻复立南丹州于故地，而卫治不改。嘉靖三年，王守仁平八寨，议移南丹卫于八寨。八年，抚臣林富言：南丹卫旧设于宾州，既不足以遥制八寨，迁之八寨，又不得以还护宾州。独上林之三里，守仁议设凤化县者，可迁卫于此。其地平旷博衍，多良田茂林，南连八寨，西达思恩，形势险要，可耕可守。但设县，则割宾州之地以益思恩，是顾彼失此也；迁卫，则守宾州之险以制八寨、以援思恩，是一举两得也。亦不果。万历八年，督臣刘尧诲议曰：南丹八千户所，旧在南丹土州，洪武二十八年建，后徙于柳城屯种。永乐二年，徙于上林县东二里，筑城以卫之。正统七年，改附宾州。嘉靖七年，王守仁议移南丹卫于周安堡，既而林富议移于三里，俱不果。今仍移于三里，与思恩参将同城驻守。从之，即今卫也。

迁江县屯田千户所。旧在县治东。洪武二十五年建，直隶都司。嘉靖三年，王守仁议曰：迁江八所，皆土官世职，旧有狼兵数千分置八寨。今虽衰耗，尚有四千余众。若留四所屯田于外，调四所合南丹一卫之众以守，足为柳、庆间一巨镇。既而抚臣林富言：八寨原系迁江八所土官所辖地方，合如守仁议，量迁四所官兵并召募精锐，协力防守。七年，迁置所于县东南境，接浔州府界，西达八寨，压屯堡七十二，编户五里。

○庆远府，东至柳州府百六十里，东南至柳州府宾州二百十里，西南至利州界七百里，西北至贵州独山州界百七十里。自府治至布政司五百七十里，至江南江宁府四千六百三十里，至京师七千九百里。

古百粤地。秦属象郡。汉为交趾、日南二郡地。晋以后，没于蛮。唐武德中，置粤州。乾封中，改为宜州。天宝初，曰龙水郡。乾元初，复为宜州。唐末，为马氏所据。五代汉乾祐三年，入于南汉。宋仍为宜州。亦曰龙水郡。宣和初，升为庆远军节度。咸淳初，又升为庆远府。以度宗潜邸也。元曰庆远路。大德初，改为庆远南丹溪洞等处军民安抚司。明洪武三年，复为庆远府。《通志》：洪武二年，安抚司吴天护归附，以庆远为南丹军民安抚司，授天护为同知。三年，以广西省臣言，改置今府。领州一、县四，又羁縻州三、县一、长官司二。今仍曰庆远府。

府江山峻险，土壤遐僻，控扼蛮荒，为西陲之襟要。

○宜山县，附郭。唐置龙水县，为宜州治。宋宣和初，改县曰宜山。今编户三十七里。

龙水废县，在府治东南。唐武德中，平蛮洞，置县于此，寻为州治。《城邑考》：郡旧有土城，唐天宝初筑，后废。明洪武二十九年，因旧址改拓。成化三年，增修。弘治初，复修城浚濠。正德七年，又增外垣。嘉靖、万历间，又复营缮。有门六，城周六里有奇。

洛曹废县，府东八十里。唐置洛封县，属柳州。元和十二年，改曰洛曹。宋淳化五年，改属宜州。嘉祐七年，省入龙水县。○述昆废县，在县西南。唐置羁縻述昆州，领夷蒙等五县，隶桂州都督府。宋因之，寻为述昆县。熙宁八年，废县为镇。相近有古阳废县。《宋志》羁縻怀远军，领古阳一县。熙宁八年，废县为怀远寨，即此。今为永顺长官司地。

崖山废县，在府东南。唐贞观九年，置崖山县，属柳州，后改属宜州。宋景祐三年，县废。○富安废监，在府南百六十五里，宋置此以采珠砂，后废。《宋志》：宜州有羁縻监二：曰富仁，曰富安，其地盖相近。《通志》：府北三里有铁城，宋宝祐中筑。又有废宝积监，在府西二百二十里。废玉田场，在府西南百三十里。皆宋置。

宜山，府城北一里。群山皆高大，此独卑小，下临龙江，宜于登眺，因名。唐以此名州。宋复以此名县。又天门山，在城北二里，两峰如笋，崒嵂参天，亦曰天门拜相山。其相近者又有卢山，与府治对峙。○南山，在城南五里，岩洞轩敞如屋，洞中有石龙，鳞甲宛然，因名。龙隐洞山之左曰白云岩。又九龙山，在府西南六里，山有九龙洞，洞口有潭，深不可测，引流为陂，资以溉田。《志》云：九龙江陂，在府西八里。

会仙山，府北二十里。有白龙洞，一名北山，盘曲数里，中多佳胜。《通志》：山在城北一里。○日山，在府东隔江九里，圆耸特立，拱峙郡城。又有月山，在府西二十里。

小曹山，府东三十二里。下有潭，今筑为寨，名水寨。又马蹄隘山，在府南二十里。其并峙者曰鳌山。○香炉山，在府西六十里德胜镇。其并峙者曰文笔山、屏风山。又有羊角山，在府西六十里河池所。皆以形似名。《志》云：府西十五里有观洞，以灵异称。

龙江，在府城北。自贵州独山州流经天河县境，又东南流经城北，复折而东流，至柳州府柳城县，又东南合于融江，即右江别源也。其两岸石笋峭立，湍流迅急。洪武二十九年，拓郡城，北倚龙江为险，而东、西、南三面平旷。弘治二年，始环城为濠，引官陂水注之是也。余详大川右江。

小江，府东北六里。源出西北诸蛮峒，经天河县界，合于龙江。又洛蒙江，在府南六十里，源出忻城县山中，东北流经此，下流亦注于龙江。○金水，在府北。《志》云：龙江自天河县折而南，与金水诸川合流至城北。是也。

官陂，府南六里。堰水分流东西灌溉，汇流城南，引入饮军池。弘治初，郡守王溥尝疏治之。○饮军池，在城南。宋景德间，宜州军校陈进叛，曹利用讨败之，尝饮军于此，因名。又龙泉，在府南二里，泉涌出如勺而灌田甚博。又南一里为龙塘，即龙泉所潴也，复导流而南为官陂水。《志》云：府境陂塘灌溉之利，以数十计云。

东关，在府城东。成化三年，垒石为垣，以护民居。亦曰迎恩关。又西、南二厢亦各为关，皆设兵守之。其西关亦曰香山关。

大曹镇，府东五十里。有巡司。其旁为大曹驿。《志》云：府东四十里为大曹渡，即龙江渡处也。又有宜阳驿，今革。○怀远镇，在府西三十五里，有巡司。又德胜镇，在府西六十里，有巡司，德胜驿亦置于此。《志》云：万历六年，置戎政行馆于德胜镇。是也。又东江镇，在府西一百二十里，亦有巡司。

思立寨。在府北。宋淳熙十一年，安化蛮蒙光渐等犯宜州思立寨，广西将沙西坚讨平之。《宋志》龙水县有怀远、思立二寨，是也。怀远，即上废古阳县。安化，见柳州府融县之废抚水县。

○天河县，府北九十里。西北至贵州独山州界二百九十里，东北至柳州府罗城县百里。唐武德中，置天河县，属粤州，寻属宜州。宋因之。大观初，改隶融州。靖康初，复故。今城周二里，编户十八里。

天河旧城，在县西。唐置县治此。《志》云：宋时，天河县治在高寨山下。明洪武三年，迁治兰石村。正统七年，治甘场村。是时，县未有城。正德十二年，始营土垣。嘉靖十三年，迁于福禄村，寻改筑土城，后毁。

万历九年,复营木城。明年,始甃以石,即今治也。

东玺废县,在县东。唐置,属粤州,寻属宜州。五代时,马氏因之。南汉废入天河县。○澄海废城,在县东南,宋置戍守处也。景德四年,澄海军校陈进作乱,据宜州,既而转攻天河寨,官军败之,即此城。寻废。

甘场山,在县治东。形如幞头,岩险可恃,县治倚其麓。又东二里曰凤头山,山形昂耸,因名。○榜山,在县西三里,形如挂榜。又西里许曰穿山,以石窦相通也。又交椅山,在县西五里,山形回环,因名。

高寨山,县西二十里。旧县治在其下。其相近者曰北陵山,麓有水泉。又乌山,在县西三十里,峰峦高峻,上有泉,民恃险筑寨其上。○植福山,在县东北二十里,山势高耸,绵亘数里,县之镇山也。

龙江,在县西南。自贵州独山州流入界,又东南流达于府城北。○三潮水,在县西十里,源出北陵山,注于龙江。其水一日三潮,潮至涨满,潮退则其流一线,可以溉田。民受其利,谓之圣水。

东小江水,在县东。发源罗城县界,流入境,注于龙江。又东北有小江水,亦自罗城县流入境,二流分导,下流复合入于龙江。居民引以溉田,为利甚溥。○思吾溪,在县东南二里,下流亦入龙江。

德谨寨。在县北,宋置。又西有暖江堡,《宋志》:大观三年,与县俱属融州。靖康初,复旧。元废。《志》云:县有归仁、思农二镇土巡司。○江口渡,在县南二十里,通道所经。县北三十里又有清潭渡。

○**河池州,**府西二百一十五里。西南至南丹州百四十里,西北至贵州独山州二百里。

唐羁縻智州地。宋初,置河池县,隶宜州。大观初,改置庭州。四年,州废,仍属宜州。元属庆远路。明初,属庆远府。弘治十七年,升县为州,编户十八里。领县二。今因之。

州密迩蛮左，山川环叠，为控扼之地。《志》云：州境思恩、荔波二县西北界与贵州烂土、黎平诸蛮相接，不通王化。

怀德废县，今州治。北宋置河池县。大观初，即县置庭州，改县曰怀德州，寻废，县复曰河池。元因之。明初，亦曰河池县，后改为州。《城邑考》：州治即宋怀德县，旧有土城。天顺六年，迁于屏风山。成化十三年，还治庭州故址。嘉靖四年，以土壤卑洼，城易颓圮，复迁今治，北去旧治三里而近。隆庆四年，始营土城。万历十三年，复增拓之。城周不及二里，门三。

富力废县，在州东北。《一统志》：宋置河池县，以富力县并入。或曰，县盖湖南马氏所置，南汉因之，宋废。疑即智州所领羁縻县矣。〇废智州，在州西。《志》云：唐贞观中，开生蛮置。今《唐志》不载。《宋志》宜州所领有羁縻州十，智州其一也。州盖宋初所置。或曰，州西南有三旺州，今为三旺里，盖明初所废。似未可据。

屏风山，州东北三里。嵯峨环绕，如屏之峙。天顺初，尝徙县治此。又四一山，在州治北。州治南有吴山，环拱前后，为州之胜。又移岭山，在州北五里，道路萦纡，山崖峻险。州东南三里又有马鞍山。

智州山，州西四十里。盘纡绵亘，凡百余里，智州旧置于山下。〇都铭山，在州东二十里，山高峻，旧名都猛。又州东三十五里有鬼岩隘山，以岩穴深杳而名。又太平山，在州东，下临金城江。

金城江，州东五十里。源出贵州界，下流入都泥江。《宋志》宜州所领有羁縻金城州，盖因江以名。〇古浪溪，在州东五里，一名乾溪。又州南一里有秀水州，西有猫溪水，居民多引为陂塘。其下流注于金城江。

怀德陂，在州南。又州东南有罗家水陂，州东有将村陂，东北有官村陂。俱灌溉民田，多者至千余顷。又悬崖泉，在县南，溉田十余亩。

安远寨，在州西。宋大观二年置，属庭州。宣和五年，移寨于平安山，寻废。今为安远里。

谢村站。州西南八十里。又六十里而达南丹州。○金城渡，在州东五十里金城江上，渡旁旧置巡简司。《志》云：州有土堡镇巡司。又都铭镇巡司，今革。

○思恩县，州东北七十里。东南至府城百五十里。本生蛮地。唐贞观十二年，开置思恩县，属环州。宋熙宁八年，改隶宾州。大观初，又改属宜州，寻复故。元属庆远路。明初因之。弘治中，改今属。县无城，编户二十二里。

废环州，在县西北。本蛮地。唐贞观十二年，李弘节招抚降附，置环州，理正平县，兼领福零、龙源、饶勉、思恩、武石、歌良、蒙都七县。天宝初，曰正平郡。乾元初，复故，后仍没于蛮。宋为羁縻环州，亦曰南环州，以别于陕西之环州也。庆历四年，南环州蛮臣希范作乱，陷本州，破镇宁州，诏广西提刑田瑜讨平之。元初，州废。○废镇宁州，在县西，宋所置羁縻属州也。《宋志》：熙宁八年，以环州之思恩县属宜州，又省镇宁州之礼丹县入焉。县亦宋所置。宋末，州废。

废溪州，在县北。宋置带溪寨。熙宁八年，移思恩县治此。元丰六年，县还旧治。大观初，增置溪州于此。四年，州废，仍曰带溪寨。

寒山，县南五里。山高多风，土人谓之寒坂。○绀山，在县北二十里，以山色名。亦曰捍山，以捍蔽县后也。岩嶂层叠，日光少见，土人谓之暗岭。

三峰山，县东二十里。三峰并列，下有石岩洞，泉出其中，引流溉田。○回头岭，在县南三里，山势回顾县治。又龙岩，在县南五十里，有洞深邃。

环江，县南六里。源出县西北蛮洞中，绕流经此，东北流合于龙江。塘环州以此名。《志》云：县西有环江渡，即江流所经也。○带溪，在县北四十里，源出荔浦县，东流经此，旋绕如带，南流入于龙江。

普义寨。在县南。《宋志》县有普义、带溪、镇宁三寨，是也。元废。《土司志》：普义相近有茆滩，正德中，南丹酋莫提侵思恩地，于茆滩筑二堡，于普义、六传、川山、三疃筑四堡。嘉靖初，始还属思恩。《志》云：县有安化镇巡司、归恩镇土巡司。又普义、吉定、北兰三巡司，今革。○白面山寨，在县治西。《志》云：县治旧在清潭，宣德中，徙于白面山寨。天顺中，又移今治。寨盖邑民保聚处也，北去清潭不过百武。

○荔波县，州西北五十里。南至南丹州百八十里。本蛮地。宋置羁縻荔波州。元初因之，属南丹安抚司。大德初废。《一统志》云：宋置荔波州，明初，废入思恩县。洪武十七年，复置荔波县，属庆远府。正统十二年，改隶南丹州。弘治十七年，改今属。县旧无城，嘉靖四十年，创营之，寻圮。万历三十年，改筑，周不及二里。编户十二里。

水岩山，县西十里。岩穴幽胜，水出其中，因名。又县北五里有方林山。○马鞍山，在县北；又有分水岭，俱与贵州独山州接境。万历三十年，界独山，还所侵甲站等村地，以此为限云。

劳村江，县东南百二十里。或曰即金城江之别名。○带溪，在县东，流入思恩县界。

董家堡。在县南，近南丹州境。万历八年，南丹酋莫之厚谋侵县地，毁董界官堡，督臣刘尧诲谕却之。相近又有金竹隘堡及翁昂等村寨，俱南丹所侵地。万历三十年，复来归。

附见：

庆远卫。在府治东北。洪武二十九年建。又河池守御千户所，在德胜镇西二里。明初，置于河池县城内。永乐六年，徙于此，隶庆远卫。有土城，宣德八年，易以石城。内有思恩仓，亦永乐中置。

〇**南丹州**，府西二百四十里。东南至那地州百八十里，西至贵州丰宁长官司二百里，北至贵州独山州二百七十里。

唐羁縻蛮洞地。宋元丰三年，置南丹州。《志》云：宋开宝中，土酋莫洪胭内附。元丰中，置州管辖溪洞，以莫氏世其职。大观初，改为观州，寻复故。《宋史》：大观元年，广西经略使王祖道欲急边功，诬南丹酋莫公佞阻文兰州不令纳土，发兵取其地，杀公佞，改南丹为观州。公佞弟公晟密图报复。四年，废观州，仍以公晟知南丹州，历世承袭。元为南丹州安抚司。至元末，莫国麟纳土，升州为安抚司。大德初，并入庆远路。时议者以南丹去庆远为近，户口少，请省之。因立庆远南丹溪洞等处军民安抚司。明初，复为南丹州。洪武二十八年，州废，改设南丹卫。正统十年，复置州，洪武初，莫金内附，后复叛，遣都督杨文讨平之，因废州置卫。后卫治屡徙，州地既虚，夷民屡叛，乃复置州，以授金子莫禄，世守职贡。属庆远府。编户十九里，秋米七百二十石有奇，贡锡。州今省。

州蛮峒错杂，控据咽喉，称为形要。《西粤风土记》：南丹视田州、泗城差小，而兵力悍劲。东兰、那地兵亦精勇。

废观州，在州东。本南丹州之高峰寨也。宋大观初，改丹为观州。四年，南丹复故，移置观州于高峰寨。绍兴四年，复废州为寨，即此。〇废永州，在州境。《一统志》：明初，省永、鸾、福、延四州入南丹州，建置未详。

中平废县，在县北。宋所置羁縻县也。大观初，置靖南寨于此，属庭州。四年，移寨于废孚州。政和七年，寨还治中平县。宣和二年，仍置于废孚州，以其地废入南丹州。

孟英山，州西五十里。产银。永乐十五年，遣内臣开矿，岁不过九十余金，旋变锡，遂罢。《志》云：州西有长春、三宝诸山，州南有金鸡等山，皆高峻。

都泥江，在州南。自贵州定番州界流入境，又东历那地州，入忻城县界。详见大川右江。《志》云：州东南有红盆江，西有青云溪，下流俱入于都泥江。

罗侯关，《图经》云：在州西。又西有下城关。又甲界关，在县东南三十里。《志》云：县东北二十里有莲花寨，又东有金鸡寨、巴峨寨。又有蒙寨，在州东南四十里。

木门寨，在州东。《宋志》州有存留、木门、马台、平洞、黄泥、中村等堡寨，今皆废。○君峒，《舆程记》：在州南六十里。又东南六十里为中坑锡场，又十里而至那地州。

东兰州，府西南四百二十里。东北至那地州二百四十里，东南至思恩府二百四十里，西南至田州界百三十里，西至泗城州界二百里。

唐羁縻蛮洞地。宋崇宁五年，置兰州。《土夷考》：宋时，韦君朝者居文兰洞为土夷长，传子宴闹。崇宁五年，内附，置兰州，以宴闹知州事，世其职。元曰东兰州。明初因之，洪武十二年，土酋韦富挠归附，世袭知州，修职贡。属庆远府。编户十二里，秋米一千一十三石有奇，贡马。州今省。

州群山森立，地僻而险。

废文州，在州东。本羁縻蛮洞。宋崇宁五年，纳土，置文州。大观初，改置绥南寨。绍兴四年，寨废，仍置文州。《一统志》，洪武十二年省安习、忠、文三州入东兰州，建置皆未详。

废隆州，在州南。宋政和四年，置隆州，治兴隆县。宣和三年，州县皆废，改置威远寨，隶邕州。又东南有废兑州，亦宋政和四年置，治万松县。宣和三年，州县俱废，改置靖边寨，亦属邕州。元初，二寨俱废。

五篆山，在州西南。又州北有青云山，州西有胜山，州南有双凤等山，为州之胜。○福山，在州东北。其东有三佛山，又东北曰伐山。皆高胜。

隘洞江，在州东北。流入南丹州界，合都泥江。又州西有九曲水，流经州南，合于隘洞江。《舆程志》：自州东南渡清水江，越狗遁关，出思恩府之道也。

雷山关，在州东南。其地有雷山，因名。

那地州，府西南二百四十里。西南至东兰州二百四十里，南至思恩府百七十里，西至泗城州界三百里。

唐羁縻蛮洞地。宋崇宁五年，置地、那二州。《志》云：宋熙宁初，土酋罗世念等归附。崇宁五年，诸蛮纳土，因置地州及那州。元因之。明洪武元年，省那州入地州，改为那地州，时地州酋罗黄貌帅先归附，诏省那入地，以罗氏世管州事。属庆远府。编户二里，秋米四百一十石，贡锡、马。州今省。

州界蛮徭之中，山川盘纡，有险可恃。

废那州，在州南。宋崇宁五年，蛮酋纳土置。元亦曰那州。明初废。○废孚州，在州东。本地州之建隆县。宋大观初，析置孚州，其倚郭县曰归仁。四年，州县俱废，移置靖南寨于此。政和七年，复置孚州及归仁县，以靖南寨还旧治。宣和三年，州县仍废，置寨如故。绍兴四年，寨废。

虎山，在州南，以山形蹲踞也。又有马山，在州北。马山之西曰感现山。俱高耸。又有屏山，在州西，以卓立如屏而名。○红山，在州东南。又东曰翠屏山。《志》云：州北有慕晓岭，州东北有怀峡岭，俱峻险。

都泥江，在州北。自南丹州流入界，又东入忻城县境。《志》云：县东有龙泉江，州西有巴罗江，俱汇于都泥江。

盘利关。《图经》云：在州东北。又州东有龙泉寨，州西北有思廉寨。○水龙坑，在州西南六十里。《舆程记》：水龙坑山路险仄，沿溪越岭，三日而至东兰州。

○忻城县，府南百四十里。东南至柳州府宾州百六十里，西南至那地州百里。本蛮地。唐贞观中，开置芝州，治忻城县。天宝初，曰忻城郡。乾元初，复曰芝州。宋为羁縻地。庆历三年，废芝州，以忻城县隶宜州。元属庆远路。明初，属庆远府。《土夷考》：元置八仙屯千户，授土官莫保。洪武初，罢屯官，籍屯田兵为民，莫氏遂徙居忻城界。正统以后，徭僮屡乱，知县苏宽不事事。僮老韦公泰等举莫保玄孙敬诚为土官，宽请于监司，奏授世袭知县。一县二令，权不相统，流官徒拥虚名茚佩，蹴居府城。弘治中，革流官，独任土官莫氏世居其职。编户一里，秋米二百一十九石。县今省。

废纡州，在县西。唐所置羁縻州也，领东区等六县，隶桂州都督府。其南又有羁縻废归思州，亦唐置。宋初因之。庆历三年，以二州地并入忻城县。○废思顺州，在县东，亦唐所置羁縻州也，领罗遵等五县。宋初因之。又有废归化州，宋所置羁縻州也。庆历四年，以二州地并入柳州府马平县，后析入县境。盖县与马平接界也。

叠石山，县北六十里。岩石重叠，因名。又龙塘山，在县北六里。○张帽山，在县东北，山高耸，与叠石山相映带。

乌泥江，县西六里，即都泥江也。自那地州流入境，经县北，下流入宾州迁江县界。○龙塘江，在县北，源出龙塘山，东南流入乌泥江。《志》云：县旧设三寨巡司，旋革。

永顺长官司，府西南六十里。本宜山县古阳、述昆等乡。弘治间，增置是司，以邓文茂等世其职，割宜山西南百二十四村畀之，秋米三百五十九石。

永定长官司，府东南八十里。本宜山县归善、洛三等乡。弘治中，增置是司，以韦槐等世其职，割宜山东南一百八十四村畀之，秋米三百三十五石。《土夷考》：宜山南境与思恩府接界。正统六年，老人黄祖记与思恩土官崇瑛合谋割地归思恩，土人韦万秀不服，遂倡乱。成化二十二年，覃召管等复作乱。弘治中，遣官抚之，叛者愿以黄祖记所谋割地复立长官司。抚臣邓廷瓒奏，从其请，遂置二司，设正副长官各一。自是遂为羁縻之地。

读史方舆纪要卷一百十

广西五 南宁府 太平府

○南宁府，东至浔州府贵县五百里，东南至广东钦州三百五十里，西至太平府罗阳县界三百十里，西北至思恩军民府二百三十里，东北至柳州府宾州二百五十七里。自府治至布政司二千二百里，至江南江宁府六千四百十里，至京师九千二百七十里。

古百粤地。秦属桂林郡。汉属郁林郡。后汉因之。晋大兴初，分置晋兴郡。宋、齐以后因之。隋平陈，郡废，属简州。大业初，属郁林郡。唐武德四年，置南晋州。贞观六年，改曰邕州，置都督府，并督羁縻二十六州。自是皆兼督府之名。开元中，置邕管经略使，为岭南五管之一。刘昫曰：上元后始置经略使，似误。《新唐书》：州城内有经略军。天宝初，曰朗宁郡。乾元初，复故。咸通四年，置岭南西道节度使，治此。五代时，属于南汉。改岭南西道曰建武军节度。宋仍曰邕州。亦曰永宁郡、建武军节度。州仍置都督府，督羁縻州四十四。元曰邕州路，泰定初改曰南宁路。明初，改路为府。《志》云：洪武十年改。今领州三、县三，又羁縻州四。

府内抚溪峒，《志》云：府境有三十六峒，错壤而居。外控蛮荒，实南服噤喉重地。唐置邕管于此，为广南唇齿之势。唐咸通元年，南诏陷安南。明年，转陷邕州。四年，南诏复陷安南，遂进逼邕管。明年，围州城。盖州与安南接境。宋侬智高倡乱，邕州不守，而西路遂为鱼肉。宋皇祐四年，侬智高陷邕州，遂陷横、贵、藤、梧、康、端、龚、浔八州，又陷昭州及宾州。荡灭之后，恒以重兵戍守。元亦置重镇于此，以镇压安南。元至元十六年，邕州路兼左右两江溪洞镇抚司。元贞初，以静江都元帅府分司邕州。近代用兵田州及经略安南，皆建节于此。盖地居冲要，势所必争也。

○宣化县，附郭。汉领方县地，属郁林郡。晋置晋兴县，为晋兴郡治。宋、齐因之。隋属简州。开皇十八年，改县曰宣化，属缘州。大业初，属郁林郡。唐、宋以后，皆为州郡治。今编户四十一里。

邕州城，府南二里。相传唐时邕州治也。四方俱水而中高曰邕，有邕溪水经其下。咸通二年，邕州为南诏所陷，后复治此。宋皇祐中，平侬智高，改营今城，后屡经修筑。明嘉靖十六年，复营治之。有门五，城周六里。

朗宁废县，在府西。唐武德五年，析宣化县置朗宁县，属南晋州，寻属邕州。宋开宝五年废。○思笼废县，在府西北。《新唐书》：乾元后，开山峒置，属邕州。又封陵废县，亦唐乾元后开山峒所置也，属邕州。开元十四年，封陵獠梁大海等据宾、横州反，讨平之。宋开宝五年，与朗宁县俱废。

晋兴废县，在府东北。唐武德五年，析宣化县地置，属南晋州，寻属邕州。五代末，南汉废。又横山废县，在府东，以近横山而名。唐武德五年置，属南晋州，寻属邕州。乾元后省。○如和废县，在府南。唐武德五年置，属钦州。景龙二年，改属邕州。宋景祐二年，废入宣化县。

废瀼州，府南二百八十里，东至广东钦州六百三十里。《通典》：隋大将军刘方始开此路，置镇守，寻废不通。唐贞观十二年，清平公李弘节遣钦州首领宁师京寻刘方故道，开置瀼州，以达交趾，治临江县，兼领波零、鸪山、弘远三县。天宝初，改为临潭郡。乾元初，复曰瀼州，以县界有瀼水而名也。唐末废。胡氏曰：州在郁林西南、交趾东北。○废怀化州，在府西。本邕州怀化洞。宋元祐初，改置州，盖羁縻州也。绍兴以后废。

武号山，府南十里。山势雄武，拱向城郭，为邕江之砥障。一名五象山。又青秀山，在府东南十里，雄峙秀拔，障邕水之口，拱揖望仙、白塔诸山。○马退山，在府北十五里。柳宗元曰：是山崒然起于莽苍之中，驰奔云矗，亘数十百里，尾盘荒陬，首注大溪，诸山来朝，势若星拱，苍翠诡伏，绮绣错杂。盖天钟秀，于是不限于遐裔也。又北五里曰罗秀山，上有龙潭，山高峻，俯瞰北湖，亦曰罗山。又有苦竹山，在府北三十里，多产苦竹，因名。

横山，府东八十里。山高险，横截江流，南蛮入犯，往往以山为孔道。宋置横山寨于山上，为控扼之所。又思王山，在府东北六十里。《志》云：山跨柳州府来宾县及宾州界，险峻难越。又都石山，在府东六十里，以岩石崔嵬而名。其相近者曰都茗山，产茶。○都龙山，在府西北六十里，蜿蜒起伏，势若游龙，远近诸山，皆相连带。又圣岭山，在府西三十里，峰峦秀拔，云兴雨至，居人每以为验，因名。又府西二十里有铙钹山，下有龙潭，流入大江。

昆仑山，府东北百里。巉岩峻拔，高出群山，有道极险厄，古设关于此，以扼蛮洞，关上有台。宋皇祐四年，狄青讨侬智高，勒兵宾州，别将陈曙擅引步兵击贼，溃于昆仑关，青诛之，旋引军次昆仑关，元夜于军中会饮，引兵先度关，大败贼兵。又熙宁七年，交趾分三道入寇：一自广府，一自钦州，一自昆仑关，连陷钦、廉二州，又陷邕州。盖关为府境之冲要也。《志》云：关扼宾、邕两界，旁多岐岭与诸夷通，据关而守，则间道所当虑也。

望仙坡，府东北一里，与罗秀山相对。昔罗秀者学仙于山上，故坡以望仙为名。狄青破侬智高，时驻师于此。坡下有白龙塘。《志》云：府南百里有回龙岩，下有龙潭。

大江，在府城西南，即郁江也。其上流自奉议州流入界，经归德州及隆安县南，又东流至此，有左右二江流入焉。左江源出交趾境内广源州，右江源出交趾境内峨利州，二江俱东北流，至合江镇会为一江，又东至府城西南合于郁江。唐时，广、桂、容三道共发兵三千人戍邕州左、右江，三年一代。其后，戍军废，左、右江守兵单薄。咸通二年，南诏乘虚入寇，遂陷邕州。左、右江盖南蛮入寇之道也。郁江，自州南复引而东，经永淳县南，又东入郁州界。《唐志》：郁江，自蛮境七源州流出，常为州民患。景云中，州司马吕仁引渠分流，以杀水势。自是无没溺之害，民皆夹水而居。盖误以左、右江为郁江上源也。又刘昫曰：骊水，在宣化县北，本牂牁河，俗呼郁林江，即骆越水，一名温水，盖皆郁江之异名也。唐时，州城未徙，故江在城北，非误也。余见大川左江及川渎异同。

八尺江，府东南六十里。其上流自广东钦州界流入境，北流入于郁江。《志》云：府东南六里有扈江，西北十里有星盈江，府东四十里有大冲江，合远近诸山泽水，下流皆入郁江。

伶俐水，府东八十里。源出昆仑山，流经横州、永淳界，合于郁江。〇可泸水，在府西九十里，源出思恩府境大明山，流经武缘县界，至龙安县曲流村合郁江。

北湖，府北十里。又北五里有铜鼓陂，陂水南溢，汇而为湖，中有五花洲。又有龙溪，亦出铜鼓陂，会北湖诸水南流入郁江。《志》云：铜鼓陂，昔时潴流溉田处也。永乐二年修筑，其后崩溃。成化、嘉靖中，皆尝修筑，为民利。○邕溪，在府南十里，源出钦州界，北流经故州治南入江。唐以此名州。《郡志》云：溪源出四方岭，经府西十里南入江。似误。

昆仑关，在府东昆仑山上。详见前。

横山寨，在府东横山上。唐尝置横山县。宋置寨。皇祐元年，广源州蛮侬智高据安德州，沿郁江东下，攻邕州横山寨，杀守将，寻陷邕州。绍兴三年，诏市马于横山寨，置博马场，以东路经略安抚司总其事。开庆元年，蒙古兀良合台自交趾而北，破横山，进陷宾州、象州，趋静江寨，盖锁钥重地也。或作横江寨，误。

永平寨，在府西。旧与横山寨并称要害。《志》云：永平寨去府十程，宋置，为戍守要地。○古万寨，在府西百四十里，亦宋置。《志》云：左江发源交趾界，流五百八十里至古万寨，又九十里至合江镇。是也。

迁隆寨，府西八十里。因宋寨为名。又府西六十里有那南寨，七十里有那龙寨，百四十里有渠乐寨，皆设巡司戍守，俱洪武四年置。○金城寨，在府东九十里。本宋之金城驿。宋皇祐四年，广南西路将陈晓击侬智高于邕州，败于金城驿。明洪武四年，改为寨，并置巡司于此。又八尺寨，在府南六十里。有巡司，亦洪武四年置。近八尺江，因名。

合江镇，府西五十里。左、右两江合流处也。宋皇祐中，狄青败侬智高于归仁铺，智高自合江口遁入大理，即此。胡氏曰：府西有左江、右江二镇。唐长庆三年，岭南奏黄峒蛮寇邕州，破左江镇，是也。或曰，左江、右江，即合江之异名耳。○归仁铺，在府东三十里。狄青讨侬智高，陈于归仁铺，贼兵大败，智高遁去，筑京观于铺侧，即此。

三官堡，在府西那梧村。嘉靖三十年置。又大座堡，在府东北三十里，防宾州、武缘诸山寇。关山堡，在府东北八十里，防宾州、渌里之寇。又渌开堡，在府西北四十里。又西有木冥村堡及渠乐堡，今名三河堡，防罗阳县白沙、那昏、长沙诸寇。○团罗堡，在府南九十里。又南二十里有那漏堡，防广东灵山、钦州之寇。

建武驿。在府治西南。又府西五十里有凌山水驿及大滩马驿。又那龙寨旁有那龙水驿，府南五十里又有黄范水驿，府东六十里有施淰马驿，又东五十里有长山马驿。府当四达之道也。万历中，迁凌山驿于新宁州。

○隆安县，府西北百八十里。东至思恩府武缘县百二十里，西至万承州百四十里。本宣化县思龙乡之那九村。嘉靖七年，王守仁守田州，相度地利，奏置今县，属南宁府。十四年，筑砖城，周不及二里。编户十里。

三台山，县东二里隔江。俗曰岜横。顶有三峰，因改今名。旁有那觉岩，深不可测。县东南八里又有金榜山，俗曰岜雅，有岩有池，四寨如城，中多泉石，奇胜不一。○火焰山，在县东北三十里，俗曰岜桑。脉自归德州来，上有泉。六七月间，山表火焰自发，因名。《邑志》：县东三十里有岜桑山，亦高耸，上有泉池，非即火焰山也。又东十里曰逍遥山，上亦有池。又县东五十里有陇鸦山，岩石之胜，甲于一邑。

岜仆山，县南四十里。有岩，可容数百人，旧为夷贼渊薮。设县以来，稍稍敛迹。又盖桥山，在县南二十里。中有岩穴，水积其中，架梁其上。○岜空山，在县西三十里，高出众山，山顶有岩，流泉下注大江。又多柄山，在县西南三十里，亦高秀。县西南六十里有龙山，山形屈曲，宛如游龙。

梅龟岭，县南五十里。广三十里，树木丛蔚，鸟兽繁殖，盗贼常窃据于此。又更院岭，在县东三十里。平洋中突起五峰，逆镇大江，俗谓之梅花岭。又那龙岭，在县南半里，岩嶂层叠，下有甘泉。又南里许曰马晚岭。○龙床岩，在县东南二十五里。滨江岩内，有石如床，下有龙床潭，深不可测。《志》云：县西北三十里有阳明洞，滨江。王守仁征田州时过此，因名。

大江，在县城北。自奉议州流经县西，绕流而东南出。《郡志》云：江自田州经县界，至县东五十里，绕流九曲，其地名九曲村，又东南达于郡城。

可泸江，县东南七十里。与武缘县接界，流入宣化县界，合大江，可通舟楫。○驮甘溪，在县东二里。又头玉溪，在县北三十里；剥落溪，在县东北二十里；皆出武缘县界，流入境，分引溉田，下流注于大江。又驮良溪在县西十里，驮兴溪在县南十五里，驮渌溪在县南二十里，流合驮兴溪；皆源出万承州，分灌诸村田，达于大江。

驮鼋溪，县西北十里。发源都结州，流经县西岜空山，又东合大江。又墓乌溪，在县东南四十五里，源出思恩州之明山。又桥峻溪，在县东南五十里，源出永康州，皆分灌民田，流注大江。《志》云：县西有冲柳溪，又有冲利溪，亦流注大江，有灌溉之利。

驮演寨。在县西，有巡司。《志》云：旧在那村，今徙于那九埠头。又那楼寨，在县南二十里，亦有巡司戍守。又梅龟堡，在县东南五十里，有戍兵，以扼梅龟岭之险，隆庆四年置。○那造水驿，《志》云：旧在府西九十里，后徙于县城西北隅，嘉靖四十五年革。

○横州，府东二百十里。东至浔州府四百三十里，南至广东钦州三百五十里，北至柳州府宾州二百六十里。

秦桂林郡地。汉为郁林郡地。孙吴永安六年，置合浦北郡。晋太康七年，改置宁浦郡。《广州记》：汉建安二十三年，吴分置宁浦郡。《晋志》亦云：宁浦郡，吴置。沈约据《太康地志》云：晋改合浦属国都尉，立郡。宋、齐因之。梁增置简阳郡。隋平陈，二郡俱废，改置简州。开皇十八年，改为缘州。大业三年，州废，属郁林郡。唐武德四年，复置简州。六年，改为南简州。贞观八年，改为横州。天宝初，曰宁浦郡。乾元初，复曰横州。宋因之。亦曰宁浦郡。元曰横州路，寻复为州。明洪武初，以州治宁浦县省入，改隶浔州府。十年，降为横县，隶南宁府。十四年，复为州。编户十五里，领县一。今因之。

州屏蔽岭西，控扼交趾。宋余靖以为九洞襟带，列城唇齿。杜杞以为地势险阻，实邕、钦、廉、三郡之咽喉。说者以为粤西之要在邕州，邕州之要又在横州。州盖粤西之锁钥，不特一二郡之藩垣而已。

宁浦废县，今州治。汉郁林郡广郁县地。吴置昌平县。晋太康元年，析置宁浦县，为宁浦郡治。宋、齐因之。隋、唐以后，皆为州郡治。明初废。《城邑考》：州旧为土城，元至正六年，甃以砖石。明洪武二十二年，复修拓之。宣德十年、景泰二年、成化四年，皆尝增修。嘉靖三十一年、三十八年，又复营缮。南距大江，东、西、北三面环濠，有门六，城周十里。

乐山废县，州东南五十里。汉合浦郡高凉县也。晋置平山县，属宁浦郡。梁置乐阳郡治焉。隋平陈，郡废，改县曰乐阳，属简州。开皇十八年，又改乐山县。大业初，属郁林郡。唐属横州。宋开宝五年，省入宁浦县。○昌平废县，在县东。《志》云：吴置，晋析置宁浦县，而昌平如故，亦属宁浦郡。刘宋省入宁浦县。沈约曰：晋改昌平为宁浦也。今《晋志》有昌平县。

兴道废县，州东南百里。孙吴时，置连道县，属合浦北郡。晋属宁浦郡，寻改为兴道县。宋、齐因之。隋废。又淳风废县，在州东北七十里。唐武德四年，析宁浦置淳风县，属简州，寻属横州。永贞初，改曰从化县。宋开宝五年省。

简阳废县，在州南。沈约曰：晋太康七年，置县，属宁浦郡。今《晋志》不载，《宋志》作涧阳。齐仍曰简阳县，属宁浦郡。梁简阳郡盖置于此。梁、陈间废。隋平陈，郡县俱废。○始定废县，在州西南。晋《太康地记》宁浦郡领始定县，今《晋志》不载。宋仍曰始定县，属宁浦郡。齐改曰安广县，宁浦郡盖治此。梁、陈间废。又吴安废县，在县西，盖曰三国吴置，晋属宁浦郡，宋、齐因之，后废。

蒙泽废县，州西四十里。唐武德四年，置蒙泽县，属简州。贞观十二年省。又岭山废县，在州西北百里。梁置县，为岭山郡治。隋平陈，郡废，改曰岭县，属简州。开皇十八年，复曰岭山县。大业初，属郁林郡。唐属横州。贞观十八年，省入宁浦县。

秀林山，州西南十里。一名盛山，以林木秀郁而名。又古钵山，在州北七里，山形圆耸。其左曰九珠山，右曰九凤山，以山势联络飞舞而名。《志》云：古钵山，州之镇山也。○长寨山，在州东二十里，形如执笏，一名将军山。又城东北二十里有罗蚕山，平地突起，其形如蚕。

宝华山，州南二十里。山势高秀，背有雷公岭，泉出如练。又南三十里曰洪崖山，山之东麓接广东灵山县界，置堡其上，为守御处。

乌浒山，州东六十里。昔乌浒蛮所居之地，亦曰乌浦。后汉建兴三年，郁林太守谷永招降乌浦人十余万，开置七县。熹平末，合浦、交趾乌浦蛮反。光和四年，刺史朱儁破之。盖是时乌浒于诸种蛮为最盛也。杜佑曰：乌浒在南海之西南、安南府北，属朗宁郡界。刘昫曰：今贵州郁平县，汉郁林郡广郁县地，古西瓯骆越所居，谷永招降乌浒，即此地也。今山与贵县界相近，亦谓之乌蛮山。《郡志》：山本名乌岩，南汉主名岩，因易为蛮，非是，山下有乌蛮滩。〇东山，在州东南八十里，高数千丈，盘纡百余里，多樟楠之材，武流水出焉。

震龙山，州北百里。山顶有潭，分流为五溪。《志》云：横、淳、宾、贵诸山之脉皆起于此。又天堂山，在州西南百里。其并峙者曰石榴山，山高耸，登其巅，见广东钦州灵山县境。〇崆峒岩，在州东三十里，石洞玲珑，一名五星岩。又东十里有凤凰岩，石壁临江，岩室深广。又登高岭，在州城西北隅，上有敌台，景泰二年建。

郁江，在城南。自永淳县东流至此，环抱州城，其形如月，谓之月江。又东入浔州府贵县界。《志》曰：州西南五十里为横槎江，中有滩，亦名横槎滩，亦曰横浦，相传昔有浮槎至此而名。州曰横州，以此也。经州东二十里为月林湾，又东四十里历乌蛮滩，滩极险，延亘三十余里。又东二十里为鳄江，以旁有鳄鱼穴也。皆郁江之异名矣。余见大川右江。

清江，州东十里。源出州北，经六麽山下，又南有从化水流合焉，注于郁江。又古江，在州东十六里，源出震龙山，经州北六十里之绿蓝坡，下流至乌蛮驿入于郁江。〇武流江，在州东南二十里，源出广东灵山县界，北流经东山麓，又北合于郁江。又陈埠江，在州西南十里，源出钦州界，经灵山县入州境。商人贩竹木谷粟之利，多取道于此，达于郁江。《志》云：州东五十里有苦竹水，旁多苦竹。又州西五十里有泠水。下流俱注于郁江。

太平关，州南隔江二里。成化四年建。《志》云：州西四十里有南乡巡司，州东六十里又有古江口巡司，旁有乌蛮水驿，置于乌蛮滩上。又州门驿，在州治西。〇海棠桥递运所，在州城西一里，洪武中建。

武思营。在州东，近贵县武思江口。驯象卫拨兵戍守。又六庄堡，在州东南五十里。州境又有洞口堡、楞佛堡。

〇永淳县，州西百三十里。北至宾州百四十里，南至广东灵山县界五十里。汉郁林郡广郁县地。隋为宁浦县地。唐武德中，置永定县，为淳州治。天宝初，曰永定郡。乾元初，复为淳州。永贞初，改曰峦州。宋开宝五年，废峦州，以永定县属横州。熙宁四年，省入宁浦县。元祐三年，复置，更曰永淳县。元因之。明初，属浔州府。洪武十年，属南宁府。十四年，仍隶横州。编户七里。

废峦州，在县北。《新唐书》：唐武德四年，置永定县，并置淳州。刘昫曰：淳州失起置年月，或以为开元中所置也，后又改曰峦州。咸通二年，安南陷邕州，经略使李弘源奔峦州，即此。五代时，南汉亦曰峦州。宋废。《城邑考》：县本治江北，元至正十二年，以峒贼乱，迁于三洲村。明洪武三十一年，复以寇乱，迁江南岸。天顺八年，始筑土城。成化八年，复以寇乱，始甃以砖石，开濠环之。嘉靖三年及十四年，又复修筑，周二里有奇。《邑志》：古淳州在县东百里，又云峦州在县北六十里，皆误。

武罗废县，县北八十里。唐置，属淳州。宋开宝六年，废入永定县。又灵竹废县，在县东七十里，亦唐置，属淳州。宋初废。今县有武罗、灵竹二乡。《邑志》：县南七十里有南里废县，唐置，旋废。今正史不载。

挂榜山，县治西北隅。城环其上，石壁临江，亦名屏风山。下有珠岩，俯临水涯。《志》云：城北二里有万松山，一名印匣山，亦曰赤石岭。又有佛子岭，在县东二里。

高尖山，县北二十里，高耸接天。又天堂山，在县西三十里，峰峦峻拔。又司中山，在县西北三十里，山深林茂，中多名材。县北五十里又有滕塘山，山多林木。其相近者曰大人岭，岭高耸，上有古寨，乡人避寇处也。

盘龙山，县东北七十里。山形蟠绕。又火烟山，在县南三十里，峰峦高峻，烟雾蒙胧，状如火烟。○鱼流山，在县西六十里，滨江潦涨湍急，鱼辄随流而下。又龙隐岩，在县西十五里，岩壑甚胜，一名聚仙岩。又朦胧窟，在县东二十里，石窟中容数百人。

郁江，在县城西。自宣化县东流入县界，历县北，复绕城而西南，又折而东入横州界。中有牛练滩。《志》云：滩在城南十七里。又有三洲，在县西南十里。水中有三洲突起，旧县尝治此。

永东江，在城东一里。一名四岭江。自横州北境流入县界。又东班江，在县东北五里，源出横州震龙山，其别源出宾州界，经县西北二里，俱入于大江。○秋风江，在县西南三十里，一名马卯江。《邑志》：江有二源，一出广东灵山县界，一出宣化县界，俱流入大江。

莫大湖，县东二十里。又清湖，在县东五十里。《志》云：县北六十里有平旺潭，今筑坝，运谷于此，为军兴之资。○火烟溪，在县东三十里，源出广东灵山县。又蓼江溪，在县北五十里，源出横州震龙山。下流皆入于郁江。

火烟驿。县南六十里，水驿也。旧名罗帏站。明初，改今名。又县城南有县门驿。《志》云：县东北六十里有修德乡巡司，景泰间，迁于县西。又县北有武罗乡巡司，县南有南里乡巡司，皆置于废县治云。○渌境堡，在县西十五里江滨。又西十里有石洲堡。《志》云：石洲西十五里曰伶俐堡，又西二十里曰天窝堡。二堡在宣化界内，而工食则取给于县。盖县境上流之卫也。

○新宁州，府西二百里。西南至忠州二百里，西至江州界百八十里，西北至太平府罗阳县百里。

古蛮峒地。唐贞观十二年，清平公李弘节招抚降附，开置笼州。天宝初，曰扶南郡。乾元初，仍为笼州，寻复荒塞。明嘉靖中，峒民黄纲率众归款。隆庆六年，始置新宁州。《志》云：州境旧为四洞，地介宣化县及思明、江州、忠州间，后为思明及忠州所占据。嘉靖十八年，峒民黄纲请内属，因改四峒为四郡，曰武黎，曰华阳，曰沙水，曰吴从，设四都营，属南宁府，使黄纲等掌其地。隆庆中，思明、忠州争取四都地，忠州黄贤相擅命据守，剽掠村落，官兵讨擒贤相，寻建州，治沙水都定渌冈，以三都地属之，属南宁府。今因之。

武勒废县，在州东。唐置笼州，治武勒县。勒，或作勤。唐末，没于蛮。今州城，隆庆六年筑。万历十三年，易以砖石。有门四，城周四里有奇。

武礼废县，在州境。唐笼州，兼领武礼、龙罗、扶南、龙赖、武观、武江六县，后皆废。宋置羁縻武黎县，属邕州。武黎，即武礼之误也。元废。今为武黎都。龙赖，或作龙额。〇华阳废县，在州西南。元置，属思明路。至元二十九年，上思州土酋黄圣许作乱，结交趾为援，陷忠州、江州及华阳县，寻败走交趾。明初，县废。今为华阳都。

西原废州，在州西南。又西接太平府境，皆古西原蛮地。唐上元初，桂州经略使邢济奏破西原蛮二十万众，斩其帅黄乾曜等。大历六年，西原蛮张侯、夏永等陷容州及郁林州，容管经略王翃讨平之，因置羁縻西原州，属安南都护府。寻复入于蛮。《新唐书》：西原蛮居广、容之南、邕、桂之西，北接道州、武冈，西接南诏，依阻洞穴，绵地数千里。有宁氏相承为豪，又有黄氏居黄橙峒，其属也。天宝初，黄氏强，与韦氏、周氏、依氏相唇齿。为寇害，据十余州，既又逐韦、周于海滨而夺其地。今州境诸土豪，大抵皆黄氏之裔云。

印山，州南一里。其上有玄天洞，石峰突起，宽敞可容百人。〇三峰山，在州北。三峰并峙，环列如屏，俗名笔架山，下有金鸡岩。又北二十余里有朝冠山，洞水出焉，流入大江。

狮岩洞，州西北十里。山半有洞，洞口宽数十丈，稍入则邃曲空旷，称为奇胜。又犀牛洞，在州西十里，洞最空明，池水清澈。〇石人埠，在州东五十里，接宣化县界。有石如人，卓立水滨。

大江，在州城北。自奉议州流入境，又东入隆安县界。《志》云：州西五里有鲇鱼湾，大江经此，群峰壁立，一石下垂，状若鲇鱼。又有回澜石，在州西一里，巨石突出横江，江水为之西折。州西半里又有石龙洲，连亘千余丈，横截江流，三面背水，中一白石，长数十丈，出地不过尺许。

丽江，州南二里。《志》云：自太平府罗阳县流入境，又东入宣化县界，即府西南境之左江也。

凌山驿，在州西。旧在宣化县西五十里。万历三年，改属州，移于州治南。十五年，复徙置于西门外。

申峒。在州南。宋嘉祐五年，交趾与申峒蛮寇邕州，广西经制使余靖讨平之。又黄峒，在州西，即西原蛮巢穴也。一名黄橙峒。唐大历以后，黄峒蛮屡为乱。元和末，裴行立攻黄峒蛮，破之，既而复炽。长庆二年，邕州刺史李元宗惧罪奔黄峒，盖遁入蛮中也。

〇上思州，府西南三百里。至思明府二百五十里，东南至广东钦州界七十里，西南至交州偏村界一百里。

唐初羁縻蛮洞地，寻置上思州，属邕州都督府。宋属邕州迁隆寨。元属思明路。明初因之。《志》云：洪武元年，土官黄威庆率子中荣内附，以州授中荣。成化末，其孙瑛以罪死，族党争立作乱。弘治中，改流官。正德中，余党黄镠等复为乱，嘉靖初讨诛之。弘治十八年，改属南宁府。编户二十里，秋米六十七石。

上思州旧城，在今州南隔江。峙武岭之麓，有土城。弘治十八年，迁州治于江北，改筑州城，即今治也。嘉靖十五年、二十三年，复增拓之。三十五年，又复营治。有门四，城周四里有奇。

狮山，州北二里。蹲踞若狮。一名思山，州因以名。其并峙者曰文岭山，亦曰三台山，山阴五里有温泉。○望州山，在州北十里。官路所经，俯瞰州治。其相接者曰渌王山。又北二十里曰北梯岭，路险若梯。

栋铜山，在州东。有三百谷口。又朝拜山，在州南，一名六马岭，其形如拜。○凤凰山，在州西十里，北接王侯山，上有廨址，一名王侯寨。又蕾淋山，在凤凰山西。嘉靖初，官兵讨黄镠，屯营于此。州西十八里又有达追山，亦曰排汤岭，四周石壁，泉流如瀑布，下注成溪。

东香山，州北四十里。山最高险，下有弄怀岩，岩峻洞深，怪石层叠。其东曰美丽岩。又大吉山，在州东七十里，俯视群山，草木蔽芾。其相接者曰幞帐山。○十万山，在州西南八十里，群峰巑岏，百溪分注，明江之源出焉。

四方岭，州西三十里。山势陡拔，四面方正。上有天池，溉田甚远。○峙武岭，在州东南。其东峰高百丈，上有土城，相传马伏波所立。山之麓为甘燕岩。其对峙者又有胡峙岭、回车岭，上皆有土城。又独秀峰，在州东南五里。峰后三里有狮子潭。州西八里又有明丽峡，两山相丽，明江水出其间。

明江，州南一里。源出十万山，东北流至州西南五里汇为葫芦潭。亦曰龙跳溪，一名板龙溪。江流两分：一西流入思明府界，一东流经州南，又东至古万寨与小江合。《志》云：州南有龙潭，一名汪水潭，亦明江所汇也。

小江，在州东南。即源出峨利州之右江也。流经州境，入宣化县界。又上渔江，在州西南，亦东流至古万寨合于小江。渔，亦作愚。○驮龙溪，源出州北龙岭，南经狮山，绕流而南合于明江。又驮造溪，源出州东十里东晓山。州西又有驮槐等溪，源出凤凰山。皆流注于明江。

驮桃溪，县北二十里。一名驮白溪，源出东香山。又有剥邓溪，出州西三十五里弄朴山。淰况溪，出州东二十里蕾西山。下流皆入明江。○那板溪，在州西南，与渌浪、渌郁等溪俱出十万山，流汇于明江。

那马堡。在州东。又东南有那洞等堡。又耿槐堡，在州南。相近又有那岭等堡。又南有那提堡，接交趾界。○弄槐堡，在州西。又西有那麻、佛子等堡，接忠州界。西南有那奔堡，近思明府之迁隆洞，常为峒酋所侵轶。又州北有渌骨等堡。皆戍守处也。

附见：

南宁卫。在府治西，洪武二年建。又驯象卫，在横州治东，洪武二十一年建。

○归德州，府西二百五十里。东北至思恩府二百五十里，西北至田州三百里，南至隆安县六十里。

唐羁縻蛮地。宋熙宁中，置归德州，隶邕州横山寨。元属田州路。明初，属田州府。洪武二年，黄隍城归附，授世袭知州，以流官吏目佐之。为田州所侵铄，请隶南宁府，从之，仍以黄氏世其职。弘治十八年，改今属。编户一里，秋米一百十石。

归峰山，州治西。山势有趋归之状，因名。

大江，在州西南。自奉议州流入境，又东入隆安县境。《志》云：州治西南有三索桥，即大江所经也。

润山堡。《图经》云：在州东。又州西有丹良堡。

○果化州，府西南三百二十里。西北至田州三百五十里，东北至归德州百里。

唐羁縻蛮峒地。宋为羁縻果化州，仍隶邕州。元属田州路。明初，属田州府。洪武二年，土官赵荣归附，授世袭知州，以流官吏目佐之。弘治中，为田州所侵铄，改隶南宁府，仍以赵氏世其职。弘治十八年，改今属。编户一里，秋米一百四十石。

○忠州，府西南四百余里。西至思明府百余里。

唐羁縻蛮地。宋置忠州，属邕州迁隆寨。元属思明路。明初，属思明府。《土司考》：忠州土官黄姓，其先江州之族。明初，黄威庆率子中谨归附，授威庆江州，中谨忠州，各世袭。隆庆中，知州黄贤相与思明土官黄承祖争四都地，贤相擅命侵据，官兵讨擒之，因改州，属南宁府，仍以贤相子有翰世其职。隆庆三年，改属南宁。编户一里，秋米二百一十石，贡马。

○下雷州，府西五百八十里。西北至镇安府百三十里，南抵太平府安平州界百二十里，西抵交趾界二百里。

唐羁縻蛮地。宋置下雷州。元因之。明初为下雷峒，时州印失，因废为峒，属镇安府。嘉靖四十三年，改属南宁府，《土夷考》：下雷峒长许永通，明初归附，调征有功，世袭峒长。嘉靖十四年，复得旧印，仍号下雷峒，后改今属。万历中，以地逼安南，升下雷州，授许应珪为土官，流官吏目佐之。万历十八年，升为下雷州。编户一里，秋米百石。今省。

○太平府，东至交趾界二百四十五里，南至江州界六十五里，西至龙州百八十里，北至向武州界三百里。自府治至布政司二千五十里，至江南江宁府六千九百八十里，至京师一万四百二十五里。

古南粤地。汉属交趾郡，地名丽江。晋、宋以来，为夷獠所据。唐为羁縻蛮地，《志》云：即西原蛮地也。隶安南都护府。其后，或臣或叛。宋平岭南，于左、右二江溪洞立五寨，此为太平寨。与古万、迁隆、永平、横山四寨为五也。五寨各领州县溪洞，属邕州。元初，仍为太平寨，后改置太平路，控制左江州县溪峒。明洪武二年，改为太平府。《土司考》：元至正间，太平路为上思酋黄英衍所据，迁路治于驮卢村。洪武元年，归附，因改路为府，设流官知府统之，复迁府治于丽江。编户三里，秋米二千石有奇。今领州四、县一，又羁縻州十四、县二。

府内环溪峒，外达交趾，山川围绕，为西南之藩翰。

〇崇善县，附郭。宋置羁縻崇善县，隶古万寨。元隶太平路。明洪武初因之，土酋赵氏世袭。宣德间，改流官。嘉靖十九年，迁入郭内。编户十六里。

太平城，今府城。一名壶城，以丽江自西北来经城南，复折而东北，屈曲如壶也。元末，徙治驮卢，在今城东北三十里。洪武初，复还旧治。六年，创筑府城，甃以砖。永乐六年，易以石。正德十四年，复修筑。隆庆六年，水泛城淹，旋复修治。万历三年，复营缮。旧有门五，正德末塞西南一门，今为门四。东、西、南三面皆据河为险，城周不及四里。

崇善废城，府西北五十里。古名崇山。宋置崇善县，隶古万寨。元隶太平路。明洪武初，土官赵福贤归附，子暹袭。宣德间，暹叛，攻破左州，占据村峒四十余所，帅臣顾兴祖讨诛之，始改流官。嘉靖初，徙入郭内。今故址犹存。

将军山，在府城东。山势耸立，如武士然。或谓之衣甲山，今名文奎山。又金柜山，在府城东隔江。山形如柜，其中虚明，可容百人。〇笔架山，在城东一里。其北曰葱笋山、筋竹山，上多产竹，故名。又城东三里曰蛾眉山，屹立云表。其并峙者曰白云山，方岩连亘，如玉屏然。有七洞相连，而白云最胜。其相近者又有尖峰，峰尖而秀，如卓笔然。

灯架山，府北四里。高耸尖秀，望之巍然。又鳌头山，在府东北四里。屹立江心，形如砥柱。其西即峨眉山也。每春夏，波涛冲激，有声如雷，俗名鸡笼山。《志》云：城北三里有石门，其石突立江上，中通如门。又有感谷，在城西北一里，上有进宝石，下瞰江流，状如石阙。

青连山，府北十里。山势绵亘三百余里，峰峦纷列，青翠相连。其阳青山岩，高阔深邃，奇胜不一。岩中之土可以煎硝，郡人取之。又北四十里曰盘环岭，纯土可耕。望见太平、安平二州，一名望州岭。

崇官山，旧县北二里。县因以名。或云即古崇山，舜放驩兜处，传讹也。《一统志》：旧县南二里有环岭，盖即盘环岭矣。

府前江，在府城南，即丽江也。亦曰左江。发源交趾界广源州，合七源州之水，历凭祥州、龙州、思明州、下冻州，会崇善县水，经府城西，环绕城南而东北出，历左州、思同州、陀陵县、罗阳县诸境，又南入南宁府界，至合江镇，与右江俱会于郁江。

旧县江，在府西北。一名崇善江。合思城州、太平州诸水，流经故县北，又东南入于丽江。《志》云：旧县东又有崇善水，出崇官山，与崇善江合流。

龙马泉，在府治南。水色清碧，南流入丽江。又有广济泉，在青连山北。《志》云：泉在府北二十里，皆有溉田之利。

壶关，府北三里。府城三面临江，惟北通陆，江流屈曲，形如壶口。正德三年，置关于此，用石甃筑，东西跨河，为城北之保障。关外一里有陇口岭，与关城为唇齿。又有保障关，在府东北四十。〇威震关，《志》云：旧在衣甲山下，一名伏波关，相传马伏波征交趾时所筑。又旧有南关，近交趾界。今皆废。

府前渡。在城南。一名南门渡。自府境达思明府、思陵州、上思州、忠州、江州之路，皆出于此。又有归龙渡，一名中渡，在府城东。又城西有上郭渡，城东南有下郭渡。皆丽江津口也。〇左江驿，在府城东南,与下郭渡相近。

附见:

守御太平后千户所。在府治东。洪武五年建,隶南宁卫。

〇左州,府东北百里。东至永康州百里,南至江州八十里,东北至万承州五十里。

旧蛮峒地,古名左阳。唐置羁縻左州,隶邕州都督府。宋仍曰左州,隶古万寨。元改今属。明初,亦为羁縻州,《土夷考》:洪武初,土官黄胜爵归附,世袭知州。天顺中,以争袭相仇杀。成化中,始改流官。弘治、正德中,余党屡作乱,皆讨平之。成化十三年,改同正州,仍属太平府。编户四里,秋米二百三十石有奇。今因之。

左州旧城,在州东十五里,地名龙村。正德十三年,迁于古榄村,即今治也。有土城,周二里。

金山,州西北二里。有通幽岩,奇峰错峙,怪石环列。稍北有流霞峰,最高,登之则八表在目。又有双清、独秀诸峰,联络环向,六州之胜概也。又银瓮山,在州西五里,临江,上有洞。又州西南有华父山,泉石甚胜。《志》云:州南门外有天登山,两山峙立,言其高可登天,故名。

云岩山,州东三里。岩有二层,平广如一,一名云洲山,一名落城岩。又传感山,在州东南八里之咘亮村,奇峰对峙,一水中流,水隔处架槎以渡,岩洞泉石,类皆幽胜。〇柏岭,在州南三里。一名北山,岩中虚敞,可容百人。

丽江,在州南。自府东流入境,又东入思同州界。州治南又有桥龙江,源出陀陵县之三清山,西南流合诸山溪水,经龙、光二村,环州治而南入丽江。

龙泉,州东二里。高山连络,一石卓峙,泉涌其下,四时不竭,汇而为池，北流合于桥龙江。州民引流灌溉，凡数百顷。

驮朴驿。在州东沿江村。《志》云：州东境有龙头隘，旧设以防陀陵盗贼出没；南有怀拔隘，旧防江州、新宁流盗攻劫。今皆废。

○养利州，府北百五十里。西至思城州界二十里，东至全茗州界三十里，北至龙英州六十里。

旧蛮峒地，古名历阳。唐置羁縻养利州，属邕州都督府。今《唐志》不载。宋属太平寨。元隶太平路。明初，亦为羁縻州，《土夷考》：洪武初，土官赵日泰归附，世袭知州。宣德三年，其裔赵文安侵掠邻境，服辜，因改流官。宣德七年，改同正州，仍属太平府。编户二里，秋米一百四十八石有奇。

养山，州西三里。绵亘甚远，苍翠蓊蔚，州盖以此山及利水名。又西四里有金马山，玲珑耸峙，为州之胜。○武阳山，在州东三里，有武安洞，武阳水出焉。《志》云：州治南有古嵩山，州治西又有小印山。两山相望，仅隔一里。

通利江，在州北。自龙英州流入界，又西南入崇善县界合崇善江。○利水，在州西一里。《志》云：源出思城州，东流入境，合于通利江。

武阳水。在州南。源出武安洞，洞中水滴成溪，亦曰洞溪，西南流至州南，有瀑布泉流合焉，下流亦汇于通利江。溉田甚广。

○永康州，府东北二百里。西至左州百里，南至思同州六十五里，东北至南宁府隆安县百里。

旧蛮峒地，古名康山。宋置永康县，属迁隆寨。元隶太平路。明初因之，《土夷考》：洪武初，土官杨荣贤归附。成化八年，其裔杨雄杰纠合峒贼劫掠宣化县，总兵赵辅讨诛之，因改流官。万历二十八年，升县为州，仍属太平府。编户一里，秋米四十石有奇。

净瓶山，州东二里。平地突起一峰，如瓶立。又州西北有凤凰山，西有白虎山。

驮排江，在州西。山溪诸水汇而为江，南流至罗阳县境，下流入于丽江。○绿瓮江，在州西南。源出州北绿浤山，西南流合思同、罗阳诸水入于丽江。

○上石西州，府西南三百三十里，东至思明府百五十里，西至交趾界百三十里。

古蛮峒地。唐置羁縻石西州，属邕州都督府。宋初因之。嘉祐间，改为上石西州，属永平寨。元属思明路。明初，并入思明府。永乐二年，复置，《土夷考》：上石西州，土官赵姓，明初归附。既而更赵、何、黄三姓，皆绝，始改流官。成化中，知州殷舆为土人毒死，厥后莅职者多寄孥于太平，承使令之乏而已。其州地则为思明土酋黄氏所据。嘉靖中，州虽属官，而莅职者旷废如故。万历十九年，知州孙继先复新州治，赫然更始，既而复为蓁莽。论者谓以土官辖流官，事体非便，乃改今属。万历二十八年，改属太平府。编户一里，秋米三十石。

古望山，在州北。山势嵯峨，可以望远。又白马洞，在州南三十里，中甚宏敞。

明江。在州东。自思明府界西北流经此，又西北入龙州境，注于丽江。

○太平州，府西北八十里，东至左州九十里，东北至养利州百二十里。

旧蛮峒地，古名瓠阳，即西原农峒地也。唐为羁縻波州地，属邕州都督府。宋为太平州，《宋志》不载。或曰即西农州，隶太平寨。元隶太平路。明初因之，《土夷考》：洪武初，土官李以忠归附，世袭知州，设流官吏目佐之，后属太平府。编户四里，秋米二百三十九石，贡马。

龙蟠山，州西二里，以山势盘绕而名。又州东有坡高山，绵延昂耸。○板栈山，在州南里许。州北又有岩傍山。《志》云：州治以四山环绕，称为形胜。

逻水。在州西。自南宁府下雷州发源，东南流入境，环绕州治。又有陇水，自安平州发源，东南流入境。又教水，自思城州发源，南流入境。俱合于逻水，三水同流，经崇善县入于丽江。

○思城州，府西北百里。西南至太平州三十五里，北至南宁府下雷州界七十里，西至安平州五十里。

本西原农洞地。唐置思城州，隶邕州都督府。宋分置上思城、下思城二州，隶太平寨。元属太平路。至正中，并为一州。明初因之，《土夷考》：洪武初，土酋赵雄杰归附，世袭知州，以流官吏目佐之，属太平府。编户二里，秋米一百八十六石有奇，贡马。

龙级山，在州治西南。山盘旋高峻，层级而上。又州南有龙马山，高耸如马。○弄限山，在州北，峻险难越。《志》云：州境又有岜白、普眉诸山，皆雄胜。

教水。在州西南，流入太平州，合于逻水。《志》云：州南有流水，其下流入于丽江。

○安平州，府西北百十里。东至思城州五十里，西南至龙州二百余里，北至交趾界百四十里。

本西原洞蛮地，古名安山。唐波州置于此。宋皇祐初，改置安平州，隶太平寨。元隶太平路。明初因之，《土夷考》：洪武初，土官李郭佑归附，授世袭知州，以流官吏目佐之，后属太平府。编户五里，秋米一百九十石有奇,贡马。

帽山,在州治西北,以山形高耸而名。又西北有星山,亦高峻。○显山,在州东北,又州南有仰山,州北有秀貌山,皆险峻。

陇水,在州东北。又有大水、小水并流而南合于陇水,入太平州界合于逻水。《图经》:州东南有长洲、印洲,州南又有宝洲,陇水与诸川环流分注处也。

古镫隘。《图经》云:在州北。又州西北有兔零隘及兔零洞,又西有那营洞,皆与交趾接境,为戍守处。《志》云:州有烟邦、化隆二洞,亦与交趾接界。

○万承州,府东北百五十里。西北至龙英州界三十里,南至思同州五十里,东北至南宁府隆安县百四十里。

本西原农峒地,古名万阳。唐置万承州,隶邕州都督府。宋因之,隶太平寨。元隶太平路。明初因之,《土夷考》:洪武初,土酋许郭安归附,授世袭知州,以流官吏目佐之,后属太平府。编户四里,秋米二百五十石有奇,贡马。

万形废州,在州西北。唐所置羁縻州也,隶邕州都督府。宋并入万承州。

马鞍山,在州治南。以形似名。又南有武安峒。○连山,在州北。又州境有香寿山,亦高峻,为州之望。

绿降水,在州西南。又州南有咘黎水,合流而南,经思同州界,入于丽江。○思崖泉,在州西五里,有二源,灌田万亩。又更塘,在州东北八十里,广数顷,与隆安县接界。《南宁志》:塘旧属宣化县,正德中,为州所侵据是也。

全茗州,府北百六十里。东至茗盈州五十里,西北至龙英州五十五里。

本西原蛮地，古名连冈。宋置全茗州，隶邕州。《宋志》不载。元隶太平路。明初因之，《土夷考》：土酋李添庆归附，授世袭知州，流官吏目佐之。后属太平府。编户一里，秋米一百二十石，贡马。

端坐山，在州治南。以形似名。又州东有狮子山。

涧水。在州南。自茗盈州流入境，又东南流入陀陵县界，注于丽江。《志》云：州东有咘显水，源出茗盈州，流入界，引流溉田，两州数争其利。万历二年，立石分界，争始息。

○镇远州，府东北二百八十里。东北至南宁府果化州界百三十里，西至向武州界四十里，南至结伦州五十里。

本西原农蛮峒地，旧名古陇。宋置镇远州，隶邕州。《宋志》不载。元隶太平路。明初因之。《土夷考》：洪武初，土酋赵胜昌归附，世袭知州，流官吏目佐之。今仍属太平府。编户一里，秋米九十九石，贡马。

天马山，在州西北。又州东南有笔架山。俱高胜。

岩磨井。在州治南。水泉清冽，州人皆仰给焉。

○思同州，府东二百里。东南至罗阳县百里，北至永康州六十五里，西北至万承州五十里。

本西原蛮地，旧名永宁。唐置思同州，属邕州都督府。宋隶太平寨。元隶太平路。明初因之，《土夷考》：洪武初，土酋黄克嗣归附，授世袭知州，流官吏目佐之。后属太平府。编户四里，秋米八十石有奇，贡马。

明山，在州治东。岩穴相通。其在州治北者又有敦厚山。又马鞍山在州东，金星山在州西，俱高峻。《志》云：州境有寿桃峰、顿笏峰，皆以形似名。

丽江。在州南。自左州流入境，又东入陀陵县界。州西又有渌零水，流入丽江。

○茗盈州，府东北百六十里。西至全茗州五十里，东北至结安州七十里。

本西原峒地。宋置茗盈州，隶邕州。《宋志》不载。元隶太平路。明初因之，《土夷考》：洪武初，土酋李铁钉归附，世袭知州，流官吏目佐之，后属太平府。编户一里，秋米一百三石，贡马。

帽山，在州北。州北又有狮山，皆以形似名。

涧水。在州东。自结安州流入境，又西南流入全茗州界。又哂显水，在州北，亦西南流入全茗州合于涧水。

○龙英州，府北二百十里。东南至全茗州五十五里，南至养利州六十里，西至镇安府上映洞界六十里，北至向武州界五十里。

唐羁縻蛮地，旧名英山。宋为龙英洞，属邕州。元置州，隶太平路。明初因之，《土夷考》：洪武初，土官李世贤归附，割上怀地益之，世袭知州，流官吏目佐之。后属太平府。编户二里，秋米三百七十五石，贡马。

上怀废州，在州西南。元置。明初废。

牛角山，在州治东。以山岩相对形如牛角也。又岩山在州南，笔架山在州西北，俱高耸。

通利江。在州治前。其源有三：一自州西北境流入，一自西南境流入，一自笔架山流入，俱至州治前合流，经养利州，历崇善县入于丽江。

○结安州，府东北二百二十里。东北至都结州九十里，北至结伦州十五里，西南至茗盈州七十里。

本西原农峒地，旧名营州。宋置结安峒，隶太平寨。《宋志》不载。元升为州，隶太平路。明初因之，《土夷考》：洪武初，土酋张仕荣归附，世袭知州，流官吏目佐之。今仍属太平府。编户一里，秋米七十八石，贡马。

城门山，在州治东北，以壁立如门也。州北又有石人山，州南有石牛山，皆以形似名。

堰水。在州西南。或曰即涧水也。自都结州流入境，土人堰水以溉田，因名堰水，南流入茗盈州。

○结伦州，府东北二百三十里。东至都结州八十里，南至结安州十五里，北至镇远州五十里。

本西原农峒地，旧名那兜。宋为结安峒地。元置结伦州，隶太平路。明初因之，《土夷考》：洪武初，洞长冯万杰归附，世袭知州，流官吏目佐之。今仍属太平府。编户一里，秋米百二十石，贡马。

倚坐山，在州治北，以形似名。又州治西有兜鍪山，其并峙者曰高寺山。

峬卑水。在州东。自都结州流入境，又西南入结安州界，合于堰水。

○都结州，府东北三百三十一里。西至结伦州八十里，西南至万承州百八十里，东南至南宁府隆安县七十里，北至田州上林县界五十里。

本西原农峒地，旧名渠望。宋为结安峒地。元置都结州，隶太平路。明初因之，《土夷考》：洪武初，土酋农威烈归附，世袭知州，流官吏目佐之。今仍属太平府。编户一里，秋米九十八石，贡马。

印山，在州治南。山形方正如印。又青云山，在州北，以高耸入云而名。

咘卑水。在州治南，流入结伦州界。《志》云：涧水出州境山中，西南流入结安州，即堰水也。

○上下冻州，府西二百二十里。东北至龙州四十里，西南至交趾界百里。

本西原农洞地，旧名冻江。宋置冻州，隶太平寨。元分上冻、下冻二州，隶太平路；旋合为一州，隶龙州万户府。明初，仍曰上下冻州，《土夷考》：洪武初，土官赵帖从归附，世袭知州，流官吏目佐之，属太平府。编户一里，秋米百有二石，贡马。

八峰山，州西二里。八峰并耸。又州治北有青连山，自交趾广源州发脉，西连州境。今详见太平府。○拱天岭，在州南十里。山高峻而长，绵延百余里，东南接交趾界。峰头皆北向，因名。

大源水。在州北。源出八峰山，东北流入丽江。

○思明州，府西南二百三十里。东至思明府百里，南至西平州百二十里，西至交趾界百里。

本羁縻蛮地。宋置思明州，属太平寨。元属思明路。明初，属思明府，《土夷考》：洪武初，土酋黄钧寿归附，授世袭知州，本思明府土酋同族也。成化中，思明府黄琬煽乱，谋夺州。四传至黄泰，窃据州地。万历中，其裔黄恩隆，复与思明府土官黄承祖争地相仇，因改属太平府。万历十一年，改属太平府。编户一里，秋米六十一石，贡马。

逐象山，在州东。回环甚远，为州屏障。

明江。在州东北。自思明府流入境，又东入龙州界。《志》云：州有太子泉，下流入明江。

○陀陵县，府东二百四十里。东至罗阳县六十里，北至思同州五十里。本西原农峒地，旧名骆陀。宋置陀陵县，隶古万寨。元隶太平路。明洪武初，土官黄富归附，世袭知县，以流官典史佐之，仍属太平府。编户四里，秋米一百六十七石，贡马。

禄空山，在县治东。山下有水，引以溉田。又那寰山，在县南。县北又有骆陀山。

丽江。在县南。自思同州流入境，又东入罗阳县界。《志》云：洞水在县西北，自全茗州流入境，而注于丽江。《志》云：县旧有驮柴驿，万历中革。

○罗阳县，府东三百里。东南至南宁府新宁州百里，西至陀陵县六十里。本西原农峒地，地名福利。唐置羁縻罗阳县。元和末，裴行立攻黄峒蛮，得其地。长庆初，邕州刺史李元宗复以其地归蛮酋黄少度，遂没于蛮。宋复置罗阳县，属迁龙寨。元隶太平路。明洪武初，土官黄宣归附，世袭知县，以流官典史佐之，仍属太平府。编户一里，秋米一百五十五石，贡马。

青山，在县治东。其在县西北者又有白虎山。《志》云：县西北有白面山。隆庆五年，土酋黄金彪作乱，官兵讨之，彪奔陇冈村白面山箐中，既而食尽，乃就缚处也。

丽江。在县南。自陀陵县流入界，又东入新宁州境。○驮排江，在县西。自永康州东南流入县界，注于丽江。《志》云：县有陇茗驿。

读史方舆纪要卷一百十一

广西六 思恩军民府 镇安府 思明府

田州 等羁縻州县及长官司附

〇思恩军民府，东至柳州府宾州上林县二百五十里，东南至南宁府二百三十里，西南至南宁府归德州二百五十里，北至庆远府那地州百七十里。自府治至布政司千二百里，至京师一万一千三百里。

古百越地。汉交趾郡地。晋、宋以后，皆为蛮所据。唐置羁縻思恩州，属邕州都督府。宋仍为思恩州，录邕州迁隆镇。元属田州路。明初，属田州府。永乐三年，改隶广西布政司。正统五年，改为思恩府，寻升军民府，《土夷考》：洪武初，土酋岑永昌归附，授世袭知州，时居民仅八百户，子瑛强勇，有谋略。洪熙间，以武缘白山峒七百户分属思恩。宣德间，又以上林渌溪洞八百余户益之。正统间，从安远侯柳溥议，升为府，又益以宜山八仙诸峒六百六十户，寻升为军民府。弘治中，岑濬恃兵力，屡寇思城、果化、上林，又攻陷田州，放兵大掠。官兵讨之，濬败死，因改设流官，其土目叛服不常。嘉靖初，王守仁列其地为九土巡简司，乱稍弭。其后，九司日炽，府不能制。万历七年，督臣吴文华请割南宁府之武缘县属思恩，自是遂成巨镇。弘治中，改同正府。今编户二十里，领县一。

府土田广衍，山溪环错，控临诸夷，为西土之外险。《志》云：府旧治桥利，四面绝壁，署据碑碻，触之皆芒刺利砠砑之石，如在矛戟中，瘴雾昏塞，薄午始开。今治四野平旷，轩豁秀丽，后山起伏蜿蜒，敷为平原，两水绕山合流，而入巨浸。江水既通，商贾辐辏，益比于内地矣。

思恩旧城，在今城西五里，地名桥利。其西北又有旧城，今名寨城，明初思恩州治也。正统十年，岑瑛以府治退逊，迁于桥利。成化初，始筑城，有门四。嘉靖七年，督臣王守仁奏徙治于荒田，创筑砖城。十七年，大水，城坏，旋复修治。二十一年及万历十九年，俱重修。有门三，北面无门。城周三里有奇。

凤化废县，府北三十里。正德七年增置，属思恩府，治以流官。嘉靖七年，王守仁议割武缘止、戈二里益新郡，又议割上林三里，移凤化县治焉，为犬牙相错之势。明年，林富议以三里地迁置南丹卫，遂并凤化县裁之，于是府治益孤。三里，在府东百十里。其地在八寨间，平旷博衍，多良田茂林。南丹卫置于此。详见前上林县。

独秀山，在旧城东半里。一峰峭立，亦名印笏山。又旧治南有笔架山，五峰并耸。《志》云：旧府城内有仙女山，前有大潭，水光如镜。其环绕旧治左右者，又有狮子、栖霞诸岩。○将军山，在旧府城西，山势雄伟，状如兜鍪。旁有两峰，峭拔夹峙。

崇武山，在旧城西北十里。高峻，为一方之巨镇。又文笔山，在府西北五里，高插云中。○安山，在府北十里，为郡后屏障，土人讹为暗山。又鹰山，在府西北七十五里，临江屹立。又西有仙迹山，上有池，登其巅可见田畴。

大名山，府东南五十里，即大明山也。形势高广，接上林、武缘二县界，远近群川多出于此。可泸水亦出焉，下流入于郁江。余见前上林县。

○双马山，在府西五十五里，二峰昂耸，如骏马并驰，因名。

都阳山，府西北二百余里。山高广，有泉下注成溪，引流溉田。旧有都阳寨。弘治中，土酋岑濬作乱，甃都阳等寨石城十有八所，即此处也。○靖远峰，在府东北，近庆远府宜山县界。弘治中，官兵讨岑濬道出此，登峰以望贼氛，事平，名曰靖远。又黄篇岭，在府北四十里，其高处有废垒。

白云岩，《志》云：在旧城东北十余里。林壑甚胜，泉自岩出，流成溪涧。又滴玉岩，在旧城西十余里，又西七十里有通天岩，皆深广。

清水江，在府北。东南流，城中有通津水、桥利水，俱流合焉，下流汇于大榄江。《志》云：大榄江，一名剑江，出大明山，流入武缘县，沿江立陂以溉田，盖即可泸水之别名矣。又府南有硃砂江、粟谷江、渌流江，皆分流并导，有灌溉之利。

洪水江，府西北六十里。一名驮蒙江。源出府西北都阳诸山，经鹰山下，又东汇于清水江。或以为即清水江之上源。○惠泉，在府城西，流经城中而东出，引流灌田。

白山镇，府北六十里。正德中，土目王受与田州土目卢苏合谋煽乱。嘉靖初，督臣王守仁招抚之，寻分思恩地为九土巡司，管以头目，而授王受白山巡司是也。今府西北六十里有兴隆巡司。府北五十里有那马巡司。府东北七十里有下旺巡司。府东八十里有古零巡司。府东北三百二十里有安定巡司。府西一百三十里有定罗巡司。府西北百五十里有旧城巡司，百六十里有都阳巡司。俱嘉靖六年置。

八仙堡。在府东北，即元所置八仙屯也。亦曰八仙峒。本庆远府宜山县地。正统中，割属思恩，置堡于此，仍以八仙为名。《志》云：堡东五里即靖远峰。弘治中，讨岑濬，以堡为驻兵之所。○渌溪峒，在府东，本上林县地。宣德中，改今属。又白山峒，在府南，本武缘县地。洪熙元年，改属思恩是也。《志》云，有在城、荒回、苏韦三驿，又有古陵驿，今革。

○**武缘县**，府南百五十里。南至南宁府八十里，西至南宁府隆安县百三十里，东至宾州百五十里。汉领方县地。梁置武缘县，属领山郡。隋平陈，郡废。大业初，以武缘县并入岭山县。唐武德五年，仍置武缘县，属南晋州，寻属邕州。宋因之。元属南宁府。明初仍旧。万历七年，改今属。《城邑考》：县城，洪武二十四年筑，周三里有奇。编户十五里。

乐昌废县，在县东南。刘宋时，置乐昌郡，治乐昌县。齐、梁因之。隋废。唐为晋兴县地，属邕州。宋初，置乐昌县，仍属邕州。景祐二年，省入武缘县。《志》云：县北有永宁废县，误。

罗波城，县东四十里。正统中，土官岑瑛筑石城于此，中有罗波潭，因名。又东二十里有镆铘石城，亦岑瑛所筑。今皆废。

镆铘山，县东八十里，即大明山也。延袤甚远，旧为邕、澄二州之望。又武台山，在县东二十里，山后有大章岭，耸秀冠于一邑。又起凤山，在县东九里，平地特起两峰，轩耸秀丽，如双凤之腾霄。○独秀山，在县南五十里，平地突起一峰，高数十丈。其相近有高峰岭，高二百余丈，长十五里，南接宣化县界。

帽山，县西十五里。山形圆耸。又郎山，在县西北六十里，山状如人。又西北十里有峥山，上有泉，甚清冽。○紫金岭，在县南二十里。又南五里有天井岭，山顶有井。俗传侬智高败遁经此，人马渴甚，穿石得泉。似误。

南流江，县南二里。源出大明山麓，西流合西江水，南流经宣化县界汇于郁江。○西江，在县西门外，可泸水支流也。源亦出大明山，其正流经县西入隆安县界，支流经城西南合南流江而注于郁江。

博涩寨，县东六十里。有巡司。又县东五十里有镆铘寨巡司，县北百五十里有高井寨巡司，县西北百里有西舍寨巡司，县南四十里又有横山寨巡司，俱为戍守处。

高峰堡，县南四十里。又县东百十四里有马头堡，百二十里有彭岭堡，百四十里有扶台堡。又有暗山堡，在县南三十里。俱拨兵戍守。

黄桐驿。县东六十里，马驿也。又县北四十里有硃砂马驿，县西百二十里又有白石马驿。《志》云：县南五十里有暗桥，与宣化县接界。又县北五十五里有硃砂渡，思恩府境硃砂江所经也。

附见：

武缘守御千户所。在县治西。本南宁卫前所。洪武二十四年，拨武缘县守御，仍隶南宁卫。万历九年，改属思恩府。

〇镇安府，东至向武州界八十里，西至交趾广源州界三百五十里，南至都康州界六十里，北至奉议州界四十里。自府治至布政司二千二百里，至江南江宁府七千六百五十里，至京师一万一千四百九十四里。

古百粤地，汉属交趾郡，唐为羁縻蛮地。宋于镇安峒建右江镇安军民宣抚司，元改镇安路。明洪武二年，以旧治僻远，移建于废冻州，或曰：元上冻州尝置于此，改镇安府，《土夷考》：洪武初，土酋岑天保归附，世袭知府，流官守领佐之。三十五年，向武知州黄世铁侵夺高寨等地，督府遣兵平之，仍以其地属镇安，隶布政司。编户二里，秋米千二百五十石，贡马。

府高峰峻岭，环带左右，内抚溪洞，《志》云：府压溪洞二十有八，外控安南，亦形胜处也。

镇安旧城，在府西感驮岩下，即故镇安峒也。宋时，宣抚司置于此。元泰定三年，镇安总管岑修广为其弟修仁所攻，来告，命湖广行省辨治之，即此地。明初，移置于废冻州，即今治也。

岜笔山，府城北。上有数峰相连。又云山，在府城东，峰峦耸拔，上接云霄。其北又有岭，曰雷高岭。○敢山，在府西十里，下有泉流，为㕔来水。

感驮岩，府西四百五十里。岩周二十余丈，内有石柱如盘，亦名盘石岩。侧有镇安峒，宋、元时镇安旧治也。

驮命江，在府城南。府境之水皆流汇焉，东北历奉议州界，入于大江。又㕔来水，在府城北，南流合驮命江。

黑洞水，府南二百余里。水出洞中，长流不竭，引以灌溉。又莲花塘，在府南，其水四时不涸。又那盘陂，在府东三里。皆潴水溉田，为利甚溥。○㕔桑泉，在府西百八十里，亦有灌溉之利。

上映洞，在府东。元置上映州，属镇安路。明初，废为上映洞。明崇祯十年，复为州，仍属镇安府。土官许朝卿管洞事，世守其职。

湖润寨，在府东南。明初，土酋岑元全归附，授巡简司，世袭传至岑稳。隆庆三年，调征广东，阵没，其子复继其职。

○归顺州，东北至镇安府百余里，东至都康州界四十里，南至太平府安平州界七十里，西至交趾界二百余里。

宋羁縻蛮地。明初，为归顺峒，隶镇安府。弘治九年，升为归顺州，《土夷考》：永乐中，镇安知府岑志纲分其第二子岑永福领归顺峒事，传子瑛，屡率兵报效。弘治中，都御史邓廷瓒奏：归顺峒旧为州治，洪武初裁革，今其峒主每效劳于官，乞设州治，授以土官知州。从之，仍增设流官吏目一员。后又以瑛子岑璋奏，改隶布政司。从之，仍隶镇安府。嘉靖初，改隶布政司。编户一里，秋米一百五十石，贡马。

归顺江，在州北。流入镇安府，合于驮命江。

禄峒，在州西。又州西北有计峒，西南与禄峒接界。元皇庆二年，交趾犯镇安、归顺二州，陷禄峒、计峒，焚养利州，寻引去。

○思明府，东至广东钦州界三百里，南至思陵州界八十里，西至交趾界一百三十里，北至江州界四十里。自府治至布政司二千二百里，至江南江宁府六千三百六十里，至京师九千五百二十七里。

古百越地。汉属交趾郡。晋、宋以后，皆为蛮地。唐置羁縻思恩州，隶邕州都督府。宋隶永平寨。元至元二十四年，改置思明路。明初，改为思明府。《土夷考》：洪武初，思明总管黄忽都归附，世袭知府，流官佐之。编户三里，秋米六百三十七石，贡马。旧领州七，县一，领州一。

府密迩交趾，江山环带，资为屏蔽。

回团山，府治西南十里。以山势盘旋而名。又府南百二十里有公母山，以山顶有两峰相对也。○摩天岭，在府南十五里，道出思陵州；又府北十里有风门岭，皆高峻。

明江，在府治南。源出上思州之十万山，西北流绕府治，而北流百八十里入龙州之龙江。龙江，即丽江也。

太子泉，在府治西。《志》云：元镇南王讨占城，师还思明，士卒饮明江水而病，祷于神，马跑泉涌，味甘美，汲之不竭，因甃为井，亦名太子井。明初，建楼其上。

迁隆峒，府东二百里，东至上思州五十里。亦曰迁隆寨。宋邕州五寨之一也，为控扼要地。元曰迁隆峒。明洪武初，峒长黄氏归附。四年，置迁隆峒土巡司，以黄氏世其职。秋米四十石。

况村，在府西。成化中，思明庶孽黄绍治兵况村，残思明州及下石西、上石西州，并据府治。弘治十八年，讨平之。绍子文昌后肆恶，迁府治于况村，筑城拒命，复讨擒之，思明始定。《志》云：有明江驿及永平寨巡司，今革。

○下石西州，府西百四十里。西至上石西州十五里，北至思明州界三十里。

本蛮峒地，唐置石西州。宋嘉祐间，分置下石西州，属永平寨。元属思明路。明初因之。《土夷考》：洪武二年，土官闭贤归附，授世袭知州，流官佐之。今仍属太平府。编户一里，秋米二十五石，贡马。

白乐山。在州治北。峰峦耸秀，林木苍翠。

附见：

禄州。府东南二百余里。

本蛮洞地，唐置羁縻禄州，属安南都护府。宋属邕州永平寨。元属思明路。明洪武初，省入思明府。二十一年，复置，寻没于交趾。永乐二年，开复。宣德二年，复没于安南。州南三里有栋包山。

○西平州，府西南二百里。

本蛮洞地，唐置羁縻西平州，属安南都护府。宋属永平寨。元属思明路。明初省。永乐二年，复置。宣德二年，没于安南。

○田州，东北至南宁府归德州三百里，南至奉议州界一百里，西至泗城州界百十里，北至庆远府东兰州界二百五十里。自州治至布政司一千三百里，至江南江宁府七千五百二十里，至京师一万一千三百三十里。

古百粤地，汉属交趾郡。晋、宋以后，皆没于蛮。唐开元初，置田州。天宝初，曰横山郡。乾元初，复故，后为羁縻蛮洞地。宋亦置田州，隶邕州横山寨。元改为田州路。明初，曰田州府，《土夷考》：洪武元年，土官岑伯贤归附，世袭知府。洪武三年，思城州土官岑钦、泗城州土官岑应攻寇田州，自是与田州邻境互相仇杀。正德中，酋岑猛恃其强狡，凌轹邻境。嘉靖初，骄慢益甚，督臣姚镆遣兵攻之，猛走死。疏请改置流官，从之。未几，田州复乱，乃命王守仁总制军务。七年，诸夷听命，守仁疏言：治田州非岑氏不可，请降府为州，分设土巡司以杀其势，而添设田宁府，统以流官知府，俾总其权。从之。未几，以都御史林富言，罢府治，惟分置十八土巡司。嘉靖五年，改为流官。七年，降府为州，复添设田宁府治焉。明年，府废，仍为田州，直隶布政司。编户十里，秋米四千八百六十五石，贡银炉并马。旧领四州，一县。今领县四。

州山川平旷，控带百粤，翼蔽南荒。《风土记》：田州临大江，地势平衍，沃野方数百里，兵力悍勇。

田州旧城，州东四十里。唐置州，治都救县，兼领惠佳、武龙、横山、如赖四县。大历以后，为羁縻州县。宋诸县皆废，而田州如故。元末，移于今治。今故址犹存。

废来安路，在州西。元置来安路军民总管府于此。明初，岑伯颜以田州、来安二路来降。洪武七年，来安酋岑即广叛命，旋讨平之，寻以来安省入田州府。又唐兴废州，亦在州西境，元置，属来安路。延祐六年，来安总管岑世兴叛，据唐兴州，即此。明初废。

婪凤废州，在州境。宋所置羁縻州也。元废。今为婪凤巡司。

横山，州东南十里。以山势蜿蜒横列而名。又邕野山，在州东三十里。《志》云：州西十里有怕武山。○古钵山，在州境。万历二十一年，土目黄关据周安镇作乱，官兵讨之，贼败遁古钵山，官兵追及之于石崖藤萝间，斩之。周安镇，见上林县。

左江，州东南三十里。自泗城州流入界，又东入奉议州境。详见大川左江。〇万洞溪，在州西二十里，水深阔，居民常渔于此，下流入于左江。又州西五十里有那坝泉，四时不竭，引流溉田。

工尧隘，在州东南。亦曰工尧村，州之险塞也。嘉靖初，官兵讨岑猛，猛以劲兵屯工尧隘，别将沈希仪击之，去工尧五里而营，夜分三百人，缘山而右走间道，三百人缘江而左绕出工尧山背，黎明接战，间道兵登山树我旗帜，贼警溃，遂入田州。〇武峒，在州东。万历二十一年，州目黄关作乱，掩州之武峒，大警而去，即此。一名武笼峒。

凌时镇。在州境。嘉靖七年，王守仁抚定田州土目卢苏等，因分州地置十八巡司，以卢苏为岩马甲巡司，余曰凌时，曰大田子，曰万冈甲，曰阳院，曰思郎，曰累彩，曰洎河，曰武隆，曰拱甲，曰床甲，曰娄凤，曰下隆，曰寨桑，曰思幼，曰侯周，曰县甲，曰篆甲，俱以土酋世袭。《会典》：有怕牙土巡司，又有平马土官驿，慕化、驮淮、横山各驿，俱革。

〇上林县，州东南三百八十里，西至向武州界六十里。宋置羁縻上林县，隶横山寨。元属田州路。明洪武二年，土官黄嵩归附，授世袭知县，以流官吏目佐之，编户一里。

附见：

恩城州，在田州北二百五十里。

旧为蛮峒地。唐置恩城州，隶邕州都督府。宋因之。元属田州路。明初，属田州府，《土夷考》：明初，岑氏世袭知州。弘治中，知州岑钦与田州相攻，官军讨之，钦服罪。弘治末，思恩岑濬作乱，攻田州，钦孙桂佩党于濬，官兵讨濬，并诛桂佩。印失，今无袭。旧有编户六里。弘治末废。

上隆州，在田州北八十里。

旧为蛮峒地。宋置上隆州，隶横山寨。《宋志》不载。元属田州路。明属田州府。《土夷考》：洪武初，以上林知县岑永通管州事。成化间，移置浔州府武靖州，州遂废。旧有编户四里。成化三年，州废。

○泗城州，东至东兰州界三百里，南至果州界百八十里，西至上林长官司界一百二十里，北至贵州永宁州界百十里。自州治至布政司二千一百里，至江南江宁府七千六百里，至京师一万一千四十五里。

汉交趾郡地。唐置羁縻蛮地。宋置泗城州，隶横山寨。元属田州路。明初，移州治古磡峒，仍曰泗城州，《土夷考》：洪武初，土官岑善忠归附，世袭知州。宣德七年，岑豹袭职，桀骜无状，子应及接，世济其恶，迫逐程县流官知县，攻杀上林、安隆长官司，残破田州。嘉靖初，为田州所戕杀，自是衰息。编户二里，秋米一千六百四十一石，贡马。隶广西布政司，领县一。

州山川明秀，境壤深僻，与庆远羁縻诸州互相雄长。《风土记》：泗城方千余里，兵倍田州，散居岩洞，石城险绝，芭蕉关尤峻而固。

泗城旧城，在州西南。宋、元时，州皆治此。今治即古磡峒也。或曰：宋置勘州于此，元州废，改为古磡峒。明初，移州治焉。

凌云山，州治北。极高峻。又治东有迎晖山，治西有伐旸山，东西并峙，为州之胜。

左江，州东八十里。其上源即南北盘江也。自贵州慕役长官司合流入州境，又东南入田州界。详见大川。○澄碧水，在州东北三里。又州南北五十里有龙渊水。

罗博关。在州界。有巡司戍守。又州界有芭蕉关。○古那村，在州西北，与利州接界。宣德七年，总兵柳溥以泗城与利州争地，议将古那易利州之利甲庄，不果。《志》云，有木沙、板驮、上林、博赛、泗城、往甸、归乐七土官驿。旧又有罗博驿,今革。

〇程县,州东北三百二十里。东至南丹州界二百里。旧名程丑庄。洪武初,土酋归附。二十一年,升置程县,隶泗城州,寻以县距州远而距宜山稍近,因改属庆远府。宣德初,改任流官,还隶泗城州。正统间,为泗城岑豹所窃据,凡七十余年。嘉靖初,始征县印,贮于公帑。其地已为蓁莽,南丹、那地诸州俱图吞据,治兵相攻。旧有编户一里。

回顾山,县东五十里。又县西百里有藩篱山。

布柳水,在县西。流入那地州境,合于都泥江。

〇利州,东至泗城州界八十里,南至田州府界二百五十里,西至隆安长官司界百五十里,北至贵州永宁州界六百里。自州治至布政司二千五百三十里,至江南江宁府七千六百里,至京师一万一千四十五里。

汉交趾郡地。隋、唐以来,为溪峒地。号阪丽庄。宋置利州,属邕州横山寨。元仍置利州。明初因之,《土夷考》:洪武初,土官岑姓者归附,授世袭知州,流官吏目佐之。正统间,利州知州岑颜为泗城酋岑豹所攻,夺其地二十五里。颜诉于上,屡敕镇官开谕豹,终不悛,攻杀颜及子得,夺去州印,遂以流官州判管州事。嘉靖二年,泗城土酋岑接为田州岑猛所攻杀,督府始遣官按问,州印核颜,宗枝无可据者。印贮宾州库中,而以地方兵民归并泗城州。旧有编户二里,秋米一百石,贡马,直隶布政司。

白丽山,州治北。又州西二里有巴牙山。

阪丽水,州北二里。又蒙泓水,在州东百三十里。阪作水,在州南八十里。三水皆小溪,乱石嵯岈,难通舟楫。

奉议州,东至田州界十里,南至镇安府界百二十里,西至田州界十五里,北至田州界一里。自州治至布政司二千四百二十里,至江南江宁府七千五百十里，至京师一万九百五十五里。

汉交趾郡地。隋、唐以来，为溪洞地。宋置奉议州。《志》云：初属静江军节度使，后属广西经略安抚司。元因之。《一统志》：元属广西两江道宣慰司。明洪武五年，省入来安府。七年，复置。二十八年，改为奉议卫，寻罢卫，复置州，《土夷考》：洪武初，奉议州为土酋所窃据。七年，向武土官黄志威招抚有功，兼辖州事，世袭。弘治中，殄世。今以判官掌州事。编户二里，秋米二百八十六石，贡马。**直隶布政司**。

奉议旧城，州东十五里。宋置州治此。元大德中，始筑此城。明洪武初，迁州治于柴林村，即今治。旧城遗址尚存。

唏沙山，州南十里。州东南十六里又有石门山。

左江，在州城北。自田州流入境，又东入南宁府归德州界。今州城北门外有州门渡，州东二里有通济桥，即左江经流处也。《一统志》作右江，而谓交趾所出之丽江为左江，误。详见大川。

莲花关。《图经》云：在州北，与田州接境处也。

○**向武州**，东至田州上林县界五十里，南至太平府镇远州界七十里，西至镇安府界百二十里，北至田州界百二十里。自州治至布政司二千四百里，至江南江宁府七千五百里，至京师一万九百九十四里。

汉交趾郡地。隋、唐以来，为溪洞地。宋置向武州，隶横山寨。《宋志》不载。元隶田州路。明初，亦曰向武州。洪武二十八年，改置向武军民千户所。三十二年，复曰向武州。《土夷考》：洪武二年，土官黄志威归附，世袭知州。七年，以志威兼辖奉议州及富劳县，皆世袭。弘治中，奉议改流官，而向武、富劳羁縻如故。编户七里，秋米八百六十八石，贡马。**改隶布政司，领县一**。

向武旧城，州西北五里。元筑。延祐中，迁州治于岜棒村，即今治也。旧城故址尚存。○武林废县，在州东北十里，元置。明永乐初，省入富劳县。又向武千户所，在今州城内，洪武中置。正统中，徙浔州府贵县。

马鞍山，州东三里。又州南有武城山。

枯榕江，在州城南。其上流即驮命江也。自镇安府流入州境，又东至田州上林县界合于左江。又泓渰江，在州东南。自太平府境流入州界，有多罕泉江流合焉，复流合枯榕江，注于左江。

富劳县，州北三十里。元置，隶向武州。明初，为蛮獠所据，县废。二十五年，复置富劳县，仍隶向武州，以知州黄志威兼辖，仍命世袭。编户二里，秋米二百一十四石。

坡州山。县北三里。山势如虎，一名虎山。又塘滨山，在县西五里，山势萦纡耸秀，下有塘滨泉。

○都康州，东至太平府龙英州界二十里，南至龙英州界五里，西至镇安府界十里，北至向武州界五里。自州治至布政司二千四百五十里，至江南江宁府七千五百五十里，至京师一万九百九十五里。

汉交趾郡地。隋、唐皆为蛮地。宋置都康州，隶横山寨。《宋志》不载。元属田州路。明初，州废。建文元年，复置都康州，《土夷考》：洪武初，蛮獠作乱，酋长冯原保出奔，诏抚还其子进福以安集民夷，后置州以授进福子斌，世袭知州，设流官吏目佐之。编户二里，秋米二百三十石，贡马。直隶布政司。今省。

州崇山峻岭，环列左右，控御诸蛮，亦称险固。

唏显山，在州治北。州治东又有岜望山。

岜炉江。州西四里。下流入龙英州界，合于通利江。○劙空陂，在州西，其地有沪泉，水涌流不竭，筑为陂。又州治南有黎塘。俱为灌溉之利。

○江州，东至南宁府忠州界百二十里，南至思明府界百里，西至龙州界九十里，北至太平府界十五里。自州治至布政司二千一百十里，至江南江宁府七千里，至京师一万四百四十五里。

汉交趾郡地，隋、唐时皆为蛮地。地名江阳。宋置江州，隶古万寨。元属思明路。明初，属思明府，《土夷考》：洪武元年，土官黄威庆归附，世袭知州，以流官吏目佐之。编户二里，秋米二百二十石，贡马。洪武二十五年，改隶布政司，领县一。今仍曰江州。

州山川环带，土田旷远，于诸部中称为饶沃。

波汉山，在州治后。山势起伏如波澜，因名。

绿眉水，在州治南，下流入丽江。又有归安水，自上思州流经州境，下流亦入丽江。

罗白县，州东北百里。本蛮地。宋置罗白县，属迁隆寨。元属江州。明洪武初，土官梁敬宾归附，授世袭知县，仍属江州。编户一里，秋米一十五石。

罗高山，在县治东。

陇冬水。在县南，下流入于丽江。

○思陵州，东至南宁府忠州界四百二十里，南至交趾界三百九十里，西至思明府界七十里，北至思明府界一百二十里。自州治至布政司二千一百二十里，至江南江宁府六千四百八十里，至京师九千九百二十七里。

汉交趾郡地，后为溪峒杂夷所据。唐置羁縻思陵州，属安南都护府。宋属永平寨。元属思明路。明洪武初，省入思明府。

二十一年，复置州，授土酋韦氏世袭。编户二里，秋米二十五石，贡马。直隶布政司。

州逼近交趾，山川回绕，亦为要地。

峙壁山，州东六里。又东四里有纪牟山。又东陵山，在州东四十里。州南二十里又有角硬山。

淰削水，在州治南。流入思明府，入于明江。○角硬水，亦在州南，源出角硬山，北流二十里合于淰削水。

辨强隘。在州西南。道出安南，为戍守处。

○龙州，东至太平府百八十里，南至思明府界一百四十里，西至太平府上下冻州四十里，北至太平府安平州二百余里。自州治至布政司二千三百里，至江南江宁府七千一百五十里，至京师一万五百六十里。

汉交趾郡地，后为溪峒地。唐置龙州，属安南都护府。宋改隶邕州太平寨。元大德中，升州为万户府。明初，复为龙州，《土夷考》：洪武初，土官赵帖坚归附，世袭知州，以流官吏目佐之。编户五里，秋米四百五十五石，贡马。隶太平府。洪武九年，直隶布政司。

州控制交趾，藩屏中原。《土司论》曰：永乐中，问罪安南，由龙州度凭祥，用扼交人之吭，最后，安南纳款，叩关请命。则二州固中国之藩篱，亦入交之门户哉。

龙州旧城，州东北百里。元初筑。大德间，迁于龙江，即今治也。其故址尚存。

叫抱山，州城南。城西又有马倾山。○秀岭，在州西二十里。其山高耸，为州境诸山之冠。

龙江，在州城南，即丽江也。源出交趾，经州境入太平府界。今州东四十里有驮河渡，即龙江津济处。

罗回洞。在州西。元泰定中，安南广源贼闭覆寇龙州罗回洞。又嘉靖中，讨交趾，分道出兵，以罗回洞为左哨，是也。○龙游驿，在城西。《舆程记》：自龙州驿正南渡广源、江州，入白藤大、小两江，为龙州入交趾之道。《志》云：州有龙游、镫勒、叫垒、龙步四土官驿。

○凭祥州，东至龙州界六十里，东南至思明府百里，西至交趾界七十里，北至龙州界五十里。自州治至布政司二千零四十里，至江南江宁府六千四百七十里，至京师九千六百三十里。

唐羁縻蛮地。宋为凭祥峒，属永平寨。元属思明路。明初因之。洪武十八年，置凭祥镇。永乐二年，升为县，属思明府。成化十八年，又升为州，《土夷考》：洪武初，凭祥峒长李昇内附。十八年，授昇凭祥镇巡司。永乐初，改为县，昇子应清世袭。成化中，以县当交趾要冲，升为州，授李广宁世袭，流官吏目佐之。编户二里，秋米一百六十五石，贡马。直隶布政司。

州控驭安南，为出入冲要。《志》云，州境有一关三隘，称西南门户，是也。

坡幹山，在州治北，有六尖峰。

丽江，在州西北。亦曰左江。自交趾广源州流入界，又东北入龙州界，谓之龙江。

镇南关，州南三十里，即界首关也。嘉靖十六年，兵部尚书毛伯温督师讨交趾，莫登庸受降于关内。《舆程记》：自两广、云南三省，轺车往来必由龙州龙游驿，陆路四十里至凭祥，出界首关而南，皆土山。缘坡岭行二百四十里至卜邻站，山沟皆深峻。又百里过濮上站始平，又二百十里渡富良江抵安南城。此入交趾之正道也。

绢隘。《图经》云：在州西。其南又有坡口隘。又镇南关旁有南关隘。所谓州有一关三隘也。

○上林长官司，东至泗城州界百里，南至云南广南府富州界百五十里，西至安隆长官司界百五十里，北至泗城州界一百五十里。自司治至布政司一千三百里，至江南江宁府七千四百里，至京师一万八百四十五里。

汉交趾郡地，后为蛮地。宋为上林峒，属泗城州。元因之。明永乐七年，建上林长官司，《土夷考》：永乐中，置长官司，以泗城土酋岑善忠第三子子成世袭长官。天顺八年，为泗城酋岑豹所戕杀，擅据其地。嘉靖初，泗城衰乱，而子成之裔皆绝，因以流官吏目掌司事。管十六甲，秋米四百石。直隶布政司。

潺岜山，司东十里。司南二十里又有晚架山。又累峰岭，在司南二里。岭有数峰，因名。又司北三里有仓冒岭。

驮娘江，在司治西。流入田州界合于左江。

○安隆长官司，东至泗城州界四十里，南至上林长官司界二百里，西至云南广南府界三百里，北至贵州贵阳军民府界六百里。自司治至布政司二千五百三十里，至江南江宁府八千一百二十里，至京师一万一千五百六十里。

汉交趾郡地。唐、宋时，皆为蛮峒地。元置安隆寨，属泗城州。明永乐元年，置安隆长官司，《土夷考》：永乐初，置长官司，以泗城土官岑善忠次子子德世袭长官。弘治四年，为泗城酋岑接所戕杀，自是数为泗城所侵扰。嘉靖初，乱始息。编户一里，秋米一百四十一石有奇。直隶布政司。

读史方舆纪要卷一百十二

广西七 外国附考

　　○安南，在凭祥州南七百五十里。东至海三百二十里，南至占城国界一千九百里，西至云南老挝宣慰司界五百六十里。自其国都至京师一万一千一百六十五里，至南京七千七百二十里，至广西布政司二千八百里。古南交地，《虞书》宅南交是也。周曰交趾。《礼·王制》：南方曰蛮，雕题、交趾。秦为象郡地。秦末属于南越。《史记》：尉陀以兵役属西瓯、骆。安南，即所谓骆越也。汉元鼎五年，平南越，置交趾、九真、日南等郡，兼置交州刺史。后汉建武十六年，交趾女子徵侧、徵贰反，马援讨平之。孙吴时，增置新昌、武平、九德三郡。晋因之。宋增置宋平、宋寿等郡。齐增义昌郡。梁于交趾等郡增置交、爱、驩等州，兼置交州都督府。隋平陈，废郡存州，改都督府曰总管府。炀帝初，州废，仍为交趾、日南、九真等郡。唐武德三年，仍置交州总管府，管交、峰、爱、仙、鸢、宋、慈、澄、道、龙十州。七年，改曰都督府，其后诸州增省不一。调露元年，又改都督府曰安南都护府。至德二年，曰镇南都护府。大历三年，仍曰安南，以刺史充都护。贞元六年，置军曰桑远军。咸通初，为南诏所陷，明年收复。四年，复为南诏所陷。七年，高骈攻克之，始置静海军于安南。天祐初，曲承裕据其地，再传至曲承美。五代唐长兴初，南汉刘龑遣军攻拔交州，执承美以归，以其将李进守之。明年，爱州将杨廷艺攻取交州。晋天福二年，交州将皎公羡杀廷艺而代之。三年，廷艺故将吴权举兵攻杀公羡，遂据交州，称静海节度使。权卒，子昌岌立，卒，子昌文立。周显德初，始请命于南汉，南汉以昌文为静海军节度使，兼安南都护。宋初，复为部人丁部领所据，自称万胜王，以子琏为静海节度使。开宝六年，内附。八年，封交趾郡王，自是交趾遂为异域。琏死，弟璿嗣，又为其将黎桓所篡。景德初，封南平王。桓死，子龙挺嗣。景德四年，改封交趾郡王，死，子至忠嗣。大中祥符三年，为其臣闽人李公蕴所篡，宋仍封为交趾郡王。再传至日尊称帝，国号大越。熙宁间，王安石议开边，侵扰蛮境。八年，交人叛，陷钦、廉、邕等州。九年，诏郭逵等讨之，至富良江，得四州一县而还。其地寻复入于交趾。公蕴八传嗣绝，为其婿陈日煚所有。宋淳祐十二年，蒙古将兀良合台破安南，日煚遁海岛，师还，日煚复取其地。宋亡，日煚子光昺归附元，封为安南国王。光昺死，子日烜自立，不受命。再发兵击之，皆不能克。日烜死，子日燇嗣，复遣使入贡。日燇死，子日爗嗣。明洪武二年，率先入贡，遣使册为安南国王。未至，日爗死，侄日熞嗣。五年，为陈叔明所篡。叔明者，弟耑代视事。十一年，耑攻占城败死，弟炜代立。二十一年，其相黎季犛弑炜，立叔明子日焜。明年，又弑日焜，立其幼子颙，假炜名来贡。二十九年，思明府奏：安南夺丘温、如嶅、庆远、渊、脱五县。遣使敕以地还思明，不听。三十二年，季已复弑颙而立其幼子㚟，寻复弑㚟，夺其位。季已诡姓名曰胡一元，子苍曰奎，僭号纪元，国号大虞。永乐元年，表称陈氏嗣绝，请署国事，从之。已复封为王。二年，陈氏故臣裴伯耆走阙下乞师，而老挝亦传送故王孙陈天平来朝，诏诘季犛，季犛诡请迎天平归国。诏广西都督黄中、吕毅率兵五千送天平还国，至境，季犛伪遣使迎候，而伏兵隘口，袭杀天平及大理卿薛嵓等，中等引还。于是，以成国公朱能为征夷将军，率新城侯张辅、西平侯沐晟等二十五将，军出广西、云南两道讨之。能至龙州卒，辅代总其众。五年，平安南，俘获季犛父子，诏求陈氏后立之，无所得，因置交趾等处承宣布政使司，领府十七。州五，属府州四十二，县一百五十七，又置卫十一，所十三，属都指挥使司。又置市舶司一。其地东西相距一千七百六十里，南北二千八百里。六年，交人简定复推陈季扩为乱，命沐晟讨之，败绩。复命张辅往征，擒定。季扩寻请降，以为交趾右布政使。未几，复叛。十年，辅等以计擒之，贼党皆平。十五年，召辅还都。明年，寇孽黎利复叛，官军屡衄。宣德初，再遣大兵征之，皆败绩，贼势益张，侵我禄州、西平州及钦州四峝，皆陷。既而利托言请立陈氏后罢兵息民，朝廷因而许之，遂弃交趾。六年，诏利权署安南国事。八年，利死，子麟嗣。正统元年，封为安南国王。七年，麟死，子濬立，遣兵攻占城，虏其王摩诃贲该以归。天顺三年，濬为庶兄宜民所弑。四年，濬弟灏嗣，辄侵我土地，攻杀老挝宣慰司刁扳雅、兰、掌父子，为八百败，归，屡攻占城，谋并其国。弘治十年，灏死，子晖嗣。十七年，晖死，子敬嗣，旋死，以弟谊嗣。正德初，其臣阮种弑之，立其弟阮伯胜，国人共杀种等而立灏庶子晭，晭孱，政在群下，国乱。正德十一年，其下陈暠弑晭自立，酋目莫登庸等复逐暠，立晭兄子譓，专其国，暠奔据谅山。黎氏旧臣郑绥以登庸不臣渐著，推族子椅榜为主，登庸皆攻杀之。十六年，登庸攻暠，暠败死。嘉靖初，登庸自称安兴王，谋弑譓，譓奔清化，登庸立其庶弟广。交人云：廌，登庸子也。六年，登庸窃安南，寻杀廌。九年，禅位于其子方瀛，自称太上皇，退居都斋海阳，为方瀛外援。譓竟死清化，故臣共立譓子宁，居来州漆马江，倚老挝为援。十五年，宁遣其臣郑维僚来乞师，诏咸宁侯仇鸾为帅。寻以征蛮将军安远侯柳珣代之，而命枢臣毛伯温总其事。伯温驻师南宁。时方瀛死，子福海嗣。登庸闻大军致讨，惧，请归钦州二都、四峝故侵地，世奉职贡。乃于镇南关受登庸降，废勿王，降国为都统司，十三路为宣抚司，以登庸为都统使，统境内十三宣抚司，隶广西藩司，而命黎宁仍居漆马江，令云南守臣勘访，果系黎氏，后始授境土制下。登庸已死，乃授其孙福海。二十五年，福海死，子宏瀷幼，阮如桂等拥卫之。三十年，始嗣职。时国内多艰，贡不达。黎氏虽据一隅，党类强，宁死，郑检立宁子宠。宠死，复立其宗人黎维邦。会莫氏臣黎伯骊作乱，郑检以兵会之，宏瀷奔海阳，自是益衰弱。四十二年，宏瀷卒。万历初，子茂洽袭为都统使，国大乱。既而黎维邦死，郑检子松复立。维邦子维潭举兵攻杀莫茂洽，尽逐莫氏遗孽。茂洽子敬用窜居高平府，敬璋、敬恭窜居东海府，保乐州，复内相仇。未几，敬璋为黎氏所杀。维谭遣使浮海，诣督臣归罪，请款关输贡。因与约，必以高平居莫氏，如黎氏漆马江故事。维潭意以高平其故地也，莫氏篡臣，不宜以漆马江为比。久之，乃听。二十四年，受维潭降，以为都统使，与莫敬用以高平，令维潭毋侵害，于是安南复定。自黎氏以来，虽奉贡称藩，然自帝其国如故矣。〇罗氏曰：入交之道凡三：一由广西，一由广东，一由云南。由广东则用水军，伏波以来皆行之。广西道宋行之，云南道元及明朝始开。广西道亦分为三：从凭祥州入者，由州南关隘，一日至交之文渊州坡垒驿，复经脱朗州北，一日至谅山卫，又一日至温州之北，险径半日至鬼门关，又一日经温州之南新丽村，经二卜江，一日至保禄县，半日渡昌江，又一日至安越县南市桥江下流。北岸一道，由思明府入，过摩天岭，一日至思陵州，过辨强隘，一日至禄平州，州西有路，一日半至谅山府。若从东南行，过车里江。此江乃永乐中黎季犛堰之以拒王师，后侦知其堰处，乃决之以济师。一日半至安博州，又一日半过耗军峒，山路险恶，又一日至凤眼县，又分二道：一道一日至保禄县，亦渡昌江；一道入谅江府，亦一日至安越县之南市桥江北岸，各与前道会。其自龙州入者，一日至平而隘，又一日至七源州，二日至文兰平茹社，又分为二道：一道从文兰州，一日经右陇县北山径出鬼门关，平地四十里渡昌江上源，经右陇之南，沿江南岸而下，一日至世安县，平地至安勇县，又一日亦至安越县之中市江北岸；一道从平茹社西，一日半经武崖州，山径二日至思农县，平地又一日半亦进至安越县之北市桥江上流北岸。市桥江在安越县境中,昌江之南诸路总会之处,随处皆可济师。一日至慈山府,又至东岸嘉林等县,渡富良江以入交州。云南亦有二道:其一道,由临安府蒙自县经莲花滩入交州之石陇关,下程澜峒,循洮江源右岸,四日至水尾州,又八日至文盘州,又五日至镇安县,又五日至下华县,又三日至清波县,又三日至临洮府。洮水即富良江上流,其北为宣光江,南为沱江,所谓三江者也。临洮二日至山围县,又二日至兴化府,即古多邦城,自兴化一日至白鹤神庙三岐江,又四日至白鹤县,渡富良江。其一道,自蒙自县河阳隘,循洮江左岸,十日至平源州,又五日至福安县,又一日至宣江府,又二日至端雄府,又五日亦至白鹤三岐江,然皆山径,欹侧难行。其循洮江右岸入者,地势平夷,乃大道也。若广东海道,自廉州乌雷山发舟,北风顺利,一二日可抵交之海东府。若沿海岸以行,则乌雷山一日至永安州白龙尾,白龙尾二日至玉山门,又一日至万宁州,万宁一日至庙山,庙山一日至屯卒巡司,又二日至海东府,海东二日至经熟社,有石堤,陈氏所筑以御元兵者。又一日至白藤海口,过天寮巡司,南至安阳海口,又南至涂山海口,又南至多渔海口,各有支港以入交州。自白藤而入,则经水棠、东潮二县至海阳府,复经至灵县,过黄径、平滩等江。其自安阳海口而入,则经安阳县至荆门府,亦至黄径等江,由南策、上洪之北境以入。其自涂山而入则取古斋,又取宜阳县,经安老县之北至平河县,经南策、上洪之南境以入。其自多渔海口而入,则由安老、新明二县至四岐,溯洪江至快州,经咸子关以入。多渔南为太平海口,其路由太平、新兴二府,亦经快州咸子关口,由富良江以入。此海道之大略也。交州之东有海阳、荆门、南策、上洪、下洪、顺安、快州等府,去海不远,各有支港,穿达迤逦数百里,大舰不能入,故交人多平底浅舟以便入港云。《山居赘论》曰:安南,自秦、汉以来,入中国版图者历千百年。其比于外臣,特自宋以后耳。宋之兵力,自太宗以后势已衰钝,其不能奄有交南宜也。元人兵威所加,辄见摧灭,而安南竟偃蹇一隅,不能郡县其地,何哉?倘所谓强弩之末,不能穿鲁缟者欤? 永乐中, 两兴大役, 皆系累其君长, 扫清其境土, 而师还未几, 反覆随之。岂时有难易, 交人方强, 未可逆折欤? 逮正德以后, 陈氏、莫氏与黎氏祸乱相寻, 兵分势削, 取乱侮亡, 机不可失, 而竖子率师, 徒费张皇。其后, 任交人之自为鱼肉, 以秦、越相视而已矣。夫是非不张, 恩威不振, 何以厌蛮夷观听之情哉?《国史》: 嘉靖十六年, 仇鸾为帅, 尚书毛伯温督师驻广西, 檄诸路兵候师期。正兵分三哨: 广西凭祥州为中哨, 龙州罗回峒为左哨, 思明府思州为右哨。分奇兵为二哨: 归顺州为一哨, 广东钦州为一哨。又乌雷山等处为海哨。又云南兵于莲花滩分三哨。东西并举, 驰驿安南, 莫登庸大惧乞降。盖先是抚臣蔡经言: 安南水陆之路有六, 凭祥、龙州、归顺、钦州、海阳、西路, 皆接安南也。时钦州知州林希元言: 莫氏所恃者, 惟都斋耳。其地滨海, 淤涂十余里, 舟不得泊, 计以为王城不支即守都斋, 都斋不支即奔海上耳。若以东莞、琼海之师助占城击其南, 贼不得奔矣。以福建之师航海出枝封河, 湖广之师出钦州, 与之合, 都斋无巢穴矣。以广西之师出凭祥, 云、贵之师出蒙自, 以攻龙编, 则根本拔矣。如此, 可一举定也。其说置不问。夫攻安南者, 希元之言非胜算哉? 又安南僭置伪东都, 设五府、五部、六寺、御使台、通政司、五十六卫、四城兵马等衙门, 附郭府三: 一曰奉天, 二曰广德, 三曰永昌。永乐二年, 改东都为交州府。宣德二年, 弃交趾, 黎氏复曰东都, 其西都亦曰清华、承政。永乐二年, 改清化府。又都斋、古斋, 近海口, 莫登庸故乡也。本无城郭, 以铁笋木作排栅三层为外卫, 登庸所自居也。大约自黎氏以来, 郑氏、莫氏二宗最强, 而郑以江华为重, 莫以古斋为重云。两都之外, 分道十三, 设承政司、宣察司、总兵使司, 亦仿中国三司之制。

〇交州府, 即安南之东都也。永乐二年, 改置, 领州五, 曰慈廉、福安、威蛮、利仁、三带, 领县十三, 曰东关、慈廉、石室、英雷、清潭、清威、应平、平陆、利仁、安朗、安乐、扶宁、立石。宣德二年以后, 仍为东都,领附郭府三,曰奉天、广德、永昌,又分置安邦承政司,领府一,曰海东。

龙编城,在今交州府东,汉郡治也。《汉志》交趾郡,治赢陵,领龙编。后汉治龙编。孙吴黄武六年,交州亦自番禺县徙治焉。晋、宋以后因之。《水经注》:汉建安二十三年立城之始,有蛟龙盘编于水南北二津,因改龙渊曰龙编。或疑县本名龙渊,唐颜师古、章怀太子讳渊,改《汉志》为编也。隋开皇中,仍为交趾。大业中,移交趾郡治宋平,而龙编为属县。唐武德四年,置龙州,又析置武宁、平乐二县。贞观初,州废,以二县省入龙编,隶仙州。十年,州废,仍属交州。今伪奉天府,或曰即龙编也。

交趾城,在府西。刘昫曰:汉交趾郡治。赢陵,即此。孟康音莲。陵,音受,土篓也。后汉仍为赢陵县,属交趾郡。晋、宋因之。隋改置交趾县,属交州。唐武德四年,仍置交州于此。又析置慈廉、乌延、武立三县,以慈廉水为名,置慈州。六年,改为南慈州。贞观初,州废,三县仍省入交趾。二年,移县治于汉之故交趾城,仍为交州治。宝历元年,徙州治于宋平,县属焉。颜师古曰:赢陵,亦读曰累缕。杜佑曰:交趾之名,以南方夷人其足大趾开广,并足而立,其趾则交,故名。

宋平城,在府南。汉龙编县地。宋孝建初,析置宋平县,寻又置宋平郡治焉。梁、陈因之。隋平陈,郡废,县属交州。大业初,为交趾郡治。唐武德五年,于县置宋州,并置弘义等县,又析置怀德等县。六年,改曰南宋州。贞观初,州废,以弘义、怀德二县省入,属交州。大历中为交州治,后移于今所。○南定城,在府东北。本宋平县地,唐武德四年,析置南定县,属宋州。明年,改属交州。大历五年废。贞元八年,复置。咸通六年,高骈为安南都护,自海门进兵至南定,掩击峰州蛮众,大破之,即此。

朱䳘城，在府东南。汉县，属交趾郡。后汉因之。晋仍属交趾郡。宋、齐因之。梁大同末，诏杨𣉙讨交州贼李贲，𣉙以陈霸先为先锋，出交州，败贲于朱䳘，又败之于苏历江口。《五代志》：朱䳘县，梁置武平郡。隋平陈，郡废，县仍属交州。唐武德四年，置䳘州，并置高陵、定陵二县属焉。贞观初，州废，以二县省入朱䳘，属交州。䳘，同鸢。刘昫曰：朱鸢，孙吴时军平县地，晋武帝曰海安。未知所据。

勾漏城，在府西南。汉置苟漏县，属交趾郡。苟漏，与句漏同。后汉亦曰苟漏县。晋仍属交趾郡。葛洪求为苟漏令，即此县也。宋、齐以后因之。隋县废。今石室县是其地也。

平道城，在府西北。今安朗县地。后汉建武十九年，马援平交趾蛮，置封豀县，属交趾郡。三国吴属武平郡。晋因之。宋仍属武平郡。齐析置平道县。梁、陈间，以封豀省入平道。刘昫曰：封豀，即古骆越地也。《南越志》：交趾之地，最为膏腴，旧有君长曰雒王，其佐曰雒侯，其田曰雒田，民垦食之，因曰雒民。《交州志》：雒王、雒侯主诸郡县，县有雒将。后汉建武十五年，交趾麓泠雒将女子徵侧、徵贰反，九真、日南、合浦蛮俚皆应之。《广州记》：交趾有雒田，仰潮水上下，人食其田，名为雒侯。后蜀王子将兵攻取其地，自称安阳王。后南越王尉陀复夺取之。今平道城东有城，凡九重，周九里，盖即安阳王所居城矣。或以为封豀故城也。《隋志》：平道县，旧曰国昌。开皇十二年，改平道县，属交州。五代《志》南齐有昌国县，属宋平郡。盖即昌国之讹，梁、陈间又省平道入国昌，隋复故国昌为平道也。唐武德四年，于平道置道州，又析置昌国、武平二县。六年，改为南道州，是年又更名仙州。贞观十年，州废，又以昌国省入平道，隶交州。《志》云：府西有望海废县，亦后汉建武中与封豀县同置，后废。相近又有蛮城，祝穆云：亦马援所筑戍守处也。

太平城，在府西北。本封豀县地。吴孙皓建衡三年，讨扶严夷，以其地置武平郡,治武宁县。晋因之。宋改县曰武定,仍为武平郡治。齐仍旧。隋平陈,郡废,县属交州。开皇十八年,改曰隆平县。唐武德四年,置隆州,并置义廉、封谿二县,寻徙州治义廉。六年,曰南隆州。贞观元年,州废,省义廉,以封谿隶岑州,隆平隶交州。先天元年,改曰太平县,仍属交州。○武平城,亦在县西北,亦封谿地。唐武德四年,析平道县置武平县,属道州。明年,改属交州。刘昫曰:唐初改隋隆平县为武平。似误。

笓竹城,或曰即今府城。唐大中十二年,王式为安南都护经略使,至交趾,树笓木为栅,可支数十年,深堑其外,泄城中水,堑外植竹,寇不能冒。范成大《桂海虞衡志》:新州有笓竹城,交趾外城亦是此竹,即式所植者。又大罗城,《志》云:在府城外。旧城,唐刺史张伯仪所筑,本在江南。宝历元年,安南都护李元善请移城于江北岸,未几复故。咸通七年,静海节度高骈筑安南城,周三千步,又凿道三所通使者道,名曰天威道。今故址犹有存者。○东关城,在府城北,五代以后,蛮所改置附郭县也。元至正二十五年,脱欢入交趾,安南王陈日煚遁据海口,既而拥兵守御东关,遏绝归路,脱欢战败,由间道遁还。明宣德初,黎利叛,率贼众围东关,大帅王通惧,谋以交趾归利,檄军民官吏出城赴东关,即此。

三带城,在府西富良江北岸,蛮所置三带州也。永乐初,张辅等讨交趾,自新福县移营三带州招市江口,造船图进取,是也。○清威府,在城西南百五十里,又西南五十里有石室城,皆蛮所置县也。宣德初,黎利作乱,其弟善据广威州,拥众攻交趾,参将马瑛大破之于清威,与王通合兵石室县,进屯宁桥,陈洽以为宜置师于石室县之沙河,以觇贼势。不听,遂渡河而陈,地皆险恶,伏起大败。黎利自义安来合围东关,攻交趾城,败去。

佛迹山,在府西南石室县。山下有池,景物清丽,为一方胜概。又勾漏山，亦在石室县，相传汉苟漏县置于其下。

海，在府东南。自广东钦州而西南，历乌雷山以至南境之大长沙海口，其可入之支港以数十计。马援讨徵侧，缘海而进。高骈复安南，亦自海道而前。今有天威泾，骈所凿也。《唐史》：咸通二年，南诏攻安南，都护蔡袭请救，诏袭按军海门，袭以围迫，不及奉诏，城陷死之。其僚属樊绰走渡江，督荆南兵入东郛，苦战，颇有斩获。是夜，南诏屠安南，寻诏大兴诸道兵进，因置行交州于海门，调山东兵戍守，命容管经略使张茵镇之，经略安南。茵逗留不进，乃以高骈为大帅，仍驻海门。七年，骈收复安南，以交州至邕州海道多潜石，漕运不通，遂凿石开道。有青石径，相传马援所不能治，既而震碎其石，亦得通，因名天威泾。自是漕运无滞。海门今见梧州府博白县。

富良江，在府北三十里，其上源即云南之澜沧江也。自车里宣慰司东北界及临安府之西南界流入境，曰莲花滩。东流历文盘州、临洮府北境，亦曰洮江。又东至兴化府境合于江北之白鹤江，江南岸又有陀江来注之，谓之三岐江。又东历三带州南，至府城之北，东南流，历顺安、上洪、下洪诸府之境，纵横贯串，以达于海。宋熙宁八年，交趾分道入寇，钦、廉、邕皆陷。郭逵讨之，行至长沙，先遣将复邕、廉，而自将西进，至富良江，交人乘船逆战，大败其军，其王李乾德请降，于是取广源等州而还。宝祐五年，蒙古兀良兀台入交趾，至洮江，交人战败，其王陈日煚走海岛。元至元二十一年，脱欢击安南王陈日烜，败其兵于富良江，日烜遁，遂入其都城，以盛夏霖潦，军中疲作，乃引还。二十四年，脱欢等复渡富良江，次交趾城下，败其守兵，日烜复遁据海口。明永乐五年，张辅等讨安南，从凭祥入，进次昌江市，造浮桥济师，前锋直抵富良江。而沐晟亦自云南蒙自入安南，驻兵洮江北岸，造舟径渡，至白鹤江，遣人来会。贼恃东、西都及宣江、洮江、沱江、富良江为固，于江北岸缘江树栅，多邦隘增筑土城，城栅相连至九百余里，又于富良江南岸环江置桩，尽取国中船舰列江内,诸江海口俱下桦木以防攻击。贼之东都亦严固。继而辅等合军拔多邦,遣别将向其西都,贼焚宫室遁入海,既又败贼于富良江,遂尽平其地。《一统志》:富良江,一名泸江,上接三带州白鹤江,经交州府城东下,通行四十四里至归化江。《南使录》云:富良江行四十四里至归化江,一名泸江,阔与漠鄂等江相似,自大理西下,东南入于海,有四津,潮汐不常。或曰:归化江即富良江下流矣。

来苏江,在府城东北。自富良江分流,转而西,直抵锐江。本名苏历江,相传昔有苏历者开此江,因名。梁大同末,陈霸先败李贲于苏历江,既而进克嘉宁,诸军皆屯于江口。胡氏曰:江口,苏历江入海之口也。永乐初,黄福为交趾布政司,以江淤重浚,时王师吊伐,因更今名。〇武定江,在府北二百五十里武平县界,下流入于富良江。

喝门江,在府西南。又府西有生厥河。永乐六年,交趾简定反,沐晟讨之,战于生厥河,败绩。既而诏张辅进讨,辅进兵慈廉州,攻喝门江,粉祉营栅皆破之,获定。

浪泊,在东关县西北。一名西湖。后汉建武十八年,马援由海道讨徵侧,随山刊道千余里,至浪泊上。贼既平,谓官属曰:吾在浪泊、西里间,贼未灭时,上潦下雾,毒气薰蒸,仰视飞鸢,跕跕堕水中。谓此也。郦道元曰:叶榆水,过交趾麊泠县北,分为五水,络交趾郡中,其南水自麊泠县东经封谿县北,又东经浪泊。马援以其地高,自西里进屯焉。《郡国志》:浪泊,在交趾封谿县界。援既平交趾,奏分西里置封谿、望海二县。

石碕镇,在府东南。晋义熙七年,卢循自合浦犯交州,刺史杜慧度拒之,破于石碕。胡氏曰:岸曲曰碕。既又破循于龙编南津,循自投于水,取其尸斩之。

宁桥。在府西,近石室县。宣德元年,命成山侯王通等征交趾,至宁桥，遇伏军败处也。○东津渡，在东关县，即富良江渡口也。旧以舟楫往来，阻于风涛，永乐初，张辅、沐晟始置浮桥，一岁一易。

○北江府，在交州府北二百里。永乐二年，改置，领州三，曰嘉林、武宁、北江，领县七，曰嘉林、超类、细江、善才、东岸、慈山、善誓。宣德以后，仍以北江及谅江地置京北承政司。领府四，曰北河、慈山、谅江、任安。

越王城，在府西南东岸县。一名螺城，以其屈曲如螺也。《南越志》：交趾之地，初无郡县，统其民者为雒王，副为雒侯，亦曰雒将，皆铜印青绶。传十八世，蜀王子泮击灭之，代有其地，为安阳王。其后，南越击并之。或以为此即安阳城，与交州府平道县接界。隋仁寿二年，交州俚帅李佛子作乱，据越王故城，遣其兄子大权据龙编城，其别将李普鼎据乌延城，刘方讨平之。乌延城，或曰旧在府北境，盖近乌浒之地。旧《志》越王城中有故宫遗址。《一统志》：交州府三带州故有雒王宫。

嘉林城，在府西南，即今州城也。滨富良江。唐羁縻都金州所领有嘉陵县，疑即此。蛮曰嘉林，置州。永乐初，张辅等进屯三带州，骁骑朱荣败贼于嘉林江，即其地也。江因城而名。

东宄山，在嘉林州。一名东皋山。唐高骈建塔其上。又仙游山，在武宁州，一名烂柯山。州境又有金牛山。相传高骈欲凿此山，见金牛奔出而止。或以为汉居风县地，恐误。

赤土山，在府西善誓县境。万仞插天，亘数百里。《志》云：安南西面皆山，而寺狼、宝台、佛迹、马鞍在境内，皆高峻，其杰出者则赤土山也。

天德江，在府东。下流注富良江。一名延蕴江，又名东岸江。永乐初，黎寇惧讨，役民堙塞江口，寇既平，重加浚治，舟楫复通。

市桥江。在府西。东南流入富良江。自广西入安南者，江为必由之道。或谓之乾满江。元至元二十一年,脱欢等击安南王陈日㷉,入其都城,师还,交人追袭,又邀击别将唆都于乾满江,唆都战死,即此处也。一名南栅江。《志》云:道出南栅江,以筏渡行四十里至富良江,水湍急,不甚阔。江之南名桥市,居民颇众云。

〇谅江府,在交州府东北三百三十里。永乐二年,改置,领州二,曰谅江、上洪,领县十,曰清远、那岸、平河、凤山、陆那、安宁、保禄、古陇、唐安、多锦。宣德以后,仍分属京北、山南二承政司。

昆山,在府东凤山县境。岩洞殊胜。

昌江。府南七十里保禄县南。源出府西北山中,下流合市桥江,有昌江市。永乐初,讨安南,张辅等进次昌江市,造浮桥济师是也。宣德二年,黎利陷昌江城,败官军,遂攻交趾城。既而都督崔聚率官军讨黎利,进至昌江,复为贼所败。

〇谅山府,在交州府北五百三十里。永乐二年,改置,领州七,曰上文、下文、七源、万涯、广源、上思、下思,领县五,曰丘温、镇夷、渊县、丹巴、脱县。宣德以后,仍以谅山地置谅山承政司,领府一,曰谅山。

广源城,在府西北境,与广西龙州接界。或曰唐所置羁縻平源州也。本都金州之平原馆。开成四年,析置州,领龙石、平林、龙当等县,属安南都护。宋为羁縻广源州,属邕州都督府。《宋史》:广源州在邕管西南郁江之南,崖险峭深,侬智高为州蛮作乱,据傥犹州,又袭据安德州,交趾不能讨,因畀以广源,使知州事。智高僭称南天国,缘郁江东下,破宋邕州。傥犹、安德,旧俱与广源接界也。又熙宁八年,交趾入寇,诏郭逵讨之。逵遣别将燕达拔广源州,举兵出界,直抵富良江。未至交州三十里,其王李乾德惧,乞修贡如初,遂收广源州、门州、思浪州、苏茂州、桄榔州而还。诏以广源为顺州,后没于蛮,仍曰广源。

丘温城，府北二百里，即今县。旧属广西思明府。洪武二十九年，思明府奏安南夺丘温、如嶅、庆远、渊、脱等县，诏以其地还思明，不奉命，自是没于蛮。永乐初，遣征安将军黄中等送陈天平归国，至丘温，为黎贼所绐，进至芹站，天平见杀，即此。

汤州城，在府东。唐置州，治汤泉县，兼领绿水、罗韶二县。天宝初，曰汤泉郡。乾元初，复曰汤州，后废。又古州城，旧《志》云：在府东北。唐贞观十二年，置古州，治乐古县，兼领古书、乐兴二县。天宝初，曰乐古郡。乾元初，复故。杜佑曰：州接瀼州界。盖皆与邕州相近。又废武州，在府北境。《新唐书》：邕管所领有显州、武州、沈州，后省。或曰：武州，大中间复置。《唐史》：咸通初，南诏陷交趾，安南都护李鄠奔武州。二年，鄠自武州收集土军攻群蛮，复取安南，是也。○废罗伏州，在府西境。本唐羁縻州，咸通七年，南诏据安南，置扶邪都统。《实录》：扶邪县，属罗伏州，南诏置。

废安州，在府北境，接广西太平田州界。宋大观二年，知桂州张庄奏安、化、上三州一镇诸蛮纳土，幅员九千余里；又奏宽乐州、安沙州、谱州、泗州、七源等州纳土，计一十六州、三十三县、五十余峒，幅员万里。大抵皆安南接邕管之地，庄夸言之也。

丘蟠山，在府东南丹巴县境。上有石门，广三丈，相传马援所凿。又府西南有寄狼山，尤高峻。○雷火洞，在府西北。宋嘉祐二年，雷火峒蛮侬宗旦入寇邕州，即此。又《宋史》：侬智高，年十三，杀其父奔雷火峒。峒盖在广源、傥犹二州间。

阿劳江，在府东。刘昫曰：阿劳江口南至交州城五百四十九里，下流入海。○下梢河，在府境。宣德二年，黎利败王师，陷隘留关，镇夷将军王通守交趾，惧，出下梢河，立坛与利盟约而还。

隘留关，在府北文渊州界。又南为鸡陵关，又南为芹站。永乐二年，遣黄中等送陈天平还安南，至丘温，又进度隘留、鸡陵二关，将至芹站，山路险峻，林木蒙密，军行不得成列，贼伏发，杀天平及大理卿薛嵓、行人聂聪，中等方整军欲战，桥断不得前，乃引还。于是发大军讨安南。将军张辅发凭祥，度坡垒驿，进破隘留、鸡陵二关，追度芹站，搜两旁，伏兵皆遁去，于是进次昌江市，造浮桥济师。及安南平，改鸡陵关为镇夷关。宣德初，黎利叛，围丘温，攻昌江，陷之，又陷隘留关。时柳升将大军进讨，连破贼兵，自隘留关进抵镇夷关。升恃勇直前，至倒马坡，率百骑渡桥，既渡，而桥坏，后军不继，贼伏四起，遂败死。别将崔聚进至昌江，亦败死。官军七万人尽殪，于是弃交趾云。

老鼠关，在府北。《南使录》：丘温东南行十数里至陡关，度岭西南行两山间，初所见黄茅修竹，既而深林茂树，水阔不数尺，然周遭百折，或百步一涉，或半里一涉，凡六七十处。复度一岭，夹道皆古木苍藤，有巨石挺出，篁竹薄丛，最为厄险，名老鼠关。西行，有山峰秀拔，绵亘不绝，是为寄狼山。翠壁苍崖，异木翳密，凡三十里抵刺竹关，有兵守之。关上两山相交，仅通马道。大竹皆围二尺，上有芒刺。盖其国控扼要地，所称鼠关、狼塞之险也。

决里隘，在广源州南。宋熙宁九年，郭逵讨安南，前锋将燕达拔广源州，又破贼于决里隘，进抵富良江是也。〇芹站，在府北，即陈天平被杀处。张辅讨安南，前锋度芹站，次昌江市，而大将从芹站而西折至新福县，遣将会云南沐晟之师是也。

坡垒驿。在文渊州北百里。亦曰坡垒关。自凭祥入安南必由之道也。今曰坡唯站。《舆程记》：自凭祥州界首关而南，三十里至坡唯站，又经洞濮站、不濮站、不博站，共二百十里至卜邻站，又百里至濮上站，又经丕礼站、昌江站、市桥站、吕块站，共二百十里，度富良江而至安南城云。

○**新安府**，在交州府东三百里。永乐二年置，领州四，曰东湖、靖安、南策、下洪，县十三，曰至灵、峡山、古费、安老、水棠、枝封、新安、安和、同利、万宁、云屯、西岐、清沔。宣德以后，仍置海阳承政司，领府一，曰海阳。

枝封城，在府东海中。即枝封县，为东面要地。或曰县本名思封。唐置岩州，领常乐、思封、高城、石岩四县。天宝初，曰安乐郡。至德二载，又改常乐郡。乾元初，仍曰岩州。今新安县即其地也。后讹思封曰枝封。

都斋城，在府东。其地近海，即海阳城也。交趾倚为重地。嘉靖六年，莫登庸禅位于其子方瀛，退居都斋海阳，为方瀛外援，即此。

象山，在府东东湖州。一名安子山，相传安期生得道处。宋《海岳名山图》以此为第四福地。○云屯山，在府东北云屯县大海中。两山对峙，一水中通，番国商舶，多聚于此。又府东新安县大海中有大圆山，突起圆峤。永乐十六年，此山获白象来献。

白藤江口。在府北，海道之口也。旧自此进至花步，抵峰州。五代晋天福三年，南汉刘龑以交州乱，欲并有之，使其子弘操将兵趋交州，自将屯海门，为声援。弘操帅战舰自白藤江而进交州门，逆战于海口，弘操败死。宋太平兴国六年，遣知邕州侯仁宝等伐黎桓，分兵由邕州、廉州两道俱进，既而行营兵败贼于白藤江口，仁宝率军先进，为交州兵所败。又廉州将孙全兴自白藤江进次花步，亦败却。胡氏曰：江当在峰州界。

○**建昌府**，在交州府东南二百里。永乐二年置。领州一，曰快州；县六，曰建昌、布县、真利、东结、芙蓉、永涧。宣德后，仍属山南承政司。

海潮江，在快州境。自阿鲁江分流，下通玉珠江，昔陈氏破占城军处。○夜泽，在东结县境。《方舆胜览》：昔梁武帝时，有阮贲者，世为豪右，命陈霸先击破之，贲逃泽中，夜则出掠，因号夜泽。阮贲，当即李贲矣。

咸子关。在快州西北。自东南海道入者，此为要会之处。永乐五年，张辅等追黎贼至胶水县闷海口，地下湿不可驻，乃阳为班师，至咸子关，令柳升守之。贼来蹑，辅还军，遇于富良江，贼水陆进战，皆败走，复乘胜追至闷海口。六年，交人简定复叛，据宁化州，来攻咸子关。沐晟讨之，战于生厥江，败绩，其党攻盘滩据之。于是，复遣张辅进讨，败贼于咸子关及太平海口等处。

○镇蛮府，在交州府东南五百里。永乐二年置。领县四，曰廷河、太平、古兰、多翼。宣德以后，仍属山南承政司。

龙溪。在府东廷河县。昔陈氏夜过此溪，不能渡，忽见一桥跨江，既渡，回顾不见，及有国，改名龙溪。

○奉化府，在交州府东南三百里。永乐二年置。领县四，曰美禄、西真、胶水、顺为。宣德后，仍属山南承政司。

胶水城，在府西南滨海。永乐初，张辅等讨安南，督舟师进逼胶水，贼遁入黄江、闷海等处。辅等袭入筹江栅，破之。又追败贼于万劫江、普赖山，又败贼胡杜于盘滩，进次鲁江，贼率舟师逆战于木丸江，大破之，穷追至胶水县闷海口，即此。

鲁江。在府界。永乐初，张辅等追黎季犛于此。既而别将与陈季扩战于鲁江，不利。鲁江，盖富良江之支流也。○虞江，在府境。永乐八年，沐晟追贼首陈季扩于虞江，破之，即此。

○建平府，在交州府东南三百里。永乐二年置，领州一，曰长安；县六，曰懿安、大懿、安本、望瀛、安宁、黎平。宣德后，仍即谅江、建昌、奉化、镇蛮、建平五府地置山南承政司，领府十一，曰上洪、下洪、天长、广东、应天、金门、新兴、长安、泹仁、平昌、义兴。

上洪城，旧《志》：在交州府东二百里。安南所置上洪府也。嘉靖中，莫登庸作乱，据安南。其故王黎譓之子宁结国人攻之，登庸败走海阳，据上洪、下洪、荆门、南策、太平诸郡。复潜师出大江，掩国都，宁败走清华。登庸复攻之，宁走老挝。

神符海口。在府南境义兴城南。永乐十年，张辅等讨陈季扩，破之于神投海口，其党潘可佑屯可雷山乞降。辅又进破贼于西心江。神投，或曰即神符海口也。

○三江府，在交州府西四百五十里。永乐二年置。领州三，曰洮江、宣江、沱江；县五，曰麻溪、夏华、清波、西阑、古农。宣德以后，仍即三江地及交州府，嘉兴府归化州地置山西承政司，领府六，曰归化、三带、端雄、安西、临洮、沱江。

凤翼山，在府西南夏华县。山势回翔，如凤矫翼。

三江。在府西。洮江、沱江、宣光江合流之口也，府因以名。

○宣化府，在交州府西北九百里。永乐二年置。领县九，曰旷县、当道、文安、平原、底江、收物、大蛮、杨县、乙县。宣德后，仍即宣化地置明光承政司，领府一，曰宣化。

三岛山，在杨县境，有三峰突起。

宣光江，在府北。源自云南临安府教化长官司，流入境，流七百余里以达宣化江。《一统志》：永乐初，沐晟自云南引兵出此。

野蒲隘。在府西北。沐晟讨安南，自云南蒙自县经野蒲，斩木通道，攻夺猛烈栅华关隘，贼徒悉奔。晟进筑垒于洮江北岸，造舟渡白鹤是也。○守镇营，在府西二百里。嘉靖六年，莫登庸作乱，交人武文渊以众来降，又攻登庸守镇营，破之。

○太原府，在交州府西北四百五十里。永乐二年置。领县十一，曰富良、司农、武礼，峒喜、永通、宣化、弄石、大慈、安定、感化、太原。宣德后，仍即太原府地置太原承政司，领府三，曰太原、富平、通化。

峰州城，在府西北。汉交趾郡麓泠县。三国吴建衡三年，析置新兴郡。晋太康三年，改为新昌郡。宋、齐因之。梁兼置兴州。隋平陈，郡废，而州如故。开皇十八年，改州曰峰州。大业初，废州，县属交趾郡。唐武德四年，复置峰州，领嘉宁、新昌、安仁、竹格、石堤、封谿六县，后增省不一。天宝初，曰承化郡。乾元初，复曰峰州。蛮废。○嘉宁废县，即峰州治也。三国吴置。或曰晋、宋时，郡仍治麓泠，以县属焉。梁始为州郡治。大同末，李贲为陈霸先所败，奔嘉宁城。既而杨瞟等克嘉宁，李贲奔新昌獠中。隋、唐以来，皆为峰州治。《志》云：峰州所领有嵩山、珠渌二县，皆唐元和后置。

麓泠城，在府西。汉县，属交趾郡。麓泠，读曰麋零。后汉因之。建武中，交趾女子徵侧、徵贰反，掠六十五城，都麓泠，马援讨平之，是也。三国吴属新兴郡，后属新昌郡。梁、陈间，废县入嘉宁。

冗山，在府西弄石县境。有岩洞，可通行舟。或曰即金谿冗中也。《一统志》作芃山，误。○陇山，在府西北洞喜县境。四面峭壁，中有村墟。

林西原，在峰州西。唐时，原旁有七绾洞蛮，其酋长曰李由独，所属又有桃花等蛮，皆助中国戍守，输租赋。《唐书》：林西原，旧有防冬兵。大中八年，安南都护李涿罢防兵，专委蛮酋李由独戍守。由独势孤，南诏拓东节度使诱而臣之，安南始有蛮患。《新唐书》：安南都护府所领有羁縻林西州，领林西、甘橘二县。

典彻湖，在府西。旧时湖陂浩邈，吐纳群川，今堙。梁大同十二年，杨瞟等攻李贲于嘉宁，克之，贲遁入新昌獠中，诸军顿于江口。李贲寻自獠中出屯典彻湖，造舟舰充塞湖中，众军屯湖口，不敢进。会江水暴起七丈注湖中，陈霸先勒所部兵乘流先进，众军鼓噪俱前，贲众大溃，窜入屈獠洞中，寻为洞蛮所杀。胡氏曰：江，武平江也。即今宣光、富良诸江上流矣。

禁谿，在府西境。后汉建武十八年，马援讨徵侧等，追至禁谿。《水经注》《越志》作金溪，地在麓泠县西南。沈怀远《南越志》：徵侧走入金谿冘中，二岁乃得之。竺芝《扶南记》：山溪濑土谓之冘。章怀太子贤曰：今峰州新昌县是其地。

新安村。在府西南。《典略》云：梁杨㬢等讨李贲，贲奔獠中，寻渡武平江，据新安村，即此。

○清化府，在交州府西南八百里。永乐二年置。领州四，曰九真、爱州、清化、蔡州；县十一，曰安定、永宁、古藤、梁江、东山、古雷、农贡、宋江、俄乐、磊江、安乐。宣德后，仍即清化府地置清华承政司，领府四，曰绍天、镇宁、蔡州、河中。

九真郡城，即今府城也。秦象郡地。汉元鼎六年，置九真郡，治胥浦县。后汉因之。晋、宋以后皆为九真郡。梁置爱州。太清二年，李贲为屈獠峒所杀，其兄天宝遁入九真，收集余兵围爱州，交州司马陈霸先讨平之。隋平陈，废郡，仍曰爱州，分移风置九真县为治。大业初，又改州曰九真郡。唐武德五年，仍曰爱州，领九真等县。天宝初，曰九真郡。乾元初，复为爱州。五代唐长兴二年，爱州将杨延艺举兵取交州，自是没于蛮。交人建绍天府，僭称西都，兼置清华承政司于此。

居风废县，在府西北。汉置居风县，属九真郡。后汉因之。三国吴改曰移风县。晋仍属九真郡。宋、齐以后，为九真郡治。隋平陈，郡废，县属爱州。唐武德五年，于县置前真州，并置九皋、建正、真宁三县。贞观初，州废，以三县并入移风，隶南陵州。十年，州废，县属爱州。天宝初，省入日南县。《交州记》：居风有山出金牛。又有风门，常有风。后汉建武十九年，马援进击徵侧，余党都阳等至居风降之，即此。或以为在今北江武宁州界，误。

胥浦废县，在府西。汉置县，为九真郡治。晋因之。宋仍为胥浦县，属九真郡。齐仍旧。隋初属爱州。大业中，亦属九真郡。唐武德五年，于县置胥州，并置攀龙、如侯、博悏、镇星四县。贞观初，废胥州，以四县省入胥浦县，隶南陵州。十年，州亦废，县改属爱州。天宝中，省入日南县。

日南城，在府西。汉居风县地。梁置日南县。隋属爱州。唐武德五年，置积州，兼置积善、津梧、方载三县。九年，改曰南陵州。贞观元年，曰后真州。十年，州废，县属爱州。《志》云：津梧，本晋县，隋废，唐复置。又军宁废县，在府北。晋置军平县，属交趾郡。宋改曰军安，属九真郡。齐、梁因之。隋属爱州。唐武德五年，置永州。十年，改曰都州。贞观元年，州废，县属南陵州，寻复属爱州。至德二载，改曰军宁县。后皆为蛮所据。

安顺城，在府东。三国吴置常乐县，属九真郡。宋以后因之。隋属爱州。开皇十六年，改曰安顺县。唐置顺州，并析置东吴、建昌、边河三县。贞观初，州废，并三县入安顺，属爱州。又隆安废县，在府东南。本常乐县地。晋分置高安县，仍属九真郡。宋、齐以后因之。隋属爱州。开皇十八年，改曰隆安。唐武德五年，置安州，并析置教山、建道、都握三县，又置山州，并置冈山、真润、古安、西安、建初五县。贞观初，废安州，并省教山等县，又废山州，并冈山等县，惟存建初一县，与隆安县并属爱州。八年，又省建初县。先天初，更隆安曰崇安。至德二载，又改曰崇平，后废。《志》云：建初县，本三国吴置，隋废，唐复置。○松原废县，在府南。晋置，属九真郡。宋、齐因之。隋废。唐武德五年，复置，又置杨山、安预二县，俱属爱州。贞观初，省二县。九年，复省松原入九真县。

无编城，在府北。汉县，属九真郡。后汉因之。晋废。唐复置无编县，属爱州，后改曰常林。又都庞废县，亦在府北。汉县，属九真郡。应劭曰：庞，音龙。后汉省。三国吴复置。晋初废，寻复置。宋、齐因之。隋废。

福禄城，在府西南。唐武德中所置羁縻唐林州也。贞观初废。总章二年，智州刺史谢法成招慰生獠昆明、北楼等七千余落，以故唐林州地置福禄州。大足元年，更名安武州。神龙初，复故。天宝初，曰福禄郡，至德二载，改曰唐林郡。乾元初，仍为福禄州。又废。又柔远废县，唐福禄州治也。本曰安远，至德二载，改曰柔远，兼置唐林、福禄二县。〇废长州，与福禄州相近。唐置，领文阳、铜蔡、长山、其常四县，亦曰文阳郡，后为蛮废。

俄乐城，在府西南，即今俄乐县。宣德初，俄乐土官黎利反，官军讨之，遁入老挝，既而复还，官军破走之于清化。

戏马山，在府东永宁县境。一名游英山。峭然独立，横枕长江。〇安镇山，在府东南东山县，产美石。晋豫章太守范宁尝遣吏于此采石为磬。

小黄江。在府东境。下流入海。《唐志》交州西至小黄江口，水路四百里，入爱州界，是也。又有月常江，亦在府东。永乐中，张辅败陈季扩之党阮朔于九真州月常江，谓此。

〇乂安府，在交州府南八百里。永乐二年置。领州四，曰骥州、南靖、茶笼、王麻，县十三，曰衙仪、友罗、丕禄、士油、偈江、真福、古社、土黄、东岸、石塘、奇罗、盘石、河华。宣德后，仍即乂安置广南承政司，领府三，曰广南、茶麟、五麻；又兼演州地置乂安承政司，领府八，曰乂安、肇平、思乂、奇华、德充、演州、北平、清都。

骥州城，在府西南。相传即古越裳氏国，周成王时，重三译而献白雄者也。秦属象郡。汉属九真郡。后汉因之。三国吴分置九德郡,治九德县。晋、宋以后因之。梁兼置德州。大同七年,交趾李贲监德州,遂结数州豪杰以叛,寻讨平之。隋平陈,废郡存州。开皇十八年,改曰驩州。大业初,曰日南郡。唐武德五年,置南德州总管府。八年,改为德州。贞观初,仍曰驩州。明年,兼置都督府。天宝初,曰日南郡。乾元初,复为驩州。至今不废。《通典》:郡东南至海百七十里,南至罗伏国界百五十里,西至环王国界八百里。《新唐书》:驩州地限重海,与文单、占婆接界。○九德废县,即驩州治也。三国吴置县,晋以后因之,皆为州郡治。梁大同九年,李贲叛,据交趾,林邑来攻,贲将范修破林邑于九德,即此。唐武德五年,分置安远、昙罗、光安三县。寻以光安置源州,并置水源、安银、河龙、长江四县属焉。贞观八年,更名阿州。十三年,州废,以析置州县次第省入九德县。蛮废。《志》云:萧梁时,置安远、西安二县,隋开皇十八年,改西安曰广安,大业末废,唐复置云。

越裳废县,在故驩州东南四里。三国吴置县,属九德郡。晋初废,后复置,仍属九德郡。宋、齐因之。隋属德州,寻属驩州。大业初,驩州道行军总管刘方经略林邑,遣钦州刺史宁长真以步骑出越裳是也。唐武德五年,置明州,并置万安、明弘、明定三县。贞观十二年,明州獠反,交州都督李彦讨平之。十三年,州废,以三县并入越裳县,属智州。州寻废,县属驩州。○交谷废县,在越裳县南。萧梁时,置县,兼置明州。隋大业初,州废,县属日南郡。唐武德五年,置智州治焉,兼置新镇、阇员二县。贞观初,曰南智州,仍以二县省入。十三年,州废,县省入越裳。又金宁废县,在废越裳县西南。萧梁时置,兼置利州。隋开皇十八年,改为智州。大业初,州废,县属日南郡。唐属智州。十三年,省入越裳县。

浦阳废县,在府东。三国吴置阳成县。晋太康二年,改曰阳遂县,又分置浦阳县,俱属九德郡。宋因之。大明后,以阳遂省入浦阳。齐、梁因之。隋初,县属德州,寻属驩州。唐仍旧。○昌国废县,在府东北。刘宋大明中分日南立宋平县，后为郡。《齐志》：宋平郡领昌国、义怀、绥宁三县。又有宋寿郡，亦在府境。《志》云：宋置，先属交州，泰始七年改属越州，齐建元二年仍属越州，齐建元二年仍属交州是也。又有义昌郡，《齐志》云：永元二年改沃屯置。后俱废。

茶笼城，在府北。宣德初，黎利作乱，自老挝还宁化州，官军与战于乂安府茶笼州，不利，复战于清化，破走之。○奇罗城，在府东南，即奇罗县也。南滨大海。永乐初，张辅追黎贼至闷海口，贼以小舟遁走乂安。辅帅舟师追至海门泾鹊浅，引舟军渡。渡既，而辅率步骑夹江东西，柳升率舟师前进至茶笼，贼败走，又追败之于奇罗海口，贼众皆溃，柳升捕得黎季犛父子，献军门。安南遂平。

天琴山，在奇罗县东海边。相传陈氏主游此，夜闻天籁如琴，因名。永乐初，张辅擒黎苍于此。○横山，在府境河华县。晋永和二年，林邑王范文攻陷日南，檄交州刺史朱蕃请以郡北横山为界。祝穆云：此横山也。

灵场海口。在府东境。永乐中，简定既擒，定所推陈季扩犹据乂安，张辅破贼于冻潮州，沐晟又追败之于灵场海口是也。

○**新平府**，在交州府西南七百里。永乐三年置，领州二，曰政平、南灵，县三，曰衙仪、福康、左平。宣德以后，属乂安承政司。

咸驩城。在府东南。汉县，属九真郡。后汉因之。三国吴属九德郡。晋、宋以后因之。隋属德州，寻属驩州。唐武德五年，置驩州治此，兼置安人、扶演、相景、西源四县。贞观初，更名演州。十三年省相景县。十六年，州及诸县俱废，以咸驩县属驩州，寻改县曰怀驩县。广德二年，复置演州于此。建中三年，演州司马李孟秋叛，安南都护辅良友讨斩之。

○**顺化府**，在交州府西南九百里。永乐二年置，领州二，曰顺州、化州；县十一，曰利调、石兰、巴闻、安仁、茶偈、利蓬、乍令、思蓉、蒲苔、蒲浪、士荣。宣德以后，仍即顺化、升华二府地置顺化承政司，领府三，曰顺化、英都、重华。

爱子江。在府东北顺州界。永乐中，张辅等讨简定党陈季扩，进兵顺州，破贼于爱子江，进至政和县罗蒙江，皆悬崖侧径。辅步进大索，擒其党阮师桧于南陵州，季扩遁入老挝。

○升华府，在交州府西南千一百里。永乐二年置，领州四，曰升州、华州、思州、义州，县十一，曰黎江、都和、安蒲、万安、具熙、礼梯、持羊、白乌、义纯、鹅盉、溪锦。宣德后，仍属顺化承政司。

武峨废县，在府境。唐置。天宝初，曰武峨郡。乾元初，复故。《新唐书》：州领武峨、如马、武义、武夷、武缘、武劳、梁山等七县。后废于蛮。○德化废州，在府境。唐置，领德化、归义二县。刘昫曰：永泰二年，于安南西界牂牁南界置。似误。又郎茫州，亦唐永泰二年置，领龙然、福守二县。刘昫曰：州置于安南西界，盖皆羁縻州云。

广威州，在交州府西三百里。永乐二年，改置，领县二，曰麻笼、美良。宣德以后，仍以广威地置兴化承政司，领府三，曰兴化、广威、天关。

多邦城，在州西。交人谓之兴化府。永乐初，伐交趾，沐晟军至洮江北岸，与多邦城对垒。张辅军亦至，营于城北沙滩，与晟合势。时贼帅俱逼江，不可上，惟多邦城下沙滩可驻师，而土城高峻，城下重濠密坎，城上守兵如蚁，辅督诸军夜袭其城，克之。

美良城，在州东南。永乐中，简定复叛，张辅等讨败之，进兵清化，穷追至演州。又分沐晟兵从磊江南，朱荣舟师抵牛鼻关。辅率骑兵至美良，定窜入吉利深山，擒之。

嘉兴州，在交州西南六百五十里。永乐二年，改置，领县三，曰笼县、蒙县、四忙。宣德已后，仍分属山西承政司。

缴圆山，在州东。高峻雄伟。永乐初，王师克多邦城，贼奔溃，追
至缴圆山，遣别将向西都，贼焚官室遁入海。于是，三江路宣江、洮江等
州县次第来降。〇艾山，在州之蒙县，面临大江，峭石环立，人迹罕至。
山有仙艾，因名。

龙门江，亦在蒙县界。《汉书》封谿县有堤防龙门水，即此。源出
云南临安府宁州，流经此，有石门横截江流，中分三道，飞湍声闻百里，
舟行过此，必异上岸，方可复行。

归化州，在交州府西九百里。永乐二年置，领县四，曰安立、文盘、
文振、水尾。宣德后，仍属山西承政司。

水尾城，在州西南。交趾之水尾州也，与云南老挝宣慰司接界。
《志》云：自水尾州至老挝司城五百六十七里。宣德二年，沐晟由云南
进讨黎利，至水尾县之高寨，贼水陆拒守，即此。〇来州，在水尾县之东
南，安南所置州也。嘉靖中，黎宁保据于此。

漆马江，在水尾州西南。自老挝司境流入，东北合于洮江。嘉靖
中，莫登庸作乱，安南故王黎譓之子宁走老挝，聚兵保漆马江，使其臣
郑惟憭泛海，自占城附商航走京师是也。

演州，在交州府南七百五十里。永乐二年置，领县三，曰琼林、茶
清、美蕾。宣德以后，仍属乂安承政司。

荡昌废县。在州西。《旧唐书》：马援讨林邑，南自交趾，寻海隅
侧道以避海，从荡昌县南至九真，又开陆路至日南郡。按二《汉志》无此
县。

已上安南。

占城，东距海，西抵云南，南接真腊，北连安南，东北至广东，舟
行顺风可半月程，至崖州可七日程。古越裳氏界。秦为象郡林邑县。汉

改象林县，属日南郡。后汉末，邑人区连者因中原丧乱，杀县令，称林邑国王。孙吴时，为徼外国。黄武六年，遣使入贡，其后世绝，外孙范熊代立。熊死，子逸嗣，其臣日南率范稚之奴名文者谮逐逸诸子，逸死，文篡立。晋永和三年，文屡陷日南。四年，寇九真，大为交州患。五年，桓温遣兵讨之，不克。九年，交州刺史阮敷讨林邑，破五十余垒。隆安三年，林邑王范达陷日南、九真，遂寇交趾，太守杜瑗击破之。义熙九年，林邑范胡达寇九真，交州刺史杜慧度击斩之。宋永初元年，慧度击林邑，大破之，林邑乞降。元嘉初，林邑王范阳迈寇日南、九德诸郡。七年，遣使入贡。八年，复寇九德，交州兵却之。十年，范阳迈遣使入贡，求领交州，不许。二十三年，以范阳迈寇盗不绝，外托使贡，遣交州刺史檀和之讨之。和之以宗悫为前锋，遂克林邑。师还，范阳迈复得其地。死，子咄历嗣。齐永明九年，夷人范当根纯攻夺其国，遣使贡献，诏以当根纯为都督缘海诸军事、林邑王。十年，范阳迈之孙诸农率种人攻范当根纯，得其国，诏以诸农为都督缘海诸军事、林邑王。永泰初，诸农入朝，渡海溺死，以其子文款袭王爵。历梁、陈至隋，皆来朝贡。隋仁寿末，遣刘方攻林邑。明年，方破林邑兵，其王梵志弃城遁。方入其都，获其庙主十八枚，皆铸金为之，盖其有国十八世矣。诏分其地为荡、农、冲三州。三年，改为比景、海阴、林邑三郡。隋乱，梵志复收其地。唐武德六年，遣使入贡。贞观中，其王头黎献方物，死，子真龙嗣，为其下摩诃慢多伽独所弑，范氏遂绝。至德中，国人立头黎之姑子诸葛地，更号环王。唐元和初，入寇驩、爱等州，安南都护张丹击破之，遂弃林邑，徙国于占，因号占城。五代唐长兴二年，刘龑将梁克贞入占城，取其宝货以归。周显德五年，其王释利因德漫遣其臣蒲诃散来贡。宋建隆二年，其王悉利因陀盘遣使因陀玢等贡方物，自是间岁或数岁一贡。淳熙四年，袭破真腊。庆元五年，真腊大举复仇，俘杀几尽，更立真腊人以主之。元至元间，其主孛由补剌者吾内附，遣使贡方物。后其子补的负固弗服，屡遣重兵临之，又数遣使招谕，乍臣乍叛，终无顺志。明初，其王阿答阿者首遣其臣虎都蛮来朝，贡方物，诏遣中书省管勾甘桓等封为占城国王。自是朝贡不绝。每国王嗣位，必遣使请命于朝，因遣使册封，率以为常。其所统聚落一百有五，大约如州县之制。

朱吾城，在占城北境。本越裳地。秦置象郡。汉元鼎六年，置日南郡，治朱吾县。后汉郡治西卷，以县属焉。晋、宋皆属日南郡，亦谓之朱吾城。宋元嘉二十三年，遣交州刺史檀和之讨林邑，至朱吾城，即此也。齐仍曰朱吾县。隋以朱吾改属比景郡。唐仍属景州，后废。刘昫曰：汉日南郡距交趾三千里，自朱吾南行四百余里乃至林邑国。《水经注》：林邑国都治典冲，范文所徙也，在寿泠县阿贲浦，西去海岸三十里，东至南海郡城三千里。○西捲废县，在朱吾县东北。汉县，属日南郡。后汉曰西卷，为郡治。晋时，郡治象林，县仍属焉。刘宋复移治西卷县。齐因之。隋属比景郡，仍曰西捲。唐废。捲、卷同，皆读权。又有寿泠废县，本西卷县地，晋析置，仍属日南郡，宋、齐因之，后没于林邑。隋复置，后为林邑所废。

比景城，亦在占城北境。汉置县，属日南郡。后汉因之。晋、宋以后，仍属日南郡。隋属驩州。仁寿末，刘方为驩州道行军总管，经略林邑，遣别将以步骑出越裳，方率大军以舟师出比景，至海口是也。大业初，林邑平，置荡州治焉；寻曰比景郡，领比景、朱吾、寿泠、西捲四县。唐初，为林邑所据。贞观二年，绥怀林邑，置比州于驩州南界。比与比同也。领比景、朱吾二县，并置由文县属焉。寻曰南景州，八年，曰景州。贞元末废。○无劳废县，在比景废县南。晋析比景县置，仍属日南郡。宋、齐因之。后没于林邑。

象浦城，在占城西北。本汉之象林县，属日南郡。后汉因之。永元十四年，置象林将兵长史。永和元年，象林蛮区怜等反。怜亦曰连。自是遂为林邑国。晋时，日南郡治象林，盖羁属而已。刘宋仍属日南郡。元嘉中，檀和之拔区粟城，斩范扶龙，乘胜入象浦，即象林矣。萧齐仍为羁縻县。隋大业初，平林邑置冲州，领象浦、金山、交江、南极四县。三年，改曰林邑郡。隋朝末，复没于林邑。唐贞观九年，置林州，亦寄治驩州南境，领林邑、金龙、海界三县。贞元末废。

卢容城，在朱吾城西。汉县，属日南郡。后汉因之。晋仍属日南郡。永和五年，桓温遣将滕畯率帅交、广兵击林邑王范文于卢容，为文所败。宋、齐亦曰卢容县，皆没于林邑。隋平林邑置农州，领新容、真龙、多农、安乐四县。新容，即卢容也。大业三年，改曰海阴郡。隋乱，仍没于林邑。《晋志》秦象郡置于卢龙县，又其地有卢龙浦，去日南地二三百里。

区粟城，在占城北境。《水经注》：卢容水出日南郡卢容县区粟城南高山，东径区粟城北。林邑兵器战具悉在城中，宋元嘉中，檀和之自朱吾戍进围林邑将范扶龙于区粟城是也。

佛逝城，占城旧都也。《外夷考》：占城之地东西五百余里，南北千里，其国都迁徙不常。宋淳化初，以安南侵迫，避奔佛逝，去旧都七百里。后又徙新洲港，其地临海，自琼州顺风一日可至，有砖城、宫室，皆如中国之制。明成化中，复为安南所逼，徙居赤坎邦都郎，安南遂据其国都。其王古来航海奔广州申诉，寻得返国，仍都新洲港。一云：占城国去海盖百二十里，佛逝乃其属国云。

大岐界国，在占城境。晋咸康中，林邑王范文攻大岐界、小岐界、式仆、徐狼、屈都、乾鲁、扶单等国，皆灭之，有众四五万是也。

叶调国，在占城境。后汉时入贡，日南徼外夷也。又罗刹国，在占城西南。《唐书》：婆利东有罗刹国，其人极陋，尝与林邑人作市，出大珠，可以取火。

昆仑国,《唐志》:在林邑南,去交趾海行三十余日,习俗文字与婆逻门同。武后时,来贡。文明初,广州都督路元叡为昆仑商胡所杀,入海而去。○蒲端国,《志》云:与占城接。咸平六年,入贡。大中祥符四年,诏授大食、蒲端、三麻兰、勿巡等国贡使官,自是贡献屡至。

铜柱山,在林邑境。《新唐书》林邑有浪沱州,其南大浦有五,浦旁有铜柱山,周十里,形如倚盖,西跨重岩,东临涯海,马援植铜柱处也。《隋书》:刘方击林邑,过马援铜柱南,八日至其国都,林邑王梵志寻弃城走入海。是铜柱在林邑北也。杜佑曰:林邑南水行二千余里,有西屠夷国,马援所树两铜柱表界处也。宋白曰:建武二十九年,马援铸二铜柱于象林南界,与西屠夷国分境,计交州至铜柱五千余里,为汉之南疆。是铜柱在林邑南矣。意者铜柱在汉象林县之南,今占城之北,西屠夷之地,已为林邑所并欤?《南越志》:日南郡西有西屠夷国,援尝经其地,植二铜柱表汉界,及北还,留十余户于柱下,至隋乃有三百余户,悉姓马,谓之马留人。《太平御览》:马援立铜柱于林邑,岸北有居民十余家,不反,居寿泠岸,南对铜柱,后生息渐繁,交州号留寓曰马流。山川移易,铜柱已没海中,赖此民以识故处云。

鸦候山,在占城国大州西北。元兵击林邑,败其兵,其国王尝逃于此山。○金山,在林邑故国。山石皆赤色,产金,夜则出飞,状如萤火。又不劳山,在林邑浦外。国人犯罪,则送入此山,令自死云。

阇黎江,在占城北境。隋大业初,刘方击林邑,渡阇黎江,大破其军,进军追战,过马援铜柱南是也。

占城港,在占城北。元至元末,击占城,遣兵由广州航海至占城港。港口北连海,旁有小港五,通其国城云。

已上占城。

爪哇,东抵古女人国,西抵三佛齐国,南抵古大食国,北界占城国。本名阇婆国,一名徐狼,又名蒲家龙。其属国有苏吉丹、打板、打纲、底勿等国。刘宋元嘉九年,始通中国,后绝。《唐志》:阇婆国,一名诃陵国,在南海中,以木为城,有文字,知星历。唐贞观二十一年来贡。天宝中,自阇婆迁于婆路伽斯城。宋淳化三年,其王穆罗茶遣使朝贡。大观中复至。元时,称爪哇国。至元二十九年,遣史弼等自福建击爪哇。时爪哇国王为邻境葛郎国所杀,其婿土罕必阇耶求救于弼,弼遂并取葛郎国王以归,既而爪哇复叛,弼力战得还,后竟不至。明初,其王悉里八达剌遣使朝贡。洪武末,分为东西二国。永乐三年,其附近牒里日、复罗治、金猫里三国皆来朝贡。四年,东爪哇为西爪哇所并,朝贡至今不绝。

保老岸山,在苏吉丹国。凡番舶未到,先见此山。顶耸五峰,时有云覆其上。

八节涧,《志》云:涧上接杜马班王府,下通蒲奔大海,乃爪哇咽喉必争之地。元史弼、高兴尝会军于此。

新村,爪哇马头也。《四裔考》:由港口而入曰新村马头,为商旅聚集处。后并三佛齐,名马头曰旧港,以别于新村。

已上爪哇。

真腊,东际海,西接蒲甘,南连加罗希,北抵占城国。本扶南属国,亦名占腊,一名吉蔑,又名甘孛智。其王姓刹利,名质多斯乃者,始并扶南而有之。隋大业中,始通中国。唐自武德至圣历,凡四来朝。神龙以后,国分为二:其南近海,多陂泽,为水真腊;北多山阜,为陆真腊。后复合为一。宋政和中,遣使来贡。宣和初,封为真腊国王。庆元中,国人大举伐占城,破之,而立真腊人为占城王,故当时占城亦为属国。其属国又有参半真理、登流眉、蒲甘等国,所领聚落六十余,地方七千余里,城三十所,都城可二十里。明初,其王忽儿那遣使朝贡,至今不绝。

扶南国,在真腊西境。北距日南七千里,西去林邑三千余里。三国吴黄武中，入贡。晋太康中，亦来贡。刘宋元嘉及萧齐永明中，皆遣使自广州入贡。隋唐时，亦遣使贡方物。寻并于真腊。《通释》：扶南国在日南郡南海西大岛中。〇注辇国，在真腊西南。《宋志》云：注辇国，东距海，南至罗兰，自古不通中国。祥符六年，入贡。

堂明国，在海岸大湾中，北距日南七千里。即道明国也。三国吴黄武六年，来贡。《唐志》：真腊去长安二万七百里，东距车渠，西属骠，南濒海，北接道明，东北抵骥州。又陆真腊，旧曰文单国。又有投河国，旧在真腊南。

黄支国，旧《记》：在日南之南大海中，去长安三万里。汉元始二年，王莽讽使来贡。《汉志》：自甘都罗国船行，可二月余有黄支国，民俗略与朱崖相类，黄支之南有己程不国。《后东夷传》：自女王国东渡海，千余里至狗奴国，又南四千余里至侏儒国，人长三四尺，又东南船行一年至裸国、黑齿国，使译所传，尽于是矣。

已上真腊。

暹罗，在占城极南，顺风可十日程。本暹与罗斛二国地。暹国土瘠，不宜耕艺。罗斛土地平衍而多稼，暹人岁仰给之。元元贞初，暹人遣使入贡。至正间，暹降于罗斛，自是合为一国。明初，暹罗斛王参烈昭毗牙遣使朝贡。永乐初，始止称暹罗，朝贡不绝。《四裔考》：暹罗，即古赤土国之地，扶南别种也。土色多赤，故曰赤土。隋大业三年，使者常骏自南海郡水行，昼夜二旬至焦石山，又东南泊陵伽钵拔多洲，西与林邑相对；又南行至师子石，自是岛屿连接；又行二、三日，西望见狼牙须国之山，南达鸡笼岛，至赤土界。杜佑曰：崖州直南水行便风，十余日到赤土国，其国热气特甚。刘昫曰：崖州南渡海便风，十四日至鸡笼岛，即至其国，赤海中之一洲也。又有丹丹国，亦振州东南海中一洲，舟行十日可至。

满剌加，在占城南。自三佛齐顺风，八昼夜可至其国。前代不通中国。永乐三年,其王西利八儿速剌遣使朝贡,诏册为王,自是朝贡不绝。道出广东,以达于京师。《四裔考》:满剌加国,古哥罗富沙之地。又有顿逊国,在海崎山上,地方千里,城去海十里,去扶南可三千里,亦羁属扶南。又与阇婆相近,一名大阇婆,后称重迦罗,满剌加旧羁属焉。明初,羁属于暹罗。○古麻剌国,在满剌加之南。永乐中,其王哇来顿道出福州来贡。《一统志》:岛夷之属曰苏门答剌国、苏禄国、彭亨国、古里班卒等国,又东南有吕宋等国,皆国朝朝贡诸国也。

三佛齐,在占城国南五日程。本南蛮别种,与占城为邻,居真腊、爪哇之间。所管十五州,其属国有单马令、凌牙斯、蓬丰、登牙侬、细兰等国,其王号詹卑,其人多姓蒲,一名于陀利国。梁天监初,入贡,后绝。唐天祐初,始通中国。宋建隆初,其王悉利胡大霞里檀遣使朝贡,其后屡至。明洪武四年,土王哈剌札八剌卜遣其臣来朝贡。永乐初,为爪哇所并,以其地为旧港。五年,设旧港宣慰使司,授头目施进卿,嗣是朝贡不绝。道出广东,以达于京师。

浡泥,去阇婆四十五日程,去三佛齐四十日程,去占城三十日程。本阇婆属国,在西南大海中,所统十四州。前代不通中国。宋太平兴国中,中国王向打始遣使入贡。元丰中,其国王锡理麻喏复遣使入贡。明洪武四年,国王马谟沙遣其臣朝贡。永乐三年,诏遣使封其王麻那惹加那乃为浡泥国王,自是朝贡不绝。《四裔考》:其国有长宁镇国山,永乐中,其王屡请封是山以为一方镇,因锡是名。盖其国之后山也。道出广东,以达于京师。

西洋古里,在西海中。其国为西洋诸番之会。永乐元年,其王马那必加剌满遣其臣马戌来朝,贡马,自是朝贡不绝。道出广东,以达于京师。

苏门答剌,在西南海滨。自满剌加顺风,九昼一夜可至其国。其西去一昼夜有龙涎屿，在南巫里洋之中，国人采龙涎香于此。洪武中，称须文达那国，遣使贡献。永乐三年，封其首锁丹罕阿必镇为苏门答剌国王，自是朝贡不绝。其旁有喃勃等国，亦常来贡。《四裔考》：苏门答剌，在占城之西洋中，南接宾童龙国，东北接雪山、葱岭，盖即古之大食国。宋熙宁以后，分为勿斯离弼、琶啰勿跋等国，而苏门答剌出龙涎香，布那姑儿产硫黄。又有层檀国，亦在南海旁，其城距海二十里。宋熙宁四年，入贡，顺风行百六十日，经勿林、古巡、三佛齐国，乃至广州。其风俗语音皆与大食同。

锡兰山，亦在西南海滨。自苏门答剌顺风，十二昼夜可至。其国有高山，番语高山为锡兰也。永乐七年，太监郑和等斋诏谕其王亚烈苦奈儿，苦奈儿负固弗服。和设策擒献阙下，乃改立耶巴乃那为国王，自是贡献不绝。《四裔考》：锡兰山，即古狼牙须国。萧梁时，有南海中狼牙修国来贡，疑即此。其地在西洋，与柯枝国对峙，南与别罗里为界。自别罗里南去顺风，七昼夜可至溜山洋国，十昼夜可至古里国，二十一昼夜可至卜剌哇国。柯枝接大、小葛兰二国，山连赤土。小葛兰顺风二十昼夜可至木骨都束国。自古里顺风，十昼夜可至忽鲁谟斯国，二十昼夜可至剌撒国，二十二昼夜可至阿丹国。又自忽鲁谟斯，四十昼夜可至天方国，乃西洋尽处也。大食、天方，今俱见陕西塞外。

佛朗机，在爪哇南。历代不通中国。正德十二年，驾大舶突至广州澳口，以进贡请封为名，寻泊东莞南头，恃火铳以自固，桀骜为患。官军进讨，擒其魁，乃遁去。嘉靖以后，往往杂诸番舶中往来市易。《四裔考》：广州东南海中州上，旧有婆利国。隋大业中，常遣使入贡。明永乐十年，喃勃利国王马哈麻沙遣使入贡，或即婆利之裔，而佛朗机亦其种类也。

右西南海夷。

云南方舆纪要序

　　云南古蛮瘴之乡，去中原最远。有事天下者，势不能先及于此。然而云南之于天下，非无与于利害之数者也。其地旷远，可耕可牧，鱼盐之饶，甲于南服。石桑之弓。出鹤庆、永宁二府境。黑水之矢，爨夷居黑水内，善造毒矢，着肤立死。今其种散居诸郡山谷间。猡、獠、爨、僰之人，率之以争衡天下，无不可为也。然累世而不一见者，何哉？或曰：云南东出思、黔已数十驿，山川间阻，仓卒不能以自达故也。吾以为云南所以可为者，不在黔而在蜀。亦不在蜀之东南，而在蜀之西北。元人取道泸州，置驿于永宁、赤水之间，盖用蜀之东南。明初取道贵州，置驿于普定、普安之间，则又弃蜀而专事黔矣。大都邮驿之设，以京师为向背，而夺其径易之路，示以画一之途，亦制驭疆索者所有事也。沿袭渐久，遂徇耳目而废其心思。若谓云南要害舍黔中无可计者，是亦不知变也已。明初，规取云南，太祖谕傅友德曰：关索岭路，本非正道。正道又在西北。此亦不专事黔中之一验也。吾观从古用兵，出没恍惚，不可端倪者，无如蒙古忽必烈之灭大理也。自临洮经行山谷二千余里，自金沙江济，降摩荻，入大理，分兵收鄯阐诸部，又入吐蕃，悉降其众。夫从临洮而抵金沙，亦不过二千里，行军于无人之地，更不事假道蜀中也。夫彼可以来，我何不可以往？设有人焉，出丽江而北招纳诸番，结以信义，径上洮、岷，直趋秦、陇，天下之视听，必且一易，以为此师从天而降也。或者曰此上策也，然而未易言矣。请言其次者，则盍观蒙氏之已事乎？蒙氏之初，以小夷倔强，并有六诏。吾计其时，唐之天下尚无事也，而首发大难者乃在南诏，鲜于仲通、李宓丧二十万之师，而南诏之势遂成。大和三年，尝陷戎、巂、邛三州，径抵成都，寇东川，大掠而去，蜀中为之虚耗。大中十三年，寇播州，陷之。咸通四年，寇西川。六年，陷巂州，先是咸通二年寇巂州，是年又陷巂州。又咸通元年至五年，再陷安南，乱邕管。十四年，寇黔中。十五年，寇西川。明年，逼成都。乾符初，复寇西川。盖当天宝之时，以迄咸通、乾符之季，中国疲于奔命者，后先历见。论者谓唐之式微，由宦官蠹其内，南诏扰其外也。夫南诏以一隅之地，而能为中国患如此者，必取道会川而北径走成都也。或者据韦齐休之说，以为清溪关能引云南之寇。宋弃巂州，而蜀遂无边患。自此以后，故道遂湮。此非通论矣。夫弃清溪关，必先弃巂州。巂州，今版图内地也。明初，大理总管段宝闻太祖开国，遣其叔段真从会川走金陵，奉表归顺，此出何道乎？今永宁、莨渠、北胜以东，姚安、武定以北，皆与蜀之盐井、会川、东川接界。自诸葛武侯平南中，以迄王建之破郑昈，明玉珍之侵中庆，皆取道于会川之南，特未尝规模前烈，赫然启疆，以梁、益为先务耳。故道岂尽榛芜也？且临洮可以创行而越金沙，建昌何不可循迹而问两川乎？或又曰：往时云南所以争蜀者，以蜀为富饶耳。今时势已异，两川数千里间，荡为丘墟。得其地，谁为之耕；得其城，谁为之守？蜀所以不足问也。予曰：此又不然。蜀中幅员广远，山川修阻，乱寇之剪屠，大抵成都最甚。其窜徙穷僻，保聚山谷者，时亦不乏焉。诚广为招徕，厚其生殖，择噤喉之地，画而守之。且耕且屯，严为训练，敌来攻我，势未能旦夕下也。转输则长安以南，道途险远；出掠则村落鲜少，清野无虞。此亦坐制敌人之策矣。或曰：子之坐筹，若有余矣，惜未身阅其际也。方东道孔棘时，专力以图之，犹惧不足，尚能从容北顾，为多方误敌之谋哉？予曰：此误于不早图也。昔祖逖以单弱之旅慷慨渡江，及屯雍丘，居然重镇。以刘曜、石勒之强，不能为之难。使今有远猷者出焉，统罢散之卒，入空虚之地，措置有方，应援益众，安在不可奋然有为？而逡巡失据，望敌气沮，使敌势日彰而吾境日蹙，以至于亡也。且也吾专拒敌于东，而敌果不能为我患，是亦可也。我拒敌于东，而敌忽乘之于西，又将何以应之哉？俟敌之加我，而后分兵以应之，何如敌未加我，而先发以制敌，使敌不能测吾之虚实也？上策既未可行，中策又不知法，而局守于曲靖、普安之郊，此最下策也。太祖固言之矣，曰：关索岭非云南正路也。何其不三复乎此也？君子盖观于蒙氏之所以兴，及段氏之所以亡者，而未尝不为唏嘘太息也。

读史方舆纪要卷一百十三

云南一 封域 山川险要

　　《禹贡》梁州南徼地。殷、周时，皆为蛮夷所居，或曰即百濮之国也。《逸周书》：献令西南有产里、百濮。产里，或曰今之车里。百濮，盖以种分百国而名。其在天文，亦井、鬼之分野。汉武帝元封二年间西南夷滇王降，以其国置益州郡，属益州部。后汉增置永昌郡，亦属益州部。三国时为蜀汉地，又分益州，置交州。后主建兴二年，改益州郡为建宁，又增置兴古、云南二郡。以南中阔远，置庲降督于建宁总摄之，遥领交州刺史。今曲靖府废味县是其治也。晋泰始七年，改置宁州。太康三年，复省入益州，立南夷校尉以护之。大安二年，复置宁州。自是郡县增置益多。咸康四年，分置安州。《晋春秋》：太宁以后，宁州没于李蜀。咸康四年，蜀李寿篡立，分牂柯、夜郎、朱提、越嶲置安州，既又分兴古、永昌、朱提、云南、越嶲、河阳六郡置汉州。明年，宁州复为晋有。晋、宋《志》皆云是年置安州。盖即李寿所置，而晋因之，故云。八年，仍并入宁州。《晋志》：是年以越嶲郡还属益州。宋、齐因之。梁大同中，改置南宁诸州，承圣末，没于群蛮。隋开皇十七年，复开南中，仍置南宁州，领羁縻数十州，后又领于益州都督府。唐武德四年，置姚州，管羁縻州三十二。贞观六年，于戎州置都督府，督南中一十七州。后因之。天宝元年，戎州督羁縻三十六州，一百三十七县，并荒梗，无户口。自开元之季，南诏渐强，《会要》：开元二十六年，册南诏蒙归义为云南王。归义之先本哀牢夷也。其地居姚州之西，东南接交趾，西北接吐蕃。蛮语谓王曰诏。先有六诏，曰蒙舍、蒙越、越析、浪穹、漾备、越澹，兵力相埒，莫能相一。蒙舍最在南，谓之南诏。是时，皮逻阁寝强大而五诏微弱，会有破洱河蛮之功，乃册为王，仍赐名归义。于是以兵威胁服群蛮，不从者灭之。遂击破吐蕃，徙居大和城。天宝以后，大为边患。《南诏记》：六诏者，一曰蒙舍诏，今蒙化府是。二曰浪穹诏，今浪穹县是。后移今剑川州，改浪剑诏。三曰邓睒诏，今邓川州是。亦作邆睒诏。四曰施浪诏，今浪穹县蒙次河山之地是。亦作施浪诏。五曰摩些诏，今丽江府是。亦作越析诏。六曰蒙巂诏，今四川建昌卫是。蒙舍最南，谓之南诏。五诏皆为所并。《滇记》云：滇西六诏之外，又有时旁诏、矣川罗识诏，谓之八诏。此外不称诏者，北有浪稽蛮、罗哥谷蛮，东有些狄蛮、乌皮蛮，南有离东蛮、锅锉蛮，西有摩些蛮。与南诏、越析相姻娅，皆哀牢杂种，九十九部之后也。诸蛮吞并而为八，又并而为六云。天宝九载，遂有云南之地，僭国号曰大蒙。《白虎通》：战国时楚庄蹻据滇，号为庄氏。汉元狩间，庄氏后有尝羌者，与白崖王争衡。武帝乃立白人仁果为滇王，而蹻嗣绝。仁果传十五代，为龙祐那，当蜀汉建兴六年，诸葛武侯南征，师次白崖，立为酋长，赐姓张氏，遂世据云南。或称昆弥国，或称白国，或称建宁国。历十七传，当唐贞观世，张乐进求以蒙舍酋细农罗强，遂逊位焉。蒙氏者，乌蛮别种也。永徽四年，细农罗遣使入朝。上元元年，子罗炎晟立。太极元年，子晟罗皮立。唐封为台登郡王。开元二十六年，子皮罗阁立，以破洱河蛮功，乃赂剑南节度。王昱求合六诏为一，昱为请于朝，许之。赐姓名蒙归义，册为云南王。自是益强。天宝八载，子阁罗凤立，始叛唐。取夷州三十二，进陷嶲州。称臣吐蕃，僭国号曰大蒙。其地东至铜柱、铁桥、蟠桃、王榆，东南至交趾，南至骠国木落山，西至大食，西北至吐蕃，北至神川，东北至黔、巫，回环万里，西南夷中称为最强。**贞元十年，改国号曰南诏**，阁罗凤之子曰凤迦异，未立而死。子异牟寻以大历十四年立。贞元四年，吐蕃册为日东王。五年，复归唐。十年，请改国号南诏。《载记》：异牟寻初立，尝改国号大理云。**大中十三年，改称大礼。**异牟寻之子曰寻阁劝。寻阁劝之子曰劝龙晟、劝利晟，相继立。劝利晟之子曰晟丰祐。太和三年，复叛唐。大中十三年，丰祐死，子祐龙立。僭称帝国，号大礼。死，子隆舜立。隆舜为其臣杨登所弑，子舜化真立。《唐书》：乾符四年，大礼酋龙卒，子法立，国号鹤拓，亦号大封。人龙即祐隆也，一作世隆，一作佑龙。法即隆舜也。又南诏自寻阁劝以后，其君皆称骠信，犹中国称帝云。**光化四年，国乱，改称大长和。**蒙氏自细农罗传至舜化真，凡十四世，二百四十七年。其臣郑买嗣夺化真位而灭其国，改国号大长和。卒，子旻嗣。旻卒，子龙亶嗣。为其臣杨干贞所弑。郑氏传三世二十八年而国灭。**后唐天成三年，国号大天兴。明年，称大义宁，**杨干贞杀郑隆亶而推其党，赵善政立之，国号大天兴。仅十月，干贞自取之，国号大义宁。于是段思平起兵讨平之。赵氏、杨氏得国共九年。石晋天福二年，属于大理。宋初因之。《绎年运志》：段氏之先为武威郡白人，有名俭魏者，佐阁罗凤有功，六传至思平而有国，改号大理。十传至段庆义，为其臣杨义贞所弑，自称广安皇帝。凡四年，而段氏臣高昇太以东方兵讨灭之，立庆义子寿辉。复废之，而立其庶弟。正明五年，正明避位为僧，国人共奉昇太为主，而段中绝。自熙宁八年以后，段氏衰。元祐元年，高氏代立，号大中国。元符二年，段氏复兴，号后理国。高昇太既代段氏，将卒，嘱其子太明求段氏后正谅立之，于是段氏复有云南地。淳祐十二年，为蒙古宪宗蒙哥二年。蒙古忽必烈灭大理。自正谅至段兴智，凡七传而国灭。前后凡二十二传，历三百五十年。段氏虽灭，元人复设大理路军民总管府，以段氏子孙世守其职。元至元十三年，立云南等处行中书省。治中庆路。元亡，其梁王把匝剌瓦尔密及段明分据其地。洪武十五年，讨平之，段氏自段实暨段明，有十一总管，与元氏共为存亡。始置云南等处承宣布政使司。今领府共二十二，内羁縻者十一；州共四十一，内羁縻者亦十一；县三十，内羁縻者二；又羁縻宣慰司六，宣抚司四，安抚司二，长官司共二十四，总为里六百二十有四，夏秋二税大约一十四万五百八十九石有奇。而卫所参列其中。今仍为云南布政使司，领府十九、州三十二、县二十六。

〇云南府，属州四，县九。

昆明县，附郭。　富民县，　宜良县，　罗次县。

晋宁州，属县二。

归化县，　呈贡县。

安宁州，属县一。

禄丰县，

昆阳州，属县二。

三泊县，　易门县。

嵩明州，

〇曲靖军民府，属州四，县二。

南宁县，附郭。　亦佐县。

霑益州,

陆梁州,

马龙州,

罗平州,

○寻甸府。

○临安府, 属州五, 县五, 长官司九。

建水州, 附郭。

石屏州,

阿迷州,

宁州,

通海县,　河西县,　嶍峨县,　蒙自县,　新平县,

新化州,

纳楼茶甸, 已下皆长官司。　教化三部,　王弄山,　亏容

甸,　溪处甸,　思陀甸,　左能寨,　落恐甸,　安南。

○澂江府, 属州二, 县三。

河阳县, 附郭。　江川县,　阳宗县。

新兴州,

路南州,

○广西府, 属州三。

师宗州,

弥勒州,

维摩州,

○广南府, 属州一。

富州,

○元江军民府, 属长官司一。

因远罗必甸, 附郭。

直隶者乐甸长官司。

○楚雄府, 属州二, 县五。

楚雄县, 附郭。　广通县,　定远县,　定边县,　碍嘉县。

南安州,

镇南州,

○姚安军民府, 属州一, 县一。

姚州, 附郭。

大姚县。

○武定军民府, 属州二。县一。

和曲州, 附郭。

元谋县。

禄劝州。

○景东府,

○镇沅府, 属长官司一。

禄谷寨。

○大理府, 属州四, 县三, 长官司。

太和县, 附郭。

赵州, 属县一。

云南县。

邓川州，属县一。

浪穹县。

宾川州，

云龙州。

十二关。

洱海卫，附见。

大罗卫，附见。

○鹤庆军民府，属州二。

剑川州。

顺州。

○丽江军民府，属州四。

通安州，附郭。

宝山州，

兰州，

巨津州。

○永宁府，属长官司四。

剌次和， 革甸， 香罗， 瓦鲁之。

直隶北胜州。

○澜沧卫军民指挥使司，附见。

蒗蕖州。

○永昌军民府，属州一，县二，安抚司一，长官司二。

保山县，附郭。 永平县。

腾越州，

潞江安抚司，

凤溪， 施甸。

腾冲卫。附见。

○蒙化府。

○顺宁府，属州一。

云州。

○车里军民宣慰使司，

缅甸军民宣慰使司，

木邦军民宣慰使司，

八百大甸军民宣慰使司，

孟养军民宣慰使司，附大古喇宣慰使司。

○老挝军民宣慰使司，

南甸宣抚司，

干崖宣抚司，

陇川宣抚司，

孟定府，

耿马安抚司，

○孟艮府，

威远州，

湾甸州，

镇康州。

○孟密宣抚司，

蛮莫安抚司，

钮兀长官司，

芒市长官司，

孟琏长官司，

茶山长官司，

麻里长官司。

东接黔、蜀，

云南与贵州、四川接壤。今行旅所经有东西两路，而皆以曲靖为孔道。从辰、沅经贵州，出威清、平坝、普定、安南、越普、安州，入云南界，遵平夷而达曲靖者，此东路也。从巴、夔经泸州，出永宁、赤水、毕节、乌撒，逾七星关入云南界，遵霑益而达曲靖者，此西路也。《志》云：云南之门户有四，曰古路，曰西路，曰东路，曰间路。自邛、雅、建昌、会川渡金沙江入姚安白崖者，古路也。秦常頞音案。略通五尺道，至蜀诸葛武侯始大辟之，谓之南道。亦曰石门道。《唐书·韦皋传》：石门者，隋史万岁南征所开也。天宝中，鲜于仲通下兵南溪，今见四川叙州府。道复闭。至是，蛮径北谷近吐蕃，皋复治之，由黎州出邛部。直云南，置清溪关，见四川重险。始遣幕府崔佐时复从此通南诏。又蜀王建时，由此击云南，俘斩数万。自宋以后，此道闭塞。西路亦曰姚嶲路，唐天宝中，出师由之。元季始置邮传于此。东路则肇自庄蹻，而立驿则自明初始。若由重庆、綦江，七驿至遵义，又六驿至贵州，所谓间道也。诸葛武侯遣李恢、关索分道南征，又马思抚定牂牁，皆由此。此四路者，主黔、蜀而言也。若从广西而入云南，又有二道，皆会于宜良。明万历三十二年，普淜驿丞李仲登请开广西路，以便云南。其略曰：云南富州与广西宾州接界，仅隔一江。欲开水路，则从宜良、路南、弥勒、维摩，至水下江，泛舟过富州，计程不过六日。往时有在城驿、回部驿、维摩驿、阿母驿，今皆荒废。欲开陆路，则从宜良、师宗、块卜、古彰、阳达，计程八日。至泗城州、田州，通计二十日。中间平川坦道，接三岔江。入京师，不过七十四站。水陆通渠，较近二十余站，中惟普鲜、鹅埂、马蚌、古彰、夜得、板羊、阿拜等村设驿四站。土壤饶沃，道路易通。不果。从安南而入云南，亦有二道，皆会于蒙自。明永乐中，平安南，分军出云南蒙自是也。罗氏曰：蒙自县经莲花滩，入交州石陇关，循洮江右岸者，此大道也。自蒙自县河阳隘入交州，循洮江左岸者，皆山险崎岖，此间道也。今详广西安南。其余蹊径岐途，不可更仆数矣。

杨氏曰：昔诸葛武侯入南中，分军一出牂牁，今四川遵义府而西南，皆牂牁道。一向益州，今曲靖、云南皆古益州郡也。而躬率步骑渡泸，入越嶲。四川建昌行都司入姚安府境是也。隋史万岁平南蛮，自越嶲、马湖、青蛉、弄栋而入，即其道也。自是有事南中者，未尝不师武侯之成法也。唐天宝九载，鲜于仲通伐南诏，统大军出南溪路，今四川叙州府。分遣越嶲军出会同路，见建昌行都司。安南军出步头路。步头，今临安府。十三载，李宓伐云南，亦分二道：宓自蜀入，宓时为剑南留后侍御史。广南节度使何履光督军自海道入。又贞元五年，异牟寻谋归，分遣信使由西川、黔中、安南三辈俱达于成都。安南路，即所谓海道也。宋宝祐初，蒙古攻大理，次忒列。在吐蕃境内。分军一从西道入，曰晏当路，在今丽江府徼外。一从东道入，路由白蛮，即今姚安。或以为曲靖路，误也。忽必烈将劲骑从中道入。从越嶲渡金沙江至北胜州，此中道也。元至顺初，遣撒里帖木儿击云南叛者，时云南诸王秃坚等为变。亦分军一自四川进，一由八番进。今贵州也。又至正二十四年，明玉珍攻云南，分兵三路：一由界首入，在叙州府。一由建昌入，一由八番入。明朝洪武十四年，傅友德等帅师讨云南，分军出四川、永宁，趋乌撒，而大兵自辰、沅出贵州向曲靖。此从来攻取之大势也。

南控交趾，

自广南、广西、临安、元江以及车里、老挝二宣慰司之南，皆安南国地。

西拥诸甸，

自永昌以西皆蛮甸环立，为边徼外藩。

北距吐蕃。

永宁、丽江皆与吐蕃接界，今西番诸夷是也。明初，既平云南，裂吐蕃二十三支分属沿边郡邑，辖以土官，于是控制在我，侵叛绝少，盖得御番之上策矣。

其名山则有点苍山，

点苍山，在大理府城西五里。高千余仞，盘亘百余里，一云高六十里，盘亘三百里。介龙首、龙尾两关之间。前襟榆江，碧澜万顷；背环漾水，连络为带。亦曰灵鹫山。有十九峰环列内向，如弛弓然。山椒悬瀑，注为十八溪。翠峦条分，青嶂并峙，如大鸟之连翼将翔也。《后汉书·志》：山似扶风太乙之状，郁然高峻，与云气相连结，阴崖积雪，经夏不消，亦名雪山。《名山志》：自山南而北，一曰斜阳峰，溪曰南阳溪；二曰马耳峰，溪曰葶溟溪；三曰佛顶峰，溪曰莫残溪；四曰圣应峰，在城南十里。溪曰青碧溪；五曰马龙峰, 溪曰龙溪; 六曰玉局峰, 城南五里。溪曰绿玉溪; 七曰龙泉峰, 溪曰巾溪; 八曰中峰, 溪曰桃溪; 九曰观音峰, 溪曰梅溪; 十曰应乐峰, 在城西北。溪曰隐溪; 十一曰雪人峰, 溪曰双鸳溪; 十二曰兰峰, 溪曰白石溪; 十三曰三阳峰, 去城北十三里。溪曰灵泉溪; 十四曰鹤云峰, 在城北二十里。溪曰锦溪; 十五曰白云峰, 城北二十六里。溪曰芒涌溪; 十六曰莲花峰, 溪曰阳溪; 十七曰五台峰, 溪曰万花溪; 十八曰苍琅峰, 溪曰霞移溪; 十九曰云弄峰, 下与洱海相接。环海之外, 复有诸山, 曰青巅, 曰鸡岩, 曰玉几, 曰罗筌, 曰曩葱, 曰龟, 曰蛇, 若拱若揖, 其间石窟岩峦, 不可殚述。又玉局峰一名占文峰, 峰顶之南有冯河, 周回万步, 叠嶂承流, 水色莹彻。又西南为青碧溪, 溪中石子粼粼, 青碧璀璨。缘山麓北行二里至祭天台, 诸葛武侯画卦石在焉。山中林阻谷奥, 而无猛虎毒蛇, 冬夏气候调适, 暑止于温, 寒止于凉。诸泉流注为十八川, 川流所经, 沃壤百里, 溉灌之利, 不俟锄疏, 春碓用泉, 不劳人力, 东注洱河, 河山辉映, 盖与临安之西湖, 洪州之西山, 嘉州之峨眉, 齐安之临皋, 滁之琅邪, 同一巨丽矣。唐时蒙氏窃据, 封为中岳。天宝九载, 鲜于仲通讨南诏, 进薄白崖, 渐逼江口, 谓漾备江也。分军欲自点苍山西腹背攻太和城, 为蛮所败。贞元十年, 西川帅韦皋遣节度巡官崔佐时至云南, 云南王异牟寻等与佐时盟于点苍山神祠是也。宋宝祐初, 蒙古攻大理, 登点苍山, 下临城中。城中危惧, 寻弃城走。明初蓝玉等攻大理。大理城西倚点苍, 东临洱海以为固。玉等遣奇兵绕出点苍山后, 攀木援崖而上, 立旗帜, 敌遂惊溃。李梦阳曰: 点苍山色积黛, 四时如一。高六十里, 接连云气。

滇西山川，联络拱揖，此为之冠。

高黎共山、

高黎共山，在永昌府腾越州东北一百二十里。一名昆仑冈，夷语讹为高良公山。亦作高黎贡山。东临潞江，西临龙川江，左右有平川，名为湾甸。今山之东南即湾甸州也。山上下东西各四十里，登之可望吐蕃雪山。草卉障翳，四时不凋，瘴气最恶。冬雪春融，夏秋炎炽。山顶有泉，东入永昌，西入腾越，故又名分水岭。《志》云：泉极清冽，行者咸取饮之。蒙氏封为西岳。永乐初，平缅诸蛮刁幹孟叛，何福讨之。跻高良公山，直捣南甸，大破之。正统二年，麓川贼思任发叛，断潞江，守将方政击败之，别将高远追败贼于高黎共山下，乘胜深入，逼思任发于上江，遇伏战死。七年，督臣王骥等奉命进讨，分军破上江贼寨中军。由夹象石渡下江，通高黎共山道，进至腾冲。其山延袤数百里，当走集之道，战守要道也。一名磨盘山。《滇行记》：怒江二十里为磨盘山，径隘菁深，屈曲仅容单骑，为西出腾越之要冲。即此山也。又《滇附录》云：渡怒江至八湾，度高黎共山，其高四十里，下山为橄榄坡驿。左渡龙川江，其炎瘴同怒江。过龙川至腾冲卫，地稍凉，中国之西南界尽于此矣。

玉龙山。江云露山、蒙乐山附见。

玉龙山，在丽江府西北三十里，一名耸雪山，亦曰雪山。条冈百里，峭崿十峰。上插云霄，下临丽水。山岭积雪，经夏不消。壁立万仞，千里望之，若在咫尺，与蜀松州诸山相接。蒙氏封为北岳，或谓之雪岭。唐贞元中，韦皋约云南共袭吐蕃，驱之云岭之外，盖即雪岭外也。元至顺初，云南诸王秃坚等作乱，四川行省兵讨之，至雪山峡，击败罗罗斯军。《滇志》：唐贞元四年，异牟寻自称曰东王，僭封五岳、四渎。五岳者，东岳曰江云露松外龙山，在武定府禄劝州东北二百八十里，接四川东川府界。亦名乌蒙山，亦名云龙山，亦名绛云露山，亦曰雪山。北临金沙江，上有十二峰，雄拔陡绝，盘旋七十余里。唐贞观二十年，巂州都督刘伯英言：松外诸蛮暂服亟叛，请击之，以通西洱河天竺之道。从之。明年，遣梁建方发蜀十二州兵讨松外诸蛮，杀获十余万，群蛮震骇，走保山谷。遂遣使诣西洱河，谕其酋帅，相率受命，松外首领蒙羽亦请入朝是也。南岳曰蒙乐山，在景东府北八十里，西南入威远、镇康州界，西入云州界，东南入者乐甸长官司界，三百余里。亦名无量山。西岳则高黎共山，北岳则玉龙山，中岳则点苍山也。东南两山虽，非险要所系，然亦境内之大山矣。

　　其大川则有金沙江，

　　金沙江，源出丽江府西北麽牛徼外，以产金沙而名。亦曰丽水。流入巨津州北境，唐时谓之神川。天宝以后，吐蕃有其地，置神川都督于此。贞元五年，南诏破吐蕃于神川。十年，南诏复击吐蕃于神川，大破之。《载记》云：南诏之地，北至神川。是也。东南流环丽江府境之三面，流入宝山州境，经州南而入鹤庆府东北境，又经顺州之南而入北胜州界，从州南而东入姚安府北境。又东历武定府北境，又东达四川之会川卫，西南而合泸水，于是金沙江亦兼泸水之名。由会川卫而南过金沙江，即武侯五月渡泸处也。两崖峻极，俯视江流，如在井底，烟瘴拍天。冬月行人过此，亦皆流汗,惟雨中及夜渡乃无虞。元李京云:从滇池至越巂,道经金沙江,计程一千三百里。由会川而东北流,经东川乌蒙府境。又东北经马湖府南,为马湖江。又东流至叙州府东南,而北注于大江。亦见四川大川泸水。蒙氏封为四渎之一。蒙古宪宗三年,忽必烈征大理,过大度河至金沙江。乘革囊及筏以济,其济处盖在丽江府之北。又至顺初,搠思班击云南叛者诸王秃坚等,夺金沙江,遂直趋庆振南平,所夺盖在武定、姚安间也。《志》称云南左右分画,界以大江,东北曰金沙,西北曰澜沧,是矣。杨士云《议开金沙江书》云:江名丽水,源出吐蕃界共龙川犁牛石下。本名犁水,讹犁为丽。东经丽江府巨津、宝山二州,三面环府界;又东经鹤庆,受漾、共诸水。又东经北胜,受桑园、龙潭、程海诸水;又东经姚安府界,受青蛉、大姚、龙蛟诸水;又东经楚雄、定远,受龙川诸水;又东经武定府,受元谋西溪诸水,又受滇池螳螂诸水;士云所引诸水,源流多不可考,武定已下,次第益复舛错。又东经东川府,西入滴虑部,受寻甸牛阑江、谷壁川、喟啃、化溪诸水;又东经乌蒙南,又东经盐井、建昌、会川、越巂诸卫,合泸水,受怀远、宁远、越溪、双桥、长河、泸沽、大渡、鱼洞、罗罗、打冲、东河、热池诸水;又东至马湖界,受泥溪、大、小汶诸水;又东至叙州府合大江。此南中西北之险,蒙氏僭称北渎者也。汉武帝开益州郡,诸葛亮平南中四郡,皆先得此险,而始通西南夷。历晋迄隋,通壅靡常。至唐蒙氏世为边患,至酋龙极矣,即晟祐隆。屡寇黎、雅,一破黔中,四盗西川,皆由我失险,坐基南诏亡唐之祸。宋太祖鉴此,以玉斧画大度河曰:此外非吾有。由弃此险,遂成郑、赵、杨、段氏三百余年之僭。元世祖乘革囊及筏渡江进薄大理,虏段智兴以破此险,遂平西南夷。明初,梁王拒命,太祖命将征讨。谕颍川侯等曰:关索岭路本非正道,正道又在西北。盖谓此也。夫云南四大水,惟金沙江合江、汉朝宗于海,为南国纪。天造地设,本为天下用也。历代乃弃诸蛮酋,资其桀骜。虽建立城戍,斤斤自守,时或陷没。岂知天有宿度,地有山水,人有脉络。《禹贡》于州末必曰浮某水,达某水,入某水,逾某水,详叙贡道达都,著天下大势,以水为经纪也。孰谓滔滔大川,可浮可逾,反舍而陆,乃北至永宁,东至镇远,不亦迂乎?诚一劳永逸,暂费永宁,缵神禹疏凿之绩,恢四海会同之风,息东西两路之肩,拊滇云百蛮之背,变彼阻险奥区,而为掌中腹里。一统无外之治,实在此矣。《滇志》:正统间,靖远伯王骥议浚金沙江,不果。嘉靖间,抚臣黄衷复议浚之,为武定土酋凤朝文所梗,事遂寝。既而抚臣汪文盛亦议修举,卒中止。其后臬臣毛凤韶上议:云南水路,昔人谓由滇之海口浮船武定金沙达马湖仅七日。其武定府迤东水路,自云南海口至安宁、罗次、富民、只旧、你革、达古、普河、安革土色,出东川大江,至阿纳木姑,共一十三站,惟土色有叠水。又迤西水路,自云南陆路至富民、武定、虚仁、环州,凡五站,于金沙江巡司浮舟至骂喇母、白马口、粲喇则、五曲革、直勒则、卓刺、除鲁、圭宁、抄塔甸、沙吉、撒麻村,亦至土色大江、阿纳木姑,凡一十四站,惟卓刺、沙吉有叠水。又金沙江土司言:弘治、正德、嘉靖间,木商多自马湖伐杉木,以五板巨舰载之。中经虎跳、天生桥,虽险阻,无害也。又姜驿驿丞言:木商结簰筏,自本司江流六日即抵马湖。大抵武定迤东最为捷径。迤西则水道益广,中间虽有虎跳、天生二滩,皆沙石易凿。诚于东西二道勘实,鸠工随宜利导,若果崖石险绝,人力难施,亦须设法变通，水陆兼济。至于郡邑远近，村舍稀密，堪立驿递哨堡者，皆当以次修举，所关不独一时一方之利而已。适地方多事，竟不行。隆庆初，抚臣陈用宾复申前议，亦不果。天启中，安酋倡乱，贵阳道阻，复议开通。臬臣庄祖诰谓：自金沙巡司而东，由白马口历普隆、红岩石、喇鲊至广翅塘，皆禄劝州地，其下有三滩，水溢没石。乃可放舟，涸则跻岸，缆空舟以行。又历直勒村、骂喇、土色，皆会理州地，其下有鸡心石，石如锥者三叠。江中行舟，必度水势缓急。又历踏照、头峡、喇鲊至粉壁滩、甚驶，皆东川地。又历驿马河、新滩至虎跳滩、阴沟硐，皆乌蒙地。虎跳湍泻乱石，不可容舟。阴沟二山相接，水行山腹中，皆从陆过滩，易舟而下，又历大、小流滩，为蛮夷司地。又历黄郎、木铺、贵溪寨、业滩至南江口始安流。自广翅塘至南江，约十日程，又至文溪、铁索江数滩，历麻柳湾、教化岩，为马湖府地。又历泄滩、莲花、三滩、会溪、石角滩，至叙州府。此金沙江道里之可据者也。

澜沧江，样备江附见。

澜沧江，出吐蕃嵯和哥甸鹿石山。一名鹿沧江，亦曰浪沧江，亦作兰仓水，流入丽江府兰州境。南历大理府云龙州西，又南经永昌府东北八十五里罗岷山下。两崖壁峙，截若垣墉，缆铁飞桥，悬跨千尺，亦曰博南津。《后汉书》：永平十二年，得哀牢地，始通博南山，度兰仓水。行者苦之，歌曰：汉德广，开不宾；度博南，越兰津；度兰仓，为他人。指此也。《志》云：澜仓江径云龙州入永昌，广仅三十余丈，其深莫测，其流如奔，有大瘴，零雨始旭，草玄叶脱时，行旅忌之。自永昌东流入蒙化府西南界，又流经顺宁府东北，至府东南二百二十里之泮山下，会于墨会江。墨会江者，即样备江也。源出西番境内可跋海。一云出鹤庆军民府剑川州南

五里之剑川湖。亦曰漾濞江，亦曰濞溪江，亦曰黑惠江。流经大
理府浪穹县西，又南过府西之点苍山后，会西洱海，程大昌曰：唐樊
绰以丽水为黑水，恐其狭小，不足为雍、梁二州界。惟西洱河与《汉志》
叶榆泽相贯，广处可二十余里。既足以界别二州，其流又正趋南海，昔
人谓此泽以榆叶所积得名，则其水之黑似榆叶积渍所成，尤为证验。大
昌盖以样备水为叶榆泽也。流入赵州西南，亦曰神庄江，又南流经
永昌府永平县之东境，蒙化府之西境，又南至顺宁府东北境，南
流至泮山下，合于澜沧江。《志》云：澜沧江中有物黑如雾，光如火，
声如折木，破石触之则死，或曰瘴母也。《文选》谓之鬼弹，《内典》谓
之禁水。惟顺宁江中有之，他所绝无。二水合流，至云州南，又东南
经景东府及镇沅府，西南过者乐甸长官司南界元江府西南境，车
里宣慰司东北境，又东南过交趾界为富良江而入于南海。蒙氏以
墨会江、澜沧江皆列于四渎。明洪武二十年，诏沐英于澜沧江津
要筑垒，置守以备平缅是也。李元阳《黑水考》云：《禹贡》：黑
水、西河惟雍州，华阳、黑水惟梁州。又曰：导黑水至于三危，入
于南海。释经者拟议其说而卒无所据。夫黑水之源固不可穷，而
入南海之水则可数也。何则？陇、蜀无入南海之水，惟滇之澜沧
江、潞江二水皆由吐蕃西北来，与雍州相连，水势并汹涌，皆入于
南海，是岂所谓黑水者乎？然潞江西南流，蜿蜒缅中，内外皆蛮，
其于梁州之境若不相属，惟澜沧由西北迤逦向东南，徘徊云南郡
县之界，至交趾入海，今水内皆为汉人，水外则为夷缅，禹之所
导，于以分别梁州界者，惟澜沧足以当之。孟津之会曰：髳人在今
北胜，濮人在今顺宁，皆在澜沧江内也。《地理志》谓南中山曰昆

弥,水曰洛。《山海经》:洱水西流入于洛。故澜沧江又名洛水,言脉络分明也。《元史》:至元八年,大理劝农官张立道使交趾,并黑水,跨云南,以至其国。亦一证也。夫古今郡县因革之名,不可纪及,而山川之迹则不可移,不据不可移之迹,而据易变之名,末矣。所以然者,论者但知陇在蜀之北,蜀在滇之东北,故以《禹贡》黑水为梁、雍二州界,又入南海为疑。不知陇、蜀、滇三方鼎立,陇则西南斜长入蜀,滇则西北斜长近陇,蜀则尖长入滇、陇之间,故雍以黑水为西界,对西河而言也,梁以黑水为南界,对华阳而言也。惟三危之山不可考,或谓近在丽江。夫《禹贡》明言三危为雍州山,且三苗所窜,岂复在南夷之地乎?姑置之阙如可也。今黑水见川渎异同。

潞江、

潞江,在永昌府潞江安抚司东北三十里。源出吐蕃雍望甸,南流经司北,两岸陡绝,瘴疠甚毒,夏秋之间,人不敢渡。本名怒江,以波涛汹涌而名也。《滇记》:诸葛武侯六擒孟获,驻兵怒江之浒,即此。又东经永昌府南百里,复东南流,经孟定、芒市界,达木邦、缅甸,入于南海。潞江源委,诸志皆以荒远略之。元人朱思本《图》稍悉,亦难尽据。蒙氏封为四渎之一。明正统三年,麓川土酋思任发作乱,遣兵断潞江,立栅以守,官军讨之不得渡,都督方政渡江击走之。四年,复命沐昂等征麓川,败贼于潞江,进抵陇把,今陇川宣抚司治此。不能克而还。或曰潞江自孟定府西入于麓川江,而麓川江自陇川宣抚司西南入于金沙江,三水源异而归同也。麓川江者,即龙川江。源出腾越州徼外峨昌蛮地之七藏甸,绕越甸而东南，经高黎共山下。其渡处地名夹象石，在江之东岸。南流至南甸宣抚司东南境，为孟乃河。经芒市西界，入陇川司东，为麓川江。川流湍迅，蛮人恃以为险。思任发之乱，方政击败之于潞江西岸。别将高远追贼，度龙川江，败贼于高黎共山下。乘胜深入，与方政等逼贼于上江。上江，贼重地也。远力惫无援，败没。政亦西度龙川追贼，遇伏战死。继而枢臣王骥督大兵进讨，遣总兵刘聚自下江夹象石径进，攻上江贼寨，破之。于是骥引大军由夹象石度下江，通高黎共山道，至腾冲。由南甸捣贼巢，平之。上江、下江者，土人以江近麓川城为上江，而近腾越为下江也。由陇川而南接芒市西界，西南流入金沙江。金沙江，即大盈江也，亦名大车江。源出腾越州西徼吐蕃界，流入州境。南流经南甸及干崖宣抚之西境，有槟榔江，亦出吐蕃界，东南流合焉。朱思本曰：大车江、槟榔江二水合流，始名大盈江也。大盈江又东南流，绕芒市西南界，陇川西北界，又南而麓川江西南流合焉。并流经孟养宣抚司东境，谓之金沙江。江合众流，水势益甚，浩瀚汹涌，南流入缅甸界，阔五里余。经江头、大公、蒲甘诸城而入于南海。盖云南西南境之巨津，又与东北之金沙江异流而同名也。龙川、麓川、大盈、金沙诸川，《志》皆错杂不可考，今略为定正。

滇池。

滇池，在云南府城南。一名昆明池，亦曰滇南泽。战国时，楚将庄蹻灭夜郎，至滇池，以兵威略定其地，又使部将小卜引兵收滇西诸蛮，是也。汉元封中，欲讨昆明。以昆明有滇池，方三百里，乃于长安西南穿昆明池象之，以习水战。蜀汉建兴三年，诸葛武侯征南中，至滇池。常璩《南中志》：滇池县有泽水，周回二百余里，所出深广，下流浅狭如倒流，故曰滇。长老相传，池有神马，交则生骏驹，俗称之曰滇驹，日行五百里。《南行录》：滇池亦名积波池，周广五百里，盘龙江、黄龙溪诸水之所汇也，称南中巨浸焉。池中有大、小卧纳二岛，水之下委为螳螂川，萦回安宁州治，过富民县而北，达武定府东北界，注于金沙江。今城西南八十里为海口大河，即滇池导流处也。《滇记》云：郡城，金马、碧鸡二山东西夹护，商山北来而环列于前，中开一大都会。滇池受邵甸牧羊山诸泉及黑白龙潭、海源洞诸水，汇为巨浸，延袤三百余里，军民田庐环列其旁。而泄于稍西一小河，又折而北，不见其去，故又名滇海。《元史》：至元中，张立道为云南劝农使，以昆明池夏潦必冒城郭，乃求泉源所出，泄其下流，得良田万余顷。明初，傅友德、沐英驻守云南，皆事屯田。而滇池之水皆首为灌溉之利。

西洱河

西洱河，在大理府城东。源出邓川州浪穹县北二十里罢谷山，汇山溪诸流，又合点苍山十八川而为巨浸，下流合于漾备江，即古叶榆泽也。相传黑水伏流别派自西北来，会于太和县东而为洱河。《后汉志》注谓之冯河，亦曰榆叶河。《水经注》：诸葛平南中，战于榆水之南是也。亦曰珥水，以形如月抱珥也。一云如月生五日。亦曰洱海，亦曰西洱海，杜佑谓之昆弥川。汉武帝象其形，凿以习水战，非滇池也。古有昆弥国，亦以此名。隋开皇十七年，史万岁击南宁叛爨，至南中，过诸葛亮纪功碑，度西洱河，入渠滥川，见昆阳州。行千余里，破其三十余部。唐武德四年，巂州都督韦仁寿检校南宁, 将兵五百, 循西洱河, 开地数千里, 置七州十五县。贞观二十二年, 梁建方讨松外蛮, 破走之, 于是遣使诣西洱河, 谕其酋帅归附者七十余城。复遣奇兵自嶲州道千五百里, 掩至西洱河, 蛮帅杨盛骇惧请降, 其西洱河蛮酋杨栋、东洱河蛮酋杨敛等, 俱请入朝。或曰即一洱河, 而蛮分东西为界也。永隆元年, 吐蕃陷安茂城, 城在四川茂州西南徼外。以兵据之, 由是西洱诸蛮皆降于吐蕃。《新唐书》: 由郎州走三千里, 达西洱河。天宝九载, 鲜于仲通伐南诏。十一载, 李宓又伐之, 皆败于西洱河。河形如人耳, 周三百余里。中有三岛、四洲、九曲之胜。三岛者, 一曰金梭, 一曰赤文, 一曰玉几。金梭岛亦名罗荃岛, 洱河东北岸有青巅山, 岛在其南。玉几岛亦名浓禾岛。以形如几案, 故名。亦曰玉案, 在洱河东岸。赤文岛亦名赤崖岛。四洲者, 一曰青沙鼻, 一曰大贯溯, 一曰鸳鸯, 一曰马帘。九曲者, 一曰莲花, 一曰大鹤, 一曰幡矶, 一曰凤翼, 一曰萝莳, 一曰牛角, 一曰波岸, 一曰高岩, 一曰鹤翥也, 皆可田可庐。而大鹤洲随水浮沉, 冬夏不改。河绕城而西南流, 会于样备江。波涛千顷, 澄泓一色, 因谓之西洱海。《志》云: 洱河绕城西南, 由石穴中出。石穴即天桥, 东岸有分水崖, 俨如斧划。渔人谓自岸下分水为两, 南河北海, 咸淡不类, 河鱼不入海, 海鱼不入河。元郭松年《行记》曰: 洱水涉历三郡, 渟蓄紫城。东北自河首, 南尽河尾。汪洋浩瀚, 扬波涛于两关, 周回百有余里。今西洱河袤百里, 广三十里, 盖汇群流而成。苏轼曰: 南诏有西洱河, 即牂柯江。误矣。

其重险, 则有石门。龙首、龙尾二关附见。

石门，在丽江府巨津州西百里，今在大理府北八十里，当点苍山之背。遵洱河而上，其山两壁墙立，有若门然，即唐时石门南道也。从会川渡金沙江西南行，由此入南诏之羊苴咩城。诸葛武侯由此征南中，史万岁由此击叛爨，韦仁寿、梁建方亦由此平西洱诸蛮。韦皋复由此通南诏。《滇记》：天宝中，鲜于仲通讨南诏，下兵南溪，石门道遂闭。韦皋通云南，以蛮经北谷近吐蕃，乃复治石门道，由黎州出邛部，直达云南，谓之南道。今详见四川重险清溪关。其地亦名天威径，以武侯七擒孟获而名。今石门南有上关城，在府北七十里，周四里，四门。一名龙首关。当西洱河之首，亦曰河首关。又府南三十里有下关城，周二里，三门。关南有桥，桥南有壁，一名龙尾关。当洱河之下流，亦曰河尾关。自河尾顺流而下约里许，有石门，巨石横眉，号石马桥，为群波争道之地。悬流奔注，云涛雪浪，声闻数里。郭松年《行记》：自赵州舟行三十里，有河尾桥。架木为梁，长十五丈余。穹形，饮水，睨而视之，如虹霓然。桥西则为龙尾关，北入府城之路。南诏皮罗阁所筑，最险固，高壁危构，岿然尚存。稍西南则为石马桥，亦曰天桥。何钟《记》云：取道龙关，南循洱河，往观天桥及石门关，出石关，如行成皋之虎牢。沓嶂巉岩，可百余武，名一线天。为洱水故道，险厄之地也。是龙尾关南又有石门矣。五代晋天福二年，段思平自石城。见曲靖府。起兵，鼓行而西，至河尾，遂入关，灭杨干贞而代有其地。明初，蓝玉等攻大理，其酋长扼下关以守，玉等至品甸，即云南县。遣别将由洱水东趋上关，为犄角势。自率众抵下关，造攻具。夜半，潜遣一军由石门间道渡河，绕出点苍山后，攀木缘崖而上，立

旗帜。昧爽，大军抵下关，望之踊跃讙噪，敌众惊乱。沐英率军策
马渡河，斩关而入，山上军望见亦下攻之。敌大溃，拔大理城。既
而分军出上关，取鹤庆，略丽江，又出石门关。此石门谓巨津州西百
里之石门。下金齿。是下关亦可兼石门之称也。《滇略》云：龙尾关
有伏波庙，世传诸葛武侯驻兵漾水上，一军皆瘴，因祷伏波之神
得愈。关东又有战士冢，唐天宝中李宓丧师处也。又天桥，在府西
南三十五里，两山辐凑，中空丈余，水从空中出，两岸石谷上特出
丈许，其微不相及处，有巨石覆掩，非人力可致。过石桥，攀鸟道
数十武，为达样备孔道，此石桥东崖也。循岸南行里许，有地名不
落梅，乃洱水出桥外石崖，悬泻数十尺，冲激乱石，溅沫上起如梅
花。此下关外之极胜也。自上关以外出石门而北者，皆谓之天威
径。唐顾云诗：云南八国万部落，皆从此路来朝天，盖石门之系于
云南，非浅鲜矣。

　　按云南古为荒服，自汉以来，乍臣乍叛。盖疆域辽阔，部落
环伺，崇山巨川，足以为保据之资，故时恬则牛驯蚁聚，有事则狼
跳虎嗷，势固然也。西南一隅，反覆最多，麓川抗戾于前，缅甸恣
睢于后。蚕食邻封，志欲渐广，尾大之祸，议者早见其端矣。说者
曰：云南山川形势，东以曲靖为关，以霑益为蔽。南以元江为关，
以车里为蔽；西以永昌为关，以麓川为蔽；北以鹤庆为关，以丽江
为蔽。故曰云南要害之处有三：东南八百、老挝、交趾诸蛮，以元
江、临江为锁钥。西南缅甸诸蛮，以腾越、永昌、顺宁为咽喉。西
北吐蕃，以丽江、永宁、北胜为扼塞。识此三要，足以筹云南矣。
虽然，云南者，南临交、广，晋太康初，陶璜为交州牧，言宁州诸夷

接据上流,水陆并通是也;北肘川、蜀,诸葛武侯欲专意中原,虑群蛮乘其后,乃先南讨。蒙氏据有云南,屡为唐剑南之祸是也。《元史》言:云南之地,东至普安路之横山,西至缅地之江头城,凡三千九百里而远;南至临安之丽沧江,北至罗罗斯之大渡河,凡四千里而近。乃踽踽一隅,自保不暇。梁王、段氏,不为千古之羞哉!

读史方舆纪要卷一百十四

云南二 云南府 曲靖军民府 寻甸府

○云南府，东至曲靖府二百九十里，东南至澂江府百八十里，南至临安府四百四十里，西南至楚雄府四百一十五里，西北至武定府二百里，东北至寻甸州三百二十里。自府治至江南江宁府七千二百里，至京师一万六千四十五里。

《禹贡》梁州南境。殷周时，为徼外西南夷地。有僰鸠、獠僳、裸毒、狇㗆、乌蛮诸种居此。战国时，楚庄蹻略地至此，窃王其地，号曰滇国。汉元封二年，滇王降，始置益州郡。取疆壤益廓之意，治滇池。《汉书》：武帝求身毒道，始通滇国。是也。蜀汉建兴三年，改为建宁郡治味县。晋初因之。惠帝永安二年，置宁州，寻又增置益州郡仍治滇池。怀帝永嘉二年，改为晋宁郡。宋、齐并因之。宋治建伶县，齐因之。梁、陈间废。隋初，立昆州，寻废。唐武德初，仍置昆州，属姚州总管府。贞观四年，改属戎州都督府。天宝末，没于南诏。广德五年，凤伽异增筑之，曰拓东城。南诏于东境置拓东节度，言将开拓东境也，为六节度之一。六节度者，曰拓东，曰弄栋，曰永昌，曰银生，曰剑川，曰丽水云。六世孙券丰祐改称鄯阐府。鄯阐，犹言别都也。《滇纪》：蒙氏名都曰苴咩，别都曰鄯阐。《志》云：寻阁劝尝改太和城为西京，鄯阐曰东京。隆舜时又改西京曰中都，东京曰上都云。大理因之。段氏时以高智昇领鄯阐牧，遂世有其地。元初，置鄯阐万户府。至元十三年，改中庆路。明洪武十五年，改云南府，领州四，县九。今仍曰云南府。

府控驭戎蛮，藩屏黔、蜀，山川明秀，屹为西南要会。《史记》：楚威王时，《后汉书》《华阳国志》俱作顷襄王时。使将军庄蹻将兵循江上略巴、蜀、黔中以西，至滇池，地方三百里，旁平地肥饶数千里，以兵威定属楚，欲归报。会秦击夺楚巴、黔中郡，道塞不通，因还，以其众王滇池。秦时，常頞略通五尺道。说者曰：滇池险，置栈道，广不过五尺云。汉兴，滇与中国绝。及元狩元年，会王然於等间出西南夷，求身毒国，乃至滇。使者还，因盛言滇大国，足事亲附，天子注意焉。后数平西南夷。元封二年，又发巴、蜀兵击灭滇旁东北劳浸、靡莫二国。浸，《汉书》作深。以其与滇同姓相结，且数侵汉使也。遂以兵临滇，滇降。滇自是入版图矣。历东汉以迄六朝之际，皆郡县其地。然大抵因其故俗，羁縻勿绝。隋、唐之间，地虽益斥，而羁縻未改。天宝以后，遂成异域。历五代以及宋季，至理宗淳祐十二年，而大理亡于蒙古。自是蒙古纵横于宋之西南，而宋之天下如捧漏卮矣。明初，以云南阔远，尽平中原，然后以师临之。云南降下，而西指大理。破竹之势遂成，于以经理强索，岂非西垂要地欤？

〇昆明县，附郭。汉滇池、建伶二县地。隋为昆州境。唐为晋宁县地。元初，立二千户所，后改置善州，领昆明、官渡二县，州寻废，又并官渡入焉。明因之，编户二十七里。

拓东城，今府城也。唐广德中南诏所筑。后改曰善阐府城。元曰中庆城。明洪武十五年，建云南府，改筑府城。周九里有奇，设六门，南曰崇正，东曰咸和，西曰广远，北曰保顺。西南曰洪润，俗谓之小西门。东北曰永清，俗谓之小东门。万历四十八年重修。门各有楼，四隅亦各有楼。环城有河，可通舟楫，外有重关，形胜颇壮。

苴兰城，府北十余里。相传庄蹻所筑。一名穀昌城。《汉志》：益州郡有穀昌县。后汉因之。《华阳国志》：汉武遣将军郭昌平滇中，因名县为郭昌，以威蛮人。孝章时，始改曰穀昌。今《班志》作穀昌城，则非章帝时改也。晋仍为穀昌县，属建宁郡。宋、齐因之。梁、陈间，为蛮所废。傍有玉女城。《志》云：元梁王所筑也。○秦臧城，在府西，汉县，属益州郡，后汉因之。晋属建宁郡，南渡后属晋宁郡，宋、齐因之，后废。唐复置秦臧县，属昆州。天宝中，没于南诏。

建伶废县，在府西北。汉县，属益州郡。蜀汉属建宁郡，晋因之。永安二年，分建宁置益州郡，治此。永嘉末，改为晋宁郡。宋因之。元嘉十八年，晋宁太守爨松子叛，宁州刺史徐循讨平之。齐亦为晋宁郡，梁末没于蛮。○益宁废县，在府西，唐昆州治也。《唐志》昆州所领有益宁等县，后废。又官渡废县，在府东南三十里，元置县于此，寻废入昆明。

高峣关城，在府城西云津桥北，为关津总要处。《碧峣精舍记》：滇海西斥舍舟登陆，俗亦曰高桥。稽之古志，桥实曰峣，以山形似秦峣关也。高峣与碧鸡相望，如箭括然。

五华山，在城内。上有五华寺，俯见昆明池。○螺山，在城北，旧名盘坤山。山童然皆石，作深碧色。蟠旋如螺髻，因名。下有二洞，曰潮音，曰幽谷，深杳莫测。自滇池中望之，惟螺山与碧鸡独高。○商山，在螺山北，去城二十里。连峰叠嶂，丹崖翠壁，有鹤停鹊峙之态。冷泉在其下，或曰商山，一名蛇山，即《汉书》所谓陆山也。《汉书·志》注：来唯县有从陆山，出铜。陆，胡工反，似非此山矣。

玉案山，府西二十五里。一名列和蒙山。山秀丽多泉石，南去滇池十余里。远望出西南诸峰之上，一名棋盘山。下有菩提山泉。又府北二十五里有文殊山，一名蒙滞雄山，文殊泉出焉。流过松花堰，入于西湖。

金马山，府东二十五里。西对碧鸡山，相距五十余里，其中即滇池也。汉宣帝神爵元年，方士言益州金马碧鸡之神，可祠而至。乃遣谏议大夫王褒求之，即此。山不甚高，而绵亘西南数十里，源泉出于山巅。又上有长亭，下有金马关。元至顺二年，云南为诸王秃坚所据，官兵击之，战于金马山。获其党伯忽。又至正末，明玉珍将万胜攻云南，梁王孛罗走金马山，胜入城。孛罗复攻之，胜败走。明初沐英等师至云南之板桥，进驻金马山是也。○龙泉山，在府东北二十里，下有龙湫。

碧鸡山，府西南三十里。东瞰滇池，苍崖万丈，绿水千寻，下有碧鸡关。又碧鸡西北有太华山，有太华寺。下瞰滇池，左环右绕，称滇城绝胜。○万德山，在滇池南十里，又南十里许曰进耳山。天外三峰，形如笔架。

海源洞，在城西二十里。中容数百人，四崖削立，石乳奇幻。下有龙湫，其水清浅，四时不竭，流入鸳鸯池，又注为黑龙潭。潭深不可测，一名黑鱼池。《志》云：池在府西北二十五里。又西为白龙池。自白龙池西十里曰横山水洞。一山横立如墙，凿山凹为东西洞，引泉以灌八村之田。洞高五尺，广二尺。自西跨东，五十有八丈。得泉二十二道，宛延萦迂四千一百八十三丈，奇胜不一。《滇纪》：横山水洞，隆庆六年左布政陈善始成是役。溉田四万五千六百余亩。

滇池，在府城南。府西南八十里为海口，池水由此北入。富民县汇于广趄塘，通金沙江处也。海口财赋，岁以亿计。咽喉通塞，利害最大。元至元中，张立道浚之，以泄滇池之泛溢。明弘治十四年，抚臣陈金亦浚治之，岁一疏浚，在田赋正供，谓之海夫。余详大川昆明池。

西湖，在府城西，即滇池上游也。亦名积波池。俗曰草海子，又曰青草湖。周五里，蒲藻常青，为游赏之胜。又九龙池，在城内，中多废囿。亦曰莱海。其平者为稻田，下者为莲池。沿五华之右，贯城西南，流入顺城桥，汇于盘龙江，达滇池。

盘龙江，在府东五里。源出嵩盟州故邵甸县之东西二山，凡九十九泉，合流西注，曲折而南，入于滇池。

金棱河，在府治东十里，俗名金汁。引盘龙江水，由金马山麓流经春登里，灌溉东乡之田，为利甚广。蒙、段时，堤上多种黄花，名绕道金棱。元赛典赤赡思丁复修筑为堤，今废。又府西十里有银棱河，俗名银汁。亦引盘龙江水，由商山麓流过沙浪里，南绕府治。蒙、段时，堤上多种白花，名萦城银棱。明弘治中，尝浚二河，亦谓之东西沟，今涸。〇宝象河，在府治南，源出杨林县之上板桥。分泻于此，注于滇池。

松花坝，在府城东北，为滇池上流。元赛典赤赡思丁增修二堰，灌田万顷。又有南坝闸，在府城南。东北诸泉，旧由银棱河入滇池，恐其泛溢，故筑此障之。元赛典亦尝增修，今废。

金马关，在府东七里金马山下。旧有关城，元筑，今废。又碧鸡山之北麓为碧鸡关。〇云津桥，在府城东二里，跨银棱河上。本名大德。明初修造，更今名。稍西为通济桥，跨金棱河支流。元末梁王杀平章段功于此。今水涸而桥存。又伽桥，在府西北。元至顺初，跃里迭水兀收复云南，取安宁州，将抵中庆，贼拒战于伽桥右壁中，复败之。

板桥驿。府东三十里。又东达杨林废县六十里。明初沐英等征云南，师至板桥，即此。又滇阳驿，在府城外东南，洪武中建。《志》云：昆明县西北五十里有清水江巡司，与富民县接界。武定夷入犯，必取道于此。又赤水堋巡司。在县东七十里。○常乐寺，在城南，俗呼西寺。又有觉照寺，俗呼东寺。唐贞观初建。各有塔，高十三丈，俗呼白塔。觉照寺亦名慧光寺云。

○**富民县**，府西北九十里。东至嵩明州百七十里，西北至武定府禄劝州二百里。唐初为昆州地，天宝以后没于蛮。乌蛮酋些门些末始筑马举龙城，号黎瀼甸。元至元中，立黎瀼千户所，寻改今名。今城周三里有奇，编户三里。

富民故县，旧治在安宁河南梨花村旁，寻徙大河北。明嘉靖中，以河流泛滥，复迁河南土主村。万历中，复徙治大河北。旧无城垣，崇祯十三年，始营城浚隍，即今治也。

灵芝山，县西南二里。旧名赤晟化山。元延祐中，改今名。又县东南三里有洞口山，下有洞，水从中出。流经县南，入安宁河。《志》云：县南十余里有三卧山：一曰颠卧山，今名滇和山。一曰噜卧山，今名鲁和山。一曰蒙课卧山，今名无怯和山。又县北十五里有黄弄山。

螳螂川，在县东。源自滇池，萦流安宁州境，又东北入县界，又北历武定府境，入金沙江。晋大宁二年，蜀李骧寇宁州，刺史王逊使督护姚岳与战，败之于螳螂川。或以为即此地。

安宁河，在县西南。《志》云：河出安宁州，入县界，又经罗次县，为沙摩溪。至禄丰县，为大溪。至易门县，为九渡河。流入元江府界。

洟札郎水。县东北十里，西入大溪。又县北五十里有农纳水，源出武定府界，亦西南流入于大溪。

○**宜良县**，府东南百五十里。东北至曲靖府陆凉州百三十里。唐昆州地。后蛮酋罗氏筑城，号啰哀笼。蛮谓城为笼也。元初，立宜良、匡城及大池千户所。至元中，改置宜良州，领大池、赤水二县。后改州为县，并二县入焉，今因之，城周三里许，编户四里。

大池废县，在县东。元大池千户所治此。后改为县，寻废。又赤水废县在县西，元置县。后为赤水堋巡简司。《志》云：赤水，今入昆明县境。

水井山，县西十里，本名观音山。顶有泉，因改今名。其南有岩泉山。○客争容山，在县东十里，县之镇山也。

诸葛洞，在县南小石岭。诸葛武侯南征时，尝置营于此。亦名诸葛营。

大池江，在县东八十里。一名盘江，一名大河。从曲靖陆凉州流入境，流六十里出县界，入澂江府界，谓之铁池河。○大城江，在县东，源自澂江府阳宗县，流经县界，下流入盘江。

汤池驿。在县西北八十里，有汤池，水如百沸汤。汤池巡司亦置于此。西去府城七十里。

○晋宁州，府东南百里。东至澂江府百里。南至临安府三百五十里，西南至昆阳州九十里。

汉益州郡滇池县地，晋属晋宁郡。沈约《宋志》：晋惠帝永安二年，分建宁西七县为益州郡。怀帝永嘉中，更立晋宁郡，治建伶县，而滇池属焉。隋开皇中，置昆州，寻废。唐武德初，开南中，复置昆州，领晋宁等县。后入于蒙氏，为阳城堡部。段氏因之。元初，置阳城堡万户府。至元中，改置今州。明初因之，编户五里。领县二。今仍曰晋宁州，领县一。

州拱翼会城，指臂旁郡，亦要地也。

晋宁废县，《志》云：州有内城，蒙氏所筑，即阳城堡也。有外城，周七里，九门，十二衢，隋刺史梁昆所筑，在今州城西北，俗呼为古土城。明成化、弘治中，皆因故址筑土墙。万历四年，始筑砖城，周三里。

天女城，在州西。晋太安中，李毅为益州部南夷校尉，病卒。女秀明达，有父才，权领南中，城盖秀所筑，因名。〇大甫城，在州南二十里。元至正中，置县，寻省入州。

万松山，州东五里。山多松树，形如盘龙。一名盘龙山。又州西三里有海宝山，相传山下有窍，滇池之水由此泄入澂江府之龙泉溪。又西二里曰金沙山，以沙石如金而名。〇五龙山，在州南五里，上有五龙泉，一名小石屏山。又光长山，在州西南十里，北瞰滇池。

大堡河，在州西。《志》云：源出澂江府新兴州界，经州之永兴乡，分流入于滇池。

忽纳寨。在州西。明初瓦尔密闻曲靖破，走入晋宁州忽纳寨，赴滇池死，即此寨也。〇儒宁驿，在州西北，去府城八十里。又南七十里而达澂江府之江川驿。

〇归化县，州东北二十里，东南至澂江府百二十里。本名安江城，有吴氏居此，因号大吴笼。后为些莫徒蛮永偶所据。元初，隶呈贡千户所。至元中，分大吴笼、安江、安溪之地置归化县。明嘉靖中，因旧土城砌以石，周不及二里。编户一里。县今省。

罗藏山，在县东十里。山高耸，将雨，则有白云卷舒其间。

交七浦。县东北二十里，广二百余亩。《志》云：滇池之下流也。〇金鲤潭，在治南六里之白马勒村，旧为平原，恒苦亢旱。明隆庆六年七月，田中忽水涌成深潭，有金鲤游泳其中，遂为一方灌溉之利。

〇呈贡县，州北六十里。旧有呈贡城，为乌、白、些门、些莫徒、阿茶棘五种蛮所居。元初，立呈贡千户所。至元中，改为晟贡县。明初改今名，编户四里。

伽宗城，在县治西。大理段氏时，土官伽宗所筑，因名。

三台山，在县治北。三山相属如台星，因名。一名万福山。〇象兔山，在县西南十五里，旧有蛮寨，为恃险之处。

滇池。县西南三十里。烟云万顷，支流环绕，邑中资以灌溉。又落龙河，在县北十里，南流入于滇池，上有天生石室。

〇安宁州，府西八十里。西至楚雄府三百一十五里，北至武定府二百十里。

古滇国螳螂川地。汉为益州郡之连然县。晋初，属建宁郡。大安后，属晋宁郡。宋、齐因之。隋初，属昆州。唐武德初，改置安宁县，仍属昆州。天宝初，陷于蛮。《滇纪》：天宝初，越巂都督竹灵倩置府东爨，通安南，因仲步头，筑安宁城。赋役烦重，群蛮作乱，攻陷安宁，即此城也。步头，今临安府治。后为蒙氏所据。蒙氏以苏闭阿衷治此。《滇纪》：初群蛮陷安宁，唐发兵南讨，命南诏皮罗阁合军击平之。九载，南诏益强。诸爨微弱，寇陷姚州，遂攻安宁。会鲜于仲通将兵南讨，乃解围去。及仲通败，遂取安宁。十三载，李宓讨南诏，自安南而北进，取安宁及盐井。未几败没，安宁遂没于南诏。段氏因之。使高氏守其地。元初，取其地隶于阳城堡万户府。至元初，立安宁千户所，后改为安宁州。明初因之，土知州董氏世袭，编户十里。领县一。今仍曰安宁州，领县二。

州东屏会城，西联楚雄，为往来孔道。南诏阁罗凤谓：安宁雄镇，为诸爨要冲。是也。

江东废县，在州东南。又州北有青笼城，皆昔蛮酋恃险处。《州志》：州旧有安宁守御所土城，明洪武二十四年所筑。周二里有奇。万历四年，始建砖城于旧土城北，为州治，周四里有奇。

呀崚山，在州西北五里，州之主山也。山有煎盐水。《汉志》：连然有盐官。《华阳国志》连然县有盐泉，南中所共仰。《滇程记》：安宁民食马蹄盐。盐产象池井。今州治西古阿宁地有盐课提举司，辖盐井四，列于司治之东西。

洛阳山，在州东十里。山顶平夷，峰峦峭立，下有泉流经东桥下，入于螳螂川，灌田三千余亩。《志》云：州治西有罗青山，出泉极甘美。又城内有大极山，亦高耸，与虎丘连山而分岐。○岱晟山，在州北十五里，山高耸，今名笔架山，亦曰坎山。又葱山，在州西北二十里，高耸冠诸山，其北复起，为凤城山。

螳螂川，在州南。源出滇池，萦回州治，东北流入富民县界。川中有沙洲，形似螳螂，因名。又有安宁河，在州西，亦流入富民县界。

汤池，州北十里。亦名碧玉泉。《滇略》云：滇温泉至多，而州之碧玉泉为冠。四山壁立，中为石坎，飞泉注焉。

盐井，在州治西。《志》云：安宁提举司有大井、石井、河中井、大界井、新井，其新井旧无，今有，故止称四井。

禄脿驿。州西五十五里。兼置巡司于此，亦曰禄嶰。地食釜盐，产黑井中。又西八十里而达禄丰县之禄丰驿。

○罗次县，州西北九十里。东至府百四十里，北至武定府和曲州百二十里。古压磨吕村乌蛮罗农落弹居此。宋时，大理高量成令高白连庆治其地。元至元中，置罗次州，隶中庆路。后改为县，属安宁州。明初因之。弘治十二年，改属府。今改属安宁州。县无城，编户三里。

罗部城，在县北，旧为蛮酋恃险处。亦曰罗部府。《元史》：兀良合台从忽必烈攻大理，分兵取附都善阐，转攻乌蛮之合刺章水城，屠之。前次罗部府，其酋高昇集诸部兵拒战，大破之于夷可浪上下。遂进至乌蛮所都押赤城。城际滇池，三面皆水，既险且坚。选骁勇以炮摧其北门，纵火焚之，皆不克，乃大震鼓钲，进而作，作而止，使不知所为。如是者七日，伺其乏，夜五鼓潜师跃入，乱斫之，遂大溃。至昆泽，擒其王段兴智，押赤城。盖在县东南境云。

扶邪城，或曰在县境。南诏有扶邪都统。《实录》云：扶邪县属罗次州，南诏所置。罗次一作罗伏。

九戍山，在县南五里，以九峰高起而名。一名九涌山。又有玉龙山，在县东南五里，中有碧石窦，涌泉如玉龙，因名。○穹荡山，在县南十五里，乌蛮谓之堀嵌峰。又有苴麽崀哀山。译云子望母山也。有二：一在县旧治东北四十里，一在县南三十里，两山相望，因名。

沙摩溪，在县西。自富民县流入境，即安宁河也。流入禄丰县界，谓之大溪。○星宿河，在县西北，自武定府和曲县流入县境，又西南入禄丰县界。

炼象关。在县东百里，有巡司戍守。《滇程记》作栋橡关。关北二十五里曰矣者村，东十五里曰清水沟。

○禄丰县，州西百八十里。西至楚雄府广通县百三十里。古为禄琫甸之白村，乌爨蛮居之。其地瘴热，迁徙不常。大理时，高智昇子义胜治其地。元初隶安宁千户所。至元中置今县，属安宁州。明因之。今编户三里。

骥琮笼城，在县东北山上。又县南有巅哀城，皆昔蛮酋恃险处。

南平山，县西十五里。三面陡峻，惟南稍平，因名。县东北三十里有陀陵山，本名骥琮笼山。群山之中，一峰高耸，有泉。又有古营垒，即骥琮笼城也。《志》云：治西五里有蒙答缚山，势如屏障，今名三次和山。

星宿河，在县西。源出武定府，过易门县而入元江府境。○大溪，在县东，其源即安宁河也。自罗次县流入县界，又南流入易门县境。

老鸦关，在县东四十里。有巡司。又有狮子口，路迳临洞壑。谚云：狮子口，十骑九下走。又有栋橡坡、棠梨哨，皆险厄处也。杨用修云：十里棠梨哨，三重楝椽坡，是矣。其间有草，名金刚锁。碧干而猬芒，形肖刺桐，其浆能杀人。

兰谷关。在县西，与楚雄府接界。两山夹水，鸟道羊肠，自县之楚雄者，为必由之道。又有六里菁，溪谷蒙笼，林木茂密，与兰谷并称深险，皆行旅所经也。○南平关，在县西南平山上，有巡司。《志》云：司东二十五里有清水河，西三十里为稗子沟。

○昆阳州，府南百五十里。东至澂江府二百二十里，东南至临安府二百八十里，西至楚雄府四百六十里。

汉益州郡昆泽县地。晋属建宁郡。宋、齐因之。隋属昆州，寻废。唐初，亦属昆州，后复废。《一统志》：萧梁时土人爨瓒者据此，隋时南宁夷爨玩来降，拜为昆州刺史，治于此。麟德初，置河东等处二十四羁縻州，隶巂州都督府，后改隶黎州。天宝中，没于南诏。五代时，大理段氏有之，为巨桥城。段氏以高氏世治其地。元立巨桥万户府。至元中，改为昆阳州。明因之，编户四里。领县二。今仍曰昆阳州，领县一。

州北负滇池，南临番部，称为雄胜。

巨桥城，今州治。即大理段氏时所置巨桥城也，本属善阐府。元立巨桥万户府于此，寻为州治。明正德四年，始筑州城，周三里，有门四。沿海附山，又筑堤以广城基云。

望水废县，在州西南。唐武德七年，置南龙州。贞观十一年，改钩州，治望水县，兼领唐封一县，寻废。刘昫曰：钩州东北接昆州界，又废。《河西县志》云：在州之河西乡。元至元中置，寻省入州。

长松山，在州西五里。望之郁然深秀。又州北十里有望州山，其势昂耸，回顾州治。○珊蒙果山，在州西十里，顶秀三峰，奇分八面。

渠滥川。州东南五里，东北流入于滇池。隋开皇中，史万岁为行军司马，自蜻蛉川至渠滥川，破夷落三十余部，即此。

〇三泊县，州西北七十里。西北至禄丰县一百六十里，旧为僰獠所居。大理时，筑那龙城于此，隶善阐府。元初，隶巨桥万户府。至元中，改置三泊县，以溪为名。明因之。县无城，编户二里。县今省。

河东城，在县北十五里。唐河东州置于此，土人称为华纳城，天宝中废。

云龙山，县西北十五里。冈峦秀耸，四时苍翠，将雨则云凝其上。〇葱蒙卧山，在州北十五里，山之东即河东城旧址。又滑光习山在县西南三十里，岩上有一小城，盖蛮垒云。

三泊溪。在县南。《志》云：望洋、鸣矣、利资三河，萦抱县治，是为三泊，下流入于滇池。又有乌蚁河，在县北，流合于三泊溪。

〇易门县，州西百五十里。西南至楚雄府故碌嘉县二百二十里。旧为乌蛮酋仲磨由男所居，地名市坪村。大理时，高福世守此。元立洟门千户所，隶巨桥万户府。至元中，改置今县。明因之。城周二里，编户三里。

易门城，在县南三十里。旧县治此。明洪武二十四年，建易门守御千户所，隶云南都司，筑城戍守。万历三年，迁县于所城内。《元志》：县西有泉，曰洟源，讹曰易门。

娘当山，在县治北。旧名戈晟智桶山。三峰耸秀。《县志》：山一名智勇山，又名娘当山。〇蒙低黎岩山，在旧县治南五十里，高插云汉，下有平谷，宜畜牧，异马多产于此。《志》云：山一名马头山，又名黎崖。明万历初，抚臣邹应龙斩马誓蛮于山上，亦名斩马山。又禄益恶危山，在旧县西百里，上有阁依主城，昔善阐边戍之所，今名禄益山。

九度河。在县西，即禄丰县之大溪也。流入县境为九度河，下流入元江府界。

○**嵩明州**，府东北一百十里。东至曲靖军民府一百十里，西至武定军民府二百五十里，北至寻甸州三百三十里。

古滇国地，汉为益州郡地，隋为昆州地。《一统志》：古乌蛮车氏等据此。筑沙札卧城，后为枳氏所夺，因名枳砲。后有汉人筑金城于此，曰长州，因筑台与蛮盟，故名其地曰嵩盟。唐时尝立长州，蒙氏改为嵩盟郡，段氏因之。初置嵩盟万户府。至元中，改为长州，寻升嵩盟府，后复改为嵩盟州，领杨林、邵甸二县。明初因之。洪武中，省邵甸县。成化间，省杨林县。俱并入州，改盟为明。编户九里。今仍曰嵩明州。

州山川环结，土田饶沃，居然奥区也。而东达曲靖，西走会城，尤为形要。

金城，在州西南，汉人所筑。《志》云：金城南有诸葛武侯与夷插盟台，嵩盟之名盖本此。明弘治十三年，于州治建土城。隆庆二年，易以砖，周三里有奇，门四。○邵甸城，在州西四十里，本名束甸。蛮语束为邵。元初，立邵甸千户所。至元中，改置县，属嵩盟州。明洪武中省。

杨林城，在州东南三十里。城周四里。昔为枳氏、斗氏、车氏、麽氏四种蛮所居。元初，立羊林千户所。至元中，改为杨林县，属嵩盟州。明初因之。成化中省。又有杨林旧城，在今州西南二十五里。今为杨林驿，西去府城百里，为往来必经之道。

集兴笼城，在州南。南诏时，清平官杨祐者，筑梅堂、阿葛笼、蒙琮笼、白笼、集兴笼诸城，周回相望，为犄角之势，抚定蛮民，甚有威绩，此即其所筑也。

罗锦山，在州东北十五里。岩石峭立，文彩若罗锦，因名。下有罗锦泉，里中之田资其灌溉。《志》云：州治北有蛇山，形如盘蛇，一名黄龙山。○秀高山，在州东二十里。耸出霄汉，环州众山皆出其下，俗呼摇铃山，相传蜀汉时孟获立寨于此。

弥雄山，州北三十里。苍崖叠出，望之郁然，土壤肥沃，果蔬繁美。今名弥秀山，弥雄水出焉，南入罗婆泽。

束歀霁山，州东四十里。世传蒙世隆征乌蒙，得四女，归经此。四女登山叹望，忽山巅雾起，结为三峰。蛮语三为歀，注为霁。其山嶙峋特峻，登眺则郡境悉在目中。一名峻葱山。

东葛勒山，在故邵甸县西北，高三十里，为南中之名山。○乌纳山，在废杨林县西南十里，有石若马头，土人以乌纳名之。山周百余里，西距呈贡，东接宜良，多水草，利闲牧。又杨林山，在废县治东，群峰屏列，山麓有石如羊，本名羊林。元至元初，改今名。

龙巨江，在州东。一名龙济溪。源出寻甸州西南果马山，流入境，至州东南入嘉利泽。○牧样水，在州西南，源出乌纳山之牧样涧，西南入于滇池。

嘉利泽，在州东南十五里，周百余里。水可以溉，鱼可以食，即杨林泽也。或谓之杨林海子。又或谓之罗婆泽。《志》云：州西中和里有两泉对流，名对龙泉，流百余步，复合流入于嘉利泽云。

邵甸河，在州西六十里。杨慎云：河有泉源二，皆发寻甸府梁王山西北。一自牧羊村历核桃村，至高仓入河。一自崛泽屯入河。二水交流，至回犁湾松花坝，甃石遏流，入于盘龙江，带滇池，汇昆池，澎流浸腴田，殆万余顷。

易龙驿。在州东南。《舆程记》：自曲靖府之马龙驿西行八十里，至易龙驿，又七十里至杨林驿，又百里达云南府治。

附见：

广南卫，在府治东南。又有云南左右中前后五卫，俱在府城内。洪武十五年所筑也。

杨林堡守御千户所。在废杨林县东五里。洪武三十五年,建有所城,周二里,属云南都司。又安宁州宜良、易门二县,俱置守御所于城内。

〇曲靖军民府,东至贵州普安州三百四十里,南至广西府二百七十里,西北至寻甸州二百四十里,北至四川乌撒军民府三百十里。自府治至布政司二百九十里,至江南江宁府六千八百六十里,至京师一万三百五里。

《禹贡》梁州南境。汉为益州郡地。蜀汉改置建宁郡治味县。晋置宁州,宋、齐因之。梁改置安宁州,后为爨氏所据。大宝初,湘东王徽、南宁州刺史徐文盛赴荆州,属东夏尚阻,未遑远略,土民爨瓒遂窃据其地。《一统志》云:后分东、西为二爨,而曲靖为西爨地。隋开皇中,亦置南宁州,又为恭州、协等州地。先是,蛮酋爨玩请降,其后复叛。开皇十七年,命史万岁南讨,疆理其地。唐武德四年,复立南宁州,改恭州为曲州,分协州置靖州,俱属戎州都督府。贞观八年,改为郎州。《新唐书》:武德初,开南中,置南宁州。四年,置总管府。五年,侨治益州。八年,复治味县,更名郎州。贞观初,罢都督。开元五年,复曰南宁州。天宝九载,没于蛮。大历初,南诏置石城郡,段氏因之。后为磨弥部所据。元初,取其地置磨弥部万户府。至元八年,改为中路。十三年,改曲靖路总管府。二十五年,升宣抚司。明洪武十五年,改为曲靖军民府,领州四、县二。今亦曰曲靖府,领州五、县一。

府东连贵竹,南通交广,北届川蜀,西上滇藩,为四达之冲。而其系于云南也,犹人之有头目然。曲靖一破,而云南之全壤必不支矣。汉兵临滇国，自牂牁而来。武侯入南中，使庲降督李恢案道向建宁。恢大破群蛮，南至盘江，东至牂牁。隋初梁睿言：南宁州，汉世牂牁之地。其处去益路止一千，朱提比境即与戎州接界，幸因平蜀士众，即略定南宁。自泸戎以北，军粮须给。过此即于蛮夷征税，以供兵马。唐初，亦开东西二爨地。天宝十载，剑南节度使鲜于仲通将兵讨南诏，分道出戎嶲州，进次曲靖，大败，其地遂悉没于蛮。蒙古将兀良合台自鄯阐而东，平爨蛮，而后略定诸裔，引兵从交广而北。明初，命诸将收云南，分军一自乌撒而南，一自普安而西，皆以曲靖为之噤喉。曲靖既克，而云南、大理次第举矣。曲靖所系，顾不重哉？

　　○南宁县，附郭。汉味县地。唐初，置南宁州于此，有石城，后没于蛮，因置石城郡。段氏时，有乌蛮莫弥部据此。元初，置千户所，属莫弥部万户。至元十三年，升为南宁州。二十二年，改为县。今因之，编户三里。

　　南宁城。在府西平川中，地名三岔，旧名共范川。《志》云：唐武德初，南宁州治共范川，时段纶为益州刺史，遣使俞大施至南宁州，治共范川，讽喻诸部纳款是也。寻徙石城。咸亨三年，南宁州爨归王杀东爨首领盖聘父子，仍治共范川，后因之。今城明初洪武二十年改筑，周六里有奇，有门四。○石城，在府北二十里。《志》云：本汉牂牁郡地。唐贞观初，以蛮酋爨归为南宁州都督，居石城。石晋天福二年，时南诏为杨干贞所篡窃，其故臣段思平借兵东方诸爨，起兵石城，即此。又同乐废县，在府境。《唐志》：郎州治味县，兼领同乐、升麻、同起、新丰、陇堤、泉麻六县是也。

　　○废味县，在府西。汉置，属益州郡。蜀汉时为建宁郡治，晋因之。建兴二年，没于李雄。咸康四年，复为晋有。宋仍为建宁郡。齐属左建平郡，萧梁末废。《华阳国志》：建兴三年，丞相亮南征，改益州郡曰建宁，治味县。晋时遂为宁州治。又蜀汉置庲降督。《水经注》建宁郡故庲降都督屯，蜀汉建兴三年，分益州郡置。胡氏曰：《蜀志》：庲降督治平夷，盖侨治。马忠为督，复治建宁味县。南中去蜀远，置督以总摄之。晋泰始中因之，分立宁州也。

废恭州，在府东北，隋置。古朱提地也。蜀汉建兴中，分牂为郡界置朱提郡，晋因之。建兴二年，没于李雄。咸康五年，复属晋宋，仍为朱提郡，齐改为南朱提郡。萧梁末废。隋改置恭州。唐武德八年，改为曲州。天宝末，没于蛮，迁置于戎州西境。今见四川叙州府。○废协州，亦在府东北，古夜郎地也。《志》云：晋永嘉五年，宁州刺史王逊分牂牁、朱提、建宁郡立夜郎郡，治汉牂牁郡之夜郎县，宋、齐因之，梁末废。隋改置协州，唐初因之。武德八年，又析置靖州。天宝末，俱徙治戎州境内。

废越州，在府南十五里。唐武德中，置悦州治此。领甘泉等六县，后为爨蛮所据，号普麽部。元初置千户所，隶末迷万户府。至元十二年，改越州，隶曲靖路。洪武末，废州，改置越州卫，今号其地为南城村。

龙和城，在府西南。《志》云：唐置南宁州，其东西爨蛮分乌、白二种，自曲靖二州西南昆川、曲轭、晋宁、喻献、安宁距龙和，通谓之西爨。白蛮自弥鹿、升麻二川南至步头，谓之东爨黑蛮。贞观中，以西爨归王为南宁州都督，袭杀东爨首领盖聘。天宝中，南诏阁罗凤以兵胁西爨，废南宁州，徙其部属。自曲靖至龙和皆残于兵，于是东爨复振，徙居西爨故地，与南诏为婚姻。即今曲靖地也。

丹川城，在府境。晋咸康六年，汉李寿遣兵攻丹川，拔之，建宁太守孟彦等战死。盖是时戍守重地也。

胜峰山，在府城西。嶙峋耸拔，高出群峰。《志》云：山脉来自金马，为群山长。旧名妙高山。明初，颍川侯、西平侯与元平章达里麻战，胜之，因改今名。又负金山，在府南十五里。○真峰山，在府西南二十里。山峦秀丽，下有弥陀岩，山后又有普贤洞。又莲华山，在府东南二十里，与真峰山对峙。

石堡山，在府东南二十余里。一名分秦山。相传诸葛武侯南征时，与诸酋会盟处。下有温泉，阔二丈许，其沸如汤。或曰：即东山河之源也。又青龙山，在府东二十里。山色苍翠，俗名朗目山。又有观音洞，在府南二十里，宽平可容数百人。

汤池山，在府东南。明洪武十五年，王师南征越州未下，沐英驻兵于此，谕降其众。又紫溪山，亦在府东南。《志》云：初越州酋阿资降，既而复叛，据龙窝为巢穴。洪武二十六年，沐春讨之。进至紫溪山，败其党，直抵龙窝擒之，是也。又有龙华山，在府北二十里。

白石江，府北八里。源自马龙州界，流经此，东南合于潇湘江。明洪武十四年，沐英征云南，故元将达里麻拥兵屯曲靖，英倍道而进，未至白石江，忽大雾四塞。冲雾前行，及江而止，雾霁则两军相望矣。敌大惊，亟涌兵陈水上。英别遣一军，溯流前渡，出其陈后。鸣鼓角，树旗帜，为疑兵山谷间。虏军乱，我师遂济。使猛而善泅者斫其军，师毕济，整列，而鼓炮声震天。英纵铁骑捣其中坚，生擒达里麻，俘斩无算，遂入曲靖。今有白石江桥跨其上。

潇湘江，在城南。源出马龙州木容菁山，流经此。秋水时至，有若洞庭潇湘之势，因名。其下流入于东山河。○东山河在府东南，亦谓之南盘江，即潇湘、白石所汇流也。《志》云：河旁有洲可百余顷，平坦肥沃，旱涝无虞，南流入陆凉州境。

东海子，在城东五里，广轮五十里。夏秋之交，雨水汪洋，称为巨浸。又东二十余里有黑龙潭，旁有石洞。其上怪石巉岩，林木茂密。潭水泓深，资以灌溉。又龙泉，在府西南十里，泉分两派，灌溉甚多。

白水关，府东八十里。府境旧有白水蛮。唐永徽三年，郎州白水蛮反，踞麻州，即此。胡氏曰：白水蛮与青蛉、弄栋接。似误。今设白水驿，有巡司戍守。《舆程记》：自乌撒达霑益而南，谓之西路。自普安达平夷而西，谓之东路。合于白水驿，谓之十字路云。

宁越堡。在府南。洪武二十四年，越州酋长阿资再叛，何福讨平之。因扼其险要，置宁越堡于此。既而阿资又叛，福与西平侯沐春讨斩之。○松林驿，在府东北九十里，与霑益州接界。《舆程记》：自霑益驿西南六十里，至炎方驿，又六十里而至松林驿，此乌撒南出之路也。又南宁驿，在府治西北十五里。

○亦佐县，府东二百五十里。东北至贵州普安州百里，本汉牂牁郡之宛温县地。蜀汉以后，属兴古郡。晋永和中，桓温改曰宛暖。宋、齐因之。梁末废。唐为盘州地，后没于蛮，号夜苴部，讹曰亦佐。元至元间，并入罗雄州，寻复置今县。明初属罗雄州。永乐初，改今属，县丞龙氏世袭。今编户二里。县今省。

宛温废县，在县东北。《滇纪》：在县北二百里。今霑益州亦故宛温地也。又亦佐旧治，在县东十里，遗址尚存。

矣层山，在县治西。山有清泉，居人皆汲饮之。蛮语水曰矣。又治东有旱感山，岁旱祷之，即雨。亦曰旱改山。

块绎江。县南十五里。源发白水驿，南流达于罗平州境。又有小黄河，在县治旁。四时色黄，因名。

○霑益州，府东北二百十三里。东南至贵州普安州二百五十里，北至四川乌撒府界百二十里。

汉牂牁郡地。蜀汉时，属兴古郡。晋永嘉五年分置西平郡于此。《华阳国志》：王逊为宁州刺史时，爨量叛，据兴古之盘南。后刺史尹奉讨平之，分盘南之盘江、来如、南零三县，立西平郡。沈约《宋志》：永嘉五年，王逊郡治西平县。唐贞观中，为盘州地。属戎州都督府。天宝末，没于蛮，后为摩弥部所据。元初，属弥摩万户府。至元十三年，改置霑益州。今因之。土官安氏世袭，编户十四里。

州险阻四塞，介滇、黔之口，北通乌撒，东控普安。毂绾之口，州实当之矣。

霑益城，今州治。元置霑益州于此。《志》云：州城本贵州乌撒卫后所城也。明洪武十六年，筑土城。永乐初，甃以砖石。天启二年，贵州水西酋安邦彦叛，霑益土妇设科、叛目李贤等应之，陷州城，分兵四掠。官军讨平之。四年，修筑城，周三里有奇，门四。

交水废县，州南百三十里。其先磨弥部酋蒙提居此，名易陬笼。后为大理国高护军所夺。至元十三年，立为交水县，属霑益州。明永乐初废。今为交水村。天启三年，州陷于贼。四年，收复，筑交水城，为控御之处。又州南六十里有炎方城，又西南六十里有松林城，亦天启四年筑。与州城互相犄角，为曲靖捍蔽。炎方、松林二驿设于此。

罗山废县，在州东南百二十里平夷乡，本磨弥部东境，名落蒙山。元置县，属霑益州。明永乐初废。又石梁废县，在州东北五十里石梁山，本磨弥部，又名立勒部。元立为县，属霑益州，亦永乐初废。

盘江废县，在州南。《华阳国志》初爨量保盘南，刺史王逊讨之，不克，逊卒。刺史尹奉募外夷刺杀量，而盘南平。乃割兴古盘南之盘江、南如、南零三县，立西平郡。今州东有西平郡故址云。

同并城，在州北。汉牂牁郡属县也。始元元年，益州之廉头、姑缯，牂牁之谈指、同并二十四邑三万余人皆反。其地大约在益州东北，牂柯西南。后汉仍曰同并县。晋咸宁五年省。隆和初，复置，属建宁郡。宋、齐因之。梁末废。

石龙山，州东七里。西麓有石蜿蜒如龙。《志》云：土官营栅，据山为险。又炎方山在州南六十里，山下即炎方驿。○伯蒙山在州东南二百里，高出诸山之上。

推涌山，州东南二百余里，延袤二百余里。峰峦堆突，如涌出然。又东山在州南二百里，山乔耸而色苍翠，亦名曲靖东山。

盘江，在州北百二十里。或曰即可度河也。自四川乌撒府流经贵州毕节卫，南入州境。又东南流经贵州安南卫境。《志》云：州据南北二盘江之间，其南盘江盖即府境之东山河，流经州西南境而入陆凉州界。今详见川渎异同。

交河，州南百七十里。《志》云：南盘江与螳溪之水合流于此，故名。又十里为交水坝，其地为平蛮乡，与块步水合。交水税课使置于此。明天启二年，官兵讨霑益叛贼，自交水进，为贼所败。又有车翁江，在州西北二十里，下流合于北盘江。

阿幢桥，州南百八十里。跨交水上，有巡司。《滇程记》：桥有大道达曲靖府，号三叉路，其西有铁沟，守以卢荒夷。卢荒夷者，即猡猡之讹也。又南三十里为太平桥，长八十尺，阔二十尺，亦交河水所经。

垒水铺，在州南二百里。明天启初，水西安邦彦作乱，毕节、平夷及乌撒以南炎方、松林皆为所陷。又围普安、安南、云南，官军赴救，贼伏兵于垒水铺，官军尽殪。于是交水、曲靖、武定、寻甸、嵩明之间为之骚动。○三岔口，在州南，距交水二十里，为往来要地。《志》云：州南百里有松韶铺巡司。

倘塘驿。在州北。为乌撒往来要道。明天启二年，霑益土妇设科等作乱，焚劫霑益、倘塘、炎方、松林、交水及曲靖白水驿，凡六站，官军讨之。明年复收诸站，蜀道始通。

〇陆凉州，府南一百二十里。东南至罗平州百四十里，南至广西府二百五十里，西南至澂江府二百六十里。

汉牂牁郡平夷县地。蜀汉属兴古郡，晋后因之。唐武德七年，置平夷县，属西平州。贞观八年，属盘州。天宝末，没于蛮。南诏号为落温部，大理因之。元初，置落温千户所，属落蒙万户。至元十三年，改置陆凉州。明因之编户八里。今仍旧。州山川环结，为险固之地。

平夷城，唐复置平夷县，属盘州，后没于南诏。元置陆凉州，治于此。明万历三十八年，始筑土城，周二里有奇，门三。

河纳废县，州南八十里，地名蔡村。蒙氏时，置陆郎县于此，后并于落温部。元初置百户所。至元中，改河纳县，属陆凉州。明永乐初，省入州。〇芳华废县，在州西四十里，昔落温部之地，蛮名忻歪，又名部封，以近部封山也。元初置千户所。至元中改芳华县，属陆凉州，永乐初，废入州。

附唐废县，在州东南。唐为盘州治，兼领平夷、盘水县。后并没于蛮。又西昌城，在州西南，当中延泽之尾，水绕城郭，南中之固城也。又有木栅羲城，在中延泽中洲上。其南又有骑思笼城，皆大理时蛮酋所筑。

丘雄山，在州东七里，上有方池，水无盈缩，分酾山椒，凡十八道，谓之十八泉。〇木容山，在州西北二十里，峰峦林木，苍翠可爱。又有满戍山，在州北二十里，高出群山，林木郁茂。

部封山，州西四十里。山高耸，多花木，芳华县之名本此。其相近有石门，平畴沃壤，石笋森密，周匝十余里。大者高数仞，参差不齐，望之如井，东西行者穿其中，故名石门。又东出数百步，有离石，状类西岳三峰云。

中涎泽，在丘雄山下，即南盘江也。自府东南合潇湘诸水，至是汇而为泽。州境十八泉与南涧诸水皆注之。《志》云：南涧在州西北，东南注于中涎泽。

木容关，州西十里。又州北二十里有石嘴关，又天生关在州南九十里，皆自昔设险处。

莽甸。在州西南。其地与澂江、云南二府相接，山川回曲，道路环通，奸宄窜聚于此。明万历三年，抚臣邹应龙征莽甸等蛮，平之，立营戍守。于是云南、曲靖、澂江、临安、广西、广南六郡乃安。寻复叛。四十一年，攻宜良，官兵拒却之。四十八年，又四出剽掠，抚臣沈儆炌招降之。设法古甸、龙峒等营戍守其地。寻又奏设莽甸守备治之。天启二年，改为游击，盖防御要地。

○马龙州，府西北七十里。西北至寻甸州一百二十里，西南至云南府嵩明州一百四十里。

汉益州郡地。蜀汉为建宁郡地，又分置兴古郡治于此。《志》云：兴古郡治律高县，即今州也。晋因之。宋、齐时亦为兴古郡地。宋兴古郡治漏卧县，齐治西中县，而律高并属于兴古郡。梁末废。唐初，为南宁州，后为麻州地。天宝末，没于蛮，为撒匡部，寻为纳垢部。《元志》：州本名撒匡，蛮爨剌居之。后有盘瓠裔纳垢逐旧蛮而有其地。元初，置纳垢千户所。至元十三年，改为马龙州，明因之。编户四里。今仍旧。

州东倚曲靖，西屏云南，形援相接，实为要地。

律高废县，在州东。汉益州郡属县也。蜀汉为兴古郡治。晋因之。

宋、齐仍属兴古郡。梁末废。今州城，本元马龙州治也。明永乐二年，建马龙千户所，城周二里有奇。万历四十一年，创建州城，亦周二里余，有门三。

通泉废县，在州西南四十里。《元志》云：与嵩盟州杨林县接壤，本盘瓠后纳垢之孙易陬者居此。元初置易笼千户所。至元十三年，改置通泉县，属马龙州。明永乐初废。

西安废县，在州东。晋渡江后，析律高县地置，属兴古郡。宋因之。齐曰西中，为郡治。梁末废。○废麻州，在州北。唐贞观二十二年，分郎州置麻州。永徽三年，郎州白水蛮反，寇麻州。郎州都督赵孝祖讨平之，即此。又废耶城在州东南，相近者又有尚赞城，皆昔蛮酋所筑。

伯刻山，在州南六十里。其相连者曰多罗山，峰峦峻峭，怪石巉岩，为州之望。

木容箐山，在州东南六十里。下有木容溪，流注于府之南境，为潇湘江。○杨磨山，在州西七十五里，一名关索岭，上有夷关。

中和山，近《志》云：在州西南四十五里。其山发自宜良，宛蜒起伏，至此结为二峰，前后突兀，左右有层峦环列，曲涧回绕。又有仙人洞、五龙潭诸胜。上下平田可千顷，云南前卫屯兵数百家居焉。

磨盘山，在州西北。明天启五年，乌撒土酋安效良再叛，犯马龙州，官军败之，又追败之于磨盘山。贼自寻甸遁去。又罗狃候山，在州西北境。唐永徽二年，白水蛮寇边，郎州道行军总管赵孝祖伐之，败之于罗狃川候山，即此。

东河，在州治东。治西又有西河，东流合于东河。入寻甸界。○灵泉，在州西南三里，水色清碧，引流灌溉，居民赖之。

分水岭关。在州西南二十里。又州东三十五里有三叉口关。○易龙堡，在州西南九十里，亦曰易龙驿。《滇程记》：南宁驿四十里而达马龙驿，自驿达易龙堡，经鲁婆伽岭巡司下板桥、古城堡、小关索岭，凡七十里。又七十里而达于云南府之杨林驿。《名胜志》：易龙驿亦曰木密关，与寻甸府接界，为往来走集之冲。

○罗平州，府东南二百七十里。东北至贵州安顺府二百七十里，南至广西府三百里，西至澂江府路南州一百二十里。

汉牂牁郡地。蜀汉以后，为兴古郡地。唐没于蛮，为塔敝纳夷甸，寻为罗雄部。相传盘瓠后裔有罗雄者居此。其孙普恐因以名部。元初属普摩千户所。至元十三年，改置罗雄州，属曲靖路。《志》云：州城在喜旧溪东。元至元中，割夜郎苴部置。明初因之。万历十四年，更名曰罗平，编户三里，旧土官至是改流。属曲靖府。今仍旧。

州联接溪洞，密尔蛮獠，为曲靖东南之屏障。

罗雄城，今州治。元置州于此。明朝万历十四年，改曰罗平。明年筑城，周二里有奇。引河为濠，高深可恃。○束龙石城，在州南。万历十二年，土酋者继荣作乱，修束龙石城，遣部兵四出，攻劫师宗、维摩等州，官军讨平之。

漏卧废县，在州南。汉县，属牂牁郡。故漏卧国也。武帝开西南夷，置漏卧县，仍授其酋长。河平二年，钩町王禹与夜郎王兴、漏卧侯俞举兵相攻，漏卧盖介夜郎、钩町二邑间。后汉仍为漏卧县，蜀汉属兴古郡，晋因之，宋为兴古郡治。齐仍属兴古郡，梁末废。

五台山，在州南五里。又南十五里曰钟山，又南十里曰楼阁山。○白蜡山，在州西南十三里，又有罗庄山，在州东南六十里，皆材木之薮也。

禄布山，在州北八十里。《志》云：山高二百余丈，盘旋百里。林木葱蒨，峭石巉岩。州西北八十里又有八部山，与禄布相近，冈峦八面耸列，蛮因呼为八部云。

盘江。在州东南九十里。自广西府师宗州流入界，下流入贵州永宁州境。《志》云：州西南二里有大渡河。又有矣则江，在州东南五十里，俱流入于盘江。○喜旧溪，在州西，源出州西南龙甸村，环流州境，下流入于盘江。又有太乙湖，在州北一里。

附见：

曲靖卫，在府治西。洪武二十年建。

附平夷卫，在霑益州南一百二十里。《志》云：卫本故越州地。明洪武十四年，王师南征，越州降下，既而其酋复叛。诏傅友德讨之。道过平夷，友德以山势峭险，密迩越州，乃迁山民于早上村，设千户所，驻兵立栅于山上。二十三年，建为平夷卫，属云南都司，为贵州西入之冲要。弘治七年改筑卫城，周二里有奇，有门三。天启二年，为霑益土妇设科及叛目李贤等焚毁。明年修复。《志》云：旧城在卫东厄勒铺，弘治以前卫皆治此。

峦冈山，在卫东八里。山高耸，雄视万山。又杨威岭，在卫西五里。又西五里曰定南岭。明初，西平侯尝提兵驻此，今壁垒故址犹存。○清溪洞，在卫西三里，洞内石笋林立，外则溪流环绕，又有桂花洞，在卫北十里。

十里河。在卫西南二里。会清溪河入罗平州界，注于盘江。

○豫顺关，在卫北二里。又有宣威关，在卫北十五里，皆设险处也。○古城寨，旧在卫西定南岭，明建文初因险筑城，后以山风高烈，徙于桂花洞。

平夷驿，在卫城外。《滇程记》：自贵州普安州亦资孔驿七十里而达平夷，自此西望，山平川豁，因以为名。自平夷四十里而达白水驿，有茶花箐，旧多盗。

附**越州卫**,在霑益州东南六十里。《志》云:旧越州在今府南石堡山西,元置。洪武二十一年,越州酋长阿资叛,东屯普安,倚崖壁为固。傅友德击破之。阿资还越州,友德复败之。沐英以阿资恃其地险故叛,请置越州、马龙二卫,扼其冲要,分兵追捕。阿资穷蹙,乃降。二十四年,沐英以阿资叛服不常,请徙越州卫于陆凉。既而阿资复叛。事平,遂废越州置越州卫于此,隶都司。

杨梅山,卫东十五里。多杨梅树,因名。又有潇湘山,在卫南三十里。

下桥大河,在卫西五十里。曲靖府境之水及龙潭河水合流而下,汇为大河,南注于南盘江。

附**陆凉卫**,在陆凉州西南二十五里。明洪武三十一年,建有城。周六里,门四,隶云南都司。

南涧,在卫城西北之芳华乡。《志》云:卫城南北俱有桥,北桥跨于南涧水上。

附**乌撒卫后千户所**。在霑益州治西北,隶贵州乌撒卫。《志》云:永乐二年建。〇马龙守御千户所,在马龙州治北。明初置马龙卫,后废。永乐二年,复置千户所于此。又定雄千户所在罗平州治南。万历十四年,平者继荣余党之乱,移调曲靖中左所,为定雄所附州守御是也。

〇**寻甸府**,府西北百四十里。东至霑益州界九十里,南至曲靖军民府马龙州六十里,西至武定军民府界一百五十里,北至四川东川军民府界一百十里。自府治至布政司二百六十里,至江南江宁府七千八十里,至京师一万五百二十里。

《禹贡》梁州徼外地。汉初,为滇国地。后僰刺蛮居此,号仲劄溢原部,后又为乌蛮名新丁者所夺,遂号新丁部,语讹为仁地部。蒙氏时为寻甸部,段氏为仁德部。元初,置仁德万户府。至元十三年，改为仁德府。领为美、归厚二县。明初，改寻甸军民府。省二县入焉，编户七里。成化十二年，改为寻甸府。以土酋安氏兄弟争袭仇杀，始奏除流官云。今为寻甸州，属曲靖府。

府北达川蜀，南巩会城，右邻武定，左出霑益。山水萦回，川原平衍，宜于耕稼，亦奥区也。自元以来，皆以土酋世袭。明成化中，始革。嘉靖六年，厥裔安铨者作乱，袭入府城。于是南陷嵩明及杨林。又阻木密关，攻马龙州。西构武定酋凤朝文者，直趣会城，爇西北门军民市舍，势颇张。逾年征兵四集，乃克歼之。寻甸所系，可概见矣。

寻甸城，《城池记》：元仁德府城在府旧治东五里，今城嘉靖十二年所筑。先是，成化二十七年，以初任流官，筑土城为保障。嘉靖六年，安铨作乱，遂入据之。克平后，乃筑城于旧治之右，逾一涧，又置凤梧千户所于旧治左之河见村，今府城周三里有奇，门四。

为美废县，在府北三里。地名溢浦适侣睒。甸方百里，即仁地故部也。元至元二十四年置县，明初废。○归厚废县，在府西百三十里，地名易浪浦笼，旧属仁地部。元至元中置偈倸县，旋改归厚。明初废。今有九层城，即县故址也。

安乐城，《志》云：在故归厚县西南。其地有山，名落陇雄，绵亘五十余里。其东又有哇山，秀如剑峰，土人筑寨其上，名安乐城，险不可即。○九湾九层城，在州西亦郎里，其旁有米花洗马山，相传土人曾据此为险云。

月狐山，府东北八里，绵亘五十余里。山顶有云气即雨。一名凤梧山，凤梧所之名本此。○勇克山，《志》云：在府城西，峰峦峭拔，林壑高深，夏月恒有积雪，俗呼雪山。下有泉，流为偈倸溪。其西里许曰隐毒山，地多岚瘴，惟此开朗。土人每岁夏月避居其上，下有隐毒泉。

果马山，府西六十里。下有泉，流为果马溪。其派别流入昆明县，注于滇池。一名龙巨江。〇三棱山，在府西南六十里，与嵩盟州废邵甸县接界，上有九十九泉，其水流入昆明县。即盘龙江之上源。又南有岩峰山，产石蜜。《志》云：通滇中径路也。其相近又有凤凰、麒麟二山。

梁王山，府南七十里，接盟明州界。其相近又有海岳山，旁有洗纳龙寨。

龙头山，在府东四十余里。下有二备水，合为一河，流入四川东川府界。又怒勒峰，在州东五十里。有一水，畜鱼甚多，上列六寨，曰沙必郎，曰折珰，曰则干，曰按羊，曰怒勒，曰纳龟，皆盗薮，与霑益州接界。

额吾峰，府南五十里。上有清水塘，亦有寨五：曰额吾，曰竹圭，曰束那，曰沙黑，曰额峰。有温泉二泓，俗呼热水塘。又有温泉桥，长五十丈，阔二尺，跨阿交合水上。〇那多峰，在府北，有大石寨，接东川府界，亦盗薮也。

龙洞，在城北五里。洞有流泉，田畴赖之，流为螳螂河。《志》云：府西南四里有仙人洞，深二十许里，其下又有水洞云。又三龙泉在府西十里，周回石如砌就，其泉穿山而出，面对一洞，可容千人，地名法果儿。

阿交合溪，府东十五里。旧名些丘溢派江。其源有二：一自嵩盟州，一自马龙州，流至此又合流过霑益州界。或曰即交河上源也。跨溪有桥曰通靖桥，为四达之冲，在府东二十里。

车湖，在城西三十里。一名清水海子。周广四里，四围皆山，有灌溉之利。又府西十里，有二龙泉，居民亦引以溉田。〇冷水塘，在城北四里，一名矣部乌泉，流入府东北之沙林甸。

悦俸溪。在废归厚县旁。源出勇克山，流经此。有九湾绕城而流。

又磨浪水在废为美县西，其北五里曰螳螂河，源出龙洞，磨浪水流合焉。又东南流，经府东南三十里入阿交溪，为三岔河，旁有排额洞，颇幽胜。

附见：

木密守御千户所。在州东南七十里，即木密关也。明洪武二十三年建，直隶云南都司。有土城，周二里有奇。又有凤梧千户所，在州治东，嘉靖七年建。

读史方舆纪要卷一百十五

云南三 临安府 澂江府 广西府
广南府 元江军民府

〇临安府，东至广西府维摩州二百五十里，南至安南国界三百三十里，西至元江府二百八十里，北至澂江府二百里。自府治至布政司四百二十里，至江南江宁府七千五百里，至京师一万九百五十里。

《禹贡》梁州徼外地。古句町国。句，一作钩。颜师古曰：读句挺。汉武开西南夷，置句町县，属牂牁郡。《汉纪》：始元五年，益州夷叛，钩町侯母波击反者有功，立为句町王。河平二年，与夜郎、漏卧相攻。牂牁太守陈立斩夜郎王兴，句町、漏卧震恐受命。莽始建国初，遣使南出逾徼外，历牂州，改句町王为侯。句町不服，因起兵为边患。莽天凤三年，遣兵击句町，不克。后汉仍属牂牁郡。蜀汉属兴古郡。晋因之，梁末废。唐为羁縻柯州地。属黔州都督府。天宝末，没于南诏，置通海郡都督府。宋时大理改为通海节度，寻改秀山郡，又改为通海郡。其后蛮酋互相侵夺。或属鄯阐，或属阿僰。元宪宗六年内附，置阿僰部万户。至元八年，改为南路。十三年，改为临安路。治通海县北五里，以通海为附郭县。明洪武十六年，改为临安江府。移治建水州。《通考》：临安诸夷居于西南境外者曰斡泥蛮，巢居林处。其在旁郡者曰乌爨、梅鸡、猓猡、些袁等，皆凶悍，潜匿山谷，以剽略为事云。领州五、县五、长官司九。今仍曰临安府，领州四、县五。

府南邻交趾，北拱会城，为滇南之上闉，作边陲之保障。西南窃发、筹边者所当先加之意也。唐天宝初，越嶲都督竹灵倩通安南，因开步头。九载遣鲜于仲通伐南诏，大军分道出南溪会同，而命安南军自步头路入，是也。

○建水州，附郭。唐时乌蛮蛮地，古称步头，亦曰巴甸。元和间，蒙氏筑城，名惠刚。汉语曰建水。段氏时，为些蛮蛮所据。元初内附，置建水千户所，属阿僰万户。至元十三年，改建水州，属临安路。今因之，编户八里。

曲江城，在府治北。临曲江有二城：一筑于汉，一筑于蒙氏。元为建水州治，改筑土城。明初洪武二十年，易以砖石。成化十六年，复修城浚濠。今城周六里有奇，有门四。○段氏古城，在府城南五里泸江乡，今为无垢寺址。又城西二里莲花池亦有段氏古城遗迹。

贲古城，在府东南。汉县，属益州郡，后汉因之。蜀汉属兴古郡，晋因之。东晋时废。又胜休城在府南，汉县，亦属益州郡。蜀汉属兴古郡，晋成帝时，改属梁水郡。宋改。齐因之。梁末废。

宝山，城西南二里。相传山产石宝，夜有火光。又里许为乐荣山，相传山泥有香，作饼炙之，可食。又象山在府南五里，以山形如象而名。

石岩山，在府东十五里。或谓之蒙山。山岩有洞，异龙湖、泸江诸水流入此洞，复流出，入阿迷州界。《志》云：山峭壁千仞，其受水洞合五河之水，汇为一泓。折而入，西阻华盖，连冈叠嶂，绵亘数百里，为郡城右臂。又《滇纪》去蒙山五里，有岩洞，亦谓之颜洞，以迁客颜阂所开而名。洞有三：曰云津洞，今名水云洞，门可容数百人。曲径萦纡，众水伏流其中，东会于盘江。游者架桥列炬而入。岩洞后曰南明洞，上有两窍，阳光射入，中多奇胜。曰万象洞，巉岩绝险，跻石蹬数十级，隐隐闻风雷声。亦曰钩町三洞。

火焰山，府西北十里。土有硫黄气，履之灼足，著枯叶即焦。人卧其上，可去湿疾。又黑冲山在府西北四十里，云树深黑，经年不霁。多瘴疠，人不敢往。又有石门，在府西北百里。箐口凿石为门，以通车马。下临曲江，险狭可守。

判丈山，府南五十里。高千余仞。中有三峰耸峙。段思平外舅爨判者常居其上，因名。后以北拱学宫，改曰判文山。明嘉靖中，又易为焕文山。○连云山，在府南二十里，山高耸，时有云气旋绕，因名。又有晴山，在府北二十里。一名北岭。山势嵯峨，林木葱蒨，与判丈对峙，为一郡主山。

泸江，在府南。源自石屏州异龙湖，东流径州境，入阿迷州。南为乐蒙河，入于盘江。○曲江在府东北九十里。源出澂江府新兴州，由嶍峨县石屏州会诸水流入境，又东入于盘江。夏秋水溢，泽洞可畏。

礼社江，在府西。源出大理府赵州之定西岭，流经楚雄府定边县，合阳江之水为定边河。东南流经镇南州，为马龙河。又东南经碌嘉县而入新化州界，谓之摩沙勒江。又历元江府，东南入府西南境，经纳楼茶甸，为禄丰江，历亏容甸，为亏容江。过蒙自县，为梨花江。又东南流入交趾界，合于清水江。

建水，在府城南。广五亩，今堙塞过半。《元志》建水城，每秋夏之间，溪水涨溢如海。蛮谓海为惠，大为矣。故以惠矣名城，盖即此水也。○白龙潭，在府西北二里，灌溉甚溥，亦曰白龙泉。有桥跨其上。又东北有甘泉，甚清冽，汲之不竭。又莲花池在府西二十里，广二里，清彻如鉴，民引以溉田。

曲江驿，在府东北八十里，下临曲江，为往来津要。又曲江巡司亦置于此。《志》云：府北九十里有曲江桥，府通判驻焉。

大关，府西北三十里，道出江川县，为往来襟要。

纳更山寨。在府东南百里。有土巡司。明嘉靖十二年，议讨安南。安南酋莫登庸闻之，遣人行觇，至纳更山，为土舍所擒是也。

〇石屏州，府西七十里。北至澂江府新兴州界百二十里，西南至元江府界百十里。

古南蛮地，蛮曰旧欣。犹汉言林麓也。唐乌麽蛮所居，筑城名末束。宋时，阿僰蛮夺而据之，名石坪邑。《志》云：蛮辟地得石坪，方五里，聚为居邑，因名平坪。元至元七年，改邑为州。属临安路。明洪武十五年，改曰石屏州。编户八里。今因之。

州环水为险，襟带南藩。

石屏城，今州治，故石坪邑。向无城垣，明朝嘉靖三十年，始筑土城，寻圮。万历二十四年，因旧城重筑，周三里有奇，门四。

乾阳山，州北五里。高五百丈，上有石洞，林木郁葱。〇莱玉山，在州东十五里，产石似玉。又州南二十五里，有钟秀山，产紫石，可为砚。山高三百余丈，绵亘百余里。其西北又有宝山，产石如圆珠。今州东有宝秀驿，兼置宝秀巡司于州治西三十里，盖皆以山名。

曲江，在州东。自河西县流入府境，又东入州界。〇落矣河，在州西八十里，阔三丈，源出元江府境，南流入亏容甸。今有落矣河桥。又五塘沟，在州南，有五温泉注其中，资以灌溉。

异龙湖。州治东。有九曲，周百五十里，中有三岛。其小岛曰孟继龙，有蛇虫，不可居。昔时蛮酋每审罪人于此。中岛曰小末束。蛮居其上，筑城曰小末束城。今名宄断山。其大岛曰和龙。立城其上，汉名水城。元至顺初，云南诸王秃坚等作乱，攻略郡县，石屏镇将朱宝以和龙岛有垒堑可保，引众据守。贼帅战舰来攻，宝拒却之。三岛四面皆巨浸，东流至府境，为泸江。

○阿迷州，在府东南百二十里。东至广西府弥勒州界一百七十里，北至宁州一百三十里。

古南蛮地。元初，立阿宁万户府。至元初，隶南路总管府。大德中，隶临安路。明洪武十五年，改立阿迷州，编户十二里。属临安府。土知州普姓。《志》云：阿宁古蛮名，今讹为阿迷。今因之。

州岩峦深险，控扼群蛮。

阿迷城，今州治。旧无城。明正统中，始筑土城。嘉靖四年复展筑。万历四十五年，始易砖石。周五里有奇，门四。又阿迷守御城，在州东百二十里，地名虚卜桶，旧为濮猡贼所据。万历二年，抚臣邹应龙荡平之，复置戍守于此。

杨广城，《志》云：州有杨广城，凡三所。一在州东南二里通安桥。宋皇祐初，侬智高奔窜，狄青使其将杨文广追之，屯兵于此。一在州之市平铺，一在石头寨。

鸟兖山，州东十五里。一名东山，东山口巡司盖置于此。山之西为禄丰山，又西为蓬和山。三山相连，环抱州治。

买吾山，在州东南。明万历初，抚臣邹应龙击逋贼于此。忽震雷，杀贼数人，因易名曰雷公山。有南洞，亦曰通灵洞。邹应龙记云：阿迷州南有岩穴数处，旧为逋薮。即买吾诸山也。○傍甸洞，在州东南百四十里，有声如风雷。又府西南二十五里，集甸境有传声洞云。

交岗，在州南。其地东西绵亘，与交趾分界。明天启二年，水西安邦彦作乱，霑益土酋亦应之，乌撒安效良复叛。引兵入霑益，抵交岗，犯安南长官司。竜古哨上官沙源击走之。竜,读陇。《志》云:交岗旧属安南长官司,后为州界。交人亦置戍守于此。相近者又有地名南外,亦交趾分界处。

盘江,州北二十里。府境之水自澂江府新兴州经建水州界流至此,俱汇为一江,浩荡奔轶,乃十八寨蛮人出没之限隔也。州与广西府弥勒州亦以此分界,又为南盘江之别源。

乐蒙河,在州东。其上源即泸江也。自建水州流入境,回折而东,入于盘江。〇火井,在州东北三十里。其水溢出于田,常有烟气,投以竹木则火燃,夜则有光。

合江口寨,在州东。宋皇祐初,侬智高败遁,谋入大理。狄青遣将杨文广追之,至阿迷州合江口,不及而返是也。或曰:合江口即三江口,盘江与众水合流处。

多苗铺,在州南。《滇程记》:自教化三部而北,有舍苴河菁口。又北为教化河,外近州界有琐罗城。又北至歪头山,又北次多苗铺,乃至州治。渡小盘江至彭堡,接弥勒州界,为北走会城之通道。又《滇纪》云:州有阿迷、矣马、罗台三驿。

蛇花口。在州北,为州境之险。又州境有伄革竜山,势险恶,蛮酋往往恃以为固。

〇宁州,府东北百八十里。北至澂江府一百五十里,南至阿迷州百三十里。

汉益州郡地。蜀汉为兴古郡地。梁为南宁州地。唐初,析置西宁州。贞观八年,改黎州。天宝末,没于蛮,地名浪旷,蛮语谓旱龙也。步雄部些麽徒蛮据之。寻属爨部,又属宁部。元初,置宁部万户,后改宁海府。至元十三年,改宁州。属临安路。明亦曰宁州,编户七里，土知州普氏，嘉靖中改禄氏。属临安府。今因之。

州北接澂江，南翼郡城，为肘腋要地。

梁水城，今州治东。晋成帝分兴古郡置梁水郡，治梁水县。宋、齐因之，梁末废。《唐志》：贞观中，改西宁州为黎州，领梨水、绛二县是也。后为蛮所据。元始置宁州于此，今州城，明嘉靖十三年筑，周四里有奇，门三。

西沙城，在州东，宁部蛮世居此。其裔孙西沙筑此城，因名西沙笼。元初，其酋普提内附，置西沙万户。至元十三年，立为西沙县。二十六年，以县隶宁州。至治二年省。《通志》：西沙笼在州之老寨后大菁内。酋语城为笼。西沙县故址则在州南二里仁善坊内。〇武侯城，在州东三里，相传武侯南征时筑。今谓之宁州古城。又宁海府故址，在州西五十里大雄寺傍，今亦名旧州。

万松山，州东九里。山麓盘回，峰顶峭立，上有松林，四时苍翠。又登楼山，在州东南二十里，高可千丈，袤八十里，登之则远近之景，举在目中。巅有池，方百步。又天平山，在州西南。《志》云：自登楼山至天平山六十余里，渡江道通纳楼茶甸。

木角甸山，在州东百三十里。地名备乐村，产芦甘石。旧封闭。明嘉靖中开局铸钱，取以入铜，自是复启。又东为阳暮山。夕阳倒景，金紫万状。中有龙洞，分上中下凡三，幽奇瑰异，不可穷究。〇碧玉峰，在州北五十里，岩石磷磷，下瞰澂江府之抚仙湖。波光涵浸，如碧玉然。一名石钟岩，以有石如悬钟也。《志》云：州北有竹子山，道出云南府宜良县。

婆兮江，州东六十里。源自澂江府抚仙湖，流经州境，汇于婆兮甸，下流入盘江。〇浣江，在州西南三里，水从州北晴龙潭流下。夹岸林树阴森，为行客饯别之所。经州南，又东南会于婆兮江。《志》云：州南有瓜水。浣江之水自北至，思永之水自西至，转而东南下矣冲之水，与之俱会于茶部冲。形如瓜字，故名。思永河在城南四里，即海眼泉。水甚清澈，热如沸汤。海口有池曰汤池。

高河泉，在州西南四里闭山顶，外窿中洼，周二百余步。涝不涸，雨不溢。又州东北十里有巅岩泉。两岸相对，下有溪涧。一泉自山巅下垂，如瀑布然。又通井，在州治南。水甚洁，虽旱不涸。

甸苴关。在州西北四十里。《滇纪》：宁州有甸苴关，旧置巡司于此。

○通海县，府东北百五十里，东北至澂江府江川县百二十里。旧阿㹟蛮居此。一名阿亦，又名尼部。蒙氏于此置通海郡，段氏时为秀山郡。元初立通海千户，隶都阐万户府。至元十三年，改通海县，隶宁海府。二十七年，隶临安路，后又改隶宁州。明属临地府。今因之。城周二里有奇，编户二里。

甸町废县，县东北五里。相传汉甸町县盖治此。后汉因之。蜀汉以后，俱属兴古郡。梁大宝初，始没于蛮。唐初，为柯州地，蒙氏置通海郡于此。其后段氏改置秀山郡，蒙古置临安路，皆治焉。明初，移临安府于建水州，因改置今县，而置守御通海前前千户、右右千户二所于此。《滇志》：通海二所，洪武十五年与临安卫同置，创筑土城。二十四年，易以砖石。又有旧土城，在县东五里，相传大理段智兴时筑，此以御诸蛮。今废址尚存。

秀山，在县南六十里，又名青山。列翠如屏，下瞰长河，即海子也。旧有启祥宫，大理段智祥时所建。山半又有判府泉，亦因爨判而名。王奎云：逾滇以南，深渊绝壑，通海为最胜。环通海数十里，峻壑遥峰，秀山为最胜。秀山之奇，曰浮屠者三，涌金为胜云。○诸葛山，在县东南三里，相传武侯南征屯兵于此，因名。

通海湖，县北三里。源自河西县来，注于此。周八十里，似环而缺。一名杞麓湖，俗名海子。○新生泉，在县东十里，可溉田百亩。

宁海关。在县境。《志》云：县有宁海关。又青口铺在县东南三十里，通海驿在县东。

○**河西县**，府西北百八十里。东至澂江府江川县百九十里，北至澂江府新兴州百三十里。唐武德中，于姚州南置西宗州。贞观中，改曰宗州，河西县隶焉。天宝后没于蛮，地名休腊，本属步雄部，后阿爨蛮易渠夺而居之。元初内附，属阿僰万户。至元十三年，始为河西州，隶临安路。二十六年改为县，明因之，编户四里。

古城，在县东北一里，相传唐宗州故城也，今废。

琉璃山，在县治北。元时土酋建城寨于其上，凡三层。其西为普应山。又有佛光山，在县西十里。○螺髻山，在县西五里，山峰尖峙，因名。又碌溪山在县东北，山多石，近溪四围皆水，通海湖之源出于此。

曲江，在县东。自嶍峨县流经此，又东入石屏州界。○禄卑江，在县西五十里，一名沾夷江。源自新兴州流经县境，东入于曲江。

碌磎河，在县西北。源自新兴州江川口，合诸流成河，经县境而入于曲江。○东湖，在县东南二十里，延四百步，袤三百步。其北有西湖，延百步，植堤蓄水，资以溉田。又县北有三龙泉，县西南十里有九龙泉，延百步。皆有灌溉之利。

曲陀关，在县北三十里，蒙氏所置，亦曰万松营。元至元二十年，立元帅府于此，为商旅辐辏之地。明初，废于兵燹。旧有曲陀巡司，万历中裁。

龙马槽寨。县北五十里。相传尝有龙马现此，因名。昔为蛮酋恃险处。又鞑靼营，在县东南东湖旁，蒙古尝屯兵于此而名。

○嶍峨县，府西北二百六十里。北至云南府昆阳州二百里，西南至元江府界二百三十里。唐时有㝡蛮嶍猊居此，名嶍峨部，后并于阿㝡。元初，置嶍峨千户，隶阿㝡万户。至元十三年，改为嶍峨州。二十六年，降为县，隶临安路，后又改属宁州。明初，改属府。土知县禄氏、主簿王氏。编户十五里。

筇洲废县，在县西北九十里。元初，置县于此，属河西州，后废为筇洲乡。《志》云：旧嶍峨县治在今县东北二里嶍峨山之阳。又县有废城二：一在县西怕念乡，元时有百夫长居之。一在平甸乡，元末梁王备兵之所。

桂峰山，县南二里。高峰峭拔，上多桂树。其相连者为龙山，下有龙泉，四时不竭。又嶍峨山，在县东北二里。县北又有萃秀山，环拥县治。○五凤山，在县西南九十里。五山连峙，其势如飞，山麓有凤山洞。

三元洞，县西十五里。两山并峙，东西二门，高十余丈。洞分三层，可容一二百人。又有筇洲洞，在县西百里。○邃岩，在县西二百二十里兴依乡，深邃广阔。旧有兴依乡巡司，岩在其南，明万历中司废。

曲江，在县东。自澂江府新兴州流入境，又合流江。在县东南二里。一源自新化州，流经县北，为大河。一源自石屏州，流经县南，为小河。合流入于曲江。

丁癸江，在县西北二百五十里。源自三泊，流经丁癸村。其水深阔，居民刳大木为舟，下流入于曲江。

伽罗关。在县西，有巡司。又嶍猊寨在县西北四十里，元时所建，基址尚存。一名唐嶍猊寨，旧置巡司，明万历中裁。又有褚市屯，在县东三十里。

○蒙自县，府东南一百五十里。东至广西府故维摩州二百五十里。本蛮地，以目则山而名。汉语讹为蒙自。南诏时，以赵氏守此。至大理时，为阿僰蛮所有。元初置蒙自千户所，隶阿僰万户。至元十三年改为县，隶临安路。明属临安府，今因之。编户十五里。

目则山，在县西三十里，即汉语讹为蒙自者也。其山横列二十余峰，秀丽如画，百里外举目皆见。《元史》山有古城，白夷所筑。下临巴甸，故县盖治此。

云龙山，在县东三十里，回环盘束，几数十里。中有石室，可坐千人。又有石洞，足容百人，经行者夜宿其中。其余危峰森束，林箐深广，岩壑幽胜，不可名状。又北为小云龙山，亦奇峭。〇耳罗山，在县东北三十里。每风雨雷电自山峰中起，年必大丰，土人以为验。东有仙人洞，四面石壁悬注，如钟鼓然。

羡哀山，县东九十里。其上石笋森立，绝顶平广，有田千顷。中有三池，水草四时丰衍，宜牧放。

梨花江，在县东南。源自纳楼茶甸境，流入县界，其上源即礼社江也。又倘甸河在县东南七里，流入梨花江。

长桥海，县东二十里。构木为梁，长十余丈，四面皆水。又二十里为突波海，中多鱼虾海菜。《志》云：县西南二十里之水曰西溪，有二所，一出银矿，一出锡矿云。又有草湖，在县治南百里。

莲花滩，在县南。为入安南之道，即澜沧江下流，交趾洮江之上流也。明永乐初，沐晟出蒙自莲花滩，进讨安南。嘉靖中，莫登庸作乱，抚臣汪文盛以莲花滩当交、广水陆之冲，遣兵据其地。为诸来归人声援，登庸大惧。即此。《舆程记》：由莲花滩达安南之东都，可四五日而至云。

大窝关，在县西南，亦曰大窝子，有险可恃。又南曰打巫白箐，箐深道峻，下马攀援乃得前。又南至江浒，地名矣杏母，渡江为勒古薄地，入交趾界。《滇纪》：县有箐口关，旧置巡司。

杨柳河关，在县西南，近王弄山长官司。山高箐密，深险可恃。

《志》云：自关而南，地名老寨。旁有白木、乐龙、老大等箐及奚乌石洞，皆险僻处也。

发果寨，在县东南。傍有五山，峻拔险固可恃。〇八寨，在县南。《滇纪》：自老寨，雾露结箐、洒哈诸地至八寨，又进至江底，其傍曰猛撒箐。渡江即交趾界。又有哑得白箐，自溪楮山南出之道也。渡江为交趾境内之阿别波哨。《滇纪》：孟撒至交趾境内者兰州三十里。

贺谜寨，在县东南。《滇纪》：县有溪楮山，去八寨二十余里。又南至大江，地名安边。由县至底泥，又前渡三岔河，即至贺谜。其地有万山相接，正中地名慢老。左曰磨莫，右曰八洒，俱近安边。自慢老至江底，皆崇山峻岭，旁有黄角榆诸处，江南为笼阴山箐，入交趾界。

柏木芦寨。在县南。据山绝顶，四面悬崖峭壁，外建墩台，以护水道。又南渡江入交趾界。《滇纪》：县南有雾露结箐，由此抵柏木芦寨。又有薄喇寨，去交趾者兰州仅五里。〇鸡街寨，在县西北，道出府城，此为要口。

〇**新平县**，在府西北三百三十里。本嶍峨部地。元初，为嶍峨千户地。至元中，设平甸县，属嶍峨州，后改平甸乡，仍隶嶍峨县。明为丁苴白改夷所据。万历十九年，夷酋普应春叛，讨平之，置新平县。有土城，编户二里。

镇元山，县南三十里。又南二十里曰金营山。〇南峒山，在县南二百里，南峒巡司置于此山。有七十二峒，名胜不一。又倚山在县西百里，崇岩峻石，若楼阁悬空。

平甸河。在县东十里，众流所汇。又东五十里有大罗河，水势汹涌。〇洪本泉，在县治西，流灌郊郭，为利甚溥。又西里许，有瑞木井，源出木下，味甘冽。

〇**新化州**，府西北五百三十里。南至元江军民府界二百里，西至者乐甸长官司界三百四十里，北至楚雄府南安州界四百三十里。

古蛮夷地，蛮名马龙、他郎二甸，阿㠺诸部蛮居之。元初内附，立为二千户所，属宁州万户府。至元十三年，以马雄等甸管民官并于他郎甸，为马龙部千户所，属元江万户。二十五年，属元江路。明初，改为马龙他郎甸长官司，直隶云南布政司。弘治中，改为新化州。万历十九年，改属临安府。州今为开化府。

州江山险厄，控扼群蛮。

新化城，今州城，旧为长官司治。本无城垣，明嘉靖五年，建土城，周五里。

迤陇山，在州治东。山势来自昆阳，连属不绝。又迤阻山，在州治西，与迤陇山对峙。〇彻崇山，在州治北五十里，林木蓊郁，岩石峻险，延长一百五十里。路险，人迹罕至，下有温泉。又礴阁山在州北百里，五峰耸峙，有泉下注于摩沙勒江。

马龙山，州西百里。旧名马笼。蛮酋结寨其上，因名马笼部。又北有陀崆山，陀崆山之北又有法龙山，皆蛮酋结寨处也。

摩沙勒江，在州东南八十里，即马龙江之异名也。自楚雄府碡嘉县流经此。又东南经元江府境，为礼社江之上源。《元史》谓之鹿沧江，秋潦有瘴。《志》云：马龙诸山，在江之右。迤阻诸山，在江之左。群山夹江，其隘如峡云。元至元中，平缅叛，结寨于马龙他郎甸之摩沙勒。明初洪武二十一年，平缅土酋思伦发入寇，亦结寨于摩沙勒。沐英遣将击却之。既而复寇楚雄之定边县，英昼夜兼行，凡十五日，抵贼营，悉平其党。今有摩沙勒巡司。

阿怒甸。在州东北，其相近有喇乌得箐，俱近新平县界，为两境之要地。

○**纳楼茶甸长官司**，府西南一百八十里。蒙诏时为茶甸地。元置茶甸千户，隶阿宁万户。至元中分为二千户，后又改今名，属临安宣慰司。明初改为长官司，土官普姓。临安九司，司独在江内云。

通曲山，司西南八里山下。有泉两派，一流入禄丰县，一流入司东北五十里之仙人洞，亦谓之石洞。又松子山，在司南一里，山多产松子而名。○羚羊洞，在司北，中产矿炼银。其高耸处，有羚羊，飞石层积，人不可到。又司东二十里有风洞，司东南六十里有鱼洞。《志》云：司旧有矿场三：曰中场，曰鹅黄，曰摩柯，今皆封闭。

禄莲渡，司南四十里。又司东南百里有乍甸渡，又司东百五十里有呵土渡，所谓纳楼三渡也。

倘甸。在司东，道通蒙自，为边境要地。明天启二年，增设倘甸守备于此。

○**教化三部长官司**，府东南三百五十里。唐时强现蛮居此，为强现、牙车等三部酋地。华语讹为教化。元为强现三部，隶临安宣慰司，后属强现四部。明初，改为长官司，属今府，土司张氏。

波些山，司西四十里，孤峰秀削，冠群山之上。

鲁部河，司西南三十里。源出礼社江，经司境流入蒙自县之梨花江。

牛羊箐。在司南。有酋长守其地。《志》云：由敦化三部而南，地名枯木箐，亦有酋长戍守。又南为斗嘴三关，险固可守，自三关而南，即抵牛羊，与交趾接壤处也。

○**王弄山长官司**，府东南二百五十里。元为王弄大小二部。明初改置长官司，土官阿氏。万历中，沙氏世袭。

木底河箐。在司境。《志》云：司境又有梭罗洞、锁狸城洞、黑打洞、弄弄山箐，俱设险处也。

　　○亏容甸长官司，在府西南百四十里，旧为铁容甸部。元至元中内附，隶元江路，司治亏弓村。其地上湿下热，多炎瘴，常以安置罪人。明初，改置长官司，隶今府，土司阿氏。

　　亏容江。司西五里。源自元江府流入境，至司东，经车人寨，出宁远州。一云：即礼社江之上流也。○槟榔渡，在司西北五里。又有茶渡，在司北四十里。

　　○溪处甸长官司，在府西南一百五十里。旧为七溪之溪处甸部，其酋名贺殡，华讹为和泥。初本一部，后分为三，溪处甸其一也。元置军民副万户，隶云南行省，后属元江路。明初改长官司，隶今府，土司赵氏。《志》云：司治左作村，部夷有僰夷、倮泥二种。

　　溪处山。在司治西。奇峭延长。民居山上，中有溪涧。

　　○思陀甸长官司，在府西南二百五十里。旧为官桂思陀部，管落恐、溪处二部，后分为三部。元置和泥路，隶云南行省，后属元江路。明初，改为思陀甸长官司，隶临安府，土司遮氏，后为李氏。司今省。

　　思陀山。在司治东。山顶平夷，有思陀寨遗址。

　　○左能寨长官司，府西南二百三十里，本思陀甸寨。明初置长官司，隶临安府，土官吴氏。

　　乐育甸。在司东。《滇纪》：自石屏州界坝罕渡江而南，至乐育。是也。○崇府寨，即司治。《志》云：高山连亘，崖谷之险，倍于他司。

　　○落恐甸长官司，府西南二百里。旧名伴溪落恐部，属思陀甸。元置落恐军民万户，隶云南行省，后属元江路。明初，改长官司，隶临安府。

　　大寨。在司西南。《滇纪》：由石屏州坝罕甸出猛甸，遂抵落恐大寨。又西近元江府境,自大寨而东北,地名乃龙,出纳楼等司境。

〇安南长官司。府东南百九十里,本阿㗂蛮所居。旧名袅古,亦曰部嫚踵甸。阿㗂裔孙舍资居此,因名舍资部。元初,置舍资千户。至元十三年,以舍资地近交趾,为安南道防送军千户,隶临安路。明初,改为长官司。正德六年,省入蒙自县。天启二年复设,后又并入王弄长官司。

附见:

临安卫。在府治东。洪武十五年建。又守御通海前前千户所,守御通海右右千户所,俱在通海县治东,洪武十五年建,隶临安卫。

〇澂江府,东至广西府弥勒州二百五十里,南至临安府宁州一百五十里,西北至云南府晋宁州一百里,北至云南府宜良县百十五里。自府治至布政司百八十里,至江南江宁府七千三百里,至京师一万七百四十五里。

《禹贡》梁州南徼地。汉为益州郡之俞元县。蜀汉属建宁郡,晋因之。宋改属晋宁郡,齐因之。梁属南宁州。大宝初,没于爨蛮。隋属昆州。唐为南宁、昆二州地。《元史·志》:唐𤬚州地。天宝末,复没于蛮,号罗伽甸。初麽些蛮居此,后为㗂蛮所夺。上元中,南诏取其地,改置河阳郡。大理时,析蛮为三部:曰强宗,曰休制,曰步雄部。后居罗伽甸者号罗伽部。元取其地,置罗伽万户府。至元三年,改为中路。十六年,升为澂江路。明洪武十五年,改为澂江府,领州二、县三。今仍曰澂江府。

府北倚会城,南接临安,襟水负山,称为饶沃。介壤甸之中,厚藩翰之势,亦雄郡矣哉。

〇河阳县,附郭。汉俞元县地。晋、宋以后因之。梁末废,南诏置河阳郡于此。元初,置罗伽千户所。至元中,改河阳州,寻降为县。今因之，编户六里。

河阳城，即郡城也。《志》云：府城旧建于绣球山。明弘治中迁于金莲山。正德中，迁晹溥山麓。嘉靖中，复迁金莲山南。隆庆四年，与县同迁于舞凤山。环城为濠，引东西泉水会入濠中，复达于抚仙湖。今城周四里有奇，门四。

西古城，在县治西。元时筑，遗址犹存。城西十里别有西街，城居民稠密。正德六年，以寇警，守臣唐臣谕众民以其屋地所占及第户之高下分筑为城，周匝三里，为五门，与郡城相犄角。

舞凤山，今府治后。势自罗藏山之中支逶迤而来，如凤首览辉而下。左右两山并峙，如展翼然。明隆庆四年，郡守徐可久迁治于山麓。旧《志》云：在府西北七里。又回龙山，在府治东南，一名象鼻岭。石骨抵回，蜿蜒如入湖状。其脊分垅旋转，北望罗藏城郭，左顾若龙蟠然。又治西北有山，曰龙爬山。〇金莲山，在府治东五里，一名龟山。高圆平正，众山环拱。日光照耀，有若金莲。又旸溥山，亦在治东五里，上有诸葛营，为武侯驻兵之所。《一统志》：府治北有玗扎山，一名无诈山，今名乌剳。其麓有泉，流为玗扎溪，南入抚仙湖。又云龙山，《滇纪》云：在府东十里，一名订盟山，相传诸葛武侯誓蛮于此。

罗藏山，府北十里。《后汉志》：装山出铜。后误为藏。又蛮语虎栅为罗藏。昔有虎自碧鸡渡滇池为民害，土人造栅取之，因名也。山高五千尺，上宽平，有龙湫，时兴云雾。元梁王结寨其上，亦名梁王山。明初梁王瓦尔密闻曲靖破，走入罗藏山是也。南有泉，流为罗藏溪，入抚仙湖。北有泉，流为锦溪。西有泉，流为弥勒石溪。俱经阳宗县，入于明湖山之东。又有菜花坪，以野菜蔓生而名，相传梁王宴游处。〇阙摩山，在府北三里，多岩穴泉窦，其水流为北波沼。又府西有盘龙冈，石岩下双湫夹出，曰西嵒。一云即西浦龙泉也。旧传水自地中接昆明池，双涌于西山之麓。流不百步，南折入于湖。今增建闸堰，蓄泄以时。

涌拔山，府西南三十里，孤高突秀，有玉笋之形。一名玉笋山，屹立于抚仙湖上。又八仙岩，在府西十五里，壤接蚝甸，寇盗窃发，往往经此。昔有亭郭戍卒，今废。

抚仙湖，城南十里。一名罗伽湖，一名清鱼戏月湖。周三百余里，北纳诸溪流，南受星云湖。涵泓清彻，一碧万顷。中多石，尾闾东会于盘江。○龙泉溪，在府西十五里乱石中，流入于抚仙湖。

铁池河，府东二十里。源自曲靖府陆凉州，流经宜良县，至铁池铺入山峡数十里，会抚仙尾闾。又东入路南州，谓之铁赤河。河外竹山五丛，林木深密，伏戎之薮，扼河可守，盖天堑也。

漱玉泉。《志》云：府东街有漱玉泉，出重珠山下，有漱玉桥。又庄镜泉，出碌碕山下，有庄镜桥。附郭田畴，资其灌溉。又西街有立马闸，防龙泉溪之水。太平闸，防梁王冲之水。又有太平桥，在治西二里，跨罗藏溪。

○江川县，府东南九十里。西南至临安府河西县百九十里。汉时名碌云异城，蛮名易笼。唐时南诏徙曲旺蛮居此，以白蛮守治之。大理以些麽徒蛮子孙分管其地，名步雄部。元初，置千户所。至元十三年，改为江川州。二十年，降为县，属澂江路。明属澂江府。今因之。县系土城，编户二里。

部椿城，县北二十里。昔蛮易昌所筑。元置双龙县于此，今为双龙乡。

龙凤山，县西三里。崇冈叠阜，为县镇山。下有温泉、冷泉，泉水四绕，合流而注于星云湖。又西里许有西山，峰峦起伏。又城东三里有东山，山顶浮图。唐天宝二年建。○海瀛山，在府东南。特起湖中，四壁如削。凭虚视下，竞秀争流，一名孤山。

蟠坤山，县南十五里。东临抚仙湖，西际星云湖，山顶石皆赭，童无草木。〇又屈颓颠山，在县北十五里，山半涌泉三派，西入滇海，东入抚仙湖，南为阿伴溪，入星云湖，溉田甚博。《志》云：土人谓犬为屈，惜为颓，尝有猎是山而不获者，因名。

绿笼山，县西北十里。林木苍翠，下有泉，流为六部溪，东南流入星云湖。〇覆盆山，在府西南三十里，山皆螺甲，形若覆缶。

星云湖，在县治南，周八十余里。东流五里，由海门入抚仙湖。

海门桥。县东南五里，临安要路也。星云湖水经其下，由此入抚仙湖。

〇阳宗县，府东北四十里。北至云南府呈贡县界一百里。唐时麽些蛮强宗居此，号强宗部。后讹为阳宗。元初，置阳宗千户所。至元十三年，改为县，属澂江路。明属澂江府。县有土城及濠，编户二里。

黑相城，在县治东。一名输纳笼城。又梁王屯，在城东南二里棋坪山，上有废垣，元梁王曾城其地。《志》云：明初征滇，伪梁王使其部屯于此，阴决沟，引水以灌我军。有沙锅者侦以告，因绝其水，遂灭之，今亦名沙锅寨。

夹浦山，在县城西。弥勒石溪及冷水塘二水夹流其下，因名。又棋坪山，在县东南二里，顶若棋坪，上有梁王屯。《一统志》作棋和山。又化石祖山，在县西北七里。其南有泉，流为日角溪，一作觉卜山。

天马山，在炒甸南三十里。山形肖马，故名。两山并峙，峰峦起伏，茂林曲涧，蓊郁盘旋。陟其巅，见宜良大池江，南望澂江抚仙湖，西连阳宗、梁王屯，北睹汤池、万佛寺。山麓流泉，环绕若带。《滇纪》云：山在县东三十里。

明湖，在县北。一名夷休湖，一名阳宗湖。源出罗藏山，下流入盘江，周七十余里。两岸陡绝，山水赤色，产鱼甚佳。〇弥勒石溪，在县西，发源罗藏山,流经县治东北,而入明湖。

大冲河。在县南五里,源出罗藏山北,诸水汇而为河,下流亦入于明湖。明隆庆中堤决,县令文嘉谟复浚而深之。又曰角溪,在县西北百里,出化石祖山,伏流至天生桥下,复出成溪,又东北入于明湖。《志》云:县西有锦溪,亦汇于日角溪。

○新兴州,府西一百二十里。南至临安府石屏州百二十里,北至云南府昆阳州一百里。

古滇国地。汉新兴、弄栋二县地,后因之。梁末,土人爨瓒居此,分为西爨地。唐贞观中,置求州。属戎州都督府。天宝末,没于南诏。蒙氏置温富州,段氏时些麽徒蛮分据其地。元初,置部旁、普舍二千户所。至元十三年,改置新兴州,隶澂江路,明属澂江府。编户二里。今因之。

州山川环列,居然奥区。

休纳城,今州治。《志》云:昔有强宗部蛮之裔,长曰部旁,次曰普舍。部旁据普具龙城,亦名休制部。元初,立部旁千户所。至元七年,改为休纳县。十三年,置州于此,寻省县入州。明正德间,始筑土城。万历六年,改筑砖城,周三里有奇,门五。○白城,在州西北。昔部旁、普舍二城之西有此城,汉人所筑,二酋屡争之,莫能定。又州治西南有禄匡城,州治南有昌人城,相传汉时所筑。

普舍城,州北二十五里。强宗部蛮之裔普舍者居普札龙城。元初,置普舍千户。至元十三年,改为县。明初省入州。○研和城,在州南三十里。昔麽些徒蛮步雄居此。元初其孙龙锚者内附,立百户。至元十三年,改为研和县。明初省入州。又畔龙城,在州西十里。元至元中置县,后省入研和。《志》云:研和县有王乞城,汉筑。又州西有中古城,州北有黑村、马桥二城，俱元置。《志》云：有大营城，去州十余里。

奇梨山，在州治西。林木茂蔚，下有泉，流为奇梨溪，下流入大溪。○罗麽山，在州东北二十里，今名石崖山。下有白龙泉，流为罗麽溪。溪凡九曲，入于大溪。又灵照山，在府东十里，山高峻，日出则光先照，因名。

博螺山，在州东南。《滇纪》：自州境出博螺、龙马诸山，道宁州入蒙自县界。

大棋山，在州西北十五里。元末，蛮酋据险设寨于此。又蒙习山，在州西北七十里，一名适饥山，山顶与晋宁州分界。○关索山，在州西。道险，引绳而渡，谓之关索，驻驿处。

大溪，州西北五里，源出州北之夹雄山。自东北流绕于州之西南，过罗麽、奇梨二溪，出临安府之嶍峨县，入于曲江。○九龙池，在州西北二十里，池聚九泉，分灌赤壤。《志》云：州北十里有莲花池，下流入于大溪。

萝木箐河，在州北。自晋宁州流入境，又西南流入临安府嶍峨县界。又密罗河在府西，源出密罗村，亦西南流入嶍峨县。

铁炉关。州北三十余里。为北出昆明之要路，向有巡司戍守。《志》云：州东有棠梨坡寨，自州至江川县，此为次舍处。

○路南州，府东百三十里，东北至曲靖府罗平州百二十里，南至广西府弥勒州二百二十里，北至曲靖府陆凉州二百三十里。

古滇国地。汉为益州郡地。蜀汉为建宁郡地。唐为昆州地，蛮名路甸。天宝末，为黑爨蛮落蒙所据，号落蒙部。元初，置落蒙万户府。至元十三年，改为路南州，《元志》：至元七年，并落蒙、罗伽、末迷三万户为中路。十三年，分中路为二路，改罗伽为澂江路，落蒙为路南州。属澂江路。明属澂江府编户三里。今因之。

州旁控蛮甸，雄峙东陲。

撒吕城，州东北一里。《志》云：州旧城也，即黑爨蛮之裔落蒙所筑，因有落蒙部之名，后废。明弘治中，始筑土城。隆庆六年，重筑。万历四十八年，复修治，周二里有奇，门四。

邑市废县，州东北八十里。旧有邑市、弥沙等城，落蒙子孙分据之。元至元十三年，即邑市、弥歪二城立邑市县，弥沙等五城立弥沙县。二十四年，并弥沙县入邑市，隶路南州。明初因之。弘治四年，邑市县省入州。《志》云：弥沙城在州东南，相近又有河头城，俱汉时筑。

达子城，州东三十里，蛮语为底伯卢。其城起自曲靖，底于广西，绵延三百里，昔蛮酋弟兄筑此分界。

竹子山，在州南五十里。山高千仞，周百里，旧为贼巢。明弘治中，方伯陈金平之。环向有蜡烛、香炉诸峰。○遮日山，在州东南十五里。峰峦峻拔，阳辉掩映，一名些亦山。又剧龙山在州东八十里，峰峦高耸，下有小石，可炼为铜。《志》云：州治旁有鹿母山，治南半里又有紫玉山。

照镜山，州西北二里。山前有池如镜，倒影其中。又休桑山在州东北十五里，今名九盘。下有流泉，曰休桑溪。南流入于盘江。○羊鼻山，在邑市废县东北十五里，以形似名。顶有泉，引以灌溉。又木龙山，在邑市废县东南十五里，高可五百余仞。《志》云：州北三十里有关索岭，高二十余丈，险峻难度，若关隘然。

巴盘江，在州西。源自曲靖府陆凉州，流经云南府宜良县，入府境，过邑市废县，至州西南合铁赤河，东南流入广西府界。

铁赤河，州西四十里。自府境流入过瓦渡、双龙溪至州西南，又过兴宁溪，下流入于盘江。○兴宁溪，在州东二里，绕州治西南流入于铁赤河。

天生桥。有二：一在州北五十里，一在州东北十二里，皆石梁可渡，不假人力，因名。又州境有革泥巡司及和摩驿。

○广西府，东至广南府四百八十里，西南至临安府阿迷州二百二十里，西至临安府宁州二百四十里，东北至曲靖府罗平州二百十里，西北至澂江府路南州二百五十里。自府治至布政司四百里，至江南江宁府七千五百二十里，至京师一万九百六十五里。

《禹贡》梁州南徼。汉为牂牁郡地。蜀汉属兴古郡，晋宋因之。隋属牂州，唐时东爨、乌蛮、弥鹿等所居。后师宗、弥勒二部强盛，历蒙氏、段氏，皆不能制。元初，内附，隶落蒙万户府。至元十二年，立广西路。明初，改为广西府。土知府旧昂姓，今为土照磨，属夷有黑爨、棘夷、土獠、沙蛮、猡猡，五种杂居。《筑城记》：广西东临水下沙夷，西近龟山寇巢，南连路南州，北接陆凉旧越州。土舍夷猡，四面杂处，而沙夷尤称犷猂。旧为矣邦、生纳二村，土官掌之。成化十四年以后，属于流官，领州三。今仍曰广西府。

府东瞰粤西，南控交趾，山谷幽阻，民夷富强。《志》曰：诸山为屏，八甸为堑，弹压乌沙、土獠诸蛮，是郡之大势也。

广西城，府治旧在矣邦、生纳二村，无城，成化中，始筑土城，寻圮。隆庆五年，易以砖石，周三里有奇，门四。

发果山，在府治北，培塿相接，环于府治。城中有山曰钟秀，城南二里曰翠屏山，皆与府治相环带。

阿庐山，在府西三里。山延亘四十余里，南连弥勒，北跨师宗，有山洞深邃莫穷，洞中流泉入于西溪。山下诸蛮旧曰阿庐部。又有吉输山，在府东南五里。○临光山，在府西十里，与阿庐山相接。

巴盘江，在府西北百里。一名潘江，亦作半江。自澂江府流入，又东至师宗州界而入曲靖府罗平州境。又有盘江，在府西五十里，自临安府阿迷州流经弥勒州界，复东北流经府西，至师宗州而会于巴盘江。

西溪，在城西。《志》云：师宗州诸水多伏流于地，至阿庐山洞始出而为溪，流经府城西，环抱城南，与东溪合，下流入于矣邦池。

矣邦池。在府西南。一名龙甸海，亦谓之乾海。周三十余里，半跨弥勒之界。有二源：一出阿庐山麓石窍，一出弥勒州吉双乡，南流入盘江，中有小山。明弘治十二年，李韶言：府南有乾海，后有平壤一带，有水利，可开屯田，是也。

〇师宗州，在府北八十里。北至曲靖府罗平州一百二十里，西至澂江府路南州一百二十里。

古蛮夷地，地名匿弄甸。爨蛮师宗者据之，号师宗部。《一统志》：宋时爨蛮居宕浪甸，其后师宗居匿弄甸。元初，隶落蒙万户府。至元十二年，置师宗千户总把，领阿宁、豆勿、阿庐、豆吴四千户，属广西路。二十七年，改为师宗州。明因之编户六里。属广西府。今仍旧。

州山高水深，称为雄险。

师宗城，今州治。《志》云：元置师宗千户总把，治于州东南槟榔洞，后徙今治。旧有土城，万历二十八年修筑。四十年，复展拓之。城周三里有奇。

恩容山，州北五里，三峰峭拔。〇锁北门山，在州北十二里，二峰高耸。经行其间，如门扃然。《志》云：州西南七十里有龟山，极高峻。去府城亦七十里，为夷狢之薮。明万历四十八年，筑土城于此。周一里有奇，谓之督捕城，府通判驻守其地。

英武山，州东八十里，峰峦峭拔，高可千仞。明洪武中，设英武驿于其下，山饶盗贼及虎。行人稀阔，驿遂废。○绿德山，在州东百二十里，孤峰秀削，一名六德山。有六德废驿址，山下地名阿歹村，多暴官。

马者笼山，州东二百四十里。山高峻。又州东二百里，有高末山，高三百仞。《志》云：高末山西南三十里，即马者笼山。

巴盘江，在州西北五十里。自府境流至此，又东北入曲靖府罗平州界。又州西二十余里有盘江，亦自府境流入而合于巴盘江。《志》云：州近治有大河口，盖盘江经此回曲而为大河也。

槟榔驿。在州东南五十里，今为槟洞村。又东为英武驿，又东为六德驿，三驿俱明洪武初设，寻废。

○弥勒州，府西九十里，西南至临安府阿迷州百七十里，西北至澂江府二百五十里。

古蛮夷地，本名郭甸、巴甸部笼之地。些莫徒蛮之裔弥勒者据此，因名弥勒部。元初，隶落蒙万户府。至元十二年，以本部为千户总把，领吉输、哀恶、部笼、阿欲四千户，属广西路。二十七年，改置弥勒州。明属广西府编户十六里。今仍之。

州襟带山川，控扼蛮僰。

弥勒城，今州治。旧为甸村，元置千户所于此。明弘治十一年，始筑土城，周四里，门四。

卜龙山，州南五里，旧部笼部千户所置于此。叠嶂重峦，环绕州治。又阿欲山在州西十里，旧阿欲部千户所治也。冈峦重叠，下有温泉。其山绵亘七十余里，东接北倾山。○北倾山，在州北三十里阿欲乡，中高五十余仞，西连阿欲、构甸二山。

盘江山，州东南百里。有东西两山相峙，盘江流其中。东抵师宗州，南抵阿迷州，中有石窍，深广丈余。浊水涌出，注于盘江。

盘江，在州东南。自临安府阿迷州流入境，又东北入府界。〇八甸溪，在州治北，其源有三：一出旧村，一出阿欲山，一出北倾山，至州治东而合流，南入盘江。治前有桥曰玉津桥，跨溪上。长五丈，阔七尺。

十八寨。在州西南。有十八寨山，山箐连属其中。蛮种最繁，盖盗薮也。寨东五里有白马河。〇新哨，在州西南。自阿迷州之彭堡达于新哨，乃至州治，又北出板桥，接云南府宜良县界。

〇维摩州，府东南二百六十里。东北至广南府百七十里，西至临安府蒙自县百五十里，南至安南界一百七十里。

古蛮夷地。元始立维摩千户，隶阿迷万户。至元中，以维摩为千户总把，领维摩、屈中二千户，隶广西路，后改为维摩州。明初因之。土知州旧资姓，今李姓，编户九里。州今省。

州南瞰交趾，险阻之区也。

维摩城，今州治。元初，为维摩千户所，后建为州。明朝洪武初，设流官，筑土城于今州西北。宣德以后，交趾背叛，土司寝强，旧治遂废，因徙今地。万历二十年，始筑土城，周二里有奇。《志》云：州西南有法土竜城。竜，读陇。其城险固。城后有高山壁立，复有石城，甚险峻，冯高临下，城中每峙为声援。又西地名江那，亦据险处也。

丘北城，在州西。又东至旧维摩城，有箐口甚险隘。《志》云：州西又有三乡城。明万历二十二年筑，周一里有奇。

曲部山，在州治西。中峰高耸，下有泉，流为溪。经州南数里，入于石窦。今山下有曲部驿。〇万年龙山，在州东北百里，有泉成溪，流入广南府界。又有宝宁山，下亦有泉，流入于宝宁溪。

小维摩山，在州东北八十里。高可千仞。又有大维摩山，在州东南二百里，高出众山之上，昔时土官皆世居此。〇阿母山，在州东南九十里，高千余仞，下有阿母驿。又东七十里为维摩驿。又折角山，在州东南百五十里，下有泉，流为折角溪。〇龙定山，在州东南三百余里，有五峰屹立。

宝宁溪。在州东北百二十里，出宝宁山，南流合万年龙溪及折角溪之水，流入广南府界，汇于右江。

〇广南府，东至广西泗城州三百二十里，西南至广西府维摩州百七十里，南至古器野界六十余里，北至曲靖府罗平州界四百里。自府治至布政司七百九十里，至江南江宁府七千九百九十里，至京师一万一千四百三十里。

古蛮夷地。宋时名特磨道，侬智高之裔居之。宋至和二年，广西经制使余靖遣邕州司户参军石鉴入特磨道，生获侬智高母，即此。元至元中，立广南西道宣抚司，领路城等五州。后来安路夺其路城、上林、罗佐三州，惟领安宁州、富州。明初，改置广南府编户六里，土同知侬姓，领州一。今仍曰广南府。

府山崖高峻，道路崎岖，控临边陲，有金汤之固。《志》云：广南古无郡邑，西洋江限其南，牌头山为之镇，崇崖巨壑，峻坂深林之区也。

广南城，《志》云：今府治，在平关坡上。明洪武十九年，树木为栅，周四里有奇，设西南二门，栅下有濠。

牌头山，府西北五里，峰峦起伏。其右小山连峙如盾，土人筑寨居之。〇莲花山，在府东北二十里，五峰连耸，诸小峰参差旁峙，形如莲花。

西洋江。府南八十里。源出府东南境之板郎山、速部山、木王山，三流相合，东南入于广西田州府之左江。

〇富州，府东二百里，东至广西安隆长官司界一百里。

本蛮夷地。元至元中，置富州。明因之。土知州沈姓。州无城，编户二里。州今省。

州山谷峻阻，控御群夷。

废安宁州，在州西南。元置，明初省。又罗佐废州，一云在州东北百里，亦元置，明初废。

祛丕山，在州治西。形如狻猊。昔土人结屋避兵其上，今呼狮头寨。

玉泉山，州西北七十里。山顶有泉，飞流如素练。下有石池，清碧洄旋，溢流于西洋江。〇者鹞山，在州东南九十里，高二百仞，怪石槎岈，蛮酋之壑穴也。又西宁山在州东北百十里，岩洞深邃，蛮潜匿其中，不可究诘。

楠木溪。州东三十里。源出州境之花架山，其水常温。又南汪溪，在州治西，源出州西北之麻卯山暨僻令山。流至州南，合楠木溪东行至石洞，伏流十五里复出，下流入于右江。

〇元江军民府，东至临安府石屏州界一百十里，南至临安府思陀甸长官司界二百十里，西至思论设者癸寨界三百里，北至新化州界二百里。自府治至布政司七百九十里，至江南江宁府七千八百四十里，至京师一万一千二百八十五里。

古西南夷地，蛮名惠龙甸，又名因远部。蒙氏时属银生节度，徙白蛮苏、张、周、段等十姓蛮戍之。又开威远等处，置威远睑，读简，制若中国之州。或曰：与赕同，读淡。后仿此。后和泥蛮侵据其地。宋时，依智高之党窜于此，和泥开罗槃甸居之，后为些麽徒蛮阿僰诸部所有。元初内附，后复叛，筑城以拒命。至元十三年，遥立元江万户府以羁縻之。二十五年，讨平其地，复于威远置元江路。《元志》：割罗槃、马笼、步日、思麽、罗丑、罗陀、步腾、步竭、台威、台阳、设栖、尼陀十二部于威远，立元江路。明初，改为元江府。永乐初，改元江军民府，领长官司一。土知府那姓。嘉靖三十年，土舍那鉴作乱，寻讨平之，革其官，以临安卫署之，寻复故。府屹峙南陲，制临交趾，山川环屏，道路四通。

〇因远罗必甸长官司，附郭。本名罗槃甸。元属元江路。明初，置长官司，编户八里。

步日城，在府西。蒙氏立此甸，徙白蛮镇之，名步日睑，元为步日部，明初废。《志》云：今府城元大德中筑，三面濒河，延袤九里。

玉台山，在府城东。旧名罗槃山，凡二十五峰。悬崖绝壁，险厄难登，苍翠如玉，望之若台。又有天马山，在府治旁，秀如华峰，相对峙学宫前。〇自乐山，在府东北十里，状如中原之崆峒。今名栖霞山。《志》云：山与蒙乐山同脉，故名。

路通山，府东二十五里。旧名马笼山。北瞰礼社江，高峰千仞，蔽亏日月。一线羊肠，通临安路。〇嵯峨山，在城西南二十里，中峰嵯峨，状如卓旗，飞舞翔动。又宝山，在府西二十里，圆如螺髻，尖若插簪。俗传昔有蛮藏宝山麓，因名。

因远山，府西四十里。有因远驿，为往来必经之地。泉出岩中，流为仲夷溪，分溉田亩。东流入礼社江。《志》云：府北有奇山，旧曰龙瓜山。有涵春泉、仙人洞，奇诡万状。又有九龙山，在府西北三百里，产矿，名鱼凫场。

礼社江，一名元江，自新化州流入境，绕府城东南而入临安府境。〇崀峨河，在城西四十里阿南村。有混龙桥跨其上，下流入礼社江。

阁力白衣甸。或云在府南境。元至元二十七年,云南阁力白衣甸酋
长凡十一甸内附,盖皆在府境云。○鱼复寨,在府西,近镇沅府界。明嘉
靖三十年,镇沅知府刁仁攻那鉴克鱼复寨,是也。

○者乐甸长官司,东至新化州界三百四十里,西至镇沅府界
八十里,南至钮兀长官司界三百二十里,北至景东府界一百里。自司
治至布政司一千一百七十里,至江南江宁府八千二百五十里,至京师
一万一千六百四十五里。

古蛮夷地。南诏蒙氏属马龙、他郎二甸,地名猛摩,夷名者
岛。后为阿僰诸部所据。元时内附,属他郎甸管民官,隶元江路。
明洪武末,分置者乐甸长官司,土司刁姓。直隶布政司。

司据山附水,称险僻之地。

者岛山,在司治北。岛,讹为乐,司因曰者乐。山高耸,可以望远,为
北面之障。

蒙乐山,司西北二百里。一名无量山。巍然高峻,穷日之力,方陟其
巅。有毒泉,人畜饮之即死。山与景东府接界,今详见景东府。

景来河。在司东。自景东府流经司境,下入马龙江。以自景东府来,
因名。